健康保险系列译丛

HEALTH INSURANCE TRANSLATION SERIE

Health Insurance

健康保险

（第2版）

[美]迈克尔 · A. 莫里西（Michael A. Morrisey）著

朱铭来 等译 朱铭来 校

中国金融出版社

责任编辑：王效端　张菊香
责任校对：李俊英
责任印制：张也男

图书在版编目（CIP）数据

健康保险：第 2 版/［美］迈克尔·A. 莫里西（Michael A. Morrisey）著；朱铭来等译. —北京：中国金融出版社，2018. 12
（健康保险系列译丛）
ISBN 978 - 7 - 5049 - 9866 - 8

Ⅰ. ①健…　Ⅱ. ①迈…②朱…　Ⅲ. ①健康保险—研究　Ⅳ. ①F840. 625

中国版本图书馆 CIP 数据核字（2018）第 261047 号

健康保险
Jiankang Baoxian
出版发行　中国金融出版社
社址　北京市丰台区益泽路 2 号
市场开发部　(010)63266347，63805472，63439533（传真）
网 上 书 店　http://www.chinafph.com
(010)63286832，63365686（传真）
读者服务部　(010)66070833，62568380
邮编　100071
经销　新华书店
印刷　北京市松源印刷有限公司
尺寸　185 毫米×260 毫米
印张　29. 25
字数　570 千
版次　2018 年 12 月第 1 版
印次　2018 年 12 月第 1 次印刷
定价　88. 00 元
ISBN 978 - 7 - 5049 - 9866 - 8
如出现印装错误本社负责调换　联系电话（010）63263947

总　序

改革开放40周年，我国保险业发生了深刻变化。近十余年来，健康保险业发展强劲，深度参与国家治理，成为构建多层次医疗保障体系的重要力量，为保障和改善民生作出了贡献。习近平总书记在党的十九大报告中指出："要完善国民健康政策，为人民群众提供全方位全周期健康服务。"健康保险作为国家健康服务产业中的关键环节，肩负着光荣而艰巨的使命，必须要着力解决人民不断升级的健康保险需求与不平衡不充分的健康保险供给之间的矛盾。

当前，正处在推动构建人类命运共同体的宏大时代背景下，要用中国智慧推动健康保险发展，为解决医改这一世界性难题提供中国方案。这既需要从本国实践中总结经验与教训，也需要从他国实践中获取借鉴与启迪。现代健康保险源于西方发达国家，有近200年发展史。相较于中国的起步探索，它们走了更长的路，积累了更为丰富的理论认知与实践经验，形成了较为系统成熟的健康保险经济学理论体系及实际运营模式，对我国健康行业发展有重要的借鉴价值。在这个学习借鉴过程中，无论是其理念层面的价值确立，还是制度层面的架构搭建，乃至运营层面的实务操作，都需要借助一定的载体和介质。经典著作，就是其最为重要的媒介。翻译出版这些经典著作，无疑是借鉴国外经验最为有效、最为便捷的手段与方法。

改革开放以来，我国引进翻译了大量国外保险经典著作，但健康保险专业领域的经典著作译介却是一片空白。近20年来，医疗体制改革在全球范围内广受关注，健康保险遂逐渐成为西方保险理论的研究热点，Amy Finkelstein、Michael A. Morrisey、R. D. C. Brackenridge、Leiyu Shi（石磊玉）等学者，因健康保险研究领域的突出成就，跃居闻名全球的经济学家。其经典著作有些是历久弥新的理论认知升华，有些则是丰富的运营经验结晶。这些升华与结晶，虽然研究的是西方发达国家的健康保险，归纳出的许多认知反映的却是行业的普遍行为。我们理应将这些经典著作，视为全人类的共同财富，虚心学习和借鉴，以促进我国健康保险业快速发展，造福中国人民。

中国人民健康保险股份有限公司组织翻译《健康保险系列译丛》，就是希望借助西方经济学名家的视角，对这个发源并蓬勃发展于西方国家的行业进行一次近距离、全方位、深层次的探究，祈愿会同之前组织编著的《健康保险系列丛书》，融合东西方行业辛勤积累的认知精华，从东西方不同的角度，相互映衬、相互补充，共同构建起健康保险行业的理论框架，更好地为我国健康保险又好又快发展提供坚实的理论基础。

“看似寻常最奇崛，成如容易却艰辛。”《健康保险系列译丛》的创造性和难度系数丝毫不亚于《健康保险系列丛书》，“译什么”成为摆在面前亟需解决的关键问题。中国人民健康保险股份有限公司党委书记、总裁宋福兴同志亲自挂帅，组建了以公司高管为成员的高规格编委会，邀请李保仁、王稳、卓志、孙祁祥、杨燕绥、王国军、朱铭来、李秀芳、王桥、张晓等来自保险、财税、公共管理、社会保障、医疗卫生等领域的著名专家组建学术顾问团，开展了多轮学术研讨，多角度论证、反复斟酌，从健康保险领域理论体系构建的完整性、国外健康保险研究焦点和趋势、候选书目的权威性和经典性以及对国内健康保险实践发展的借鉴性等角度明确了选版原则、选版方向和选版范围，确定了译丛翻译框架，为译丛的翻译出版奠定了扎实基础。

《健康保险系列译丛》兼具学术理论指导性和实践操作借鉴性，分为基础学理研究、焦点技术研究、国别借鉴研究等三类。基础学理研究类，侧重翻译基础性、经典型、学术型专著；焦点技术研究类，侧重翻译健康保险领域的焦点、难点、趋势技术研究等专著；国别借鉴研究类，侧重翻译西方发达国家及其健康保险市场发达地区的研究专著与重要报告。

《健康保险系列译丛》首次出版发行五本分册。其中基础学理研究类两本，分别是 *What Is Health Insurance (Good) For?* 和 *Health Insurance*；焦点技术研究类一本，为 *Brackenridge's Medical Selection of Life Risks*；国别借鉴研究类两本，分别是 *Delivering Health Care in America* 和 *Voluntary Health Insurance in Europe*。

What Is Health Insurance (Good) For? 中译名为《简明健康保险经济学》，由德国斯普林格（Springer－Verlag）出版社于2016年出版。Springer出版社是世界上最大的科技出版社之一，有着170多年的发展历史，以出版学术性出版物而闻名于世。该书的作者Robert D. Lieberthal博士，学术研究经历相当丰富，在普华永道纽约事务所从事保险精算方面的研究咨询工作多年，目前在田纳西大学（University of Tennessee）教授健康金融学、健康经济学和健康保险方面的课程。

Health Insurance 中译名为《健康保险》（第2版），原书作者Michael A. Morrisey教授，是美国亚拉巴马大学（UAB）公共卫生学院教授，教授健康保险学的时间已有25年之久。在UAB任教之前，他已是美国医院协会（AHA）的资深经济学家。此次选译的版本为该书2014年第二版。

Brackenridge's Medical Selection of Life Risks 中译名为《人身风险的医学选择》（第5版），主编Brackenridge博士为美国人寿保险医疗主任协会（ALIMDA）、美国保险医学学会（AAIM）资深会员。该书是Brackenridge博士耗时50载的力作，第一版为1977年出版的《人身风险的医学选择》，向前可追溯至1962年刊印的《人寿保险的医学》。为适应医学专业和人身保险的发展，该书保持了平均8年再版一次的频率。为确保专业性和权威性，Brackenridge博士都会邀请行业重量级专家来负责相应章节的撰写。至第5版封山之作，已汇集了37位专家的鼎力之作。

Delivering Health Care in America 中译名为《美国医疗卫生服务体系》（第7版），该书作者 Leiyu Shi（石磊玉）教授目前在霍普金斯执教，专注于卫生政策和卫生服务领域的研究，出版过10多本教科书，发表过200多篇学术论文，以诺贝尔奖预测闻名的汤森路透（Thomson Reuters Corporation）评价石磊玉为“近10年世界最有影响的、被引用最多的科学家”。

Voluntary Health Insurance in Europe 中译名为《欧洲自愿健康保险》，是世界卫生组织（WHO）2016年的一项力作。WHO动用了34个国家45位知名专家参与编著，对欧洲自愿健康保险进行了全方位梳理总结，是迄今为止介绍欧洲自愿健康保险最为详尽的一本著作。

值此改革开放40周年之际，《健康保险系列译丛》既是对行业知识理论体系框架构建的创举，也是向伟大祖国强国复兴之路的献礼。首发出版仅仅是开始，未来，我们将不断丰富译丛书目，更多引进对行业发展有借鉴指导价值的经典著作。“雄关漫道真如铁，而今迈步从头越。”我们愿意与健康保险行业的全体同仁一道，共同为健康中国战略和国家多层次医疗保障体系建设贡献力量。

译者序

健康保险在美国，无论是学术界还是公众界，可以说是长久的热门话题。但有趣的是，一本完整论述该专题的教材，在美国并不常见。就笔者所了解，有关健康保险的基础原理，在美国主要在以下三大类教材中有所体现：第一大类是《卫生经济学》（*Health Economics*）教材，书中一般有五至六章的内容系统介绍健康保险需求、健康保险市场结构、政府公共保险项目等；第二大类是《财政学》（*Public Finance*）教材，书中一般有二至三章涉及健康保险内容；第三大类是《人寿保险》（*Life Insurance*）教材，书中一般也会有几章论述健康保险产品种类、税收政策等。而上述所有这些教材提供的健康保险知识多是入门性的，简单并不系统，更谈不上完整体系。

另外，美国健康保险协会（America's Health Insurance Plans，简称AHIP，原名为Health Insurance Association of America，简称HIAA），作为全国的行业协会组织，曾长期编写健康保险的系列教材，但是这种教材多作为从业人员资格考试使用，类似我国的证券从业人员、财会从业人员的培训教材，操作性较强但理论性较弱。

正如本书作者Morrisey教授在其前言中开宗明义，本教材是为健康管理和健康政策专业的硕士学生设计的，也可以作为相关专业博士学生的基础教材。应当说，目前在美国此类专业高级教材还属凤毛麟角。通过翻译，本人感觉此书有三大亮点值得推荐：第一，本书的系统性。从详述健康保险的发展历程，到解析健康保险涉及的核心信息问题，到论证管理式医疗与保险市场关系，再到探究员工保险、个人保险市场特点，再到分析健康保险的各种公共政策，本书可以说是对美国医疗保障体系的最完整的“描绘”。第二，本书的理论性。作者的写作手法，有别于传统入门教材的简单介绍和叙述，对很多问题的论点和论据是通过经典文献的综述来完成的，这恰恰是高级教材的妙笔所在，使得读者能知其然，同时知其所以然，并为自己持续关注、研究某一专题提供了方法论支持。第三，本书的实效性。本书对2010年以来美国医改政策做了深入解读和分析，同时对其实施效果做了大量的评价和预测，这为未来更新相关内容做了准备，同时也为广大读者进一步全面透视美国医改并跟踪研究创立了条件。

本书的翻译工作是我和我的学生合作完成的。在此对参与翻译的同学们的辛勤付出表示深深的谢意！本书初稿的翻译由下列人员承担（排名不分先后）：孙赫阳（前言、第1~4章、第12章）、张昭（第5~9章）、叶思彤（第10~11章、第13~16章）、王恩楠（第17~22章）、文心星（第23~25章）。本人对初稿进行了全面修改，曹昱柳、冯雪欣、鲁一鸣、孙赫阳、解莹、叶思彤等同学参加了终稿的校对。当然，任何翻译不当和错误之处均由本人承担。

另外，我要由衷地感谢本书，乃至本套健康保险译丛的组织者——中国人民健康保险股份有限公司，感谢宋福兴总裁和各位领导高瞻远瞩的规划决策，感谢范娟娟处长和相关工作人员为本套译丛的选题、联系出版、翻译指导等付出的辛勤劳动。最后，我还要感谢中国金融出版社为本套译丛的版权购买、立项出版创造的条件。

回想本人在1997年硕士研究生毕业后任教的第一门课程就是“健康保险”，斗胆妄言，应该是国内大学保险专业最早开设此门课程的教师。二十载斗转星移，冥冥中似乎与健康保险有缘，窃以为，学者的教学、研究领域不应只是谋生的手段，也许更应成为人生的挚爱！

朱铭来
2018年11月于南开园

前　言

本书是为健康管理、健康政策和公共健康专业的硕士学生设计的，也可以作为医疗服务研究和卫生经济学专业的博士学生基础教材。当然，这些专业的课程也会用原始研究文献对教材进行补充。该书还将作为经济学、商学、公共卫生或公共政策课程的高年级本科生的健康保险课程教材。此外，上过我的课程的诊所医生和住院医师认为，这本书应该成为他们临床同事的必读书目。

本书对保险引发的问题以及市场和政府如何处理这些问题进行了严谨而直观的探究。重点是从经济学角度理解潜在问题，然后运用实证文献来深入了解解决方案的影响力和有效性。当证据模棱两可时，文中会明确说明。因此，对于那些对保险公司日常业务感兴趣的人来说，本书不太适合。相反，本书的视角是站在旁观者的角度，去试图理解私营健康保险在美国的作用。因此，它可以作为理解和预测 2010 年《患者保护与平价医疗法》（ACA）实施效果的基础。

强调直觉理解对成功至关重要，绝大多数学生不会成为研究员、精算师，甚至是保险公司高管，他们将为家人购买保险，并忧心于自己的员工保险。大多数人将作为医疗服务提供者或工作于提供医疗服务的组织，他们将关注私营和公共保险人如何支付费用。而作为公民、政策制定者和那些有能力影响政策制定者的人，会想了解在保险交付、政府政策和医疗改革方面的创新将如何影响他们。对问题和解决方案的直观理解，以及对我们经验所知的普遍理解，将使他们能够作出更明智的决策，并以更具批判性的眼光看待所提出的解决方案。

在我教过的课程中，我一直把这门课视为卫生经济学的第二课。卫生经济学的第一门课程名义上是一个先决条件，然而，如果读者对微观经济学或者美国医疗体系的专业知识有一定的基础，他们就不难掌握本书的大部分内容。读者将受益于对统计数据的一些理解，特别是关于普通最小二乘回归法。在此没有关于计量经济学技术的直接讨论，只是在介绍特定研究结果时，我们将通过统计方法进行讨论。基础经济学和统计学在这里是用来组织思考的工具，同时用于解决获得估计方法的困难，这些估计大多是关于管理和政策决策的影响程度的。

第二版中的新内容

教材经过大量修订、更新和扩充，主要是由于 ACA 的出台，新增两个专门讨论该立法的章节，也有与贯穿全文的主题密切相关的讨论。此外，过去五年出现的新的实证研究已经融入讨论中。最后，每一章都为感兴趣的读者提供了一些相关资源，有时是些经典保险学读物，也有更典型的、对该章所涉及的主题作出重要贡献的最新研究论文。重大改动包括以下内容。

- 第 1 章：美国健康保险历史。本章增加了有关进步时代之前的产业疾病基金的新材料，并为 20 世纪 20 年代强制保险不被接受提供了更丰富的研究背景。一个重要的新部分讨论了医疗照顾和医疗救助的政治发展，从杜鲁门政府开始，最后创建了 Wilber Mills 的“三层蛋糕”。本章结尾包含了对消费者导向的健康计划的扩展讨论。

- 第 2 章：保险保障综述。本章已经用最新保险保障数据进行了全面更新，对无证件居民的保险保障进行了简短的讨论，还增加了一个关于“大衰退”对保险保障影响的新部分。

- 第 3 章：患者保护与平价医疗法。这一全新章节总结了该法的主要组成部分：个人强制保险；医疗救助计划扩张和最高法院的判决、保险的惩罚和补贴措施、保险交易所，以及对大小雇主的要求；描述了该法的收入来源、新税收政策、医疗照顾资金削减，以及支出预测。这些收入和支出的估算反映了国会预算办公室在该法颁布前三天公布的估计数，随着该法实现日期的推迟，本章有点像一个移动中的靶子。然而，无论是在这里还是在其他地方，对法律的描述仍保持原样。让我们的学生讨论关于法案中一个或另一个元素的推迟执行，是如何影响了我们分析法案的实施效果，这将是很有趣的。

- 第 4 章：健康保险需求。本章与第一版基本没有变化。

- 第 5 章：逆选择。现在包括对医疗照顾优势计划中的有利选择效应和员工健康保险中的逆向选择的新研究。此外，简短的结论部分提出了 ACA 固有的逆选择问题，本章为后面几章的讨论奠定了基础。

- 第 6 章：承保与费率厘定。现在人们更加关注保险人的管理成本，并且引入了 ACA 下的医疗赔付率。最后，在讨论了自保计划之后，还讨论了一些小型雇主通过自保方式，规避参加保险交易所的保费支出。

- 第 7 章：风险调整。这一章的内容尽管没变，由于回顾了有关风险调整预测能力的相关文献，按等级条件分类（HCCs）支付医疗照顾优势计划的例子中使用的相关数据已经更新。更重要的是，本章现在有了新的动机，即 ACA 要求保险交易所进行风险调整，现在新增了一节，是关于引入 HCCs 在减少有利选择方面是有效性的。

- 第 8 章：道德风险与价格。关于健康保险对健康结果影响的讨论已经扩展，关于自付额和处方药的讨论也在扩大。本章还介绍了基于价值的保险设计概念，并简要讨论了实证文献的现状。本章最后讨论了 RAND 健康保险实验最近面临的挑战，以及 Finkelstein 的工作，即探讨保险范围的大规模扩张（例如，医疗照顾计划的引入）是否具有与 RAND 实验一致的效果。

- 第 9 章：服务利用管理。本章基本没有变化。然而，现在已经扩大了关于预防服务在减少医疗利用率和支出方面的潜力的讨论。

- 第 10 章：选择性缔约。本章继续关注管理式医疗计划和医院，但现在包含了一些关于管理式医疗计划和医生的精选材料，它们以前单独构成一章。除了一般的更新，本章还包括对医疗救助管理式医疗的讨论。本章最后讨论了选择性缔约的新例子：参考定价和卓越定价中心。

- 第 11 章：管理式医疗抵制、提供者合并以及买方垄断力量。本章大体上经过重新设计，侧重于抵制和提供者合并对选择性缔约成功实施的影响。对医院合并的讨论已经扩大，并将医院合并的事实对管理式医疗价格的影响进行了新的研究，还介绍了有关医生市场势力和管理式医疗合同形式的新文献。本章最后讨论了医院垄断力量和保险公司垄断力量的区别，关于最惠国条款的讨论已移至下一章。

- 第 12 章：保险市场结构、行为和绩效。本章将讨论私营保险市场的性质，它报告了许多蓝十字和蓝盾计划转变为营利性质，并调查了最大健康保险公司的盈利能力，然后研究保险公司在市场各个领域的集中程度。接下来是对保险公司集中度和保险公司合并对保险费和供应商价格影响的新研究的回顾，以及对第一版中出现的最惠国条款的讨论。

- 第 13 章：健康保险的保费敏感性。本章与第一版大致相同，主要的变化是职工决定接受雇主提供的保险的证据的修订和扩充。

- 第 14 章：薪酬差别。本章继续全面概述员工健康保险的薪酬差别，关键的新材料着重于肥胖和吸烟对工资的影响。该研究认为，降低工资的机制是通过提高健康保险理赔额来实现的，因此可以弥补工资差异。

- 第 15 章：税收和员工健康保险。本章增加了两个新特点：首先，研究了替代现行员工健康保险税收待遇的建议，并给出了模拟结果。其次，讨论了 ACA 要求的对员工健康保险所征的 Cadillac 税，并对其效果进行了模拟。本章还包括更新的税务表格和重新编写的关于自付保费的讨论。

- 第 16 章：作为代理人的雇主。提供了员工对工资—福利平衡满意度的最新数据，以及对员工—雇主匹配缴费的新研究。此外，还讨论了类似于养老金确定缴费型计划的确定缴费型健康保险。

- 第 17 章：健康储蓄账户和消费者导向的健康计划。本章已经更新了参保的最新数据，并提出了关于高免赔额计划对医疗支出影响的重要新研究，还讨论了 ACA 与高免赔额计划的相互作用。

- 第 18 章：小团体市场。本章提供了对小团体市场规模和性质的最新估计，并相当关注 ACA 对这部分市场可能产生的影响。关于管理式医疗在这个市场中的作用的讨论已经减少，取而代之的是对高免赔额健康计划作用的进一步强调。重要的是，新增了关于代理人和经纪人角色的部分。

- 第 19 章：个人保险市场。本章已作更新，包括了对 ACA 的讨论。它调查了年轻人在其父母政策下被提供保险保障的可能性，以及医疗赔付率对个人市场的早期影响。一个新部分回顾了近期关于个人市场价格敏感性的实证研究，另一个新部分探讨了慈善医疗服务对个人保险购买的影响，有关互联网提供个人保险的价格讨论已全面更新。

- 第 20 章：健康保险监管。本章增加了两个主要扩充内容：第一部分涉及一个关于特殊保险强制对医疗服务使用影响的新研究；第二部分研究了州际竞争对保险保障范围的影响。在此提出这个话题，是因为文献中所列影响是由各州保险监管的差异所导致。

- 第 21 章：高风险池。尽管所选州计划的保障范围和保费的数据已经更新，但本章基本没有变化，讨论了 ACA 下的临时既存病症保险计划的细节。本章仍在教材中保留，因为高风险池通常被认为是任何非 ACA 改革的关键组成部分。

- 第 22 章：健康保险交易所。本章对健康保险交易所进行了较为详细的介绍，对采取州运营模式和联邦默认模式的交易所，不同的活动范围，以及选择每种模式的州的数目进行了讨论。介绍了这些交易所的作用和结构，采用每种备选方法的州分布情况，以及交易所的治理方式选择和所要求具备的功能。讨论了基本健康保障和基准计划，对相关补贴进行了详细的介绍，并举例说明了符合条件的个人和小公司的规模。还有一个关于州如果不扩大医疗救助计划，对交易所的影响的讨论，以及交易所因为必须使用的风险调整和其他机制，导致了逆向选择的讨论。通过为亚拉巴马州交易所制定的成本和费用估算，讨论了交易所的融资问题。最后，本章介绍了可能在交易所注册的人数，以及可能由 ACA 规定的承保条款产生的保费规模的模拟结果。

- 第 23 章：医疗照顾计划概述。这一章更新了医疗照顾计划的免赔额、自付额、保费缴纳等数据。增加了有关高收入人群支付医疗照顾计划 B 部分更高保费的讨论，这既是一个重要事实，同时也是医疗照顾计划未来潜在变化的基础。有关医疗照顾优势计划的讨论从退休人员保险那一章移到了本章，看上去更像回归故里。有关医疗照顾计划 D 部分的讨论扩充了不少。有关 ACA 对医疗照顾计划的潜在影响，包括对计划项目的直接改变和税收改变的作用，我们也做了分析。本章新增一节是有关医疗照顾计划对医疗费用和健康状况的影响。另外，我们还讨论了保费支持项目，它是作为传统医疗照顾计划的改革替代方案。

- 第 24 章：退休人员保险。与前一版相比，这一版对雇主缴费的退休人员保险的关注有所减少，对补充性医疗保险计划给予了更多的关注，尤其侧重于目前可用于购买的计划的变更。

- 第 25 章：医疗救助计划、挤出效应和长期护理保险。本章着重介绍了医疗救助计划，并扩充了对儿童健康保险计划的讨论。它介绍了新的研究，有关保费缴纳和自付额对于儿童在这些计划中医疗服务使用的影响。一个主要的新增部分研究了各州在 ACA 下扩展医疗救助计划的选择权，本节取代了先前对医疗救助前景的讨论。

使用本教材进行教学

大多数章节可以在 75 分钟的课时内呈现，第 3 章、第 8 章和第 22 章可能除外，因为它们无论是在描述性还是研究结果上都涵盖了许多内容。考虑到第一堂课涉及教学管理的许多问题，第 1 章通常也需要两个课时。

每章最后都有一系列课堂问题讨论，很容易被用于课后作业。但重要的是，它们也可以在课堂上用于讨论或辩论，因为答案没有必然的对错。这些问题有三个目的：(1)它们应该都适用于本章中提出的概念；(2)它们可能会引起下一章；(3)它们可能要求学生回顾以前各章中明确适用于当前材料的关键概念。

这些问题的讨论指南可以在健康管理出版社(HAP)网站的安全区域找到，并供本书的使用者访问。有关访问信息，请发送电子邮件至 hapbooks@ache. org。

辅助教学的幻灯片也位于这个区域，通常每年更新一次，以使保障估计、价格和计划的相关参数保持最新。此外，当我在自己的课程中添加新材料时，这些幻灯片包含在更新的幻灯片包中。我怀疑在接下来的几年里，随着 ACA 的开展和对其效果的研究成果发表，将有大量的新增内容。

在本书的大部分内容中，我都避免讨论或分析当前的州或联邦改革倡议。提案变化很快，到教材在课堂上使用的时候可能已经过时了。然而，如果掌握了课文中的材料，学生将能够熟练地讨论目前正在讨论的任何提案。

致谢

这项成就应归功于许多人，首先是过去 25 年来提出挑战性问题和不同解释的学生们，他们每个学期都提出改进建议。接下来是我在全国各地的朋友和同事，他们在健康保险方面做了出色的研究，新实证研究的数量和质量令人印象深刻。此版本和前一版本均受益于他们的工作。第一版是在休假期间写的，我想只有在准备第二版的时候我才充分意识到这是一份多么好的礼物！我的“日常工作”基本上是一名软资助的公共卫生教授，编写和修订这个版本并不是在公园里散步。特别鸣谢我的系主任 Peter Ginter，他支持这项工作并提供持续的建议和鼓励。

健康管理出版社的采购经理 Janet Davis，使这个版本像第一版一样容易完成，我特别感激她愿意考虑并总是接受我有时不常见的文体和文章结构要求。非常感谢本版编辑 Amy Carlton，我非常感激她那灵巧的手和所付出的努力，保留了我所想表达的内容。我甚至愿意承认，我在“专业条款”前后使用的引号可能太多了。

最后，一如既往地感谢我的妻子 Elaine。她一直鼓励这个项目，阅读并评论每一章。正如在多年前的博士论文中所说的，“收获永远属于她”。

目　录

第一部分　简介

第二部分　逆选择问题

第三部分　道德风险问题

第四部分 管理式医疗、选择性缔约和保险行业

第五部分 员工健康保险

第六部分 健康保险专题

第七部分 医疗照顾计划、医疗救助计划和私营保险

第一部分

简　介

第1章　美国健康保险历史

我们通常认为，美国的健康保险始于20世纪30年代的大萧条。在本章中，我们将回顾健康保险的历史，并说明这些历史与当前健康保险的发展之间是如何联系的。在私营健康保险出现之前，由政府开办的工伤保险和传统的疾病基金已经开始实施。大萧条导致医院和医生采用各种形式的保险，以确保其服务得到支付。有趣的是，传统保险业和管理式医疗也在同时发展。第二次世界大战的爆发、劳工运动的发展以及联邦税法都促进了员工保险[①]业务的增长。1965年推出的美国医疗照顾计划（Medicare）为老年人提供了保险保障，它模仿当时比较常见的私营保险。商业保险公司基于本身拥有的较低经验费率，向规模较大的雇主提供保费较低的保险，并与其他公司展开了激烈竞争。各州保险法律不受联邦统一监管，导致企业自我保险计划急剧增长。由于医疗成本的激增和企业自我保险计划的出现，20世纪80年代见证了管理式医疗日新月异的发展。管理式医疗通过引入价格竞争，有选择地订立合同，这一模式彻底改革了医疗市场，但也引起了对管理式医疗的质疑。在21世纪前十年间，医疗费用再次快速增长。目前，保险机构正在引导被保险人参加税收减免的健康储蓄账户，这种账户因为具有高免赔额，需要个人去支付更多的自付费用。2010年患者保护与平价医疗法（ACA）的出台，将有力地改变美国健康保险市场。

早期：工伤补偿和疾病基金

在世纪之交的1900年，泰迪·罗斯福（Teddy Roosevelt）出任总统，美国进入了所谓的进步时代（Progressive Era）。[②] 罗斯福倡导了一系列反垄断执法行动，旨

---

① 译者注：原文为Employer-Sponsored Coverage，直译应为雇主筹资（赞助）保险，按国内习惯用语，全书统一翻译为员工保险。

② 译者注：19世纪90年代到20世纪20年代的美国，经济高速发展的背后，是贫富差距的日益加大，企业行为缺乏监管、政府官员腐败、环境问题日趋严重、工人权利得不到保护，民怨沸腾。在这种背景之下，改革者开始整体性地思考社会问题的成因，并从制度上寻找解决办法，从而较为成功地应对了经济社会变迁形成的各种挑战，被称为美国进步时代的政府改革。有关这一时期的论述可详见马骏、刘亚平所著《美国进步时代的政府改革及其对中国的启示》，2010年格致出版社出版。

在减少已经在工业革命期间壮大的制造业、运输业和石油业大公司的影响力。妇女选举权受到特殊关注。在州一级，人们努力缩短工作时间、限制童工、处理工伤事故。

根据英美法系的普通法规则，雇主应对由于其过失行为，在其提供的设施场所发生的伤害承担责任。雇主有三种辩护条款。首先，他们可以辩称，这名工人承担了作为雇佣合同一部分的风险。其次，他们可以辩称受伤是由于同事的疏忽而不是雇主过失行为造成的。最后，他们可以辩称，这名工人至少有部分过错。伤害事故是常见的，为了判定过失而获得赔偿金的法庭案件也很常见。Fishback 和 Kantor（2000）认为，国家工伤保险的产生是因为工人权利维护者将这种改革视为将工伤成本转嫁给雇主的一种手段。雇主们则将此次改革视为一种降低因过失索赔而产生的法律成本、增加对受伤工人的赔偿、同时降低整体成本的方法。

1910 年至 1915 年，32 个州实施了工伤补偿保险。在这些项目中，雇主对工伤承担全部责任，并可以通过他们所在的州购买保险。如果雇主购买了工伤补偿保险，他们将保有这三种辩护条款。然而，如果他们不购买保险，他们的这些辩护条款会被剥夺。

有组织的医疗机构明显支持工伤保险立法，他们想象认为，受伤的工人会去看他们的家庭医生，而医生费用将由工伤保险基金支付。然而，事实相反，雇主开始直接留住，甚至直接雇佣医生提供护理。这沿袭了采矿业和木材业中一些公司指定诊所的模式，特别是在明尼苏达州和华盛顿州（Starr，1982）。结果，大多数当地医生会发现其服务需求日渐减少。当然，那些与雇主签订了合同的医生业绩蒸蒸日上。

这些背景资料是非常重要的，因为它影响了后续健康保险计划的开发。Numbers（1979）和 Starr（1982）描述了当时的政治动态。在第一次世界大战之前和之后的时期，一些州主动提出基于工伤补偿模型的强制医疗保险。美国劳工立法协会曾推出一项计划，要求覆盖所有每月收入低于 100 美元的体力劳动者，以支付其医疗费用和因病造成的收入损失。强制缴费由雇员、雇主和州政府的共同承担。那些不在保险范围内的人可以自愿加入。

1916 年至 1919 年，16 个州审议了这类立法，均未被采用。雇主们倾向于反对这项立法，因为与工伤补偿不同，它对企业成本没有任何弥补。工会众说纷纭，美国劳工联盟（AFL）的创始人 Samuel Gompers 对此表示反对。他相信工人们知道如何花钱，并且工会的作用是让他们有更多的钱花。美国医学会（AMA）在 1915 年正式支持这项立法，但在 1920 年又表示反对，认为保险妨碍了医患关系。实际上，工伤保险的经验也是如此，医生的反对意见可能会很激烈。

强制健康保险是……“由有偿的专业慈善家，爱管闲事的社会工作者，误导性的神职人员和歇斯底里的女性支持的非美国式的、不安全的、不经济的、不科学的、不公平的、不道德的立法。”

——布鲁克林医生于 1919 年强制健康保险研讨会（编号 1979，第 181 页）

然而，如果我们假设在此期间不存在私营保险。那就大错特错了。John Murray（2007）在一项引人入胜的历史研究中指出，“疾病基金”至少在内战时期就已经存在。这些资金是由雇主、工会和兄弟会组织[①]建立的。工人们每周向该基金缴费工资的 1%。当其中一名基金成员因病或受伤而无法工作时，该基金通常提供相当于其工资 60% 的现金。人们可能会认为，这种保险与如今在体育赛事上常看到的美国家庭人寿保险（鸭子代言的 Aflac）[②] 类似。联邦政府的第一次调查估计，1890 年有近 1 300 个这样的非兄弟会基金存在。Murray（2007）估计，在进步时代，20% 的工人是疾病基金的成员。尽管疾病基金本身并没有提供医疗保险，但 Murray 指出，学者们可能没有意识到，早期强制医疗保险计划失败的一个重要原因，就是人们对疾病基金这种模式还是普遍认可的。

蓝十字计划

大萧条始于 1929 年 10 月，正如经典电影《费里斯·巴勒的休息日》（*Ferris Bueller's Day Off*）的粉丝们所熟知的那样，它是由不断升级的国际关税增长导致的，这种增长降低了全球对商品和服务的需求。在美国，Hawley - Smoot 关税将农产品进口税提高到 49%。Friedman 和 Schwartz（1963）的学生们会知道，异常紧缩的货币供应是导致银行业崩溃的另一个主要原因。

应对保险的基本挑战

我们将在后面的章节中看到，保险公司面临的两个基本挑战是“逆向选择”和“道德风险”。前者意味着病情较重的人会试图加入为健康人士设计的保险计划。后者则是指一旦获得了保险，人们就会有“生病”的动机并利用这些福利。早期疾病基金也面临着同样的问题。他们通过制定年龄限制、体检要求以及在成员参加计划或领取津贴之前采用等待期来处理逆向选择问题。他们通过让一个由基金成员组成

---

① 译者注：兄弟会组织 Fraternal Organization，源自西方基督教的宗教社团组织，多带有互助共济性质。

② 译者注：Aflac 是 American Family Life Assurance Company of Columbus 的缩写，是一家成立于 1955 年的保险公司，虽然公司的总部仍在美国佐治亚州哥伦布市，但最大的市场却在日本。目前位居财富 500 强，1999 年因使用一只大白鸭作为广告代言而著称。

的委员会去拜访生病或受伤的成员，以确定他是否病到足以领取津贴的程度来解决道德风险问题。通常情况下在可享受福利前，这个人的病症需持续几天。这些基本挑战可以说是旷日持久的攻坚战。

和其他公司一样，当地医院也受到了大萧条的影响。Ronald Numbers（1979）报告指出，1929 年至 1930 年，当时位于得克萨斯州达拉斯的贝勒大学（Baylor University）医院的收入从每位病人 236 美元降至 59 美元，入住率从 71.3% 降至 64.1%，缴费减少了三分之二。相比之下，慈善机构的服务则增长了 4 倍。

贝勒大学医院的院长 Justin Kimble 设计了一种让人们为医院服务付费的方法。他将 1 250 名达拉斯公立学校教师纳入贝勒计划。每个月 50 美分，他承诺在他的医院里提供 21 天的服务。由于美国医学会（AMA）反对保险计划，该计划仅涵盖医院而非医生的服务。[①]

这种模式蔓延到其他医院。1932 年，加利福尼亚州萨克拉门托市（Sacramento）制订了一项计划。然而，与只涉及一家医院服务的贝勒计划不同，萨克拉门托计划涵盖了社区中任何一家医院的服务。到 1933 年，26 个这样的“医院服务计划”开始运作。

当地医院同时求助于它们的行业协会，为建立医院服务计划提供指导。之所以称为医院服务计划，是因为参与的医院同意提供服务，而不考虑该计划的报销补偿。美国医院协会（AHA）于 1933 年成立了自己的医院服务委员会，并开始批准该计划。该委员会于 1936 年成为 AHA 医院服务计划委员会，1946 年成为 AHA 蓝十字委员会。这些计划获批标准包括：医院是非营利性的，旨在改善公共福利，促进服务质量，只覆盖医院费用，并允许自由选择医生（MacIntyre，1962）。1937 年 AHA 新增一个附加标准——各项计划间无竞争。这意味着蓝十字会为每一个获批计划授予独家地理市场领域。即使是今天，每个蓝十字计划都有一个专属市场区域。

按照今天的说法，我们可能会将贝勒医院最初的单一医院计划视为首选医疗机构。用户只有在医疗网中使用唯一那家首选医院，他们才有住院保险。这为消费者提供了选择某家医院而不是另一家的财务激励。事实上，达拉斯地区的其他医院很快就制订了自己的医院服务福利计划（Starr，1982）。与此相反，全医院计划并没有让一家当地医院与另一家医院相竞争，这意味着病人在购买医院的住院服务中几乎没有获得经济上的好处。

---

① 译者注：在美国，医院和医生分属于两个不同的行业协会组织，美国医学会（American Medical Association）和美国医院协会（American Hospital Association）。

单一医院计划导致：“……医院之间的竞争，干扰了参保人的选择自由和医生在照顾病人方面的自主权。”——美国 AHA 蓝十字委员会主任 Rufus Rorem（斯塔尔，1982，第 297 页）

大多数州将新的医院服务计划视作医院服务的预付机制，而非保险。然而，1933 年，纽约州保险监管官认定这些计划应该被视为保险产品。逻辑很清晰，这些计划提前收取费用，并承诺在未来某一天提供医疗服务，这与人寿保险或意外保险没什么两样。其结果是，新的健康计划被要求遵守现有的保险法律；特别是，他们必须有准备金以应付未来的索赔。而服务福利计划提供者认为，他们的“准备金”是他们提供医疗服务的能力，即机构实体和员工，而不是银行的钱，这才是有医疗服务需求时所能提供的保证。州立法机关被要求解决这一纠纷，并针对这些服务福利计划制定了特殊授权法案——也就是这些蓝十字计划——将是非营利性的，并免除准备金要求和州保费税。保险监管官将审查他们的费率，由于准备金是医院本身，保险董事会的大部分成员将由参与医院的董事组成。到 1939 年，25 个州已有这样的授权立法。

根据授权立法，如今蓝十字（和蓝盾）计划在大多数州都存在。这就是为什么他们有时必须去州立法机构提出申请，才能增加一些业务，如人寿保险，或者从非营利性机构转为营利性机构。

蓝盾计划

蓝盾计划的发展映射了蓝十字模式的成功。类似于医院服务计划的第一个医疗服务计划是 1939 年成立的加州医生服务计划。这些计划有两个主要特点。第一，他们要求自由选择医生，第二，他们是补偿而不是服务福利计划。这意味着该计划需支付给病人的每一保险项目 1 美元，而病人则负责支付医生的费用，这很像今天的 Aflac 计划。美国医学会于 1939 年开始批准计划，并采用蓝十字医院建立的模式。

随着大萧条的继续，医生对医院保险变得更加宽容：“经常阻碍患者康复的经济忧虑，通过医院服务计划大大降低了，同时也没有由于医院服务的过度扩张，导致没有住院费的病人更容易支付医疗费这类事情的发生。”①

——Carl Vohs，美国医学会 1937 年会议医生（Cunningham 和 Cunningham，1997，第 34 页）

① 译者注：美国的医疗服务体系的一大特征是，大多数医生通过自营诊所行医，与医院保持相对独立的关系。因此，如果患者医院看病，保险补偿比例过高，将影响到诊所的业务。这是广大医生不愿看到的。

商业保险

商业人寿保险、意外伤害保险和海上保险早已存在。然而健康曾长期被视为不可保风险，因为可保风险必须既明确又可测量，而健康皆非如此。如果提供一份有支付补偿的保单，其麻烦在于，一旦一个“生病”的人有保险，那么每个人都将有动机宣布自己生病。医院服务计划变得流行起来时，商业保险公司找到了解决问题的方法。它们不提供健康保险，而是提供住院保险，住院是一个明确的、由医生决定事件。1934 年，商业保险公司开始提供医院保险。起初它们不包括医生服务的保险范围，但从 1938 年开始提供外科手术保险，因为手术是明确的事件。这两种计划都提供了赔偿范围。这使得每个承保事件在协议支付时，损失就成为可以衡量的。赔偿范围还避免了保障计划提供者所担忧的问题，即保险公司直接与选定的医院和医生订立合同。

预付式团体医疗服务

预付式团体医疗服务是管理式医疗的先驱。和蓝十字一样，该计划始于 1929 年的大萧条时期。Kessel（1959）对早期的历史做了生动的描述。洛杉矶的 Ross - Loos 诊所是首批参与预付式团体医疗服务的组织，尽管早在 1905 年和 1909 年明尼苏达州和华盛顿也有一些类似的计划（MacIntyre，1962）。该诊所为洛杉矶供水和电力部门的 2 000 名工人及其家属提供了预付式医疗护理。该部门与诊所签订了合同，为员工提供全面的服务。作为这一行动的代价，Ross - Loos 诊所的创始者被县医疗协会开除。这是很严重的，因为医院规章要求医务人员必须是当地医疗协会的良好成员，缺少成员资格意味着他将无法供职于医院。

这种医疗协会组织反对预付式团体医疗服务的情况屡见不鲜。Michael Shadid 医生和俄克拉何马州的 Elk Grove 市的农民联盟建立了一个预付式健康保险计划，按每年 50 美元吸纳了 Elk Grove 市的 6 000 名居民参保。州医疗协会反对该计划，试图剥夺 Shadid 行医执照、将他逐出医疗协会，并将其他愿意与他一起实施保险计划的医生在俄克拉何马州的行医执照一并剥夺。

1933 年，Sidney Garfield 医生在加州建立了凯撒基金会（Kaiser Foundation）健康计划。他被指控有违反职业道德的行为，州医疗监督委员会也吊销了他的行医执照。法院推翻了这项裁决。在密尔沃基、芝加哥和西雅图也有类似的行动。参与健康计划的医生们被拒绝吸纳加入当地医疗协会，也不能到医院就职。

由于无法进入已有的医院体系，早期的预付费计划被迫建立和使用自己的医院。今天的健康维护组织（HMOs）拥有自己的医院，如 Kaiser - Permanente 和普吉特亚（Puget Sound）的团体保健合作社。考虑到控制力和效率的原因，这些组织经营着自己的医院，但它们最初这样做，是因为这是获准留在医院体系的唯一途径。

1937年，华盛顿特区的团体健康合作社，是联邦住房贷款银行雇员发起建立的非营利合作组织，组织内有领取薪水的医生。美国医学会AMA和当地医疗协会对参与的医生进行了打击报复，阻止了会诊和转诊，并说服所有医院拒绝这些医生。1938年，司法部根据《谢尔曼反托拉斯法》起诉了美国医学会。1943年，最高法院对美国医学会提起诉讼。然而反对仍在继续，但团体健康合作社对华盛顿州的国王县（King County）医疗协会提起的反垄断诉讼，在1951年赢得了州最高法院的裁决（McCaffree和McCaffree，2001）。直到1959年，凯撒计划的医生仍然被排除在旧金山医疗协会之外（Kessel，1959）。

为什么医学界如此反对预付式团体医疗的做法?

Reuben Kessel（1959）认为，反对预付式团体医疗的原因在于此类计划会对医生的收入造成威胁。当时，医生使用“浮动收费表”向病人收费。支付能力更强的患者被收取更高的费用，而财力较弱者支付更少。医生们认为，这是一种为无力支付医疗费用的人提供医疗服务的机制。也许这是一个理由，但Kessel认为，这是旨在实现利润最大化的简单价格歧视。预付式带来的威胁正在于，它可能会降低高收入患者的支付价格，从而夺走大量利润。

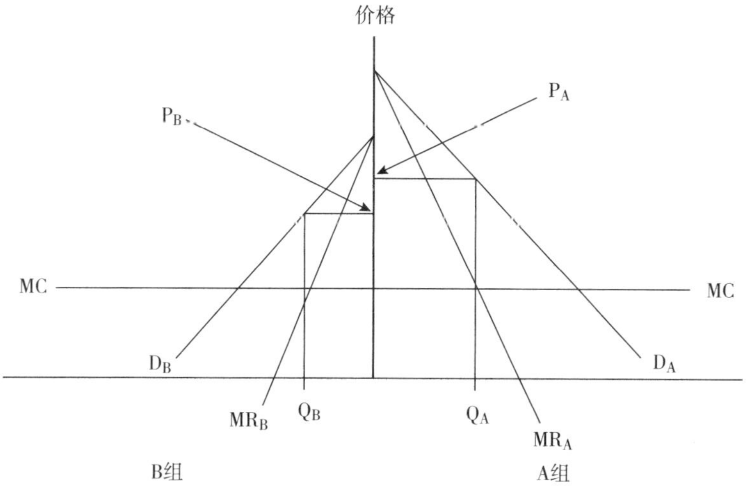

图1.1　价格歧视经济学

图1.1的表示更正式一些，一个由两个背靠背反向的医生服务市场图组成的Janus图。为了保持图形的简单性，假设医生服务的边际成本（MC）在每个市场中都是恒定、相同的，即水平MC曲线。A组是比较富裕的市场，其特点是更大的支付意愿和更缺乏弹性的需求曲线D_A。与这些患者相关的边际收入是MR_A。向他们

收取的利润最大化价格是 P_A。B 组反映了一个不太富裕的市场。在此，利润最大化要求设定与 MC 相同的边际收入（在这种情况下为 MR_B），并在不太富裕的市场上以价格 P_B 销售至该数量。预付团体的出现将会不成比例地吸引来自 A 组的人，他们通过离开现有的医生并加入新的预付团体计划，可以节省更多的资金。医生可能会争辩（事实也确实如此），他们的病人甚至付不起与 MC 相等的费用，但是医生还是为病人提供了治疗，他们每个人都蒙受了损失。不管这些说法的真实性如何，在 A 组的人（以及如图所示在 B 组的人）支付的费用要高于医疗费用，而这些人最有可能放弃他们的医生而接受预付式计划。因此，不管医生是把他们的利润花在自己身上还是穷人身上，预付式团体医疗计划都构成了严重的威胁。

健康保险的早期增长：20 世纪 40 年代和 50 年代

私人健康保险在 20 世纪 40 年代和 50 年代迅速发展，但要准确地衡量保险覆盖范围是很困难的。图 1. 2 显示了从 1940 年到 1985 年美国拥有某种健康保险保障的人口比例。在第二次世界大战前夕，只有 9% 的人口拥有保险。到战争结束时，这一比例已经增长了一倍多，达到近 23%。到 1950 年它又翻了一番还多，到 1960 年已接近 70%。

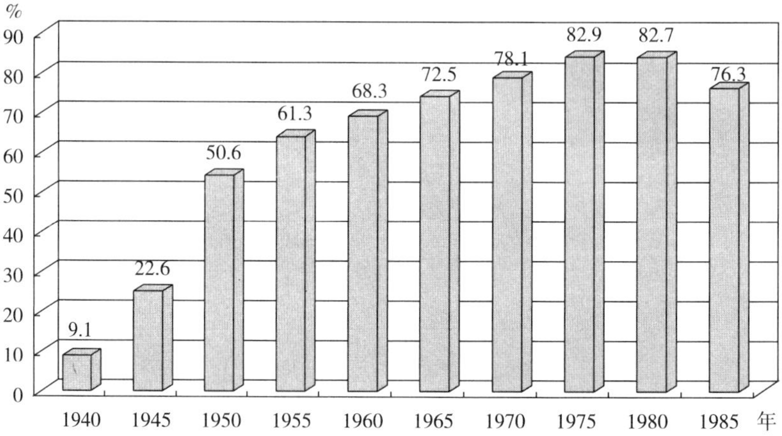

资料来源：美国健康保险协会（1990）。

图 1. 2　1940—1985 年美国人口拥有私人医疗保险百分比情况

这种快速增长通常有三个原因。第一个原因是在第二次世界大战期间实行工资和价格控制。美国于 1941 年 12 月参战。由于男子自愿参军并被征召入伍，国内经济因战争物资需求的增加而倍感压力。从 1942 年开始，富兰克林 · 罗斯福政府通过其国家战争劳工委员会，在每个行业确立固定工资标准。公司为了争夺劳动力，第一次吸引了许多女性进入劳动力市场。此外，劳工委员确定健康保险不被视为工资。这意味着公司为争夺稀缺的劳动力，通过为员工提供健康保险来完善待遇机制。

健康保险快速增长的第二个原因是在这段时期内，出现了有组织的劳工扩张。工会对健康保险的影响部分源于 1947 年的《塔夫特—哈特利法》（*Taft - Hartley Act*），该法将健康保险界定为就业的条件，也成了劳资谈判的一个主题。

健康保险快速增长的第三个原因是联邦税法中对健康保险的处理。早期税法实际上对雇主发起的健康保险是否应被视为是联邦所得税下的纳税收入没有明确规定。Thomasson（2003）指出，1943 年美国国税局发表了一份私人裁决，认为雇主提供的健康保险福利不受制于联邦所得税。在 20 世纪 40 年代和 50 年代初，出现了相互矛盾和不一致的私人裁决，促使国会在 1954 年颁布立法，免除雇主缴费的健康保险的联邦所得税。正如我们将在后面几章中讨论的，这种税收减免对美国健康保险市场的至关重要。税法有效地鼓励了雇员和他们的雇主将收入补偿转移至免税的健康保险，而不是变为需纳税的货币收入。这项税收政策的补贴额度是个重要问题，国会预算办公室（2013a）估计，2013 年仅联邦税收对此的补贴就达 2 480 亿美元。与此对应，2012 年用于住院病人和门诊医院服务的医疗照顾计划支出仅略有减少。在保险业，20 世纪 40 年代和 50 年代见证了美国医疗协会的蓝十字委员会从美国医疗协会中分离出来，并于 1960 年成立了独立的蓝十字协会。1977 年，双蓝合一，成立了蓝十字和蓝盾协会（Cunningham 和 Cunningham，1997）。自此，蓝十字和蓝盾计划一直主导着健康保险市场。然而，在 20 世纪 50 年代，商业保险公司变得更加壮大，1954 年之后它们的总客户数量一直超过双蓝计划（1900 年美国健康保险协会）。

20 世纪 60 年代和 70 年代

蓝十字和蓝盾计划的保险功能在早期是非常简单的。该计划涉及社区统一费率，这意味着该计划的所有参与者都在同一个大风险池中。保险费主要是通过将预测的索赔增长数与参与者数量相除得到的结果来确定的。20 世纪 50 年代，商业保险公司开始用经验费率挑战这一模式，到了 60 年代，经验费率已经取代了社区统一费率。

假设一个保险公司能够识别出相对于其他人来说的健康人群，因而也是医疗使用率较低的人群。教师或银行职员可能是很好的例子。保险公司可以与这些群体接洽，承诺在满足他们的索赔要求基础上较低的保费，这就是经验费率。尽管蓝十字这样的社区统一费率计划包括低、中、高成本用户，但经验费率保险计划却包含了更大比例的、更多的低成本用户。因此，它可以以较低的保险费提供同样的保险，同时仍能盈利。而且由于失去了低成本的用户，社区统一费率计划的成本负担将会加重。

我们竭尽全力，奄奄一息。但是你会发现工会退出了，原因是它们非常清楚商业保险公司的经验费率更好。我们将失去电话公司，我们将失去天然气公司，我们将失去——我们确实失去了——3 万名政府雇员，因为我们没有采取经验费率。

——William McNary，密西根的蓝十字首席执行官（Cunningham 和 Cunningham，1997，第 100 页）

这是商业保险公司的做法，它们提供较低保费给那些有低理赔经验的群体。蓝十字和蓝盾被迫放弃社区统一费率，否则它们将面临一个只有成本最高用户的未来。在 20 世纪 60 年代，最后一个蓝色十字计划放弃了社区统一费率。

医疗照顾计划和医疗救助计划的发展

1935 年，当富兰克林·罗斯福政府和第 74 届国会通过社会保障法时，该计划并不包括任何健康保险条款。部分原因是，在进步时代出现了强烈的反对政府开办的健康保险的医生，而这种反对在当今仍然很强烈。

随着第二次世界大战的结束，杜鲁门政府转而致力于国内问题，并于 1945 年 9 月开始制订一项全国健康保险计划，打算为所有美国人提供保险保障。根据国会委员会规定，该保险将由对工资和薪金中的前 3 600 美元征收 4% 的税款来支付。杜鲁门认为该计划并不是社会化的医疗计划，因为人们可以选择自己的医生和医院，而医疗服务提供者并不为政府服务。这种立场并没有阻止医生的反对，相反，美国医学会和美国医院协会支持参议员 Lister Hill（D－AL）和 Harold Burton（R－OH）提出的法案。1946 年通过的 Hill－Burton 法在接下来的 25 年里为医院和疗养院的建设提供了大量补贴（Hamilton，1987）。

全民保险计划的支持者继续着他们的努力，但他们的注意力主要集中在老年人医疗服务的获取上。在 20 世纪 50 年代中期，有人提议为老年人提供医院和护理院保险。然而，这些法案从未在委员会中通过，主要原因是众议院筹款委员会主席 Wilbur Mills（D－AR）和参议员 Robert Kerr（D－OK）的反对，他们担心，如果与社会保障计划挂钩，医疗成本会迅速上升。相反，他们提议并由国会于 1960 年通过了 Kerr－Mills 法，规定联邦向各州提供资金支持，以协助向享受福利待遇的老年人提供医疗照顾（Rettenmaier and Saving，2000）。

1964 年，林登·约翰逊以压倒性优势击败 Barry Goldwater 当选美国总统，时值民主党在国会两院均占多数之际，民主党候选人呼吁制定老年人健康保险制度。Paul Feldstein（1988）提出，众所周知，医疗照顾计划的主要推动力是工会。他分析，大型的工会需要一个基于社会保障资格、由工资税而不是所得税资助的计划。该资格基于社会保障的参与而非低收入标准，意味着高收入的工会成员也将有资格。工资税意味低收入、非工会成员的职工承担了不成比例的成本。如果主要医疗费用由政府保障项目承担，而不是雇主保险计划，则意味着职工的工资可以协商提高（见第 14 章薪酬差别）。美国医院协会支持这一观点，因为老年人的健康护理成本高于其他群体。面对商业保险公司经验费率的日渐发展，蓝十字仍然奉行社区统一费率，这意味着这些高成本的病人在蓝十字计划中比例较高。商业保险计划中占比较大的则是较年轻、成本较低的参保者。因此，医疗照顾计划将为高成本的蓝十字计划参与者负责。

以 John Byrnes（R – WI）为首的共和党人反对这一做法，他们主张建立一个基于需求的自愿项目，资金来自常规税收收入和老年人支付的保险费。该计划包括医生和药物保险，以及医院和护理院服务。与之相反，美国医学会则推出了老年护理模式，这是 Kerr – Mills 为老年人提供的福利扩展。这项提案扩大了联邦政府对各个州低收入老年人医疗援助的支持（Cunningham 和 Cunningham，1977）。

Cunningham 和 Cunningham（1977）将最终的法案描述为"三层蛋糕"，是众议员 Mills 在筹款委员会中的杰作。它包含所有三项主要提议。由工会和美国医院协会支持的法案成为美国医疗照顾计划的 A 部分，医院和有限的疗养院覆盖面与社会保障参保资格挂钩，并由工资税增加的部分提供资金。共和党 Byrnes 的提案专注于医生和门诊服务，成为了自愿参加的医疗照顾计划的 B 部分，资金来源是常规税收和老年人保险费。美国医学会的老年保健规划方案已经扩展到老年人以外，为许多低收入人群提供了保障，这将由联邦与州的医疗救助计划提供资金。众议院以 315 票赞成、115 票反对通过了该法案，在进一步的讨论和修改后，参议院以 68 票赞成、21 票反对的优势通过了该法案。约翰逊总统于 1965 年 7 月，在前总统杜鲁门的家乡密苏里州的独立城签署了该法。

《雇员退休收入保障法》与监管的发展

20 世纪 70 年代医疗保险的关键事件发生于 1963 年 12 月，当时 Studebaker 公司关闭了位于印第安纳州南本德（South Bend）的美国汽车厂，留下了资金不足的养老金计划。1974 年，国会通过《雇员退休收入保障法》（ERISA）对这一问题和其他养老金问题作出了回应。这项重大立法旨在保护给付固定型（defined – benefit）养老金计划。它的主要做法是提供税收优惠，鼓励雇主预先为其养老金计划提供资金，并要求参与养老金计划的雇主向政府属性的再保险基金（养老金福利担保公司）缴费，以帮助解决未来的养老金计划违约问题。该法还包括了一些与“福利计划”相关的条款，即健康保险计划。

根据 ERISA 规定，进行自我保险的雇主健康保险计划受联邦 ERISA 法规的约束，但不受州保险监管的约束。大型雇主辩称，他们经常在几个州设有工厂，由于各州保险监管条例不同，很难提供一致和统一的保障。此外，为工人进行自我保险的努力受到州保险监管的阻碍，因为监管政策本身不是为这种保险计划设计的。根据 ERISA 的规定，自保计划不受州有关准备金或承保范围要求的监管条例的影响，也不需要缴纳州保费税。

ERISA 导致了健康保险行业的一场悄无声息的革命。迄今为止，大公司投保通常是通过保险公司采用经验费率。本质上，这意味着公司要对自己的理赔经验负责，并向保险公司支付管理计划的费用。如果这样的计划是“完全可信的”，也就是说，它的保费完全是基于自己的理赔经验，那么向自我保险的转变是很简单的。该公司同样承担着索赔风险，但现在它可以寻找费用较低的索赔管理人，或者它自己承担这些活动，并在此过程中避免缴纳 2% ~4% 的州保险费。此外，一些规模较小的公司也可以在一定损失范围内承担索赔风险，并为大的个人索赔或超出某些门槛的索赔集合购买损失中止再保险。因此中型甚至小型企业都可以进行自我保险。

这些事件发生的同时，大型计算机运行成本正处于迅速下降的阶段。在 20 世纪 60 年代，大型传统保险公司在承担索赔风险和索赔处理方面都具有相对优势，然而在 70 年代它们纷纷落败。ERISA 意味着，它们有可能进入商业风险承担领域。努力从这一领域获取更多的竞争回报，将导致许多自我保险的雇主到该领域提供他们自己的保险。低成本大型计算机的出现意味着索赔处理领域也具有了竞争力。如果大型保险公司试图收取高于竞争阶段的费用，新的保险公司就会出现并以低价取胜。实际上，一个新行业同期诞生——第三方管理公司（TPAs），负责处理自保公司的理赔工作。保险公司也开辟了新的业务领域，如 ASOs（仅提供管理服务）。通过这些业务，它们还向自保公司提供理赔服务。截至 2011 年，57% 的参保员工参加了自保计划（KFF 和 HRET，2012）。

具有讽刺意味的是，ERISA 也刺激了更多州保险监管法规出台。1974 年以前，几乎没有州强制保险条款的立法存在（Jensen 和 Morrisey，1999a）。然而到 2011 年底，已有 2 200 多项个人保险条款（平价医疗保险委员会，2012）。保险公司和一些公民经常提出，州立法机构应要求在该州经营的保险公司提供具体保险范围。例如，它们可能会要求体外受精像其他手术治疗一样被包括在保障范围之内。在 ERISA 出台之前的一段时间里，此类立法的支持者通常面临着来自大雇主的反对。然而，在 ERISA 之后，大型雇主不受这类法律的影响，立法天平向支持者倾斜。

20 世纪 80 年代、90 年代和 21 世纪

管理式医疗与选择性缔约

在 20 世纪 80 年代，受新医疗技术的影响，以及保险公司和医疗照顾计划使用的基于成本的报销系统的推动，健康保险保费迅速上涨。1983 年，国会改变了医疗照顾计划向医院支付的方式。与传统的事后认可成本的支付方式不同，新系统引入了预期支付。即根据对住院病人的诊断，向医院支付固定的费用。

与此同时，出于同样的原因，私营健康保险业也在发生变化。预付团体业务保险计划，现在被称为 HMOs，开始吸纳更多的参保者。新型管理式医疗、优先医疗提供组织（PPOs）和记点服务计划（POS）正在发展中。

管理式医疗采取三种基本形式的健康管理方案。首先是通过 HMOs，这些是保险公司，意味着他们要承担索赔或承保风险。与传统保险计划类似，他们负责向参保人提供医疗费用补偿。如果这些费用超过所收取的保险费，他们仍有义务提供医疗服务。传统的保险计划通常允许投保人从任何有执照的医疗服务提供者那里得到照顾，相反，HMO 有一个医疗服务提供小组，HMO 只负责这个提供小组的医疗费用。

传统意义上，HMOs 有四种模式。员工模式（Staff model）的 HMOs 雇用他们自己的医生，通常拥有自己的医院。最初在西雅图成立的团体健康合作社就是一个 HMO 员工模式的例子，但这样的模式很少见。集团模式（Group model）更常见，在这种形式下，HMO 的保险人与一个医生集团签订合同，该集团向 HMO 用户提供所有临床服务，并且通常只向 HMO 的参保人提供医疗服务。美国凯撒永久医疗计划是经典集团模型的例子：凯撒是一家健康保险公司，它只与永久医疗集团签约。第三是 HMO 网络模式（Network model），在这种情况下，HMO 的保险人与当地市场上的几个医生集团签订合同。每个医生集团面对大量的 HMO 的参保者，但他们也能面对其他保险公司的病人，HMOs 网络模式是最常见的。第四个 HMO 模式是独立业务协会（Independent Practice Association，IPA）这个模式是当地医疗协会对 HMOs 的发展作出的反应。在这个模式下，HMO 的保险人通过整个社区的一个大型医生小组提供服务。这些社区医生通常只能见到少数 HMO 的参保者。

值得注意的是，这些讨论都不是针对向医生的支付方式。曾有人认为，HMOs 的医生是受薪员工，或是按照病人数量来计算薪资的——也就是说，每位病人按月支付一定的费用。事实上，HMO 保险人和参与计划的医生之间的支付安排差别很大。

PPOs 是在上世纪 80 年代发展起来的，部分原因是为了应对 ERISA 和转向自我保

险的员工健康计划。PPOs 的角色通常不是保险人，因为他们经常不承担承保风险。相反，他们是合同协调人。原则上讲，PPO 很容易建立。一种方法是 PPO 发起人去当地一家医院，协商出低于医院收费的价格，以鼓励（未来）用户选择该医院。同样地，PPO 发起人也可以去征得在这家医院有特权的医生同意，这些医院和医生是“优先医疗服务者”。然后，PPO 发起人到自我保险的雇主那里询问他们是否愿意支付低于医院和医生服务的费用，他们当然愿意这样做。雇主同意让其雇员在每次看病时使用自付费用较少的优先医疗服务者。然后由雇主与参与的医疗服务提供者签订合同，每位成员按月收费的模式管理一套合同，这个结构是 PPOs 的典型结构。

当然，许多保险公司也提供 PPO 产品。在某些情况下，这些产品只是承保的媒介，保险公司不承担承保风险。在其他情况下，PPO 可能承担这些风险，因为它与医疗服务者网络签订了合同，并向雇主团体和个人出售保险。

POS 计划是 HMOs 和 PPO 的混合体。HMOs 观察到人们似乎青睐于有选择余地，而 PPO 恰好允许其成员有更多的医疗服务提供者可选择。HMO 为此制订了新的计划，如果成员每次看病时愿支付更多费用，他们就可以在一组医疗服务提供者中进行选择。成员可以在每个“服务点”决定他们是否希望使用该医疗服务提供小组或不使用该小组。PPOs 发现，HMO 倾向于将每个成员分配给一位能提供持续服务的基础保健医生，并且必须通过该医生的批准才能转诊给专家。他们（PPOs）通过制订一些计划来应对 HMO 成员已被指派基础保健医生（业内又称守门人）的现状，这些也被称为 POS 计划。在 20 世纪 80 年代和 90 年代，许多保险公司提供传统的保险，以及全部三种形式的管理式医疗计划。如今，传统保险几乎已经消失。

表 1.3 显示了管理式医疗的增长和传统保险公司相应的缩减。截至 1988 年，传统保险公司尚持有参保职工的绝对优势比例——71%。而到了 2012 年，传统保险计划仅吸引不到 1% 的参保职工。反观 PPO，1988 年时仅有 11% 的工人参保，到了 2012 年该比例已达 56%。HMO 和 POS 的参保人数在 2000 年之际达到顶峰，此后一直在下降。正如本章后面所述，高免赔额健康计划（HDHPs）出现在 2005 年左右，这些保险计划通常与一个免税健康储蓄账户相结合。它们首次出现在 2006 年的全国调查中，参加该计划的工人占 4%；截至 2012 年，他们的参保率已达 19%（KFF 和 HRET，2012）。

概括来说，从 20 世纪 80 年代到今天，管理式医疗和私营健康保险的成败如同过山车一样跌宕起伏。通过研究这段时期内健康保险保费的趋势，我们可以总结出其中的大部分波动，图 1.4 描绘了这段情景。在 20 世纪 80 年代后期，员工的健康保险保费以每年 18% 的速度增长，远高于平均通货膨胀水平。在 90 年代的前半期，增长率急剧下降，以至于到 1996 年，保险费几乎没有增加且增速远低于通货膨胀。

按实际价值计算，健康保险费用其实已经下降。到了 90 年代后半期，该费用再次上升，并于 2003 年达到顶峰。它们在 2006 年仍以 7.7% 的速度增长，然而在接下来的十年中以约 5% 的增长率稳定下来（Gabel 等，2005；KFF 和 HRET，2012）。

表 1.3　　**按计划类型划分的被保险职工百分比**　　单位：%

年份	1988	1998	2008	2012
传统保险计划	71	14	2	<1
HMO	18	30	20	16
PPO	11	34	58	56
POS	—	22	12	9
HDHP	—	—	8	19

资料来源：KFF 和 HRET（2012）。

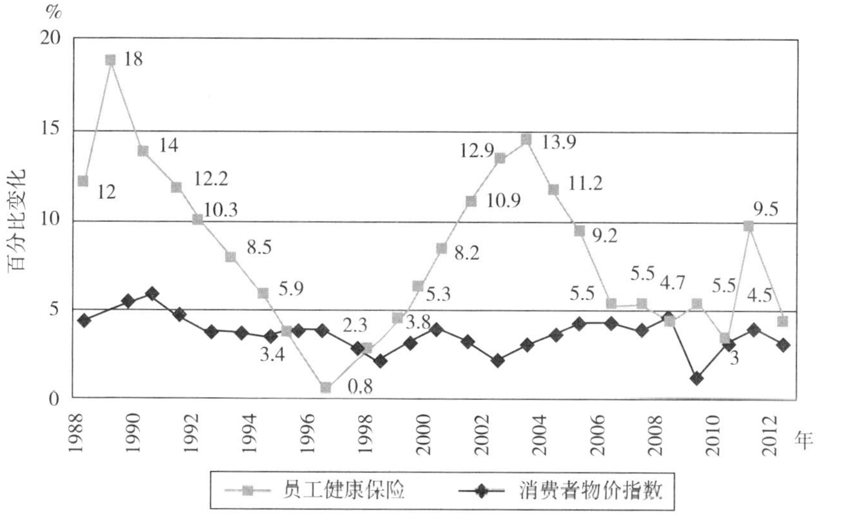

资料来源：Gabel 等（2005），KFF 和 HRET（2012）。

图 1.4　员工健康保险的保费增长百分比

这是怎么回事呢？正如我们将在之后深入讨论的那样，20 世纪 90 年代的前半期可以说是管理式医疗计划选择性合同的成功。通过仅与当地市场上的部分医疗机构签订合同，这些计划得以降低价格。例如，当有更多的医院时，HMOs 和 PPOs 会降低价格。随后发生了两件事，它们的重要性尚待证明。

首先，医疗服务提供机构开始合并。少数几家医院倒闭，更多的则加入了医院系统。Bob Town 和他的同事们（2005）指出，1990—2000 年这 11 年间，有 8 年发生了 100 起或更多的医院合并。医生不仅加入了规模较大的医疗集团，还参与联合营销安排。可以说，这些举措的效果除了减少当地医疗服务提供者的市场竞争，还削弱了管理式医疗计划的降价谈判能力。事实上，联邦政府已取得一些旨在打破医生营销安排的法庭裁决，并继续对医院合并问题进行挑战。2004 年，美国联邦贸易委员会（Federal Trade Commission）和美国司法部（Department of Justice）联合发布了题为《改善医疗保健：一剂竞争的毒药》的报告。

在过去的一年里，委员会已经与五组医生达成协议，据说他们涉嫌串通提高消费者的成本……显而易见，我所描述的行为是赤裸裸的价格操纵。

——美国联邦贸易委员会主席 Timothy J. Muris，芝加哥，2002 年 11 月 7 日

其次，医疗服务提供者和消费者强烈反对管理式医疗计划。除可选择性合同以外，管理式医疗计划还使用了多种有关医疗服务利用的管理技术来控制医疗服务使用率。这些方法包括预入院证明和同时进行的入院检查，以及限制专科医生服务的基础保健“守门人”。管理式医疗计划还被指控阻止医生讨论更昂贵的治疗方案，迫使新生儿母亲们和其他病人在医学审慎评估之前离开医院。

这样做的结果是，一些（或者许多）消费者们希望有更多的医疗服务提供者可选，以确保在有相关需要时更好地照顾自己。因此，原来可选范围较窄的 HMOs 服务小组开始扩展，以允许消费者们有更多的选择，而已拥有更广泛可选小组范围的 PPOs 则成为首选的保险计划类型。正如我们将在第 9 章中看到的，可笑的是，几乎没有证据表明，管理式医疗计划采用的医疗服务利用管理技术能有效减少医疗服务的过度使用。然而，可选范围更广泛的小组显然意味着管理式医疗计划无法充分利用可选择性合同。如果不能将患者引导至有限数量的已选定医疗服务提供者，就无法以较低价格换取大量患者。因此，管理式医疗计划似乎在医疗服务利用管理的努力中自食其果。

医疗救助计划与医疗照顾计划的扩展

20 世纪 80 年代，儿童和孕妇的医疗救助计划得到了发展。其中最重要的几次是在 1988 年、1989 年和 1990 年，当时国会将医疗救助覆盖范围扩大到家庭年收入低于联邦贫困线（FPL）133% 的孕妇和 6 岁以下儿童，国会还逐步将家庭年收入低于联邦贫困线（FPL）100% 下的 6 ~ 18 岁儿童进行医疗救助全覆盖。若各州愿意，它们也可以向这些位于 FPL 较高点的群体提供医疗救助。根据相关的综合预算调节法，这些变化通常被称为 SOBRA 扩展①。这些扩展之所以重要，不仅因为它们

① 译者注：SOBRA，全称为《第六次多项预算调节法》（*Sixth Omnibus Budget Reconciliation Act*），有关该法在第 25 章还有介绍。

授权的保障资格扩大了，还因为它们反映出联邦政府在各州制定联邦标准方面发挥了更有力的作用。

1996 年，克林顿政府和国会颁布了福利改革措施，限制了在“受抚养子女家庭援助”（Aid to Families with Dependent Children，AFDC）下，一个人可以领取现金援助福利的时间。该法律对医疗救助也有重大影响，因为许多低收入群体的医疗救助资格与 AFDC 资格挂钩。因此，低收入者获得医疗救助的资格与当前福利状况无关，而是与过去的 AFDC 资格相关。

次年，国会颁布了《州儿童健康保险计划》（*State Children's Health Insurance Program*），即现在的 CHIP。该法允许各州将保险范围扩大到家庭年收入低于 3 倍 FPL 的中低收入家庭儿童。联邦政府为该计划提供了一个更慷慨的匹配公式，所以从州的角度来看，保险范围的扩展是相对便宜的。各州在建立 CHIP 计划方面也有很大的灵活性，大约有三分之一的州仅扩大了医疗救助资格，另外三分之一的州建立了完全独立的 CHIP 计划，余下的州则将二者结合运用。

医疗照顾计划在这几年也得到了发展，在布什政府期间，国会颁布了医疗照顾计划 D 部分，这是自医疗照顾计划颁布以来最重要的一步。从 2006 年开始，这项立法使得老年人能够购买私人处方药物保险，这类似于一般联邦税收补贴的 B 部分（医生保险）。

消费者导向的健康计划

在私营保险领域，2005 年前后引入了一种新式健康保险方法，即消费者导向的健康计划。该方法将 HDHP 与免税健康储蓄账户（HSA）相结合。有了 HDHP，参保者必须先支付 1 500 ~ 10 000 美元的医疗费，然后保险公司才能为其支付费用。2003 年颁布的立法允许人们将此类计划与 HSA 连结，HSA 允许人们在账户中免税存入资金，然后提取这些资金用于支付医疗服务，以满足政策中的免赔额，HSA 中的未动用资金可在不受罚款的情况下于下一年展期。支持者认为，这种安排给人们提供了预防灾难性健康事件的保险，但也让他们看到了常规服务的真实全价。[①] 这样，消费者们会有一种更加谨慎购买医疗服务的经济动机，即只购买对他们来说物有所值的医疗服务。如表 1.3 所示，2008 年仅有 8% 的参保工人有 HDHP，但到了 2012 年，该比例已增至 19%。

正如我们在第 3 章中讨论的那样，2010 年见证了 ACA 的实施。这部法律给美国健康保险市场带来了重大变化，它要求几乎所有美国公民和合法居民购买健康保

① 译者注：因为通常情况下，常规医疗服务是有保险保障的，被保险人只需支付自费的那部分，而消费者导向的健康计划以保障灾难性医疗支出为目的，一般常规医疗费用需要全额自费。

险，为低收入人群提供巨额补贴，并对未购买保险的人处以罚款。该法还允许大力扩张医疗救助计划，通过减少对医疗照顾计划的支出，引入或增加一些税收，为19～64岁的人群提供健康保险。在撰写本书时，健康保险和医疗市场正在落实这部内容庞杂的法律，并评估其对它们的意义。

本章小结

• 美国的私营健康保险始于医院和医生为解决大萧条带来的收入问题所做的努力。

• 管理式医疗计划的先驱与传统保险同时出现，但受到医生的严峻挑战，因为他们担心由于无法对不同服务需求的患者进行价格歧视而带来收入损失。

• 20世纪中叶，健康保险的增长主要是由于受到员工的健康保险计划的免税优势的刺激。第二次世界大战期间的工资和价格管制、工会的兴起，以及将健康保险作为集体谈判的一个适当焦点，均为其他关键影响因素。

• 商业保险公司之所以能在保险市场上取得成功，是因为它们引入了经验费率，这使它们能够为预期理赔经验较低的群体提供费用较低的保险，其他行业保险提供者也纷纷效仿。

• 1965年颁布的医疗照顾计划扩大了美国老年人的保险范围，当前该计划反映了20世纪60年代私营健康保险的本质。事后认可的医疗成本报销制度主要是从医疗服务提供者设计的蓝十字和蓝盾计划中借鉴而来，这种基于医疗成本的报销制度已根深蒂固20年。

• 1974年通过的《雇员退休收入保障法》（ERISA）导致了自我保险的雇主健康计划的增长，以及传统保险市场风险承担者们的竞争。

• 20世纪80年代和90年代管理式医疗的发展，是因医疗成本增加而采用选择性合同的结果，选择性合同还将价格竞争引入了医疗市场。

• 20世纪80年代至21世纪初，医疗救助计划和医疗照顾计划都有很大的扩展。医疗救助计划和儿童健康保险计划为19岁以下的少儿扩大了参保资格，医疗照顾计划则将处方药纳入了保障范围。

• 20世纪90年代和21世纪初，医疗服务提供者之间出现了合并，管理式医疗计划的服务管控出现了反对呼声，这两件事都削弱了管理式医疗计划运用可选择性合同的能力。

• 2005年前后出现了消费者导向的健康保险计划，它提供了一个高免赔额的保险计划和一个免税的健康支出账户，并逐渐壮大至占据了约七分之一的参保人群。

• 2010年的《患者保护与平价医疗法》（*Patient Protection and Affordable Care*

Act）提出了个人购买健康保险的强制要求，并扩大了医疗救助计划，以覆盖低收入的成年人。

问题讨论

1. 如果蓝十字采用的是单一医院计划而不是全体医院计划，那么美国医疗服务的历史会有何不同？

2. 保险在哪些方面削弱了医生的收入机会？总的来说，健康保险在对医生和医院服务的需求方面产生了何种影响？

3. 员工的健康保险，其税收政策如何影响雇主所提供的保险的需求？

4. PPO 的哪些特点促成了其成为参保职工最主要的管理式医疗形式？

5. 一个高免赔额的健康计划和一个免税健康储蓄账户如何能鼓励人们更谨慎地购买医疗服务？

延伸阅读

[1] Cunningham Ⅲ, R, and R. M. Cunningham, Jr. 1997. *The Blues: A History of the Blue Cross and Blue Shield System*. DeKalb, IL: Northern Illinois University Press.

[2] Fishback, P. V., and S. E. Kantor. 2000. *A Prelude to the Welfare State: The Origins of Workers' Compensation*. Chicago: University of Chicago Press for the National Bureau of Economic Research.

[3] Murray, J. E. 2007. *Origins of American Health Insurance: A History of Industrial Sickness Funds*. New Haven, CT: Yale University Press.

[4] Numbers, R. L. 1979. "The Third Party: Health Insurance in America." In *The Therapeutic Revolution: Essays in the History of Medicine*, edited by H. J. Vogal and C. E. Rosenberg, 177 – 200. Philadelphia: University of Pennsylvania Press.

[5] Starr, P. 1982. "The Triumph of Accommodation." In *The Social Transformation of American Medicine*, Book Ⅱ, 290 – 334. New York: Basic Books.

第 2 章　保险保障综述

本章简要概述了美国健康保险的性质，重点是它的覆盖范围及来源，包括保险和个人购买的保险，以及医疗照顾和医疗救助这类公共计划，我们也会关注未参保群体的人数和特征。本章最后分析了 2008 年经济危机对健康保险覆盖范围的影响。

保障覆盖范围

根据 2010 年的人口普查，美国的常住人口约为 3.09 亿，大约有 2.7 亿人有某种形式的健康保险。但具体可衡量的标准较为模糊。人们从各种渠道获得健康保险，意味着许多人有时能从一个以上的来源获得保险保障。此外，他们也可能全年都没有参保，而且也没有关于某人在什么时间内拥有何种保险的独立数据库存在。因此，一个生活在双职工家庭的人可能同时拥有两个职工保险，或一个或二者均无。退休人员可能有医疗照顾计划和私人补充保单。提前退休的人可能还没有资格享受医疗照顾计划，但可以通过前雇主获得保险，或购买个人保险。大学生则可以通过父母、大学获得保险，或者购买个人保险。

关于整个健康保险，最常用的数据来源是美国当期人口普查（Current Population Survey，CPS）的 3 月份补编版。这项具有代表性的全国大型调查主要是通过电话进行的，对于那些没有电话的人则采用家庭走访。每个月约有 5 万户家庭被访查，在回答几项特定问题时，会遵循一套较为复杂的规则。保险问题涉及上一个日历年度的保障，原则上回答内容与全年有关。雇员福利研究所（Employee Benefit Research Institute，EBRI）每年发布一份易于获取的有关上述数据的摘要，并对调查方法进行总结（Fronstin，2012b）。美国社区调查（American Community Survey，ACS）始于 2005 年，它越来越多地被用来提供州和社区层面的保险信息。这项调查每年约有 300 万人参加，但其设置的保险问题不如 CPS 那么详细。

因为几乎所有 65 岁及以上的人都有医疗照顾计划，大多数关于保险特性的讨论都集中在非老年人身上——那些 65 岁以下的人。表 2.1 显示了 2000 年和 2011 年拥有健康保险的非老年人口的数量和比例。请注意，每年受访者中有保险与没有保险的人数比例加总超过 100%，这是因为有些人有多种保险来源。另请注意，每个保险类别覆盖的人数具体数量之和大于报告中的总数，因为总数剔除了重复参保的人数。

约有 58% 的非老年人在 2011 年通过雇主获得了保险（Fronstin，2012b），其中一半通过自己的就业得到保险，其余则作为受抚养人得到保险。2000 年是雇主提供保险的全盛时期，超过 1.69 亿人拥有医保。这个数字到 2011 年下降到 1.55 亿，下降了 16%。

健康保险参保人年龄分布通常呈现为 U 形，近 50% 的 18 岁以下儿童有这种保险（Fronstin，2012b），这一比例相对较低的部分原因是 1999 年国家儿童健康保险计划（CHIP）的出台。正如我们在第 25 章中所讨论的，这种扩张导致了对儿童的私营保险的大量“挤出效应”。21 ~ 24 岁年龄组的医保覆盖率降至 43.1% 的低点，主要是因为孩子们结束学业，不再享受父母的医保覆盖范围，要么还没有工作能提供保险，要么虽然工作，但保障水平降低了。2012 年，随着《患者保护与平价医疗法》（ACA）的要求，这一比例将开始上升，该要求允许父母的员工保险计划涵盖 26 岁以下的受抚养人。然后，这一比例在 45 ~ 54 岁有所上升，在这一点上，66.4% 的人获得了保险，但在老年职工中有所下降。55 ~ 64 岁年龄组的人，享有保险的可能性略低（64.5%），部分原因是由于提前退休，部分原因是健康问题导致他们停止工作。

表 2.1　2000 年和 2011 年 65 岁以下美国人健康保险参保的人数和百分比

项目	2000 年		2011 年	
	人数（百万）	百分比（%）	人数（百万）	百分比（%）
员工保险	169.7	69.3	155.5	58.4
个人保险	17.8	7.3	18.9	7.1
医疗照顾计划	5.5	2.3	8.4	3.2
医疗救助计划	25.0	10.2	46.9	17.6
军人保险	6.6	2.7	9.0	3.4
无保险者	36.3	14.8	47.9	18.0
总计	244.8	106.6	266.4	107.7

资料来源：Fronstin（2012b）。

员工保险覆盖范围因行业而异。2011 年，农业、林业、渔业、矿业和建筑业仅有略超一半的工人获得了保险（见图 2.2）。相比之下，公共部门的员工更有可能享受保险，其中超过 85% 的人在当年有保险保障。

个人保险是私营保险，并非通过团体购买。2011 年统计显示，7.1% 的非老年人已于 2005 年获得此类保险（Fronstin，2012b）。政策制定者对个人保险市场非常感兴趣，由于从 2014 年开始为低收入人群提供大量补贴，ACA 期望通过建立保险交易所，大幅扩大这一市场。其他政策制定者主张将目前有利于保险的税收优惠改为鼓励个人保险。如图 2. 3 所示，直到人们达到 45 岁，不同年龄组购买个人保险的比例相当稳定。45 岁之后，由于许多人已经从雇主那里退休，或者尽管正在寻找新的工作，但尚未获得加入医疗照顾计划的资格，所以更高比例的人开始购买保险。

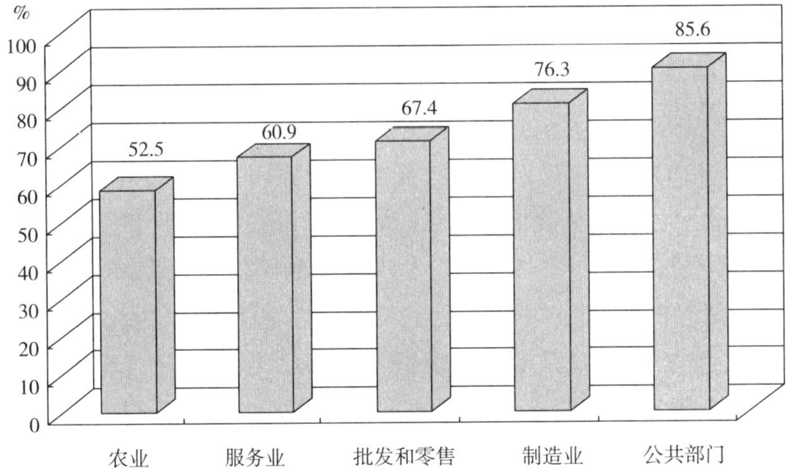

资料来源：Fronstin（2012b）。

图 2. 2　2011 年按行业分类的员工保险的职工参保百分比

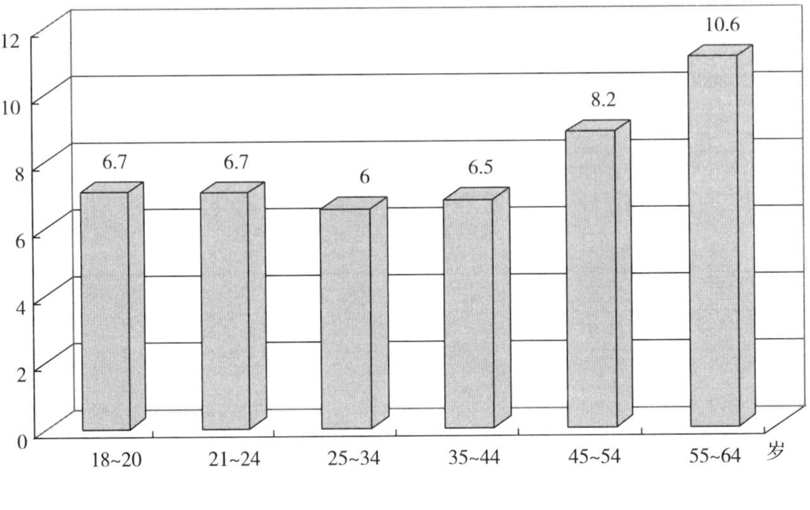

资料来源：Fronstin（2012b）。

图 2. 3　2009 年按年龄划分的非老年人群拥有个人保险的百分比

2011 年，医疗照顾计划覆盖了 3. 2% 的非老年人。这些人中许多由于残疾而有资格享有该计划；其他人则是医疗照顾计划受益人的受抚养人或配偶。2000—2011 年，医疗照顾计划覆盖的非老年人口数增加了近 53%，这种增长很大程度上源于医疗保险对“残疾”更宽泛的解释（Autor 和 Duggan，2003）。

医疗救助计划是一项针对低收入人群的联邦和州联合保险计划。从 2000 年到 2011 年，接受医疗救助的人数增加了超过 87%。CPS 的数据显示，2011 年医疗救助计划覆盖了 17.6% 的美国非老年居民，有两个重要原因使得该比例低估了医疗救助覆盖面。首先，正如本章后面所述，医疗救助是美国养老院的主要保险来源。养老院中的绝大多数人年龄在 65 岁以上，未列入表 2.1。其次，有人怀疑 CPS 的方法无意中低估了医疗救助的资格范围。美国国会研究所（2005）将 CPS 的估计结果与另外两项针对低收入人群的调查进行了对比，得出结论：2004 年，CPS 低估了医疗救助成人数量约 580 万，并夸大了未投保人数 370 万。

然而更具实质意义的结论是，医疗救助计划的扩展无疑是由经济危机和 1999 年 CHIP 计划实施所推动的。从 2007 年（危机前的最后一年）到 2011 年，接受医疗救助的人数增加了 1 000 万，相当于 27% 的增长水平。CHIP 计划扩大了政府资助的 18 岁以下儿童的受保范围，通常达到联邦贫困线的 300%。

表 2.1 中的军人保险指的是覆盖美国军队退休军人，以及现役、退休、已故军人的家属的 Tricare 计划。它还包括 CHAMPVA 项目，全称是退伍军人事务部公民健康与医疗项目（the Civilian Health and Medical Program of the Department of Veterans Affairs），是为残疾家属和某些退伍军人的未亡人和未成年残疾人家属准备的。2011 年，这些项目覆盖了近 3.4% 的美国非老年人口。

无保险者

表 2.1 描述了 CPS 关于 2011 年无保险者的估测结果，数量为 4 790 万人，占总人口的 18%。表 2.4 显示了 2011 年按年龄和性别组分列的、非老年人群无保险者的分布情况。正如我们之前讨论的那样，21 ~ 24 岁的人群最有可能缺乏保险。据 CPS 估计，超过 30% 的男性和大约 25% 的女性没有保险。图 2.5 按种族或民族划分的未参保比例，2004 年有将近三分之一的西班牙裔美国人、21% 的非洲裔美国人和 13.2% 的白人没有保险。鉴于生活在西南部的年轻人、西班牙裔和非裔美国人相对较多，西南部（阿肯色州、路易斯安那州、俄克拉何马州和得克萨斯州）以及山区和太平洋区域的无保险者比例较高也不足为奇。

CPS 还报告了因公民身份不同，导致健康保险的缺失。Fronstin（2012b）指出 46% 的非公民人口是没有健康保险的。相对应的，归化公民和自然公民的无保险率分别是 23.4% 和 15.2%。非公民人口包括合法和非法的居住人群，其具体占比不清楚。但是，Tampa Bay Times（2009）报告皮尤西班牙中心（Pew Hispanic Center）估计美国 2007 年共有 1 190 万非法居住者，其中大约 680 万人没有保险。基于 CPS 2007 年对无保险人群的测算，这意味着约 15% 的无保险人是非法居住者。鉴于

2008 年的经济衰退导致大量合法居住者离开了美国，他们在无保险人群中的占比目前要更小一些。

表 2.4　　2011 年按年龄和性别分列的无保险美国人比例　　单位：%

	年龄组						
	18 ~ 20	21 ~ 24	25 ~ 34	35 ~ 44	45 ~ 54	55 ~ 64	总计
男性	23.0	31.0	32.1	23.4	19.1	14.1	23.1
女性	19.4	26.4	24.5	19.3	16.8	15.0	19.6

资料来源：Fronstin（2012b）。

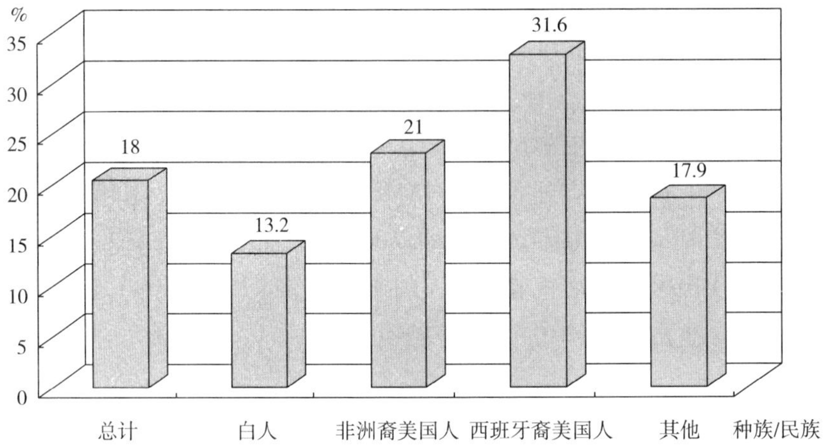

资料来源：Fronstin（2012b）。

图 2.5　2011 年按种族/民族分列的无保险者的百分比

员工保险

凯撒家庭基金会和健康研究教育信托基金（KFF 和 HRET，2012）对健康保险情况进行了年度调查，调查结果可以通过凯撒家庭基金会的网站（http://ehbs.kff.org/pdf/2012/8345.pdf），或者 Gary Claxton 和他的同事们在《健康事务》（*Health Affair*）杂志的年度总结文章中找到。这项调查代表了全国范围内公营和私营企业，均选自 Dun 和 Bradstreet 的美国上市公司名单。随后几年里又对上述回复企业进行了重新调查，每年有 1 400 ~ 2 000 家公司回复，全年回复率为47% ~ 50%。

图 2.6 根据 KFF 和 HRET（2012）的调查，描述了 2012 年提供保险的公司的百分比。从数据中可以清楚看出，绝大多数大型企业都提供保险。事实上，只有那

些最小的没有提供。2012 年，雇员为 3 ~9 人的企业中只有 50% 提供健康保险，同期有近 60% 的最小型公司为员工提供了保险。

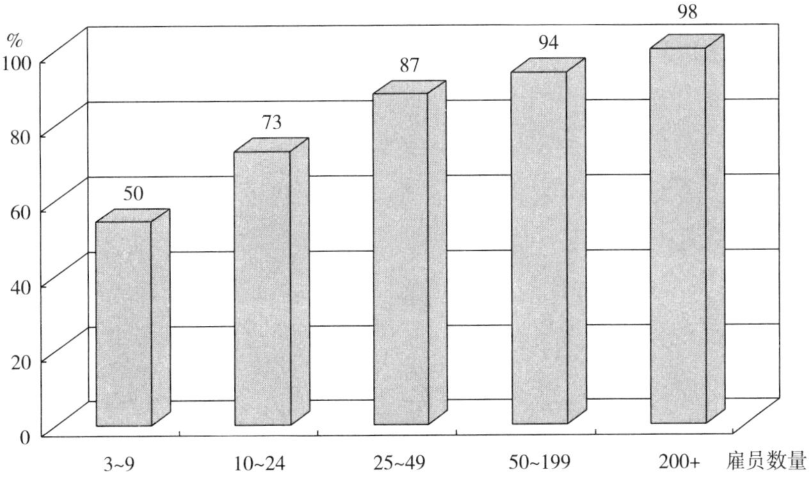

资料来源：KFF 和 HRET（2012）。

图 2.6　2012 年按雇员人数分类的提供健康保险的企业占比

雇主通常为全职员工提供保险。KFF 和 HRET 的调查（2012）还显示，2012 年提供保险的所有公司中，28% 为兼职员工提供了保险（66% 的公司有 5 000 名以上的雇员），2% 为临时员工提供保险。调查发现，在提供保险的公司中，平均有 77% 的员工有资格获得保险，而其中只有 81% 的人接受了保险。我们将在后面的章节中更深入地讨论这些问题，但员工拒绝参保的原因有多种，包括通过配偶获得保险或者认为自付费用过高。

虽然许多小型公司不提供健康保险，但有些却为员工提供资金购买非团体保险。KFF 和 HRET（2012）的调查显示，有 9% 的最小型公司这样做，而拥有 10 ~ 199 名雇员的企业中有 11% 也这样做。这种方法虽然具有简洁的优点，但却没有利用由员工健康保险所享受的税收补贴。详见第 15 章。

许多雇主提供了健康保险计划的选择权，但选择权的多寡与企业的规模有很大的关系。比如，2012 年，超过 5 000 人员工规模的企业，有 25% 提供三个以上的保险计划供员工选择，另有 49% 的企业提供了两个保险计划供选择。相反，200 人以下规模的企业只有 17% 提供了多于一个的保险计划供选择。之所以出现如此差异，主要原因是多个保险计划的提供加大了管理成本，同时小企业也担心多元保险计划的提供会导致逆向选择（见第 5 章）。

正如第 1 章所指出的，当今的企业几乎总是提供一个或多个管理式医疗计划，通常是优先医疗提供组织（PPO），而较小的企业最有可能继续提供传统保险计划。

Morrisey（2003）指出，在一项针对雇员少于250人的小型企业的调查中，只提供传统保险计划的占24%。到2012年，即便是小型企业也开始转向提供管理式医疗。KFF和HRET（2012）的调查发现，提供传统保险计划的只有2%，员工保险的多数（42%）则采用PPO模式。

健康保险费的上涨速度快于通常的通货膨胀速度。2012年KFF和HRET的数据显示，所有提供保险的企业平均每月在个人健康保险上的保费为468美元，家庭健康保险为1 312美元。PPO保费最高，2012年数据显示平均每月分别为488美元（个人）、1 363美元（家庭），而高免赔额健康计划的保费最低（个人411美元，家庭1 177美元）。虽然这种比较一目了然，但过分强调这些原始数据差异是危险的，保费的差异反映了承保服务、共付额、免赔额以及参保者的预期索赔经历等多方面的差异。

自1996年以来，名义保费和实际保费（通货膨胀调整）一直在上涨，也提高了雇员必须为个人和家庭保险缴纳的保费。在2012年，平均每月个人保费为79美元，家庭保费为360美元。不过必须指出，尽管雇员保险费的数额一直在增加，但在过去20年里，员工缴费在全额保费中所占的份额非常稳定。普通公司的雇员往往支付16% ~18%的个人保费，以及26% ~28%的家庭保费（KFF和HRET，2012）。

几乎所有的员工保险计划都包括住院、看医生、处方药、门诊和住院精神健康服务，以及许多其他健康服务。然而，保险范围可能会有所不同，并且各公司间以及公司内部各计划之间的共付额和免赔额可能会有很大差异。例如在2012年，30%的HMO参与者要面临通常的年度免赔额，而记点服务计划（POS）的这一比例为60%，其中76%从HMO的691美元到POS的1 014美元不等。显然，高免赔额健康计划需要免赔额。KFF和HRET（2012）调查报告显示，这些保险计划关于个人保险的平均免赔额为2 086美元。在过去的十年里，免赔额金额不断增长。在2006年，10%的参保员工有1 000美元甚至更多的免赔额，截至2012年底，这一比例达到34%。通货膨胀是这一增长的原因之一，但是免赔额应用范围的扩大也是另一个十分重要的原因。此外，只有不到10%的参保员工在初级保健医生就诊时没有面临自付额或共同保险比例。根据计划类型，网络内初级护理的平均费用为21 ~25美元，而特别护理的平均费用为31 ~36美元。

保险计划也倾向于使用多种医疗服务管理技术，表2.7显示了KFF和HRET对技术使用的调查结果。医院预入院证明是指医生在获得事先批准后，方可将病人送入医院的通行证。从1997年到2007年，这种技术的使用显著减少。门诊手术预认证要求医生在进行门诊手术前获得计划批准。在2007年，也就是最近的一年，大约55%的参保职工有此要求。高成本病例管理和疾病管理是指保险计划将护士病例管理员分配到特定类型的病例，以确保患者根据临床指南接受治疗的计划。这些努力尚未得到严格评估，但他们的意图似乎同样有助于患者维持治疗方案以控制成本。

表2.7　大公司计划中被保险员工医疗服务管理技术使用百分比　单位：%

年份	1997	2005	2007
医院预入院证明	92	80	78
门诊手术预先证明	52	52	56
高成本病例管理	81	91	82
疾病管理	—	67	—

资料来源：Gabel 等（2005）、KFF（2007）。

一旦达到高免赔额，消费者导向的健康计划（CDHPs）就会提供一个相当慷慨的健康保险计划。此外，这些计划还提供了一个免税健康储蓄账户（HSA），人们可以通过它来支付保险不承担的费用，我们将在第17章中深入讨论这些新模型。需注意的是，KFF和HRET的调查（2012）显示，31%的员工保险计划在2012年提供了此类安排，比2005年高出了4%。此外，19%的有保险的员工参加的是高免赔额保险计划，其中58%属于CDHP。CDHP为个人保险提供的年均免赔额为2 190美元，最高自付责任额为3 725美元。

医疗照顾计划

医疗照顾计划通常为65岁以上的人提供健康保险。医疗保险受托人（董事会、联邦医院、保险和联邦补充医疗保险信托基金）2012年报告称，2011年医疗照顾计划覆盖了4 870万人，其中4 040万人年龄在65岁以上。医疗照顾计划针对老年人有四个部分：A部分主要包括医院、专业护理机构和家庭健康服务，均由专门用于医疗照顾计划的工资税支付。B部分主要包括医生服务和耐用医疗设备，其成本的四分之三来自联邦政府的一般税收收入，余下四分之一由受益人每月缴纳的保费支付。2013年，大多数人的保费为104.90美元，收入较高者则需支付较高比例的B部分保险费。

一些老年人更愿参加医疗照顾的管理式医疗计划，约有25%的受益人参与其中。管理式医疗计划的官方名称是“医疗照顾优势计划”（Medicare Advantage），即C部分。老年人获批参加计划并同时享受A部分和B部分服务的情况下，即可参加C部分，通常还可享受额外福利，包括年度体检和处方药。然而，他们有时须在医疗照顾优势计划中每月额外支付保险费。C部分的注册人数在未来几年可能会下降，ACA呼吁大幅削减优势计划在医疗照顾中的支付金额，更多细节请参阅第

3 章和第 23 章。

医疗照顾计划的 D 部分于 2006 年开始施行，该自愿计划通过每月额外保费，提供处方药保险，此保险费随所选药物计划的不同而变化，该保险可在社区中众多获批的私营保险公司中选择一家购买。与 B 部分类似，受益人支付的保费是标准计划费用的 25%，其余 75% 来自一般联邦税款。保险设计很有特色。2012 年标准医疗照顾计划的受益人首先要承担 320 美元的免赔额，医疗照顾计划承担余下的2 930 美元，即费用的 75%。接下来的 3 610 美元没有保险支付，但在那之后，医疗照顾计划支付超过 6 657. 50 美元的药费的 95%。人们可能会购买更慷慨的保险，从而避免上述成本分摊条款，消除所谓的“甜甜圈漏洞”。此外，ACA 从 2011 年开始逐步减少甜甜圈漏洞。我们将在第 23 章讨论以上内容。

就我们当前研究目的而言，最为重要的是意识到大多数医疗照顾受益人都有某种形式的附加险。如图 2. 8 所示，2008 年，除了 10% 的医疗照顾计划受益人之外，剩余 90% 的人都有某种形式的补充保险，三分之一（33%）的人通过雇主投保。这一群体包括拥有雇主投保的退休人员保险，以及年龄在 65 岁以上、仍在就业并拥有有效职工保险的人。

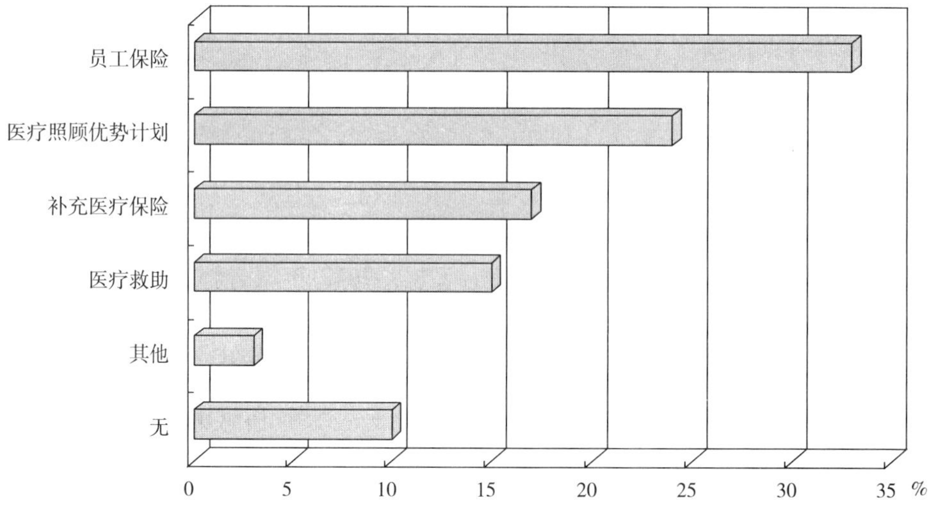

资料来源：KFF（2012a）。

图 2. 8　2008 年医疗照顾计划受益人拥有其他额外保险的百分比

另外 17% 的医疗照顾计划受益人有所谓的补充医疗保险（Medigap）计划。传统的医疗照顾计划规定了每次病发的免赔额（2013 年为 1 184 美元）、每次病发住院超过 60 天的免赔额（2013 年为 296 美元）。其他费用分摊安排包括关于 B 部分服务的年度免赔额，受益人预计将支付医生指定药品费用的 20%。许多老年人购买补充医疗保险，旨在支付部分或全部的自付费用。有时，补充医疗保险也会涵盖医疗照顾计划未涉及的福利。在 2006 年之前，处方药福利是补充医疗保险可能提供的最常见的附加福利，但随着 D 部分的推出，它们提供药物保险的功能被取消了。

医疗救助计划

医疗救助是一个为低收入者提供医疗服务的联邦—州联合计划，救助资格根据绝对贫困人口、医疗贫困人口或是联邦法律承认的少数特殊困难群体认定。绝对贫困人口包括国家福利计划覆盖的家庭、家庭收入低于联邦贫困线 133% 的孕妇与 6 岁以下儿童、家庭收入低于联邦贫困线 100% 的 6 ~ 19 岁儿童以及联邦补充保障收入领取者等。一些州的资格标准更高，34 个州有医疗贫困计划，保障那些医疗费用大量耗费其收入，足以使他们符合绝对贫困人口的群体。特殊困难群体的资格包括低收入的医疗照顾受益人和在职残疾人。

从 1999 年开始，各州被鼓励通过儿童健康保险计划扩大对 18 岁以下儿童的覆盖范围。50 个州全部制订了儿童健康保险计划，有些州对其医疗救助计划的资格进行了简单的扩展，其他州则建立了独立的计划。根据各州决定，符合资格的收入门槛被提高到联邦贫困线的 200% 或 300%，有时甚至更高。

虽然联邦政府对医疗救助计划的资格认定和涵盖服务制定了总则，但各州在确定资格门槛以及福利条款的慷慨程度方面具有较大灵活性。因此，每个州的医疗救助计划（和 CHIP）是不同的。有关该计划的概述以及各州的资格和覆盖面差异的简要说明，见医疗照顾计划和医疗救助计划中心官网（www. medicaid. gov）。该计划的支出，由与该州相对人均收入挂钩的匹配计划负责，联邦政府通过一般税收收入提供 50% ~83% 的成本补助。

医疗救助看似复杂，实际上它为四个低收入群体提供了医疗服务：儿童、成人、残疾人士和老年人。迄今为止，儿童是最大的服务对象群体，残疾人士费用最高，而每个享受者人均支出最大则是老年人，因为医疗救助是护理院护理的主要来源（见图 2. 9）。

ACA 要求大幅扩大医疗救助（Medicaid）的覆盖范围，从 2014 年开始，年龄在 19 ~64 岁的美国公民和合法居民将有资格获得州医疗救助计划的保障。联邦政府最初将承担这些新受益人的全部费用，到 2019 年，州政府的承担份额将上升到 10%。因为大多数州不覆盖此年龄段的人，除非是残疾人士，所以覆盖范围可能增加 1 700 万人，增长 27%（CBO，2010a）。2012 年，美国最高法院裁定，要求各州扩大其计划的法条违宪。因此，各州现在可以自行决定是否扩大医疗救助计划。

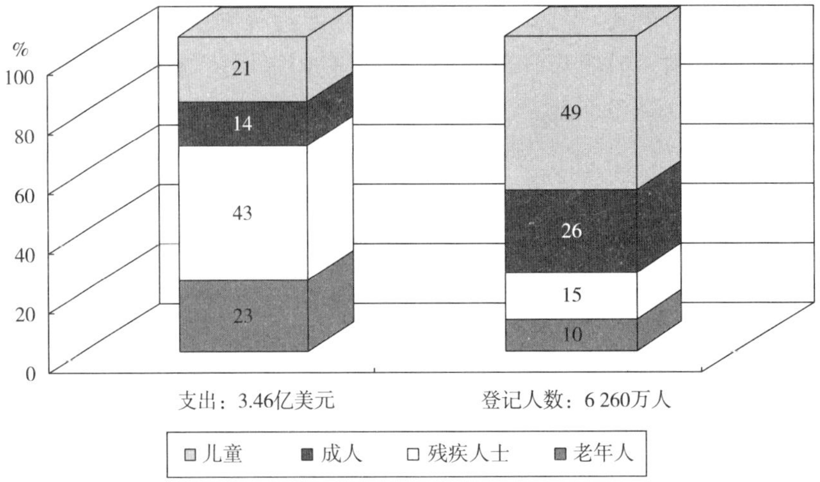

资料来源：KFF（2013b）。

图 2.9　2009 年医疗救助登记人数和支出分布情况

健康保险与 2007—2009 年的经济大衰退

美国国家经济研究局（NBER）将经济衰退定于 2007 年 12 月开始至 2009 年 6 月结束，这次经济衰退是 20 世纪 30 年代以来最长和最严重的一次，被称为“大衰退”。在此期间，就业率下降 6.3%，失业率从 5.0% 升至 9.5%。在 NBER 定义的正式结束日期之后，失业率甚至还在继续上升。经济衰退期间会伴生一些现象：首先，一些人将失业，随即他们和他们的家人将失去私营健康保险。其次，有些人会设法保住他们的员工保险，还有一些人可能由于家庭状况恶化而放弃购买个人保险。然而，这些情况并不完整。一些人，或其家庭成员，可能会成为医疗救助计划或州 CHIP 计划的新成员，而其他失去保险的人可能购买了个人保险。此外，一些因失业而失去保险的人可能购买了所谓的综合多项预算调节法（COBRA）保险（见第 20 章）。事实上，国会在经济衰退的大部分时间里为这种持续保险覆盖提供了部分补贴。简而言之，经济衰退对保险覆盖范围的影响是一个待实证检验的问题。

Cawley，Moriya 和 Simon（2011）研究了经济衰退对保险覆盖面的影响，他们使用了美国人口统计局 2004 年至 2010 年的收入和保险计划参与情况（Survey of Income and Program Participation，SIPP）调查结果，这项针对个人的调查具有收集有关就业和保险的月度信息的优势。作者将这些数据与各州月失业率联系起来，并将个人作为控制变量反复观察，发现了一系列有趣而微妙的效果。总体而言，州失业率平均每增加 1%，保险的覆盖率就会减少 0.57%。然而，其中一些人获得了政府资助的保险，因此净效应是失业率每上升 1 个百分点，保险覆盖率减少 0.30%。

根据 Cawley 及其同事的说法，这种影响主要是由于员工保险覆盖的男性减少。失业率每增加 1%，从任何来源获得保险的可能性就降低 1.67%。尽管女性预估效应结果也为负，但统计学角度上对女性没有显著影响，对儿童的保险保障则没有下降（对儿童的影响似乎来自政府保险覆盖范围的增加，可能与 CHIP 计划相对宽松的资格门槛有关）。男性受影响更大的是年龄较大的工人和白人，但从受教育程度看，受影响最大的是那些没有高中文凭的人和那些有学士学位及以上的人。根据这些估计，并将经济高峰期（2007 年 12 月）和低谷期（2009 年 6 月）进行比较，作者得出的结论是：大约有 930 万人由于"大衰退"失去健康保险。

本章小结

- 美国的健康保险通过多种渠道提供，包括员工保险、个人购买的保险，以及医疗照顾计划和医疗救助计划。
- 2012 年，非老年人口中约有 58% 通过雇主获得健康保险，7% 购买了个人保险，18% 未参保。
- 规模最小的小雇主几乎不会提供保险，兼职和临时工很少有员工保险，一些职工拒绝雇主所提供的保险。
- 小型企业雇主倾向于提供单一计划，较大公司则会提供多个计划。2012 年，保险的单人保费每月约 468 美元，而家庭保费为每月 1 312 美元。随着时间的推移，保费一直在增加，但在过去十年中，作为员工自费的保费支出占比基本不变。
- 医疗照顾计划为大约 4 000 万 65 岁以上的人提供健康保险，然而，90% 的受益人有某种补充保险——通常是通过前雇主获得的退休人员保险或单独购买的补充性医疗保险，尽管许多人还能享有医疗救助。
- 2009 年，医疗救助计划为近 6 200 万人提供了服务。虽然儿童是最大的护理对象群体，但残疾人士护理费用最高。然而，由于支付护理院服务，每个老年医疗救助接受者得到的给付最多。
- 据估计，2007—2009 年的经济衰退使拥有健康保险的人数减少了 930 万，绝大多数为男性。

问题讨论

1. 为什么雇主会选择为他们的雇员提供健康保险？
2. 你认为双职工夫妻在选择工作和健康保险时需要考虑哪些因素？

3. 在你看来，为何会有这么多医疗照顾受益人获得一些补充形式的保险？

4. 如果州选择扩展医疗救助计划，ACA 将给予支持。如果一个州确实按 ACA 的规定扩大了计划覆盖范围（涵盖 19 岁到 64 岁，收入高达联邦贫困水平 138% 的人群），这将对未参保的人数产生什么影响？对参与员工保险的人数产生什么影响？

延伸阅读

[1] Cawley, J., A. S. Moriya, and K. I. Simon. 2011. "The Impact of the Macroeconomy on Health Insurance Coverage: Evidence from the Great Recession." *National Bureau of Economic Research.* Accessed May 23, 2013. www.nber.org/papers/w17600.

[2] Fronstin, P. 2012. "Sources of Health Insurance and Characteristics of the Uninsured: Analysis of the March 2012 Current Population Survey." Employee Benefit Research Institute *Issue Brief* 376. Washington, DC: Employee Benefit Research Institute.

[3] Kaiser Family Foundation (KFF) and Health Research and Educational Trust (HRET). 2012. "Employer Health Benefits Survey." Published September 11. http://ehbs.kff.org/pdf/2012/8345.pdf.

第3章　患者保护与平价医疗法

2010年3月颁布的《患者保护与平价医疗法》（*Patient Protection and Affordable Care Act*，ACA）旨在将保险范围扩至美国大部分人口。本章我们总结了该法的主要保险特征：个人强制保险、医疗救助的扩展，各州医疗保险交易所的建立，以及要求大雇主为其员工提供健康保险。此外，我们还讨论如何为法规条款提供资金，由于医疗照顾计划在资助中发挥核心作用，我们还讨论了该法对医疗照顾计划的一些影响。我们并非要总结该法的所有条款，相反，我们侧重于广泛理解该法的目的、受影响者、成本以及如何获得资金。在接下来的章节中，我们将更详细地探讨该法的许多方面，有时在正文中，有时则通过章节末尾的问题讨论。

ACA的大部分条款于2014年陆续生效，然而，有些条款在颁布后的6个月内便开始生效，例如来自父母雇主的员工保险能涵盖26岁以下的年轻人。其他条款出台较晚，对特别高端的健康保险征税计划要到2018年才开始。然而，落实该法的各项功能是一个不断变化的目标。例如，美国政府于2013年7月宣布，员工保险将从2014年推迟到2015年。凯撒家庭基金会网站（www. healthreform. kff. org）提供了一份优秀的法规摘要，包括实施的时间表以及法律、行政管理和州立法发展情况的总结。

我们讨论内容的一部分，将取材于国会预算办公室（Congressional Budget Office，CBO）对受该法影响的人数和各项条款经费的估算。覆盖范围和费用估算始终是一个变动的目标，我们将使用2010年3月20日的数据，这是CBO在该法颁布之前的最后一次估值（CBO，2010a），该法本身就不同寻常。有关ACA的立法历史，请参阅下面专栏部分。

ACA的立法历程

ACA通常被认为是自1965年医疗照顾计划颁布以来最全面的医疗法规，该法于贝拉克·奥巴马2009年就职后出台，医疗改革是他竞选活动的一个关键点。奥巴马政府支持的立法将包括一个公共选择，即建立一个与私营保险计划竞争的政府保险计划。

2009年的夏天和初秋，国会两院一直在起草该法。11月，民主党控制的众议院以220票对215票的微弱优势通过了该法，39名民主党人反对该法，1名共和党人支持该法。该法包括公共选择权，以及联邦政府更积极的作用。民主党在参议院中以60票的优势赢得了防止阻挠议事①的多数席位，其中包括两名参加了民主党核心会议的无党派人士。然而，参议员的思想更加独立，不受党纪约束。参议院的法案没有众议院的法案那么彻底，它没有包括公共选择，给各州留下了更大的自主权，给无保险者提供保险的数量相对较少。12月24日，该法最终以60票对39票的结果在直接党派投票中通过，然而保险保障能否用于堕胎手术的问题在两院尚存争议。

8月，马萨诸塞州民主党参议员Edward Kennedy去世，在12月的特别选举后，共和党人Scott Brown当选，他于2010年1月初就任。他对该法的反对意味着参议院不再拥有能防止阻挠议事的多数席位。因此，通过采用两个版本的立法相协调的会议法案形式②，该法案将无须在参议院获得通过。最终众议院通过了参议院法案，并于2010年3月23日经总统签署成为法律。

随后，27个州提起诉讼，质疑个人强制医疗保险以及各州扩大医疗救助计划的要求是否符合宪法。2012年6月，最高法院以5票赞成、4票反对的结果裁定：根据国会的征税权，个人强制医疗保险是符合宪法的，但同时裁定如果各州不扩大医疗救助计划，也不会失去现有医疗救助计划的联邦资金。参见《大英百科全书》(2013)中对立法历史的直接介绍。

无保险者

正如我们在第2章所见，美国约有5 000万人没有保险，而ACA的最大目标是减少这一数字，图3.1显示了CBO（2010a）对ACA实施后的第一个十年中无保险人数预期减少数量的估计。CBO估计，实施后的3年内，ACA将把无保险人数减

① 译者注："防冗长发言"（filibuster-proof）的60席。"冗长发言"（filibuster）是议会少数派拖延立法进度的最后方法，即通过不停发言以疲劳战的方式瘫痪议会辩论，最终导致法案无法通过。

② 译者注：按照正常流程，参议院和众议院的两个最初通过的法案版本，会被送到两党协商委员会（Joint Conference Committee），参众两院将对于两个版本中存在的差异，再做讨论及协调，达成一致的协议。然后两党协商委员会再把一个由参众两院都批准的法案交给总统签署后生效。

由于民主党参议员Edward Kennedy去世，造成民主党在参议院仅剩58席无法达到3/5的票数，导致民主党无法阻止共和党利用所谓的"Filibuster"（一种阻碍议案通过的表决方式）阻碍医改方案在参议院的通过。

民主党为了医改方案能起死回生，没有选择常规的流程。为了避免在参议院的二次投票，直接用参议院版本（H. R. 3590）在众议院进行了投票，然后再利用医改补充方案（定义为预算协调，budget reconciliation，而非立法程序）表决。这样一来，众议院只需把对参议院版本的修正部分，再提交参议院表决。这个"协调法案"，在参议院只需要得到简单多数（Simple Vote）即51票支持，就能获得通过。

少近 60%，约 2 100 万人。其余的无保险者预计是那些无证移民——他们没有资格获得保险（约 1 000 万～1 200 万）——以及被豁免或拒绝购买保险的人。医保覆盖范围的增加来自该法的两个关键条款：医疗救助计划的扩大和个人强制保险。

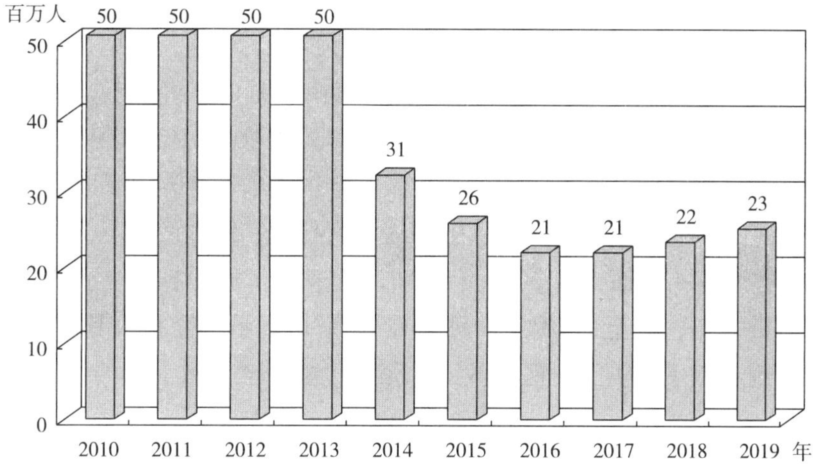

资料来源：CBO（2010a）。

图 3.1　无保险者

医疗救助计划扩张

在第 2 章中我们了解到，医疗救助计划为穷人提供了健康保险计划，为儿童、成年人、残疾人士和老年人提供了保险。我们研究的重点是，除了低收入的孕妇，很少有非残疾的成年人有资格享受医疗救助，这一情况在 ACA 出台后有所改变。从 2014 年开始，家庭收入低于联邦贫困线（FPL）138% 的 19～64 岁美国公民和合法居民将有资格享受医疗救助。表 3.2 列出了 2012 年除阿拉斯加和夏威夷以外的所有州的 FPL 门槛。如果一个人的收入低于 15 400 美元，他就有资格申请医疗救助。CBO（2010a）估计，在 2010 年医疗救助计划全面实施之际，约有 1 600 万人新加入医疗救助计划，比现有贫困线下的非老年人注册人数增加了约 26%。

表 3.2　　2012 年的 FPL 门槛　　单位：美元

家庭人口数量	100%	138%	150%	300%	400%
1	11 490	15 856	17 235	34 470	45 960
2	15 510	21 404	23 265	46 530	62 040
3	19 530	26 951	29 295	58 590	78 120
4	23 550	32 499	35 325	70 650	94 200

资料来源：ASPE（2013）。

该法规定，联邦税收将承担这些新符合条件人群到2016年的医疗费用，随后联邦税收承担的比例将逐年下降，2020年之后联邦政府开始承担费用的90%。

这些估计基于这样的假设：为包括这些新的符合资格人群，所有的州都将扩大医疗救助计划。这一假设较为合理，因为立法要求，任何未扩大其医疗救助计划的州，都将失去对其现有医疗救助计划的所有联邦拨款。然而，2012年6月，美国最高法院在NFIB等人诉Sebelius案中裁定，国会在这方面已经越权。法院裁定，如果一个州选择不扩大其医疗救助计划，联邦政府无权取消为该州现有医疗救助计划提供的联邦税收资助，仅能保留相应的扩张资金。这项裁决对新参保人数会产生多大影响，目前尚不清楚。一方面，从国家的角度来看，联邦政府至少补贴90%的新保险覆盖人群。另一方面，自2007年以来，大多数州的预算都受到经济衰退和缓慢复苏的严重影响，截至2013年6月，有16个州表示不会扩大其医疗救助计划。至少，CBO现在似乎提供了对医疗救助扩张后可能覆盖人数上限的估计。

个人强制保险

ACA对个人强制保险的要求是：宗教反对和经济困难等限制因素除了大多数美国公民和合法居民（已经在美国生活了5年）必须拥有健康保险，这种强制性有三个主要特点：第一，个人会因没有保险而遭受处罚。第二，为低收入人群提供补贴。第三，要求保险保障范围更精准，人们必须具备“合格”的保险。人们不一定必须通过保险交易所购买保险，大多数人将继续通过雇主获得保险。然而，只有在通过个人交易所购买保险时，才能获得补贴。

罚款。如果一个人没有健康保险，就要缴纳罚款。罚款将在一段时间内分阶段实施，并根据2016年之后的通货膨胀进行调整。在2014年的第一年，个人税收罚款为每年95美元，或是应税收入的1.0%，以较大者为准（每个家庭最高罚款为其3倍）。个人所得税罚款在2015年为每年325美元，占应税收入的2.0%；2016年为每年695美元，占应税收入的2.5%。

惩罚的理由很简单，涉及逆向选择，即第4、5和6章的主题。ACA要求保证可保，并禁止保险公司基于已有的健康状况来确定保费。例如，如果某人有糖尿病或心脏病，他们不能被拒绝承保，这就是“保证可保”的意思。此外，不能因为他的健康状况而收取更高保费，这就是取消私营保险合同中既存状况条款的效果。然而在这些条件下，人们就有了在需要健康服务之前不去购买健康保险的动机。举一个极端的例子，一个人从不买任何保险，宁愿在躺在轮床上被送入医院急诊科时才注册保险计划，一旦出院便立即退出保险计划……为了减少此类动机，用税收惩罚方式来促进人们购买保险。

然而，一个悬而未决有待考证的问题是，税收惩罚是否大到足以达到该目的。695 美元并不是一个很大的税收惩罚，特别是当一个人有严重的健康问题时，他仍然可以购买保险。另一方面，税收罚金随着收入的增加而增加，按应纳税所得额的 2.5% 计算，年收入 10 万美元的家庭罚款为 2 500 美元。此外，可能会施加监管处罚。例如，如果一个人拒绝在开放申请期间购买保险，他可能会支付税款罚金，直到下一个开放申请期才有资格购买保险。这将极大提高没有保险的负面结果。

保险补贴

并非所有人都有经济能力购买保险，ACA 通过向收入在 FPL 100% ~400% 的个人和家庭提供可退还的、可预付的保费税收抵免（tax credit）来应对该问题，这些补贴最终将根据联邦所得税制度处理。假设一个人有资格获得 1 000 美元的补贴，她需要在联邦所得税申报表上证明她购买的保险价值至少 1 000 美元，这样她的纳税义务将减少 1 000 美元，这就是税收抵免的原理。可退还的保费税收抵免意味着，即使她不需缴税，也能得到 1 000 美元的抵免金，即她会得到退款[①]。如果你有足够的钱来预先购买保险，这种机制将很划算，然而许多人可能没有预先购买能力，这时可预付的保费税收抵免意义就很大了。政府将在她填写纳税申报表之前，向她的保险公司支付她可能得到的补贴金额。她在第二年春天缴税时，“结清账”就发生了。从操作上讲，这种税收抵免相对容易实现，因为保险交易所（见下一节）将评估她是否有资格获得补贴，并向保险公司支付她所选计划补贴部分的保险费。

补贴的规模取决于家庭收入（所有来源）和基准保险单的成本，表 3.3 总结了保费补贴政策。例如，一个收入为 FPL 的 200% 的人将有资格获得补贴，该补贴将其保险费（根据基准计划）限制在其收入的 6.3% 以内。对于个人来说，FPL 的 200% 意味着收入为 22 980 美元。他必须每年为基准计划支付不超过 1 448 美元，其余保费将作为补贴支付。当然，如果他想要一个更高端的保障计划，他需要支付全部的额外费用。随着时间的推移，补贴的规模将进行调整，以反映保费和个人收入的增长。

表 3.3　保费补贴

家庭收入	必须支付的范围
FPL 的 100% ~133%	2%
FPL 的 133% ~150%	2% ~4%
FPL 的 150% ~200%	4% ~6.3%
FPL 的 200% ~250%	6.3% ~8.05%

① 译者注：这相当于对购买保险的一种财政补贴。

续表

家庭收入	必须支付的范围
FPL 的 250% ~300%	8.05% ~9.5%
FPL 的 300% ~400%	9.5%
FPL：联邦贫困线（见表 3.2）	

资料来源：KFF（2013c）。

此外，有资格享受保费补贴的人也有资格享受费用分摊补贴。正如我们在下一节中所述，直到保险给付结束，保险计划一直有效。假设您有资格获得补贴，并选择了一项涵盖精算预期成本 70% 的计划。在本例中，您将通过免赔额、自付额等方式，承担您所享受到的医疗服务费用的 30%。然而，如果您的收入在 FPL 的 100% ~150%，您只需要承担费用的 6%；在 FPL 的 150% ~200%，承担费用的 13%；在 200% ~250%，承担费用的 27%；在 FPL 的 250% 及以上，则是全部费用的 30%。

合格的健康保险计划

可以想象，有人会试图通过购买“假保险”来满足法律要求，也就是说，这种保险本质上只是空架子。为了防止此种状况，ACA 要求通过交易所提供的所有计划，最终也包括所有计划，都必须涵盖基本医疗服务。除了住院和紧急服务等较宽泛的服务类别以外，该法对“基本”二字没有做出明确规定。健康及公众服务部（Department of Health and Human Services，HHS）负责实施基本医疗服务，HHS 已经为各州提供了一些在本州实施该定义的选择方案（NCSL，2013），各州可以使用下列任何一种作为认可的保险项目。

- 参保的最大的保险计划将在本州小团体保险市场上三个最大的小团体保险产品中产生。
- 注册人数最多的三个州员工健康福利计划之一。
- 注册人数最多的三个国家联邦雇员健康福利计划之一。
- 该州最大的商业保险，非医疗救助型的健康维护组织。

保险交易所

根据 ACA，每个州都有机会为个人和小企业建立一个保险交易所。如果一个州拒绝这样做，联邦政府将在该州经营交易所，我们将在第 22 章详细讨论这些交易所。这里我们将总结几个要点。

某种程度上，交易所仅仅是一个场所，人们和小企业在这里可以找到一系列可供选择的保险计划，然后加入对他们来说最合适的那个计划。在抽象化的层次上，至少有一个国家“交易所”已经存在。健康保险（www. ehealthinsurance. com），这个网站在每个州都提供一些健康保险计划。用户只需输入自己的年龄、性别、邮政编码和吸烟状况，网站就会反馈一份不同公司提供保单的清单。用户可以选择保险保障范围、阅读细则并联系公司安排购买。

然而，ACA 的交易所远不止于此。首先，各州可以为个人和雇员少于 50 人的小型雇主（或州自己选择，可以是 100 人）单独建立交易所，或者将它们合并成一个交易所。这里的问题还是逆向选择，一些人担心，只有那些索赔经验高于平均水平的小雇主才会通过交易所购买保险，这一行动将提高个人在统一经营的交易所的平均保费。因此，人们期望各州在行政管理上合并交易所，但为个人和小企业保留单独的风险分摊池。

交易所还必须确定获得医疗救助和个人补贴的资格，并提供推广服务，将群体和公司纳入他们选择的计划中。各州对于他们所期望的交易所在实际保险市场中的参与程度有一定的自主权，交易所至少可以提供所有被认定合格的计划。或者，他们可以对保险的性质附加条件。例如，他们可以排除或鼓励高免赔额计划，或在每个计划中要求在全州范围内建立医疗提供者网络。最后，交易所可以与保险公司协商，只提供那些保费较低的计划。

交易所必须提供几种可选方案，所有这些方案都必须包括基本健康保障。这些计划在立法中被设计为青铜、白银、黄金和铂金计划。青铜计划设计为，该计划须报销保障范围内医疗服务费用的 60%。白银、黄金和铂金必须分别报销 70%、80% 和 90% 的费用。用户支付剩余的百分比，直至自付额上限，保险公司的计划可以用各种方式满足这些精算限额，一个青铜计划可能有一个大免赔额和较少的后续成本分摊。另一种则可能在全部医疗服务上平均自费金额。自付额的上限是目前用于医疗储蓄账户的金额。2012 年，每个人的自付上限是 6 050 美元，每个家庭的自付上限是 12 100 美元。个人保险交易所也将提供灾难性医疗的保险计划（即高免赔额健康计划），但这些只适用于 30 岁及以下的人。

个人保险计划可以通过交易所提供青铜、白银和其他保险计划。然而，立法中对它们在确定费率时可能使用的因素有限制。首先，保单必须保证可保和保证续保，这些条款意味着保险公司不能拒绝向某人出售保险或续保。其次，保险公司只能使用年龄、地理位置、家庭结构和吸烟情况来设定费率。例如，他们可能会向老年人收取更高的保险费。然而，最高费率不能超过最低费率的 3 倍。如果健康年轻人和较不健康老年人的医疗索赔费用比例不超过 3:1，这条规则就不那么重要了。然而，如果实际上是 5:1，而且没有人会被拒保，那么必须提高较健康年轻人的保费，使其与不健康老年人的保费比例不超过 3:1。吸烟者应被收取更高的保费，但不超过 1. 5:1。注意不能考虑健康状态，这是取消既存状况条款的结果。同样要注意的是，性别不能被用于设定费率，由于女性的理赔成本往往高于男性，因此这一要求意味着女性的保费将低于原本的水平，而男性的保费则会更高。

正如我们在后面几章中详细讨论的那样，交易所还须对保险公司通过交易所收到的付款进行风险调整。这意味着，如果一家保险公司以某种方式拥有一组比其他保险公司具有更低（或更高）索赔经验的保险计划参保者，那么该交易所将从具有较低索赔经验的保险公司转移到具有较高索赔经验的保险公司。

去估算交易所将覆盖的人口和小公司的数量是很困难的，CBO（2010a）提供了图 3.4 中的估计值。他们估计，在 2014 年即交易所运营的第一年里，将有大约 800 万人通过交易所注册保险计划。到本世纪末，预计将有多达 2 400 万人加入。从某种意义上讲，至少大多数目前有个人保险的人可能会通过其中一个交易所获得保险。这意味着将有 1 900 万人，如图 3.4 中的水平线所示。

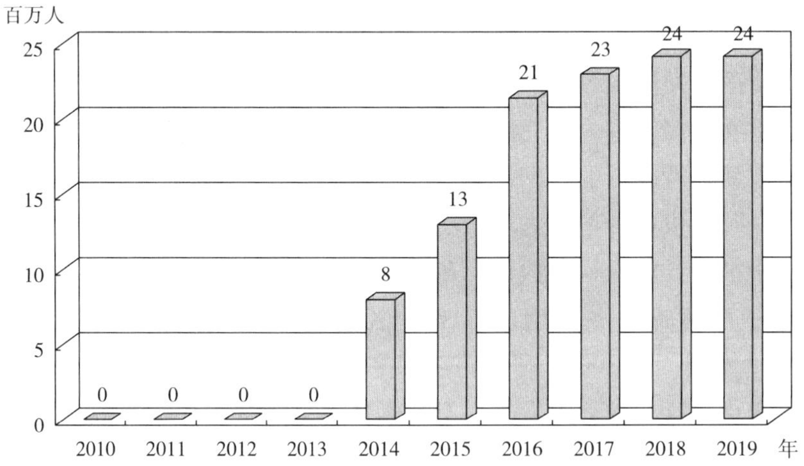

资料来源：CBO（2010a）。

图 3.4　保险交易所的参与者数量

员工保险

ACA 要求雇员人数超过 50 人的雇主为员工提供健康保险，否则将支付罚款，这一规定有时被称为“投保或付款”指令。然而请记住，员工少于 50 人的公司不需提供保险，让我们逐个进行分析。

大型雇主

拥有 50 名及以上雇员的大型雇主，被要求提供健康保险，否则将支付罚款。

如果雇主没有提供保险，但有一名或多名全职雇员获得了保费税收抵免优惠[①]，则每名全职雇员罚款2 000美元（在前30名雇员之后）。[②]

这种“投保或付款”的指令可能对大公司几乎没有影响，雇主当然可以放弃保险并支付罚款。然而，这不大可能发生。正如我们在第14章所讨论的，工人基本上得到了他们应得的福利待遇。这种福利包括许多形式的工资、休假时间、人寿保险和健康保险。如果将健康保险从福利待遇中移除，我们将期望它被其他形式的福利所取代，比如更高的工资。如果这种情况没有发生，雇主们就会发现他们的最佳员工会去别的单位工作。因此，支付当前工资加上健康保险几乎总是比支付更高的工资和罚款（但没有保险）要合算。

有一个关于兼职工人和ACA的问题：ACA要求大型雇主为每周工作30小时及以上的人提供健康保险，然而在许多公司，30小时通常被视为兼职。正如我们在第2章中看到的，相对而言，很少有雇主为兼职员工提供保险。为这些工人提供健康保险意味着要将保险纳入福利、降低工资。因此，我们预期可见：（1）公司降低工资并增加保险；（2）把兼职工作时间减少到每周少于30小时，并雇用更多的兼职工人；或者（3）用更少的全职工人取代几个兼职工人，并为他们提供保险（以及反映保险成本的工资）。餐馆、酒吧和大学是目前雇用许多兼职工人的组织，他们将会因为ACA而面临劳动力的切实变化。

除此之外，我们不要期望短期内雇主提供员工保险发生重大变化，长期来看会有更大影响，一个关键的原因是立法允许继续使用现有计划的原始状态（原文为grandfathering provisions，直译为祖父条款），即新的法律或规定通过之前享受的特权或权利。通过雇主或交易所以外提供的计划，最终必须遵循关于四级福利（青铜、白银、黄金、白金）和保险的基本健康保障等方面的规定。雇主也可以继续提供其现有的一系列计划，只要它不改变太多。然而，如果员工保险的福利待遇发生了实质性变化，过多地增加成本分摊条款（如自付额或免赔额），或者过多地增加雇员的保费承担份额，那么该计划就失去了它的祖父条款地位。[③] 因此，我们很可能进入这样一个时期：员工保险计划将是静态的、几乎不变的，但随着时间的推移，所有这些计划都将符合ACA的要求。

---

① 译者注：获得了保费税收抵免优惠资格雇员，证明他是政府应该负责提供保障的人群，即政府有权要求其所在雇主提供保险项目。

② 此外，如果雇主确实提供了保险，但有一名或多名全职雇员获得了保费税收抵免优惠，则罚款为每名享有税收抵免的员工3 000美元或每名员工2 000美元，以较低者为准。此外，法律规定，如果雇员的自负保险费占其家庭收入的8%～9.8%，而且他们选择参加该交易所，则雇主必须向收入低于FPL 400%的雇员提供保险代金券。

③ 对于自付额来说，“过多”意味着算上医疗通胀，或医疗通胀增长15%的情况下，每年增加的费用不能超过5美元。雇主分担的保险费不得低于5%（Banyan咨询公司，2010）。

预计员工保险计划将发生长期变化的第二个原因，涉及所谓的 Cadillac 计划的消费税。Cadillac 计划是指，从 2018 年开始，个人保险费超过 10 200 美元、家庭保险费超过 27 500 美元的保险计划，缴纳 40% 的消费税。目前，只有少数几个计划超过了这些门槛。然而，尽管这一缴税门槛与总体通胀指数挂钩，但传统上医疗成本的增长速度快于总体通货膨胀，因此将有更多计划受到影响。可以预见的是，那些受消费税影响的雇主将会减少福利待遇的慷慨程度，并提高工资或其他福利。的确，Herring 和 Lentz（2011）认为，Cadillac 计划涉及的税负所涉及的健康保险产品在 2018 年约为 16%，但到 2029 年将达到约 75%。

还有其他一些条款影响着员工保险计划，有些是在 2011 年开始的，有些则稍晚实施。首先，该法要求自 2011 年起，所有雇主计划涵盖 26 岁以下的受抚养子女。其次，计划必须取消 2011 年的终身最高保险金额，并逐步取消年度最高金额。最后，许多大雇主为他们的员工提供退休人员健康保险（见第 24 章）。当处方药计划（D 部分）在 2006 年被加入医疗照顾计划时，国会下令允许雇主从其所得税中扣除退休人员处方药报销的一部分，以鼓励雇主继续为退休人员提供处方药保险，ACA 从 2013 年开始终止这项税收减免政策。

简而言之，尽管许多条款会影响到大雇主，但短期内只能使员工健康保险产生适度的变化。然而，随着时间的推移，这些计划将与交易所的保险计划日益趋近。

医疗赔付率

ACA 限制了保险公司可能花费在管理成本、营销和利润上的保费比例。个人和小型团体的保险计划需要将 80% 的保费用于医疗索赔，大型团体计划则需花费 85%。如果这些门槛没有达到，保险计划必须从 2012 年开始向购买者退还保费。传统上，各州采用不同的方法来定义医疗赔付率（MLR）。ACA 的法规将 MLR 定义为：医疗索赔加上质量改进费用，除以减去税收、公司注册费和监管费用的保费（KFF，2012a）。

MLR 适用于所有类型的注册保险公司，包括有原始状态保留（祖父条款）的保险计划。然而，这并不适用于自保方式的保险计划。2012 年 6 月，美国健康及公众服务部宣布，2012 年将有近 1 300 万人获得保费退还，平均为 151 美元。我们将在第 6 章更详细地讨论 MLR。

小型雇主

少于 50 名雇员的雇主无须提供健康保险，但 ACA 确实为他们提供了补贴。从

2014年开始，通过州交易所向其职工提供保险的小型雇主，有资格获得最高为雇主保险费50%的补贴。然而，每家公司这种补贴只适用两年。[①]

许多提供保险的小型雇主可能会继续他们的做法，至少在医改法实施的最初阶段是这样，因为小型雇主计划类似于大型雇主计划，将被保留原始状态。这意味着，这些计划将不受该交易所承保限制和承保范围要求的约束。因此，它们的保费可能会低于交易所的保费。不过，随着时间的推移，如果企业大幅修改计划，它们将失去原始状态保留地位。一旦发生这种情况，他们可能会通过交易所购买保险，在交易所之外提供符合交易所保险计划的承保范围和承保条款的计划，或停止提供保险。

一些小型雇主可能会发现立即取消保险是很方便的，然而，如果他们这样做，劳动力市场的竞争激烈也将使他们提高工资。最有可能放弃提供保险的，是那些在个人交易所有资格获得补贴的雇员占多数的小公司，无论是雇员还是其雇主都没有资格通过员工保险获得这种补贴。设想一个拥有大量低薪员工的小型雇主放弃提供保险、提高工资，并鼓励其工人通过当地交易所购买补贴保险并不困难。因此，一些希望通过图3.4的保险交易所获得保险的人，正是那些目前通过其（小型）雇主得到保险的人。

ACA支出与收入的预测

表3.5总结了国会预算办公室（2010a）对ACA的10年支出和收入来源的估计。该法通过之初，国会预算办公室估计：该计划给联邦政府带来的10年总成本约为9 350亿美元，收入（包括削减其他项目的开支）约为10 780亿美元，联邦赤字净减少1 430亿美元。让我们更详细地研究一下这几项内容。

支出

通过保险交易所向个人提供补贴的成本以及设立交易所的初始成本估计是最大的支出，为4 640亿美元。

医疗救助计划将覆盖19~64岁的大部分成年人，估计成本约4 340亿美元。但是，如果考虑最高法院关于该法合宪性的决定，一些州选择不扩大其医疗救助计划，这一数额将会减少。

小型雇主的税收抵免额为370亿美元，与员工数低于50人的雇主提供保险的短期税收抵免有关。这一数额很小，既反映了补贴的期限很短，也反映了很少有小型雇主期望使用补贴。

---

① 在2011—2013年，一些小型雇主可以获得更有限的保费成本35%的小企业税收抵免。

表 3.5　　2010—2019 年 ACA 实施后的直接支出与收入　　单位：10 亿美元

支出		收入	
保险交易所	464	医疗照顾计划	
		医疗照顾优势计划	136
		费用减少动态更新	196
		DSH 及其他	123
医疗救助计划	434	税收惩罚支付款	65
小型雇主税收抵免	37	Cadillac 保险税	32
		药品制造业务与保险业专项税收	107
		医疗照顾计划 A 部分税收	210
		其他收入	209
总计	935	总计	1 078
		财政赤字的减少	－143

资料来源：CBO（2010a）。

医疗照顾计划削减

支撑 ACA 扩大覆盖范围的大部分收入来自对医疗照顾计划的调整，有两个主要的节约成本因素：首先，是削减在医疗照顾优势计划上的支出，医疗照顾优势计划是医疗保险受益人可选的管理医疗计划，目前约有 25% 的受益人参与其中。随着健康状况的变动，这些计划的参保人数将按比例调整（我们将在第 7 章深入讨论这种支付机制）。如果该计划的提议费率低于医疗照顾计划设定的基准费率，它必须为参保者提供额外的服务和费用分摊补贴。国会认为，它为这些计划支付的费用过高，将在 10 年内削减 1 360 亿美元。

其次，医疗照顾计划将依据一个被称为可持续增长率（Sustainable Growth Rate，SGR）的机制向医生支付报酬。这个公式估计了医疗照顾计划下医生费用的变化，并根据计划注册量和人均国内生产总值（GDP）的变化对其进行调整。医生费用的增长超过了整体经济增速，因此 SGR 在大多数年份一直在倡导大幅降低医生费用。从 2003 年开始，国会每年都推迟实施这些费用削减措施（CBO，2006a）。如果在 2010 年实施这些措施，意味着将产生约 20% 的费用削减。ACA 要求从 2011 年开始实施费用削减，其结果是，在未来 10 年里，医疗照顾计划将节省 1 960 亿美元，节省的这些费用将用来扩展计划的覆盖面。然而，这些削减是否真的会发生尚不得知，截至 2013 年撰写本文时，国会仍在继续推迟实施这些费用削减措施。

医疗照顾计划的其他削减措施包括减少医院超份额支付计划（DSH）[①]的支出，DSH 支付是医疗照顾和医疗救助向医院支付的额外费用，这些医院为大量贫困和医疗救助患者提供服务，这一减少导致削减 360 亿美元。这里的理由是，应该减少医院支付者的数量，因为 ACA 减少了无保险者，从而减少了医院承担的无偿医疗费用，这种修订相当于约 75% 的 DSH 资金。

税收和费用

该法还征收了一些税费，最著名的是对那些没有获得强制保险的人的税收惩罚。这些税收相对较低，因此，在国会预算办公室的十年期预算中，它们不会带来多少收入增长（仅 650 亿美元）。同样地，对员工保险计划征收 40% 的税不太可能适用于太多公司，至少在初期是这样。因此，它只筹集到 320 亿美元的收入。

截至 2019 年，对制药和耐用医疗设备制造商以及健康保险公司征收的消费税总额估计达 1 070 亿美元。这些税项包括以下内容：

- 药品制造商

——2012 年为 28 亿美元，2018 年增至 41 亿美元，2019 年及以后稳定在每年 28 亿美元。

- 耐用医疗设备制造商

——从 2013 年开始征收 2. 3% 的销售税。

- 健康保险公司

——2014 年为 80 亿美元，至 2018 年增至 143 亿美元，其后每一年的评税均以上一年度保费增加百分比计算。

经济理论认为，这些税收将会转嫁给购买者。

医疗照顾计划 A 部分的税收

目前，职工及其雇主各自要缴纳全部收入 1. 45% 的工资税，用于支付医疗照顾计划 A 部分的服务——医院、熟练的护理院和家庭健康护理。从 2013 年开始，将对个人收入超过 20 万美元、家庭收入超过 25 万美元的人群加征 0. 9% 的 A 部分工资税。此外，这些人将承担 3. 8% 的非劳动收入（如利息和红利）的税收。这些门槛没有计入通货膨胀因素，因此随着时间的推移，将有更多的人受到这些税收的影响。国会预算办公室（2010a）估计，到 2019 年，这些税收将产生 2 100 亿美元的收入。

---

① 译者注：美国 DSH 计划（disproportionate share hospital），即“医院超份额支付计划”，是美国联邦政府为确保美国国家安全网医院有充足资金而设立的，如果一家医院对相当一部分弱势人群提供了免费或低收费服务，那么这家医院就是 DSH 医院。

从这次讨论中可以清楚地看出，扩大保险范围、削减项目以及税收计划的实施发生在不同的时间。由国会预算办公室（2010a）制作的图 3.6 显示了净变化保险支出、减少其他项目支出，以及税费收入的模式图。收入和削减计划是一开始就有的，因为它们比保险范围的扩展更早出现。此外，我们预计颁布的立法将在十年期间减少联邦赤字的情况预计也将如此。

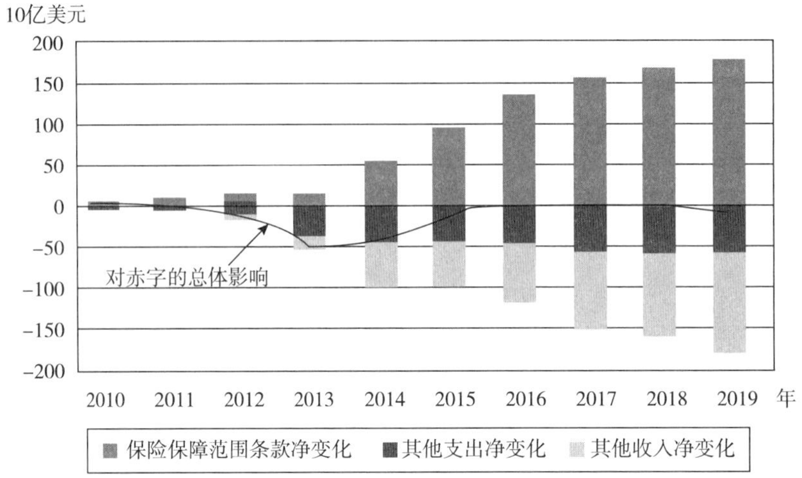

资料来源：CBO（2010a）。

图 3.6　对立法主要内容赤字的影响（不包括 ACA 中的教育条款）

本章小结

- 美国《患者保护与平价医疗法》（ACA）于 2010 年 3 月颁布，其中大部分条款自 2014 年起生效。
- ACA 希望通过将医疗救助计划扩大到 19 ~ 64 岁的成年人，并要求所有美国公民和合法居民获得健康保险，从而将美国无保险人数减少约五分之三。
- 个人强制保险，要求人人都有健康保险，其中包括对无保险者的税收处罚规定以及对低收入者的补贴。
- 立法要求各州建立健康保险交易所，交易所确定了医疗救助的资格和购买私人保险的补贴。他们还建立了一个市场，在那里个人和小雇主可以比较和购买合格的健康保险计划。
- 交易所提供的每项保险计划都必须从包括四种不同保障等级中选择一种，提供基本医疗服务项目，这些等级的保险计划，应通过精算确定承担预期医疗费用的 60% ~90% 。

- 尽管少于 50 名全职雇员的雇主无须提供保险，但大公司必须这样做，否则将受到惩罚。
- ACA 倡导，扩大医疗保险覆盖范围主要通过医疗照顾计划的成本削减，以及对制药和耐用医疗设备制造商、健康保险业和高收入者征收一些税费来提供资金。

问题讨论

1. ACA 对那些不购买健康保险的人采取税收惩罚。真的有必要施加这样的惩罚吗？每年 695 美元或收入的 2.5% 的税收惩罚是否足以鼓励人们购买保险？谁最不可能买？谁最有可能买？

2. 根据最高法院的裁决，各州可以自愿扩大医疗救助覆盖范围。需要哪些激励措施，使各州不得不扩展医疗救助？这么做的成本是什么？对此问题哪些利益集团可能会站在一起？

3. 大型雇主是否可能停止向其员工提供健康保险，并且为此行为缴纳罚款？为什么？

延伸阅读

Newhouse, J. P. 2010. "Assessing Health Reform's Impact on Four Key Groups of Americans." *Health Affairs* 29 (9): 1714 – 24.

第 4 章　健康保险需求

生活，某种程度上是一场赌博，假设我们要抛硬币，如果它出现“正面”，你就过着健康、正常的生活；如果出现“反面”，你就会身患疾病。医学可以让你恢复健康，但它并不廉价。治疗将花费你 2 万美元，外加一些病症的痛苦和煎熬。你是否愿意买一份健康保险，以减轻潜在的坏运气所带来的经济后果？

正确的回答是“也许”，这取决于保单价格和保障性质。本章我们将介绍保险理论，并提出了关于我们愿意购买保险的四个假设条件，我们还将用这些假设来解释我们在第 2 章中研究的一些关于健康保险的数据。乍一看，保险理论似乎与现实世界的经验不符，这主要是因为简单的理论是从复杂的现实世界中抽离出来的，而且它忽略了逆向选择、员工健康保险和健康保险税收优惠政策。我们将通过介绍这些话题，以及它们在健康保险需求中所扮演的角色，引出后面的章节。

保险理论

Friedman 和 Savage（1948）以及 Ehrlich 和 Becker（1972）认为，保险需求反映了我们为避免损失的后果而愿意支付的、超出了预期损失的最大数额。如果事故发生多次，预期损失就是我们预期平均要支付的数额。因此，如果我们每次抛硬币时，出现“正面”要支付 2 万美元，出现“反面”支付 0 美元，则每抛出 100 个硬币，便要付 1 万美元的损失。若赢了，我们无须付出任何代价；若输了，我们需要支付 2 万美元。平均而言，我们会为每次抛硬币行为付出 1 万美元。

首先，考虑保险对于抛硬币带来的财务后果的防范问题。你是否愿意支付超过 1 万美元来避免抛硬币？如果愿意，你和我们大多数人一样都是风险厌恶者，你愿意支付超过预期损失的金额以避免损失后果。换种说法，你愿意支付一些超过精算公平保费的附加费用，以避免损失后果。

保险之所以存在，是因为有足够多的人这么想。我们愿意支付的额外金额，通常被称为风险保费。意味着可能有人来让我们中的 100 人或更多的人从她那里购买一份保单，每份保单的平均赔付成本为1万元，我们愿意支付的风险保费将补偿她运行该计划。①

简单保险模型表明，我们中的许多人会支付风险保费（加上预期损失），以避免抛硬币的后果。你愿意支付的最高金额是多少？这取决于三个因素：你“胆小”的程度？如果坏结果发生，你会损失多少？以及坏结果实际发生的可能性有多大？你的胆怯反映了你不愿承担风险的程度，越胆小意味着你越厌恶风险，相应的风险保费就越大，你也就越愿意购买保险。这提出了一个重要的观点：每个人对保险的需求都不同，有些人更喜欢全方位投保，其他人则更愿意少买，有些人可能宁愿什么都不买。

我们需要把这个讨论稍加规范，当我们说某人风险厌恶时，是指1美元损失对他们福利的减少超过了1美元收益带来的福利增加，即风险厌恶者拥有边际效用递减的财富曲线。每1美元的财富都让他们改善生活，但每1美元的财富并不如以前那样令人满意。这个观点和你在经济学导论课上的讨论没有什么不同，只不过讨论的是啤酒、披萨或冰淇淋甜筒的边际效用递减问题。

图4.1解释了该观点，曲线描述了财富的总效用。个人的财富效用如图所示，可以从2万美元中获得4 727个单位效用，从4万美元中获得8 000个单位效用。每增加的1美元都会增加总效用，因此曲线向上倾斜。然而，每新增1美元带来的效用增量都比前1美元的少，因此曲线增速递减。

现在考虑抛硬币的问题，如果出现正面，图4.1中初始财富为4万美元的人将不得不支付2万美元。如果出现反面，他无须支付。图4.1中直线的两个端点反映了这些结果，他最终可能会得到4万或2万美元。线的中点反映了多次抛硬币的预期损失，预期损失为1万美元，因此他将从4万美元的财富状况转移到3万美元。他对3万美元的财富状况有多重视？如果他有3万美元，就能得到7 090单位效用。然而，他并没有3万美元，而是4万美元以及50%的损失2万美元的概率。这能带来多少效用？答案是6 364单位效用。根据图4.1，一个人从损失2万美元的50%机会中得到的效用，等于他实际拥有26 150美元带来的效用。这个人愿意支付13 850美元以避免抛硬币，其中10 000美元反映了预期损失，而3 850美元是风险保费。这里有两点很重要：首先，风险保费是衡量我们购买保险意愿的标准。我们愿意支付超出预期损失的金额，以避免损失的后果，这就是保险能够存在的原因。保险公司必须支付理赔款，理赔款即预期损失。如果保险公司要支付管理和营销成

① 译者注：保费（premium）是保险学的专业术语，一般是指购买保险的价格，通常由两部分组成：纯保费和附加保费（loading fee），纯保费是支付预期损失索赔的，附加保费用来支付保险公司管理成本、税收、利润等。风险保费（risk premium）是经济学的专用术语，有时也翻译为风险溢价或风险贴水，是指人们由于风险回避特征，愿意支付高于平均索赔成本（预期损失）的金额，类似于附加保费的概念，但不同点在于：风险保费是站在消费者需求的角度，附加保费是站在保险公司财务经营的角度。

本，并至少获得正常的利润，他们就必须收取超出预期损失的费用，（足够大的）风险保费的存在使这种情况可以发生。

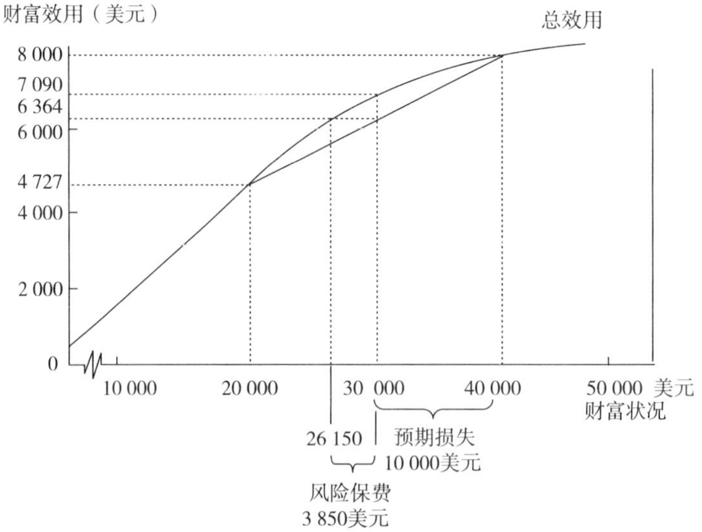

图 4. 1　风险保费

其次，风险保费反映了我们愿意支付的最大程度。如果保险市场竞争激烈，我们最终支付的保费可能远低于我们愿意支付的金额，正如我们通常支付一杯冰啤酒的价格远低于它本身带给我们的价值。

每个人的风险规避程度都不同，我们中的大多数人在处理风险时多少会有些不自在，有些人感到非常不舒服，有些人则很享受。因此，原则上，我们每个人都有自己独特的总效用曲线，如图 4. 1 所示。专栏“你有多厌恶风险?”让你有机会确定自己的风险厌恶程度。回答足够多的问题，在自己的总效用曲线上标出四五个点，看看你愿意花多少钱来避免这场赌博。但是要注意的是，尽管这些问题本身并不难，但诚实的回答才是最重要的!

你有多厌恶风险?

要确定你有多厌恶风险，可以考虑下面的练习。首先，就像我们在图 4. 1 中所做的那样，选择两个美元金额，比如 4 万美元和 2 万美元。接下来，为每个对象分配任意效用值，唯一要求是 4 万美元的效用大于 2 万美元。在图 4. 1 中，我们选择 40 000 美元的效用为 8 000 ［U（$40 000）=8 000］，20 000 美元的效用为 4 727 ［U（$20 000）=4 727］。你可以任意选择，然后在图 4. 1 中标出这两点。

现在你要面对一系列抛硬币实验，首先，如果硬币正面朝上，你将赢得 4 万美元。如果是反面，你将赢得 2 万美元。你能接受的出售单次抛硬币权利的最小金额是多少？你的答案是 X 美元。我们现在需要知道你的答案的相关效用值，为此，我们计算期望效用（EU）：

$$EU = 0.5 \times [U(\$40\,000)] + 0.5 \times [U(\$20\,000)] = U(\$X)$$

这就是：出现正面的概率（0.5）乘以正面出现效用 U（$40 000）加上反面出现的概率（0.5）乘以反面出现效用 U（$20 000），代入我们已知内容（正文中的例子）：

$$EU = 0.5 \times [8\,000] + 0.5 \times [4\,727] = U(\$X)$$

$$EU = 4\,000 + 2\,364 = U(\$X)$$

$$EU = 6\,364 = U(\$X)$$

如果你说你能接受的最低价格是26 150 美元（正如我们在图4.1 中标的），那么 X =26 150 美元，U（$26 150）是6 364 美元。在图上标记出你的答案。

现在考虑第二次赌博，如果你单次抛硬币时出现正面，你得到所选金额的效用值为 X 美元（我们在表4.1 中选择的是26 150 美元）。如果反面出现，你将得到40 000美元。出售抛硬币权的最低金额是多少？选择你的答案，然后重新计算：

$$E = 0.5 \times [U(\$X)] + 0.5 \times [U(\$40\,000)] = U(\$Y)$$

$$EU = 0.5 \times [U(\$26\,150)] + 0.5 \times [U(40\,000)] = U(\$Y)\text{(图 4.1)}$$

$$EU = 0.5 \times [6\,364] + 0.5 \times [8\,000] = U(\$Y)$$

$$EU = 7\,182 = U(\$Y)$$

如果你的答案是30 770 美元（如图4.1 所示），那么30 770 美元的效用为7 182，标出你的答案效用 $Y。

从这里开始，简单地建立两个已知金额的类似赌博，确定你的最低接受价格，然后计算效用价值并绘制它。一旦你的个人曲线绘制出来，你就可以像我们在文中所做的那样考虑损失，并确定你的风险保费的相关潜在损失。

但是请注意，你的答案可能与示例有很大出入。你对风险的看法与我们不同，因此，你的图可能与图4.1 中的差异显著。事实上，如果你是风险偏好者，你的曲线会上凸而不是下凹，并且该模型会预测到你将不会购买任何保险！

假设一：风险厌恶程度

你母亲对风险的容忍度可能与你不同，你当然知道她的担忧程度！假设你的效用曲线如图4.1 所示，因为你的母亲比你更不愿意冒险，所以她是更加厌恶风险的，在图4.2 所示的相关范围内，她的总效用将高于你的。当我们再次计算出损失2 万美元的50% 概率时，我们发现她的风险保费是5 380 美元。即她愿意支付5 380

美元，以避免抛硬币的后果。这反映了该理论中出现的第一个假设：随着风险厌恶程度的增加，风险保费规模增加，我们购买保险的可能性也会增加。因为你的母亲比你更厌恶风险，在其他条件相同的情况下，她比你更可能买保险。另一个同样重要的是抛硬币的条件：硬币质地均匀、相同的可能结果，以及同样的初始财富状况。

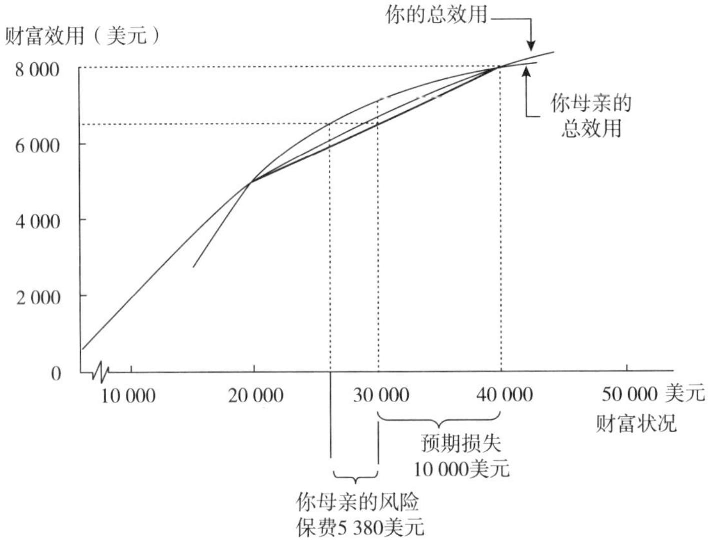

图 4.2　风险厌恶程度变化的影响

这个显而易见的假设，让我们开始对那些拥有和没有健康保险的人群有所了解。在汽车安全方面，美国国家公路交通安全管理局（2003）说：“明显无视个人安全似乎是年轻人的一个典型因素。”如果这是真的，表明年轻人比老年人风险厌恶更少。因此，他们愿意支付的风险保费较少，故不太可能购买保险。这就可以解释为什么在 21 ~24 岁年龄组中，超过 30% 的人没有健康保险（见第 2 章）。

假设二：潜在损失的规模

可能损失的规模也具有相关性。如果硬币抛出正面意味着仅有 200 美元的损失，你可能只愿意支付 10 美元，加上 100 美元的预期损失以避免这些后果。若是 2 万美元，你可能愿意支付 3 850 美元，加上 1 万美元的预期损失。20 万美元时，你可能愿意支付 1 万美元，加上 10 万美元的预期损失以避免风险后果。随着可能损失的规模增加，我们愿意支付的风险保额也会增加。图 4.3 描述了这种效果，它再现了图 4.1，但也包括了抛出正面时会导致 3 万美元的损失而非 2 万美元的情况。一个极度风险厌恶的人愿意支付 4 614 美元的风险保费来避免这种风险，而不是避免较小的风险时的 3 850 美元风险保费。因此，随着可能损失的规模增加，风险保费越来越大，我们更有可能购买保险。

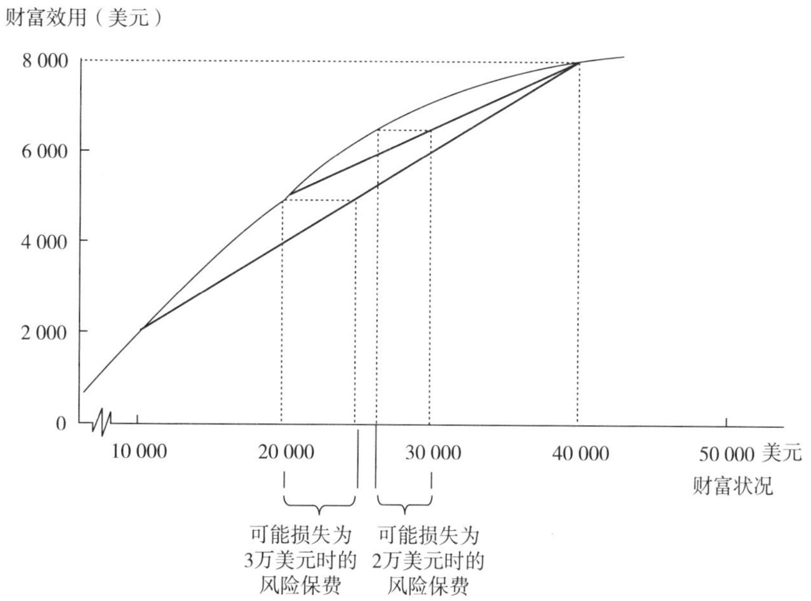

图 4. 3　可能损失变化的影响

例如，这个假设预测，在其他条件相同的情况下，人们更可能购买住院健康保险而不是牙科保险。它还表明，对消费者来说，巨额或灾难性保险比足额保险更有意义。因此，如果健康保险变得更加昂贵，我们预计消费者将会退出门诊或处方药保险，但仍保留医院保险，他们可以通过转换到一个具有较高免赔额或较大自付额的门诊服务保单来实现这一点。最后，请注意，这个假设为灾难性支出健康保险计划和健康储蓄账户（HSAs）提供了一些理论依据：一项灾难性计划只有在达到足够大的免赔额（可能是 3 000 美元或 4 000 美元）后才提供保险。健康储蓄账户是一种健康保险形式，它将灾难性支出健康保险计划与避税银行账户捆绑，你可以在这个账户上消费以满足免赔额，我们在第 17 章会讨论这些计划。

假设三：损失概率

风险保费的规模还取决于损失发生的可能性。假设坏结果的概率只有 1/10，而非 1/2。那样我们将只愿支付很少的风险保费，也许只有 400 美元，外加预计损失 2 000 美元（$0.1 \times \$20\,000 + 0.9 \times \$0 = \$2\,000$）以避免赌博。令人惊讶的是，该模型还表明，我们不会为一项几乎肯定会发生的事件提供保险的保单，支付超出预期损失的金额，这在图 4. 4 中有所体现。这里，我们再次重现图 4. 1，但现在我们改变了损失概率。图 4.1 中，50/50 的赔率被描述为平分两种可能结果之间的直线。然而，如果损失的概率只有十分之一，那么预期损失就会出现在我们最初财富状况十分之一的位置，而图 4.4 中的风险保费仅为几百美元。随着损失概率的增加，图中的预期损失线会进一步向左移动。在此过程中，风险保费继续扩大，达到某个最大值后开始下降。这是第三个假设：随着损失概率的增加，风险保费的规模最初增加，然后下降；购买保险的概率最初会增加，随后下降。

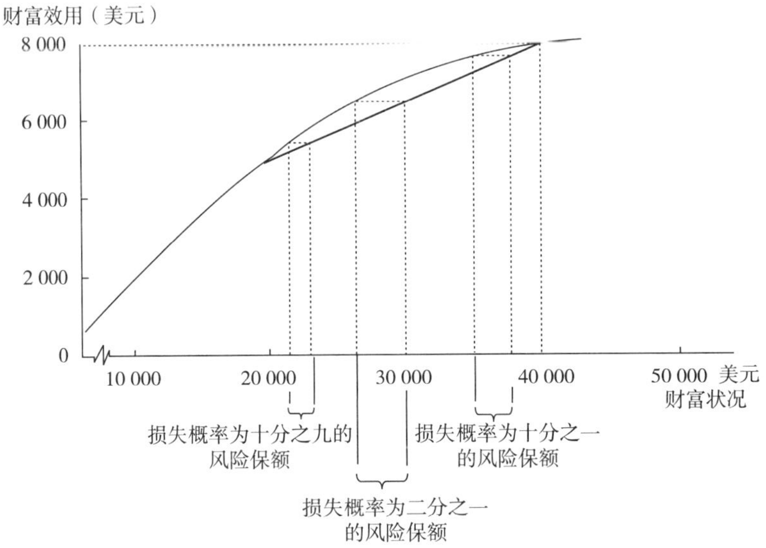

图 4.4　损失概率变化带来的影响

这个假设并不直观，但稍微思考便豁然开朗。我们不会为很小概率的损失购买保险，因为预期损失很小，而与其对应的风险保费更小。但随着损失概率的增加，保险更具吸引力。然而，我们也不会为很可能发生的事件购买保险，如果你知道一些医疗程序的费用是 2 万美元并且你有 95% 的可能需要它，那么预期损失将达到 1.9 万美元。为避免支付 2 万美元的后果，你愿支付超过 1.9 万美元的多少？答案是“越少越好”。因此，该理论认为，某些事件的保险我们是不会购买的。但如果你说：“假设我知道我的损失概率是 95%，但保险公司不知道，这种情况下我肯定会购买保险。”这个答案当然是，你会买的。你提出的问题叫作逆向选择，你比保险公司更了解你可能会用的医疗服务，并且在购买保险时，你会利用这些知识为自己争取最大利益。对保险公司来说这是一个根本性问题，我们将在第 5 章、第 6 章和第 7 章讨论它。保险公司试图通过将你置于一个能够反映你预期索赔经验的风险等级来弱化这个问题。在我们的简单保险模型中，你和保险人拥有相同（完整）的信息。所以，可能你想买为别人设计的保险，但没有保险公司会卖给你。

假设四：财富效应

最后，我们愿意支付的最高金额取决于我们的财富状况。在某种意义上，拥有更多财富的人会进行自我保险，来防范其他人通过购买保险以防范的那些损失。图 4.5显示了更高财富值的影响，图 4.1 中个人损失 2 万美元的概率是 50%，然而在这里他的初始财富是 5 万而非 4 万美元，与预期损失 1 万美元对应的风险保费为 2 307 美元，低于图 4.1 中 3 850 美元的风险保费。随着财富增加，风险保费下降，我们购买保险的可能性也会降低。

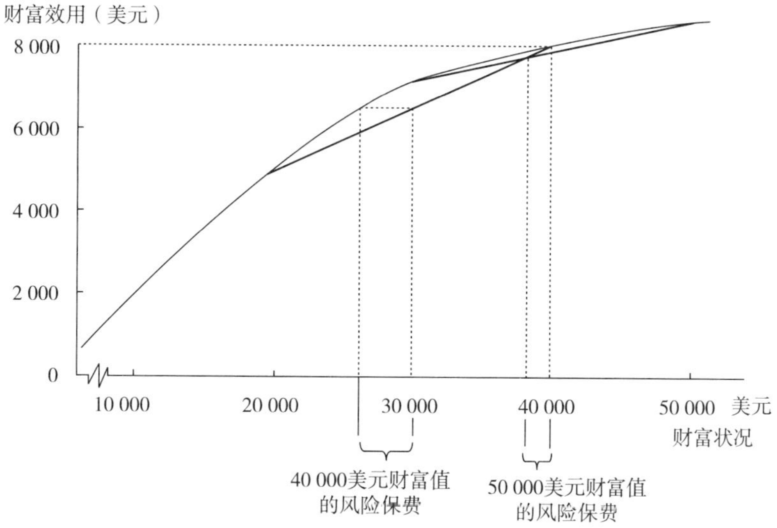

图 4.5　财富状况变动的影响

这也可以被称为 Best Buy[①] 假说。每当你从 Best Buy 购买电子设备或电器时，店员都会问你是否愿意购买延长保修，其实就是在问你是否要买保险，我们可以通过简单了解客户居住地邮政编码以及他们是否购买了延保来检验财富假说。从邮政编码中，我们可以查看最近的人口普查数据，并确定邮政编码中的家庭平均收入，这可以代表财富。保险理论预测，那些生活在富裕地区的人购买延保的可能性比较小。

你对这个假设的反应可能是有些许怀疑，因为所有的数据都表明，更富裕的人更可能（而不是更不可能）拥有健康保险。这种理论与我们实际的观察结果之间的差异，与现实世界的复杂性有关。回顾第 1 章，20 世纪中叶，健康保险增长的关键

---

① Best Buy，中文译名百思买，全球最大家用电器和电子产品零售集团，2017 年《财富》美国 500 强排行榜发布，Best Buy 排名第 72 位。

原因之一是员工健康保险的免税地位，在我们的简单模型中排除了诸如此类的因素。

总结一下，以下这个简单的模型是健康保险需求的基础，在没有雇主、税收补贴等因素的情况下，我们预计将出现四种行为：

- 更厌恶风险的人会购买更多的健康保险。
- 人们更有可能为那些具有巨大财务后果的事件购买保险。
- 人们不太可能为那些不怎么发生或非常有可能发生的事件购买保险。
- 随着财富的增加，人们购买保险的可能性逐渐降低。

“健康保险：获取假说”专栏提供了更多细节。

健康保险：获得假说

除了这里提出的购买健康保险的四个经典理由外，Nyman（1999）还提出了第五个考虑因素：获得动机。论点很简单：某些健康状况一旦发生，代价会昂贵到足以使你耗尽财富的地步。由于你一开始就无法支付这种治疗费用，根据传统理由，你不会为了避免事件后果而购买保险。Nyman 认为，健康保险可能是你获得这种治疗的唯一机制，人们也确实会购买保险，以便在他们需要的时候可以得到这种治疗。[①]

税收和员工健康保险

由于大多数美国人通过工作单位获得健康保险，因此对健康保险需求的分析变得复杂。有双重原因：员工们重视健康保险，通过雇主购买保险的成本更低。这两点都很关键。

员工们确实重视健康保险，1991 年的 Gallup 民意调查显示，64% 的受访者认为健康保险是最具价值的就业附加福利（Wall Street Journal，1991）。2004 年，MetLife 保险公司报告称，81% 的全职员工将健康福利列为最重要的事项，带薪假期以 57% 排名第二（Medical Benefits，2005b）。因为许多人重视健康保险，他们愿

① 译者注：获得动机（access motive）与传统健康保险需求理论的差异在于：在传统健康保险需求理论中，人们通过购买保险转移的是一旦患病将会产生的财务损失风险。但需要考虑这样一种情形，当消费者面临的是治疗费用远远超出其个人总资产的重大疾病时，他可能根本支付不起治疗费用，从而导致无法获得医疗服务。而当消费者面临无力支付治疗费用的风险时，他购买健康保险的动机就不仅仅只是规避财务风险了，更重要的是，消费者希望通过购买健康保险，能够在自己患严重疾病时从其他健康消费者那里获取转移收入，以支付自己的治疗费用。此时，购买健康保险转移的不是财务风险，而是收入。

意用一些自己的薪酬来换取健康保障（这种用工资换取保障的意愿是理解员工健康保险的关键，我们将在第 14 章讨论）。

通过雇主购买健康保险也往往比较便宜，原因有三：第一个原因是“有利选择”，即逆向选择的反面。一般来说，就业人员比失业者更健康，就业是预期索赔费用较低的良好信号。因此，雇主群体通常能以比个人更低的价格购买保险。第二个原因与现行税法的性质有关，健康保险不作为联邦或州的收入征税，也不受社会保障和医疗照顾计划工资税的约束。因此，如果雇员认为 1 美元的健康保险等价于 1 美元的实得工资，雇主只需花 1 美元购买健康保险，而不是 1 美元加上货币薪酬的税收。第三个原因是与个人购买保险相比，雇主团体计划的营销和管理存在规模经济。

税收优惠为员工健康保险提供了巨大的动力，如第 1 章所述，雇主对团体健康保险的缴款免征联邦和州个人所得税，他们还免缴社会保障和医疗照顾的联邦工资税，这种税收待遇可以视作是对其提供健康保险的补贴（Feldstein 和 Allison，1974；Miller，2003）。承担 25% 的联邦所得税、5% 的州所得税和 7.65% 的社保和医疗照顾税的员工会发现，额外 1 美元的员工健康保险实际上只花了不到 63 美分。如果工人纳税率更高，员工健康保险的税收补贴就更多。

这也许可以解释为什么我们观察到更富裕的人有更多的健康保险。在美国这样的累进税制下，高收入意味着高税率。较高的税率降低了员工健康保险的实际价格，而在这些较低的实际价格下，人们会购买更多的保险。因此，税收补贴为扩大和深化保险保障提供了动力。

之前讨论过的简单保险市场模型中，由于潜在损失的规模相对较小，有些人可能不会购买牙科保险。但税收补贴降低了实际价格，鼓励员工向雇主施压，要求将牙科保险纳入保障计划。同样地，税收补贴鼓励了低预期损失事件的保险，如婴儿护理和预防服务。

通过雇主购买健康保险是一个复杂的问题，它不仅包括收取的保险费，还包括工人的税率和公司间的相对成本（我们将在第 15 章研究关于税法变化影响的实证文献）。

税收优惠也使调整健康保险计划的商业决策复杂化。例如，假设福利管理人员发现，以更大的医疗服务自费比例的形式实现更多的成本分担能够节省成本，那么该公司会在一项新的健康保险计划中实施此措施。正如预期的那样，索赔成本下降。然而，员工们自然把福利的变化看作是薪酬的减少。为了防止最好的员工跳槽到其他公司，雇主决定提高工资。事实上，如果足额保险使员工消费的医疗服务对他们来说只有极小的额外价值，减少索赔成本所节省出来的钱应该足以使员工恢复原状，并留有一些剩余以提高公司利润。也就是说，雇主必须在薪酬待遇里增加一些内容，以弥补健康保险保障范围的减少，从而“让员工恢复原状”。因此，在考虑了税收因素之后，保障的变化不仅需要省钱，还要省下足够的钱让员工们恢复原状，这是一个待跨越的难关。

员工健康保险的税收待遇也在《患者保护与平价医疗法》（ACA）中发挥了作用。ACA 规定自 2018 年起，任何雇主建立的员工个人保险保费超过 10 200 美元或家庭保险保费超过 27 500 美元的，超过部分的保费需缴纳 40% 的消费税。根据本章的框架，我们会预期到这项税收政策将导致高端的健康保障项目的减少。我们还会预计到，受 ACA 基本保障条款的限制，保险计划将减少那些对员工来说最没有价值的保障内容。

本章小结

- 保险的存在是因为有足够的人愿意支付超出预期损失的费用，以避免损失的后果，这种支付意愿被称为“风险保费”。
- 风险保费越高，我们购买保险的可能性越大。
- 风险厌恶程度越高，即对不确定结果的不适程度越高，风险保费就越高。
- 潜在损失的规模越大，风险保费越高。
- 风险保费随着损失概率的增加而增加，达到某个最大值后，随着损失概率的增加而下降。
- 风险保费随着财富的增加而下降。
- 员工健康保险的税收待遇降低了健康保险的价格，并且可能超过纯粹的保险理论所描述的效果。

问题讨论

1. 假设在过去的一年里，健康保险费用大幅度增加。你是贵公司福利委员会的一名成员，被指控降低了用于健康保险的费用。根据本章分析，你会建议对福利计划做哪些改变？为什么？

2. 假设国会成功地降低了货币工资的边际所得税税率。你认为这会对员工健康保险保障的性质产生什么影响？为什么？

3. 你的一位高中同学刚刚大学毕业，在一家小型咨询公司找到了一份好工作。然而，该公司不提供健康保险。某天晚上吃饭时，他问你他是否应该买一些健康保险，如果买的话，买哪种。你会说哪些？为什么？

4. 在实施 ACA 后，你对问题 3 的回答有何改变？

5. 《华尔街日报》（Fuhrmans，2006）报道说“小型医疗计划”已经上市，这些计划涵盖了常规服务，提供很少的住院保险，上限通常为1万美元或更少，每月只需40美元。这种保险计划是否符合本章提出的假设？为什么？如果人们不买保险而是购买小型医疗计划，他们会怎样？

延伸阅读

[1] Friedman, M., and L. C. Savage. 1948. "The Utility Analysis of Choices Involving Risk." *Journal of Political Economy* 56: 251 – 80.

[2] Nyman, J. A. 1999. "The Value of Health Insurance: The Access Motive." *Journal of Health Economics* 18 (2): 141 – 52.

第二部分

逆选择问题

第5章　逆选择

如果你比保险人更加清楚自己利用卫生服务可能性大小，那么你就有动机利用这一信息优势使自身利益最大化。尤其是当你存在某种健康问题（例如心脏病），那你可能会努力寻找一份为健康状况更好的人设计的保险计划。如果这一想法成功实现，你将支付比预期经验索赔要低的保费。另一方面，保险人可能会因此而遭受损失，正如你所料，保险人非常担心这种情况发生。

健康保险中，当你比保险人更加了解自己使用医疗服务的可能性大小时，逆选择就会存在。保险人一般会将相似风险划为一组，通过设置风险等级的方式来应对逆选择问题。然后，收取能够反映这种风险程度差异的保费。这些用来划分风险等级的信息，也可以被保险人用作识别潜在的营销机会。例如，如果某保险人能够识别出经验索赔较低的团体，那么该保险人可能报出一个比其他保险人更能吸引该团体的保费。

《患者保护与平价医疗法》（ACA）试图通过禁止保险人在费率厘定过程中使用既存病症条款，来消除消费者担忧的逆选择。然而，逆选择并不会因为该法而消失。在第5、第6章和第7章，我们将讨论典型的逆选择问题，并了解保险人如何应对，以及开始探析 ACA 如何解决幕后问题。

在本章，我们对比人们参加管理式医疗计划（例如，HMOs）和传统保险计划，其医疗服务利用的差异，在此基础上探寻逆选择的影响。这些差异可能反映管理式医疗为减少医疗服务利用和吸引医疗服务利用较少者所付出的努力，我们借此来探讨管理式医疗的作用机制。这将引起有关保险成本的讨论，这些讨论对可能提供 HMO 的雇主是有影响的。随后，我们回顾有关应用逆选择和医疗服务模式变化，来解释 HMO 和传统保险计划之间实际差异的文献。紧接着对员工保险中的逆选择进行了探讨。最后，讨论了由 ACA 引发的一些有关选择的话题。

养老金计划中的逆选择

逆选择存在于多数保险市场中。例如，在养老金领域，你可以购买每月给付的养老金，直到你身故，或者你可以购买每月给付但固定年限的年金，这样，如果你提前身故，则可以将钱留给继承人。[①] 在英国一项关于大型养老金计划的有趣研究中，Finkelstein 和 Poterba（2000）发现最终长寿的人，不同程度上购买的是终身年金；而那些过早死亡的人，不同程度上购买的是定期年金。这表明养老金市场存在逆选择行为，人们似乎比年金保险销售者更清楚他们的生存余命。

HMO 效应与正向选择

随着雇主开始提供 HMOs 及其他管理式医疗计划，在 20 世纪 80 年代，有关医疗服务中逆选择的实证研究大部分都已完成。正是参加 HMOs 和传统保险计划的人们医疗服务利用经历之间的实质性差异，导致这种对比随之出现。Robert Miller 和 Hal Luft（1994）回顾了大量关于服务利用差异的文献，专栏“HMO 的效果”总结了他们的发现。重点是，Miller 和 Luft 发现参加 HMO 的人住院医疗服务使用明显更少。其原因何在?

一种解释是，HMOs 会使人们远离医院。这就是所谓的“HMO 效应”，即可能是一系列策略作用的结果。例如，传统的保险人，HMOs 会通过更加优惠的费率促使门诊服务代替住院服务。他们会有效利用管理技术将住院服务限制于那些最有可能受益的人群。HMOs 可能只会与那些在住院治疗使用方面非常保守的医师合作，以及或者他们可能会为医师提供经济激励，使他们减少接诊病人的数量。HMOs 会提供预防服务，尽早识别不良身体状况并减少住院。

HMO 的效果

相较于损失补偿保险，HMOs 有以下效果：

- 住院率：降低 26% ~37%
- 住院时间：缩短 1% ~20%
- 住院天数：减少 18% ~29%
- 诊室就医次数：更高或相同
- 昂贵的服务：使用更少

资料来源：Miller 和 Luft（1994）研究成果。

① 译者注：这里的两种年金保险通常分别称为终身年金和定期年金。

另一种解释是，HMOs可能不会采取措施来减少其成员的住院服务利用经历。相反，他们会通过各种方式吸引服务利用少的成员加入（正向选择）。HMOs可能会将市场面向更年轻或更健康的群体，例如，他们可能面向教师销售而不是建筑工人，因为通常教师更少在日常生活中冒险。HMOs可能会与地处郊区、由年轻向上的专业人士组成的医师团体和医院合作，他们认为这种接近方式会在一定程度上吸引当地居民。HMOs通过提供优质的孕产妇及婴儿照护，吸引其他健康年轻的家庭参加。同样，他们还会提供大量的预防性服务，期望人们重视这类服务，并保持健康远离医院。HMOs可能会提供捆绑式健康保险计划，例如，加入HMO就可以享受当地健身房的大幅折扣。事实上，一些HMOs已经开始向参与健康活动的成员提供“健康积分”。虽然这些努力可能是为了让人们远离医院，但也可以用来吸引那些有着健康生活方式的人。也许那些不喜欢运动的人会将这些努力视为徒劳，因此不会加入。HMOs可能会选择那些初级保健医师较多而专家较少的医疗服务提供小组。从理论上看，有慢性疾病的人可能会与专家保持联系，而如果这个专家不在HMO服务提供小组，消费者就不太可能加入。

再一种解释是，HMOs也许什么都不做，仅仅是“健康维护”这个理念吸引了那些不想与医疗服务体系打交道的人。如果是这样，尽管可能接触到社区所有成员，但HMOs仍有可能会吸引大量健康优质人口。[①]

显然，HMOs可能会试图吸引那些医疗服务利用少的人，并且一旦吸引加入后还会限制他们住院服务的使用。然而，对于一个除了传统保险计划还考虑提供HMO的雇主来说，了解哪种效应占主导地位至关重要。如果使用中的差异大部分来自HMO效应，那么这个计划就能够为雇主和雇员降低医疗费用，可能还会节省潜在的开支。另一方面，如果使用中的差异大部分来自正向选择，那么就没有节省开支。雇主希望最好的结果是两方面作用都实现，一部分来自传统保险计划，另一部分来自HMO。[②] 此外，可以想象到的是，由于在员工福利中增加了HMO，雇主的负担可能会更重。

下面，考虑一个长期提供传统保险计划的雇主，现在雇主增加HMO，通过正向选择的方式来吸引不同比例的健康员工，以实现医疗服务的更少使用。正如Feldman和Dowd（1982）所指出的，将较低的经验索赔以较低的保费形式传递给雇

---

①　鉴于本节中关于HMO行为的部分的推断，无法一目了然，作者不得披露，几乎在过去的35年里，他都是一个或多个HMO的成员。

②　这段是从部分或全部雇员更喜欢HMO的案例中总结出的。如果情况是这样，在雇主已经提供了传统健康保险计划的情况下，雇主可能会为雇员提供HMO并支付较低的工资。我们将在第14章员工健康保险中的薪酬差别中讨论。

主和雇员，这一点根本不明显。HMO 可能会试图将保费设定的仅比具有价格竞争力的传统保险计划保费低一点。如果是这样，相比提供的传统保险，雇主和雇员实际上为健康雇员支付了更高的保费。更糟糕的是，传统保险会发现经验索赔上升，保费也会随之上调！因此，面对正向选择和"影子定价"，雇主发现原本试图减少保险费用的努力导致了更高的费用。正如我们在后面章节将要讨论的，解决影子定价的一个办法就是 HMO 之间的市场竞争。

HMO 效应的证据

支持 HMO 效应最好的证据是 RAND 健康保险实验（Manning 等，1987）。该研究旨在评估在临床服务使用中采用共保费率时，消费者的价格反应。我们将在第 8 章中详细讨论这一研究。然而，就当下而言，知道这个实验是将家庭随机分配给不同的健康保险计划就足够了。随机分配的优势在于，很大程度上克服了逆选择问题。

作为该实验的一部分，华盛顿州西雅图市的人被分配给 Puget Sound 团体健康合作社（一家大型、运营良好的职员模式的 HMO），或分配给传统保险计划，如当时的团体健康（Group Health），这种计划对保障范围内的医疗服务，没有自费要求，即是一种无成本分摊的按医疗服务项目收费（FFS）的计划。因此，两者都包含相当大范围的医疗服务，二者也都要求对于保障范围内的服务无自付和共摊费用。由于人们被随机分配给其中一个计划，因此，使用中的任何差异都来自使人们远离医院的 HMO 效应。

表 5.1 **HMO 效应** 单位：%

类别	服务使用可能性	一次或多次入院率
HMO 分配组	87	7
HMO 控制组	91	6
免费 FFS	85	11

注：HMO 是指健康维护组织，FFS 是指按服务收费计划。

资料来源：Manning 等（1987）。

实验结果概要如表 5.1 所示。参加免费的按服务项目收费计划的人有 85% 的可能使用医疗服务；被随机分配给团体健康计划（HMO 分配组）的人有 87% 的可能使用医疗服务。二者结果几乎一致。相反，HMO 分配组的一次或多次住院的概率较低，为 7%；而免费的按服务项目收费计划组住院概率为 11%。统计上的显著差异表明，HMO 确实使人远离医院。

表5.1中“HMO控制组”一行反映了长期团体健康合作社成员的经验数据，每一项都与随机分配组成员特征相似。这一增加内容就提供了新加入的个体与长期参加者是否存在体验差距的对比。答案是长期参加者使用住院服务的可能性更低（尽管差异在统计学上并不显著），并且，他们更有可能与医疗系统建立联系。这表明，长期参加者更有可能用门诊服务替代住院服务。

尽管这个实验是HMO效应的最佳证明，但和其他的研究一样，该研究也具有一定的局限性。本例中的关键问题是不同的参与率在实验中带来了多大程度的选择偏倚。在西雅图，免费的按服务项目收费计划的居民参与率是93%，而HMO分配计划的参与率只有75%（Davies等，1986）。

正向选择的证据

HMOs中正向选择的证据来自一系列自然实验，这些实验的结构如下：假设团体中的每一个人都加入了传统健康保险计划，这份计划收集了雇员使用保障范围内医疗服务的详细信息。那么，在某个开放登记注册时间段，雇员可以选择一份新的HMO计划或保留现有计划。一旦人们做出选择，研究人员就追溯上一年经验索赔数据，并对比最后选择HMO计划和最后保留传统保险计划的个体的服务使用情况。如果HMO中正向选择存在，我们将会发现，在做出选择之前，最后选择HMO计划的人经验索赔更低。相反，如果传统保险计划保留了医疗服务利用率低者，最后留下来的人先前经验索赔应该更低。如果正向选择不存在，那么报告之前的医疗服务利用率水平应该不存在差异。

表5.2列出了这类研究中的第一项结果。Jackson－Beek和Kleinman（1983）对20世纪80年代初期最早提供HMO的11位雇主的保险经验进行了报告。他们发现，那些最终选择新提供的HMO的人，在做出改变前一年的经验索赔比那些留在传统计划中的人更低。差额是每月每人23.14美元（相当于现在的55美元）。这种差异大部分来自机构服务（如住院服务），但是专业服务（如门诊服务）同样更低。

表5.2　　**正向选择**　　单位：美元

项目	总费用	机构服务费用	专业服务费用
FFS	57.35	40.45	16.45
HMO	34.17	22.23	11.45
差值	23.14*	18.22*	5.00*

注：*表示99%置信水平。HMO是指健康维护组织，FFS是指按服务项目收费计划。

资料来源：Jackson－Beek和Kleinman（1983）。

Wilensky 和 Rossiter（1986）回顾了 1974—1986 年发表的一系列有关 HMOs 中病人正向选择研究的结果。在最近的十几项研究中，从 1983 年 Jackson – Beek 和 Kleinman 的研究开始，有八项研究发现了 HMOs 中存在正向选择的依据，三项结果不确定，只有一项没有发现选择偏倚的证据。

虽然 RAND 实验确实提供了 HMO 效应的有力证明，至少在一家大型、运营良好的职员模式的 HMO 中是这样，但研究文献表明 HMOs 中通常存在着大量的正向选择。至于其他形式的管理式医疗计划的证据则不是很明确。然而，有限但强有力的证据表明，优先医疗提供组织（PPOs）相比 HMOs 并不吸引人，并且事实上，PPOs 可能已经成为 21 世纪中的传统保险计划，至少对于选择偏倚方面来说是这样的（Morrisey，Jensen 和 Gabel，2003）。

医疗照顾计划中的正向选择

逆选择和正向选择不仅是私营保险公司的担忧，也是联邦医疗照顾计划关注的重要问题。自 20 世纪 70 年代开始，医疗照顾计划开始允许受益人选择参与传统医疗照顾计划或加入 HMO 式的医疗照顾计划（第 23 章将详细讨论医疗照顾计划和管理式医疗照顾计划，目前被称为医疗照顾优势计划）。

直到 2006 年，医疗照顾计划才允许受益人每月转入或转出传统医疗照顾计划。正如大多数 HMOs 一样，医疗照顾 HMOs 只提供有限的医师小组和医院。传统医疗照顾计划则几乎包括所有的医师和医院。不管怎样，许多医疗照顾 HMOs 会提供更宽范围的保障，包括处方药和年度体检，这些在医疗照顾计划 D 部分的处方药覆盖计划未实施之前尤其有优势。医疗照顾计划为其保障的每一个受益人按人头向 HMOs 进行付费。所支付费用基本占当地居民平均医疗照顾成本的 95%。医疗照顾 HMOs 必须接受所有选择加入的受益人，但是如果一家医疗照顾 HMO 能够以某种方法吸引到足够多的医疗服务利用低的人，那么就可以获得客观的利润。

国会咨询委员会关于参加 HMO 式医疗照顾与传统医疗照顾计划的成本调查结果，摘录在《HMO 参与者相对传统计划参与者的医疗照顾总费用》中。委员会使用了与我们之前讨论的 Jackson – Beeck 和 Kleinman（1983）研究中相同的方法，主要着力于 1989—1994 年的医疗照顾计划索赔数据。研究首先识别出新加入医疗照顾计划 HMO 的人，再查看他们转换到 HMO 之前 6 个月的医疗照顾计划理赔数据，并将数据与参加传统医疗照顾计划者的同期平均理赔数据进行比较。那些最终转投医疗照顾计划 HMO 者的总体经验索赔仅为平均值的 63%。这表明，至少可以说，正向选择是存在的！

HMO 参与者相对传统计划参与者的医疗照顾总费用

- 转入 HMO 式医疗照顾计划前 6 个月：63%
- 转回传统医疗照顾计划后 6 个月：160%

资料来源：预付制评估委员会（Prospective Payment Review Commission），1996 年数据。

研究还调查了后来转回传统医疗照顾计划的医疗照顾 HMO 计划参与者的经验索赔。在他们转回后的 6 个月内，他们的经验索赔是平均值的 160%。很容易推断出，HMO 寻找医疗服务利用低的人，并鼓励他们加入，而如果他们有健康问题，则想办法将他们赶出计划。

然而，更多的恶劣情形与这些数据相呼应。考虑一位非常健康、年老、具备医疗照顾计划资格的女性，她加入医疗照顾 HMO，也许是因为医疗照顾计划 HMO 服务包括年度体检，或提倡预防性服务。不幸的是，她的髋关节畸形，并发现自己需要髋关节置换手术。她的主治医生把她介绍给医疗照顾计划内的骨科医生，但是她的子女希望她去看他们认为镇上最好的骨科医生。这个外科医生不在 HMO 的医师小组中。根据医疗照顾计划条款，该女士可以退出 HMO，并立即参加传统医疗照顾计划，进行手术。一旦康复，她可以重新加入 HMO。如果这种情况很常见的话，就可以解释加入 HMO 之前更低的经验索赔和退出之后更高的经验索赔了。其他情形，如“都市趣闻一则”专栏中的情况也可能存在，但这是不道德的。

都市趣闻一则

医疗照顾 HMO 必须同意所有具有医疗照顾计划资格并想要加入的人加入该计划。发生在佛罗里达州或纽约的趣闻是这样的，医疗照顾计划 HMO 将注册办公室设在三楼。凡是能够一口气走到三楼的老年人都会被热情欢迎注册。

最近，我和我的同事研究了十年间医疗照顾优势计划中正向选择的内容。图 5.3总结了我们的成果。使用与 Jackson - Beeck 和 Kleinman（1983）和 PPRC（1994）相同的方法，我们发现，在加入医疗照顾优势计划前的 6 个月中，新加入者的索赔成本只是那些住在同一地区、且留在传统医疗照顾计划中的人的 80%。在这整整 10 年中，这种关系相当稳定。在退出医疗照顾优势计划之后的 6 个月中，那些退出重新加入传统医疗照顾计划的人的经验索赔大约是始终留在传统医疗照顾计划中的人的 136%。此外，自从 21 世纪早期开始，重新加入传统医疗照顾计划者的相关成本就一直上涨。我们将在第 7 章中更详细地讨论这个问题。

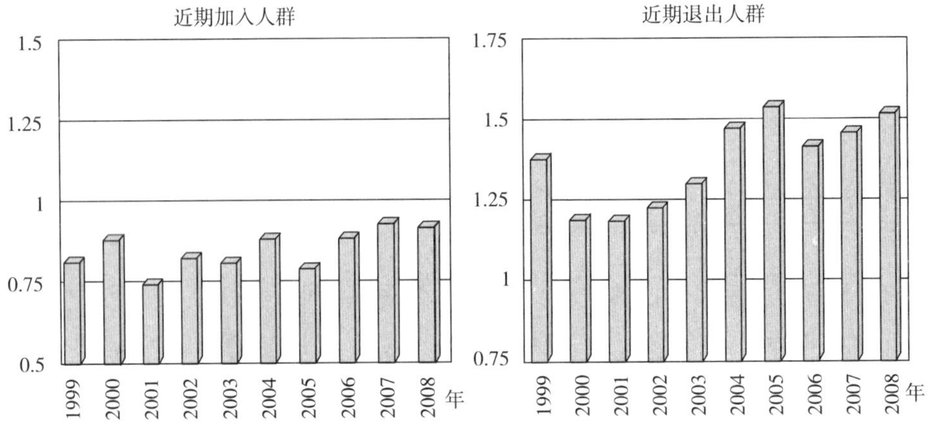

资料来源：Morrisey 等（2013）。

图 5.3　1999—2008 年加入和退出医疗照顾优势计划的相关经验索赔

正向选择随时间持久性

研究充分表明，HMOs 吸引了更健康的人加入。这就引出了管理和政策上的重要问题：随着时间的推移，正向选择是否会持续存在。如果这种现象随着时间的推移持续存在，那么 HMO 为保持成功唯一需要做的就是吸引医疗服务利用率低的人，并使他们非常满意留在计划内（同时努力阻止进入市场）。另一方面，如果低利用率者迅速变成了平均利用率者或更糟，将意味着该计划必须不断调整其准入机制，或采取措施保持加入者的健康。从政策角度来说，如果正向选择持续存在，那么我们应该考虑促进竞争或规范保险人行为。如果选择偏倚只是短暂存在，我们可能更需要担心计划更替和所提供的医疗服务质量了。

显然，上述讨论中把优先利用作为正向选择的评价指标，主要基于某种行为存在持续性的假设。在激励机制缺乏改变的情况下，两种因素可能影响医疗服务使用的持续性。第一种因素与个人健康状况的长期性与随机性有关。如果一个人的疾病或损伤很大程度上是随机的，这意味着，在任何一年里，特别高或特别低的医疗服务利用率都是异常事件，个人的医疗服务利用很快会恢复到平均利用水平。如果疾病或损伤是长期性的，则表明在一定时间内，医疗服务利用率将持续保持在一个较高的水平。第二种因素是行为性的。对于给定的健康状况和价格，一个人可能选择寻求医疗服务，而另一个人可能不会。前者将是医疗服务长期高利用率者，后者则会是医疗服务长期低利用率者。

只有少数研究考察了两年以上的医疗服务利用情况。进行这样的研究的困难之一是获得若干年度的有价值的数据，这些数据需要来自一个庞大的、可识别的群体，而这些人在调查期内没有改变其健康保险保障范围。Gaber、McCurdy 和 MeClellan（1999）利用 1987—1991 年和 1992—1995 年的医疗照顾计划受益人数据，进行了一次这样的研究。虽然该研究只关注在上述期间参加传统医疗照顾计划的人，但依旧无法控制受益人补充保险的变化，即受益人可能在上述期间新增、放弃或更改补充保险。图 5. 4 总结了最近的研究成果。

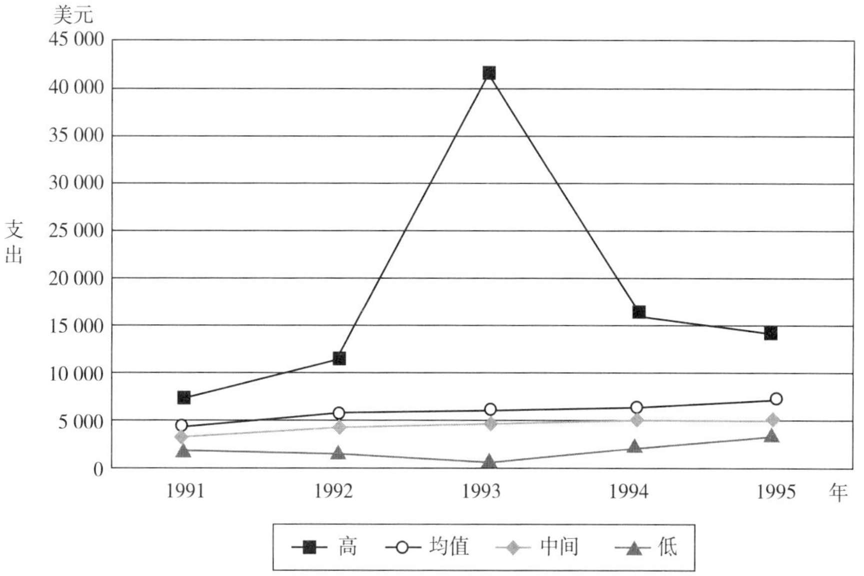

资料来源：Garber，McCurdy 和 McClellan（1999）。

图 5. 4　医疗照顾计划健在受益人的持续性支出

Garber、McCurdy 和 McClellan（1999）获得了 1989 年还健在着的 37 000 名医疗照顾计划受益人的索赔数据。他们根据这些人 1993 年的医疗照顾计划支出将这一群体分为三个小组。医疗服务利用率在 0～50% 的为利用率低的组。他们 1993 年的平均医疗照顾计划费用为 211 美元。利用率在 51%～95% 的为中间组，他们的平均费用是 5 758 美元。医疗服务利用率在 96% 以上的为利用率高的组，他们的平均费用是 41 921 美元，超出了预期（这个数字显示了典型的健康保险经验，参保人中小部分的人产生了绝大部分费用）。

该结果形式很明确。首先，低支出者在基年（1993 年）的费用异常得低，然而在此前两年和后两年中，他们的费用则高得多。类似地，在基年医疗服务利用率高的人当年费用也非常高，他们的经验数据在此前后的几年都更低。其次，尽管他们各自的经验索赔确实逐渐恢复到平均值，但医疗服务利用率低者仍然低，利用率高者仍然高。简言之，尽管医疗服务利用有很大的随机成分，但在利用中存在相当大的黏性，选择偏倚往往也会一直持续。

应该注意的是，这种结果形式在 1989—1991 年也被观察到。研究也注意到了随后两年（分别是1994—1995年和1990—1991年）中样本中死亡人数带来的影响。图5.4仅包括最后两年中的健在者，不过，如果我们在分析中包含死者的话，将会出现同样形式的结果。

非HMO背景下的选择偏倚

本章主要关注HMO和传统保险决策中存在逆选择的依据，因为这是大多数实证研究开展的起点。任何选择偏倚程度的问题都是一个实证问题，而且并不局限于管理式医疗背景下。在一些早期的研究中，Randy Ellis（1985）在一个雇主团体保险中进行了选择偏倚程度的调查，这个雇主在1982年提供单一的传统保险计划，但在1983年提供带有不同免赔额与止损金额特色的三种传统保险计划。Ellis总结道："这里的结果表明，在这一背景下，自我选择效应可能非常明显，高保障程度的计划吸引了参加者，他们的费用是选择低保障计划者的4倍。"

近期，Bundorf、Herring和Pauly（2010）研究了员工健康保险计划中的逆选择。他们使用1996—2002年医疗费用面板调查（MEPS）中有关人口、健康状况、就业和保险的数据，来检验逆选择在低、中、高收入家庭和小、中、大雇主发起建立的保险计划中的情况。他们总结道："总的来说，拥有员工保险的可能性几乎总是与预期的医疗费用同步增长。保险状况和预期费用之间的正向关系在大、中、小市场中通常是一致的……这验证了一定程度上逆选择的存在。"

与此相关的是，对于家庭和个人来说，只有当他们希望使用牙科服务时，才会"攒钱"来获得牙科保险，这种情况也并非闻所未闻。这种做法构成了逆选择。许多改革者一直鼓励使用消费者导向的健康计划。这些产品中包含高免赔额的健康计划和免税的健康储蓄账户。支持者认为，这样的计划给消费者强有力的激励，让他们成为有价值意识的医疗服务购买者，因为尽管免税，但是他们必须自己承担最初的1 000或2 000美元的医疗费用。消费者应该放弃那些被认为物非所值的服务，而选择能以较低价格提供优质服务的供应商。反对者认为，这样的计划将会充斥着正向选择。一如既往，逆选择或正向选择程度是一个实证问题。然而，它的潜能始终存在于自愿保险市场。

逆选择也是ACA要求每个收入超过一定门槛的人都必须购买健康保险或者缴纳罚款的重要原因之一。根据法律规定，既存病症状况不能用来决定一个人的健康保险保费。因此，人们通常会倾向于放弃健康保险，而在生病的时候再购买。的确，可以想象，当人们躺在轮床上被推到医院急诊室的时候主动（或被动）参加健康保险……而当他们出院的时候就退出保险计划！为了防止这种情况，法律要求每个人都必须购买保险。有人认为对不买保险进行的罚款不足以防止这种情况（见第3章）。如果罚款过低，那么保险计划预计将会亏损，参保者的保费将比支持者预计的要高。

本章小结

● 当存在信息不对称时，逆选择就会产生。一方，通常是消费者，比另一方更加了解自己使用医疗服务的可能性。

● 相较于参加传统保险计划的人们，HMOs参加者的医疗服务利用经历大幅降低。这种差异主要是因为住院服务使用的不同。

● 服务利用差异可能来源于HMO的正向选择，或HMO效应（HMOs采取措施使人们远离医院），或两者共同作用。尽管争论双方都有证据，但是数据更加支持正向选择论。

● 现有证据也表明，医疗服务的高（或低）利用率的倾向随着时间的推移而逐渐回归平均值，但会持续存在。

● 对于保险人来说，逆选择是一个潜在的大问题，并且对医疗照顾计划、私营个人保险市场、员工保险市场、消费者导向的健康保险计划，甚至是ACA都有影响。

问题讨论

1. 假设传统保险和管理式医疗计划的服务利用经验的差异来源于正向选择。如果是这样，假设州医疗救助计划要求所有享受者都参加管理式医疗救助计划，这个州会省钱吗？

2. 通常情况是，由于健康保险总费用增长，雇主开始提供多元健康保险计划来代替单一保险计划，为什么会这样？

3. 如果提供牙科服务保障的保险人知道高利用率者可能会加入，你会建议他们在设计保险计划的时候采取什么措施来应对这种情况？

4. 如果罚款不足以阻止人们主动放弃ACA要求参加的保险，政府还可以采取哪些措施鼓励人们购买这些保险？

延伸阅读

［1］ Newhouse, J. P. , and the Insurance Experiment Group. 1993. "Results at the Health Maintenance Organization: Use of Services." Chapter 8 in *Free for All? Lessons from the RAND Health Insurance Experiment*. Cambridge, MA: Harvard University Press.

［2］ Wilensky, G. R. , and L. F. Rossiter. 1986. "Patient Self – Selection in HMOs." *Health Affairs* 5 (1): 66 – 80.

第6章　承保与费率厘定

逆选择对于保险人来说是潜在的致命问题。如果他们将不相似的风险集合在一个池子中，预期医疗服务利用率低的人会认为保费过高。这些个人或团体将会减少保险或被其他能提供匹配低风险保单的保险人吸引走。更糟糕的是，高服务利用率的人会认为保费过低。他们将会被这个计划吸引过来，提高平均索赔超过保险预期，给保险人带来损失。

保险人通过承保和费率厘定来应对逆选择。他们试图确定经验索赔的决定因素，并据此将个人和团体划分进入反映他们预期医疗使用的风险池。这种承保过程的本质和内容很大程度上依赖于所采用的费率厘定技术。社区定价，一种将每一个人划分进同一风险池的定价方法，几乎不需要正式承保。类似地，追溯经验定价法也几乎不需要承保，每一个雇主团体都是维持在各自原本风险级别中。

本章粗略地描述了客观风险，并借此讨论了承保的本质。我们将描述社区定价，手册定价和经验定价。这自然就引出了对自保团体的讨论。本章的最后一部分检验了忽略公司间重大差异的效果。我们研究了要求男女统一利率的州立法的影响和其他禁止在非团险市场上进行医疗承保的法律的影响。这使我们联想到 ACA 禁止使用既存病症厘定保险费率，以及同样限制费率厘定的医疗损失率。

保费计算

计算保费时，保险人从纯保费或精算公平保费开始，然后按照下面的公式调整保单维护产生的费用：

$$毛保费 = 纯保费 /(1 - 附加费用率)$$

纯保费通常是我们在第4、第5章中讨论的预期经验索赔。被定义为损失发生的可能性和损失程度。附加费用率是保险人用来覆盖客观风险、利润、营销费用、诉讼索赔、利益协调和网络提供等。这些费用也会被保险人的保费和余额的任何投资收益所弥补。显而易见，附加费用率不仅取决于保单维护的真实边际成本，还取决于保险人面对的竞争的性质。

当然，预期经验索赔取决于所保障的医疗服务和与其使用相关的自付费用的特征。某些保险会保障相当广泛的服务，而其他的则会剔除处方药和心理健康保障。“剔除”仅意味着原本曾经被包含在某种特定计划中的保障现在被单独销售了。然而，一张剔除处方药的保单与传统医疗保单采用相同的方式确定保费。

附加费用率的大小在团险和非团险市场上有所不同。例如，Pauly 和 Percy（2000）报告指出，1995 年，团险的附加费用率大约为 10%，非团险为 50%。团险市场中，附加费用率也随着公司规模变化。Karaca – Mandic、Abraham 和 Phelps（2011）运用来自医疗费用面板调查—保险部分（MEPS – IC）数据发现，少于 100 人的公司的附加费用率相似，大约为 34%。而 100 ~ 1 000 人规模的公司的附加费用率约为 15%，超过 10 000 人公司的费用仅为 4%。如果保险人的附加费用率过高，ACA 将会对其进行处罚。这部分包含在医疗赔付率内容中（见专栏）。

ACA 中的医疗赔付率

从 2011 年开始，ACA 要求不足 100 人的小型企业和非团体保险计划的医疗赔付率（MLR）不少于 80%。对于全部参保的大型企业来说 MLR 不少于 85%。如果保险人的 MLR 低于上述门槛，就应该将保费的一部分返还给保险购买者。

MLR 基本上等于医疗索赔与保费收入的比。文中的附加费用率是 1 减去 MLR。然而，MLR 的组成定义则由于州立法的不同而存在差异，通常在公司间也不同。为达到 ACA 的目的，健康及公众服务部将 MLR 定义为索赔加上允许的质量改善费用除以保费减去已付税款。这种定义很有争议，因为在某些情况下，限制行政管理成本来满足 MLR 可能背道而驰。例如，如果一个保险人减少了预防欺诈和滥用的费用，这将降低行政管理成本。但是，这样的做法也有可能增加他的医疗理赔，因为会支付更多的骗保理赔。这种新近支付的理赔很容易满足 MLR，但却降低了健康系统的效率。关于 MLR 切实可行的定义问题，可以参考 Harrington（2013），他提供了详细的、可读性强的讨论。

Abraham 和 Karaca – Mandic（2011）运用来自美国保险监管官协会的数据，估算了 2009 年个人保险市场上保险人满足 MLR 要求的程度。他们发现，9 个州中至少一半的健康保险的保险人可能没能满足 80% 这个门槛。如果 ACA 当时干预，12 个州中，整个注册年至少 50% 的参保者会受到影响。

这意味着，许多保险人将不得不削减行政管理成本，提高医疗索赔支付，或者做好返还保费的准备。一些保险人也有可能退出某些州的保险市场。

客观风险

客观风险是实际索赔经验与预期的相对变化。这个概念的关键在于区分客观与主观风险。第4章我们在判断个人风险偏好的时候讨论了主观风险。并总结出，无论损失可能性和潜在损失的大小，风险厌恶者更有可能购买保险。客观风险的定义仅集中于潜在可能损失及其分散。

某种意义上，人们很容易认为主观风险是保险市场上需求方的特征，客观风险是供给方特征。然而，这在某种程度上存在误导性，原因有二。第一，作为保险消费者，我们确实也考虑客观风险。我们只是不与那些销售保险的人有相同数量的被保险人数以供分析。第二，保险供给方对于给定的客观风险也有自己的（公司）风险偏好。保险人在评估给定客观风险的时候将会显示出不同程度的主观风险容忍度。一家保险公司可能进入市场，而另一家可能认为这样太冒险。

一个考虑客观风险的有效方法是采用如下简单的公式：

$$\text{客观风险} = \sigma/(\mu\sqrt{N})$$

其中，σ 度量了群体中平均索赔的分散程度，μ 度量的是期望损失，$\sqrt{N}$是被保人数的平方根。客观风险随着可能损失的分散程度的增加而增加，这一点也不奇怪。如果损失范围介于0～1 000 000美元，则比介于0～10 000美元更有风险。方差、标准差和极差的定义公式是度量索赔分散程度的常用测度。

其他条件相同时，期望损失越大，客观风险越小。这是反直觉的，客观风险随着μ和期望损失的增加而减小。然而，当我们想起来分散程度保持恒定之后，这个难题也是很容易理解的。假设可能损失在0～10 000美元变化。如果预期损失是1 000美元，风险就相对较大了。另一方面，如果期望损失是8 000美元，风险就小得多了。

最后，客观风险随着被保人的数量（$\sqrt{N}$）增加而减少。这是大数法则的本质。在预期损失和损失分散程度给定的情况下，如果风险池中有更多的人，我们就更能确定实际损失会等于期望损失（请参考专栏“不同客观风险的实例”）。假设抛硬币，正面损失1 000美元，背面则不发生损失。那么我们预计期望损失为500美元。但是重复几次抛硬币，意味着实际结果可能与期望损失明显不同。但随着抛硬币次数增加，抛50次或100次或10 000次硬币，我们将更加确定实际损失等于期望损失。

不同客观风险的实例

下面的表格展示了不同规模的雇主团体相关的客观风险的一些描述，这些团体有着不同的每千人就医天数比率。此背景下的就医天数比率可以被看作是期望索赔的一种度量。团体的规模是被保人数的另一种度量。在95%的置信区间下，该表格是基于每千人就医天数的标准差为200这个假设的。标准差是分散程度的一种传统度量方式。因此，下表中的数据是度量客观风险的一种方法。

作为期望使用百分比的每千人就医天数的期望偏差

	雇员团体规模				
每千人就医天数	20	50	100	1 000	10 000
300	±1 460	±369	±131	±4. 1	±0. 13
400	±1 096	±277	±98	±3. 1	±0. 10
500	±877	±222	±78	±2. 5	±0. 08
600	±730	±185	±65	±2. 0	±0. 07

注：以上数据在假设每千人就医天数标准差为200，且置信区间为95%条件下计算得出。

当从表中任意行从左向右看，可以迅速清晰地发现，随着团体规模扩大，该团体的就医天数风险减小。例如，每千人就医天数比率为400时，100被保人数规模的团体的期望偏差是±团体的98%。这就意味着，在95%的置信区间下，该团体8～792天的任何医院使用只是围绕每千人400天这个稳定均值的随机波动，这个结论是可以接受的。相比之下，10 000人规模团体的期望偏差只有规模团体的±0. 08%。很明显，当保险人在一个就医天数500天的社区中，发现一个有着425天就医天数的10 000人规模的团体时，他们可能认为这个团体有更低的经验索赔。

现在按列看。对于给定的100人规模的团体来说，随着期望损失的增加，客观风险随列由上到下递减。在300天水平，风险是社区就医天数比率的±131%。在500天水平，只有±78%。

因此，保险人可能想要合理地组合相似的小团体来降低客观风险。出于同一种理由，他们甚至想要合理地跨就医天数比例不同的社区，来组合相似的小团体。

承保的本质

在客观风险的定义下，承保这项任务变得很明确。只需要确定一定数量的风险池或风险等级。每一组的期望损失都与其他的有着明显差异。每一组的可能结果的分散程度都很小，并且每一组都有足够多的被保险人！

我们可以从确定差异开始，差异基于性别、年龄，其理论基础是由于慢性病发病率高，老年人经验索赔就高。由于分娩，女性在早期的经验索赔较高，但后期较低。我们可以基于职业和行业来确定不同的风险等级。那些选择更危险职业的人可能在工作时间外也参与更有风险的活动。由于地区间的不同疾病形式，我们也可以按照地理区域划分不同的风险池。例如，美国东南部区域常被认为是“中风带”。然而，保险人可能根据当地市场实力，制定不同的价格，监管的限制可能会影响跨地区销售的保单的特征。最终，我们可能希望根据健康状况来确定不同的风险池。

尽管不同群体之间期望索赔的差异可能会很明显，但是对于保险人来说，问题是在每一个期望理赔估算之间也存在一定的偏差。此外，某些潜在风险等级可能太小，以至于不能提供具有可靠的期望索赔和分散程度的充分保障。例如，在肯塔基州可能只有少数26～30岁的女性矿工。因此，保险人可能会组合有些不相似的团体，如女性矿工和建筑工人，平衡一些不相似的期望损失，来充分减少偏差，并获得由更多的被保人群带来的可信度。

除了确定可信的风险池，保险人还不得不考虑获取健康计划中潜在成员数据的成本。这些数据被用来在合适的风险等级中加入一个潜在投保人。在非团险市场，用驾照来确定年龄、性别和居住地是很简单的。然而，获得健康状况和家族病史相关信息可能会更加困难。保险人可能要求投保人去看医生并获得一份完整的体检和病史。或者，他们可能要求投保人与健康保险计划内的医师预约。这两种都是很昂贵的收集数据的方法。在第一种情况下，消费者承担看医生的费用，使得保单全价提高。在后一种情形下，保险人承担费用，保险的成本也相应提升。

或者，保险人可以只是问投保人问题来确认健康问题——例如，“您吸烟吗?”“您有心脏病吗?”问题是投保人有明显的动机将自己描述为健康状况良好的人。保险人可以用来处理这种问题的一种方法是，问那些问题但保留如果后来发现投保人说谎取消保单的权利。因此，保险人将会承保，但是如果投保人后来提出与慢性阻塞性肺病（COPD）有关的索赔，保险人将会调查，如果发现投保人是烟民，那么保险人将因不如实告知而拒绝理赔。

一般来说，我们希望保险人为承保而收集的数据，仅限于与期望经验索赔有重大不同的信息，并且这些信息收集起来充分廉价，这样收集成本才会少于了解这些信息带来的收益。

费率厘定方法

保险人使用三种方法进行个人或团体的费率或保费的计算：社区定价法、手册定价法和经验费率定价法。但是当行业和公共政策使用这些术语时，往往是不标准的。例如，联邦授权的 HMOs 被要求使用调整后的社区定价法或者等级社区定价法，这两种方法都比社区定价法更加接近手册定价。州立法机构可能常常要求保险人必须使用社区定价，并允许按年龄、性别和区域方面的差异来定义，但是不允许使用健康状况方面的差异。这也比社区定价更加接近手册定价。

社区定价法

社区定价法是非常简单直接的。所有的个人和团体都被放进同一风险池。蓝十字和蓝盾计划在其开始的30年中使用这种方法厘定费率，HMO和其他的管理式医疗计划也在20世纪70年代很好地使用这种方法。它也是全民医疗保险计划支持者有时倡导的一种方法。

这种方法的厘定框架很简单。保险人计算近期以来被保险人的人均实际索赔，并在考虑通货膨胀、实际医疗费用和医疗服务使用形式的预期变化之后，计算未来价值。然后他们附加运营成本、正常的利润和准备金缴纳，以防医疗服务使用情况比预期更糟。同时扣除保费和准备金的投资收益。与人寿保险中损失持续许多年通常是数十年的情况不同，健康保险中，准备金是相对较小的一个因子，因为索赔通常是短尾的。①

这个过程确定了索要保费的计算基础。保费也将反映当地健康保险市场中的竞争情况。

手册定价法

手册定价法反映了保险业承保的传统角色。保险人努力确认与更高或更低经验索赔相关的个人或团体的特征。在个险市场，如年龄、性别、区域、职业和健康状况等因素可能被参考。在团险市场，综合雇员和家属的上述特征可能会被考虑，公司的特点，如产业性质，也会被考虑。手册定价法这个词来源于保险人在制定包含几页特定风险特征的费率手册时，相关预测的实践。例如，一页可能集中描述克利夫兰、俄亥俄等市场区域，并列出该地区不同健康状况下特定年龄群体的男性和女性对应的费率。

手册定价法被广泛地应用在非团险市场，并在一定程度上应用在小型团体市场上。你可以登录E健康保险网站（www. ehealthinsurance. com），填上你的邮编、年龄、性别以及是否吸烟，就会获得带有不同程度保障的几张保单的初步报价。这就是手册定价系统。医疗照顾计划系统当决定应该向其HMO支付多少时，也会使用一套精细的手册定价系统。我们将在第7章中详细讨论这个体系。

经验定价法

经验定价法将保费建立在一个群体以往和现在的索赔基础上。经验定价法有两

---

① 译者注：短尾（short tail）索赔，是指健康保险产品通常是一年期保障，所承担的未到期责任准备金是有限的。

种通用的形式：期望经验定价法和回溯经验定价法。

期望经验定价法

当保险人检验一个群体的过去的索赔并基于此厘定保费时，这就是期望经验定价法。考虑一个已经与保险人签约 10 年的雇主团体，这个团体有 1 000 个员工和相当数量的家属。这个团体的经验索赔只有保险人整体业务索赔的 80%。接下来考虑与保险人签约 2 年的雇主团体，有 100 个雇员和家属。这个团体的经验索赔是保险人整体业务的 90%。两者都要求反映其更低经验索赔的保费。

基于之前我们对客观风险的讨论，第一家企业明显有更加充分的理由。保险人大约有这家企业 20 000 个生命年的数据，并且其医疗服务使用经历大幅低于整体平均水平。这种情况下，保险人很可能确定一个完全基于第一家企业之前经验索赔的保费，并向前滚动来反映预期供应商价格和使用趋势。这就是期望经验定价法。保险人基于企业的经验索赔提出未来或预期的保费报价。保险人承受承保风险，这一点是很重要的。保险人提出保费报价，并承担费率过低情况下发生的一切损失。

保险人也可以向第二家企业提出预期经验保费报价。然而，保险公司对于这家企业的经验是否真的反映了更低的医疗服务使用，这一点显然不是那么有信心。用行业的术语来说，这家企业的经验数据缺乏可信度。一般来说，保险人会制定一个既反映该企业自身经验数据又反映保险人整体业务经验的综合性保费。适用于企业自身经验和保险人整体业务的权重是由保险人之前开发的置信因子确定的。每一个保险人都有自己的方法来确定这个公式，但是很明显，此公式取决于组成客观风险的相同因子：被保人数、期望损失的大小和与之相关的方差。此外，保险人可能也会衡量这家企业与其所在的行业、州或同一规模的其他企业之间，以及与全部业务之间的权重。

回溯经验定价法

回溯经验定价法是一种比期望经验定价法更简单的方法，并且更经常被大型企业使用。本质上，保险人面向该企业开设一个存款账户，当该企业的雇员及其家属发生索赔时，保险人通过该账户向他们进行理赔。此外，保险人向该企业收取一定的费用用于保单管理和理赔裁定。

然而，实际上，这个过程更复杂。企业按月或季度定期向保险人支付反映管理成本和索赔的预付款。当索赔被同意后保险人从预付款账户中取钱。在年末，企业和保险人结账。典型的，企业将在年末追溯/逆支付来调节季度支付与实际理赔一致。需要注意的是在回溯经验定价法中，是企业而不是保险人承担承保风险。如果预支付不足以覆盖理赔，那么企业仍需要支付。

当然，企业可能并不愿意承担全部承保风险。回溯经验定价法可以很轻松地化解这个问题。企业可以向保险人购买止损保险。这种情况下，企业向保险人支付的保费包括三个部分：管理费用、理赔预支付和止损保险费用。

止损保险可以采取两种形式。公司可以购买总量止损保险。这种情况下，一旦年度索赔达到某个预定水平，如 10 000 000 美元，企业不再对本年度的额外索赔负任何的责任。此外，作为另一种选择，企业可以购买特别止损保险。这种保险限制了企业需向单一索赔或某个人的理赔金额，如 150 000 美元。一旦雇员发生健康问题导致索赔超过了这个门槛，公司不再负责这个人的额外索赔，剩余的索赔将由止损保险支付。

自保计划

在回溯经验定价法下，最直接的反应是，这些企业实际上是自我保险。本质上，这是非常正确的。买这些保险的企业将承受一些或全部承保风险。但是，根据法律，这并不正确。正如第 1 章中讨论的，当蓝十字计划的先驱者尝试创造一种新的健康保险计划时，他们都会被保险监管官要求必须符合州立法的相关规定。使用回溯经验定价法，在 1974 年前自保的公司都经历着命运相似的风险。

然而，也正如第 1 章讨论的，1974 年 ERISA 允许在该法条款下的自保计划不受州保险法律监管。ERISA 颁布之后自保计划的数量迅速增长。对此的解释目前很清晰。许多大型企业在 ERISA 之前本来就是自保的。随着这项法律的颁布，这些公司可能很容易就转变为真正的自保，这样做他们将避免保费税和其他州可能实施的保险监管。现在，一个雇主团体可以自己承担承保风险，并通过单纯管理服务（ASO）合同，向已成立的保险公司购买行政管理服务，或者向第三方服务（TPA）购买管理，或者可以在公司内部提供该服务。

不幸的是，这些不同的承保方法，使用的普及程度目前还不清楚。在非团险市场，除非州立法要求使用社区定价，手册定价是常见做法。相关数据在小型和大型团险市场上似乎并没有出现。然而，关于自保使用的数据是可获得的。正如图 6.1 所示，2012 年所有参加健康保险的企业，其 60% 的员工都全部或部分的进行了自保。部分自保是指保单中有某种形式的止损条款。自保在大型团险市场中占主导地位，1 000 人及以上规模的公司中 78% ~93% 的员工参加了自保计划（KEF 和 HERT, 2012）。

少于 200 雇员的公司中有 15% 的员工参加了自保计划，这一点应该很令人惊讶。我们之前对于客观风险的讨论可能使你认为，承保这样一家被保险人数如此少的公司可能会担心不可接受的风险。你可能是对的。凯撒家族基金会（2012d）雇主调查数据表明，小型企业中自保员工的 85% 都属于购买了止损保险的企业。因此，他们的风险是有限的。正如我们将在本章末讨论的，小型企业会新近成为带有

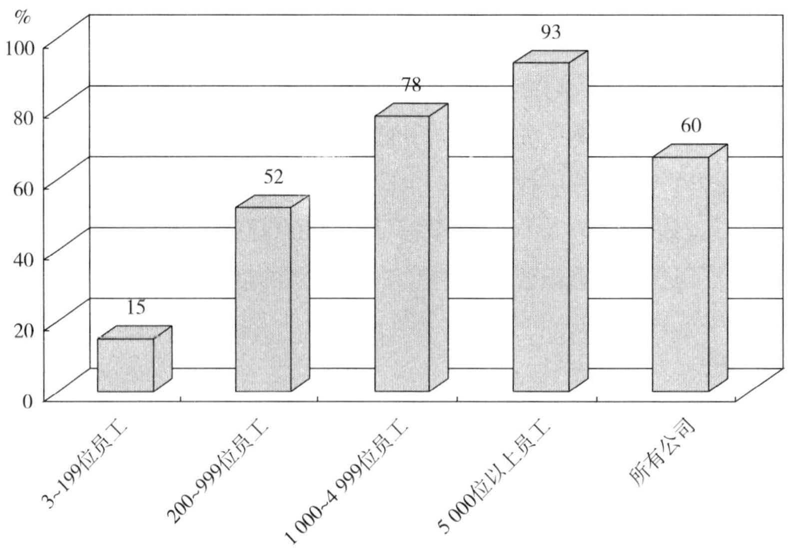

资料来源：KEF 和 HERT（2012）。

图 6.1　2012 年按公司规模部分或全部自保的员工比例

低止损门槛的自保体，来避免 ACA 的约束，这一点值得担心。

另一种核查承保技术使用普遍性的方法是按计划类型来核查。表 6.2 在一定程度上是这样做的，表 6.2 展示了所有公司规模下按保险计划类型分类的被保险员工中自保比例。到 1999 年，就有过半的被保险员工进行了某种形式的自保。PPO 计划中的员工最有可能自保。这一点不令人意外，毕竟第 1 章中讨论过，PPO 通常只是一种合约机制，且承保风险是由雇主承担的。

表 6.2　　被保险员工中部分或全部自保的比例　　单位：%

年份	1999	2005	2007
传统	65	53	38
HMO	16	32	37
PPO	60	65	70
POS	42	36	29
HDHP	—	—	54
总计	44	54	60

注：HMO = 健康维护组织；PPO = 优先医疗提供组织；POS = 记点服务计划；HDHP = 高免赔额健康计划。
资料来源：KFF 和 HRET（2012）。

HMO 使用的手册定价法

尽管 HMO 通常可以自由使用任何一种定价方法，但联邦授权的 HMO 如果不采用社区定价法，那么只被允许使用调整后的社区定价或分级社区定价。此外，习惯上 HMO 没有理赔和病人就诊数据，无法像商业保险人或蓝盾计划或蓝十字计划那样能够进行经验定价法。

或许理解这些定价方法的最好方式就是理解导致这些方法的市场力量。直到 20 世纪 60 年代晚期和 70 年代早期，当大型企业意识到他们的雇员和家属的索赔低于平均水平时，他们开始使用经验定价法。当他们在传统保险计划之外提供 HMOs 时，他们发现费用上涨。他们也发现 HMOs 是基于社区费率确定的保费。

大型企业发现，他们的传统的被保险员工，本应有更低的经验索赔，但事实不再是这样，可以推测，那些选择加入 HMO 的员工和那些来自社区其他部分的高成本人群结合在了一起。雇主坚持认为 HMO 保费也反映了其员工的经验索赔。HMOs 回应说管理式医疗的优势之一就是员工和家属不再受传统保险的文书工作困扰。但其缺点是 HMOs 没有与个人绑定的纸质索赔跟踪，这种纸质文件正是允许其他保险人使用的经验费率法。雇主们并没有因此被说服。所以，基于他们有限的数据，管理式医疗计划还在努力培养他们的价格反应力。

调整后的社区定价法

调整后的社区定价法使用 HMO 全部的医疗服务使用经验，并将企业独有的特征用来对这些数据加权使其更好地反映雇主员工的特点。此计划利用企业定价率所使用的保险合同组合和合同规模，对整个计划内的数据加权。合同组合指的是公司内单人、双人和家庭合同的比例。合同规模是指家庭平均人数，定价率是指相对于单人合同，双人和家庭合同之间的索赔成本差异。

假设一个 HMO 的全部合同中单人、双人和家庭合同各占三分之一，且合约范围内家庭平均有 3.5 个人。继续假设双人合同所用的医疗服务是单人合同的 2 倍，家庭合同是单人合同的 4 倍。HMO 索要的费率将反映这种组合。如果一个雇主有更多的单人和双人合同以及非常少的家庭合同，那么采用调整后的社区定价法的保费将更低。类似地，如果公司的家庭合同平均只有 3.2 个人，那么保费报价将会更低。采用调整后的社区定价法，公司的合同组合和家庭规模将乘以定价率得出调整后的费率。Lippe（1996）详细地讨论了调整后的社区定价法和等级社区定价法的算例。

等级社区定价法

等级社区定价法使用相同的调整后社区定价因子，但是对行业和群体中年龄和性别的混合度进行了模拟调整。图 6.3 清晰地解释了这种调整的潜在影响。数据表明了 20 世纪 80 年代中期 HMO 全部业务数据中的相对保险成本。单人合同费用总是低于双人和家庭费用，但是随着年龄增长上升。相反，双人费用曲线是U形的，并在40~44岁群体中达到最低。家庭合同费用曲线也是U形的，但在60岁及以上只比双人合同费用稍高。需要注意的是，如果一家公司有相当多数量的年轻单身员工和中年双人员工，那么等级社区定价法下的保费报价将相当低。

最后，调整后的社区定价法和等级社区定价法都绝不是基于企业过去和现在的经验索赔。因此，它们不是经验定价法。然而，HMO却被迫假设一家合同和性别、年龄比既定的企业的经验索赔，实际上与风险池中有相同特征的全部成员的经验索赔是相当的。这似乎是合理的，但是使HMO的资金面临风险。HMO似乎愿意承担这种风险，而不是将生意拱手让人。

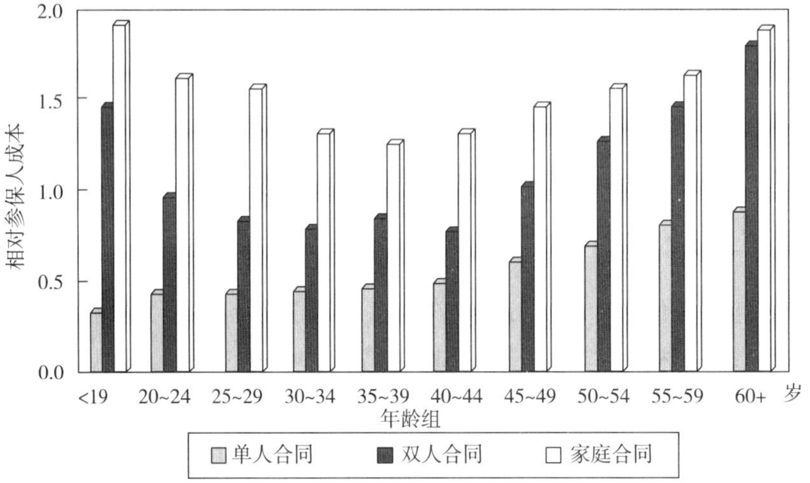

资料来源：Anderson（1986），“Presentation to Business Coalition on Health，Harford，CT”，The Purchases' Perspective：What Employers Want—Data and Rates 分会场，团体健康协会年会，明尼苏达州明尼阿波利斯市，1986年6月2日，复印许可。

图6.3　相对参保人成本（平均成本=1.0）

非相似团体组合的后果

承保可能似乎是一件相当平凡单调的事情，但是做错可能导致灾难性的后果。蒙大拿州于1983年颁布了男女统一保险费率。在该法律条款下，保险人不许以承保为目的区分性别，男人和女人都被有效地放入同一个风险池。如果男性和女性有着相同的医疗服务期望使用率，那么这种做法无伤大雅，但是一旦不同，将会导致极其严重的后果。

假设女性的交通肇事率低于男性。如果年轻男性和女性被组合放入同一风险池，可以预见到年轻女性的保费上升，因为她们现在和风险更高的年轻男性一起计算平均值。年轻男性的保费降低。由于这些保费的变化，我们也会看到参加者的变化。年轻女性将会由于更高的保费大量地退出汽车保险计划。相反，年轻男性将更有可能购买低价的汽车保险。表 6.4 估计了当时蒙大拿州保险部制定的各险种的保费变化。蒙大拿州立法部门多次考虑废除男女统一保险费率，但是直到 2012 年这项法律仍然有效（Sherlock，2012）。欧盟法院要求成员国 2012 年 12 月 21 日后不再使用男女统一保险费率。此项规定之前，所有的成员国都允许一种或几种保险基于性别厘定费率（Europa，2012）。这一切并不表明政府应该或不应该实施这样的政策。关键只是，如果有着显著经验索赔差异的群体被组合放入同一风险池，一个群体将缴更低的费率而另一个将缴更高，同时在保单购买数量上也会出现相同程度的增加和减少。

表 6.4　　承保限制的结果：男女统一保险费率的影响

保费变化比例		
类别	女性	男性
终身寿险（30 岁）	+15%	-3%
健康保险（40 岁）	-13%	+28%
汽车保险（20 岁）	+49%	-16%

资料来源：Dorfman（1987）。

更典型的是政府在个险和小型团险市场中限制医疗承保的使用。医疗承保只是用于在确定风险等级的时候考虑健康状况和病史。

LoSasso 和 Lurie（2009）分析了 1993—1996 年 6 个州禁止医疗承保的影响。州立法部门分别规定了他们允许的其他承保因素。新泽西州要求纯粹的社区定价。纽约州允许考虑地域差异。新罕布什尔州允许根据年龄制定的费率差异最多为三倍。肯塔基州、马萨诸塞州和华盛顿州允许综合考虑年龄、地域、家庭组成和性别等因素。

研究的对象有两部分：一是估计法令对个人非团体险保单购买概率的影响，二是估计法令对无保险概率的影响。研究的数据来源于 1990—2000 年收入和保险计划参与度调查（SIPP），一个全国有代表性的由来自 41 个州、18 ~ 64 岁的人组成的面板调查，每年大约产生 35 000 条观测数据。

我们对于承保的讨论表明，这些州中的每一个人都不应该有相同的影响。特别地，健康的人应该发现他们和不健康的人混在一起，结果就是他们的保费上升了。法令颁布后，他们应该可能不会参加非团体保险，或许更有可能不参加保险。相反地，不健康的人应该发现他们的保费下降了。他们更有可能购买非团体保险并且可能变成无保险（对于无保险的影响目前尚不清晰，因为一些人可能由于法令的变化参加或退出雇主发起建立的团险或公共保险）。

在此研究中，LoSasso 和 Lurie（2009）将健康的人定义为 22 ~ 35 岁、自我评价健康状况优秀的未婚男性。他们总结这些人的特点为“年轻无敌”。而不健康的人被定义为40~64岁认为自我健康状况糟糕的男性和女性。22~35岁的女性不被包含在健康的定义内是因为分娩或潜在分娩决定可能影响她们的保险选择。模型采用概率回归方法并包括州和年的固定效应。

表6.5总结了研究结果。当他们的健康状况告知义务在医疗承保中被禁用后，健康的人在购买非团体险的概率上产生了3.2%~3.5%的下降。因为该群体中只有5.9%的人参加非团体险，这就表明相对均值下降了54%~59%。健康人群不参加保险的概率也增加了6.4%~9.8%，相对均值则是增加了22%~34%。相反，不健康群体参加非团体险的概率增加了3.9%~4.7%（相对初始均值增加34%~49%），无保险的概率减少1.7%~4.7%（尽管这个结果在统计上并不显著）。因此，可获得的有限的历史研究支持结论：将不相似风险组合将导致高风险群体的低保费和更多的保单，低风险群体的高保费和更少的保单。

表6.5　　禁止医疗承保的影响

健康状况	健康	不健康
参加非团险的概率	减少3.2%~3.5%	增加3.9%~4.7%
不参加保险的概率	增加6.4%~9.8%	减少1.7%~4.7%

资料来源：LoSasso和Lurie（2009）。

从公共政策角度来说，这些结果表明，修改被认可的承保条款并不是没有任何成本的。例如，在非团体险市场中限制医疗承保条款，很可能是社会认可的。然而，这样做使得购买非团体险的低风险群体状况更糟。更大的问题是是否存在替代方法来达到相同的结果。从管理角度来说，这些结果可以被看作是承保结论与潜在索赔经验不一致的警告。在这种情况下，如果一个私营保险人选择将健康和不健康的人组合起来，可以预见到竞争对手将会出现，并通过医疗承保保单来吸引市场中的健康人群部分。

这个讨论对于ACA来说有特殊意义。这个法令禁止医疗承保和根据性别确定保费。他要求被保人中最年长的人的保费不高于最年轻的人的3倍。因此，相对于法令颁布前的保单的保费，可以预见到，男性和年轻人的保费将上升，女性和年长者的保费将下降。此外，目前允许医疗承保的州的平均保费将会上升。我们将在第22章更详细检验ACA对保费的预测影响。ACA对自保决策有影响，这一点在这里毫无意义。请参考专栏。

ACA、小型企业和自保

Mark Hall（2012）介绍了小型企业的一系列有趣的动机。随时间流逝，小型企业有望通过由ACA确立的健康保险交易所来为雇员购买健康保险。第3章简要介绍了这些交易所。然而，交易所的保险计划可能不会将健康状况和经验使用情况作为承保参考因素。如果在小型企业之间存在着显著的经验索赔差异，可以预见到低经验索赔的小型企业的保费将会上升，正如我们表6.5总结的LoSasso和Lurie（2009）的分析一样。Hall表示对低索赔的小型企业来说，避免支付高保费的直接方法是自保并购买带有合适低门槛的止损保险。这种方法有两个显著的作用。首先，它降低了小型企业的保险承保。其次，它会使仍在交易所购买保险的企业的保费更高。Hall注意到州可能需要重新审视其再保险（如止损再保险）市场条例，来限制或可能禁止这样的保险。

本章小结

- 承保是确定个人或群体经验索赔差异特点的过程，利用这些信息来确定带有相同风险的风险等级，并将新投保人匹配到合适的风险等级中。
- 承保关注客观风险并取决于期望损失、可能损失的分散程度和被保人数。
- 社区定价本质上是将群体中的所有成员放入单一风险池。
- 手册定价是基于个人或群体的特点确定费率。调整后的社区定价和分级社区费率定价是HMOs使用的方法。
- 经验定价将保费建立在群体以往和当下的经验索赔之上。期望经验定价法中保险人继续承担承保风险。回溯经验定价法下，投保团体自身承担部分或全部风险。
- 自保群体从概念上与用回溯法定价的群体没有差异，但是享受ERISA法律豁免，有不被州保险监管的优势。
- 如果保险人组合了非相似风险群体，或者因州或联邦法律不得不这样做，结果就是提高了低风险群体而降低了高风险群体的保费。那些面临更高保费的人可能退出计划，而那些面对更低保费的人则可能加入。

问题讨论

1. 假设你的对手保险公司开始在非团体险市场中用来自基因检测的信息，厘定保险费率，并假设未来这些测试确实能够确定经验索赔的显著差异，但是你选择不采用这种模式，讨论你客户的组合和你索要的保费可能发生怎样的变化。

2. 经常熬夜看电视的人毫无疑问地看过“没有健康问题”的商业广告，这个短语为什么与保险购买相关？谁有可能被提供的保单吸引？相对那些确实出现健康问题的保单来说，你认为这些保单的保费如何？

3. 假设你的小型、全科医生组被提供了一份按人计算的管理式医疗合同。通过这份合同，这个小组按人数被支付，意思是这个医生组每月将收到每个病人的固定金额，并对每个病人的全部医疗支出负责。根据客观风险的定义，这份合同的吸引力是什么？

4. Terhune（2002）描述了非团体险市场中的“再承保”。在这个过程中，一旦个人有重大疾病或索赔将被重新分级到更高风险群体中，讨论这种模式对保费和参保率的影响。如果在保险人确定的每一个风险池中健康索赔本质上是随时间变化随机确定的，你的结论将受到怎样的影响？

5. 基于对自保计划的讨论，在何种情况下你会建议一个小型企业进行自保？

6. 可获得的数据表明，经验定价法（包括自保）是目前大型企业最普遍使用的承保方法。避免州保险监管和保费税豁免可能解释为什么公司倾向于自保，但是你认为为什么经验定价法比手册定价更普遍？

7. ACA 禁止非团体险市场中的医疗承保，其他条件相同时，禁止将对健康和不健康参保者的保费产生怎样的影响？哪些人有可能属于健康群体？哪些属于不健康群体？ACA 也禁止在交易所基于性别区分保费，这可能对保费产生怎样的影响？

延伸阅读

［1］Hall, M. A. 2012. “Regulating Stop – Loss Coverage May Be Needed to Deter Self – Insuring Small Employers from Undermining Market Reform.” *Health Affairs* 31 (2): 316 – 23.

［2］LoSasso, A. T., and I. Z. Lurie. 2009. “Community Rating and the Market for Private Non – Group Health Insurance.” *Journal of Public Economics* 93 (1 – 2): 264 – 79.

第7章 风险调整

在第6章中，我们讨论了保险人可以用来划分人们风险等级并反映他们可能的索赔经验的几种方法。本章，我们将看到有关替代方法预测能力的实证。特别是，我们将探究人口统计、健康状况和先前医疗服务利用等因素，在多大程度上能够预测个人医疗服务使用。

讨论中出现3个关键点。第一个关键点是，即使是最完整的一套评估方法，也只解释了个人医疗服务使用变化的很小部分。如果医疗服务利用是基于现有可行方法而完全可预测的，那么保险将不会存在。相反，我们须通过借贷的方式来平滑费用模式中的峰值和低谷。模型的预测能力是有限的，这一点并不意外。如果我们的健康状况有很大的随机成分，那么很显然它将是不可预测的。

第二个关键点是某些方法比其他能更好地预测医疗服务使用情况。人口统计学方面的数据在这方面表现得相当糟糕。先前服务利用的预测能力最好，其他各种有关健康情况的方法介于两者之间。然而，忽略其他方法的预测能力可能是错的。如果某种方法可以以相对低的成本完成，那么即使是只比其他方法预测能更准确几个百分点，都可以产生相当大的竞争优势。

第三个关键点是数据模型存在局限性。风险调整中的假设是统计方法会消除吸引低服务利用率同时避开高利用率者的最小努力。可能是这样，但是，与那些包含统计模型的方法相比，其他一些方法可能隐含了更多或更好与未来医疗服务使用情况相关的信息。例如，第5章中的都市趣闻可能是比最好的统计模型都好的一种预测方法，其中管理式医疗计划愿意接受任何能够直接走到三楼的参保人。

风险调整理论除了通过期望服务利用率来决定保费以外，至少还有另外两种用途。首先，ACA要求健康保险交易所必须在交易计划中对参加者进行风险调整。尽管个人消费者不会面临基于健康状况的保费，但是交易所必须判定是否某些计划中包含或多或少更健康的参保人，导致该计划的支付有所下降，而包含更多不健康人群的计划支付有所上升（见第20章）。其次，将医疗照顾计划转换为“保费支持”或抵用券计划的提议，通常要求抵用券的发放是基于医疗照顾计划的受益人健康状况（见第23章）。

本章，我们将在支付体系和管理式医疗计划的背景下讨论风险调整方法，上述支付系统被用来向医疗照顾优势计划支付，同时管理式医疗计划也为医疗照顾计划受益人中的大约25%提供了服务。尽管风险调整系统是被支付者在使用，而不是保险人使用，但是它有公众可用的巨大优势。这也正是关键问题所在。

医疗照顾计划人均费用调整

由于HMOs没有索赔数据库，当他们1965年被引进参与到医疗照顾计划中时，是处于劣势的。在大量失败的尝试之后，医疗照顾计划在国会1982年《税收公平和财政责任法》（*Tax Equity and Fiscal Responsibility Act*，TEFRA）授权下，于1985年实施了人均成本调整（Adjusted Average Per Capita Costs，AAPCC）支付方法。关于医疗照顾计划在其最初35年中向管理式医疗计划支付方法的历史沿革，可以参考Zarabozo（2000）。

在TEFRA下，医疗照顾计划本质上为每一个选择加入的受益人向其参与的HMOs支付固定金额。由于HMOs被认为比传统护理提供方更有效率，法律规定人头付费应为医疗照顾计划A计划（如住院）加B计划（如急救）人均费用的95%。正如我们在第6章中推测，索赔可能会随着区域变化。国会也注意到了这一点，并下令平均费用将在各郡县分别计算和适用。这些费率将按计划中受益人的综合指标调整，包括年龄、性别、医疗救助身份、是否在护理院和受益人是否为有雇主购买保险的在职员工。因此，AAPCC支付医疗照顾计划A计划和B计划经年龄、性别、医疗救助、机构性质和在职身份调整后的费用的95%。这与简单的手册定价系统相似。

正如我们在第5章讨论的，医疗照顾计划支付系统似乎为HMOs提供了充分的动机，让低于均值预期索赔的人加入而拒绝超出平均索赔的人们。一项政府研究发现，医疗照顾计划HMO的参加者在加入前6个月的费用只是所有受益人均值的63%（PPRC，1994）。如果是这样，医疗照顾计划一直向医疗照顾的HMOs项目提供服务的过度支付，并且高成本的受益人实际上可能被拒绝使用他们所偏好的医疗服务。

改善AAPCC

很快，有关医疗照顾计划融资的研究试图改善其支付体系。这样的研究需要相当多不同人群长期的人口统计、健康状况和医疗服务使用特点的数据。此外，这些人应该有着相同的使用医疗服务的财务动机，否则他们的服务使用情况就会被扭曲。

RAND 健康保险实验提供了一个大体满足这些条件的数据库。我们将在第 8 章中详细讨论这个实验，这个实验随机地指定来自全国 6 个地区的人到不同的健康保险计划中，并监测 20 世纪 70 年代，4～5 年实验期间中这些人的医疗服务使用情况。此处我们只要知道这些就足够了。实验也记录了基准条件下参保者的人口统计和健康状况特征。实际上，目前大部分关于健康状况评估的信息都起源于这个实验。因此，这个实验很适合检验可替代的预测模型，这些模型是基于人口统计特征、主观和生理方面的健康状况评估和先前医疗服务利用率等信息建立的（Newhouse 等，1989）。专栏“RAND 实验中采用的潜在风险因素评估方法”总结了可供考虑的方法。

RAND 实验中采用的潜在风险因素评估方法

人口统计法（AAPCC 变量）

- 年龄
- 性别
- 住址（实验中 6 个地区标识）
- 基准条件下福利资格

主观健康状况评估法

- 身体健康状况（基于角色和个人限制的自评）
- 心理健康状况（基于心理压力、行为和情绪控制和积极情感的自评）
- 总体健康状况（基于总体幸福感的自评）
- 疾病指数（基于 32 种慢性病的发病率）

生理健康状况评估法

- 二分法
- 连续法（基于 27 个方面，包括高胆固醇、高血压、糖尿病、心电图异常、活动期溃疡、贫血、消化不良、甲状腺功能异常等）

先前医疗服务利用

- 上一年的门诊费用
- 上一年的住院费用

资料来源：Newhouse 和保险实验小组（1993）、Newhouse 等（1989）。

尽管分析比专栏所展示的更加复杂，但是研究团队实际上是进行了一系列回归，其中 t 年中每人的住院和门诊费用之和是独立变量，解释变量是一系列可选潜在风险特征。当考虑前一年的医疗服务使用评估时，其和就是 $t-1$ 年的费用。由

于全部 RAND 实验是与保险自付安排影响有关的，所以回归也将个人加入的具体健康计划做控制变量研究。

表7.1列出了研究中许多回归的R^2或可解释的变动百分比。由于他们的重点在于改善医疗照顾计划使用的 AAPCC 模型，因此所有的模型都包括人口统计学或 AAPCC 因子。AAPCC 变量本身解释了总费用的1.6%，住院费用的0.7%以及门诊费用的7.2%。值得注意的是，通常情况下，门诊费用比住院费用更容易预测。这可能反映了行为和慢性病因素对门诊使用的影响程度。还值得注意的是，可解释变差的百分比相当小。年龄、性别、住址和福利状况对总费用的解释都不足2%。

表7.1　选择规范下医疗费用可解释变差（Explained Variation）的百分比　单位：%

类别	全部	住院	门诊
AAPCC	1.6	0.7	7.2
AAPCC＋主观健康状况	2.8	1.2	11.1
AAPCC＋二分法生理健康状况	3.8	2.0	13.5
AAPCC＋持续法生理健康状况	4.2	2.6	13.0
AAPCC＋先前服务利用率	6.4	2.8	21.2
合计	9.0	5.0	25.1

资料来源：Newhouse 等（1989）。

原则上，医疗照顾计划或任何的保险人都可以要求其参保人汇报其健康状况并利用该信息将其划分合适的风险等级。这项研究对主观健康状况有着相当广泛的评估方法。当这些和 AAPCC 法加在一起后，该模型解释了总费用的2.8%——改进了75%。然而，操作层面，健康状况自评对医疗照顾计划来说很可能是有问题的。受益人（和他们希望加入的健康计划）有动机将健康状况报告得更糟以期获得更高的人均支付。确认受益人提供的信息真实可信，可能是一项严肃且昂贵的挑战。

或者，医疗照顾计划可以选择相对简单的二分健康状况评估法，例如一份能够反映受益人是否由高血压、糖尿病等的病例。这些方法与 AAPCC 结合并且表7.1的第三行列出了相关结果。与人口统计因素结合，它们解释了总费用的3.8%。相对于只用人口统计法来说，这是大幅改进，但是即使只是获得病例对于医疗照顾计划和受益人来说都是很昂贵的。

我们可以更进一步使用更加详细的临床信息。例如，我们可以收集并使用实际血压而不是受益人是否高血压的简单评估。我们可以测量受益人葡萄糖是否超标而不只是听其是否患糖尿病。这种生理健康的持续测定结果列在表7.1中的第四行。与 AAPCC 法结合，它们解释了总费用变动的4.2%。因此，更详细的临床评估确实提供了更强的预测力，但是收集如此详细数据的成本可能过高。

或者，医疗照顾计划（或其他保险人）可以使用先前医疗服务利用数据。这些方法和 AAPCC 的人口统计因子结合，其结果见表 7.1 中的第五行。这种方法解释了总费用的 6.4%，住院费用的 2.8% 以及门诊费用的 21.2%。相比其他方法，该方法有着相当大的解释力。这个结果可能解释了为什么保险人在设置保费时倾向关注先前的经验索赔。这项数据也展示出了相对强大的预测能力。此外，一旦保险人有了一批参保人和他们的经验索赔数据，利用这些数据来预测未来使用情况是相对低成本的。

我们可以进一步结合不同的健康状况评估方法。表 7.1 中最后一行展示了 AAPCC 包括主观和生理健康状况、先前服务利用状况在内的全部方法时的解释能力。此时的模型解释了总费用变化的 9.0%。因此，使用全部数据确实提高了费用的预测能力，但是通常收集这些信息是非常高成本的。

优化风险调整的意义

RAND 实验研究团队做的最后实验是估计 HMO 可能获得的潜在利润，前提是 HMO 可以通过某种方式更好地预测潜在参保者的医疗照顾计划费用，而不是采用现行的 AAPCC 公式。默认的理想假设是 HMO 可以零成本地完成此事并利用这些信息只让有利可图的受益者加入。表 7.2 展示了相关结果，所有项目都用以 2012 年为基准的消费者价格指数。

表 7.2　　更好预测 HMO 医疗费用的利润水平　　单位：美元

HMO 的额外解释的变化度	每名参保者利润，1998 年金额	每名参保者利润，2012 年金额
0%	0	0
1%	630	1 224
5.5%	1 170	2 273
7.5%	1 320	2 564
13%	1 530	2 972
18.5%	1 650	3 205

资料来源：根据 Newhouse 等（1989）数据调整。

很明显，如果 HMOs 不能比医疗照顾计划的 AAPCC 方程更好地预测费用，就没有超额利润。然而，如果他们能比医疗照顾计划预测更准 1%，并利用该信息只让更健康的人加入，那么他们就能获得每位参保者 1 224 美元的利润，因为他们的成本比医疗照顾计划支付率低。如果 HMO 能更准预测 5.5%，每位参保者利润将是 2 273 美元。表 7.2 显示，随着额外解释能力越来越大，获得的利润就越高。但还需要注意的是，超额利润的增加速度变慢了。起初的 1% 增长带来 1 224 美元利润，但接下来的 4.5% 只带来了额外的 1 049 美元（2 273 - 1 224）。在此之上再增加 2% 利润只增加 291 美元。表 7.1 中所示模型清晰地展示了获得额外的 4.5% 解释能力有多困难。利用该研究可获得的全部信息，RAND 团队只能得到比 AAPCC 好 7.4% 的预测能力。

这个发现对医疗照顾计划有很重要的影响。如果医疗照顾计划可以充分改善 AAPCC 模型使其只比目前预测能力好几个百分点，就可以消除 HMOs 可能获得的正向选择的机会。例如，AAPCC 加先前服务利用情况可能使 HMOs 为了不大的利润增长而承担相当大的改进预测能力的成本。即使 HMO 一心充分利用正向选择，他们可能发现这些努力都是无利可图的。

RAND 结论的推广

你对于 RAND 实验结论的第一反应可能是说："当然，任何人都可以比只预测总费用的 6.4% 或 9.0% 做得更好！" Van de Ven 和 Ellis（2000）在《卫生经济学手册》中详细地总结了关于风险调整的研究。表 7.3 从他们的著作中复制了一个有关风险调整的六项主要研究成果的总结表格，以 RAND 实验为开始。除了对美国 HMO 参保者的研究（第 3 列），所有的结果都非常相似，即年龄/性别变量解释变动的 0.7% ~3.8%，所有变量解释了变动的 7% ~9%。Behrend 和同事们（2007）更近的研究使用德国疾病基金会 1997—1998 年数据监测了风险调整策略。他们发现年龄、性别和"疾病状况"解释了当下医疗费用的 5.1%。然而，加入住院等级共存条件[①]则解释了当下费用的 37% 及预期费用的 12%。这些条件能够大幅增加未来医疗费用的预测能力，我们将在接下来讨论。

表 7.3　　6 篇论文中不同风险调整模型的 R^2 比较

研究	Newhouse 等（1989）	Van Vliet 和 Van de Ven（1992）	Fowles 等（1996）†	医生报酬审议委员会（1994）	Pope 等（1998）*	Lamers（1999）
抽样人口	美国商业被保险人	荷兰	美国 HMO 参保者	美国医疗照顾计划	美国医疗照顾计划	荷兰疾病基金
抽样期	1974—1979	1981—1982	1991—1993	1991—1992	1991—1993	1991—1994
样本规模	7 690	20 000	5 780		10 893	10 570
年龄/性别	0.016	0.028	0.058	0.016	0.007	0.038
所有社会经济因素*		0.037				
功能状态*					0.252	
慢性病自评*		0.071	0.111	0.032	0.0274	

① 译者注：等级共存条件（hierarchical coexisting conditions，HCC）是一种常见的临床诊疗费用确定方式，是将病患的各种病症综合考量，预测其总治疗费用。例如，在肺癌治疗中，一个患有单纯肺癌的患者与一个合并患有肺癌、糖尿病和冠心病的患者，预测的治疗费用差异是很大的。

续表

研究	Newhouse 等（1989）	Van Vliet 和 Van de Ven（1992）	Fowles 等（1996）†	医生报酬审议委员会（1994）	Pope 等（1998）*	Lamers（1999）
健康状态自评	0.028			0.03	0.0311	
生活质量评价 36 问 *			0.111	0.033	0.0405	
上一年费用 *	0.64				0.0413	
综合调查 *		0.114		0.062	0.0418	0.060
诊疗基础 *	0.045		0.124 ≠		0.0727 §	0.080 ”
所有变量 *	0.09			0.07	0.0785	0.086

注：* 表示所有模型都包括年龄、性别和其他所示变量。† 表示因变量在 25 000 美元处被断尾回归，使 R^2 膨胀。≠ 表示 ACG/ADG 模型。§ 表示 DCG/HCC 模型。” 表示三年 DCG 模型。

资料来源：表格原文发表在 Culyer 和 Newhouse 编辑的 *Handbook of Health Economics* 中，Van de Ven 和 Ellis 撰写的章节，Risk Adjustment in Competitive Health Plan Market，755 – 845 页，转载经版权所属的 Elsevier 2000 许可。

医疗照顾计划目前的风险调整方法

1997 年的《平衡预算法》（BBA）要求医疗照顾计划从 2000 年开始逐步采用新的风险调整方法（Ingber，2000）。新方法能更好地将健康状况包含进人头费率计算。2000 年医疗照顾计划实施了仅基于住院数据的过渡性风险调整体系，并于 2004 年实施了基于住院和门诊数据的全面模型。此外，由于风险调整支付体系是基于病人健康状况评估的，因此 BBA 要求医疗照顾计划 HMOs 和其他供应商提供档案数据给医疗照顾和医疗救助服务中心（CMS）。关于什么是 CMS 等级条件分类（CMS – HCC）模型，请参考 Pope 及同事（2004）文献。

CMS 及其签约人是通过运行一系列回归模型建立起其支付体系，这些模型与早期 RAND 实验中所用的不同。本质上，他们采用的模型类似如下：

$$
\begin{aligned}
\text{费用} = & a1 \times \text{年龄}(65 \sim 69) + a2 \times \text{年龄}(70 \sim 74) + a3 \times \text{年龄}(75 \sim 79) + \cdots \\
& + a6 \times \text{性别} + a7 \times \text{医疗照顾计划资格} + a8 \times \text{条件 } 1 + a9 \times \text{条件 } 2 \\
& + a10 \times \text{条件 } 3 + \cdots a60 \times \text{条件 } 52 + \varepsilon_{it}
\end{aligned}
$$

估计系数（等式中的 a）向 CMS 表明了相关变量对医疗照顾计划费用的平均贡献。CMS 通过实验判断年龄、性别和其他人口统计因子如何被界定，以及临床病情的替代评估方法如何解释同期费用和未来费用。实验持续到 CMS 对最终模型与“医疗照顾计划风险调整方法指导原则”总结的十项原则的符合程度满意为止。对这些原则的解读清晰地表明，形成这样一个风险调整支付体系是需要大量的实验和判断的。

被选中的模型将被用来决定 HMO 针对居住在特定郡县的医疗照顾受益人会被

支付多少费用。例如，一个 75～79 岁住在社区中的女性的基础费用可能是每月 2 475美元。如果她上一年得了没有并发症的糖尿病，费用就可能增加 1 024 美元。如果她也有不稳定性心绞痛，那则会增加 1 785 美元。这种情况下，医疗照顾计划 HMO 将针对她收取费用 5 284 美元。

医疗照顾计划风险调整方法指导原则

设计新的风险调整系统是为了满足十大指导原则（Pope 等，2004）。这些原则与保险承保问题、使用者的理解与接受度，以及最小化与该系统博弈的机会密切相关。简言之，十大原则是：

1. 与健康状况有关的评估方法应该是有临床意义的。这意味着，它们应该有着表面有效性，并且有充分的临床独特性以免计划轻易将一个患有模糊定义疾病的受益人指派进更高的支付群体。

2. 方法应该既能预测目前又能预测未来的费用。因此，一种暂时性疾病，如脚踝扭伤则可能不是一种有效的评估方法。

3. 评估方法应该基于足够大的样本规模，且该样本能产出准确、稳定的预测。因此，正如我们在第 6 章中所见，医疗照顾计划和其他的任何保险人可能不得不牺牲某些风险类别来使风险方差减少。

4. 与临床相关的疾病应该被分级别对待，而不相关疾病应该增加支付水平。因此，新被确诊患有严重心肌梗塞（即一种心脏病）和不稳定性心绞痛的人只可能被认为是患有更严重的疾病而不只是两种。然而，患有不稳定性心绞痛和肺癌的人可能会被认为患有两种病。

5. 模糊的评估方法应该与低支付的诊断分在一组来鼓励特定的病症编码。

6. 评估方法不应该鼓励对相同或紧密相关的诊断做重复报告。因此，相关病症的等级应该被采用，并且只有最严重的病症才会被编码。

7. 提供者不应该因报告多种病症被罚。因此，没有疾病会产生与之相关的负支付，一种更严重的病症必须至少与较为不严重的症状支付得一样多。

8. 传递性必须成立。如果病症 A 比病症 B 导致更多支付，且 B 比 C 支付得多，那么 A 应该比 C 支付得多。

9. 临床医师所做的所有诊断必须映入支付系统。

10. 自由决定的诊断编码应该被排除在系统之外避免故意或不故意的博弈。

医疗照顾计划最终采用的模型包括 12 个年龄层乘两种性别乘两种地区（社区与机构）共 48 类，加 6 种医疗照顾计划疾病，加 70 种病情分级类别（如病症代码）加

另外 6 个病症代码交互项。某些情况下，同时有两种疾病相关的费用比每种疾病费用简单相加更大；糖尿病与脑血管疾病就是一个例子。这种交互允许医疗照顾计划向 HMO 支付更多来照顾这样的病人。也有与医疗照顾计划残疾相关的分类标准。

年龄和性别大约解释了医疗照顾计划费用变化的 1%。CMS – HCC 模型解释了大约 11.2%。表 7.4 对比了年龄/性别模型和 CMS – HCC 模型对医疗照顾计划费用五等份的预测率。预测率是预测成本除以实际成本。如果值比 1 大，意味着医疗照顾计划可能会为该群体内的人过度支付。如果值小于 1，医疗照顾计划可能支付不足。费用的第一个五分之一（医疗照顾计划受益人中费用最少的五分之一）列在第一行。平均来说，只用年龄和性别作为调节因子（第一列）导致超过实际费用 266% 的过度支付。相反，医疗照顾计划受益人中分布最贵的五分之一的 HMO 则平均只支付了他们应花费用的 44%。

表 7.4　　可选风险调整法的预测率

费用的五等份	年龄/性别	CMS – HCC 模型
第一	2.66	1.23
第二	1.93	1.23
第三	1.37	1.14
第四	0.95	1.02
第五	0.44	0.86
前 5%	0.28	0.77
前 1%	0.17	0.69

资料来源：Pope 等（2004）。

很明显，CMS – HCC 模型是一种改进。虽然它对于费用较低的五分之一仍然过度支付，但是过度支付已被大幅减少了。类似地，虽然它对费用最高的五分之一仍然支付不足，但支付已经与实际费用很接近了。这些发现让一些研究者建议未来的风险调整模型应该继续采用 CMS – HCC 相似模型，但与直接向高费用收益人支付一定比例的机制相结合（Ellis 和 McGuire，1993；Newhouse，1996）。

CMS 于 2000 年开始逐步对医疗照顾计划 HMO 采用风险调整支付模式。2006 年，医疗照顾优势计划（现在叫医疗照顾管理式医疗计划）收到了基于 CMS – HCC 方程 75% 的支付和老式 AAPCC 方法 25% 的支付。2007 年支付则完全基于 CMS – HCC 方程。和老式 AAPCC 方程一样，CMS – HCC 继续基于地理区域，通常是县，确定医疗照顾计划的基本支付水平。然而，取代 AAPCC 中简单的平均，支付现在是基于受益人所在县的风险调整组合方案。专栏“2012 年伊利诺伊州莱克县 CMS – HCC 模型下医疗照顾优势计划年度支付样本”列出了 2012 年芝加哥北部一个县的医疗照顾计划 HMO 会收到的支付，这笔支付是针对一个参加医疗照顾计划有糖尿病和充血性心力衰竭的 72 岁老妇人而言的。她所在县居民的基本费用是每年 7 358.30 美元。她的性别、医疗救助身份和健康状况因子被加入，然后与基础费率相乘来决定她自己每月向 HMO 支付的金额。

2012 年伊利诺伊州莱克县 CMS－HCC 模型下医疗照顾优势计划年度支付样本

伊利诺伊州，莱克县基础费率	7 358. 30 美元
70～74 岁女性	0. 406
HCC15 无并发症糖尿病	0. 175
HCC87 充血性心力衰竭	0. 177

总支付是：7 358. 30 美元×（1＋0. 406＋0. 175＋0. 177）＝12 935. 89 美元

尽管这种形式没有之前讨论的基于美元形式的直观，但是它有着管理方面的优势，就是 CMS 不需要每年重新计算每个人的费用。有关平均风险调整费用和国会统一命令的新数据整体上升或下降可以轻松地被应用于基础费率。个人相关的价值部分不会受到影响。

CMS－HCC 模型在减少正向选择方面做得多好?

更精细的风险调整机制用来减少医疗照顾优势计划中的正向选择，通过确定与实际费用更接近的支付水平来实现。计划可能会减少一种动机，即花费资源寻找更健康的参保者。此外，如果支付水平与特定病人的实际费用接近，计划也会减少试图剔除赔付高的参保者的动机。

目前医疗照顾优势计划包含的报价机制

正如将在第 23 章中详细讨论的，2004 年《医疗照顾现代化法》在为医疗照顾受益人提供处方药保险的同时，也修正了医疗照顾优势计划的支付方式。管理式医疗为每位参保者每月提供报价，从而提供与传统医疗照顾计划一致的一套基础补贴。如果报价低于 CMS 为该县（或地区，如果可以）确定的基准，管理式医疗保留差异的 75% 用于减少成本分摊或扩大每位参保受益人的给付。如果报价在基准以上，保险则向受益人索要额外的保费。然而，CMS－HCC 模型被用于一切情况下调整参保受益人的支付，以反映他们的人口统计和健康情况。ACA 也对医疗照顾优势计划的支付进行了一些改变。然而，这些并不影响风险调整机制，因此，我们将延迟该讨论至第 23 章。

最近的研究（Morrisey等，2013）中我们发现了一系列的混合影响。我们用超过300万受益人1999年到2008年10年间的医疗照顾计划索赔数据，并按照第5章中讨论过的PPRC（1994）使用的模型建模。我们确认了由传统医疗照顾计划转而参加医疗照顾优势计划的人。然后计算了他们在转向医疗照顾优势计划前6个月的索赔，并与同县内没有转变的人的同期间费用进行比较。我们模拟计算了这些人退出医疗照顾优势计划继续参加传统医疗照顾计划后6个月内索赔。在一个解释支付水平的回归模型中，该模型采用时间序列，县级固定效应，我们发现转向CMS－HCC对医疗照顾优势计划中的正向选择没有影响。另一方面，我们也发现CMS－HCC减少了退保人的数量，这些人主要集中分布于费用最高的尾部。因此，如果回头看表7.4，似乎被减少的退保者主要集中在第四个五分之一区间。这些参保者就是Pope等（2004）估计的从对管理式医疗计划净“亏损者”变为净“盈利者”的人。

Brown和同事们（2011）发现了一个更加有细微差别的故事。他们检验了1994年到2006年55 000名医疗照顾计划受益人的数据。发现风险调整使用CMS－HCC后，相对留在传统医疗照顾计划中的人，转而参加医疗照顾优势计划的人们的风险评分上升了。然而，给定风险评分，转向医疗照顾优势计划的人们的费用实际上是下降了。正如Brown和同事们总结的特点，医疗照顾优势计划的选择行为更少关注包含在HCC内的受益人特征，更多关注那些没被衡量过的维度。他们估计，风险调整后，转向医疗照顾优势计划的人们的费用比风险调整方程预测的低1 200美元（Brown等，2011，2）。

这不是说风险调整实践或承保通常看来不是好主意。相反，它强化了我们在第5、第6章中总结的一点。人们比保险人更加了解他们可能使用的医疗服务，他们应该有可能充分利用这些更详细的信息。如果保险人不当承保或政府不当设置风险调整，他们的成本将会比正确情况下更高。

ACA中的风险调整

正如我们在第3章中讨论的，ACA要求在每个州建立健康保险交易所。通过交易所，个人和许多小型公司有望购买健康保险。通过交易所提供的保险可能不会使用健康状况或既存病症来决定是否承保或确定保费。然而，他们可以用年龄（限定范围内）、家庭组成、籍贯和是否吸烟等因素。鉴于之前的讨论，许多专家仍然预计保险人之间的经验索赔存在着大幅差异，这一点不足为奇。例如，一种保险可能只与位于郊区且有着大量健康家庭的初级医生群体签订合同。结果可能是对健康参保者的大幅过度支付和对其他人的大幅支付不足。考虑到这一点，法律要求每一交易所应通过有效的风险调整来减轻这种风险选择效应，并提供一种财务转移机制，从包含更多健康参保者的保险计划向包含更多不健康参保者的保险计划转移。本文撰写时，风险调整办法还没有宣布，但是预期他们将会使用与医疗照顾优势计划非常相似的方法。

本章小结

- 通常，风险调整模型已经能够预测总索赔的 12%。门诊使用比住院使用更容易预测，或许是因为它有更大的行为成分。
- 人口统计特征，如年龄和性别，对未来索赔只是一般的预测。虽然健康状况的主观和生理评估更具有预测力，但是先前医疗服务利用经验提供了最有力的预测。
- 医疗照顾计划的 AAPCC 方法是一种手册定价法，医疗照顾计划通过这种方法向其 HMO 支付，此支付基于县内平均费用，并受受益人的年龄、性别、医疗救助、机构性质和在职情况等因素的调整。
- 目前医疗照顾计划基于 CMS – HCC 模型向医疗照顾优势计划支付。这个手册定价方式使用除了人口统计和地区因素外的大约 70 种临床疾病，来决定医疗照顾计划向其 HMO 支付用于照顾受益人的费用。
- 本章描述的风险调整方法是各州为实施 ACA 健康保险交易所制度、建立风险调整方案的基础。

问题讨论

1. 你会怎样描述 CMS – HCC 风险调整系统？它使用了先前服务利用经验、生理和人口统计信息来确定支付费率了吗？如何使用的？

2. 假设医疗照顾计划 HMO 激进地使用某些方法来吸引低医疗服务利用者加入，如果有，由于实施新的 CMS – HCC 模型，你希望采取什么方法来改变这种行为？

3. CMS – HCC 类模型是如何适用于新加入医疗照顾计划的人们的？

4. 如果医疗照顾计划 HMO 现在必须向医疗照顾计划提供关于参保者医疗服务利用的档案数据，你认为当管理式医疗计划与私人雇主协商未来的合同时，他们承保的特征是什么？

5. 一个在州个人保险交易所提供产品的保险人可能会怎样影响参保的健康人群的组合，即使在禁止使用健康状况作为承保条件的情况下？

延伸阅读

[1] Morrisey, M. A., M. L. Kilgore, D. J. Becker, W. Smith, and E. Delzell. 2013. "Favorable Selection, Risk Adjustment, and the Medicare Advantage Program." *Health Services Research* 48 (3): 1039 – 56.

[2] Weiner, J. P., E. Trish, C. Abrams, and K. Lemke. 2012. "Adjusting for Risk Selection in State Health Insurance Exchanges Will Be Critically Important and Feasible, but Not Easy." *Health Affairs* 31 (2): 306 – 15.

第三部分

道德风险问题

第 8 章　道德风险与价格

保险人的首要挑战是逆选择，第二大挑战则被称为道德风险。[①] 这个术语来源于财产保险市场。一幢房子可能面对很多种火灾风险：可能被闪电击中、可能因为电路故障失火；或因为所有者为获得保险赔偿放火。最后一种风险指的就是道德风险。该术语在健康保险中存在，因为假设有健康保险保单的个人使用更多的医疗服务。当然，与财产险市场不同，当你有保险的时候使用更多的医疗服务没有任何不道德。这只是需求法则的一种应用。问题是对保险人来说，当人们自费部分更少时，他们对各种医疗服务的使用会增加多少，以及是否存在能够最小化过度使用的成本—收益战略。

本章，我们将定义医疗范畴内的道德风险，并检验在多大程度上共同保险、自付率和免赔能成功减少医疗使用。在第 9 章，我们将探索服务利用管理技术的有效性，如入院许可和守门人制度，作为控制道德风险的机制。

价格弹性是经济学家量化价格变化影响需求变化的严格方法。它是需求变动百分比除以价格变动百分比。它有着独立于价格或数量计量单位的优势。医疗服务价格弹性通常为 -0.2，也就是说，支付价格上升 10% 将使服务运用减少 2% 。然而，价格变化对不同医疗服务的影响有着相当大的差异。例如，门诊心理健康问诊比普通门诊更有价格弹性。牙齿服务显示出了其他服务没有的巨大转移效应，住院服务比门诊服务的价格反应更小。此外，具有不同时间机会成本的人对自付费用的变化有不同的反应。弹性差异解释了健康保障结构中的大部分差异。

道德风险的本质

道德风险只是需求法则的一种体现。图 8.1 展示了一条向下倾斜的需求曲线。

---

① 本章的部分内容引用自 Michael A. Morrisey, *Price Sensitivity in Health Care: Implications for Policy*，第二版第三章，华盛顿：NFIB 研究基金会，2005 年版。经许可使用。

在 100 美元水平，个人可能进行 X_1 次门诊。在 25 美元处，他们可能买的更多，达 X_2 次。这就是需求法则：在低价格水平，人们会购买更多商品。

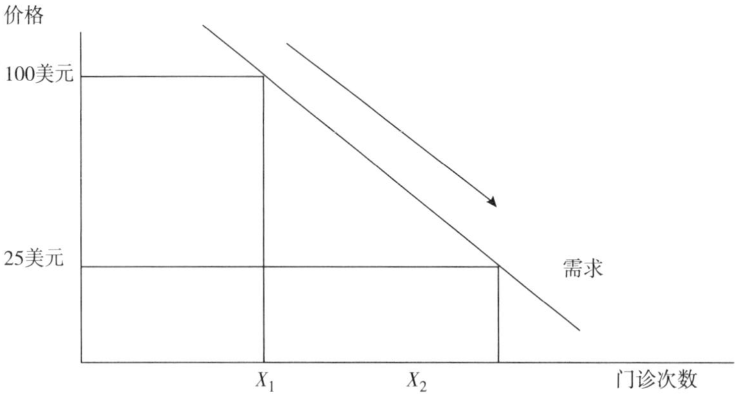

图 8.1 医疗服务中的道德风险

现在假设门诊的市场价格是 100 美元，并且人们购买了能够保障这种门诊的健康保险。该条款下，参保者只需要为每次门诊支付 25 美元自付额。自付额是指保险合同要求被保险人为每单位服务支付的金额，它不受保费和保险人赔付金额的影响。自付额可能因服务种类和被保人使用服务的提供者不同而有差异。图 8.1 表明，当参保人不得不支付全部 100 美元时，他们会购买 X_1 次门诊，但是现在，因为他们只需要支付 25 美元自付额，他们将购买 X_2 次门诊。这条向下倾斜的医疗服务需求曲线说明随着自付比例的降低，门诊次数增加，这反映了道德风险的存在。

保险需求的本质是，相比之前增加的每一单位额外服务，新增加的每一单位服务对消费者的价值都更低。① 我们的消费者在图 8.1 中在 X_1 处不再购买，因为额外的门诊不值得这些看病花费。假设他们感觉不舒服。在 100 美元每次门诊情况下，他们会等看明天是否感觉好一些。在 25 美元每次门诊情况下，他们可能会在下午就去看医生。因此，当服务的价格高于他们认为的单位价值的时候，他们就停止消费了。

道德风险的问题是，由于有保险，参保人消费的额外单位的医疗服务的价值，低于保险人代表他们支付的价格，见图 8.2。再次假设，门诊的市场价格是 100 美元，且被保险人的自付额是 25 美元。对于 X_1 到 X_2 之间的每次门诊，医生的收入都会比消费者需求曲线对应的价格更高，但参保者还是会理性地消费至 X_2。标为 Z 的三角形区域是额外消费产生的损失，它反映了在服务价值之外的保险人为被保险人支付的费用。

---

① 译者注：这就是经济学上常说的消费的边际效用递减。

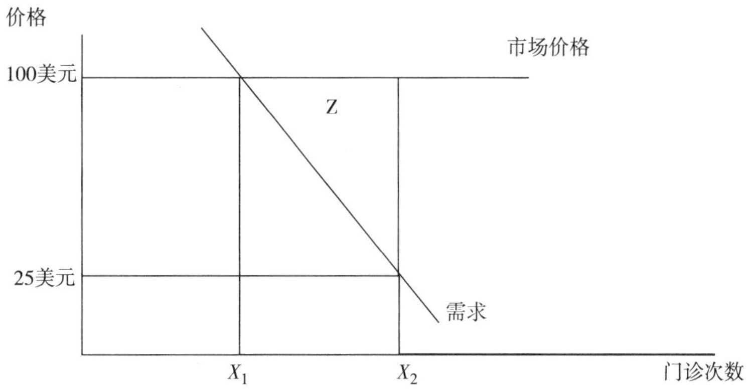

图 8.2　道德风险造成的损失

如果保险人有低成本的办法将参保人推回到原来的需求曲线上，对每次避免的门诊将会节省 75 美元（100 美元 - 25 美元），并且能轻松地补偿放弃低价就诊的用户。达到此目的的一个办法是将自付额提高 10 或 20 美元并降低保费。另一个办法是建立一个服务利用管理计划来确定和减少低价值就诊。当然，使用服务利用管理计划的成本应少于避免就诊节省下来的费用。本章和第 9 章研究了医疗服务在多大程度上响应价格和服务利用率管理技术，以推动参保者回到原来的需求曲线。

早期估计道德风险程度的研究

估计道德风险影响大小的一种方法是确定两组人，一组有健康保险另一组没有，然后对比他们的医疗服务使用情况。Eichhorn 和 Aday（1972）、Donabedian（1976）提供了这类研究的优秀综述。这种方法的问题是逆选择的存在可能会混淆比较结果。有保险的群体可能因为更有可能使用医疗服务才购买保险。仅仅比较使用率会过度估计支付价格差异的影响。如果保险人这样做，他们将发现服务使用率并没有像预期的那样减少。他们可能过度减少了保费，且可能会有损失。

Scitovsky 和 Snyder（1972）进行了道德风险的早期经典研究。他们分析了一个自然实验，这个实验中斯坦福大学的雇员面临原本为 0，现为 25% 的门诊服务共同保险费率（共同保险费率是一种要求参保人支付医疗服务价格固定比例的条款）。Scitovsky 和 Snyder 比较了同样一批雇员们 1966 年服务免费时的使用，与 1968 年保险生效后一年的使用情况。他们发现 1966 年不需要任何支付时的门诊率比 1968 年高 33%。辅助服务使用率比改变前一年高 15%。Phelps 和 Newhouse（1972）也分析了这些数据，Scitovsky 和 Snyder（1977）用五年后的数据重新进行了实验。两者结果一致。

更近期的一次个案分析由 Anderson、Dobkin 和 Gross（2012）完成。直到 ACA 颁布以前，年轻的成年人通常在 19 岁后不再享受他们父母的健康保险保障（如果他们在上大学，则通常是 22 岁后不再享受）。研究探索了因年龄限制导致被保险人数的快速下降，对医院服务使用的影响。年龄增长导致参加健康保险的可能性降低了 5% ~8%，且那些新近未保险的人们减少了 40% 的急诊和 61% 的住院次数。

即使是斯坦福大学这样无瑕疵的实验（Scitovsky 和 Snyder，1972），案例分析还会存在一些问题。例如，斯坦福大学的实验仅代表了一家公司和一个区域，实验只包括一小部分的共同保险，并且它还将所有的变化都归因于使用自然实验。正如专栏表明的，尽管在斯坦福的实验中没有明显证据表明其他因素有影响，这在自然实验中并不是必然的。一些其他的早期实验尝试估计医疗服务价格敏感性的大小。参考 Newhouse（1978）和 Morrisey（2005）中综述。

案例分析的问题

Scheffler（1984）研究了美国矿工联合会医疗服务计划中引入 40% 的医师共保要求的效果。在 1977 年引入共保要求之前，联合会在 30 年的保险给付历史中从未有过任何的成本分摊。在研究期间的前 6 个月，门诊的可能性减少了 28%。研究在那时终止了，因为联合会因其健康保障下降而罢工！不幸的是，导致 Scheffler 研究结果的原因尚不清晰。是行为改变反映了新价格吗？是价格和联合会不满情绪的综合影响吗？Roddy、Wallen 和 Meyer（1986）后续的研究表明，这个群体中成本分摊的很多影响在接下来的几年中消失了。

RAND 健康保险实验

虽然早期的实验只提供了关于价格敏感性的有限信息，RAND 健康保险实验（RAND – HIE）却深入分析了消费者对医疗服务价格的反应。这个研究相当有用，因为它通过随机将家庭指派进不同的健康保险，很大程度上（并非完全）避免了逆选择。实验广泛研究了共同保险费率，考虑了更大范围内的价格反应，同时实验选择了 4 个人口普查区域中 6 个可以反映城市和郊区的地区。关于实验及其主要结论的总结请参考 Manning 和同事们（1987），这一开创性实验的系统性报告请参考 Newhouse 和保险试验组（1993）。

你可以合法询问近 40 年来研究的相关性。临床实践和保险制度在这期间已经发生了巨大的变化。然而，RAND – HIE 仍是研究医疗服务价格敏感性的黄金标准，原因有三：第一，它的方法非常强大。它用其他实验从未有过的方式克服了逆选择。第二，实验研究了几乎全部所提供医疗服务，并在一个一致的框架下完成。第三，从实验能够考虑所选医疗服务的价格敏感性开始，所进行的实验结果几乎一直与原先的 RAND - HIE 实验一致。

1974 年到 1977 年，俄亥俄州代顿市、华盛顿州西雅图、马萨诸塞州费奇伯格、马萨诸塞州富兰克林县、南卡罗来纳州查尔斯顿和南卡罗来纳州乔治敦县的家庭在联邦合同下参加了由 RAND 经营的健康保险计划。参加家庭被随机地分配进一个有 14 种不同的按服务收费的健康保险计划。在西雅图，一些参加者加入了 Puget Sound 健康集团——一家健康维护组织（HMO）。该保险计划有 0、25%、50%、95% 四种共同保险费率。在每一个共保团体内，家庭被分配进从收入的 5%、10% 和 15% 最大到 1 000 美元的损失终止群体。也就是说，为被保险服务支付的自费部分不能超过收入百分比的上限和 1 000 美元两者中的较低者。虽然 1 000 美元的止损金额看起来低，但是以 2012 年货币计价大约是 4 660 美元，或者大约相等于 2012 年健康储蓄账户（HSAS）的最大自费限额 1 400 美元（见第 17 章）。几乎所有的医疗服务都包括在内。

关于 RAND - HIE 设计的最后一点：你可能会问那些已经有健康保险的人怎么样了。答案是他们继续持有保险。因为 RAND - HIE 只持续了 4 ~ 5 年，有些担忧是，如果他们不续保，一种疾病可能会使参保者不可保或无法以相同价格参保。通过维持现有保单效力和将保障分配给 RAND - HIE，研究就能够将许多理赔费用传递给实验参加者的现有保险人。

许多实验参加者从 RAND - HIE 收到了比现有保险更广泛的保障，但是有些被分入了更糟糕的保险计划。为什么有些人放弃已有的保单，而通过 RAND - HIE 接受较差的保单呢？原因是 RAND - HIE 付钱让他们加入。这种一次付清的支付，没有影响他们在被分配进的 RAND - HIE 计划下使用服务的动机（Newhouse 和保险经验组，1993）。样本家庭通常代表 65 岁以下且并不富裕的人口。实验排除了过程中有医疗照顾计划资格的人、收入超过 25 000 美元（相当于 2012 年 116 400 美元）的人以及军人和有保障的残疾退伍士兵。5 800 美元多一点的人们参加了不同的按服务收费计划，实验收集了 20 190 个个人年度的数据。

RAND - HIE 整体结果

RAND - HIE 关于门诊和住院服务价格反应的主要结论总结在表 8.3 中。当支付价格为 0 时，人们每年有 86.7% 的概率与医疗服务系统发生联系。他们每人每年也会使用 4.6 次问诊。相反，那些不得不支付费用 95% 的人（2012 年美元计，达到了 4 660 美元损失终止）只有 68% 的概率使用任何一种医疗服务，且每人只进行 2.7 次问诊。那些自付率为 25% 的人有 78.8% 的概率使用任何医疗服务，且每人每年问诊 3.3 次。与自付率 25% 的人相比，不需付钱的人的问诊次数几乎多了 37%。因此，门诊服务次数随自费价格的上升而下降。免费计划和其他计划之间的差异在 95% 置信度上统计显著。[①] 儿童在门诊服务使用方面显示出与成人一样的价格反应。

表 8.3　　不同计划下年平均医疗服务使用的各种估计

共保率（%）	服务使用概率（%）	人均面对面问诊	一次或多次入院概率（%）	医疗费用（2012 年美元计）
0	86.7（0.67）	4.55（0.17）	10.37（0.42）	3 601 美元（152.0）
25	78.8（0.99）	3.33（0.19）	8.83（0.38）	2 919 美元（134.4）
50	74.3（1.86）	3.03（0.22）	8.31（0.40）	2 702 美元（151.0）
95	68.0（1.48）	2.73（0.18）	7.74（0.35）	2 470 美元（127.0）

注：括号中为标准误差。

资料来源：根据 Manning 等（1987）中数据调整。

住院率的结果也展示了价格敏感性的证据。参加免费计划的人们每千人住院次数为 128 次。比 95% 共保计划中的人们高 29%。类似地，住院费用也比免费计划中人们高 30%。专栏讨论了保险对恰当与不恰当入院率的影响。

医院共保对恰当与不恰当入院率的影响

不恰当的入院似乎没有因为成本分摊而减少。Siu（1986）和 Lohr 和同事们（1986）研究表明，免费和有共保率的计划中恰当与不恰当入院的比例是相同的。类似地，在检验小范围地区内服务使用情况时，Chassin 和同事们（1987）发现不同地区间入院率的不同不会导致恰当与不恰当入院比例的不同。

与门诊服务在各种共保率条件下使用都减少的结果不同，住院服务的大部分主要差异体现在免费和 25% 共保率计划间。这个结果反映了保险计划的止损特点。这些住院中的 70% 超过了所实施的最大支付限制。一旦超过这个门槛，医疗服务就免费了。因此，更高的共保率不能导致住院使用的额外减少，这一点可能仅仅反映了价格迅速变为 0。与成人医疗不同，儿童的住院使用情况几乎没有对价格的反应。

表 8.3 的最后一列或许是最重要的。它表明，以 2012 年美元计，那些不需自付服务费用的人平均每年的总医疗费用是 3 601 美元。比自付率为 25% 的人高 23%，比自付率为 95%（以止损为限）的人高几乎 46%。因此，大幅的自费率导致了医疗费用的明显减少。

① 在此置信水平，25%、50% 和 95% 保险计划之间在统计差异上并不显著。

更正式地讲，RAND－HIE 提供了不同医疗服务价格反应程度的弹性估计，并且试图在早期文献中列明。实际上，RAND－HIE 的估计值是在非实验估计的较低范围内。表8.4总结了这些结果，在共保率0～25%范围，住院服务弹性为－0.17，与全部门诊服务一致。在共保率25%～95%范围，门诊服务的整体弹性为－0.31，而住院服务估计为－0.14。高自付率水平下住院服务较小的价格弹性反映了健康保险计划中止损机制发挥了作用。RAND－HIE 总结为一句话就是，医疗服务的价格弹性大约为－0.2，换句话说，自费价格每增长10%，服务使用减少2%。

表8.4　RAND－HIE 对医疗服务弹性的估计

项目	门诊				住院	全部服务
共保率	严重	长期	良好	全部		
0～25%	－0.16	－0.20	－0.14	－0.17	－0.17	－0.17
25%～95%	－0.32	－0.23	－0.43	－0.31	－0.14	－0.22

资料来源：Manning 等（1987），"Health Insurance and the Demand for Medical Care: Evidence from a Randomized Experiment." *American Economic Review* 77：251－77，表2。经许可再版。

全面保障保险与只保住院保险

RAND－HIE 的一部分研究了只保住院的保险，而不是既保门诊又保住院的保险的结果。实验时，许多人有高保障的住院保险但是门诊服务保障非常有限。有些人说这样的保单是"因小失大"。他们认为只有住院保险的人可能会放弃相对简单和便宜的服务，因为他们必须为此支付全部费用。他们认为，结果可能是当及时又低价的门诊服务可以避免这些费用时，许多人可能会选择住院并花一大笔钱。

RAND－HIE 在研究中建立了一个额外的分支实验，其中人们被随机地分配进一项个人免赔计划。在这个分支中，参与者如果住院治疗将会获得免费服务，但如果进行了门诊治疗将需要支付全部费用的95%。这个分支反映了当时的普通住院保险。将这个计划与住院和门诊治疗均免费的免费保险分支实验做比较。研究发现，参加个人免赔计划的人们确实与医疗系统更少发生联系：与服务免费的人们86.7%的使用率相比，他们任何一种医疗服务的使用概率是72.6%。而且，他们的入院次数也更少（9.52次与免费条件下的10.37次）。总的来说，只有住院保障保险的人的总医疗费用是2 887美元（以2012年美元计），而全面保障的人的总费用是3 601美元。虽然这样的差异在置信水平上缺乏统计显著性，但是很明显差异并不支持"因小失大"的言论。如果有什么不同的话，这只表明门诊和住院是互补品而非替代品。

在1996年美国退伍军人事务部（VA）一项关于增加的初级医疗服务可及性研

究中也发现了这种替代关系。Weinberger、Oddone 和 Henderson（1996）研究了 9 个 VA 医疗中心里近 1 400 位患有糖尿病、慢性阻塞性肺病或充血性心力衰竭的退伍军人。他们随机将退伍军人分为两半，一半被施加了旨在增加出院后初级医疗机会的强化干预，另一半进行普通出院后服务。他们发现，有更大初级服务机会的人明显有更高而不是更低的再入院率。

按收入群体分类的结论

自费部分只是医疗服务使用全部价格的一部分。还存在时间成本部分。患者必须到医生的办公室、等待、看病，然后回去继续其他活动。看病的全部代价既包括金钱成本又包括时间成本。如果你的时间机会成本很高，那么很容易成为全部成本中的最大组成部分。因此，我们应该期望，其他条件相同时，时间机会成本高的人对医疗服务给定的自费部分变化的反应更小。与时间机会成本低的人相比，全部成本中的给定变化对高时间成本的人来说影响不大。

RAND－HIE 研究了收入群体之间共保率差异的影响，这是对时间机会成本假设的有效检验。图 8.5 展示了 0.25% 的共保率对低、中、高收入群体的影响。低收入（低时间机会成本）的人们的价格反应是高时间机会成本人们的 2 倍。这表明，保险人可能不得不通过更高的自付额或共保率来使高收入参保者减少医疗服务的使用。类似地，较小的急诊支付额比例就足够鼓励医疗救助计划参保者不把急诊当作普通医疗服务来使用。

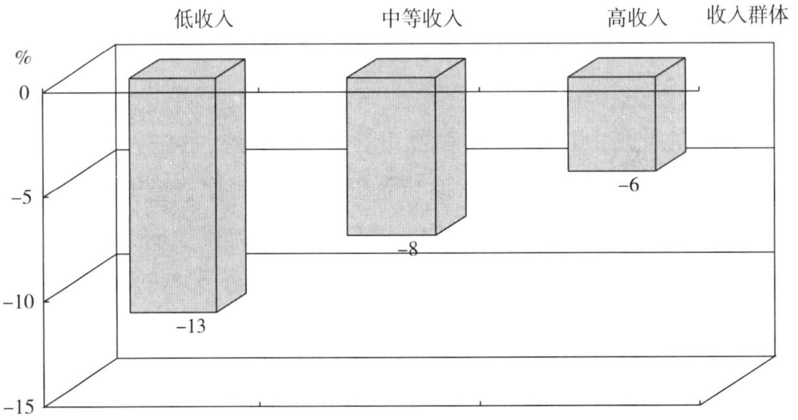

图 8.5　医疗服务使用概率的减少，免费与 25% 共保率，按收入等级分

某些调查已经研究了自付额的变化对参加医疗救助计划或 CHIP 的低收入群体医疗服务使用的影响，这些研究结果大体与 RAND－HIE 的结论一致（Sen 等，2012）。

道德风险与特定种类的医疗服务

RAND－HIE 对多种医疗服务的价格敏感性进行了估计。此外，一些近期的研究单独估计了某种特定服务的弹性。本节，我们将回顾这些针对不同服务的研究结论。

住院服务

正如之前已经发现的，RAND－HIE 发现与 95% 共保计划相比，免费服务的入院率要高 29%，且住院费用高出 30%。与 25% 共保计划相比，参加免费服务计划的人们的入院率高 22%，但住院费用只高 10%。这些结果表明，相对于 25% 共保计划，免费计划中多出的入院率是短期住院造成的。

自 RAND－HIE 以来，只有少数的研究探索了健康保险对住院的影响。Buchmueller 和同事们（2005）回顾了这些研究，并总结出，私营健康保险使成人的年均住院时间增长了 0.17～0.24 天，使儿童的年均住院时间增长 3%～4%。这些估计的问题在于没有考虑自费的大小，并且通常没有控制逆选择问题。

医院急诊服务

RAND－HIE 关于急诊（EDs）使用的结论通常与门诊使用结果相似（O'Grady 等，1985）。参加免费服务的人比 95% 共保率计划中的人急诊次数多 54%，比 25% 共保率计划中的人急诊次数多 27%。相比这两者，EDs 的费用分别比他们高 45% 和 16%。在 EDs 各种服务之间，随着价格的下降他们使用的增长情况也不同。与没有保险相比，免费服务使得不那么紧急的服务使用增加了 90%，而非常紧急的服务则只增长了 30%。因此，不那么严重的服务似乎对价格更加敏感。

Selby、Fireman 和 Swain（1996）对一个 HMO 的 EDs 使用情况进行了详细的分析。应一些电子与计算机公司要求，1993 年加利福尼亚州北部的 Kaiser－Permanente 医疗集团向这些公司的员工引入了 25～35 美元的 EDs 自付额计划。Kaiser－Permanente 医疗集团的其他参保人则继续享有无自付额的 EDs 保险计划。研究比较了在引入自付额前后，实验组和两组对照组中成员 EDs 使用情况的变化。其他服务在自付额方面没有变化。这就是经典的双差分估计法。对照组 1 由年龄、性别和居住地与参加自付额计划相似的人组成。对照组 2 由年龄、性别和居住地相似，但也被电子与计算机行业雇佣的人组成。

表 8.6 总结了上述研究发现。与两个对照组相比，面对新自付额组的每千人总 EDs 次数减少了 14.6%（在 95% 置信区间上统计显著）。调查更进一步研究了诊断

的疾病的严重状况。他们发现次数相对减少最大的（与对照组比减少了 20.8%～29.2%）是“通常不是急诊”。“总是急诊”的相对变化最小（与对照组比减少 9.6%，增加 7.3%），但是这些差异在统计上并不显著。有趣的是，由于 EDs 自付额的存在，诊所就医的使用也减少了。这表明 EDs 和诊所就医实际上是互补而不是替代的。

表 8.6　　调整后的 Kaiser－Permanente 医疗集团急诊（EDs）使用

项目	每千人共 EDs 次数
1992 年	
自付额组	162
对照组 1	206
对照组 2	173
1993 年	
自付额组	135
对照组 1	202
对照组 2	169
自付额组变化百分比（%）	
与对照组 1 相比	－14.6（－19.4～－9.5）
与对照组 2 相比	－14.6（－19.9～－8.9）

注：数值根据年龄、性别、社会经济地位和研究组别调整。括号中数值是 95% 置信区间上的变化。

资料来源：Selby、Fireman 和 Swain（1996）。

Hsu 和同事们（2006）也使用了 Kaiser－Permanente 医疗集团 1999 年至 2001 年的数据，来研究高自付额对 EDs 和医院使用的影响和不良后果。分析发现与零自付额相比，20～35 美元的自付额使 EDs 次数减少了 12%，50～100 美元的自付额减少使用 23%。实验组间的入院率、重症监护病房使用率和死亡数都没有增加。相对适度的自付额水平减少了服务使用但没有增加不良后果。

医生服务①

RAND－HIE 发现参加免费计划的人们比面对 25% 共保率的人，人均诊疗次数几乎多 37%；和全额自费的人群相比，他们的使用频率则多出 67%。

Cherkin、Grothaus 和 Wagner（1989）研究了 1985 年引入的医师问诊 5 美元自付额计划的影响，该计划面向华盛顿州政府雇员和高校员工，统一在 Puget Sound 健康集团投保，此集团是一家雇员模式的 HMO。作为对照组，Cherkin 和同事们选择了没有自付额的联邦政府职员。在检验连续参加的人们两年中的服务使用情况时，他

① 译者注：由于在美国，医生多是个人诊所行医，所以与我国的门诊服务有所不同，我国的医生是医院的雇员，门诊是医院服务的组成部分。我们这里所称的医生服务主要是指诊所问诊服务。

们发现针对初级服务的医师问诊由于自付额减少了10.9%。特殊服务减少了3.3%，验光减少了10.9%，全部服务减少了8.3%。然而，对特殊服务的影响在置信水平上缺乏统计显著性，可能是因为特殊服务需要初级服务结果作为参考才能使用。

更近的研究已经尝试研究有无健康保险对医生问诊的影响。当然，逆选择问题与这样的比较相关。Buchmueller 和同事们（2005）对这些研究进行了综述。总的来说，对于成人门诊使用，研究发现每年有一到两次额外医生问诊服务的人更可能有保险。这与 RAND - HIE 报告的1.85次额外问诊相当接近。

有趣的是，按摩治疗服务似乎比医生问诊更具有价格敏感性（Schelelle、Rogers 和 Newhouse，1996）。RAND - HIE 发现相对共保25%计划，免费服务使按摩治疗费用增长了132%。更大的高共保率本质上没有更多的影响。

牙医服务

RAND - HIE 随机把人分配进0、25%、50%和95%共保率的保险计划中。研究发现，在稳定状态下（即在转变期后）免费计划的参加者比95%共保率计划中的人们多出34%的牙医问诊次数，高出46%的费用（Manning 等，1985）。此外，大部分的影响都发生在免费服务和25%共保率之间的差异中。三分之二的价格反应归因于每位参加者的牙医问诊次数，余下的三分之一由每次问诊的费用导致。因此，分摊比例的存在更多地影响人们是否决定去就医，但对已发生的医疗行为的费用影响不大。预防性服务与普通牙医问诊价格敏感性相同，相反，口腔修复、牙髓和牙周治疗则更具价格敏感性。

值得特别注意的是，牙科服务似乎比更一般的医疗服务对成本分摊的暂时性影响更大。RAND - HIE 发现，在保险的第一年，免费和95%共保计划间的差异几乎是第二年的2倍。然而，在第二年（如稳定期），牙科服务就比其他医疗服务的价格敏感性更低。

Conrad、Grembowski 和 Milgram（1987）与 Grembowski、Conrad 和 Migram（1987）分别分析了共保对成人与儿童牙医服务使用的影响。他们的样本人口有牙齿保险（1980年宾夕法尼亚州蓝盾计划），所以研究问题是在被保人群中不同共保率的影响。他们在该被保人群中几乎没有发现货币价格（如共保）敏感性。这个结果与 RAND - HIE 一致，因为大部分的价格敏感性都在免费服务与25%共保计划之间发现，余下的极小部分来自更高水平的成本分摊。Muller 和 Monheit（1987）也支持这些结论。与 RAND - HIE 一样，Conrad 和 Grembowski 研究在更广泛（如高价）的服务中增长的价格敏感性。儿童基础牙医服务也似乎比成人的价格敏感性更低。与 RAND - HIE 一样，这些研究者也发现了牙医服务的实质性影响。直到20世纪80年代中期，才又出现了少数对牙齿服务价格效应的新研究。

Conrad、Grembowski 和 Milgram（1987）研究尤其有趣的一点是，该研究包含了按社区费率定价和经验费率定价的团体牙齿保险参保者。第 6 章中曾发现，按社区费率定价的保险更容易受逆选择影响，因为单一的平均价格会向低使用率者过度收费，而对高使用率者收费不足。Conrad 和同事们的研究结果表明，相比经验费率定价保险计划中的被保险员工和配偶，按社区费率定价的保险参保人和配偶所花费用分别高 37% 和 90%。

门诊心理健康服务

门诊心理健康服务比普通门诊医疗服务更有价格敏感性。在一项自然实验中，Wallen、Roddy 和 Fahs（1982）发现引入每次问诊 5 美元的自付额使每千人心理健康服务减少 60 ~ 110 次。McGuire（1981）是第一个用计量经济学方法来分析个人层面的数据。他分析了来自一项关于精神科治疗重度使用人群研究的数据，并发现了实际和期望问诊大于 -1.0 的价格弹性。这表明，价格每增长 1% 将导致问诊次数减少至少 1%。

Horgan（1986）发现共保率每增长 10% 将使任何一种医疗问诊次数减少 2.7%。然而，在某些特定条件下，问诊次数和费用有更强的价格反应。共保率增长 10% 使问诊次数减少 4.4%，所花费用减少 5.4%。这些结果表明心理健康服务的使用强度比简单服务的使用对价格有更强的反应。与普通门诊医疗服务相比，此结果表明了使用可能性对价格更强的反应。Taube、Kessler 和 Burns（1986）发现了相似的结果。在价格和使用可能性之间不存在明显的关系，但是在某些既定使用情况下，存在相当程度的价格敏感性。他们发现某些使用具有约 -1.0 的价格弹性。因此，如果免费服务取代全额自付，那些使用过一些服务的人的使用次数可能会增加 1 倍以上。

RAND - HIE 证实了这些结论。研究发现，与没有保险相比，免费服务将会使心理健康服务费用增加 3 倍。进一步地，50% 和 95% 自付额之间的价格反应几乎是普通医疗服务价格反应的 2 倍。25% 共保率和免费服务之间的价格反应与医疗服务的价格反应大致相同（Keeler 等，1986；Wells、Keeler 和 Manning，1990）。

在扩大保险保障范围的情况下，心理服务的使用可以被描述为缓慢积累。有牙齿保险情况下，牙科问诊的突然爆发式增长常在持续性低水平之后。而有心理健康保险条件下，问诊是从初始相对低水平，随时间推移逐步增加。Keeler 和同事们（1985，166）推测了心理诊疗更加价格敏感的原因："额外的使用者可能会更好地了解情况，并且只有在价格合理情况下才想要寻求帮助。或者，他们可能不知道心理诊疗会怎样帮助他们，直到由于保险能使服务的使用合法化前，他们可能一直被实际或想象中的心理治疗污名化阻碍。"

最后，心理治疗的高价格敏感性表明了这些疾病的保险保单往往与医疗疾病保单不同的原因。与无保险相比，简单使用自付额大量减少了相关服务的使用。类似地，限制心理保险问诊次数和更积极地使用非价格配给策略作为减少道德风险的方法，在管理式医疗中得到了广泛使用。请参见 Frank 和 Ellis（2000）中讨论。

健康保险对健康的影响

RAND - HIE 和其他一些小规模的研究都充分证明了有健康保险将会增加医疗服务的使用。但是有健康保险会改善一个人的健康状况吗？

大量研究表明有健康保险的人的健康状况比没有的人好。然而，逆选择几乎总是这些研究的一个困扰。那些最有可能通过购买健康保险改善自身健康状况的人正是那些最有可能购买的人。大部分这类研究都没有努力解释这一点。因此，他们最多只表明了一种联系而不是因果关系，并且得出了过大的道德风险估计。

少数研究充分利用了自然实验，实验中保障不需要受众的任何努力即可获得，当然就是随机将人们分配进保险计划中的 RAND - HIE。Helen Levy 和 David Meltzer（2008，2004）对这些研究进行了仔细的综述。他们总结，健康保险是否改善健康状况这个问题很大程度上仍然未知。证据清晰表明健康保险改善了弱势群体的健康状况，如儿童、婴儿和 AIDS 患者。它也能够改善特定方面的健康状况，如视力矫正和高血压，尤其是对低收入群体。然而，并没有充分证据表明健康保险已经或者能够普遍改善人们的健康状况。

近期，俄勒冈州的实验发布新闻头条重申相同的结论。由于中彩票的原因，将近 6500 名低收入人被随机地选中参加俄勒冈州扩大的医疗救助计划。两年后，研究没有发现评估的身体健康结果方面统计上显著的改善，尽管实验几乎排除了高自付医疗费用（Baicker 等，2013）。

处方药

关于处方药的早期研究发现，当处方药在全面保障计划下变得免费后，处方药的需求量大约会翻倍，很明显是因为没能控制逆选择。RAND - HIE 数据并没有证实早期研究。通常情况下，RAND - HIE 发现处方药和医师服务的价格反应大致相同。Leibowitz、Manning 和 Newhouse（1985）发现与 95% 共保率计划参保者相比，免费计划参保者人均处方药费用高 76%。与 25% 共保率计划参保者相比，免费计划参保者的问诊次数多 32%。这些结果很大部分是由开出的处方数量而不是所收药物的差别成本导致的。免费计划参保者的处方数量比 95% 共保率计划参保者高 50%，比 25% 共保率计划参保者高 23%。

从 RAND - HIE 以来，药物使用中的临床和保险实践已经发生了很大的变化。处方药保险现在通常包含二、三级甚至四级计划，这些计划的参保者为非专利药物支付较低的自付额（或许是 10 美元），为品牌或"首选品牌"支付较高的自付额（或许是 20 美元），并为非首选品牌药物仍支付较高的自付额。第四级是为昂贵的生物技术药物预留的。几项研究都论证了这些自付额系统对处方药使用的影响。

Motheral 和 Fairman（2001）研究了引入三级药物保障计划的影响，这些保单是雇主在 1997—1999 年向雇员提供优先医疗提供组织（PPO）计划。在双差分计量模型中，他们研究了每张处方非专利药物自付额从 7 美元到 8 美元的变化，著名品牌药物自付额从 12 美元至 15 美元，以及非首选品牌药物自付额从 12 美元至 25 美元的变化。在前两级中药物使用本质上没有减少。在第三级，使用的自付额弹性相对于使用情况为 -0. 21，相对于所有三级药品支出为 -0. 24。这与 RAND - HIE 一致。

Joyce 和同事们（2002）也研究了 1997—1999 年的药物保障自付额，但是使用了一个不知名的健康保障咨询公司关于 25 家公司 702 000 人年的数据。在控制参保者社会人口特征和慢性病健康状况条件等因素下，此研究实际上比较了一种自付额体系与另一种体系中的人们的使用情况。表 8. 7 总结了全部结论。高自付额确实大量减少了整体药物费用。一级计划的参加者（为所有被保药物支付单一自付额的人）有 10 美元自付额，比只有 5 美元自付额计划的参加者费用要低 22. 3%。确实，在每一级，对于每种药物，高自付额计划中的人都有更低的药物费用支出。价格弹性在 -0. 4 ~ -0. 22 变化，三级非首选处方药对价格变化最敏感。这些结果几乎是 RAND - HIE 发现的价格敏感性的 2 倍。

表 8. 7　　每位成员的年平均处方药费用　　单位：美元

项目	一级自付额		二级自付额		三级自付额	
	5	10	5 非专利 10 品牌	10 非专利 20 品牌	5 非专利 10 首选 15 非首选	10 非专利 20 首选 30 非首选
所有药物	725	563	678	455	666	436
非专利	91	69	71	41	81	53
首选	571	448	534	367	518	343
非首选	63	46	73	47	67	40

注：所有金额均按 1997 年美元计。与级之间的所有横向比较都在 95% 置信水平上统计显著。

资料来源：Joyce 等（2002）。

Joyce 和同事们（2002）研究也证明了从一级到二级或从二级到三级处方药计划间的费用减少。表 8. 7 中，从 10 美元普通自付额的一级计划到有 10 美元和 20 美元自付额的二级计划使平均费用从 563 美元减少至 455 美元，减少了 19%。从二级到包括10美元、20美元和30美元自付额的三级计划所花药物费用估计减少4%。

从非首选到首选品牌的转变是三级药物保障计划的关键。Rector和同事们（2003）研究了1998—1999年四种健康保险计划中血管紧张素转换酶（ACE）抑制剂、质子泵抑制剂和他汀类抑制剂的使用情况。他们发现非首选药物平均高出18美元的自付额与每个药品等级中首选品牌的使用分别增长13.3%、8.9%和6.0%有关。

Goldman和同事们（2004）研究了如果自付额翻倍，对八个等级的治疗药物使用的影响。他们研究了1997—2000年来自30个雇主，52种健康保险计划的索赔数据。八个等级间处方使用天数的减少从非类固醇类抗炎药减少45%到抗糖尿病药减少25%。他们总结道："用来间歇性地治疗病症的药物使用对自付额变化敏感。个人持续性服务中的药物使用的减少则更加适中。但是，由于价格的巨大影响，自付额的大幅增长与导致不良健康后果有关，尤其是对糖尿病患者来说。"

Goldman、Joyce和Zheng（2007）对研究成本分摊对处方药使用、其他医疗服务和健康结果的影响的文献进行了全面综述。他们总结，文献显示根据药物等级和病人的状况，成本分摊增加10%导致使用减少2%～6%。证据表明这些更高的成本分摊需求与其他健康服务的使用增长有关，至少对有特定疾病的人来说是这样，特定疾病包括如充血性心力衰竭和糖尿病。

增加的处方药成本分摊会减少对治疗方案的依从性，这个发现导致了基于价值的保险设计的实验。通过这种方法，处方药的成本分摊通常会持续发挥作用。然而，对于特定的药物，如β-受体阻滞剂，保险计划可能会将成本分摊设置为0来鼓励对治疗方案的依从性。从更详细的角度来看，β-受体阻滞剂的成本分摊可能会被设置为0，给那些患有长期心脏病的人而不是所有的参保者。Chernew、Rosen和Fendrick（2007）对使用这些模型的持续性实验的理念和早期样本进行了很好的综述。Fendrick、Martin和Weiss（2011）总结了关于基于价值的保险实验的大部分历史文献。更低的成本分摊将会改善依从性，这一点也不令人意外。关键问题是它是否充分减少了非药物医疗服务的使用，从而为这些计划提供经济上的合理性。此处的证明并不完整。一项严谨的研究表明了净结余，其他的则没有那么明显。因此，评判委员会仍然在关注这些计划的有效性。

RAND-HIE也研究了非处方药替代处方药的程度。在更大的成本分摊情况下，我们可以预期消费者用非处方（OTC）药替代处方药或医师问诊服务。Leibowitz（1989）并没有发现相关证据。根据保险实验参与者提交的双周报告，她发现OTC药物的使用相对较低，且与处方药互为补充。即使OTC药物通常不被保险保障，较低自费保险计划参与者的OTC药物使用多于高自费计划参与者。

或许是由于获取OTC药物使用数据的困难，很少有其他的实验提出上述问题。

然而，作为他们对药物自付额和慢性疾病研究的一部分，Goldman 和同事们（2004）发现，有近似 OTC 药物替代的处方药的使用比没有近似替代的那些大幅减少。在药物治疗期间，加倍的处方药自付额将使有近似替代的处方药使用减少 32%，而没有近似替代的处方药只减少 15%。

护理院服务

对护理院和相关长期护理服务的个人需求的分析，少之甚少。从历史来看，这是可以理解的，因为大部分的护理院服务都是由医疗救助计划提供的。尽管这种情况仍然存在，但是相当多婴儿潮一代退休人员的出现表明，护理院和其他长期护理服务的价格敏感性与长期护理管理和政策决定之间的关系将会日益密切。

Scanlon（1980）和 Chiswick（1976）早期研究使用了大城市的州级数据。只有 Scanlon 研究了私人付款人与医疗救助付款人之间的差异。然而，两者都发现了较大的价格敏感性，弹性分别为 -1.1 和 -2.3，这表明护理院价格降低 10% 会使使用量增加 11% ~23%。然而，研究存在一定缺陷，即汇总了分析单位，以及由于未能考虑当时的消费条件，导致结果被过度估计的可能。在一项对 1983 年威斯康星州指定设备数据的分析中，Nyman（1989）也发现弹性为 -1.7 的充分价格敏感性。

近期更为精细的研究中，Reschovsky（1998）使用 1989 年国家长期护理调查来研究享有医疗救助计划资格的老年失能人群对护理院使用的影响。作为研究的一部分，他估计了一系列私人需求方程。私人付款人的价格弹性是 -0.98。已婚残疾人士的弹性几乎是前者的 2.5 倍（-2.40），推测是因为已婚人士可以获得配偶的相对低价的非正式服务。未婚人士的价格敏感性更低（-0.53），这一点与重度残疾人士一样。两者几乎都没有可行的替代服务来源，因此价格敏感性都较低。使用这些估计的时候必须谨慎，因为这些估计通常在置信水平上缺乏统计显著性。

Mukamel 和 Spector（2002）利用 1991 年纽约州营利性护理院数据来模拟源于边际成本估计的价格敏感性程度。他们发现指定公司的弹性在 -3.46 左右。对于指定护理院，价格下降 10% 会使需求增加近 35%。与管理式医疗计划中指定医院的住院服务需求一样，预计指定公司的护理院需求将会比市场任意需求大得多。

在少数研究其他类型长期护理服务价格敏感性的文献中，Nyman 和同事们（1997）研究了长期护理服务使用者用成人寄养来代替护理院服务的程度（成人寄养，即老人住在一个不相关的人的私人家里）。控制其他条件不变，对 1989 年俄勒冈州寄养居民的数量进行简单回归，结果表明寄养居民每增加一人，护理院就失去 0.85 位疗养者。此外，一项对寄养需求的分析展示了私人市场中充分的价格敏感性。平均成人寄养价格增长 1% 会使日托人数减少 5.2%。

长期护理研究的数量和严谨性很难与其他服务的研究相比，主要是因为无法解释逆选择，当然，也由于缺乏 RAND - HIE 性质的受控实验。因此，这些研究不可避免地过度估计了价格敏感的程度。尽管如此，以急诊服务为标准，长期护理的私人需求对价格似乎非常敏感。

免赔额

随着 2003 年末医疗照顾计划改革法案的通过以及法案对 HSAs 的规定，人们的注意力再一次回到了医疗服务费用的高免赔额上。个人和雇主如果有合格的健康保险计划，那么就能够建立避税的支出账户，使得未用余额从本月结转到下个月。除了其他要求，合格的健康保险必须包括每人至少 1 200 美元的免赔额（2012 年美元计）。这个金额根据法律条款每年按通货膨胀调整。HSAs 和他们对医疗服务使用的效果证明将在第 17 章中详细讨论。

一旦免赔额被满足，那么其影响取决于保险的特性。假设你的年度免赔额为 1 000美元，且当满足免赔额后就必须为每次医生问诊支付 20 美元自付额。如果你确定自己会满足免赔额，那么你就会像每次看医生的价格为 20 美元一样去消费。如果你知道自己不会满足免赔额，那么你则会像每次看医生必须全额支付，或许每次 100 美元一样去消费。免赔额越高，满足的可能性越小，像必须支付全部医疗服务价格一样看病的可能性越大。

至少在美国，几乎没有有关免赔额对医疗使用影响的历史研究。显然，RAND - HIE 又是个例外。作为实验的一部分，一些人参加了 95% 保险计划。这种计划中，人们为每次医疗账单支付 95%，直到支付达到他们家庭收入的 5%、10% 或 15%（取决于计划），与 1 000 美元两者中较低者。此计划中，残疾者的免赔额为 1 000 美元，此后不再有任何支出。以 2012 年美元计，这相当于 4 734 美元的免赔额。

表 8.4 所示的 RAND - HIE 结果表明，与免费服务计划相比，在其之后出现的 4 734 美元的家庭免赔额导致医疗费用下降超过 31%。

更近期的研究中，Van Vliet（2004）报告了 1996 年荷兰个人健康保险计划中可选择的免赔额的影响。在荷兰（至少在此期间）大约 32% 的人自愿在几家不同的公司购买个人健康保险。给付很大程度上依免赔额大小而不同。对于 Van Vliet 分析中包含的广泛的服务，一旦满足免赔额，几乎没有任何现金支付发生。研究中采用了相当谨慎的方法来解释逆选择，即通过家庭之前的医疗服务费用来预测如果 1996 年没有出现免赔额条件下的费用。表 8.8 列出了上述结论，调查结果被拆算成 2012 年的美元。

表 8.8　　免赔额对健康服务费用的影响

1996 年荷兰盾免赔额	2012 年美元免赔额	期望费用（2012 年美元）	免赔额对期望费用的影响（2012 年美元）	免赔额对期望费用的影响百分比（%）
0 ~ 100	0 ~ 83	2 218	26	1.2
101 ~ 350	84 ~ 292	2 529	-207	-8.2
351 ~ 750	293 ~ 625	1 396	-253	-18.1
751 ~ 1 250	626 ~ 1 041	1 602	-195	-12.1
1 251 ~ 1 750	1 042 ~ 1 458	2 064	-314	-14.1
>1 750	>1 458	2 655	-740	-27.9
总计		2 146	-129	

注：1996 年 12 月 31 日汇率：1 荷兰盾 =0.57 美元。1996—2012 年美国所有项目的 CPI 通胀调整 =1.462。

资料来源：改编自 Van Vliet（2004）中数据。

超过 1 750 荷兰盾的免赔额上限大约相当于超过 1 458 美元（2012 年）的免赔额。享有该水平免赔的荷兰居民估计会减少 740 美元的医疗费用，大约是 28%。这与 RAND - HIE 发现的 4 732 美元免赔额减少 31% 的费用的结果相当。基于医疗系统的差异和荷兰免赔范围的具体情况，这些结果已经相当一致了。

Van Vliet 研究表明 1 000 美元左右的免赔额会减少 14% 的医疗服务费用。当然，这种一般化推断必须谨慎。首先，荷兰的研究只适用于有这种保险的高收入群体。其次，一旦满足免赔额，如果 HSAs 的灾难性支出保险计划要求有医疗服务自付额，那么节省的费用会更多一些。

保险责任范围大规模扩大的影响

随着 ACA 的颁布，一个重要的问题是 RAND - HIE 结论可以在多大程度上被用来估计扩大的责任范围对健康服务费用的影响。Finkelstein（2007）表明 RAND 估计可能会大幅低估可能的影响。她研究了自 1965 年实施医疗照顾计划后 5 年内，该计划对住院费用的影响。她提出就在实施前，大约 50% 的老年人有蓝色计划型保障项目，另有 30% 的保险保障程度更低。商业个人保障范围存在着巨大的地理差异，Finkelstein 利用这种差异展开估计。她总结由于实施医疗照顾计划，1965—1970 年住院费用增长大概 37%。而相比起来，RAND 结果只表明了不到 6% 的增长。Finkelstein 认为结果差异的主要原因是与 RAND 实验在其六个地区中发挥的适度市场作用相比，医疗照顾计划引入的市场广泛性。大范围的医疗照顾计划对保障责任范围的扩大，给了医院投资其全部设施和显著扩大其服务能力的动机，尤其是在法令颁布前保障责任范围较小的地区。ACA 的内涵就是扩大责任范围的效果将取决于医院和医生扩大服务的能力。

对 RAND 实验的质疑

近年出现了一些对 RAND 实验的方法和普遍推广性的质疑。这些质疑包括考虑健康追踪相对短期的性质，和实验进行以来医疗技术及保险设计的改变。最近两大主要质疑是：前瞻性行为和相对小规模实验结论在市场范围内的适用性。这里我们强调前瞻性问题，规模的问题将在下一部分讨论。

Kowalski（2009）研究了前瞻性问题。她认为 RAND 实验分析中采用了“短视价格”，并且如果使用前瞻性价格，真实的影响将大出一个数量级。关键问题是什么时候一个人会面临健康计划中的止损条款。当一个人的费用超过了止损界限，服务的边际成本将是 0。一个短视的购买者只考虑当前的服务价格。前瞻性购买者同时考虑超过止损的预期。如果她希望这样做，那么她将会在整个保险期间做出购买的决定，即使她已经超过了止损界限。考虑前瞻性行为情况下，她发现了中间费用范围 -2.3 的整体价格弹性。Aron - Dine 和同事们（2012）也利用来自美国铝业公司和两个匿名公司 2004—2007 年的数据研究了短视问题。他们的关键检验是研究常年员工和新员工之间的医疗服务使用差异，新员工由于年度免赔额，面临着与常年员工不同的医疗服务使用的年末自费价格。他们发现价格弹性为 -0.6 ~ -0.4。弹性的绝对值比 Kowalski 完全前瞻性行为研究中显示的要小得多，但是比 RAND 实验中发现的大。

本章小结

- 本章中大量的文献综述表明，所有医疗服务都存在着适度的价格敏感性。用弹性来描述（经济学家对价格敏感性的测度），医疗服务总体的弹性约为 -0.2，也就是说价格上升 1% 通常会导致服务使用减少 0.2%。换句话说，价格上升 10% 减少 2% 的使用。相比而言，汽油的估计弹性为 -0.5；新车为 -1.5 ~ -1.2，国外旅行约为 -4.0（Reynolds，1976）。因此，在消费商品中医疗服务的价格反应较小。
- 这当然不是说医疗服务的价格不重要。当价格变化很大时，即使相对小的价格弹性可能对服务的使用有着巨大的影响。过去的几十年中健康保险的增长在许多情况下已经减少了几乎 100% 的货币价格。为目前没有保险的人提供全面保障保险是一种很大的有效降价，并且应该对使用有相当大的影响。类似地，将标准保险自付额翻倍至 30 美元或 50 美元将产生的影响也不是微不足道的。
- 不同医疗服务项目的价格反应不同。来自实证文献的重要发现如下，我们的发现主要依赖于RAND健康保险实验（RAND–HIE）的方法论：

——住院服务。住院对价格的反应最弱。全面保障与没有保险相比增加了约29%的入院次数，并使总住院费用上升30%。几乎全部的影响都体现在25%共保率和免费服务计划间的使用差异。然而，由于RAND–HIE规定一旦家庭自费支出达到4 732美元（以2012年美元计）就提供免费住院服务，因此低估了成本分摊对住院服务使用的影响。

——急诊服务。与没有保险相比，全面保障使得急诊次数增加54%，费用上升45%。免费计划比25%共保率计划次数增加27%，费用增加16%。免费计划使不那么紧急的问诊次数增加90%，但仅使更加紧急的问诊增加30%。因此，相对更加紧急的问诊，急诊的成本分摊似乎会减少不那么紧急的问诊。

——按收入水平的价格敏感性。通常，发现高收入群体比低收入群体对价格相对不敏感。

——儿童与成人。儿童的门诊使用与成人门诊的价格敏感性大致相同。然而，住院服务对价格差异几乎不敏感，至少在RAND–HIE条件下是这样。

——医生门诊服务。通常，其他条件不变时，全面保障保险的引入既会增加门诊次数又会增加费用。从25%共保率到免费服务的影响几乎占全部变化的一半。

——牙医服务。当保险首次被引入的时候，牙医服务的暂时性影响很大。RAND–HIE发现保险开始第一年的价格效应几乎是接下来几年的2倍。在稳定情况下，全面保障使问诊次数增加34%，费用增加46%。这种影响大部分都来自25%共保率与免费计划之间的差异。预防性服务与基础服务的价格敏感性相同。价格更高的服务的价格敏感性更大。

——心理健康服务。门诊心理健康服务的价格敏感性最大。与没有保险相比，全面保障使费用增加300%。25%共保率与免费计划之间的费用增加量大于三分之一，这与门诊医疗服务相同。证据还表明，与牙齿服务不同，心理健康服务的使用随时间增加而逐步增加。

——处方药。处方药似乎与门诊医疗服务的价格敏感性相同。RAND–HIE中，与没有保险相比，全面保障使人均处方药数量增加50%，费用增加76%。处方药通常与医生门诊服务一同使用，并且不会替代额外问诊。进一步，非处方（Over–The–Counter，OTC）药也似乎是医生门诊的廉价互补品。证据表明OTC药物也和医生门诊一同使用，而不是替代问诊。更近期的研究聚焦于非专利、首选和非首选品牌药物的不同自付额。研究表明，每级的自付额都减少了药物使用，且与其他级相比，非首选药物的更高自付额将使其被非首选以外的药物替代。有限的证据表明自付额对间歇性治疗症状的药物的影响，要大于对持续服务中使用的药物。有人担心对有某种特定疾病的人的药物进行成本分摊可能既会减少对治疗方案的依从性，又会增加其他医疗服务的使用。

——护理院服务。调查护理院的价格敏感性的研究非常少。有限的现存调查表明私人支付者的需求价格弹性可能是 -1.0 或更高，尤其是对年长已婚人士。一项研究表明成人寄养服务与护理院服务之间存在大量的交叉价格敏感性。不幸的是，这部分在 RAND - HIE 中没有对应的部分，且现有的估计可能受到逆选择影响，导致大量的有偏估计。

- 随着消费者导向的健康服务计划和 HSAs 的出现，免赔额已经成为一种可能更重要的保险工具。RAND - HIE 4 732 美元的家庭免赔额（2012 年美元计）的止损保险计划，将减少了 31% 的医疗服务费用。荷兰更近期的研究发现有 1 458 美元或更多免赔额（2012 年美元计）的类似保险计划，将使医疗费用减少 28%。研究表明 1 000 美元的家庭免赔可能会使费用减少约 14%。
- 一些最近的研究表明 RAND - HIE 低估了保险责任范围扩大的影响，因为这不是一个足以影响供给者反应的实验。这项研究可能表明 ACA 对服务使用的影响可能比 RAND - HIE 推算的更大。

问题讨论

1. 为什么你认为牙齿服务的道德风险反应与普通医疗服务有所不同？
2. 处方药计划经常有三级递增的自付额。基于本章的结论，你认为第三级的费用节省足以证明其存在的合理性吗？
3. 门诊心理健康服务似乎最具价格敏感性。一些人认为该领域的健康服务自 20 世纪 70 年代 RAND - HIE 实施以来发生了翻天覆地的变化。如果现在心理健康服务比以前对价格较不敏感，你会在目前市场中寻找哪些证据来支持或反驳这个论点？
4. 假设 RAND - HIE 可以在 2012 年以 5 000 万 ~7 500 万美元的成本重新进行该实验。你会引入哪些不在 1974 年原来实验中的主题？对哪些主题你不会太关注？如果你是国会议员，你会投票支持新实验吗？说明理由。
5. 对于 ACA 可能对医疗服务产生的影响，你认为 RAND 实验会是低估了还是高估了？

延伸阅读

[1] Aron - Dine, A., L. Einav, and A. Finkelstein. 2013. "The RAND Health Insurance Experiment, Three Decades Later." *Journal of Economic Perspectives* 27 (1):

197 – 222.

[2] Goldman, D. P., G. F. Joyce, and Y. Zheng. 2007. "Prescription Drug Cost Sharing." *Journal of the American Medical Association* 298 (1): 61 – 69.

[3] Levy, H., and D. Meltzer. 2008. "The Impact of Health Insurance on Health." *Annual Review of Public Health* 29: 399 – 409.

[4] Newhouse, J. P., and the Insurance Experiment Group. 1993. *Free for All? Lessons from the RAND Health Insurance Experiment.* Cambridge, MA: Harvard University Press.

第 9 章　服务利用管理

本章延续了第 8 章对道德风险的讨论。由于有健康保险，人们通常比没保险的时候为医疗服务承担更少的自费金额。结果，他们会更多地使用医疗服务。正如我们在第 8 章中所见，应对此问题的方法之一是提高消费者支付的自付额或共保率。面对更高的价格，消费者选择放弃那些他们认为不值得自费的问诊、药物和服务。这使他们减少医疗服务的使用。

处理道德风险的另一种方法是用某些形式的临床判断，来决定哪部分的医疗服务没有做到足够好来满足合理支出。例如，消费者或许愿意为去看肺病专家支付 20 美元，如果这次问诊提前被初级服务医生同意的话，保险人将只支付价格的一定比例。在病人入院之前，他们的内科医生必须收到保险人对准许入院的提前授权。显然地，这种服务使用管理技术耗费资源。与自付额和共保率一样，关键问题是他们在减少服务利用方面效果如何。最终，保险人是否减少了足够的服务使用来支付管理成本，弥补消费者放弃服务的损失，并提高企业利润？

本章，我们会回顾对不同服务利用管理技术有效性的适度论证。通常，服务利用管理对住院服务有效，但对门诊服务效果微乎其微。我们还研究了预防性服务对降低治疗成本的有效性。虽然预防严格来说不是一种服务利用管理技术，它一直被认为是减少更昂贵治疗的长期手段。不幸的是，几乎没有证据表明预防性服务省钱。因此，基于本章和第 8 章，可以预测，自付额和共保率被普遍用于在门诊服务使用中控制道德风险，服务利用管理被用来在住院服务中控制道德风险。

定义服务利用管理

服务利用管理（UM）是指基于临床必要性同意或拒绝服务使用的临床限制。UM 技术并不会阻止病人获得服务，他们只是说如果没有遵循 UM 程序，那么保险人则不对服务费用负责。多年来，已经使用了几种 UM 技术，包括：

- 入院许可证。保险人要求在病人入院之前的非急诊入院许可需经保险人同意。
- 住院期间审核。这种技术通常与入院许可联合使用。它规定了病人被允许的住院时间的具体天数。[①] 如果医生想让病人住院更久，那么额外的天数则需要申请。

• 回顾性调查。这种住院病人调查在病人入院之后进行。如果保险人判定病人不应该入院或不应该住院这么久，将建议服务提供者遵从保险人的入院协议。

• 拒绝赔付。住院病人调查与回顾性调查联合使用。如果病人不应该入院或住院过久，保险人将不会为不合理的入院和天数支付服务费。

• 强制性第二手术意见。本协议要求病人在非急诊外科治疗前拥有第二意见。如果第二意见没有证实最初的建议，病人通常留下来决定是否应该手术。

• 个案管理。该计划可识别高费用案件。案件协调员有权利批准某些没有被保障的服务作为低成本或更合适的被保障服务的替代品。如家庭医疗服务就是额外住院时间的替代。

• 出院准备服务。该计划要求供应商在病人入院时就准备好其出院后的护理计划。

• 守门人。该计划为每位申请者分配一位初级服务医生。患者想问诊专科医生，需经初级医生同意，否则保险人不对专科医生问诊费用负责。

• 疾病管理。本计划为患有慢性疾病的人提供多位供应商之间的协调服务，这些慢性疾病需要有明确的医疗标准。

• 重症案例管理。这项个性化计划主要面向高费用且患有多种或复杂疾病的病人。

这些方法至少在概念上与保险人执行的索赔裁决不同。索赔裁决是指判定一个人、供应商或服务项目是否受保单保障，以及价格和自付额是否与合同一致。因此，例如，索赔裁决可能做出合同不保障电动轮椅的结论。它可能确定某种特定的疾病是否被保障，而不是因为问诊的医生不属于参保供应商，而拒绝理赔。它可能得出结论说，虽然保险通常不保障牙冠，但是如果他们是运动损伤导致的那么则可能被保障。事实上，UM 和索赔裁决之间的区别并不总是清晰的。然而，从定义上看，区别很明显：UM 是决定服务是否符合医疗必要性要求，从而被保障。索赔裁决是决定病人、供应商和服务本身是否被保障的。

入院许可与住院期间审核

Tom Wickizer 和他的同事 John Wgeeler 和 Paul Feldstein（1989）首次严谨地估计了 UM 项目的效果。他们分析了 1984 年至 1986 年 223 个被保险团体 12 个季度的使用情况。这些集团都向同一个匿名的保险人购买保险，41% 的人向该保险人购买了 UM 项目。该计划由入院许可与住院期间审核组成。分析在控制保险计划、市

① 译者注：本章常用两个词 Hospital Days 和 Length of Stay（LOS），分别翻译为住院时间和住院天数（日）。前者是对住院治疗时间的笼统概念，后者是医学管理专业术语概念，用来衡量具体治疗时间长短。

场、职员特征以及季节和年度效果的情况下，研究了 UM 项目存在与否的有效性。他们发现 UM 项目能导致入院率降低 3.7%，每千人住院时间减少 20 天，但是对住院日没有影响。因此，该计划主要通过减少入院率来发挥作用。

在一项结构类似的研究中，Khandker 和 Manning（1992）研究了 Aetna 保险公司向他的一些被保险团体出售的入院许可与住院期间审核计划。他们研究了 1987—1988 年的季度数据，并发现该计划几乎通过减少住院天数，使得整体医疗费用下降 4.4%，住院费用下降 8.1%。但是，这两项研究可能都夸大了 UM 项目的效果。由于被保险团体自愿购买这些保险，因此可以推测，那些有较大服务利用问题的团体，正是那些更有可能购买保险的团体。

Wheeler 和 Wickizer（1990）重新回顾了这些数据，来研究 UM 效应是否受当地医疗服务市场运行的影响。他们认为：

1. 社区入院率越高，那么 UM 项目可能越有效。这可能表明某些住院病人可以通过门诊治疗。

2. 市场的闲置医院容量越高，UM 项目可能越有效。如果医院有较多的空床位，医生可能被鼓励在住院情况下从事更多不必要的治疗。

3. 该地区每千人的外科专家越多，那么 UM 项目可能越有效。更多的外科医生意味着更强的竞争，那么更可能作出激进的外科手术决定，虽然这些决定本不必要。

4. 市场 HMO 进入的数量越少，UM 项目可能越有效。如果 HMO 效应占主导地位（见第 4 章），加入 HMO 的比例较小意味着存在某些可避免的入院。

Wheeler 和 Wickizer 确实发现，当这些因素在当地市场出现时，他们研究的 UM 项目对入院存在较大的延迟效应。因此，UM 项目的影响可能很大程度上取决于当地医疗市场的性质。

最后，Scheffler、Sullivan 和 Ko（1991）研究了 20 世纪 80 年代中期蓝十字和蓝盾计划采用的六种 UM 技术。与其他研究一样，该研究也使用了季度数据，也控制了人口统计特征、保险计划、市场特征以及季节和年度效果。与其他研究不同的是，他们的观察单位是保险的整体服务利用情况。表 9.1 总结了这些结论。

表 9.1　　蓝盾和蓝十字计划服务利用管理计划的影响

服务利用管理方法	每千人入院率（%）	每千人住院时间变化（%）	平均住院天数（日）	人均住院费用变化（%）
附住院期间审核的入院许可	-5.3≠	-4.9≠	+0.4	-2.6≠
强制性第二手术意见	+0.8	+0.9	+0.0	+1.1
回顾性利用调查	+0.5	+0.8	+0.4	+2.1
拒绝赔付	-2.3*	-4.5≠	-2.1≠	-2.0*
个案管理	-1.0	+0.1	+1.1	-0.6

注：*、†、≠分别意味着系数在 90%、95% 或 99% 置信区间上与 0.0 有统计上的显著差异。

资料来源：Scheffler、Sullivan 和 Ko（1991）。

在减少使用方面，只有附住院期间审核的入院许可和拒绝赔付被认为是减少服务使用的有效方法。附住院期间审核的入院许可通过减少入院率使每千人住院时间减少了4.9%，但住院天数不受影响。同时会使人均住院费用减少2.6%。费用比入院率减少的幅度小，大概是因为避免了短期且低价的入院。拒绝赔付在减少住院费用方面的作用大约是附住院期间审核的入院许可的80%。它减少相同大小百分比的入院率，同时也减少了平均住院天数。相对照，个案管理计划是在研究的最后一年才开始达到统计显著，而其他服务利用管理方法都没有降低医院利用。①

这些研究组成了UM有效性的第一代评估。他们表明，附住院期间审核的入院许可可能会有效减少医院使用，虽然生效方式在每个研究中都有所不同。这些研究只探究了某些被选的计划，我们对其他机构计划的有效性知之甚少，并且有证据表明计划的有效性取决于当地医疗服务市场的性质。而且，门诊UM方法还没被评估过。

第二代UM研究

第二代的UM研究尝试更仔细地分析各种管理项目是否减少了服务利用，以及它们是否影响了医疗质量。结果就是，这些研究更仔细地围绕特定疾病展开。然而，它们延续了服务利用机会的研究，因为研究人员拥有与单一UM项目相关的数据。

Lessler和Wickizer（2000）使用了来自他们之前研究过的同一保险人的数据，但样本期间是1989—1993年。他们研究的UM技术仍然是入院许可和住院期间审核。然而，在这次研究中，他们只研究了患心血管疾病的病人的使用情况。与较旧但是更普通的数据不同，本次实验没有发现UM减少入院率的证据。2 813次医疗入院申请中只有一次被批准，且1.513次程序入院申请中也只有四次被批准。这个结论至少有三种解释。第一，UM项目或许不能减少入院。第二，这可能表明相比其他病人，心血管疾病患者更加不可能无条件入院。第三，这可能表明供应商知道同意入院的疾病，且不会为他们知道的拒绝入院的疾病提出申请。不幸的是，研究设计不允许进行这些互斥假设的检验。

相反，研究反而集中于申请及被批准的住院时间，以及被拒绝的天数对60天内再入院率的影响。再入院率常被用来衡量心血管疾病患者医院医疗质量。表9.2列出了诊断或手术申请天数的中值，以及被拒绝的天数的比例。对于心脏病（如严重心肌梗塞），申请住院天数的中值是7.0天。UM项目将10.5%的

① Hennessy和同事们（2003）研究了医疗救助计划的药物利用回顾性审查方法，并得出方法无效的结论。

申请批准天数减少了1天，对其他7.7%的申请批准天数减少了2天及以上。因此，心肌梗塞的住院天数减少了几乎20%。对于与心肌梗塞相关的全部内科入院来说，申请天数减少了17.4%。对外科手术来说，这些案例的住院天数减少了19%。

表9.2　利用核查案例（用于选定诊断和过程）中住院天数（LOS）减少

诊断或手术（ICD－9编码）	核查数量	总申请天数中值	LOS减少（使用的百分比，%）0天	1天	2天及以上
内科入院					
心绞痛（411.1）	614	3.0	85.7	9.9	4.4
充血性心力衰竭（428.0－428.9）	416	7.0	81.5	9.9	8.7
脑中风（435.9，436.0－436.9）	414	5.0	83.6	8.5	8.0
心律不齐/心肌功能紊乱（426.0－427.9）	370	3.0	83.5	9.5	7.0
心肌梗塞（410.0－410.9）	313	7.0	81.8	10.5	7.7
内科入院总计	2 813	5.0	82.6	10.2	7.2
外科手术入院					
导管术（37.21－37.23）	456	1.0	89.5	6.8	3.7
冠状动脉搭桥（36.10－36.16）	257	8.0	68.4	17.0	14.6
瓣膜置换/瓣膜形成术（35.00－35.28）	88	9.0	77.3	14.0	8.0
颈动脉内膜切除（38.12）	69	5.0	71.0	13.0	15.9
头部/颈部血管置换（38.42）	47	10.0	83.0	2.1	14.9
手术入院总计	1 513	4.0	81.0	11.0	8.0

资料来源：Lessler和Wickizer（2000），"The Impact of Utilization Management on Readmissions Among Patients with Cardiovascular Disease" *Health Service Research* 34（7）：1315－29，表2. 经Wiley－Blackwell出版有限公司的许可转载。

这些结果清晰表明UM项目在减少住院天数方面有效。由于17%～19%的案例住院天数变短，这些结果可能还表明入院率的减少幅度并没有因为供应商了解UM方法而减小。

Lessler和Wickizer（2000）接着研究了减少住院天数的后果。图9.3总结了他们的发现。内科诊断的再入院率之间没有统计显著的差异，全部住院天数都被批准的内科诊断中，有9.5%在60天内再入院，而被拒绝2天及以上的那些治疗的再入院率只有9%。只减少1天的外科手术的再入院率类似。然而，住院天数全部同意和被拒绝2天及以上的外科手术之间的再入院率差2.2%，且差异在99%置信区间上显著，这表明这些外科病人的服务质量可能受到影响。

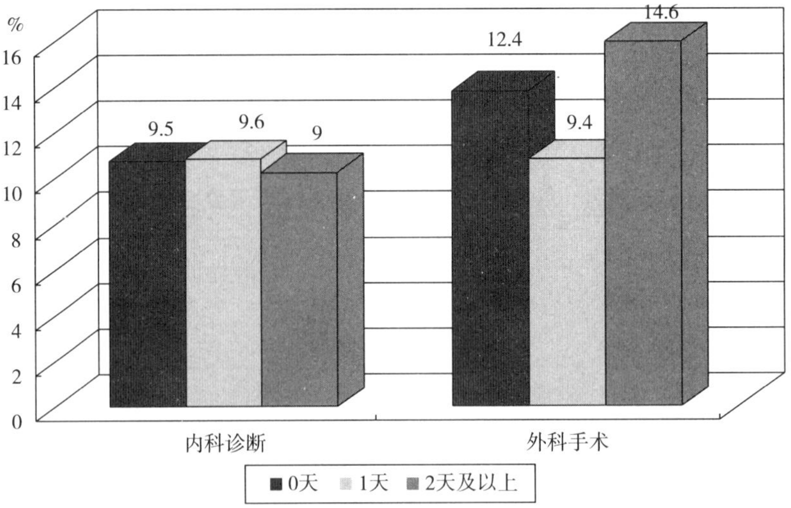

来源：Lessler 和 Wickizer（2000）。

图 9.3　减少住院天数情况下的 60 天内再入院率

Kapur、Gresenz 和 Studdert（2003）深入研究了被 UM 项目拒绝的保单的普遍特性。在这项研究中，他们检查了 20 世纪 90 年代末加利福尼亚州两家大型的、多专业医疗集团的所有保险支付申请记录。每一家都有几百名医生并与许多保险计划签约。研究不包括服务按人头付费协议的申请，以及所有与药物、视力、牙齿和行为医疗服务有关的申请，因为这些通常都是单独分立的保险合同。医疗集团 1 在 1997—1999 年提交了近 147 000 次保险支付申请。医疗集团 2 提交了超过 329 000次。

表 9.4 列出了按服务类型分类的保险支付申请的分布。总的来看，8% 到 10% 的申请被拒绝了。两医疗集团之间的申请比例差异显著，某种程度上是因为每一个集团划分服务等级的方式有些不同。但是，过半的全部拒绝的费用，多发生在诊断化验、耐用性医疗设备和急诊服务中。

表 9.4　　按服务类型保险支付申请和拒绝的分布　　单位：%

	医疗集团 1			医疗集团 2		
服务类型	申请比例	被拒绝比例	全部拒绝比例	申请比例	被拒绝比例	全部拒绝比例
所有服务	100	10	100	100	8	100
诊断/化验	22	8	19	19	8	20
耐用医疗设备	8	23	19	3	15	5
急诊	11	17	18	13	16	27
住院	6	3	2	9	4	5
非急性	2	4	1	<1	9	<1

续表

	医疗集团1			医疗集团2		
产科	4	11	11	4	8	4
辅助服务	14	4	5	4	6	3
其他服务	17	13	23	1	14	1
医生服务	11	9	11	28	7	24
手术	8	4	3	16	3	5
其他	—	—	—	2	21	5

注："诊断/化验"包括影像、实验室化验和病理研究；"耐用医疗设备"包括矫正和修复；"急诊"包括救护车和急诊室护理；"非急性"包括家庭服务和专业护理；"辅助服务"包括物理和言语治疗；"其他服务"包括按摩、不孕不育治疗和消毒。大部分集团也包括"其他"这一项。

资料来源：Kapur、Gresenz 和 Studdert（2003）。

只有医疗集团 1 能够将支付申请分为预期性和追溯性，其中预期性意味着如果打算提供一项服务的话，需要调查其是否被保障；追溯性则代表在提出申请前已经提供了服务。预期申请更普遍（81%），其中只有 6% 被拒绝了。耐用性医疗设备（33%），其他服务（23%），以及诊断化验（14%）组成了大部分的被拒绝的预期性申请。被拒绝的追溯性申请大部分发生在急诊（37%）和诊断化验（24%）中。

最后，Kapur 和同事们（2003）总结了医疗集团 1 中按服务种类区分的预期性申请被拒绝的原因。结果表明超过 40% 的拒绝源于保险人依合同不保障该服务。例如，86% 的耐用性医疗设备申请就是这样。近四分之一（22%）的拒绝是由于申请中提交的供应商不属于合同的签约供应商。不到三分之一（29%）是由于没有医疗必要性被拒绝。预期性被拒绝的服务中最普遍被拒绝的服务是急诊（100%）；辅助性医疗服务，如物理和言语治疗（64%）；小手术（64%）。对于追溯性被拒绝的申请（未被列出），"几乎所有被拒绝的急诊护理服务都是因为雇员所患疾病不符合'审慎外行标准'①"（Kapur、Gresenz 和 Studdert，2003，第 279 页）。

对于其他服务，几乎所有的被拒绝理由都是没能获得提前批准。尽管从这样的小样本进行一般化推论通常很危险，但是数据表明相对大量的拒绝（超过 60%）似乎都与索赔裁决而不是服务利用管理本身有关。也就是说，问题主要在于服务或供应商是否被保险合同保障。UM 似乎对不足三分之一的案例有影响，而且这些影响不成比例地与急诊使用、辅助服务和小手术相关。

① 译者注：审慎外行标准（prudent layperson standard）是医学急诊使用的一项基本规则，它要求患者作为医学的非专业人员（外行），不能任意判断自己病症是否应使用急诊，必须遵循审慎考虑原则。

守门人的有效性

UM 更通用的方法是守门人计划。其主要内容是每位参保者都被分配给一个初级医疗服务供应商，该供应商负责向参保者提供服务。对向每位参保者分配一个初级服务供应商有三种解释。第一种是服务的连续性。一家定期供应商容易发现患者疾病情况的变化且会看到疾病之间的联系，如果患者只是看一系列的专家的话，这些联系可能会被忽略。第二种解释是财务方面的。初级服务供应商的分配有时是一种向医生或医生集团提供经济激励的一种机制，这种激励通过按人头收费或某种其他机制来实现。第三种是守门人本身。初级服务医生能比患者更好地评估替代疗法和治疗方案的临床价值。就其本身而言，守门人发挥着患者代理人的作用，他决定一个转诊病人是否应该去进行专家问诊、诊断测试、物理治疗等。将这种患者代理人关系转换为 UM 技术只需要简单的步骤，即要求病人在其他服务被保障之前先去看自己的初级服务医生。

Ferris 和同事们（2001）提供了几项对守门人模型是否减少后续专家问诊使用的严谨评估。现在被称为 Harvard Vanguard 的 HMO 取消了 1998 年 4 月 1 日生效的专家问诊提前审批这一要求。这家 HMO 有 140 000 位成年参保者，在此之前的 25 年中，几乎所有的专家预约都需要被提前批准。

该研究小组对取消提前审批要求前的 36 个月和之后的 18 个月这个区间进行了估计。在计划改变之前和之后的每 6 个月，他们从健康保险计划中随机选择 10 000 个人，并对年龄、性别和年度季节差异进行了微小调整。然后他们比较了守门人取消前后的平均问诊次数。结果总结在表 9.5 中。

表 9.5　　守门人取消前后专家和全科医生的问诊次数

问诊次数	有守门人	无守门人	差异（P 值）
每人每 6 个月平均专科问诊次数	0.78	0.78	0.00（0.35）
每人每 6 个月平均首次专科问诊次数	0.19	0.22	+0.03（<0.001）
每人每 6 个月平均初级服务医生问诊次数	1.21	1.19	−0.02（0.05）
专科问诊次数占全部初级服务医生问诊次数的比例	39.1	39.5	+0.4（0.58）
首次专家问诊次数占全部初级服务医生问诊次数的比例	24.7	28.2	+3.5（<0. 001）

资料来源：Ferris（2001）等。

显然地，取消守门人前后人均专科问诊次数没有差别。人均首次专科问诊次数略有增加。该差异相当于每 100 位成员每年多看六次专科，且被每 100 位成员每年少看四次初级服务医生抵消。证明这样一个影响很小的计划的合理性很难，但 Harvard Vanguard 确实取消了他的守门人计划。Escarce 和同事们（2001）、Forrest 和同事们

（2001）以及 Pati 和同事们（2003）的研究证实了上述发现。正如 Forrest 和同事们（2001）总结的："POS 记点服务计划中采用的不用医生协调、自我转诊的方式，其潜在的负面效应受到极大的限制和抵消，原因在于患者对专科服务的满意度提升。"

令人意外的是，尽管有这些证明，Fang、Liu 和 Rizzo（2009）报告在 2000—2001 年和 2004—2005 年，没有发现 HMOs 中守门人计划有减少使用的证据。但是，情况可能仍在变化。华尔街日报（Mathews，2012）报告说 UM 和需要提前批准的专家转诊在管理式护理组织中可能会再度盛行。这可能表明他们的使用曾减少，现在又重新出现。这次围绕 UM 的方法的焦点在于其更有针对性，但这一点毫无价值。Mathews（2012）还声称说缩减服务成员的管理式医疗计划也会再度流行。与守门人计划不同，有更好的理由相信收缩服务网络可能有助于控制成本。我们将在第 10 章讨论此问题。

疾病管理和重症案例管理

UM 的最新方法是疾病管理和重症案例管理。这些计划对于雇主和一些在 21 世纪早期开始的健康计划中越来越受欢迎（Short、Mays 和 Miller，2003）。正如国会预算办公室（CBO，2004）报告的，疾病管理在应对慢性疾病的方法方面不尽相同。一些着重教病人认识所患疾病，以及如何更好地管理疾病。另一些积极地监控症状并利用以证据为基础的指南协调治疗。还有其他的一些计划在患者可以找到的所有供应商中协助治疗。当然，许多计划是上述三者核心内容的汇总，这些计划识别参加者的方式也各不相同。一种方法是认为健康计划中的所有人都面临着潜在的风险，如糖尿病；接着计划将会筛选成员来确定真正面临风险的人。另一种方法可能会使用预测模型来确定可能处于高风险的人，这与我们在第 7 章中研究的相似。还有一种方法更加侧重于那些触发重症案例管理的急性住院治疗。

与所有临床和健康干预评估一样，疾病管理的严谨评估方法也面临着三种普遍挑战。第一个是选择偏差。那些参加计划的人可能是自愿的，因此更会照顾自己，或者比其他人更有动机去夸大 UM 技术的普遍影响。第二，评估可能会受到"均值回归"的影响。如果患者因其有高费用疾病而被选择，那么不论计划是否真的有作用，他们的 UM 后费用都更低。第三，其他相关因素可能会随时间而变化。例如，如果评估没有考虑新药物的使用，当其他因素对结果变化产生作用显著时，可能会导致 UM 项目的费用节省。

基于 2004 年对实证文献的综述，CBO（2004）总结道："没有充分的证据表明疾病管理计划能普遍减少整体健康费用……文献的关注点通常在治疗过程中或健康的中度衡量，这种情况下不能合理推断出对费用的整体影响。"几乎没有研究表明在受控条件下节省了成本，且通常没能考虑全部医疗费用，包括干预本身的成本。此外，如果疾病管理计划被更广泛地应用，可能不会有节约，且项目甚至可能会增加成本。

近期 Peikes 和她的同事们（2009）研究了 15 项随机试验中医疗照顾计划受益人的治疗协调影响。他们发现，15 项试验中有 13 项在住院治疗方面没有显著差异，且项目都没有产生费用的净结余。他们在一个更加细致的结论中表明，"面向中度到重度患者且合同保障许多人的项目，其可能是成本中性的，并且可能改善治疗的某些方面"。

预防性服务能省钱吗？

人们普遍认为预防性服务的大量使用将大幅减少医疗成本。这种认识是由一种常识形成，即早期花少量的钱治病将会避免以后花相当多的钱治疗严重疾病。因此，我们应该购买预防性服务，并且保险人也确实应该提供相应保障。

事实上，几乎没有证据表明预防性服务省钱。一个主要理由是该问题的常识忽略了问题的主旨。有预防性服务情况下，筛选了大量人口，发现相对小部分的生病的人进行了治疗，因此可能避免了未来高成本的治疗。而经常被忽略的是筛选大量人口是有成本的，而最终发现只有很少人受益。因此，如果筛选能高度针对那些可能受益的人，那么预防性服务更有可能省钱。

第二个问题是现在花的钱不等于未来花的钱。如果 10 年内不发生严重疾病的治疗，基于目前的贴现率，等待和治疗更严重症状的成本可能更小。确实，前列腺检查的一个问题就是，许多真实的前列腺癌症发展得很慢，以至于病人很可能死于前列腺癌之前就死于其他疾病。

Cohen、Neumann 和 Weinstein（2008）比较了近 600 个预防和治疗性服务的成本收益，发现很少能省钱，大多数都不能。正如他们总结的，"尽管一些预防性措施确实省钱，但是回顾卫生经济学文献的大部分是不能。"确实，他们发现不足 20% 的预防性服务省钱，80% 的增加了比省下来的钱更多的医疗费用。

另外一个问题是，是否应将预防性服务纳入保险保障，因为保障通常与潜在保险需求不一致（第 4 章）。作为不太贵的常规服务，这些服务是风险规避者不愿意花比预期索赔更多的钱，来避免损失后果的。

本章小结

- 服务利用管理（UM）由不同的应对道德风险的机制组成，应对方式是利用临床判断，决定特定的医疗服务是否值得其对特殊病人的花费。
- 尽管研究不一定可推广，但是与住院期间审核结合使用的住院许可证似乎能够成功减少住院时间。一些证据表明对心血管病人住院天数更激进的限制将导致60天内再入院率上升。

- 几乎没有关于门诊UM作用的证据。尽管有限的证据表明拒绝保障相对普遍，但是三分之二似乎都与索赔裁决有关，而不是与医疗必要性相关。
- 越来越多证据表明，初级服务守门人计划不会减少医疗服务利用或控制成本。
- 关于更新形式的UM项目，如疾病管理和重症案例管理，其是否有效的有说服力的证据几乎不存在。
- 以人口数为基础，论证大多数预防性医疗服务可能会省钱的证据几乎不存在。就其本身而言，它们并不是一种UM工具。

问题讨论

1. 考虑本章和第8章所列的证明，你会建议管理式医疗公司采用哪种策略来应对道德风险？是否对住院和门诊服务采用不同策略？如果是，具体怎么做？

2. 第1章表明管理式医疗公司遭遇了对其服务利用管理工作的强烈抵制。假设管理式医疗计划大范围地放弃服务利用管理，这对他们的索赔将会产生怎样的影响？对参保的影响如何？你会采用怎样的决策规则来决定一项UM项目应该被取消还是继续实施？

3. 购买预防性服务是一个好案例，而为这些服务购买保险却不是一个好的做法。请讨论这句话。

延伸阅读

[1] Cohen, J. T., P. J. Neumann, and M. C. Weinstein. 2008. “Does Preventive Care Save Money? Health Economics and the Presidential Candidates.” *New England Journal of Medicine* 358 (7): 661–63.

[2] Congressional Budget Office. 2004. “An Analysis of the Literature on Disease Management Programs.” Published October 13. www.cbo.gov/ftpdocs/59xx/doc5909/10-13-DiseaseMngmnt.pdf.

[3] Kapur, K., C. R. Grasenz, and D. M. Student. 2003. “Managing Care: Utilization Review in Action at Two Capitate Medical Groups.” *Health Affairs* June 18, w275–82.

第四部分

管理式医疗、选择性缔约和保险行业

第 10 章　选择性缔约

从 1988 年到 2005 年，参保职工加入管理式医疗计划的比例从 27% 上升到 97%（Gabel 等人，2005）。2012 年，有 82% 的参保职工依然参与管理式医疗计划。在 21 世纪头十年，这一比例的下降并不是由于传统补偿型保险项目的重新出现，而是由于高免赔额健康保险计划的增长，它们其中大部分也属于管理式医疗计划。管理式医疗的增长来源于它相较于其他形式医疗保险计划的优势，这一优势即选择性缔约。在管理式医疗出现之前，保险公司通常按一个固定的比例补偿被保险人账单总额，被保险人可以选择任何医疗服务提供者。管理式医疗计划通过保证参保病人的数量，从而与医疗服务提供者协商更低的价格。在这一章中，我们探讨医院和医生市场竞争的实质，以及由管理式医疗的选择性缔约带来的根本性改变。

医院的“黄金时代”

自上世纪 80 年代中期私营健康保险出现开始，保险人对医院的支付都是基于成本。蓝十字计划、蓝盾计划、医疗照顾计划以及医疗救助计划对于医院的补偿都是基于可列支成本。商业保险公司通常支付账单费用。医院对病人的任何诊疗都产生成本，因此这一方法实际上意味着，这些诊疗相应地都产生收益。由于保险公司向医疗服务提供者施加控费的压力，承保的病人通常自付 20% 的费用，并经常有止损机制来限制他们的自付费用。这样的结果就是，医院之间几乎没有价格竞争。

这并不是说医院之间没有竞争，事实上竞争的确存在。因为价格并没有很好地反映成本，医院理性地通过其他维度进行竞争。他们通过提供更多的服务、设施以及更好的服务质量来吸引更多的医生和病人。这试图套用教科书上的竞争理论，但结果却截然相反。[①] 标准的经济学理论认为，市场上更多的供给者会使价格下降到

① 译者注：传统经济学理论认为，由于供给的增加，市场产品或服务的价格会相应下降。但是，由于医疗服务市场的特殊性，如供给自动诱导需求、信息不对称、产品异质性严重、技术自然垄断、健康需求刚性等，造成与经济学理论相反的现象，即供给增加，价格不降反升。而选择性缔约，是通过保险方的谈判能力，迫使医疗服务提供者回归经济理性，有效控制成本，从而保持价格的稳定，甚至下降。

边际成本，这一现象背后的机制是每一个供给者都会降低一点点索要的价格去出售更多的服务，最终，价格被压制到最低，即使得有效率的提供者能够覆盖产品成本的最低价格。

如果价格并不影响销售的数量，但是服务、质量和设施却能够影响，那么，随着相邻医院之间展开竞争，更多的医疗供给者会导致更高的质量和更多的服务设施。这产生了与经济学直觉不同的结果：更多的医院导致了更高、而不是更低的价格。Jamie Robinson 和 Hal Luft（1987）提供了这一现象的有力证据。他们控制了各种各样合适的市场特征变量，来估计 1982 年的医院人均住院费用，发现在 15 英里半径范围内，医院数量越多，花费越高。他们的发现在图 10.1 中展示。这种现象被当时的评论人员称为“医疗军备竞赛”。在某种意义上，这段时间也是医院的“黄金时代”，因为他们花费多少就能得到多少补偿。

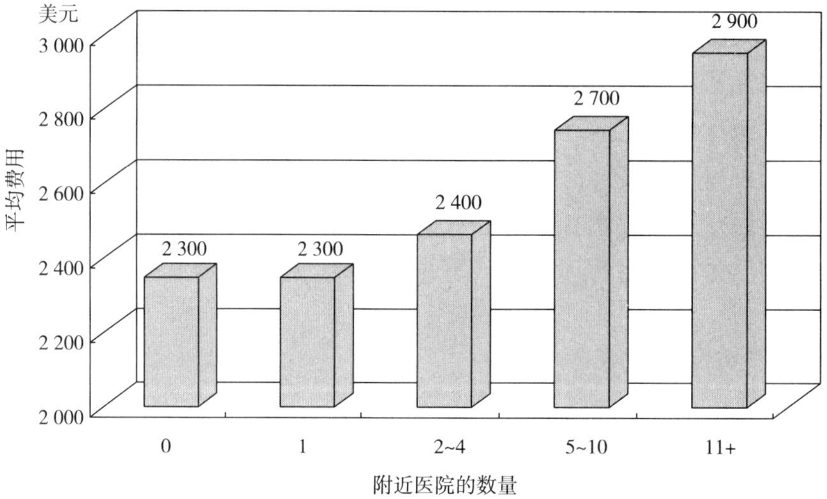

资料来源：Bobinson，Luft（1987）“Competition and the Cost of Hospital Care, 1972 to 1982,” *Journal of the American Medical Association* 257（23）：3241 –3245.

图 10.1　1982 年人均住院费用

选择性缔约的出现

管理式医疗将选择性缔约引入医疗服务市场。选择性缔约可简单定义为：一些医疗服务提供者能得到合约，但一些不能。有了选择性缔约，保险公司仅仅同意为一部分医院、内科医生、心理医生和药店提供的住院和医生服务付钱。这一安排将价格引入了决策过程，因此对医疗服务提供者的考量是基于服务、设施、质量和价格的整体水平。这样，当保险公司保证一定数量的病人以换得更低的价格时，传统经济概念下的竞争可以使价格下降到边际成本。若想了解关于选择性缔约提供的激励的详细讨论，可以参见这几篇文章：Cutler、McClellen 和 Newhouse（2000），Simon（1992），Morrisey（2001）。

选择性缔约于 1983 年出现在加利福尼亚州。这一年加利福尼亚州的立法机关通过了两部涉及保险公司和医疗服务提供者间缔约的法律。首先，立法机关允许加利福尼亚州的医疗救助计划（MediCal）仅与一部分医院订立合约，而并不必须与所有医院订约。MediCal 通过招标方式选择医院。最终，一些医院得到了与 MediCal 的合约，一些医院没有。其次，立法机关明确私营保险公司不需要与市场上所有得到许可的医疗服务提供者订立合约。它们可以有选择性地订立合约，与一些医疗服务提供者订约的同时选择不与其他提供者订约。

Melnick 和 Zwanziger（1988）研究了法律颁布前后，这些规则的变化对加利福尼加州的医院费用的影响。他们控制了其他各种各样的变量，包括在这段时间逐步展开的医疗照顾计划预付费系统。他们主要的发现概括在图 10. 2 中。在法律颁布之前，市场上竞争最激烈的前 25% 的医院，1980—1982 年费用上升了 6. 6%，而在竞争最小的 25% 的医院，费用上升了 5. 9%，这与医疗“军备竞赛”完全一致。与此相对比，在法律颁布之后，1983—1985 年，市场上竞争最激烈的 25% 的医院费用下降了 0. 7%，而竞争最小的 25% 的医院费用上升了 2. 8%。这有力地证明了 1983 年发生了某种变化。

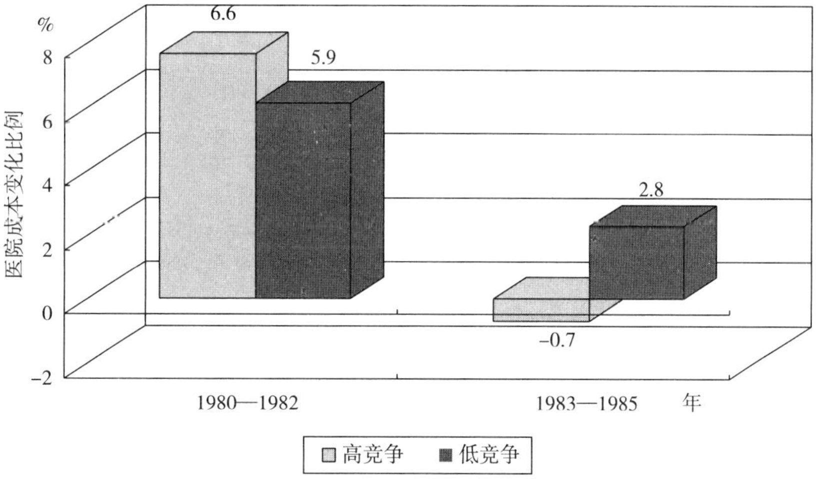

资料来源：Melnick 和 Zwanziger（1988）。

图 10. 2　加利福尼亚州选择性缔约法律的影响

然而，这一研究并没有确定是选择性缔约发挥了作用。除了认为颁布的两部法律是 1983 年干预的关键表征外，他们的分析中没有与选择性缔约的直接联系。因此，需要有一个研究，它可以直接显示价格的差别与管理式医疗的选择订约行为的合理联系路径。

Melnick 和同事们（1992）提供了这一路径的最好证据。他们能够得到一个由加利福尼亚州蓝十字计划经营的优先医疗提供组织（PPO）项目数据，该数据是 PPO 和 190 个综合医院实际协商并订立合约的价格数据。市场参与者通常不愿意披露协议价格的数据，这在本研究中也不例外。但是，研究者们获得了一个关于普通内外科病人住院的价格指数，这个指数是实际协商的价格和平均协商价格的比率。因此，指数值为 1.2 意味着一个医院接受的价格比平均协商的价格高出 20%。Melnick 和同事们接着用回归分析试图解释影响价格指数差异的因素，如医院特征、本地医院市场条件，以及医院和保险公司议价能力等。他们的研究成果为选择性缔约下的竞争作用提供了有力论据。

选择性缔约下的竞争作用

在以下情况下，由加利福尼亚州蓝十字计划经营的 PPO 能够与医院协商更低的每日价格：

- 本地市场有更多的医院
- PPO 占据着医院更大的业务份额
- 医院占据着 PPO 更小的业务份额
- 与之价格协商谈判的医院的床位使用率更低
- 邻近的医院床位使用率更低

资料来源：Abstracted from Melnick 等（1992）。

首先，在其他情况同样时，如果本地市场有更多的医院，蓝十字计划的 PPO 能够协商更低的价格。设想一个 PPO 正在与医院的首席财务官（CFO）进行代表会议，并且暗示就在这条街上的 Morrisey 纪念医院很愿意以更低的价格和 PPO 订立合约。Melnick 和同事们发现，当社区里有更多的类似 Morrisey 纪念医院的潜在竞争者，实际约定的价格会更低。

其次，蓝十字计划的 PPO 在占有医院更大的业务份额时，能获得更低的价格。比如，当一个 PPO 能够为一家医院提供 35% 的病人数量时，相比于 PPO 只能提供几个就诊的病人的情况，这家医院的 CFO 通常更愿意提供更低的价格。从经验出发，Melnick 和同事们的研究的确发现在此种情况下，医院同意的合约价格更低。

再次，医院的议价能力较低时，蓝十字计划的 PPO 能获得更低的价格。比如，当一家医院提供给某一 PPO 其 25% 的本地住院人数时，如果 PPO 想要求更低的价格，医院的 CFO 可能会说："你瞧，我们这家医院很棒，而且你们的参保人对在我们这里得到的照料评价很高。你可以选择与 Morrisey 纪念医院合作，但是你们的很多参保人会改变自己的医疗保险计划，继续在我们医院就医。"根据 Melnick 的研究，当医院有这种影响力时，价格保持较高的水平；当医院没有这种影响力时，PPO 能够协商更低的价格。

最后，控制上述所有的影响因素不变，医院的床位使用率较低时，PPO 能够得到更低的价格。医院的边际成本低于平均成本，因此，只要医院能够协商到一个足以弥补其额外成本（即边际成本）时，它就应该这样做，即使这仅仅能弥补很少的固定成本。比如，当一家医院的床位使用率为 60% 时，它通常愿意接受更低的价格去利用空余的床位，从而弥补固定成本。Melnick 的研究发现，有着更低床位使用率的医院的确同意了更低的价格。

然而，研究也发现，当本地医疗市场中的其他医院有较低的床位使用率时，有较高的床位使用率的医院，甚至也同意了更低的价格。医院闲置的能力意味着：一家医院即使有着高的床位使用率，也会同意更低的价格。因为它担心其他医院会提供更低的价格，抢走他们的病人。

如果这些结论推广到整个医院和其他医疗服务提供的市场，它们将有巨大的意义。它们意味着：

• 保险公司和消费者通常应该鼓励新的竞争者和额外的供给进入本地的医疗市场，这能够降低价格。

• 如果一项管理式医疗计划有一个较小的医疗服务提供者网络，作为把大量病人指派给医疗服务提供者的交换，它更可能通过协商获得更低的价格。相反，如果一项管理式医疗计划相对于它的参保人有更多相联系的医疗服务提供者，它不可能协商到更低的价格。

• 如果在当地的医院市场上有着闲置的资源，会有很多甚至全部医院出现严重赤字，直到一个甚至更多的医院关门。

• 经营许可法律[①]很可能使医院价格居高不下，因为它阻止新的竞争者和额外的产能进入市场。

• 市场上几个儿科组织的合并可能导致医院向管理式医疗计划收取更高的价格。关键的问题在于 Melnick 和同事们的研究结论能不能被推广。

选择性缔约的实证结论

第一个问题是，是否管理式医疗计划真的只与一部分可及的医疗提供者订立合

---

① 经营许可法律（Certificate - of - need laws），存在于 26 个州。这些法律要求医院在进入市场和扩张之前获得州的许可。联邦贸易委员会和司法部（2004）认为这些法律是反竞争的。

约。Zwanziger 和 Meirowitz（1998）提供了肯定的证据。他们研究了 1993 年在 13 个最大的大都市统计区中（Metropolitan Statistical Areas，MSAs）管理式医疗计划的医院网络，并发现，在各个市场上，典型的管理式医疗计划通常与 44% 的医院订立合约，平均比例从坦帕和休斯敦的 31% 到明尼阿波里斯的 60% 不等。此外，医院通常与几个管理式医疗计划订立合约。这表明，在决定哪些医院能获得合约的过程中，价格也许在几个市场同时发挥了作用。

第二个问题是，是否更低的价格导致了签约医院更多的合约和更多的病人数量。Feldman 和同事（1990）研究了 1985—1990 年分布在 4 个未提及的（非加利福尼亚州内的）城市的 6 个健康维护组织（HMO）的医院合约情况，他们试图去解释哪一些医院得到了合约，并把它表示为价格、质量和位置的函数。位置很容易被测量，而质量和价格的衡量是困难且不确定的。他们使用了医院的特征，比如教学现状、提供服务的数量为指标，用所有权作为质量的指标，成本作为价格的指标。他们发现价格并不能决定哪些医院能够获得合约，但是质量指标可以。在研究的第二部分，他们研究了每个合约医院病人的数量，把它作为价格、质量和位置的函数。在这里，他们得到了实际协商价格的数据。然而他们发现，价格在这里十分重要。对于雇员模式和网络模式的 HMO，价格提高 1% 使合约数量降低 3%。医院是否能够获得合约取决于质量，而获得的病人数量取决于价格。

Young、Burgess 和 Valley（2002）研究了 1992—1997 年佛罗里达州医院的数据，来确定医院价格和非价格因素对于医院 HMO 的收入份额和住院人数的影响。他们也发现了价格与非价格因素之间复杂的关系。他们得出结论，当医院有更低的价格时，它们 HMO 的业务占比更大。但是，医院的中心地理位置和提供技术成熟服务的能力更加重要。

Gaskin 和同事们（2002）分析了 1997 年关于 50 个 HMO 的调查，以确认哪些医院获得合约可以提供冠状动脉旁路搭桥手术（CABG）。他们发现有 44% 的订约医院与 HMO 在合约中涉及了此种手术。得到合约的概率与医院的质量成正比关系，但是与距离和成本成反比关系。然而，他们没有获得实际价格的数据，因此无法研究病人数量。

对应与此，Dor、Koroukian 和 Grossman（2004）年获得了医院对血管成形术（Angioplasty，指用一根导管通过动脉来清理堵塞的动脉的治疗）收取的费用。他们使用的数据库有来自大约 80 个大型的雇主自保计划 1995—1996 年的索赔情况。作者做了一系列的回归方程式，把医院接受的价格作为这些变量的函数：血管成形术的特征，医院的特征和病例组合，医院和保险市场的特征，保险提供方是 HMO、PPO 还是传统的医疗保险计划。他们发现，控制其他变量保持不变，HMO 向医院支付的费用比传统保险计划低 27%，而 PPO 支付的费用比传统保险计划低 8.5%。

通过分析 1985 年到 1993 年位于 84 个 MSAs 的医院，Gaskin 和 Hadley（1997）更广泛地研究了 HMO 的市场渗透度对医院费用的影响情况。如果我们认可前述的研究成果，即管理式医疗可以运用选择性缔约来降低价格，Gaskin 和 Hadley 的研究则论证了这一方式在全国范围内的实施效果。20 世纪 80 年代，他们几乎没有找到 HMO 市场份额对医院价格影响的任何证据，但是 1988 年之后，HMO 导致了更低的医院价格。Gaskin 和 Hadley 估计，截至 1993 年，HMO 把医院的费用降低了 7.8%。这一影响在 HMO 占据更大份额并且增长更迅速的市场上最为显著。图 10.3 显示了他们的主要的发现，最上方的折线和下方两条的差异来源于作者估计的 HMO 渗透率对医院费用增长的影响，其原因在于 HMO 能够有选择性地缔约。

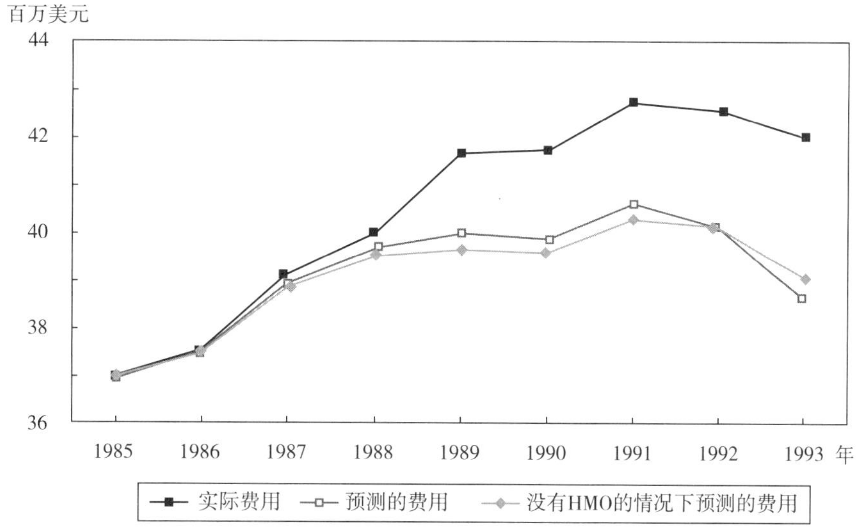

资料来源：Gaskin and Hadley (1997), "The Impact of HMO Penetration on the Rate of Hospital Cost Inflation, 1985 - 1993," *Inquiry* 34 (3): 205 - 216, Figure 3.

图 10.3　HMO 渗透率对医院费用的影响

Bamezai 和同事（1999）更直接地检验了管理式医疗的渗透与医院竞争之间的相互作用，他们使用超过 3 400 家医院在 1989 年和 1994 年的医疗照顾计划的成本报告数据，研究了医院管理成本在这期间的变化。他们分别分析了 HMO 和 PPO 的渗透率，发现 HMO 对于医院成本变化的影响更大，并且影响结果明显取决于当地医院市场竞争的性质。他们得出结论，如果医院市场是完全竞争的，高于 7% 的 HMO 市场渗透率可以使医院成本的上升降低 15.3%。类似的 PPO 渗透率在完全竞争市场的条件下，可以使成本的上升降低 7.7%。从更早的研究中，我们可以推测，PPO 的影响比较小，是因为它有更广泛的医疗提供者网络，这限制了 PPO 像 HMO 一样有效地选择合约。Morrisey（2001）用这些结果去模拟市场上有更多同样规模医院的影响。他得到，在一个有四个同样规模医院的市场上，相比于完全竞争条件下，HMO 只可实现约三分之二的降低成本的作用，而 PPO 的这一比例是四分之一。

2005 年美国政府问责办公室（Government Accountability Office，GAO）的一项调查表明，医院竞争依然在决定管理式医疗付给医院的价格当中有十分关键的作用。联邦雇员通过联邦雇员医疗福利计划（Federal Employees Health Benefit Program）获得员工健康保险，在每一个市场，政府提供一个传统的医疗保险方案，通常也会提供几个管理式医疗计划。GAO 能够获得这些管理式医疗计划在 2001 年为医院服务支付的实际价格数据。它发现，在竞争最弱的市场上，医院获得的价格相比于竞争最充分的市场高出 18%。在这里，竞争被定义为一个大都市区域中，两个最大的医院或医院系统控制的床位的比例。当 GAO 控制的其他因素不变时，价格的差异减小，但依然显著。

医院的折扣到底有多少?

通过与管理式医疗计划协商谈判，医院的价格让利到底有多少？这个问题很难回答，因为医院的定价策略很复杂，并且数据没有公开。例如，即使医院有一个通常称为全额账单费用的名义价格表，但这类似新车的标价，实际上没有人支付这个价格。

我们可以使用美国医院协会（AHA）的公开数据对医院的折扣进行粗略的估计。然而需要意识到一点：折扣的规模和医院服务的实际价格可能并没有直接的关系。一个医院也许会设定非常高的账单费用并允许大量的折扣，另一个医院也许设定适度的账单费用，允许少量的折扣，结果与前者一样，仍然导致一个相对较低的实际费用。尽管如此，不同的折扣大小依然提供了关于合约数量的信息。

表 10.4 展示了 2010 年各州报告的社区医院的折扣率，折扣率被定义为收入扣减金额除以医院毛收入。这些扣减包括：与私营保险公司协商的价格减免，隐含在医疗照顾计划、医疗救助计划、退伍军人事业部（VA）和其他政府项目的支付减免、慈善医疗和坏账。因此，这里的折扣率并不是一个单独衡量由协商导致的价格减免的尺度。

表 10.4　　2010 年社区医院的折扣率

州	亚拉巴马州	加利福尼亚州	印第安纳州	密苏里州	新泽西州	美国全国
总折扣率（%）	75.8	73.7	63.1	64.1	78.2	68

资料来源：AHA（2012）。

根据表 10.4，在 2010 年，所有短期社区医院中，账单的平均折扣为 68%，换句话说，每一美元的账单费用，医院实际收取了 32 美分。表 10.4 也报告了包括加利福尼亚州在内的五个州的全州折扣情况。我们可以很清楚地看出，折扣总是高于

60%，但是具体数字大不相同，也许与医院一贯的定价策略、竞争程度、坏账准备和提供的慈善医疗有关。图 10.5 展示了从 1985 年到 2010 年所有美国社区医院折扣规模的趋势，从 1985 年的 20% 增长到了 2010 年的将近 70%。

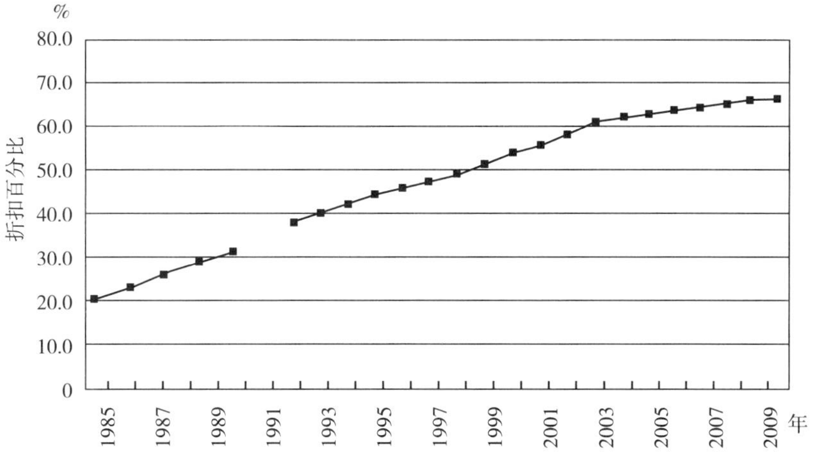

资料来源：AHA（2012）。

图 10.5　1985—2010 年美国社区医院折扣率趋势

选择性缔约的其他影响

价格进入了决策考虑的范围，就这一点来说，医院市场的其他要素很可能发生了变化。在这里我们简要地概括以下相关文献。

首先，一些人推测选择性缔约会导致区域医院地理范围的扩张。他们认为，管理式医疗计划会与郊区和远离城镇的医院签订合约，签约的价格更实惠，从而要求病人去更远的地方就医。然而没有证据表明这一观点。White 和 Morrisey（1998）、Mobley 和 Frech（2000）分别研究了从 20 世纪 80 年代末期到 90 年代初期加利福尼亚医院的价格折扣数据，他们发现平均就医距离或者特殊住院流程的就医距离都没有增长的变化。

其次，有些人认为管理式医疗会减缓医疗服务的扩散，然而，对医疗服务的影响在概念上还很模糊。一方面，规模经济意味着如果医院在特定的服务领域专业化，他们可以做到成本经济并且以更低的价格取得合约。[①] 另一方面，如果范

① 当每种投入同时增加 1% 而产出增加多于 1% 时，规模经济存在。因此，与较小规模的医院相比，较大规模的医院更可能存在规模经济。当同时提供两条服务线比分开提供两种更便宜时，范围经济存在。同时提供产科和儿科服务是范围经济的一个例子。

围经济起主导作用，一家医院服务可能像企业一样，会因为生产其他产品，导致某一条生产线有更低的成本。Morrisey（2001）同时考虑这两方面，描述了一个不确定的情况：管理式医疗市场渗透的增加可能会减少高科技服务的可得性，但是有几个研究并不同意这个观点，几乎没有证据表明管理式医疗在新技术上的影响。

也许我们推测：选择性缔约导致非营利性医院提供更少的慈善医疗。原因在于，这些医院会用利润去做好事，比如给那些付不起钱的人进行免费医疗。而更低的价格会导致更低的利润和更低的慈善医疗水平。Gruber（1994a）研究了加利福尼亚州在1984年到1988年非营利医院免费提供的医疗，他得出，在选择性缔约出现之后，管理式医疗计划占比更大，使得竞争性医院市场上的慈善医疗减少。Thorpe、Seiber和Florence（2001）使用了AHA从1991年到1997年的医院年度调查数据，他们得出，管理式医疗市场渗透率增加10%，会使得医院的边际利润率下降2%，使医院提供的免费医疗下降0.6%。Currie和Fahr（2004）研究了1988年到1996年的佛罗里达州医院的数据，他们几乎没有发现非营利医院会拒绝医治无保险病人或享受医疗救助的病人。此外，他们还发现了营利性医院患者中投保私营健康保险的比例下降，但来自医疗照顾计划和医疗救助计划病人的比例上升了，这也许是因为给这些人群看病的利润水平更高。①

最后一个问题是医院提供的诊疗质量。公众普遍的看法是，管理式医疗导致了更低的服务质量（Blendon等，1998）。然而令人吃惊的是，在这一问题上几乎没有证据存在，原因之一在于，很难找到并使用一个统一的指标去衡量质量。Hellinger（1998）指出，当质量与效果、满意程度、医疗可及度这几个维度一起衡量时，管理式医疗计划和补偿型医疗保险计划的情况没有显著的差别。然而，Hellinger回顾的一些研究的确表明，脆弱群体（vulnerable population）在管理式医疗计划中面临更大的风险。Sari（2002）使用1992年到1997年16个州的院内并发症发生率来进一步说明这个问题。当诊疗的质量用药品的不当使用、伤口感染、不良反应或医源性并发症这几个指标来衡量时，管理式医疗的渗透率与诊疗质量的提升相关。在用其他的衡量指标，比如产科并发症和主要的手术并发症来衡量时，管理式医疗计划与补偿型医疗保险在统计上没有显著的差别。

Rogowski、Jain和Escarce（2007）使用1994年到1999年加利福尼亚州的数据去研究因急性心肌梗死（AMI）、髋部骨折、消化道出血、充血性心力衰竭、糖尿病住院后，患者在30天内的死亡率。他们发现医院之间的竞争越激烈，这六种中

① 译者注：由于医疗照顾计划和医疗救助计划是按服务付费，政府不像私营保险机构，没有更多对医院的控费机制和谈判动机，因此虽然保障人群可能是支付能力较弱的人群，但医疗服务的价格反而比商业保险要高。

3～5种情况的死亡率就越低（取决于所用的衡量竞争的指标）。HMO 更高的渗透率与更低的消化道出血和充血性心力衰竭的死亡率相关。

正向选择和选择性缔约

研究者已经证明了管理式医疗计划的两个显著特征：有着更低的医疗服务利用经历，这很大程度上是因为正向选择；而且对医疗服务提供者支付的价格较低，这是由于选择性缔约。当我们分析管理式医疗计划和补偿型保险计划下的每个参与者的平均医疗支出的差异时，很重要的一点是：要了解差异是由什么导致的，这些因素的影响程度有多大。如果这两种病人支出的差别几乎全部归因于正向选择，那么我们就不应该向雇主推荐管理式医疗，或者不应该把它作为传统医疗照顾计划和医疗救助计划项目之外的另一个选择。从另一方面，如果差别主要归因于选择性缔约，那么我们就很有理由推荐管理式医疗，因为选择性缔约意味着管理式医疗计划有能力以更低的价格提供临床服务。

Altman、Culter 和 Zeckhauser（2003）做了这两个效应的分解研究，这是独一无二的。他们研究了由马萨诸塞州团体保险委员会为州和当地雇员提供的医疗计划中 1994 年和 1995 年的数据。委员会提供了一个补偿型保险计划，十个可供选择的 HMO 和一个 PPO。然而，因为 PPO 只有 25 000 名参与者，因此作者把它排除在了分析之外。补偿型的医疗保险计划有将近 68 000 名参与者，十个 HMO 计划总共有 122 000 名参与者。

1995 年，补偿性保险计划的参与者人均索赔费用为 2 638 美元，然而 HMO 的参与者人均索赔费用为 1 226 美元。问题在于，这一差异多大程度上反映了正向选择，多大程度上反映了通过 HMO 与医院协商而降低的价格，多大程度上反映了 HMO 用以替代的更便宜的治疗方案。因为 Altman 和同事们掌握了关于参保人群种类的信息、每一种病情的发生率和治疗手段和在不同保险计划下每种情况的平均费用的数据，因此他们有能力去分析这些效应各自的大小。

参与 HMO 的人群显然更年轻。补偿型保险计划中有 30% 的参保人在 35 岁以下，而 HMO 的这一比例超过了 50%。35% 的补偿型保险计划的参保人年龄在 50 岁以上，而 HMO 中只有 14%。因此，我们可以认为，HMO 参与者更年轻，更不可能被诊断为患者有多种疾病。表 10.6 显示了补偿型保险计划和 HMO 参与群体的这 8 种疾病的发生率，除了宫颈癌，其余的 7 种情况的发生率都是补偿型保险计划参与群体更高。当调整了人口统计学特征之后，补偿型保险计划的数据依然更高。显然，总体索赔上的差异绝大部分来自 HMO 参与者的正向选择。

表 10.6 研究中几种情况的发生率

健康状况	总体发生率			人口统计学调整后发生率		
	补偿型保险计划	HMO 计划	比率	补偿型保险计划	HMO 计划	比率
急性心肌梗死	0.67%	0.30%	2.23 *	0.54%	0.40%	1.35 *
活产	6.09%	5.05%	1.21 *	6.80%	4.82%	1.41 *
乳腺癌	1.33%	0.59%	2.25 *	1.12%	0.72%	1.56 *
子宫颈癌	0.013%	0.13%	0.93	0.14%	0.13%	1.08
结肠癌	0.21%	0.08%	2.62 *	0.16%	0.10%	1.60 *
前列腺癌	0.75%	0.26%	2.88 *	0.52%	0.38%	1.37 *
Ⅰ型糖尿病	1.39%	0.55%	2.53 *	1.18%	0.65%	1.82 *
Ⅱ型糖尿病	2.33%	1.07%	2.18 *	1.76%	1.36%	1.29 *

注：* 代表着补偿型保险计划和 HMO 计划发生率的比率在统计上的 95% 置信水平上显著。

资料来源：the *Journal of Health Economics* 22 (1), Altman, Cutler and Zeckhauser, "Enrollee Mix, Treatment Intensity, and Cost in Competing Indemnity and HMO Plans", pp. 23 – 45, Table 4, Elsevier 版权 2003.

这两种保险计划所选择的治疗方案也有所不同。表 10.7 显示了 AMI 病人选择不同治疗方式的比例，然而，并不是 HMO 的病人都接受了更为保守的治疗。他们更可能不接受心导管插入术治疗（HMO 的数据是 53.4%，补偿型保险计划的数据是 51.9%），同时也更不可能仅接受心导管插入术治疗（HMO 数据是 13.5%，补偿型保险计划的数据是 22.3%）。然而，他们更可能同时接受心导管插入术和冠状动脉搭桥术（CABG），或同时接受心导管插入术和经皮冠状动脉腔内成形术（PTCA）。

表 10.7 还显示了补偿型保险计划和 HMO 对每一种不同治疗方式支付的价格（按 1994 年到 1995 年的美元价值）。在这里，HMO 显然能够协商更低的价格。对包括心导管插入术在内的诊疗，HMO 比补偿型保险计划平均少支付超过 2 900 美元。HMO 对 CABG 支付 51 885 美元，而补偿型保险计划的平均数据是 64 109 美元。同体来看，对于 AMI 病人的强化治疗的人均费用，HMO 比补偿型保险计划少支付 17 000 美元。

表 10.7 AMI 病人诊疗路径的频率和支付

项目	补偿型保险计划	HMO
AMI 的两年发生率（%）	0.54	0.40 *
人均费用（美元）	29 488	19 821 *
各种诊疗路径的比例（%）		
不接受治疗	51.9	53.4
导管插入术	22.3	13.5
PTCA	13.0	19.3
CABG	12.9	14.2
强化治疗（PTCA + CABG）	25.7	33.5 *

续表

项目	补偿型保险计划	HMO
每例 AMI 病人的支付（按诊疗路径）（美元）		
不接受治疗	17 473	10 573
导管插入术	24 907	21 939
PTCA	37 330	21 302
CABG	64 109	51 885
强化治疗（PTCA + CABG）	50 569	33 562 *

注：* 代表着均值在统计上 95% 置信水平上显著。AMI = 急性心肌梗死 Acute myocardial infarction；CABG = 冠状动脉搭桥术 Coronary artery bypass graft；HMO = 健康维护组织 Health maintenance organization；PTCA = 经皮冠状动脉腔内成形术 Percutaneous transluminal coronary angioplasty。

资料来源：*Journal of Health Economics* 22 (1), Altman, Cutler and Zeckhauser, "Enrollee Mix, Treatment Intensity, and Cost in Competing Indemnity and HMO Plans", pp. 23 – 45, Table 4, Elsevier 版权 2003.

最后，表 10.8 展示了这 8 种病患的人均费用的差异，并且把这些差异分解为正向选择、治疗强度和价格效应这三部分的结果。对于 AMI、HMO 支付的患者人均费用比补偿型保险计划低 143 美元，其中的 62.1% 是由于 HMO 参与者的正向选择，1% 是由于 HMO 使用了强度更低的治疗方案，36.9% 是因为 HMO 协商了更低的价格。这 8 种情况总体来看，51% 的费用差异来源于 HMO 参与者的选择，5.1% 来源于更低的治疗强度，超过 45% 由于协商了更低的价格。因此，管理式医疗计划实际上可以降低成本，因为它能够有选择性地与医疗服务提供者订立合约。

表 10.8　　不同保险计划成本分解差异比较

健康状况	补偿型保险与 HMO 人均索赔费用差额（美元）	正向选择所导致的比例（%）	治疗强度差异所导致的比例（%）	价格或者其他未被观察到的原因所导致的比例（%）
急性心肌梗死	143	62.1	1.0	36.9
活产	152	51.8	11.3	36.9
乳腺癌	273	45.2	1.2	53.6
子宫颈癌	9	13.8	14.4	71.8
结肠癌	56	41.1	5.3	53.6
前列腺癌	100	64.5	–2.5	38.0
Ⅰ型糖尿病	53	68.4	—	31.5
Ⅱ型糖尿病	70	61.4	—	38.6
平均	107	51.0	5.1	45.1

资料来源：*Journal of Health Economics* 22 (1), Altman, Cutler and Zeckhauser, "Enrollee Mix, Treatent Intensity, and Cost in Competing Indemnity and HMO Plans", pp. 23 – 45, Table 7, Elsevier 版权 2003.

管理式医疗与医生

医生市场的经济学理论基础与我们在医院市场上讨论的一样，当然，问题有点不同，最大的不同在于管理式医疗对于医生收入的影响。不幸的是，相比医院，关于医生的数据更难获得，因此关于医生的研究更加有限。

大部分医生与管理式医疗计划签订了合约。医疗系统变化研究中心的学者（Boukus、Cassil 和 O'Malley，2009）说明，在 2008 年有 88% 的医生有一个或者更多的管理式医疗合约。其中将近 70% 有五个或者更多的合约。然而对于薪酬安排，问题就复杂了。医生或者医疗集团有很多种报酬的来源，而且每一种都提供了一套不同的激励。比如工资安排，隐含着医生付出努力的数量和质量都与这一块收入没有关系。按服务项目收费意味着医生或者医疗集团直接基于提供的服务得到补偿：去诊所看病的人越多，就会产生更多的费用，因此产生更多的收入。按人头收费意味着医生或医疗集团基于他们负责的人数得到补偿：只有他们出诊的成本和提供的诊疗服务成本低于预定的每人固定金额时才能赚钱。

在每一大类的模式下，也有各种各样的不同情况。比如，医生或医疗集团可能在部分预扣的条件下，得到按服务项目应收取的费用。例如，在此类合约下，医生或者医疗集团每次提交账单时，80% 的服务项目支付完毕，剩下的 20% 只有在管理式医疗计划能够覆盖所有的索赔成本时才能得到。在按人头收费的模式下，医生或者医疗集团可能负责所有的医疗服务，或者仅仅负责门诊医疗服务，或者门诊的初级医疗服务。另一个更复杂的因素是，管理式医疗计划和医疗集团协商好的合约内容，与医疗集团和个体医生之间的薪酬安排可能有很大的不同。

使用按人头收费的方式这些年逐渐减少，美国医学会（2001）公布，1999 年，医生收入中来源于按人收费部分的比例从两年前的 25% 降低到 7.4%。这一点都不令人意外。回顾第 6 章我们讨论过的客观风险的性质，如果一个医疗集团接受了一个按人付费的合约，它实际上就变成了一个承受风险的保险公司。客观风险取决于期望损失、方差和保险覆盖的人数。一个独立的医生也许有大概 6 500 个病人，即使他们全部在同一个管理式医疗计划下，这也是一个很小的风险池，有着巨大的客观风险。如果只有 20% 的病人在同一个管理式医疗计划下，那么风险就更大了。因此，随着医生越来越意识到按人头收费合约的风险，他们就避开了此类合约。事实上，Koukus 和她的同事（2009）就没有报告医生按人头服务获得报酬的数据。他们报告了 44% 的医生在某种形式上基于业绩获得报酬，比如基于实际利润率；25% 的医生按工资获得报酬，而 20% 的医生按实际收入的一定比例获得报酬。

如果管理式医疗能够有效地实施选择性缔约，管理式医疗计划应该仅与本地医疗市场中一部分专科医生订立合约。可以推测，获得合约的医生同意了更低的价格，并且管理式医疗计划向他们输送病人。Hadley 和 Mitchell（1999）使用了 1990 年一项针对年轻医生（45 岁以下）的调查，去探究是否较高的 HMO 渗透率会改变医生的收入。他们发现，HMO 平均市场份额的翻倍减少了年轻医生 7% ~11% 的年收入，以及 6% ~9% 的每小时收入。年收入比每小时收入降低得更多，意味着 HMO 更大的市场份额，不仅导致价格下降，同时也使服务利用数量降低。作者也发现，相比于受雇医生，收入下降的影响对于独立行医的医生更加明显。这与其他证据相一致：管理式医疗导致了更少的独立的医生。

一个关于医生市场的有趣的研究是，Jack Zwanziger（2002）研究了 20 世纪 90 年代管理式医疗的渗透率、医生的供给以及管理式医疗计划的种类等因素对于管理式医疗计划与医生协商的价格的影响。通过使用一些复杂的层次建模技术，他解释了管理式医疗计划具体费用的平均差异，这些解释是基于管理式医疗的渗透率、不同管理式医疗计划的竞争、能够提供数据的某种具体的管理式医疗计划得出的。Zwanziger 的结果与我们之前关于医院和管理式医疗的研究结论一致：

- 当区域市场上管理式医疗的渗透率更高时，管理式医疗计划对治疗过程支付更低的价格。
- 当区域内有更高的人均医生数量时，管理式医疗计划支付更低的价格。
- HMO 比 PPO 更有能力协商更低的价格，也许是因为 HMO 有更小的合作医生网络，因此能够更加激进地选择合约，获得更低的价格。

在这些研究被发表后，几乎再没有什么严格的实证研究出现。Staiger、Aucrbach 和 Bucrhaus（2010）使用了从 1996 年到 2008 年的当前人口调查数据，去研究医生工作时长和他们收取费用的变化趋势。他们发现，非住院医生（不需要再培训的）自我报告的工作时长在这段时间内降低了 9.8%。此外，2006 年相比于 1995 年，经过通货膨胀调整后的费用平均降低了 25%。需要注意，这些下降发生在 21 世纪头十年末的经济衰退之前。同样需要注意的是，这些费用的下降与管理式医疗公司的选择性缔约相一致，Staiger 和他的同事们推测，这些下降与管理式医疗的渗透率增长有关。然而，他们没有通过实证研究证明这一联系。

医疗救助计划下的管理式医疗

从 20 世纪 90 年代到 21 世纪头十年，各州批准他们对于穷人的医疗救助计划项目加入管理式医疗项目。Duggan 和 Hayford（2011）指出，1991—2003 年，全国范围内医疗救助计划中管理式医疗计划的参与者的比例从 11% 增长到 58%。一个与之相关的问题是，这些计划是否为各州节省了费用。根据之前的讨论，我们可以认为这些举措是成功的，前提是该计划实现了选择性缔约。Holahan 和同事们（1998）提供了 20 世纪 90 年代末对 13 个州的情况评估。他们发现，大多数州没有把老年人和残疾人包括在内，而这些群体是医疗服务中花钱最多的。他们也发现“节约成本的目标通常与同主流计划订约和保护安全网提供者的目标相矛盾”。Duggan 和 Hayford（2011）将研究时段扩展至 2003 年。他们得出结论，对于某些州，如果医疗救助报销补偿比例已经低于私营保险公司的基准线，医疗救助计划向管理式医疗的转变并没有节约成本。然而，那些有着更高补偿水平的州确实节约了成本。正如作者所说：“这些结果与最近关于私营保险公司中管理式医疗的研究相一致，这些研究表明，HMO 和其他形式的管理式医疗达到节约费用的效果是因为降低价格而非降低质量。”许多州正在将管理式医疗模式扩展到医疗救助计划中针对老年人和残疾人的部分。如果这些努力能够成功地限制成本，他们可能必须吸取 20 世纪 90 年代管理式医疗的教训。

选择性缔约的新方式

Vivian Wu（2009）使用了从 1994 年到 2000 年马萨诸塞州医院实际的价格数据，进一步探究管理式医疗节约成本的机制。他们发现价格折扣有两个重要的决定因素，一个是数量：更大的合约计划获得更低的价格；第二个因素是路径引导（channelling）：即管理式医疗计划有一个相对广阔的提供者网络，如果它们能够直接把病人指派给网络内的某一个医院，它们也能获得更低的价格。然而她没有进一步提出例证这种路径引导是如何实施的。

正如我们看到的，选择性缔约的实证文献大多数研究了选择性缔约对于医院整体价格的影响。然而，理论不一定放之四海而皆准。一个管理式医疗计划可以仅仅与某一套服务建立选择性缔约，如产科服务；或者仅仅与某几种医疗服务订立合约，如主动脉瓣替换术。医院之间竞争合约的范围是在一个区域内还是全国范围内，取决于交通的成本。

Robinson 和 MacPherson（2012）描述了参考定价模型和卓越中心（center－of excellence）定价模型，这两个模型为路径引导提供了事例。在参考定价下，保险人与医疗服务提供者协商价格，接着确定一个为诊疗支付的最高费用。如果参保者接受服务的价格等于或低于参考价格，他们自己不用出钱，或者仅仅自付很小一部分分摊成本。如果他们选择了一个高价的提供者，他们就必须支付成本中自付的部分和超出参考价格的部分。采取自保方式的加利福尼亚州公共雇员退休系统针对膝关节和髋关节的置换手术实施了这样的一个项目，他们与全州 178 家医院协商了价格，接下来他们排列了价格，评估提供服务的质量，确立参考价格为 30 000 美元。

其中 47 家医院的价格低于或等于参考价格，而且质量也能达到要求。如果一个参保人从这 47 家医院中选择就医，则他支付协商价格的 10%，最高不超过 3 000 美元，即参考价格的 10%。如果参保人选择了其他的医院，比如选择了在一家协商价格为45 000美元的医院就医，他必须要支付高于参考价格的部分即 15 000 美元，以及3 000美元的成本分摊，共计 18 000 美元。以这样的方式，参保人有激励去选择低价格并且质量达标的医疗提供者。

在卓越中心定价模型下，Robinson 和 MacPherson（2012）提供了 Lowe 公司的例子。Lowe 公司的自保 PPO 计划始于 2010 年，它开展了一个针对非紧急的心脏手术的项目，如血管成形术、心脏搭桥手术以及心脏瓣膜置换，并与克利夫兰诊所签订了一个全国性的合约。有心脏问题的 Lowe 员工可以在当地的医院就诊或者去克利夫兰诊所。如果病人选择在当地就诊，他会面临 500 美元的免赔额和 20% 的自付比例。如果他选择去克利夫兰诊所，他不需要自付任何费用，而且会被报销自己和同行者的路费。这就是对病人进行路径引导的另一个例子，可能会导致更低的协商价格。当然很重要的一点是，这些手术的成功和失败率没有对外公开。

本章小结

- 选择性缔约是管理式医疗计划与一些，而不是全部，市场上的医疗服务提供者订立合约。
- 选择性缔约改变了医院市场竞争的面貌，提供者的服务是否被采用取决于价格、服务、设施和质量。这使得提供者之间竞争的加剧更可能会让价格趋近于边际成本。
- 在以下几种情况下，一个管理式医疗计划可以获得更低的价格：市场上有更多的医疗服务提供者，管理式医疗计划占据了医院更大的业务份额，医疗服务提供者只占据了管理式医疗较小的业务份额，市场上的服务提供者有闲置资源。
- 实证研究表明，医疗服务提供者的价格对于是否能够获得管理式医疗的合约以及从合约中得到的病人数量很重要。然而，位置和服务的可及性也很重要。
- 管理式医疗计划的索赔记录通常比传统补偿型保险更低，最近的实证分析表明，也许一半左右的差别来源于正向选择，即更年轻和更健康的群体选择参与管理式医疗计划。然而，大概有 45% 的差别来源于选择性缔约，管理式医疗计划能够协商更低的服务价格。治疗强度的不同看起来是不太重要的一个因素。
- 选择性缔约不需要应用于医疗服务提供者的所有服务。一个保险人可以仅仅与某种服务订立合约。当使用复杂三级服务体系这种概念时，这也就隐含着一个全国性或者区域性选择性缔约的安排。

问题讨论

1. 一个同事这样描述了健康政策和健康行政管理计划的不同：“在健康政策项目里，一个人学着去打破一点点垄断，而在健康行政管理计划中，一个人学着去创造一点点垄断。”试从选择性缔约的角度评价这句话。

2. 医生自愿服务法则（any - willing - provider laws）要求管理式医疗计划接受每一个愿意去遵守合约的医疗服务提供者。管理式医疗计划多大程度上能够在这样的法则下保障提供的病人数量？这样的法则可能会提高或者阻碍价格竞争？

3. 医疗储蓄账户（HSAs）允许消费者购买高免赔额健康保险，并且用避税的医疗储蓄支付免赔额之前所自付的医疗费用。支持者认为这种模式给予消费者强烈的激励去选择低价高质的医疗服务。基于选择性缔约的分析，这种条件下消费者能否成功地协商到更低的价格？

4. 假设在一个大都市区域中的牙医发现管理式医疗计划成功地使社区中的牙医服务协商到了更低的价格。根据选择性缔约的理论和医院市场的实证经验，牙医们会如何应对？

5. 医疗救助计划针对覆盖的一部分人群采用了管理式医疗的方式。在何种情况下，医疗救助下的管理式医疗计划能够为州医疗救助计划管理者节约成本？

延伸阅读

[1] Altman, D. , D. Cutler, and R. Zeckhauser. 2003. “Enrollee Mix, Treatment Intensity, and Cost in Competing Indemnity and HMO Plans.” *Journal of Health Economics* 22 (1): 23 -45.

[2] Melnick, G. A. , J. Zwanziger, A. Bamezai, and R. Pattison. 1992. “The Effects of Market Structure and Bargaining Position on Hospital Prices.” *Journal of Health Economics* 11 (3): 217 -33.

[3] Robinson, J. C. , and K. McPherson. 2012. “Payers Test Reference Pricing and Centers of Excellence to Steer Patients to Low - Price and High - Quality Providers.” *Health Affairs* 31 (9): 2028 -36.

[4] Staiger, D. O. , D. J. Auerbach, and P. I. Buerhaus. 2010. “Trends in the Work Hours of Physicians in the United States.” *Journal of the American Medical Association* 303 (8): 747 -53.

第 11 章　管理式医疗抵制、提供者合并以及买方垄断力量

在第 10 章我们讨论了管理式医疗的发展及其对医疗市场的影响。讨论的关键点是：管理式医疗与有限的提供者选择性订立合约，并通过保证参保病人的数量来交换更低的价格。研究表明选择性缔约的过程导致了 1990—1995 年医疗费用上涨速度的下降。然而，1996 年后，医疗费用开始了更为迅速的上涨，在 2005 年前后年增长率从 8% ~14% 不等，近期才开始又下降。

在本章，我们探究从本世纪初以来与管理式医疗市场相关的几个话题。首先，我们讨论了保险价格的上升以及导致这种上升的原因。在这个背景下，我们研究了所谓的管理式医疗抵制和对于医疗服务提供者市场上日益增高的市场集中度的关注。其次，我们调查了一些医疗服务提供者的观点：管理式医疗计划有市场力量，并运用这种力量来压低医院和医生的价格。在第 12 章我们将会直接研究医疗保险市场上的竞争程度和以最惠国条款为形式的反竞争行为。

为什么保费在选择性缔约出现后上涨了?

如图 11.1 所示，员工健康保险的保费增长速度从 20 世纪 80 年代末期到 1996 年不断下降。第 10 章的研究表明，下降是由管理式医疗的扩张、选择性缔约的运用和医疗服务提供者之间的竞争导致的，它们使得保险公司为医疗服务支付的价格下降。然而，从 1996 年到 2003 年，保费增长的速度上升，在 2003 年为 11.2%，达到顶峰，从那以后增长的速度逐渐下降。增长的速度远远超过了总体通货膨胀水平，在这整个时间段内总体通货膨胀率为 2% ~4%。

为了解释自 20 世纪 90 年代中期开始的保费上涨，学者们提出了两种观点：对管理式医疗的抵制和医疗服务提供者之间竞争的下降。这些解释并不互相排斥，而且毋庸置疑，其他因素也起到了作用。

管理式医疗抵制

对管理式医疗抵制的人群据说包括医生和病人，他们抱怨管理式医疗计划施加

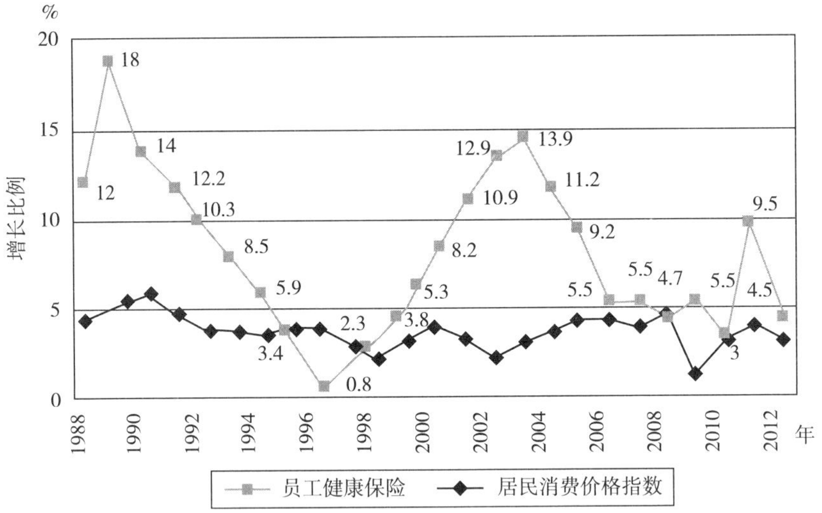

资料来源：Gable 等（2005）、KFF 和 HRET（2012）。

图 11.1 员工健康保险的保费增长比例

限制的特性。许多关于管理式医疗的卡通和深夜喜剧准确地描述了这一广泛的敌意。Blendon 和同事们（1998）的消费者调查以及 Brodie、Brady 和 Altman（1998）对于管理式医疗的媒体批评都支持这一观点，然而我们应该谨慎地看待这些观点。

医生们对于管理式医疗的反对围绕着病人入院治疗困难，而且让病人住院达到医生认为合理的时长也很困难。人们担忧管理式医疗会限制处方，同时限制保险覆盖的专科医生使用，并且抱怨（虽然这在很大程度没有被证实）管理式医疗计划的合约阻止了医生和病人讨论某些可选择的治疗方案。然而，正如我们在第 9 章中所见，尽管服务利用管理（UM）技术的确减少了住院天数，但研究表明 UM 对于医疗服务的质量没有很大影响，而且 UM 对门诊服务也几乎没有影响。然而，医疗服务的质量至今也没有被完全地衡量，医疗服务提供者可能去遵守 UM 协议，尽管他们实际上反对它。在第 10 章中我们看到：由于管理式医疗，医生的收入下降了。可以想象，医生们对管理式医疗的抵制，至少一部分是由于管理式医疗降低了医疗服务提供者收取的费用。

在感觉到的服务可及性上，病人的担忧与医生的担忧类似。此外，病人担忧他们能够接触到的医疗服务的质量。判断医生、医院以及其他医疗服务提供者的质量是很难的，关于管理式医疗的担忧是：有限的医疗服务提供者组合，虽然成功使价格下降，但会限制病人的选择，使他们只能在那些从临床和实际意义上对他们并不合适的医疗服务提供者当中选择。

Marquis、Rogowski 和 Escarce（2004）研究了 1998 年到 2001 年私人健康维护组织（HMO）在大都市区的参保率，在这一项研究中，HMO 参保率被定义得较为广泛，包括了 HMO 和记点服务计划（POS）的参保率。他们发现，这段时期内 HMO 参保率仅仅下降了一点（从 47.7% 下降到 44.9%），而且这些下降与当地更多的保险选择之间并无关联。他们推测，“对于管理式医疗的抵制可能代表了医生和媒体的看法，尽管消费者总体上是满意的……或者在消费者发声后，健康保险计划为了避免丧失市场份额，迅速地做出反应”。（Marquis、Rogowski 和 Escarce，2004，387）

然而，HMO（包括 POS）参保率的下降在 Marquis、Rogowski 和 Escarce 的研究之后变得更加明显。表 11.2 显示，被保险职工的 HMO 参保率从 1996 年到 2012 年下降了 48%，POS 参保率下降超过了 35%。PPO 的参保率从 1996 年的 28% 上升到 2006—2009 年的 60%，在 2012 年之后有所下降。这种转变的一个解释是员工们选择了管理式医疗当中限制较少的形式。PPO 通常允许参保者支付更高的自付比例，参保人可以选择并不处于医疗服务提供者网络当中的提供者就医。改为 PPO 计划后，参保人既享有了管理式医疗中选择性缔约的部分好处，又避免了低质量或不匹配的医疗服务提供者的风险，因为在他们认为必要时，可以选择在网络之外就医。

表 11.2　　**被保险职工参加各种项目的比例**　　单位：%

年份	1988	1996	2000	2006	2009	2012
传统型保险	73	27	8	3	<1	<1
HMO	16	31	29	20	20	16
PPO	11	28	42	60	60	56
POS	—	14	21	13	10	9
HDHP	—	—	—	4	8	19

资料来源：KFF 和 HRET（2012）。

然而，这种转变也有成本。因为病人有自由在网络外就医，PPO 有更少量的病人选择网络内部的医疗服务提供者。结果就是，PPO 并不能像 HMO 一样有效地协商更低的价格。的确，正如我们在第 10 章看到的，关于 HMO 和 PPO 效果差异的有限研究表明，HMO 在降低价格方面更加有效。此外，正如 Stires（2012）发现的，HMO 自身其实也更愿意去为网络之外的治疗付钱。从这个角度说，更广泛的选择使成本更高，在过去十年的健康保险保费的增长至少部分反映了消费者们希望对于医疗服务提供者有更广阔的选择空间。

最近的两个研究更为正式地考察了管理式医疗逐渐变小的影响。Dranove 和同事们（2008）选取了加利福尼亚州和佛罗里达州医院 1990 年到 2003 年中的数据，去研究本地市场上医院的集中程度与价格的关系。如果管理式医疗计划新进入一个集中度比较高的医院市场，由于选择性契约，他们应该能够获得比之前更低的价格。这正是 Dranove 和同事们从 20 世纪 90 年代的数据中所发现的。然而，2001 年之后，管理式医疗对于医院价格的影响在某种程度上减小了，这意味着管理式医疗在降低价格上的效果在下降。

Fang 和 Rizzo（2010）使用了社区追踪调查中 2000—2001 年和 2004—2005 年的数据，比较管理式医疗对于医生的影响。他们调查询问医生，在他们行医过程中的个人财务激励促使他们增加还是减少对每个病人的服务。作者发现，在早期，相对于非管理式医疗计划，更高的管理式医疗参保率导致了医生减少提供的医疗服务数量。然而在后期，这样的观念显著减少了。这意味着管理式医疗计划的影响逐渐降低，或者非管理式医疗计划正与日俱增地模仿管理式医疗计划。这项研究还表明，这一过程在医生各种的薪酬水平上都体现出来了，但是这一检验有一点不令人满意，它是基于医生的观点，而非更为客观的数据。

在对于管理式医疗的抵制中，具有讽刺意味的是，公众对于管理式医疗的看法，特别是对于 HMO 的看法，似乎要么是认为 HMO 会拒绝转诊到专科医生，要么是限制住院天数，要么是使用更便宜但疗效差的药物和诊疗的替代品。然而，正如我们在第 9 章中看到的，HMO 和传统补偿型保险计划的价格差别中，并没有很大部分是来源于治疗方案的差别，并且在门诊的服务利用管理远未成功。我们很难得出这样的结论，说管理式医疗计划搬起石头砸自己的脚，持续的服务利用管理技术并没有节约成本，反而丧失了消费者。

提供者的合并

对于保费上涨的第二个解释是，医疗服务提供者市场，无论是医院还是医生市场，集中度都更高了。选择性缔约只有在大量的医疗服务提供者有大量闲置的资源，并且每个提供者只占医保计划业务份额的一小部分时才能发挥最大的作用。在这样的条件下，管理式医疗计划才能够协商更低的价格。如果独立的医疗服务提供者的数量明显减少，医疗保险计划更难去协商更低的价格。Timothy Muris（2002，3），联邦贸易委员会（FTC）的主席坚定地发表声明认为在医疗市场上存在着反竞争的活动：“委员会不断地在医疗领域发现各种各样公开的反竞争行为，除此之外还有各种各样的其他形式。委员会继续对那些被指控为锁定价格的医生提起诉讼，这一举动很像 20 年前主管部门提起的诉讼，一些新的案件涉及相当多医生和医疗顾问的数量，他们以帮助与支付者协商价格为借口一致行动。”

FTC 已经对几个医生组织中的反竞争行为采取措施。从 2001 年到 2002 年，FTC 与 5 个医生组织达成了协定，3 个位于科罗拉多州的丹佛，1 个位于加利福尼亚州的纳帕，1 个位于得克萨斯州的达拉斯。这个协定是关于“赤裸裸的价格锁定，一目了然”（Muris，2002，17）。

在 2004 年，FTC 与旧金山市的 Brown & Toland 医药集团关于被指控的价格锁定案达成合意判决（见专栏）。控诉书声称，Brown & Toland 医药集团与本来有潜在竞争关系的医生形成了一个 PPO 网络，在这一网络中医生们共同商定按服务收费的合约，在这些合约下，医生们集体商定与保险计划和第三方支付者订约时收取的价格和其他条款。Brown & Toland 集团被控告：它命令医生终止和医疗费用支付者在此之前已经存在的合约；要求医生成员对于所有 PPO 合约收取指定的价格；接近其他医生组织并邀请他们加入类似的锁定价格的合约（FTC，2004c）。

旧金山市的 Brown & Toland 医药集团与 FTC 关于价格锁定达成合意判决

位于旧金山市的 Brown & Toland 医药集团被联邦贸易委员会起诉，指控该公司锁定价格和条款，在他们的条款下，医生可以与支付者订立合约，为优先医疗提供组织（PPO）的参与者提供服务。该公司已经同意和解指控，承认自己的商业行为违反了联邦反垄断法。加州太平洋医药有限责任公司，作为代表 Brown & Toland 医药集团开展业务的公司，在 FTC 提出的与它签订的和解协议条款中，禁止该公司代表医生与付款人谈判，禁止规定医生不得与付款人谈生意，也禁止规定医生与付款人谈生意的条件，除非医生在临床上或财务上一体化经营。协议还规定，须终止那些被指控为非法签订的合同。Brown & Toland 集团下属的医生与健康维护组织（HMO）签订合约的，因其财务上是一体化的，因此不是联邦贸易委员会诉讼的目标。

资料来源：联邦贸易委员会（2004c）。

FTC 和美国司法部（DOJ）质疑医院兼并的合法性，认为这是反竞争的。在 20 世纪 90 年代末和 21 世纪初，他们对 7 个医院兼并的合法性提出质疑，但是这 7 个案件都败诉了。因此，FTC 在 2002 年组成了一个新的兼并诉讼工作小组来重新考虑医院兼并的策略。FTC 也宣布，它将会复审过去的兼并案件来确定这些兼并是否导致了更高的价格。

FTC 和 DOJ 在 2003 年的夏天举办了关于在医疗领域阻碍竞争的听证会，并且于 2004 年的 7 月发表了一篇报告，呼吁对医院和医生市场的行为继续进行审查，并且进一步调查分析服务质量在市场活动中的角色。他们报告的标题是：“改进医疗服务：有关竞争的系列问题”，这篇报告可以从以下网址找到：www. ftc. gov/reports/healthcare/040723healthcarerpt. pdf。

2004 年，FTC 质疑 2000 年 Evanston Northwest 医院公司（包括 Evanston 和 Glenbrook 多家医院）和 Highland Park 医院兼并的合法性，这两家医院全部位于芝加哥北部富裕的郊区。指控书称，这起兼并使得医院提高了他们的价格到“一个远高于其他类似医院价格的水平”（FTC，2004a）。在2005年10月，一名行政法法官要求在180天内出售Highland Park医院（FTC，2005）。2007年8月，FTC支持法官反竞争行为的判决，但没有要求出售医院。

2011年末FTC提出一项行政控告，质疑OSF医疗系统提出的对于伊利诺伊州Rockford医疗系统的收购。指控声称，计划的这一收购会显著减少医院和初级诊疗服务医生的竞争程度，对当地商业和病人都有很大的损害。医院决定取消兼并，FTC于2012年4月撤销了指控（FTC，2012）。在2011年4月FTC和佐治亚州司法部部长质疑Phoebe Putney医疗系统和位于奥尔巴尼的Palmyra Park医院有限公司兼并的合法性，这里的问题在于，医院是否使用了本地医院当局的权力使其免于反垄断审查（FTC，2011）。在2013年2月，美国最高法院一致认为，地方医院当局的行为无权使医院的收购免于反垄断审查。

Dranove、Simon和White（2002）试图用实证分析检验管理式医疗的增长是否会导致医院和医生市场集中程度的提高。当然，合并不一定导致反竞争的结果。尽管两家医院兼并的一个原因是获得市场支配力来提高价格，另一个原因是兼并可以获得经营上的规模经济。在其他条件同等时，一个基于效率的兼并导致更低的成本和更低的价格。的确，管理式医疗的增长也许迫使医疗服务提供者变得更加关注成本。据推测，20世纪90年代末，法院之所以得出与政府反垄断监管机构意见相反的裁决，部分是因为法院这样的结论：出于效率的正当理由为兼并提供了合理性解释。因此，Dranove、Simon和White的研究为管理式医疗是否对任何合并负有责任提供了证据，但它没有说明合并的结果是反竞争的，提高效率的，还是两者兼而有之。

这项研究使用了美国医院协会（AHA）1981年和1994年的医院调查数据。对于68个最大的都市区域，该研究团队构造了医院集中度的赫芬达尔—赫希曼指数（HHI）值。HHI是在该地区经营的每一家医院或医院系统的市场份额的平方和。这一指标的主要优点是它既反映了医疗服务提供者的数量，也反映了一个或多个提供者的市场控制能力。越高的HHI值表示越高的市场集中度。从方法论上讲，这类研究最大的挑战是，管理式医疗的渗透率和医院或医生的合并都可能被同一个未被研究者观察到的因素所影响。作者用两阶段统计方法来解决此类内生性[①]。Dranove、Simon和White（2002）发现在研究时期内管理式医疗的增长导致了医院更高的集中程度。HHI平均上升了0.058%，这与市场上10.4家医院合并成6.5家的影响相同。Dranove和同事们仅仅得出，管理式医疗导致了医院市场上的合并，

① 当回归模型中的一个解释变量自身与位于等式左边的变量（被解释变量）与同一个因素有相关关系时，模型存在内生性。两阶段最小二乘法是一种计量方法，它使用额外的信息，能去除解释变量与潜在因素的相关性。

但是他们没有得出关于市场支配力和效率的结论。我们在第 9 章讨论了 Mamezai 和同事们（1999）的研究，他们的研究表明，管理式医疗所节约成本的三分之二，可以通过使市场上只存在四个医院来达到同样效果。值得注意的是，Dranove 的研究以几个最大的都市区市场为研究对象，在这里医院的兼并很难影响管理式医疗计划选择性缔约的能力。

在他们关于医生市场的分析中，Dranove、Simon 和 White（2002）使用了与医院分析中同时期的美国医学会社会经济监测调查的数据，来研究不同规模的团体中医生比例的变化。管理式医疗的增长使单独开业的医生的比例有着较大的下降（14%），然而对于其他规模的团体医生以及 HMO 雇佣的医生并没有影响。因此，他们推测医生的联合也许反映了效率的变化，因为医生团体的成比例增长，如果是以减少单独开业为代价，则不太可能代表了绝大多数反竞争的威胁。然而，应该注意到他们并没有研究医生市场销售网络的使用，而正是这种形式让 FTC 非常担忧。

即使他们并没有研究医生网络，Town、Feldman 和 Kralewski（2011）研究了不同合约形式在医生团体之间的分布。他们尤其感兴趣的是，仅按服务项目付费的合约，是否会受到团体所具有的市场支配力的影响。他们使用了 2011 年来自明尼苏达州和全国关于医生团体调查的数据，按照 15 公里半径范围内团体医生所占的份额，估测了医生市场的集中度。他们得出结论，“更高的市场支配力成比例地导致了更多按服务项目付费的收入和更少按人头付费的收入”（Town、Feldman 和 Kralewski，2011，130）。这一研究表明了当地市场上医生的集中度越高，可能会削弱选择性缔约的能力。

Town 和同事们（2005）重新研究了管理式医疗的增长与医院合并的关系。他们研究的时段选择了更为相关的 1990—2000 年的数据。在这 11 年中有 8 年，每年都有超过 100 次的医院兼并，这些兼并发生在研究中 40% 的市场区域内。使用复杂的统计技术，他们发现 HMO 渗透率对医院的合并没有影响，即使有，也是渗透率的增长某种程度上导致了更低的市场集中度。Town 和同事们反而推测，合并可能是由于当地市场上过剩的资源导致的，过剩的资源导致了兼并而不是医院的停业和破产。

一个更重要的问题是，是否实际的兼并导致的市场价格的变化，可以被称为是反竞争的。正如 FTC 在 2002 年指出，它打算对一些医院的合并进行重新回顾，观察合并是否给购买者带来了持续的价格上涨。FTC 现在已经重访了之前兼并的医院，并对价格的表现实施了分析。几个回顾分析在《经济与商业国际》杂志 2011 年 2 月那一期发表。这一系列研究的关键点在于，兼并不必然导致反竞争表现。在一些情况下，分析人员没有发现更高价格的迹象，在另一些情况下他们发现了多重效应。在兼并之后，一些管理式医疗计划在兼并的医院面临了更高的价格上涨，比兼并之前从其他医院得到的价格要高，而另一些计划却面临着更低的价格。

然而，在 Evanston Northwest 医院的兼并中，Haas - Wilson 和 Garmon（2011）认为有明确的证据表明兼并导致了明显高于其他类似医院的价格。为 FTC 工作过的作者之一研究了兼并机构在兼并前后相比于类似医院的价格变化，他控制了病人的组合、支付者的组合和教学强度的变化（因为 Evanston 医院有很多住院医生实习项目）。此类分析的一个关键点是找到合适的可比的医院。作者使用了四个可供选择的比较组：在芝加哥都市区域的所有非联邦社区医院；该区域中没有参与过兼并的医院，另外两个比较组是该区域中的教学医院。另一个关键点是找到良好的衡量价格的指标。在这里作者掌握了在这一都市区域中，对每一例住院病人，五个最大的管理式医疗计划对医院的实际支付数据（令人惊讶的是 FTC 能够获得关于质与量数据是因为法律程序的发现）。图 11.3 展示了与其他类似医院价格相比 Evanston 医疗系统价格的上涨（对每一个支付者，作者展示了六种可供选择的回归估计。在图中作者展示的是平均情况，因为每一种估计的结果都十分类似）。结果表明，在医院兼并发生后，Evanston 医疗系统中由“支付者 A”支付的价格比兼并发生之前芝加哥其他没有合并的社区医院多上涨了 33.6%。五个支付者中的四个都显然支付了更高的价格，因此作者得出结论，兼并是反竞争的。

这些研究有两个关键点。其一，至少有一些证据表明医院的兼并使竞争下降，因此削弱了选择性缔约的效果。其二，关于 Evanston 医疗系统合并的回溯性证据表明，FTC 将会持续研究医院的兼并带来的潜在的反竞争影响。

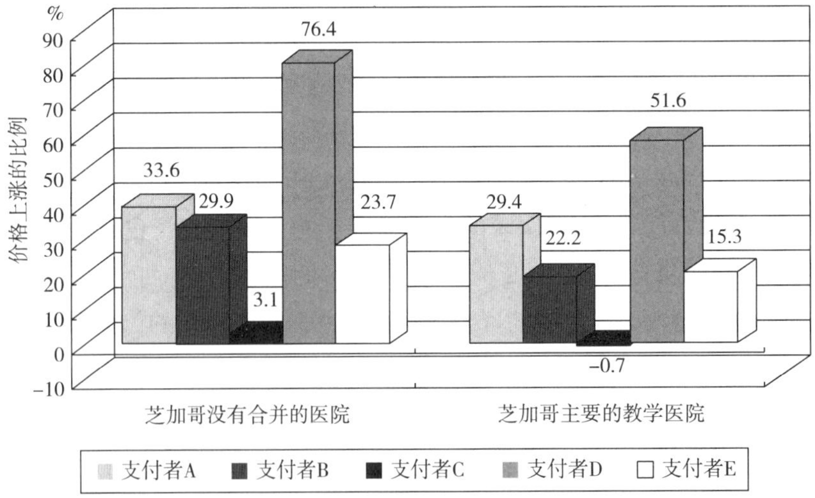

资料来源：Haas - Wilson 和 Garmon（2011）。

图 11.3 兼并后医院相对于其他医院的价格上涨比例

对于管理式医疗的抵制和医疗服务提供者的合并都说明了健康保险保费的上涨是由于无法成功实施选择性缔约。在第一种情况下，消费者对于更多选择的偏好意味着管理式医疗计划不能将病人指派给少数的医疗服务提供者，结果就是，管理式医疗计划不再能够协商到和过去一样低的价格。在第二种情况下，兼并或者形成市场网络导致的医疗服务提供者的合并减少了潜在竞价者的数量，这同样意味着管理式医疗计划不再能协商到和过去一样有利的价格。

至今有限的实证经验的确表明，在 20 世纪 90 年代中期选择性缔约成功后，对管理式医疗的抵制和医疗服务提供者的联合，导致了健康保险保费的上涨。

保险人的买方垄断力量与医院的卖方垄断力量

医生和医院很长一段时间认为，他们应联合起来去对抗大的保险公司的市场支配力（Muris，2002）。这种说法声称保险公司一方具有买方垄断力量。买方垄断是垄断不太知名的一种形式。在卖方垄断的情况下，单个销售者减少了市场上可买到的产品的数量（卖方在边际收益等于边际成本处确定数量），以较高的价格出售较小数量的产品。参见图 11.4a，在这里，一家拥有垄断势力的利润最大化的医院减少了它提供的病人天数，并收取了更高的费用。因此，当医院在医院市场上行使市场支配力时，它会对提供的服务收取更高的价格。

相反，当市场上只有一个大买家时，就会存在买方垄断。通常买家会按照边际成本价格表向供应商付款。如果他们扩大产出，他们需要购买更多的投入品，并必须支付给每个供应商更高的由市场决定的投入品价格。因此，他们不仅需要为额外购买的几个单位付出更高的价格，对所购买的全部投入品都要支付更高的价格（要了解这一点，请考虑一个竞争的护士劳动力市场。如果一家医院想多雇 10 名护士，医院必须把每小时的工资提高 5 美元，那么它很快就会发现，为了留住所雇佣的护士，它必须对所有护士都多支付 5 美元的时薪）。买方垄断者意识到这一点，并发现如果他们减少了投入品的使用，他们不仅会节省边际投入成本，而且会降低他们所使用的所有投入单位的价格。严格地说，他们设定边际收益等于边际要素成本（MFC），如图 11.4b 所示。在这里，一家有买方垄断势力的保险公司购买医院服务，通过减少它购买的住院天数，它可以降低对所有天数的购买价格。医院几乎没有或者说根本没有其他的买家，而且与前例中护士的情况不同，医院不能通过威胁说将他们的服务出售到其他地方来要求更高的报酬。

对于管理式医疗有两种观点。其一，通过选择性缔约，有管理式医疗计划已经能战胜医院的市场支配力，并能够实现较低的价格的医院服务。另一种观点认为，管理式医疗计划拥有买方垄断力量，并且利用它来降低他们支付给医院的费用。Mark Pauly（1998）提出了一种方法来检验管理式医疗是在阻碍医院的市场支配力还是在行使其买方垄断的力量。测试的归纳见图 11.5。如果选择性缔约有效地削弱

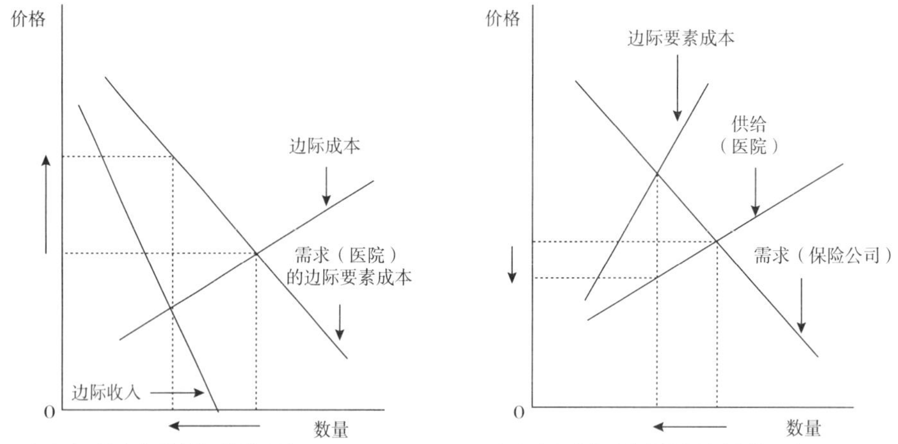

（a）当医院有垄断力量时价格上涨　（b）当保险公司有垄断力量时价格下降

图 11.4　医院卖方垄断和保险公司买方垄断的比较

了医院的市场支配力，那么就会降低医疗服务的价格，从而导致对管理式医疗计划更大的医院产出。在图 11.5a 中，随着医疗市场接近竞争平衡，越低的价格将促使医院有更大的产出品。相反，如果管理式医疗计划在当地市场上行使买方垄断势力，它们就应该减少医院服务的数量，以实现更低的价格（见图 11.5b）。因此，测试的目的是观察医院出售给管理式医疗的住院天数是增加了（意味着医院市场力量减弱）还是减少了（意味着保险公司的买方垄断力量）。

Feldman 和 Wholey（2001）使用了 1985—1997 年 HMO 的数据验证了这一理论。住院天数是衡量 HMO 对医院使用情况的指标，每个 HMO 支付的平均价格是医院的花费除以总天数。正如之前的一些研究讨论过的，这里有一个关于内生性的问题。HMO 的购买力、其服务利用以及支付的价格都可能受到当地市场上同一个未被研究人员观察到的因素的影响。研究人员采用两阶段统计技术来处理这一问题。

Feldman 和 Wholey 的结论很简单。首先，他们发现更高的 HMO 购买力与医院价格呈显著负相关。这并不令人惊讶；在这两种理论下，更强大的 HMO 市场力量都会导致更低的价格（见图 11.5）。然而，更高的 HMO 购买力与住院天数呈显著正相关。这意味着医院的使用情况随着 HMO 购买力的增加而增加，这一结果与图 11.5a 一致。这是对买方垄断模型的明确反驳，并表明，管理式医疗计划似乎增强了医院市场的竞争，而不是降低竞争程度。Feldman 和 Wholey 还研究了 HMO 购买能力对医院门诊服务价格和服务利用的影响，但在这两个方面都没有发现统计上的显著证据。这可能是由于在分析门诊部门的方法上存在困难。

我们将在第 12 章中更全面地讨论健康保险公司市场和各方可能拥有的市场支配力。

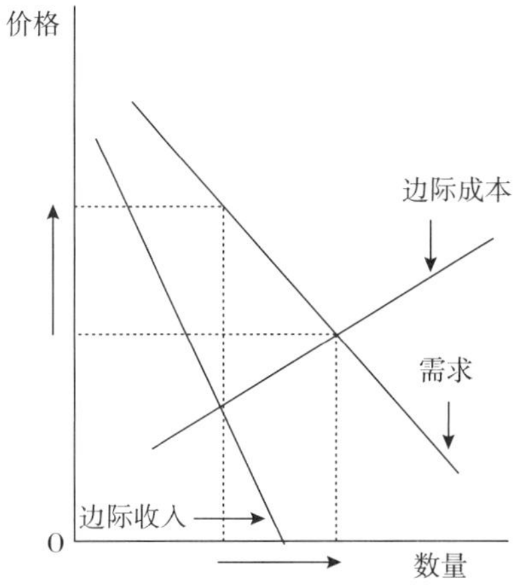

（a）卖方垄断：降低医院市场支配力

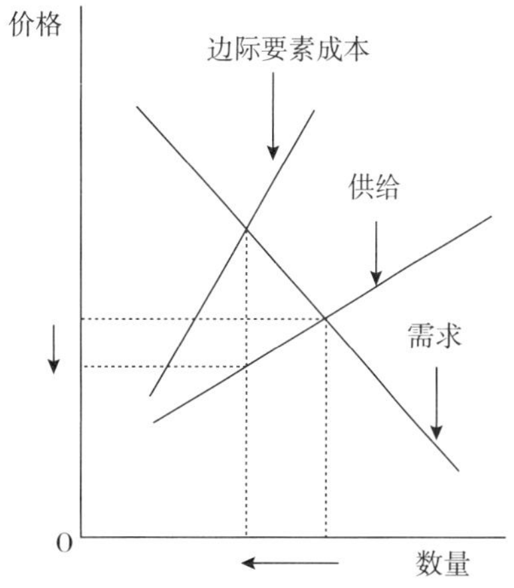

（b）买方垄断：加强保险公司市场支配力

图 11.5　卖方垄断和买方垄断

本章小结

- 过去十年来，关于健康保险保费的上升主要有两种解释：对管理式医疗的抵制和医疗服务提供者之间竞争的减少。
- 认为对管理式医疗的抵制导致保费上升的观点论述，医生反对服务利用管理技术对他们行医方式的限制，并反对管理式医疗计划协商的更低价格。病人则关心对服务利用的限制，以及在管理式医疗提供者网络中有限的选择权。保费的上涨是由于消费者有了更多选择，因为更广泛的选择意味着，管理式医疗计划不能保证提供足够的病人数量，从而不能在与医院的协商中获得最低的价格。20 世纪 90 年代末的研究未能找到很多证据表明，消费者转向了限制较少的计划。最近的数据更能表明这种改变趋势。
- 认为竞争的降低导致保费上升的观点论述，医院兼并和合并的浪潮减少了竞争者的数量，并允许医院提高对管理式医疗计划收取的费用。医生们进入市场销售网络，联合起来提高他们的服务对保险公司收取的价格。研究表明，管理式医疗的增长对医疗服务提供者之间合并的影响并不确定。然而，关于并购浪潮对医疗服务提供者支付价格影响的研究甚少。FTC 和 DOJ 在继续积极关注医疗行业中存在的反竞争行为。
- 医生和医院认为他们应联合起来对抗大型保险公司的市场支配力。一个研究试图发现保险公司的买方垄断力量与医院市场支配力的下降，但它并没有找到保险公司具有买方垄断力量的证据。然而，证据表明，管理式医疗计划的选择性缔约降低了医疗服务提供者的市场支配力。

问题讨论

1. 一些人认为，逆选择是健康保险保费先下降再上升的潜在原因。如果越来越多不健康的人从传统健康保险计划加入到了管理式医疗计划，这对平均的保费将会有什么样的影响？相比于传统健康保险计划，管理式医疗计划中选择性缔约对于高风险参保人群的成本有怎样的影响？

2. 科技进步在保险保费的上涨中发挥了怎样的作用？你认为管理式医疗的发展会改变科技的成本轨迹吗？

3. 联邦贸易委员会和医生团体达成合意判决，所谓医生团体是将医生组织起来进入市场销售网络的组织。这种网络会对竞争产生什么样的损害？

4. DOJ 通常会在医院兼并完成之前审查提出的申请。DOJ 在寻找什么？什么样的迹象会使 DOJ 批准这项兼并？什么样的迹象使 DOJ 感到担忧？

延伸阅读

[1] Fang, H., and J. A. Rizzo. 2010. "Has the Influence of Managed Care Waned? Evidence from the Market for Physician Services." *International Journal of Health Care Finance and Economics* 10 (1): 85 – 103.

[2] Haas – Wilson, D., and C. Garmon. 2011. "Hospital Mergers and Competitive Effects: Two Retrospective Analyses." *International Jonurnal of the Economics of Business* 18 (1): 17 – 32.

[3] Town, R, R. Feldman, and J. Kralewski. 2011. "Market Power and Contract Form: Evidence from Physician Group Practice." *International Journal of Health Care Finance and Economics* 11 (2): 115 – 32.

第 12 章　保险市场结构、行为和绩效

除了有限的对管理式医疗渗透率效果的分析，令人惊讶的是，关于健康保险市场竞争程度的研究少之又少。在第 11 章中，我们看到医院市场的行为表明，至少在上世纪 90 年代，保险公司注重选择性合同，这削弱了医疗服务供应商的市场支配力。在本章中，我们将直接关注健康保险行业，并研究市场集中在少数几家保险公司的程度。我们还将研究其相对于其他行业的特定公司的盈利能力。我们探讨了保险公司在多大程度上拥有市场支配力以及这种力量在多大程度上导致更高的保费。最后，我们将探讨最惠国条款的现象。这些合同要求医疗服务供应商向占主导地位的保险公司提供的价格，必须低于其向任何其他私人付款者提供的价格，这也是该行业市场行为的最新前沿。

健康保险行业结构

令人惊讶的是，总结美国健康保险行业的结构是很困难的。部分原因在于产品种类繁多，部分原因在于这些产品销售商的监管和组织，部分原因在于买家之间存在明显的利基市场①。

在第 1 章中，我们首先将这个行业描述为由非营利性的蓝十字和蓝盾计划、商业保险公司和管理式医疗计划组成。这种特征在 20 世纪 90 年代基本失去意义，当时所有的保险公司都提供管理式医疗计划，而传统保险几乎消失，甚至非营利性的蓝十字和蓝盾计划与商业保险公司之间的区别也不复存在。

从 20 世纪 90 年代末开始，许多（但肯定不是全部）蓝十字和蓝盾计划开始转

---

① 译者注：市场利基（market niches）指市场利基者通过专业化经营而获取的更多的利润。“利基”是英文名词“Niche”的音译，利基市场指市场中通常为大企业忽略的某些细分市场；利基市场战略指企业通过专业化经营来占领这些市场，从而最大限度地获取收益所采取的策略。实施利基战略的重要意义在于：进行市场利基的公司事实上已经充分了解了目标顾客群，因而能够比其他公司更好、更完善地满足消费者的需求。并且，市场利基者可以依据其所提供的附加价值获取更多的利润额。总之，市场利基者获得的是“高边际收益”，而密集市场营销者获得的只是“高总量收益”。

变为营利性或相互性（Consumers Union，2006）。相互保险公司是由其保单持有人所有的保险公司，2012 年，在一系列独立式地方计划的兼并和收购之后，只有两个营利性的蓝十字和蓝盾计划仍然存在：在 14 个州的全部或部分地区运营的 Wellpoint 和在中西部两个州运营的 Wellmark。Wellpoint 是美国五大营利性健康保险公司之一。此外还有 13 家相互保险公司，由以前的非营利组织蓝十字和蓝盾计划组成，目前在 17 个州的全部或部分地区运营。表 12. 1 总结了截至 2012 年蓝十字和蓝盾计划的现状，一些在多个州运营的非营利计划都隶属于一家公司（例如 Care First）；其他公司，如 Excellus，在纽约经营三项计划。还要注意，在某些情况下，同一州不同所有权类别的公司可能会相互竞争（例如华盛顿的 Premera 和 Regence）。在蓝十字和蓝盾计划的转变浪潮之前，这些情况是不会发生的。

第二个特点是沿产品线种类、致力于数量和市场份额的保险公司，会提供健康维护组织（HMO）、优先医疗服务组织（PPO）或记点服务计划（POS）。与此对应，我们在研究医院市场时，通常使用 HMO 渗透率，偶尔也会使用 HMO 的数量作为当地健康保险市场的衡量标准。我们在第 10 章中注意到，这些分析往往忽略了 PPO 和其他形式的管理式医疗，主要是因为缺乏数据。我们能够确定采用某种形式的管理式医疗计划中有保险的职工数量，这在第 1 章的图 1. 2 中有所体现。然而，这些数据并未告诉我们在特定市场区域，提供每种类型保险的公司数量。

更复杂的是，我们在第 5 章看到大多数大型雇主提供自我保险产品。这些自保计划的出现主要是由于 1974 年《雇员退休收入保障法》（ERISA）的出台和避免州保险监管的愿望，我们将在第 20 章中讨论。然而，从一个角度来看，这些自保计划是足额保险计划[①]有竞争力的替代方案。例如，如果保险公司以远高于边际成本的保费提供了一种足额保险的 PPO 产品，人们可能会期望精明的雇主提供自己的自保 PPO 产品，并且只与一家行政服务公司（ASO）签订合同来运行该计划。因此，即使没有自我保险的监管优势，我们也可能会看到在保险公司将保费设定为高于边际成本的市场中出现了自我保险计划。

不像它首次出现那么简单，许多（也许是大多数）ASO 公司都是同时也销售足额保险产品的保险公司。出于某些目的，比如检测保险公司对医疗服务提供商价格的影响，那么将足额保险计划与它们管理的 ASO 合同结合起来，以确定由当地保险公司持有的市场支配力（如果有的话）的程度，可能更合适。如果足额保险计划和 ASO 管理的自我保险计划使用由保险公司或 ASO 谈判的相同提供商网络，我们就可以这样做。但遗憾的是，对 ASO 几乎没有做过任何研究。

① 译者注：足额保险计划（Full - insured Plan）一般是指保障内容广泛，自付比例低，甚至没有自付的保险计划。

表 12.1　2012 年蓝十字和蓝盾计划分布情况（按公司营利性质和州分支机构）

非营利计划	营利计划	相互保险公司
CareFirst 公司	Wellpoint 公司	HCSC 公司
特拉华州	加利福尼亚州	伊利诺伊州
哥伦比亚特区	科罗拉多州	新墨西哥州
	康涅狄格州	俄克拉何马州
Excellus 公司	佐治亚州	得克萨斯州
纽约州（3 项计划）	印第安纳州	
	肯塔基州	Regence 公司
HealthNow 公司	缅因州	俄勒冈州
纽约州（2 项计划）	密苏里州	犹他州
Premera 公司	内华达州	华盛顿州
阿拉斯加州	新罕布什尔州	
华盛顿州	纽约州	阿肯色州
	俄亥俄州	佛罗里达州
亚拉巴马州	弗吉尼亚州	夏威夷州
亚利桑那州	威斯康星州	爱达荷州（2 项计划）
加利福尼亚州		堪萨斯州
马萨诸塞州	Wellmark 公司	路易斯安那州
密歇根州	艾奥瓦州	密西西比州
明尼苏达州	南达科他州	内布拉斯加州
密苏里州		北达科他州
蒙大拿州		南卡罗来纳州
新泽西州		
北卡罗来纳州		
宾夕法尼亚州（5 项计划）		
田纳西州		
佛蒙特州		
西弗吉尼亚州		
怀俄明州		
22 个州的 24 家公司	16 个州的 2 家公司	17 个州的 13 家公司

资料来源：消费者联合会 2006 年的数据。

第三个特点侧重于市场利基：大团体市场、小团体市场和个人市场（此外，还有许多其他市场利基，我们暂不讨论。其中包括医疗照顾优先计划、补充性医疗保险和独立处方药计划，都是面向老年人以及针对特定疾病和直接现金补偿的政策）。主流观点认为，大市场、小市场和个体市场是截然不同的。各市场间缺乏交叠，主要是由于州保险监管界定了个人和小团体市场，并要求公司获批后方可提供保险。然而，对于一个小团体来说，停止企业缴费保险并且组织职工在个人市场获得保险并不罕见。

事实上，一些小雇主在员工购买个人保险时，会补偿部分或全部保费。大型团体市场由自我保险产品主导，但即使在这里（我们将在本章后面看到），许多大型雇主团体也购买选定的足额保险产品，特别是HMO保险，而一些小型企业团体则是自我保险，并提供止损条款。因此，尽管利基市场可能被认为是独特的，但也有明显的溢出机会。

投资者拥有的健康保险公司的盈利能力

人们常说，营利性的健康保险公司获得了巨额利润。事实上，从2008年到2011年的证据显示，就盈利能力而言，这些投资的回报相当有限。通过财务比率分析可以比较企业的盈利能力，常用的两项指标是净利润比和资产回报率。在每一个比率中，分子，即利润，被定义为税前净收入。在前者中，分子除以销售额或保费。在后者中，它除以资产负债表上报告的总资产。

图12.2显示了2008年至2011年五大营利性健康保险公司中每一家的年平均比率，它还报告了其他行业中五家知名公司的年均比率：UPS，快递和物流公司；Exxon，石油生产商和炼油商；Pfizer，制药公司；CSX，大型运输公司；以及可口可乐公司。该分析并没考虑这些公司可能拥有的其他业务线，很明显，健康保险公司的净利润率——利润与收入的比率——约为6.6%，这与UPS大致相当，远低于石油、制药和软饮料公司。按资产回报率计算，五家保险公司的平均回报率为7.6%，与CSX相当，远低于大多数其他比较公司。

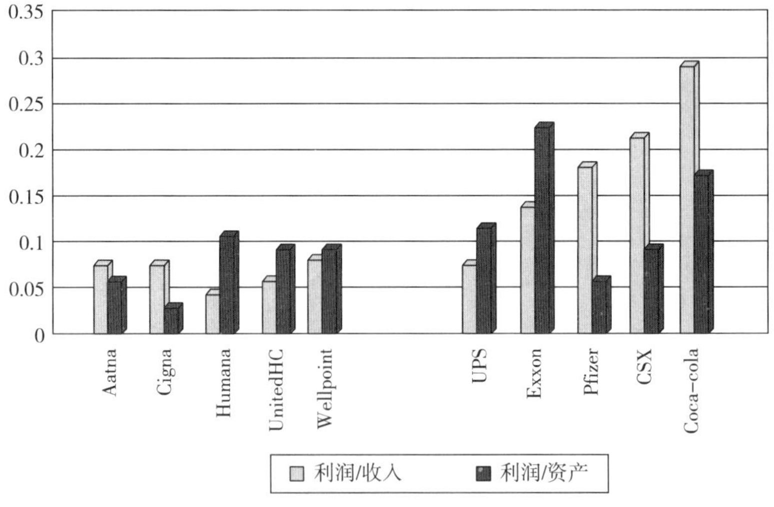

注：平均值为2008年至2011年的价值，利润为税前净收入。

资料来源：各公司官网数据。

图12.2 财务比率分析——收入和资产回报率

上述讨论为我们研究私营健康保险行业结构和竞争程度铺平了道路，图 12.3 显示了 2009 年提供个人健康保险的市场上活跃保险公司的数量，这些数据是由 Jean Abraham 和 Pinar Karaca – Mandic（2011）根据提交给全美保险监管官协会（NAIC）的报告汇编而成。尽管这些数据具有指导意义，但它们也凸显了获取有关健康保险行业结构有效信息的难度。例如，这些数据不包括未向 NAIC 汇报的加利福尼亚州，同样被排除在外的估计有 20% 的被州监管机构归类为人寿保险的公司。数据显示，30% 的州有 4 家或更少的非团体健康保险公司，平均每个州不到 8 家。这项研究与 Chollet 及其同事（2003）的研究形成鲜明对比，他们在研究中发现：2001 年在个人保险市场上平均每个州有 13 家保险公司，其中有 7 个州超过了 20 家。即便如此，2001 年的数据仍表明该市场集中度相当高。平均而言，个人保险市场中最大的保险公司拥有 58% 的市场份额，最大的三家共占 80%。2001 年和 2009 年的数据都表明，许多州（或许是大多数州）的保险公司数量有限，且在过去 10 年里逐年下降。

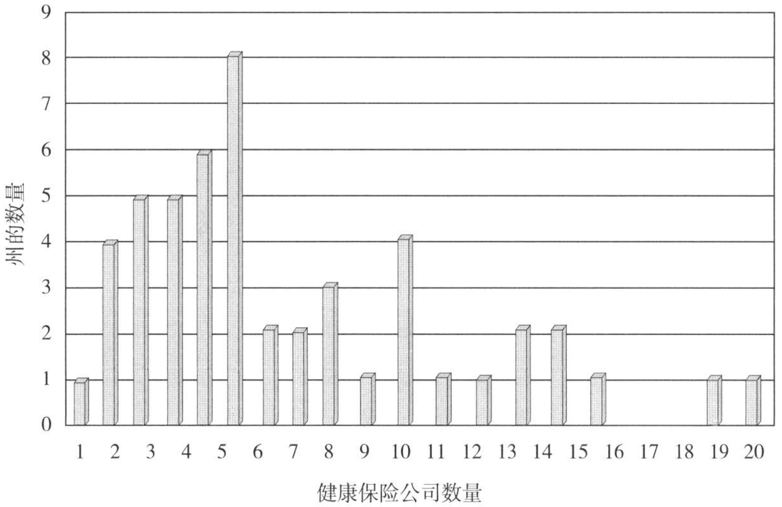

注：不包含加利福尼亚州。

资料来源：Abraham 和 Karaca – Mandic（2011）。

图 12.3　2009 年个人业务市场上活跃保险公司数量的各州分布情况

类似的当前数据在小团体市场上是不可得的，Chollet 和她的同事在 2003 年的报告中描述了一个更强劲的小团体市场。2001 年，平均每个州有 42 家保险公司在小团体市场提供保险，范围从肯塔基州的 10 家到得克萨斯州的 89 家。近 40% 的被保险人由蓝十字和蓝盾计划承保，19% 由商业保险公司承保，42% 由 HMOs 承保。很明显，大部分商业保险和蓝色计划保险都是某种形式的管理式医疗。

在过去的十年里，美国医学会（AMA）发布了一份关于健康保险行业竞争程度的年度报告，分析涵盖了个体、小团体和大型团体等细分市场的各项要素。报告的结论是："美国大多数商业健康保险市场都高度集中"（AMA，2012，9）。AMA通过健康保险领军者内部研究（Health Leaders InterStudy）管理式医疗数据得出该结论，内部研究长期以来一直是HMO提供的保险数据来源，并且最近增加了其他形式的管理式医疗服务。报告中的每家保险公司按其服务领域（通常是县级）的计划类型提供登记情况，AMA将这些数据汇总到都市地区和州一级，并分别报告所有管理式医疗产品以及HMOs、PPOs和POSs的数据。

图12.4报告了美国医学会2012年对14个州（包括华盛顿特区）的调查结果，其中拥有HMO、PPO和POS组合的最大保险公司的全州市场份额达50%甚至更高。以北卡罗来纳州为例，该州最大的保险公司已经吸纳了该州60%的私人管理式医疗保险注册。

人们可以对这些数据的实用性展开有意义的讨论，例如，这些数据没有区分个人和团体市场，并且忽略了自保计划。从这个角度看，它们不一定反映出当地市场可能存在的价格竞争程度。从另一角度看，根据2011年医疗费用面板调查（MEPS）的调查数据（AHRQ，2011），在全美平均个人保单保费最高的10个州中，图12.4中有5个州（阿拉斯加、罗得岛、新罕布什尔、华盛顿特区、特拉华）位列其中，这可能意味着这些州的保费竞争有限。另一方面，夏威夷和亚拉巴马州

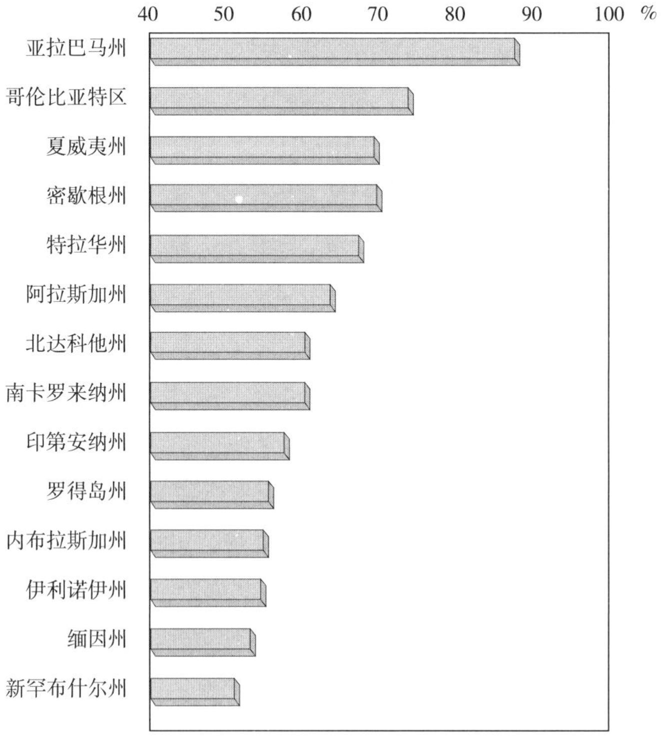

资料来源：AMA（2012）。

图12.4　保险公司市场份额超过50%的州

的 MEPS 保费在全美最低的 11 个州中榜上有名，表明保险公司间的竞争或许不是一个问题。

如果有人认为保险公司利用这种注册规模的力量能够降低医疗服务商的价格，那么将个人和团体市场的保险计划组合是非常有用的。在这里，人们可能会通过观察医生或医院的价格，论证保险公司的较高市场份额与较低价格之间是否存在关联。然而，正如我们在第 11 章看到的，较低的价格可能会导致保险公司削弱医疗服务供应商的垄断力量或发挥它们自己的垄断力量。

Dafny、Duggan 和 Ramanarayanan（2012）描述了 1999—2006 年的大型团体市场结构，为此他们使用了一家匿名福利咨询公司的专有数据集。该数据集包括了大约 800 名雇主，它们大多数是大型、多网点的上市公司，其中许多都是《财富》500 强企业。他们的工作结合了足额保险计划，如这些公司提供的 HMO，以及自我保险计划产品。如果自我保险计划使用蓝十字作为其理赔管理人，分析会将其视为蓝十字计划。福利咨询公司将地理市场区域定义为 139 个三位数邮编区域，这是保险公司在报价时通常使用的。然后，作者利用这些数据构建了一系列衡量保险市场集中度和随时间变化集中度的替代指标。全国前四家公司集中度，这一指标符合我们衡量的要求，即前四大保险公司承保人数占所有公司承保人数的百分比。1998 年，四大健康保险公司的样本中大型雇主的市场份额合计为 58%。到 2005 年，这一比例上升至约 70%。作者还通过使用特定市场区域的数据证明，市场集中度在其研究时间的后半段有所增加，在整个市场中普遍存在。然而，正如我们先前指出的，是否应将自我保险计划与足额保险计划结合是一个悬而未决的问题，如果这样做了，将会降低集中度比率。

所有这一切中相当明显的一点是，衡量健康保险行业结构的指标有待探讨并值得更多关注。将结构衡量标准与业绩挂钩的努力则显得更加困难。

保险公司市场支配力研究

即使健康保险行业集中度很高，普遍的观点是该市场仍竞争激烈（FTC 和 DOJ，2004）。主要的论点在于进入细分市场相对容易，故保险公司提高保险费的任何努力都是短暂的。因此，即使在一个细分市场中只有少数几家保险公司，提高价格也会导致新的市场进入现象。即使是对自付保费进行微调，被保险企业的职工也非常愿意改变计划，支持这一观点的证据将在第 13 章中列明。雇主作为其员工的代理人，在选择健康计划时应考虑到这种保费价格敏感性。

保险公司集中度对雇主保费影响的实证研究为数不多，Dafny（2010）的研究是其中之一。她研究了 1998 年至 2005 年，保险公司的集中程度对大型雇主提供的足额保险计划保费的影响。虽然并非完全如此，但她研究的大部分保险计划来自HMO，研究策略是调查那些经历了盈利状况改善的投保企业是否会面临更高的保费，在竞争激烈的保险市场中，买方的这种盈利状况应该不会对保费产生影响。她的论点是相对集中的保险公司和雇主（购买者）进行了双边谈判。重要的是，人们认为雇主不愿在经济形势好的时候改变计划，保险公司也试图利用这一点。[①] 为了验证这一点，Dafny 使用了一家未披露的福利咨询公司的数据，包括来自 776 家雇主和 139 个地理市场的观察数据，其中处于中位值的雇主在 47 个不同的市场经营，拥有近 1 万名员工。她进行了一系列的回归分析，其中保费支付是公司滞后利润率、员工人口统计数据、雇主、市场、保险公司、计划类型和年度固定收益的函数。她发现，保险公司能够在雇主利润较高时提高保费，但仅限于保险市场集中度较高的市场。利润每增加 10 个百分点，保费就会提高 0.3%。在拥有 6 家或更少保险公司的市场上，盈利改善的影响最为严重。从本质上说，她发现在她的样本中，当本地市场上的保险公司较少时，足额保险计划能够在保费报价上产生价格歧视。

正如我们所注意到的，蓝十字和蓝盾计划以及更广泛的健康保险公司之间已经有了实质性的整合。Dafny、Duggan 和 Ramanarayanan（2012）在最近发表的研究中，研究了 1999 年两家营利性健康保险公司 Aetna 和 Prudential health Care 合并后的保费增长和相关影响。

Dafny 和她的团队使用了 1998 年至 2006 年的追踪数据，这些数据来自近 140 个地理市场的 800 多家雇主提供的健康计划，他们同时使用了足额保险和自我保险计划。正如我们在专栏中指出的那样，合并最终并没有像 Aetna 最初设计的那样进行。随着市场转向限制较少的管理式医疗，而该公司是转向 HMO，因此合并对集中度的影响相对短暂。尽管如此，合并的结果是整个 2002 年地方保险市场的集中度有所提高，1999 年至 2002 年这段时间是研究的重点。研究发现，市场集中度的增加导致保费增长 7%，大约是同期健康保险保费增长的四分之一。此外，受合并影响严重的健康保险市场也发生了其他变化。首先，在保险业更为集中的市场上，从 HMO 向 PPOs 转换和向传统保险转换是不成比例的。其次，还有一种转换趋势，那就是更多地使用了自我保险计划。这两项举措都与雇主及其员工放弃高价 HMO 计划的趋势一致。第三，他们发现医生收入的增长减少了 3%，而护士收入的增长抵消了一部分。这表明，医生们对更高的保险集中度导致其收入下降的担忧可能有一定的意义。然而，纵观他们的研究结果，我们并不清楚合并所提供的市场支配力

① 尽管如此，正如我们在第 14 章中所讨论的，为什么雇主不能简单地转向成本较低的计划，并通过提高工资或提供其他有价值的福利来补偿工人不太理想的新健康计划，这一点还不清楚。Dafny 认为，高昂的转换成本阻碍了这种反应。

是否能持续足够长的时间，这将成为一个公共政策问题。

Aetna－Prudential 保险合并案例

1998 年 12 月，Aetna 保险宣布拟收购 Prudential 医疗。美国 Prudential 保险公司决定退出健康保险市场，最终于 1999 年以 10 亿美元的价格将其管理式医疗部门出售给 Aetna 保险，这使得 Aetna 成为当时最大的健康保险公司。为克服反垄断审查，该公司与美国司法部达成了一项协议，将放弃得克萨斯州的一些计划，美国政府一度认为该公司因为这些计划而拥有过多市场支配力。然而最终，Aetna 的整体收购并不顺利，就在对管理式医疗的强烈抵制正在爆发、参保人开始转向 PPO 和其他提供了更多可选供应商的保险形式时，Aetna 大踏步迈进 HMO 的多种管理式医疗领域。正如 Robinson（2004，44）所言："在进军管理式医疗领域时，Aetna 保险运气不佳，在最糟糕的时机作出了更糟糕的决定。"事实上，Dafny 和她的同事（2012）得出的结论是：自 2002 年以后，兼并者提高保费的能力已经大大减弱。

Dafny 和她的同事总结道："虽然 7% 是很大的绝对值……但与我们样本中 1998—2006 年同期公司的平均通货膨胀调整后保费增长 60% 相比，这一增幅相形见绌"（2012，33）。

最后，Melnick、Shen 和 Wu（2011）研究了 2001 年和 2004 年健康保险公司和医院集中度对社区医院价格的影响。他们使用大都市统计区作为定义的地理市场，实质上是美国医学会的综合管理式医疗集中度测量（即赫芬达尔—赫希曼指数，HHI，乘以 10 000），以及由美国医院协会的病人日数据构建的医院 HHI，该数据是根据多医院系统调整后得出的。医院的价格是根据《医疗照顾计划费用报告》中的病人净收入计算的，他们发现，医院市场的集中度几乎是保险公司市场的 2 倍，而医院 HHI 值每上升 1 000 点，医院价格就会上涨 8.3%，而保险业集中度每上升 1 000点，价格就会下降 2.5%。因此，这些发现与我们在第 11 章中回顾的 Feldman 和 Wholey（2001）的分析是一致的，并得以扩展。

最惠国待遇条款

在一些保险公司—医疗服务供应商合同中，最惠国待遇条款（*Most Favored Nation*，MFN）是一个相当有趣的合同特征。这一术语源于国际贸易协定，在这些协定中，各国被保证不会支付比最惠国更高的进出口税。在医疗领域，合同条款规定，医院（或医生）服务的买方可以享受到其他买方享有的最低价格，这些条款具有重大的公共政策利益。2007 年，印第安纳州和科罗拉多州禁止了健康保险合同中的这些条款（Cook，2007），俄亥俄州在 2011 年通过立法来禁止这些条款。2010 年 10 月，美国司法部对密歇根蓝十字会提起反垄断诉讼，称被告与医院订立的最惠国合同条款，导致医院价格上涨，其他保险公司进入市场减少，折扣减少。[①] 2013 年 3 月，在密歇根州颁布立法禁止最惠国待遇条款后，美国司法部驳回了这些指控。

关于这个条款是否违反竞争性一直颇有争议，令人惊讶的是，一些人声称最惠国条款有利于医疗服务提供者，而另一些人则声称这些条款有利于保险公司。还有人认为，该条款根本不具有反竞争性，反而是提高了效率。

第一种观点认为，如果一个市场中的所有医院都同意收取一种共同垄断费用，即服务价格的最大化，那么它们就会获益。这种卡特尔安排在本质上是不稳定的，卡特尔中的每家医院都有欺骗的动机。如果它能秘密地降低某些买家的价格，就能吸引更多的买家，这是以牺牲其同类型机构的利益为代价。其他医院会观察到较低的使用率，但很难确定这是否是随机波动以外的其他因素。最惠国待遇条款以买方的形式为每家医院额外提供了一双监督之眼，如果医院在暗中提供折扣，最惠国买方在行使检查医院账目的权利，确定它是否得到了最低价格时，会发现较低的价格。在这个角度看来，最惠国待遇条款是执行供应商卡特尔的一种机制。

或者，更常见的是，最惠国条款被视为一种手段，使大型本地保险公司得以阻止其他保险公司就降低医院价格进行谈判。按照这种观点，一家大型保险公司会认为，医院应该给它提供与其他买家相比最低的价格。比如，如果一项新的管理式医疗计划试图有选择地与医院签订合同，并承诺以一定数量换取价格，那么医院必须向大型保险公司提供与其新管理式医疗计划同样低的价格。或者，医院必须放弃与大型保险公司的合同（和患者），或多或少地使用新的管理式医疗计划。这显然削弱了管理式医疗计划在保费基础上与当地大型保险公司竞争的能力，并可能会使管理式医疗计划无法进入市场。

最后，有一种观点认为，最惠国条款根本不具有反竞争性，反而只是一种帮助保险公司在医院价格和成本复杂多样的环境中获得最佳价格的机制。

Bill Lynk（2000）提供了关于最惠国条款对医院和保险市场影响的唯一实证调查，合同的经济性很直白（见图 12.5）。在这个模型中，假设的蓝十字计划是当地的大型保险公司，图中显示了初始收取的“蓝十字价格”。一个新的 HMO 将为医院提供新的患者数量，并要求图中的“HMO 价格”。为便于将分析集中于定价问题上，作

---

① 译者注：举例说明这里所谓的最惠国待遇条款，某医院 A 与保险公司 B 签约，规定 B 对 A 的某项单次服务支付 100 元。如果有最惠国待遇条款，其他保险公司对此服务的支付价格只能比 100 多，不能比 100 少，这实际是变相规定了医院服务的最低价格水平，因此阻碍了保险公司与医院谈判价格，开展竞争。

者假设每个病人的边际或增量成本相等。标有“HMO 额外利润”的阴影区域表示医院通过签订新的 HMO 合同将获得的利润。但是根据最惠国条款，这项新合同需付出代价。医院必须给蓝十字相同的低价，标有“蓝十字亏损利润”的阴影区域表示这一成本的规模。从图中很容易看出，根据蓝十字和 HMO 协商的价格以及它们各自的患者数量，即使存在最惠国条款，医院也可能因执行新的 HMO 合同而获益或受损。

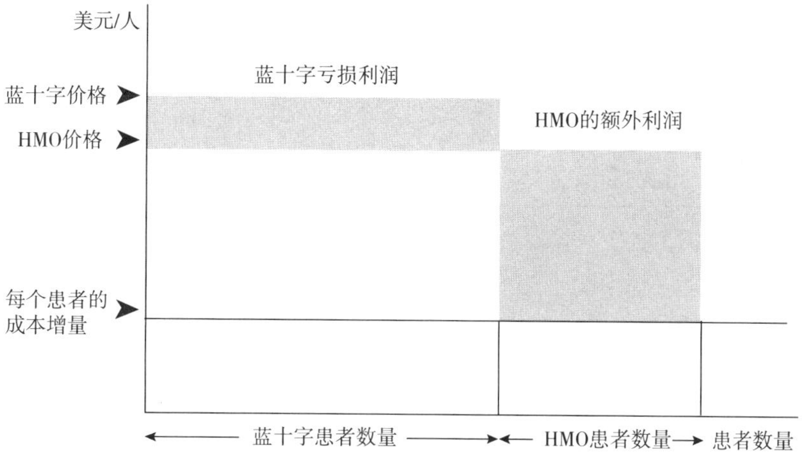

资料来源：Lynk（2000），“Some Basics about Most Favored Nation Contracts in Health Care Markets，” *Antitrust Bulletin* 45（2）：491－530，Figure 1。允许转载。

图 12.5　享受最惠国条款合同的折扣计算法

这种现象很容易图形化，见图 12.6a，横轴代表相较于蓝十字价格的任何折扣大小，由左至右折扣逐渐变大。纵轴有两个尺度：左边是利润（来自已执行合同），右边是概率（赢得合同），黑线代表没有最惠国条款情况下的市场。首先考虑向下倾斜的那条线，如果医院不给 HMO 折扣（最左边的点），医院将获得最大的利润。随着折扣越来越大，一旦过了折扣价格等于提供服务成本的点，合同利润会开始下降并最终为零。向上倾斜的黑线表示在任何大小的折扣下赢得 HMO 合同的可能性，请注意如图所示，医院并没有以很小的折扣赢得合同的机会。然而，随着折扣的增加，赢得合同的概率会大大增加。

图 12.6b 表示的是合同利润乘以每个潜在价格折扣下赢得合同概率的结果，黑线显示的是未提供最惠国条款方案的各种级别折扣的预期利润。预期利润在潜在折扣的中间位置达最大值，即驼峰最高点。随着曲线右移，赢得合同的概率变大，但利润变少，因此预期利润下降。

图 12.6 还介绍了最惠国条款存在并适用于市场上所有或大多数医疗服务供应商的情况，并用虚线表示在图 12.6a 和 12.6b 中。在图 12.6a 中，最惠国条款导致利润率线（向下）移动，因为在每次折扣时，也必须给予蓝十字计划新的更低的价

格，从而降低总体利润。由于最惠国条款适用于整个市场，利润线向外（向上）移动，所有医院竞争对手的HMO合同的盈利能力都会下降。因此在任何给定的折扣下，该医院的合同获胜概率都会提高。图12.6b中的虚线显示了存在最惠国条款时计算预期盈利能力的结果。

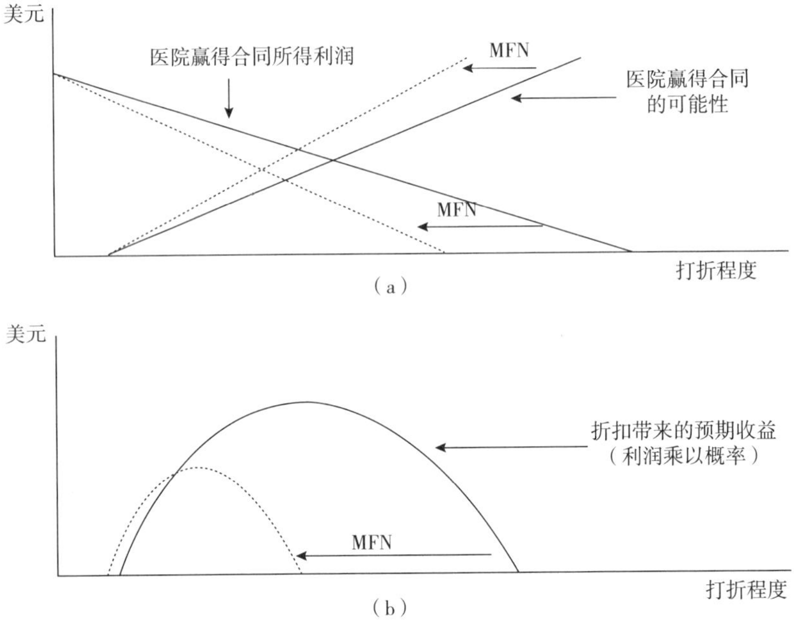

资料来源：Lynk（2000），"Some Basics about Most Favored Nation Contracts in Health Care Markets，" *Antitrust Bulletin* 45（2）：491－530，Figure 3。允许转载。

图12.6 最惠国条款对打折后预期盈利的影响

这个简单的理论提出以下几个假设：

• 最惠国条款减少了对HMO的最优折扣（在没有最惠国条款的情况下，预期利润曲线的峰值在其所在位置的左侧）。

• 最惠国条款降低了享有折扣后的盈利能力（最惠国条款下，预期利润曲线的峰值更低）。

• 尽管折扣后的盈利能力较低但仍然为正，因此还是需要折扣的。

因此，从某种意义上说，最惠国条款在一些人的大幅折扣和许多人的小幅折扣之间建立了社会权衡。

Lynk（2000）提供了评估最惠国条款影响的两个案例。在第一个案例中，罗得岛州的蓝十字和蓝盾计划（BCBSRI）拥有很大的保险市场份额，它发现为医生服务支付的费用高于新的Ocean State HMO保险公司。1986年，它在医生合同中提出了最惠国待遇，Ocean State公司提起了诉讼，但BCBSRI在法庭上获胜，该条款继续有效。在第二个案例中，费城独立蓝十字于 1992 年年中在其医院合同中增加了一项最惠国待遇条款，要求每家医院给予它的价格低于给予任何非政府购买者。司法部对此进行了调查，但随后撤回，该条款依然保持不变。

Lynk 认为，如果 MFN 条款对大型保险公司的竞争对手不利，那么（1）MFN 条款会导致 HMO 参保率降低；（2）医院服务的平均净价格会增加；（3）平均折扣会减少；（4）由于折扣不那么激烈，医院的平均利润会增加。

Lynk 比较了罗得岛州和费城制定最惠国条款前后，非 BCBS 的 HMO 参保人数的变化趋势。在这两种情况下，他都发现参保率继续上升的速度与引入最惠国条款之前基本相同，这表明条款并未降低 HMO 的参保率。其次，在只有费城的数据可及的情况下，Lynk 发现：引入最惠国待遇后，医院的净价格几乎未变，折扣程度有所上升。实施最惠国待遇后的两年内，医院的平均利润几乎未变，仅在第三年略有上升。在每种情况下，所提出的证据都表明最惠国条款并未达到反竞争理论的预期效果。

因此，如果最惠国条款不能将 HMO 的竞争对手排除在外，大型保险公司为何仍要强制执行这一条款？Lynk（2000）认为，这样做是为了使它们能够在价格、成本和质量均高度不确定的市场中，从每个医疗服务供应商获得更具竞争力的价格。他指出，费城市场每次住院的平均全额收费因医院而异，从低于 1 万美元到近 3 万美元不等，净价格（根据合同折扣调整）变动约为这个区间的一半。在不同的医院，收费占净价格的百分比和收费占运营成本的百分比也存在很大差异。

在这种情况下，简单的价格规则可能会产生不良影响。如果保险人决定向所有医院支付一个固定价格，它会发现它为一些价格较低（和成本）的医院多付了钱，其他可能更优秀的高质量医院会拒绝合同，因为报价低于该价格可以弥补的成本。或者，保险公司可以按固定折扣支付医院费用。同样，这将导致一些医院的服务费用过高，而另一些医院的合同被拒绝。第三种方法将要求保险公司从其可能希望与之签约的每家医院获得详细的成本和质量数据，除了这种方法的费用，目前尚不清楚许多医院是否会允许买方翻阅其成本数据。

我们可以把这个问题比作买一辆新车，众所周知没人愿意按标价支付，也没有人指望经销商真的以低于成本的价格出售汽车。你可以访问蓝皮书和互联网指南，并要求看发票。然而，获得优惠价格的最可靠方法是获取经销商在其他人那里已接受的最低价格的信息。Lynk 说，这就是最惠国条款！

最惠国条款仍有争议，正如我们所看到的，有令人信服的理论支持反竞争和有效的价格解释，但理论的好坏取决于其正确预测行为的能力。Lynk 对反竞争理论的反驳并不像想象得那么有力，这两个案例研究提供了前后比较，虽然这些研究信息量很大，但并非黄金标准，我们想知道在同一时期其他类似的市场中，参保率、价格和利润会发生什么变化。此外，Lynk 没有提供支持有效定价理论的检验。尽管如此，根据他的分析，最惠国条款并不会让新进入保险市场的公司处境更糟。

本章小结

- 由于市场细分、差异化产品以及自我保险计划的作用，健康保险行业的结构错综复杂。
- 尽管如此，个人——某种较小程度上小团体市场也类似——可以被认为在许多州高度集中。大型的足额保险市场，主要但不完全由 HMOs 组成，也是高度集中的。
- 市场集中度似乎随时间推移而有所增加。
- 集中度提高对保费或医疗服务供应商价格和收入的影响似乎不大，但相关证据有限。
- 最惠国待遇条款称，在医疗服务供应商之间强制执行卡特尔协议，使价格保持高位，或者限制新的管理式医疗计划与供应商协商较低价格的能力来削弱竞争，这种做法有利于大型本地保险公司。或者，这些条款是一种机制，允许保险公司在具有相当大不确定性的市场上获得可接受的价格。现有的案例研究没有提供证据表明，由于这些条款，管理式医疗增长放缓。

问题讨论

1. 自我保险计划如何成为保险公司试图提高足额保险产品保费的竞争对手？如果自我保险计划“租赁”保险公司的医疗服务提供商网络，这是否会影响保险公司与提供商谈判价格的能力？为什么？

2. 在什么情况下 HMOs 和 PPOs 被认为是密切相关的产品？在什么情况下它们是不同的产品？

3. 健康保险交易所会增加个人健康保险市场的竞争，鉴于本章所述的个人健康保险市场的性质，这种竞争会如何发生？

4. 作为一个审议禁止最惠国条款提案的州立法委员会成员，您希望看到哪些证据来说服您这些条款更有可能是反竞争的？哪些证据来说服您这些条款是更能提高效率的？

延伸阅读

[1] Dafny, L. S. , M. Duggan, and S. Ramanarayanan. 2012. "Paying a Premium on Your Premium? Consolidation in the US Health Insurance Industry." *American Ecomomic Review* 102 (2): 1161 – 82.

[2] Lynk, W. J. 2000. "Some Basics About Most Favored Nation Contracts in Health Care Markets." *Antitrust Bulletin* 45 (2): 491 – 530.

[3] Melnick, G. A. , Y. C. Shen, and V. Y. Wu. 2011. "The Increased Concentration of Health Plan Markets Can Benefit Consumers Through Lower Hospital Prices." *Health Affairs* 30 (9): 1728 – 33.

第五部分

员工健康保险

第 13 章　健康保险的保费敏感性

这一章介绍员工健康保险计划[①]。在第 2 章中，我们观察到接近 60% 的 65 岁以下的美国人群从工作地点获得健康保险。许多人以员工身份获得健康保险，其他人以配偶、家属或者退休人员的身份获得。因为员工健康保险是私营健康保险中非常重要和复杂的一个特色，我们用几个章节的篇幅来讲述它。本章研究员工对于健康保险价格的敏感性。

直接关于雇主对保费变动反应程度的实证研究寥寥无几。我们将从以下几个方面讨论这个话题：健康保险的税收处理（第 15 章），雇主作为代理人的角色为员工提供保险（第 15 章）和小团体市场（第 18 章）。

相比而言，有大量的文献论述了当自付保费改变时，员工改变参与计划的意愿。这类研究得出两个结论：第一，员工对于价格变动非常敏感。不夸张地说，价格稍有风吹草动，他们就可能改变保险计划。因此，管理式医疗计划与医疗服务提供者协商更低的价格的行为，作用不可小觑。如果其他管理式医疗计划能够协商到更低的价格，原保险计划就面临着丢失大量客户的风险。第二，虽然员工在考虑更换健康保险计划的时候对价格非常敏感，但他们对于是否参保并不敏感。这表明，保险参保率的下降是由雇主提供了更少的健康保险导致的。然而最近的研究并不支持这一观点。

关于保费敏感性的早期研究

当我们研究保费对于是否参保健康保险计划的影响时，价格指标的选择是至关重要的。一个方法是去观察高于预期损失部分的医疗支出。这是从第 4 章得来的，在第 4 章我们知道，风险保费是我们为了避免不确定损失造成的结果所愿意支付的最高金额。用保险术语来讲，在预期损失之上我们额外支付的实际金额被称为附加

---

① 这一章中的部分内容取自 Michael A. Morrisey, *Price Sensitivity in Health Care*: *Implications for Policy*，第二版 Washington，DC：NFIB research Foundation，2005。使用得到版权许可。

保费。它包括保险人的管理费用、准备金和利润。然而，员工们几乎不知道附加保费。Feldstein（1974）试图去估计保费对州内投保私营健康保险的人口比例的影响。Phelps（1973）、Goldstein 和 Pauly（1976）用员工数量作为附加保费的指标，提出更大的雇主团体面临更低的保费。最终，这些估计因为过于粗略，并没有很大用处。

第二个方法是用雇主代替员工支付的总保费，去研究保费对于健康保险计划选择的影响。从保险人的角度，这是一个重要的价格指标。此外，正如我们将在第14章提到的，员工以更低的工资或者其他福利减少的形式，最终为员工健康保险付钱。因此从员工的角度这也是一个与他们有关的价格。然而，分析人员通常认为，因为雇主往往把保费分解成雇主支付的部分和员工自付的部分。雇主支付的部分实际上隐性地由工资与福利减少支付，而显性的员工自付部分影响员工在企业公开招聘时的决策。由于员工的名义工资不随着他们的保险决策立刻改变，第二个方法不尽合理。

Welch（1986）是最早估计自付保费对选择健康保险计划的影响的学者之一。他使用劳工统计局的数据去研究参与按服务项目付费（FFS）计划或者健康维护组织（HMO）的选择在多大程度上是两种计划价格差异的函数。他使用了总量的公司数据，试图去解释参与 HMO 工人的比例。他发现，每月需要员工自付的保费上涨 10%，短期内使公司中 HMO 所占的份额下降 2%，长期中下降 6%。而 FFS 计划保费价格的上涨对 HMO 有利，即这两种计划是相互替代的。在 HMO 保费不变的情况下，FFS 计划的自付保费上涨 10%，短期中 HMO 的参保率提高 2%，长期中这一比例为 5%。从保险人的角度看，这些估计意味着对健康保险计划的选择有非常强的价格敏感性。因为在这些数据中雇主支付了大约 90% 的保费，因此隐含的短期和长期的价格弹性分别为 -2 和 -6，即 10% 的保费增长几乎会立刻导致保险人失去 20% 的市场份额，在员工有时间去探索其他计划和完全适应当前保费之后，保险公司会失去 60% 的市场份额。

Long、Marquis 和 Rogers（1998）发现员工对自付保费的变动有较大的反应。他们使用了 1984 年大约 1 500 个参保人的数据来检验相对保费变化对自愿退出参保计划的影响，这些参保人都来自三个位于明尼阿波利斯—圣保罗大都市区域的 HMO。他们发现 HMO 的自付保费相对于其他计划增加 5 美元（按 2012 年美元价值计算，约合 11 美元），退出参与 HMO 的人数增加了 66.7%。保费相对减少 5 美元，退出人数减少 41.1%。然而，Long 和他的同事们的主要贡献在于证明，由价格导致的参保人数减少的程度取决于替代计划的可及性。图 13.1 显示了这一结论。对于那些有 5 个可供选择的 HMO 的公司员工，5 美元的相对保费增加导致每 1 000 名参保人中大约有 70 人退出参保（样本的平均数）。当面临 3 种选择时，保费相对增加 5 美元仅导致每 1 000 名参保人中的 58 名退出，而面临 8 种选择时，这一数字为 100 人。

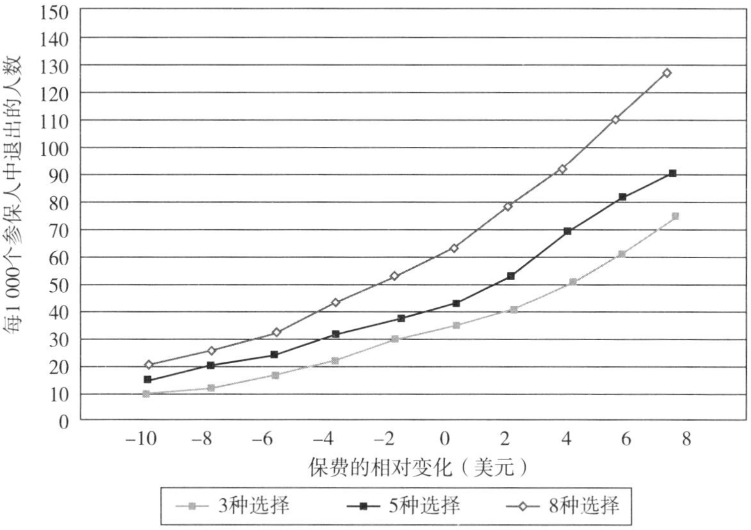

资料来源：Long et al.（1988），“Employee Premiums, Availability of Alternative Plans and HMO Disenrollment,” *Medical Care* 26（10）：Figure 1。允许转载。

图 13.1　HMO 保费的相对变动导致参保率的下降与可选择的计划

员工的保费敏感性

可替代计划的存在，使得自付保费对健康计划选择的影响变得更加复杂。雇主可以提供一种、两种或几种健康保险计划的选项，不过，很多员工也会从配偶或父母一方获得可选择的保险计划。对一些员工来说，医疗救助计划和各州儿童健康保险计划（CHIPs）也可能是其子女的保险来源，因此这影响他们选择是投保个人健康保险还是家庭健康保险。如果我们忽略了这些可供选择的保险计划，我们就会低估自付保费对健康保险计划选择的影响。

如果不是所有的计划都互为良好的替代品，问题就会变得更加复杂。一家公司最初可能会提供一个 FFS 计划和一个 HMO。如第 4 章所述，除了价格之外，正向选择或者逆向选择，以及消费者的风险偏好都可能影响保险计划的选择。因此，如果雇主在公司提供的保险计划中添加第二个 HMO，员工可能会认为相比于 FFS 计划，第二个 HMO 是比第一个 HMO 更好的替代方案。这意味着如果使员工从 FFS 计划转向新的 HMO，需要比从一个 HMO 转向另一个 HMO 降低更多的保费数额。

Feldman 和他的同事们（1989）率先仔细研究了员工自身公司之外的可替代的保险计划。他们使用了 1984 年 17 家位于明尼阿波利斯—圣保罗大都市区域的公司的数据，研究了这几类人群的保险计划选择：906 名不需要抚养他人的单身职工、2 146个单亲家庭和配偶没有通过其他途径获得健康保险的已婚职工。这项调查之所以可行，是因为之前有一份员工层面的关于保险计划选择和其他家庭特征的调查。这项分析仅限于这两组不同的职工，因为每一组人群内部都面临着同样的选择。作者在统计上证明，如果将面临着不同保险计划选择的职工包括在内，则会导致估计偏差，在这种情况下，会低估价格敏感性。他们还证明，传统的保险和预付费的团体业务保险计划在一个重要的方面存在差异，即选择医疗服务提供者的自由。因此，他们将与个体业务协会（IPA）签约的 HMO 计划，与其他一些更传统的按服务项目收费的保险计划一起，归类为自由选择计划。

这项研究的主要结果是，员工不太可能选择每月自付保费较高的健康保险计划。保费对选择影响的大小取决于：（1）价格提高的那个计划的初始份额；（2）该计划在类似计划（例如 HMO 或自由选择计划）的总参保率中所占的份额。因此，根据职工面临的选择，我们获得了一个答案矩阵（见表 13. 2）。

表 13. 2 展示了自付保费增加 5 美元对于单身员工的影响。如果按 2012 年美元计算，这相当于每月保费将增加近 11 美元。假设有一个限制选择的健康保险计划（例如一个团体模式的 HMO）将一个位于明尼阿波利斯—圣保罗都市区的公司中 40% 的单身员工纳入其中，进一步假设这个 HMO 中单身员工的数量占整个公司中参与 HMO 的所有单身员工的 80% 。自付保费每月增加 5 美元，预计使单身职工的参保率减少 45% ，这是相当可观的。对于那些有家庭保险但没有其他员工保险计划来源的职工来说，其结果是相似的。

表 13. 2　　每月自付保费上涨 5 美元导致的个人保险计划参保率下降

	这一 HMO 的初始份额（个人保险计划的员工）									
这一 HMO 参保人占所有 HMO 参保人的比例	10	20	30	40	50	60	70	80	90	100
10	100									
20	100	100								
30	100	100	98							
40	96	90	88	84						
50	86	82	78	74	70					
60	79	73	68	64	60	56				
70	67	63	59	55	50	46	42			
80	57	53	49	45	40	36	32	28		
90	48	44	39	35	31	27	22	15	14	
100	38	34	30	25	21	17	13	8	4	0

资料来源：Morrisey（2005），从 Feldman 等（1989）计算得到。

在表 13.2 中，行数越靠下，表明这个 HMO 在这家公司所有管理式医疗计划中越占主导地位。如果它只占一个较小的业务比例（位于表格上方的部分），它的价格上涨会导致自身的参保率下降而其他 HMO 的参保率上升；当它是占主导地位的 HMO（位于表格下方的部分）时，它下降的参保率主要使传统的补偿型保险计划的投保率上升。当你从左往右看某一行时，这个 HMO 与其他管理式医疗计划的竞争是不变的，但是来自传统类型保险计划的竞争正在减少。因此，随着在一行中从左向右移动，价格上涨导致的参保率的下降会更小。如果公司的所有单身员工都参加了这一 HMO，那么保费的上涨就不会导致参保率的下降（见表格右下角）；但是业务占比很小的 HMO 将可能会丧失自己在公司全部的市场份额（见左上角）。就弹性这一更正式的指标而言，自付保费的弹性从 -0.75（那些市场上有良好替代计划的）到 0（没有可替代计划的）不等（Royalty 和 Solomon，1999）。在接下来的研究中，Dowd 和 Feldman（1994—1995）研究了位于明尼阿波利斯—圣保罗都市区的 5 个公司从 1988 年到 1993 年的数据，这 5 个公司都至少从 7 个传统保险计划和管理式医疗计划中，选择提供 2 个或 2 个以上计划。Dowd 和 Feldman 没有考虑职工们面临的不同的保险计划选项，而只是估计了由公司提供的计划中员工缴纳保费的相对变化导致的参保率的变化。在这里，多缴纳 5 美元的保费（相当于 2012 年美元价值下的 11 美元）导致个人保险计划参保率下降 0.112%。这代表着雇员自付保费的弹性大约是 -1.0（从保险人的角度看弹性是 -7.9）。鉴于没有考虑可从配偶和父母处获得的保险计划带来的偏差，弹性的数字实际上被低估了。Royalty 和 Solomon（1999）批评了 1989 年和 1994—1995 年的研究，因为这些研究没有完全控制因公司所提供的保险计划的不同而造成的估计差异。

Cutler 和 Reber（1996）在哈佛大学教职工之间估计了员工对自付保费变动的敏感性。在这里，每个提供的计划的保险待遇都处于合理的标准。研究者发现自付保费的弹性在 -0.6 ~ -0.3 的范围内。

Buchmueller 和 Feldstein（1996）研究了引入均衡保费计划（雇主对他们提供的每一个健康保险计划都缴纳固定的金额）后，参保人改变参保计划的程度。1994 年，加利福尼亚州大学系统改变了它的健康保险项目。本来是大学以四个最受欢迎的计划的保费设置一个平均支付额，现在改为盯住最便宜的计划。在新的项目下，如果员工想要参保最便宜的计划，他们自己不用花钱；然而，如果他们想参保更贵的计划，他们需要支付该计划与最便宜的计划之间的保费差。Buchmueller 和 Feldstein 比较了变化前后的计划参与情况，他们的发现在图 13.3 中进行了总结。在每月保费无变动的情况下，大约 5% 的教职工改变了参保计划。这大概是由于价格以外的问题引起的对计划的不满，例如过长的等待时间，或者搬家使得之前计划的就医网络对他们来说不再方便。然而，超过 26% 的员工在面临自付保费增长 10

美元时改变了计划，近30%的员工在自付保费增加20美元时改变了计划。通常情况下，面对同样的保费增长，那些参与HMO计划的人更有可能改变计划。

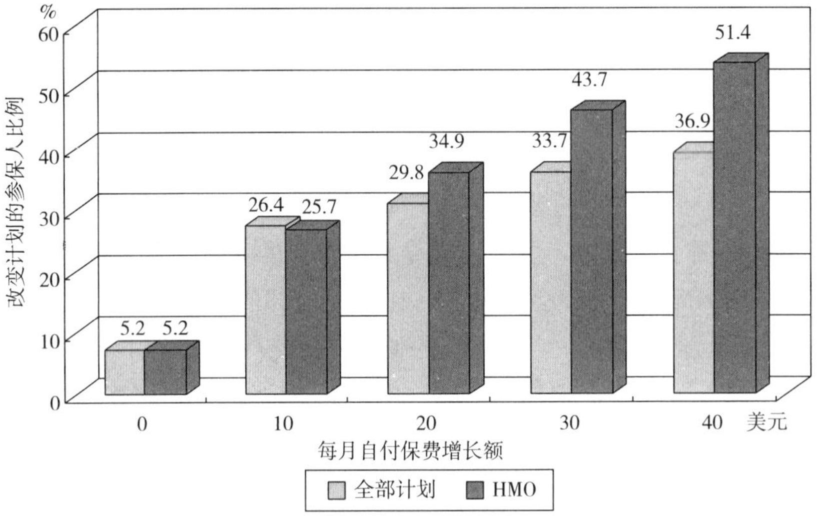

资料来源：Buchmueller and Feldstein (1996), "Consumer's Sensitivity to Health Plan Premiums: Evidence from a Natural Experiment in California," *Health Affairs* 15 (1): Exhibit 3。允许转载。

图13.3　价格对改变参保计划的影响：模拟结果

Royalty和Solomon（1999）进行了到现在为止最彻底的研究。他们研究了1994—1995年斯坦福大学的教职工对保费变动的敏感程度。类似Cutler和Reber（1996）的研究，他们提供的保险计划都有同样的福利水平；类似Buchmueller和Feldstein（1996）的研究，他们研究了为每个计划支付同样保费的公司；类似Feldman和同事（1989）的研究，他们对员工进行了一项调查来获取家庭信息，以便了解是否有其他保险计划存在、家庭财富水平和慢性病的存在。员工们被提供了四个健康保险计划：一个记点服务计划（POS）、一个封闭型HMO和两个网络型HMO计划①。大学对健康保险计划的缴费是费用最低的那个计划的保费的一定比例。因此，员工的自付保费反映了更高的福利待遇的成本。由于不同计划所涵盖的服务基本上是相同的，额外的自付保费实际上购买了更广泛的医疗服务提供者选择权。POS计划有最广泛的选择，而封闭型HMO的选择最少，两个网络型计划介于两者之间。

表13.4展示了对每一个斯坦福计划的自付保费和保险人角度的价格弹性，所有这些计划的价格弹性都很大，例如，POS计划自付保费的弹性为-0.45。这意味着在其他条件不变的情况下，该计划自付保费增长10%会导致员工选择POS计划

① 还提供了第五个计划即灾难性支出计划，但是仅有不到1.1%的员工选择，因此分析中没有涉及。

的概率降低4.5%。很有趣的是，两个网络计划的弹性最大，意味着教职工们认为这两个计划有更好的替代性。表13.4的最底行代表了保险人角度的保费弹性，第一行数字是由保费的变动除以每种计划自付保费的变动得到的，而最底行是由保费的变动除以总保费的变动得到的，因此，给定保费的变动对保险人的影响更大。比如，POS计划的保费弹性是-2.1。保费10%的增长导致选择概率下降21%。在这种情况下，一点点自付保费的改变的影响都是非常大的。[①]

表13.4　　　　斯坦福健康保险计划的价格弹性

所站角度	POS	封闭型HMO	HMO网络1	HMO网络2
员工角度	-0.45	-0.43	-0.56	-0.76
保险人角度	-2.15	-2.87	-2.83	-3.54

资料来源：Royalty和Solomon（1999）。

注：HMO=健康维护组织（Health maintenance organization）；POS=记点服务计划（Point-of-Service）。

Royalty和Solomon（1999）也提供了一些其他变量对于选择计划影响的证据。至少有一个成员有慢性健康问题的家庭比普通家庭选择参与POS的概率高4%，而选择参与封闭型HMO的概率低4%。由于POS有更广泛的医疗服务提供者可以选择。年纪大的职工也更可能选择参与POS计划，年龄增加10岁使加入POS计划的概率提高5%。更高的家庭收入和教育水平也提高了员工选择POS计划的概率并且降低了选择封闭式HMO的概率。而对于网络型HMO的影响，各种不同的证据都存在，且影响很小。

最终，Royalty和Solomon（1999）研究了不同特征的职工是否有不同的价格敏感性。比如，那些有着慢性健康问题的员工也许早就已经与一个或多个专科医生建立了联系，因此如果想使他们改变参保计划，需要更大的价格变化。事实的确是这样的。那些成员中没有慢性健康问题的家庭的保费敏感性是那些有慢性健康问题家庭的3倍，虽然在传统型保险上这一差别并不在统计上显著。30岁工人的保费弹性也比50岁工人的保费弹性显著提高。

这些研究共同的特点是员工在选择参与健康保险计划时对价格是非常敏感的，结果就是，如果一个保险公司的价格比它的竞争者明显高，那么他就会丧失大量的市场份额和利润。

保险参保率

自20世纪90年代末，员工健康保险覆盖水平不断降低。这一下降有3个潜在

① 值得注意的是，这些结论如果使用之前年份的数据，仍然是稳健一致的，这使得模型可采用固定效应模型来预测影响力。若使用官方的保险数据，而不包括由员工调查提供的额外信息，会导致更小的保费弹性数据。

的原因：提供健康保险的公司在减少；符合承保条件的员工数量在减少；符合条件的员工中参加保险的人数也在减少。图 13.5 显示了从 2000 年到 2012 年这些数据的趋势。下降主要由于提供健康保险计划的公司比例在下降。正如我们在第 2 章看到的，这主要是小公司的情况，我们将在第 18 章谈论小团体市场。许多公司并不给非全职以及季节性员工提供健康保险，公司的这些做法决定了符合承保要求的员工比例。在图中可以看到，这一比例基本保持不变。参保率在整个时间段内缓慢地下降。我们面临的问题是，这一趋势在多大程度上是由更高的自付保费所导致的。

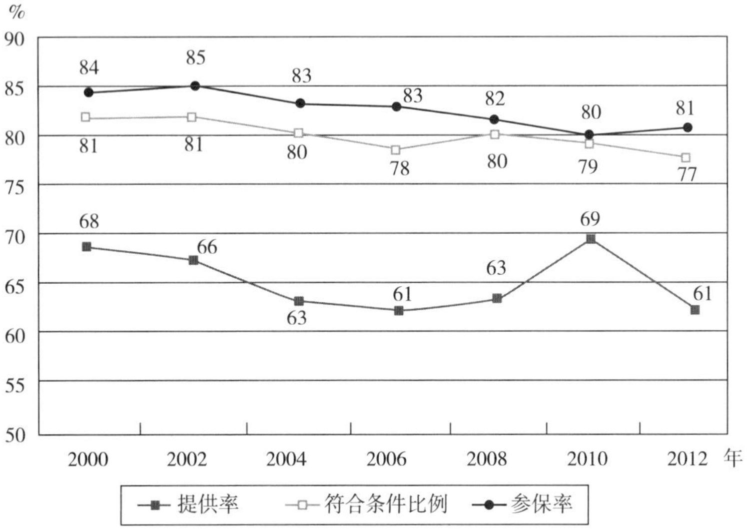

资料来源：KFF 和 HRET（2012）。

图 13.5　员工健康保险的提供率、符合条件比例、参保率

员工是否从雇主那里接受保险的决定，与选择雇主提供的哪一个保险计划的决定迥然不同。员工可能在他们雇主提供的保险计划范围外有越来越少的合适的替代品，这导致了价格弹性的下降。

Chernew、Frick 和 McLaughlin（1997）是最早研究员工缴费对其保险参保率影响的学者。他们研究了 1992 年末和 1993 年初从 6 个城市的将近 2 000 家小企业收集到的数据，他们发现，即使公司有很高的补贴水平，也并不能够使所有的员工都参与保险计划，即使对于那些在员工健康保险之外没有其他保险选择的员工。据估计，75% 的补贴仅仅可以使参保率从 89% 上升到 92.6%，这意味着自付保费的弹性为 -0.07。Blumberg、Nichols 和 Banthin（2001）的发现和 Chernew、Frick 和 McLaughlin 的研究结果类似。他们使用了全国有代表性的样本，得出保险参保率的弹性为 -0.04。这两个研究估计出的弹性在绝对数字上明显小于选择参与哪种计划时的弹性。

Culter（2002）使用了 1999 年雇主提供的健康保险的数据，试图去解释 20 世纪 90 年代保险参保率的下降。他控制了行业和地区，研究了企业具体的参保率数据，并把它们作为最便宜的保险计划的自付保费、工资率、总保费的函数。他发现参保率的弹性为 -0.12，比 Chernew、Frick 和 McLaughlin（1997）与 Blumberg、Nichols 和 Banthin（2001）得到的数据更大一点。根据 Culter 的结论，员工支付的保费数量每增加 10%，参保率就下降 1.2%。即使这一价格反应很小，由于保费缴纳在这段时间内迅速上涨，这一影响也足够解释员工健康保险计划的下降。换句话说，对价格变动的很小反应程度，连同自付保费很大的上涨一起，导致了参保率的下降，这样的下降足以解释员工健康保险计划的覆盖率在这段时间里的下降。Culter 认为，自付保费弹性为 -0.06 就足够解释雇主提供的保险的参保率的下降。

Gruber 和 Washington（2005）也研究了员工对雇主提供的不同计划的价格敏感性。他们认为，早期研究对价格敏感性的估计也许有偏差。在 Chernew 和 Blumerg 的估计中，偏差的方向取决于雇主是否基于雇员的保险偏好而允许雇员缴费更少，还是通过降低缴费鼓励对保险偏好较低的员工去参保[①]。Culter 的估计也许是有偏差的，因为员工自付保费的规模可能与他们面临的税率相关。

Gruber 和 Washington 观察了一项自然实验，这些实验发生在 1994 年后，从那时候起美国的邮政员工允许用税前工资去支付健康保险计划的保费。这一变化应该与职工对于保险计划的偏好和职工面临的税率无关。他们使用美国邮政局和联邦雇员健康福利计划 1991 年到 2002 年的数据，发现保险参保率的弹性比较小。在家庭保险的回归分析中，他们发现参保率的弹性为 -0.022，总体参保率的弹性为 -0.007。

最近，Abraham 和 Feldman（2010）使用了医疗费用面板调查中保险部分（Medical Expenditure Panel Survey Insurance Component）的数据去研究 1997 年到 2001 年的家庭参保决策。他们仅仅研究了单身员工和只有一个被保险人的多人家庭（几乎所有的双劳动力家庭都各自参保）。他们也发现，是否参与保险的弹性比较低，在 -0.028 左右，对于多人家庭这一弹性更小。然而，他们的确发现了有子女符合医疗救助计划或者儿童健康保险计划参保条件的家庭更可能会拒绝参保员工健康保险，更加年轻和健康的职工的情况相同。

把这些关于价格反应程度的估计结合在一起，我们得到结论：自付保费对拒绝参保的决定仅仅有一个很小的影响。我们必须考虑其他的因素，来解释保险参保率

---

① 译者注：在计量经济学模型中，要考虑究竟谁是因，谁是果。一般风险意识强的人对保险需求更大。缴费多少对风险意识强的人，不是购买保险的决定影响因素，相反，因为风险意识强，潜在的风险可能更小，应该享受更低的费率。

的下降，比如替代计划的可得性以及员工的风险偏好。

本章小结

• 当选择员工健康保险计划时，员工们对价格的变动非常敏感。多数研究显示，计划选择的弹性在 -0.75 ~ -0.5。这样的弹性水平意味着 10% 的自付保费上涨导致员工选择该计划的概率下降 5% ~7.5% 。从保险人的角度，这样的估计结果意味着保费弹性在 -3.5 ~ -2.1。

• 员工改变参保计划的意愿取决于雇主提供的计划数量，以及家庭从配偶、父母或者其他公共计划途径获得保险计划可能性。

• 并不是每个人都有相同的保费敏感性。那些有着慢性健康问题的、年龄更大的以及那些收入更高的人，在自付保费增长既定的情况下，不去改变参保计划的可能性更大。这也许是因为他们已经与医疗服务提供者建立了良好关系，或者是因为他们对某种计划有更强的偏好。

• 参与员工健康保险计划的人口比例在过去的 10 年下降了，这很大程度上是因为小雇主提供保险的概率下降。

• 比较在雇主提供的健康保险计划中作出选择，是否接受雇主提供的健康保险计划，这一决策对价格的敏感性更低。估计结果显示，保险参保率的价格弹性在 -0.07 ~ -0.02，这些影响太小了，并不足以解释保险参保率的下降。

问题讨论

1. 作为一个保险公司，你会关注雇主设置的自付保费数额的相对规模吗？当你与雇主协商保险合同时，你会采取什么样的行动？

2. 假设你所在的州颁布了一项法律，为了鼓励没有健康保险的员工接受雇主提供的保险计划，政府予以补助。本章对于这种计划的观点是什么？你觉得在这项计划的实施过程中会遇到怎样的困难？

3. 在均衡保费缴费计划下，雇主对其提供的每一个健康保险计划缴纳固定的费用，这样的经济学合理性是什么？在这样的安排中，相比于雇主支付每种计划保费的固定比例，谁受益，而谁又承受了损失？雇主支付固定保费比例的经济学理由是什么？

4. 为什么雇主会为他们雇员的健康保险计划付一部分钱？他们会为员工的房屋保险或者汽车保险付钱吗？

延伸阅读

[1] Royalty, A. B. , and N. Solomon. 1999. "Health Plan Choice: Price Elasticities in a Managed Competition Setting." *Journal of Human Resources* 34 (1): 1 – 41.

[2] Abraham, J. M. , and R. Feldman. 2010. "Taking Up or Turning Down: New Estimates of Household Demand for Employer – Sponsored Health Insurance." *Inquiry* 47 (1): 17 – 32.

第 14 章　薪酬差别

这一章阐述了关于员工健康保险的两个关键问题：（1）谁为保险计划付钱？（2）为什么员工通常可从他们的雇主那里获得健康保险，而雇主是不提供房屋和汽车保险的？这两个问题的答案可以为重要的公共政策和管理问题提供一些线索。比如，如果州或者联邦法律要求所有公司必须为他们的员工提供健康保险，会产生什么影响？如果对员工健康保险征收的联邦个人所得税税率提高，会产生什么影响？如果雇主强制他们的员工参与一个管理式医疗计划会有什么后果？如果要求健康保险计划覆盖受抚养者直到 26 岁会有什么影响？正如这些事例所显示，薪酬差别对理解患者保护与平价医疗法案（ACA）有很重要的作用。

劳动力市场的本质

微观经济学的通常观点是，职工根据他们的价值被支付。用学科术语来说，职工根据他们的边际收入产出得到补偿。这一词语意味着，当劳动力市场处于均衡状态时，工资率等于职工外部产出的价值。

然而，员工的薪酬以很多种形式存在，它可以是货币收入、带薪休息假期、病假、养老金、免费停车、适宜的工作环境、健康保险等。需要注意的关键点是，如果员工们根据他们的价值得到补偿，当薪酬组合中增加了一点东西，比如免费停车，一点其他的东西将会被去掉，比如一些货币收入。如果没有这样，那么雇主对于员工的补偿就会高于他们的价值。经济理论和常识告诉我们，很多员工根本不知道这一道理。

当薪酬组合中增加了一点东西时，对薪酬组合的调整被称为薪酬差别。如果一个福利优厚的健康保险计划被加入了薪酬组合，在其他条件相等时，一些东西必须从薪酬组合中拿走，否则雇主就没有最大化其利润。薪酬差别从两个方向发挥作用。比如，如果工作条件十分危险，例如采矿和伐木行业，在其他情况相等时，雇主必须在薪酬组合里增加一点东西，比如货币收入，去弥补更加危险的工作环境。

因此，关于谁支付员工健康保险这一问题的答案很简单：员工以更低的工资，更少的其他福利或者两者同时的形式来支付。雇主经常说自己不提供健康保险的原因是他们的员工无力承担。这样的言论从薪酬差别的角度来说可以这样被理解："我不相信我的员工愿意放弃足够的货币工资来支付健康保险。"

注意前例中"在其他条件相等时"这一用词，这便于我们的理解。这意味着，当在薪酬组合内加入休假时间后，一个职工的生产力与加入之前保持不变。我们可以认为由于福利的增加，工资收入将会减少。然而，如果职工的生产力也提高了，职工努力价值的提高可能会在假期时间里所反映，而并不会使工资收入降低。更高的生产力可能导致更高的工资，但在这里表现为更多的休假时间。把它放在另一个情景中，年复一年，员工也许发现他们生产力的提高反映在支付了更贵的健康保险上，而并没有获得更高的工资。

考虑"在其他条件相等时"的第二个例子。假设有两个生产率不同的职工，生产率更低的那个职工仅仅收到货币工资，生产率更高的那个人收到更高的货币工资，同时也获得健康保险。这并不意味着违背了薪酬差别理论，在这一例子中，并没有比较两个生产率相同的职工。

为什么雇主提供健康保险？

一旦我们理解了薪酬差别的概念，我们可以去研究雇主为员工提供健康保险的必要条件。首先，员工必须认为健康保险是有价值的。如果员工并不认为健康保险有价值，他们就不会把它视为报酬的一种形式，而只能看得到他们的工资下降了。这些员工会辞职并选择其他类似的工作，那些雇主提供更高的工资而不提供健康保险。

雇主提供健康保险的第二个必要条件是，员工通过雇主获得健康保险比自己独立购买保险要便宜。通过雇主获得健康保险更加便宜，有以下三个原因。第一个原因是正向选择。一个员工能够从事工作，这对于保险人来说就是成本最低的信号，表明他们过去索赔的次数比较少。正如我们在第 4 章中看到的，经验定价法对于低风险的人群收取更低的保费。一个公司的员工比人群中随机抽取的人更可能有更少的索赔经历，要比从失业人群中随机抽取出的人有更少的索赔经历。此外，如果生病的员工退出劳动力市场而新的健康的员工加入，随着时间的推移，雇主的健康保险计划中覆盖的人群会越来越健康。

员工健康保险计划的税收处理是导致从雇主那里获得保险的成本更低的第二个原因。以健康保险形式提供的报酬不用交联邦所得税、用于社会保险或医疗照顾计划的工资税以及州所得税。假设你属于联邦所得税 25% 的范围，你所在的州对你征收5%的州所得税，社会保险和医疗照顾计划的综合税率是7.65%。[①] 对于雇主支付的每100美元工资，你只能得到62.35美元。如果你以健康保险的形式收到了100美元，就能获得100美元的保障。在这个例子中，美国税收系统有效地减少了通过雇主获得的健康保险的价格，几乎要比自己单独购买便宜了40%。如果你自己使用自己的税后工资去购买健康保险，就不会享受到税收补贴。关于健康保险税收处理的含义，我们将在第15章中详细研究。

从雇主那里获得健康保险可能更便宜的第三个原因与管理费用节约有关。这一部分包括广泛的潜在成本节约。有些费用节省是因为雇主的人力资源办公室完成了保险公司本来不得不做的工作，比如追踪哪些雇员投保了保险以及他们投保了何种计划，以及处理公开的保险投保工作和员工改变医疗计划的事宜。保险公司营销费用的降低节约了另一部分管理费用。几乎可以肯定的是，以25人、50人或1 000人为群体承保，比试图把保险销售给个人并单独签约要更便宜。最终，也许是大多数的成本核算结果，充当员工健康保险计划管理者的雇主比个人能够花更长的时间来获得更低的保险价格。个人应该寻找更低价格的健康保险，直到他们花费在寻找中的额外时间的成本等于预期节约的成本。相比之下，拥有25名或50名或1 000名员工的雇主通常可以承受更长的寻找时间，因为保险计划福利水平的提高或价格的降低会被应用到25人、50人或1 000人身上。

总之，员工通过雇主购买健康保险，是因为：(1) 他们认为健康保险是有价值的；(2) 通过雇主获得健康保险比其他方式更便宜。如果这些条件中的任何一个都不满足，雇主可能不会提供健康保险。我们在第2章中看到，年轻人最不可能投保健康保险。如果他们认为自己对受伤和疾病的风险很低，那么他们对保险的需求就很低。他们认为保险没有价值，而且在没有法律要求他们投保的情况下，他们更可能去寻找那些提供更高工资但是提供很少或没有健康保险的工作。另外一些人可能会发现，从配偶那里得到的家庭保险比通过自己的雇主投保健康保险更便宜。他们同样更倾向于寻找能提供更高工资但是提供很少或根本没有健康保险的工作。如果一个公共项目为受雇家庭的孩子提供了保险，那么员工对受抚养者的健康保险需求可能更有限，人们可能会寻找提供更高工资和不提供受抚养者保险的工作。最后这种效应被称为私人保险的"挤出现象"，我们将在第25章更详细地探讨这个话题。

---

① 对于前94 200美元的收入(2006年)，社会保障税率对于雇主和员工的税率都是6.2%，而医疗照顾计划的税率分别也都是1.45%。然而，因为利润最大化的公司对员工的支付为其边际收入产品(marginal revenue product)，因此员工实际上承担了雇主和他自己的两部分税收。为阐述简便，在这里我们只包括了员工自己的那一部分税收。

薪酬差别的内涵

薪酬差别具有一套非常广泛的政策和管理内涵。首先考虑一些管理方面的意义。假设雇主决定通过大幅提高保险覆盖的门诊服务的自付率，来削减“他们的”健康保险费用。在其他条件相同的情况下，这使得健康保险计划的福利下降。因此，我们期望货币工资或其他形式的报酬来补偿员工，即补偿他们福利下降的部分。因此，雇主提供的健康保险计划可能会同时发生多个变化，可能同时提高自付比例和扩大可选择的医疗服务者的范围，这样的情况不少见。这可以看作是对提高的自付率的补偿。雇主对健康保险福利的调整相对保守的原因之一在于：福利的减少必须节省足够的钱，使得员工可以以其他形式得到等价的补偿，并增加利润。从经验定价法转换为自我保险这样的转变即使需要薪酬差别补偿，也需要得很少；但比如取消牙科保险计划这样的改变可能的确需要对员工进行补偿。

雇主经常抱怨他们的健康保险成本使他们的产品在全球经济中失去竞争力。薪酬差别的理论推翻了这一论点。因为如果雇主不支付健康保险费，理论上说，他们需要支付更高的工资或更多的其他福利。因此真正的问题不是保险，而是劳动生产率和报酬的总量。

在薪酬差别理论下，我们可以认为雇主会试图迎合员工对保险的偏好以及保险与工资的权衡取舍。比如，在健康保险保费不断上升的时代，我们认为雇主会减少员工认为价值较低的健康保险福利，削减其他非医疗项目，并降低工资增长，因为他们试图做出他们员工会做出的大范围的权衡取舍。在第 16 章中，我们将会探讨有限的实证研究，这些研究说明了雇主作为员工保险的代理人的表现如何。

薪酬差别对公共政策也有一些意义。许多州要求雇主将健康保险覆盖范围扩大到 26 岁以下的受抚养人，这项规定也是 ACA 的一部分，并于 2010 年实施。在此之前，一些州和更多的私营保险公司的合同规定，受抚养人在年满 18 岁之前都处于保险覆盖范围内，如果受抚养人是全日制学生，则年龄限制为 22 岁。薪酬差别意味着员工将以降低工资或减少其他福利的形式支付这一新的保险福利。

同样，要求不提供健康保险的公司去提供保险，意味着目前没有员工健康保险的职工将会获得保险，但代价是更低的工资或更少的其他福利。因此，法律强制雇主购买保险和强制个人购买保险对没有健康保险的员工有着同样的影响。在前者中，雇主购买健康保险，并通过薪酬差别将成本实际上转嫁给员工。在后者中，员工被要求自己直接支付保费。值得注意的是，薪酬差别理论还表明，就业应该不受雇主提供保险这一法律要求的影响，工资和福利会调整，而不是影响就业。但是这有两个例外：第一个是工资不能自由调整的情况。对于受最低工资法影响的低收入者，工资不能向下调整以适应要求增加的健康保险。薪酬差别理论认为这些人中的许多人将失去工作。第二个例外是当员工认为保险没有价值。在这一情况下，拥有更低的工资和对员工毫无价值的健康保险可能导致这些人退出劳动力市场。

薪酬差别对员工健康保险的税收政策的影响也有意义。如果社会保障和/或医疗照顾计划的税收增加，要用来帮助支付婴儿潮一代退休后保险的成本，薪酬差别意味着这些更高的税收将引导员工和雇主用更多的健康保险代替货币收入，以避免收入导致的更高的税收。

薪酬差别的研究证据

薪酬差别是从劳动经济学得出的最有力的预测之一。因此，2005 年一项对于卫生经济学家的调查表明，91% 的受访者同意“职工以更低的工资或更少的福利支付员工健康保险”这种说法（Morrisey 和 Cawley，2006），这毫不令人意外。然而，令人惊讶的是，直到最近，健康保险中薪酬差别的证据才被发现。

寻找薪酬差别实证检验，困难在于其他条件相等这一假设，尤其是生产力。如果一个人拥有相对较少的技能和较低的教育水平或经验，他们在劳动力市场上的生产力可能较低。他们可能有着低工资的工作和福利适当的健康保险计划。相比之下，拥有更多技能、更高教育水平和经验的人可以拥有更高的工资和福利更高的健康保险计划。如果我们忽视了生产力的差异，比较这两组人将得出结论：工资和健康保险之间不存在薪酬差别。问题是在这种情况下“其他条件”并不相等。

从实证经验上看，说明生产力的差异是非常困难的。作为一名雇主，你愿意雇用这样的求职者：他聪明、有创造力，了解业务，可以与同事和公众一起很好地工作，接受并实施指令，按时完成任务，并为手头的任务提供领导能力。这些都是富有生产力的员工的要素。找到这样的员工是困难的（Morrisey，2009a）。假设在进行这项人才搜寻时，你所了解到的申请人的信息只有他们的年龄、教育年限；如果你真的很幸运，你还能知道他们在这个行业的从业年限。这是关于薪酬差别的研究所面临的主要问题之一。只有非常粗略的衡量生产率的指标是可用的，因此，比较的结果都偏向于工资和福利之间的正向关系。因为我们也想控制其他工作特征、相关的家庭边际税率这些变量，以及找到衡量健康保险实际保障内容的良好指标，但问题是复杂的，根本不存在包含这些所有信息的数据集。关于员工健康保险中补偿性工资差异的估计，一些复杂但最终失败（或仅部分成功）的研究可参见 Simon（2001）、Levy 和 Feldman（2001）、Jensen 和 Morrisey（2001）。

然而，成功的研究也越来越多。Miller（2004）的研究是最直接的。他试图去估计得到一个工资等式的一般形式：

工资 =*f*（健康保险，工作的特征，可观察到的员工的特征，未被观察到的生产力的衡量指标）

一个明显的问题是他没有衡量未被观察到的生产力的指标。然而，他所做的是观察同样的一些员工的工资随时间的变化，其中一些人换了工作，在这个过程中获得或失去了健康保险。如果未观察到的生产力衡量指标，如创造力、按时完成工作的能力等，不会随着时间的推移而改变，他们就会放弃一个观察工资变化的模型。虽然放弃，但他们会通过长期观察一些员工，隐性地控制着模型。因此，Miller 实际上估计了这样一个模型：

Δ 工资 =*f*（Δ 健康保险，Δ 工作的特征，Δ 观察到的员工的特征）

在这里 Δ 代表“其中的变化”。Miller 使用了美国劳工统计局对大约 3 200 名男性员工在 1988 年、1989 年和 1990 年的概率调查的数据，发现在此期间失去健康保险的员工工资增长了 10% ~11%。这是补偿性工资差异的良好证据。

Jonathan Gruber（1994b）对工资和健康保险的权衡取舍进行了迄今为止最广泛的研究。他调查了州要求对生育福利实施强制保险的效果。在 1979 年，联邦政府要求大多数团体健康保险计划像涵盖其他的医疗服务一样涵盖产科服务。在此之前，有 23 个州已经这样做了。Gruber 进行了所谓的三重差分法（Differences - in - Differences - in - Differences，DDD）分析。他比较了法律颁布日期前后（差异 1），在实施和并不实施该法律的州（差异 2），对那些会受到和不会受到该法律影响的人（差异 3）的工资变动。作者的想法是，在不受法律影响的州的工资的变化，和类似但同样未受影响的个人的工资变化，将控制其他的在州和当地劳动力市场的工作因素。

纽约州、新泽西州和伊利诺伊州于 1976 年 7 月 1 日至 1977 年 1 月 1 日颁布了强制生育保险的法令。康涅狄格州、马萨诸塞州、俄亥俄州、印第安纳州和北卡罗来纳州被用作对照，因为它们没有颁布这样的法律。工资使用了从美国统计局当期人口普查（Current Population Survey）中获得的在法律颁布前两年（1974 年和 1975 年）和颁布后两年（1977 年和 1978 年）的数据。以 1978 年的美元价值计算，这些州相关的员工平均工资从 5.59 美元到 6.61 美元不等，受影响的员工被定义为年龄在 20 岁到 40 岁已婚的育龄妇女，未受影响的一组被定义为所有年龄在 40 岁到 60 岁的女人和所有单身男性。排除在外的是年龄在 20 岁到 40 岁的单身女性和已婚男性。当然，这两个群体都可能受到法律的影响，但是他们的加入会使对比更复杂。

表 14.1 显示了 DDD 分析的结果。颁布法律的州中受影响的群体（20 岁至 40 岁的已婚妇女），工资下降了 3.4%。在未颁布法律的州，20 岁至 40 岁的已婚妇女的工资增长率为 2.8%。这里的双重差分是 -6.2%（-3.4% 减 2.8%）。对于未受影响的群体（年龄在 20 岁至 40 岁的单身男性，以及所有 40 岁至 60 岁的人），在制定法律的州，他们的工资下降了 1.1%，这表明除了颁布的生育福利法的影响之外，在涉及的各州中还有其他的工资趋势。对于未颁布法律的州中未受影响的群体，实际工资下降了 0.3%。因此，未受影响组的二重差分为 -0.8%（-1.1% 减 -0.3%）。接下来，估计的效果是这两个总体差异的差异。Gruber（1994b）估计，受影响的群体工资下降了 5.4%（-6.2% 减 -0.8%），这是由于强制的生育保险导致的。这是受法律影响的群体中补偿性工资差异相当明显的证据。

表 14.1　　强制性生育保险对每小时工资的影响估计

项目	法律颁布前的工资（美元）	法律颁布后的工资（美元）	不同时间的差异（%）
A. 受影响的群体：20～40 岁的已婚妇女			
颁布法律的州	4.70	4.54	-3.40
没有颁布法律的州	3.93	4.04	+2.80
二重差分			-6.20
B. 未受影响的群体：40～60 岁的所有人，20～40 岁的单身男性			
颁布法律的州	5.81	5.74	-1.10
没有颁布法律的州	5.10	5.09	-0.30
二重差分			-0.80
三重差分			-5.40

注：百分比的变化是准确的，工资的值通过发布的数值做逆对数运算得到，精确到美分。

资料来源：Gruber（1994b）。

Louise Sheiner（1999）进行了第三次研究，以确定与员工健康保险相关的薪酬差别。众所周知，在生命周期中，工资在个人职业生涯的早期迅速增长，然后随着年龄的增长而趋于平缓。对这种工资变化情况的通常解释是，在后来的工作年限里，生产力几乎不会提高。Sheiner 认为，我们可以查看不同地域劳动力市场的年龄—工资曲线。在一些市场中，健康保险成本很高，而在其他市场，健康保险成本相对较低。如果补偿性工资差异的确存在，则意味着年龄—工资曲线会导致在保险成本较高的市场中，工资比保险成本低的市场更低。此外，对于老年人来说，两者的差异应该更明显，因为他们很可能拥有更高的索赔次数经历，并且工资和保险之间的权衡取舍不太可能被生产率的变化所掩盖。这个理论在图 14.2 中被描述。工资随着年龄的增长而增加，但最终趋于平稳。这两条曲线代表了具有高保险成本（较低曲线）的市场和低保险成本的市场（上方曲线）的年龄—工资曲线。曲线之间的日益扩大的差额反映了市场上不同的补偿性工资差异。

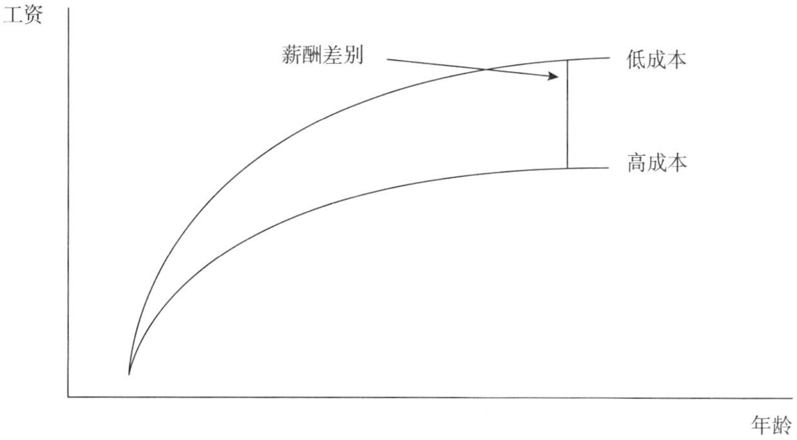

图 14.2　不同健康保险成本下的年龄—工资曲线

Sheiner（1999）使用了美国统计局 1989 年到 1990 年的当期人口普查数据检验了这个模型。为了实现这一目标，她需要有关健康保险费用的信息。然而，简单地使用在几个主要城市中员工健康保险的平均保费是有问题的，因为这些保费不仅反映了保险项目的差异，也反映了医疗服务提供者价格的差异以及服务利用的模式。相反，她在研究中得到了 244 个城市代表标准福利计划的保费的精算估计，这些计划是针对标准化员工团体制定的。这作为一个指标去衡量市场上健康保险费用。她估计的模型的一般形式为

$$Wage = f(\text{年龄} \times \text{健康保险费用}, \text{工作的小时}, \text{员工的特征}, \text{地区} \times \text{年龄})$$

健康保险的费用乘以员工的年龄，代表了假定的随年龄变化的补偿性工资差异。地区与年龄相乘是为了代表当地市场的其他特征，这些特征也可能与年龄的差异相关。其他的因素试图代表员工的生产力。

对于男性的结果如表 14.3 所示。年龄每增长一岁，在其他条件相同下，工资减少 113 美元，并且这在统计上是显著的。如果我们重新估计模型，使用分组年龄而不是连续的年龄变量，表 14.3 也显示了随着男性年龄增长的补偿性工资差异的增长。正如 Sheiner 所指出的，这些影响太大了，以至于并不是仅仅反映健康保险费用的差别。她推测，该模型可能也包括了其他福利的费用，这些费用也随着年龄增长而增加，并与健康保险费用相关。对女性的影响要小得多，而且在统计上也更不显著。Sheiner 把这归因于女性通过自己的雇主获得健康保险的可能性更低。

表 14.3　更高的健康保险成本对于男性年龄—工资曲线的影响估计　单位：美元

	连续的年龄	分组年龄
年龄×健康费用	-113	
30~34 岁×健康费用		-366
35~39 岁×健康费用		-562
40~44 岁×健康费用		-2 336
45~49 岁×健康费用		-2 088
50~54 岁×健康费用		-4 664
55~59 岁×健康费用		-961

资料来源：Sheiner（1999）。

肥胖、吸烟、健康保险与薪酬差别

公共卫生界普遍关注的健康话题之一是可以给予人们奖励以减少他们的不健康行为。两个更经常被讨论话题是，如果人们肥胖或吸烟，应该向他们收取更高的保险费。这一理论的观点是，这些更高的保费至少会激励一些人戒烟和/或减少他们的体重。正如我们在第 6 章中所看到的，人们对一份人工承保的个人健康保险保单包括这些因素并不惊讶，如果这些因素能够预测支出，以较低的成本收集，并且这种行为不被法律禁止。但是有点出人意料的是，最近的研究表明，当肥胖和吸烟影响索赔次数时，员工们以低工资的形式支付。

Bhattacharya 和 Bundorf（2009）使用全国青年追踪调查（National Longitudinal Survey of Youth，NLSY）的数据来研究究竟是谁为肥胖员工的额外医疗费用埋单。NLSY 始于 1979 年，以研究劳动力市场的经历、学校教育、家庭收入、健康状况、婚姻和生育史等问题。超过 12 600 名 14 岁至 22 岁的青少年最初在 1979 年接受过采访，此后至少每半年随访一次。关于对肥胖研究的分析时间是从 1989 年到 2002 年，受访者的年龄在 24 岁到 47 岁。只有那些在整个研究期间中全职工作的人才被纳入其中，而且在这些人当中，调查也只包括了那些一直参保员工健康保险的人，或者一直没有从雇主那里获得保险的人。这项研究采用二重差分方法，估计了那些肥胖或不肥胖和有或没有健康保险的人的工资差异。除此之外，他们的分析还控制了包括人口统计学、教育、工作终身制、雇主规模、行业和职业在内的因素。简而言之，这项研究从实证上使用了所有可用的数据，考虑了所有可以考虑的因素。

他们的发现令人着迷。没有健康保险的肥胖员工没有工资差异。然而，对于有保险的员工来说，肥胖员工的每小时工资比其他员工低 1.45 美元。作者还发现，对于那些病态肥胖的员工来说，工资差异比那些有点肥胖的人更大，而对那些仅仅超重的人没有任何影响。此外，他们发现在其他附加福利项目上，肥胖者与其正常体重的员工没有补偿性工资差异。然而，对不同性别的人情况不同。Bhattacharya 和 Bundorf 发现男性没有在统计上显著的工资差异，只有女性存在。与没有保险的正常体重妇女相比，有保险的肥胖妇女的工资差异为每小时 2.64 美元。然而，作者并没有把这些工资差异的原因归结为歧视，他们研究了美国医疗费用面板调查（MEPS）2003 年的数据。他们报告了男性和女性疾病发生率和疾病花费情况差异的总体情况和不同疾病分别的情况。他们发现肥胖和正常体重男性的健康支出在统计上没有显著差异，而对女性则有。虽然工资损失和 MEPS 支出数量并不完全一致，但差异在统计上也不显著。至少，作者得出结论，与肥胖相关的医疗支出的差异反映在较低的工资上，但这一结论只适用于那些拥有健康保险的人。

Cowan 和 Schwab（2011）使用相同的 NLSY 数据和基本相同的实证模型，来确定吸烟导致的医疗费用的发生率。他们从那些在整个研究期间内有或没有员工健康保险的人中，比较了那些吸烟的全职员工与非吸烟员工。他们发现，在有健康保险的情况下，吸烟员工比不吸烟员工的每小时工资低 1.25 美元；在没有健康保险的情况下，吸烟员工比不吸烟员工的每小时工资低 1.85 美元。在这种情况下，男性和女性都存在着工资差异，但是男性的差异更大，而且对于年纪更大的员工差异也更大。因此，研究表明，吸烟者以低工资的形式承担他们吸烟行为的成本。在这些研究（或 Gruber 在关于生育保险的研究）中，没有搞清楚的是在就业环境中的什么机制导致了这些结果。是那些在提供健康保险的公司中工作的吸烟者和肥胖女性有着更低的起始工资吗？他们随着时间的推移工资增长幅度更小吗？或者即使这些研究努力控制了这些因素，然而吸烟者和肥胖者与其他人从事不同的工作或者更多地在不同类型的公司中工作吗？

一个关于薪酬差别的自然实验

Goldman、Sood 和 Leibowitz（2005）从一个有趣的视角去探究，在面对日益增长的员工健康保险保费时，员工们做出权衡取舍的本质。如果雇主对他们的员工来说是相当好的保险代理人，雇主会代表他们的员工做出薪酬差别的一种，这也是我们所期盼的。

Goldman、Sood 和 Leibowitz 研究了一个大型的、未提及名字的公司，该公司在 47 个州都有雇用的员工，这些员工提供了从 1989 年到 1991 年的数据。虽然数据有点老，但在这段时间健康保险的保费经历了快速的增长。研究人员仅仅分析了那些投保了健康保险的单身员工，这样做的目的是避免那些有其他保险来源的人导致更复杂的情况。这家公司的员工有一个特别灵活的薪酬方案。员工们可以获得货币工资和福利积分，这些积分可以花费在各种各样的福利上，包括健康保险计划选项［三个按服务项目付费的计划（FFS）和位于全国各地的 47 个健康维护组织（HMOS）］到养老金、牙科保险和长期残疾保险。雇主对提供的每个健康保险计划进行等额的固定水平缴费，缴费以成本最低的那个计划的费用为基准。因此，员工如果想选择福利水平更高的保险计划，需要补足相差的保费。表 14.4 中简要展示了可选择的福利。员工可以选择以税前工资购买更多的福利积分，或者将未使用的福利积分转化为应税工资。

表 14.4　　自助式福利计划（Cafeteria Benefit Plan）的详细情况

员工可选择的福利	1990 年	薪酬	平均	最小值	最大值
健康保险	100%	净工资收入	$26 504	$6 593	$109 303
人寿保险	34%	健康保险	$673	$0	$1 428
长期失能保险	72%	其他福利	$286	$0	$5 335
意外保险	50%	选择的健康保险计划	1989 年	1990 年	1991 年
被抚养者人寿保险	1%	FFS 灾难性支出计划	6.1%	8.8%	15.0%
养老保险	6%	高免赔的 FFS 计划	8.5%	10.0%	13.6%
医疗费用账户	7%	低免赔的 FFS 计划	42.6%	39.3%	34.0%
牙科保险	76%	43 个 HMO	42.8%	41.9%	37.4%

资料来源：Goldman、Sood 和 Leibowitz（2005）。

注：FFS ＝ 按服务项目付费（Fee－for－Service）；HMO ＝健康维护组织（Health Maintenance Organization）。

研究人员询问，当健康保险保费发生变化时，员工如何重新分配他们的薪酬组合？在这种情况下，一些 HMO 的保费每年增长已经高达 34%，而另一些下降了 26%。回想第 13 章中，虽然员工对雇主发起建立的健康保险项目的保费变动非常敏感，但弹性仍然处于需求曲线的低弹性区域。弹性的估计值在 －0.75 ~ －0.5，绝对值都小于 1。这一点很重要，因为它表明，当保险价格上涨时，员工会努力减少购买的健康保险的数量，但他们在健康保险方面的总支出仍将增加。他们将以更少的货币收入、更少的其他福利的数量或两者都有来支付额外的保险费用。

从方法上看，Goldman、Sood 和 Leibowitz 的研究最困难的方面是，50 个健康计划中的每一个都有自付保费的部分，而每一个的 HMO，由于位于不同的地理区域市场，并不是对每一个员工来说都可及。为了解决这个问题，研究人员基于员工所在州内对每个人可得的保险计划的价格制定了价格指数。这在一定程度上限制了他们的分析，因为他们不能直接观察员工在保险计划之间的转变，他们只能观察加权平均自付保费的增加对总体保险支出、其他福利支出和货币工资的净效应。

他们的发现简单地概括在表 14.5 中。加权平均自付保费增加了 10%，导致员工对健康保险的支出增加了 5.2%。支出增长不到 10% 这一事实表明，许多员工选择参与其他便宜一些的健康保险计划。而保费支出增长的事实表明，对于健康保险的需求的弹性的绝对值小于 1。典型的员工通过降低货币工资收入和减少其他的福利重新分配他们的报酬形式，来支付额外的健康保险支出。超过 71% 的额外支出是通过减少货币收入来支付的（员工们用收入购买了更多的福利积分）。剩余的 29% 是通过放弃其他福利来支付的。

表 14.5　　10% 的加权自付增长对总保费上涨的影响

对于……的影响	变化比例
健康保险支出	5.2%
其他福利支出	-1.5%
工资	-3.7%

资料来源：Goldman、Sood 和 Leibowitz（2005）。

这项研究的结果是明确的。当员工完全能够自己选择如何应对健康保险保费增加时，他们是沿着边际成本进行调整。他们转而参加相对便宜的保险计划，如果保费依旧高于原先情况，他们会减少货币收入和其他福利来支付这部分保费。这表明，如果雇主是员工健康保险好的代理人，在面对日益上升的健康保险费用时也会这样做。他们会试图减少那些员工认为价值较低的保险项目，也会实施薪酬差别，降低工资（或放弃加薪），并削减一些其他的福利。

本章小结

- 员工以更低的工资或者更少的其他福利的形式支付员工健康保险。
- 薪酬差别是描述当一种报酬方式增加或减少时，其他方式的增加或减少的术语。
- 当以下两个条件满足时，员工选择从雇主那里获得健康保险：（1）员工认为健康保险是有价值的；（2）从雇主那里获得健康保险比其他途径购买要便宜。
- 从雇主获得健康保险更加便宜，这是由于正向选择，雇主发起建立的健康保险的税收处理以及管理费用的节约。
- 正向选择产生是因为，能够从事工作是健康的身体状况和更少的索赔次数的一个有力象征，这导致了更低的保费。
- 通过雇主获得的健康保险不需要征收联邦或州所得税或用于社会保险和医疗照顾计划的工资税。因此，通过雇主购买健康保险可能比自己单独用税后收入购买要便宜得多。

• 潜在的管理费用的节约来自于：雇主代替保险公司从事承保和其他相关活动，团体销售降低了营销成本，以及在寻找偏爱的保险计划时的规模经济。

• 有越来越多的实证经验表明，当由雇主提供的健康保险的福利改变时，工资和其他形式的报酬也相应进行了调整。

• 员工倾向于用更低的工资和其他福利的削减来支付强制的健康保险，在其他情况相同的条件下，那些有着更高医疗支出的员工有着更低的工资。

问题讨论

1. 回忆一下你对道德风险和薪酬差别的了解，你是否相信（或有可能）雇主可以增加门诊和处方药的自付率，在给予员工一定的补偿同时，增加一些公司的利润？

2. 一些政策的倡导者呼吁，停止员工健康保险免除收入税和工资税的处理。如果发生这种情况，你是否认为雇主不会再为他们的员工提供健康保险？

3. 许多企业，尤其是小企业，不为员工提供健康保险。这是为什么？给出你的答案。你认为对于是否提供健康保险，员工和企业是否会有某种配合？

4. 如果一个雇主为员工持续不提供健康保险，那么像 ACA 这样的法律一旦要求他必须提供保险，对职工的工资和其他福利会产生什么影响？

延伸阅读

[1] Bhattacharya, J., and M. K. Bundorf. 2009. "The Incidence of the Healthcare Costs of Obesity." *Jonurnal of Health Economics* 28: 649 – 58.

[2] Gruber, J. 1994. "The Incidence of Mandated Maternity Benefits." *American Economic Review* 84 (3): 622 – 41.

第 15 章　税收和员工健康保险

员工健康保险的税收处理是美国健康保险市场结构的一个关键因素。在本章中，我们将探讨所得税和工资税税基豁免员工健康保险的成本。我们证明了税前扣除对雇主提供保险的影响，我们研究税收法律变化对保险涵盖项目和保障程度的影响。此外，我们还介绍了税收政策在确定员工保费缴纳规模方面所起的作用。这些为我们在第 16 章中讨论雇主作为代理人以及在第 17 章中讨论消费者导向的健康计划做出了准备。

健康保险的税收处理

2011 年，美国约 60% 的 65 岁以下人口由其工作单位为他们提供健康保险（Fronstin，2012b）。以健康保险的形式提供给员工的收入不需要缴纳联邦或州所得税以及社会保障和医疗照顾计划的工资税。因此，这种税收处理为通过雇主购买健康保险提供了大量的补贴。

货币工资的税率

为了理解收入、税收和健康保险的相互作用，我们从图 15.1 中的供给和需求曲线开始分析，它们反映了劳动力市场。雇主愿意雇佣的劳动时间，如向下倾斜需求曲线所示。职工愿意沿着向上倾斜的供给曲线提供劳动的时间。在没有税收的竞争性劳动力市场中，均衡为以每小时 P_E的价格（工资）提供 Q_E小时的劳动。假设对每小时的工资率征收 10% 的税，这被称为从价税（valorum tax），它在图 15.1 中被描述为“存在税收时的供给曲线”，因为最初的供给曲线反映了人们愿意提供劳动的最低工资，税收使供给曲线向上旋转，表明人们必须得到同时反映他们可接受的最低工资和税收。

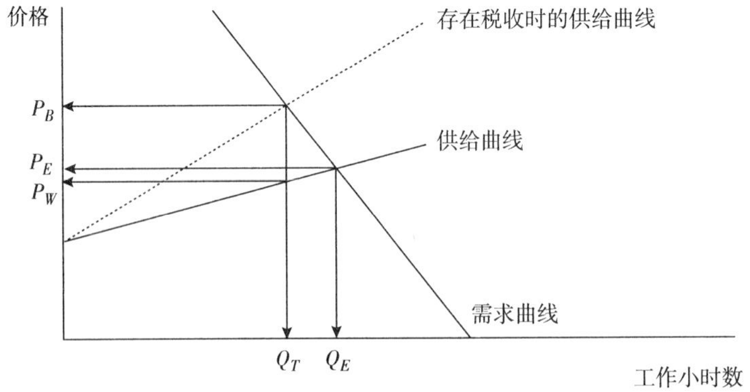

图 15.1　对职工征收从价税的影响

伴随着税收的存在，企业仍然愿意沿着不变的需求曲线对工人进行支付。然而，存在税收的供给曲线与需求曲线现在相交于更低的数量（Q_T）和更高的价格（P_B）。这就意味着，当企业不得不考虑税收问题时，他们会减少购买的劳动时间。然而，职工们只能获得更低的工资。P_B和 P_W之间的差就是对每一单位劳动征收的税额。

对劳动征收的税有多少取决于联邦和州所得税、社会保障税和医疗照顾计划税？表 15.2 提供了答案。它展示了联邦个人收入所得税、社会保障工资税和医疗照顾计划工资税的“员工部分”的边际税率。社会保障和医疗照顾计划工资税基于总收入，而联邦收入所得税是基于“应纳税收入”，在总收入中扣除个人免税（每人 3 300 美元）和标准扣除部分（单身个人 5 150 美元，家庭 10 300 美元）后才征收。在现实生活中，其他因素可能也有关，最重要的是实际扣除部分。请注意，社会保障税税率对每个工人总收入超过 106 800 美元的部分，税率为 0（2012）。社会保障对超过这个水平的额外收入不征税。相比之下，医疗照顾计划对增加的每一美元收入以固定的税率征税。联邦所得税对额外收入征收更高的税率。因此，对于一个单身的人来说，对前 9 750 美元的收入不征收所得税，10% 的税率适用于高于 9 751美元但低于 18 451 美元的收入部分，15% 的税率适用于高于 18 450 美元但低于 45 101 美元的收入部分，等等。因此，边际所得税税率对于越高的收入部分就更高。最后，请注意，虽然表格的上半部分（单身）和下半部分（家庭）的税率表似乎是相同的，但收入的范围是不同的。这是因为所得税法规定家庭联合申报的收入范围是单身个人的 2 倍。这种差异在更高的收入水平上缩小，在最高收入范围内消失。

表 15.2 2012 年联邦个人收入所得税、社会保障和医疗照顾计划税税率

总收入（美元）	收入所得税边际税率（%）	社会保障税边际税率（%）	医疗照顾计划边际税率（%）	综合边际税率（%）
单身个人免税部分和标准扣除				
0 ~ 9 750	0	6.2	1.45	7.65
9 751 ~ 18 450	10	6.2	1.45	17.65
18 451 ~ 45 100	15	6.2	1.45	22.65
45 101 ~ 95 400	25	6.2	1.45	32.65
95 401 ~ 110 100	28	6.2	1.45	35.65
110 101 ~ 188 400	28	0.0	1.45	30.45
188 401 ~ 398 100	33	0.0	1.45	34.45
398 101 以上	35	0.0	1.45	36.45
家庭联合报税三个免税部分和标准扣除				
0 ~ 23 300	0	6.2	1.45	7.65
23 301 ~ 40 700	10	6.2	1.45	17.65
40 701 ~ 94 000	15	6.2	1.45	22.65
94 001 ~ 166 000	25	6.2	1.45	32.65
166 001 ~ 220 200	28	6.2	1.45	35.65
220 201 ~ 240 750	28	0.0	1.45	30.45
240 751 ~ 411 650	33	0.0	1.45	34.45
411 651 以上	35	0.0	1.45	36.45

注：社会保障税税率适用于每个工人的前 106 800 美元的总收入。医疗照顾计划税率适用于每个工人的总收入。所得税税率只适用于应纳税收入，例如，应纳税收入等于总收入减去相关免税额和标准扣除额。对于单身纳税人，免税部分等于 3 800 美元，标准扣除额为 5 950 美元。这个例子中的家庭包括两个收入相等的成年人和一个孩子。他们的免税总额为 11 400 美元，标准扣除额为 11 900 美元。这两个例子都忽略了高收入水平下的免税部分和扣除额的减免。

资料来源：IRS 和社会保障网站，具体的网址经常变化，因此搜索 www.irs.gov 和 www.ssa.gov 并寻找税率和税基的相关信息。

现在考虑一个工资收入为 45 000 美元的单身女性，对额外的每 100 美元的收入，她需要缴纳 25 美元的联邦个人所得税，6.2 美元的社会保障税和 1.45 美元的医疗照顾计划税。对于她来说，边际税率为 32.65%。

实际上，她的边际税率比这个更高，有两个原因。第一个是，除了九个州之外，全国其他州都对工资收入征收州所得税。如果对于她的每一美元额外收入，她的州所得税税率为 5%，那么本例中这个单身女性面临的边际税率为 37.65%。

第二，表 15.2 只反映了社会保障和医疗照顾计划税收的员工部分。雇主部分

的税率分别为 6.2% 和 1.45% 。考虑图 15.3，基本的供给和需求曲线与先前在图 15.1 中绘制的曲线相同。然而，这里向雇主征收从价税，就像雇主要缴纳的社会保障和医疗照顾计划税收的那一部分。然而，最终结果与图 15.1 完全类似：员工实际上缴纳了税款。税收在企业支付的工资和员工获得的工资之间插入了一个楔子。在支付社会保障和医疗照顾计划税的“雇主部分”的情况下，公司似乎付给员工 107.65 美元，然后花 7.65 美元支付税款的“雇主部分”。员工得到 100 美元，在此基础上支付联邦和州所得税，社会保障和医疗照顾计划税的“员工部分”。因此，在我们的例子中，包括了雇主和员工部分的工资税和 5% 的州所得税后，边际税率大约为 42% 。[①]

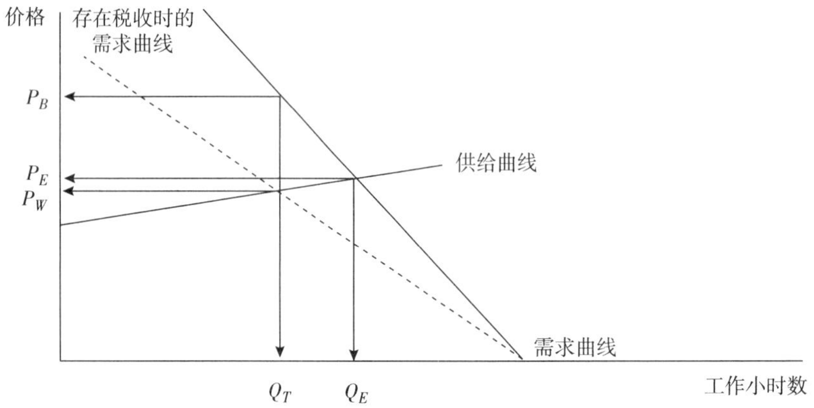

图 15.3　对雇主征收从价税的影响

税收与员工健康保险

假设我们的例子中女性的雇主不提供健康保险，她进入个人保险市场，用税后收入以 5 615 美元的成本购买了保险。[②] 或者，她的雇主可以提供平均的保险福利和低一些的工资。因此，她可以获得 44 385 美元的工资，再加上 5 615 美元的健康保险计划，而不是仅有 50 000 美元的工资而没有健康保险。货币工资形式的报酬需要交税（如我们所见），而以员工健康保险形式的报酬不需要交税。因此，这位女性现在少付了近 1 833 美元的所得税和工资税[③]。她通过雇主购买的健康保险计划实际上花费了她 3 782 美元，即减少了 32.65% 的费用。税收制度对她购买的员工健康保险给予补贴，补贴率等于她的综合边际税率。

---

① 即（0.25 + 0.124 + 0.029 + 0.05）/（1 + 0.062 + 0.0145） = 0.4208。

② 回忆一下，从第 2 章我们知道，2012 年，雇主提供的单人健康保险的平均价格是每月 468 美元或者每年 5 615美元。

③ 从表 15.2 得到，我们保守地假设适用于 50 000 美元和 44 385 美元的税率均为 32.65%。

这立即表明了税收制度的两个意义。第一，由于税收补贴，人们更可能通过雇主购买保险。第二，由于税收补贴，人们可能会购买更多的保险。在前一个例子中，只要那个女性认为健康保险的价值至少是其成本的 67%，购买保险会使她的状况变好。回忆第 4 章，保险纯理论认为我们不为小幅度损失、非常小或非常大的概率事件购买保险。然而，如此大规模的税收补贴削弱了这些激励。例如，由于税收补贴，我们更可能拥有低免赔额和低共保率的保险。

对表 15.2 中的边际税率的一个粗略的回顾，我们发现税收补贴的几个重要含义。首先，由于联邦（和一些州）的个人所得税具有累进性质，税收补贴随着收入的增加而增加。高收入的个人，尽管有一些例外，往往比低收入者得到更大的补贴。因此，那些收入较高的人更可能购买健康保险，也更可能拥有更高保障水平的保险。① 第二，联邦和州所得税、社会保障和/或医疗照顾计划税率的提高将使人们更有可能购买员工健康保险，也更可能购买保障水平更高的保险。最后，如果取消了税收补贴，我们预计从雇主那里获得保险的人会更少，而且更多的人会选择保障水平更低的保险。这对高收入人群的影响最大。

简而言之，了解美国健康保险的关键之一是了解税收、社会保障和医疗照顾计划法律中隐含的激励措施。

健康保险的税式支出规模

税式支出是一种用来描述由于税收偏离一般税收原则而导致的税收减少的术语。在这里重要的一般税收原则是，所有种类的报酬都应以相同的税率征税，以避免人们改变他们获得报酬的形式来避税。以员工健康保险形式获得的收入是免税的，这构成了税收支出的一项重要内容。思考这个问题的另一种方法是，政府的税式支出是对纳税人的税收补贴。

图 15.4 提供了 2006 年员工健康保险的联邦税式支出估计（Seldon 和 Gray，2006）。由于员工健康保险导致的所得税减免，联邦所得税收入降低了约 1 119 亿美元。社会保障和医疗照顾计划税收收入降低了 733 亿美元。加上州税式支出，共计 2 086 亿美元。这些数据放在这样的情境下考虑：在 2005 年，联邦医疗照顾计划的支出总额为 3 300 亿美元。因此，员工健康保险的联邦税式支出相当于医疗照顾计划支出的 63% 以上。

由于保费的增加和从雇主那里获得健康保险的人数在增加（即使参保的比例在

---

① 持续增长的边际税率的拐点是因为社会保障工资税在 2012 年只对 106 800 美元内的工资征税（2013 年的数据是 110 100 美元）。当纳税人的收入满足更高的联邦个人所得税边际税率时，他面临的税率会再次上涨。

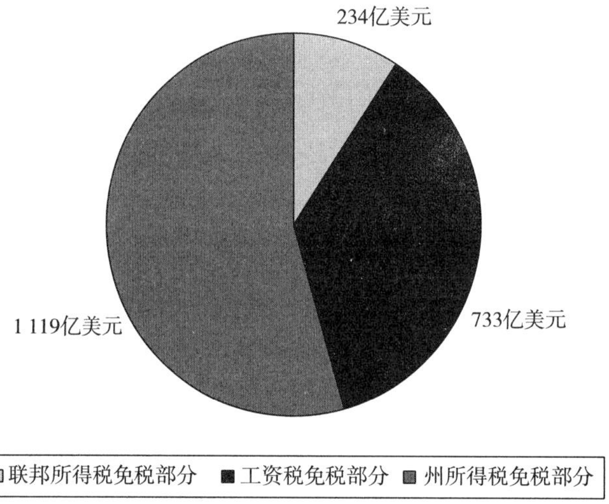

资料来源：Seldom 和 Gray（2006）。

图 15.4　2006 年员工健康保险福利的联邦税式支出

下降），税收补贴一直在增长。Bob Helms（2005）说明，联邦和州因为员工健康保险导致的税式支出加上自付医疗费用的税收补贴，在 2004 年超过了 2 000 亿美元，并从 1990 年开始大幅增长（见图 15.5）。

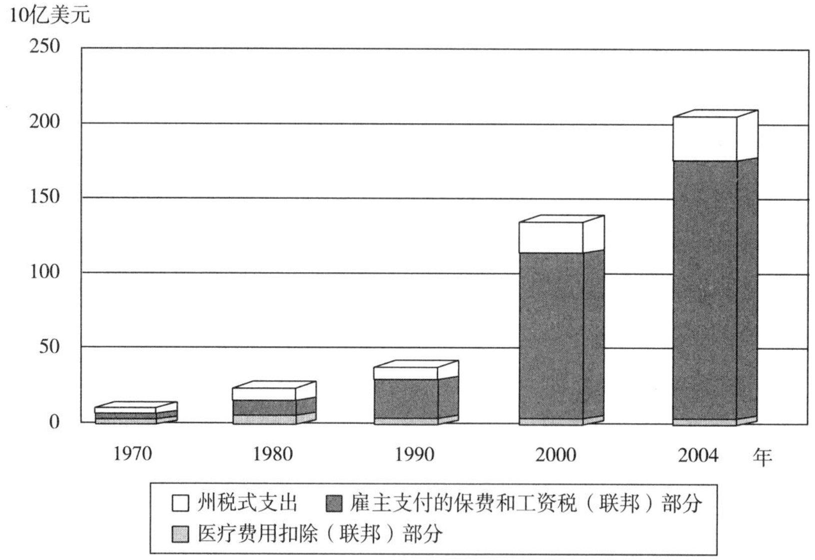

资料来源：Helms（2005），“Tax Reform and Health Insurance,” *Health Policy Outlook.* Washington, D. C.: AEI（Jan. /Feb.）: Figure 2。允许转载。

图 15.5　健康保险和医疗费用导致的联邦和州的税式支出

税率对健康保险影响的估计

估计税率对公司内部健康保险决策的影响是一个艰巨的挑战。我们需要获得不同个人、不同时间和/或不同行政区划的不同税率。如果我们得到关于个人的数据，就需要关心家庭中配偶的收入和其他非劳动收入的性质，这将会影响税率。如果我们得到一段时期的数据，我们就需要考虑其他可能随着税率变化的因素。如果我们得到不同行政区域，例如各州的数据，我们将必须考虑为什么这些税收差异会存在，以及在各州中与此相关的其他差异。

然而，许多研究试图估计税率对雇主提供健康保险的决定，以及从企业中获得保险保障的员工的比例的影响。使用的最多的方法是利用州所得税税率的差异。然而，不同研究的结果差异很大。Leibowitz 和 Chernew（1992）使用跨州的税收差异来计算小企业员工的平均税后保费价格。他们发现税收补贴的弹性为 2.9，补贴增加 1% 导致雇主提供保险的可能性增加 2.9%。Gentry 和 Peress（1994）根据各州不同的所得税税率，估计不同城市中雇主提供健康保险的员工的平均比例。他们发现，保险价格（含税）每上升 1%，参保员工的比例降低 1.8%。Royalty（2000）也使用了不同州的税率差异，但是他研究了所有的雇主，而不仅仅是小企业。他发现提供保险的弹性只有 -0.63。显然，不同研究的估计差别很大，部分原因是可得到的税率数据衡量方法很粗糙。

早些年的一系列研究把提供健康保险的数量作为税率的函数。Long 和 Scott（1982）使用了 1974 年到 1979 年的员工附加福利，特别是健康保险，和员工总薪酬的汇总数据，发现边际税率增长 10%，导致以附加福利形式得到的报酬比例增加了 2.2%，但以健康保险形式得到的报酬比例增加了 4.1%。Sloan 和 Adamache（1986）对 1968 年、1972 年和 1977 年的 10 000 家公司的数据进行了调查。他们发现，税率增长 10% 导致以人寿保险和健康保险形式支付的报酬比例增加了 6%。Woodbury（1983）使用了当地学区 1977 年的数据来估计税率对员工不同组合形式报酬的影响。他发现，税率增长 10% 导致以人寿保险和健康保险形式支付的报酬比例增加了 16% ~ 17%。最后，Hammermesh 和 Woodbury（1990）研究了在 1984—1985 年和 1988—1989 年大学教员的数据。虽然他们只报告了总员工附加福利，但他们的研究结论显示，雇主提供保险数量具有相当大的价格敏感性：边际税率增长 10% 导致了总薪酬中附加福利的比例增加了 17%。因此，这些文献表明，在税率变动下，雇主提供健康保险的决策的估计结果范围很广。但税收政策的变化对于总体员工附加福利，特别是健康保险提供的影响是相对较大的，虽然估计的结果多种多样。

Gruber 和 Lettau（2004）进行了目前为止最广泛的研究，来估计税率对公司提供健康保险的概率和健康保险费用支出的影响。他们使用 1983 年到 1995 年来自劳工统计局就业成本指数（Employment Cost Index，ECI）的工资和非工资报酬数据，以及来自美国统计局的当期人口普查（Current Population Survey，CPS）的个体职工数据和来自美国财政部的收入统计（Statistics of Income，SOI）的家庭税收数据。ECI 提供了超过 48 000 个企业的约 203 000 个工作岗位的信息。报酬的数据是样本中所有同样工作类型的职工的平均数据。当然，这个职工可以是单身或已婚，填写分项或者非分项报税单。对于这些可能性中的每一种，Gruber 和 Lettau 都使用了公司所在州的数据，输入了平均的配偶收入和非劳动收入数据，并且分别计算了每个行业、职业和工资率的平均值。然后将这些平均值分配到在 CPS 和 SOI 中具有相似特征的人。在这些特点和家庭收入给定的条件下，他们计算了与家庭相关的边际税率。然后，他们使用了进行分项扣除的已婚员工、非分项扣除的已婚员工以及分项和非分项扣除的单身员工的比例，确定了每个公司中平均或者中间水平的员工的边际税率以及健康保险的边际含税价格（tax price 参见专栏“计算含税价格”）（我们开始认识到这个话题实证分析的困难之处了吧）。

计算含税价格

简单而言，健康保险的含税价格是（1 - 边际税率）。因此，回头看表 15.2，如果一个没有选择分项扣除的单身个人的综合边际税率是 32.65%，员工健康保险的含税价格将是（1 - 0.3265）或 0.6635。然而，与表 15.2 不同的是，Gruber 和 Lettau（2004）包括了州所得税税率和社会保障以及医疗照顾计划税收的雇主部分，而且他们对于实际生活中的税收减免的处理更为复杂。所有纳税人的平均含税实际价格为 0.644。这也表明平均边际税率为 35.6%。

Gruber 和 Lettau 发现，含税价格上涨 10%（这意味着减税），公司提供健康保险的概率下降 3.6%。在类似情况下，健康保险的年支出估计减少约 11%。

从文献中发现，在较早的估计中，对是否提供保险保障的影响在较低的范围内，而对购买保险支出数量的影响在中间到较高的范围。税收政策对小公司的影响要大得多。税收补贴对小公司的工人来说更为重要，大概是因为他们中的许多人对健康保险没有很强的需求（在第 18 章中，我们将会讨论小团体保险市场，并举例说明那些并不怎么看重健康保险的人。即使公司提供保险的成本相对较高，仍然很容易放弃工作）。因此，税收补贴可能是减少健康保险实际价格的一个重要因素，因此员工和他们的雇主选择去获得保险和购买保障程度更高的保险（当然，这种税收补贴是通过提高对货币工资的税收来实现的)。

Gruber 和 Lettau（2004）估计那些员工数少于 100 人的公司在健康保险的含税价格降低 1% 时，他们提供健康保险的概率增加 0.69%。保险福利程度的弹性更大：含税价格下降 1% 使健康保险的年度支出增加了 1.3%。例如，雇主和员工选择增加牙科保险，降低用药方案的自费率，或者降低保险覆盖范围内的医疗服务的免赔额，这些都将增加支出。至于具体哪些保障内容会调整，几乎没有这方面的研究。在第 4 章中提出的理论表明，对于较小的索赔和非常低或非常高的概率事件的保障将被减少。Gentry 和 Peress（1994）确实发现牙科和眼科保险对税率变动更敏感。

税收政策的确也能够影响非团体的健康保险市场的行为。Heim 和 Lurie（2009）仔细研究了健康保险保费纳税扣除的增加对个体经营者纳税申报的影响。从 1989 年至 2003 年，个体经营者的纳税申报中健康保险保费扣除的比例逐渐从 0 上升到 100%。我们将在第 19 章中讨论关于个人保险市场的这一分析。在这里，我们注意到，作者发现是否购买保险的含税价格弹性为 -0.3，而购买不同保障程度的保险的弹性为 -0.7。

取消对员工健康保险的税收补贴的影响

卫生经济学家和一些政策倡导者经常呼吁取消应纳税收入中，采用免除健康保险的报酬所提供的税收补贴。这一观点有两个原因。首先，由于个人所得税具有累进性质，高收入的人面临的税率也更高，然而税收补贴是具有累退性质的。因此，更富裕的群体比贫穷群体从税收补贴中受益更多。其次，补贴扭曲了决策，相比于人们需要按原价购买保险，税收补贴鼓励人们购买保障程度更高、范围更广的保单。这一保险需求的增加还有更深远的影响，它提高了健康保险的价格，从而使低收入者更难购买保险。

Gruber 和 Lettau（2004）估计了取消税收免除对雇主提供的健康保险的保障程度与保险支出的影响。一开始就需要注意的是，这个模拟超出了 Gruber 和 Lettau 的数据范围。它将一个相对狭窄范围的税率结果，推算到一个极端值，在这一点上保险形式的报酬和货币收入会以同样的税率被征税。尽管如此，他们的估计还是有趣的。

上述的估计表明，在联邦和州所得税法及社会保障和医疗照顾计划中全面取消税收补贴将使一家公司提供健康保险的可能性降低 15.5%。如果在取消补贴之后公司仍然决定提供保险，那么它每年的花费会减少 28.6%。同时考虑到提供保险计划可能性下降和保险花费的减少，Gruber 和 Lettau 估计员工健康保险的支出将减少 45%（当然，有些减少的部分额度会通过员工单独购买健康保险抵消）。这显然是一个巨大的数额，但它强调了税收政策在美国私营健康保险体系中的重要性。

Lu、Rettenmaier 和 Saving（2011）也研究了改变员工健康保险的税收处理的影响。他们研究了用固定数额的税收减免（tax credit）代替目前对员工健康保险支出的税前扣除。他们的想法是考虑一个有代表性的员工愿意接受多少数额的税收减免而放弃当前的税前扣除，而不管他们最终会购买什么保险，总的来说，这一数额取决于三个因素：总体平均边际税率、保险需求弹性和劳动力供给弹性。税率决定了对员工健康保险的补贴有多大。保险弹性定义了随着保费的增加，人们放弃保险程度的意愿。第三个因素反映了当税率提高时人们放弃工作时间的意愿。Liu 和他的同事得出的结论是，平均年龄边际税率约为 36.2%。这比 Gruber 和 Lettau 计算的估计高出不到1%。然后，他们使用了其他文献中一系列看起来合理的数值。他们估计的中值是固定数额的税收减免，其税式支出比当前的免税处理少 38%。此外，他们估计健康保险的支出会下降 77%，这一结果高到令人难以置信。然而，作者认为，当免税政策被取消时，工人们将转向投保灾难性支出保险，很大程度上放弃常规服务的保险项目，这些项目一般都有高税收补贴和低共保率。因此，医疗支出并没有减少这么多，但是通过有补贴的员工健康保险的医疗支出却减少了。

最后，Feldstein、Feenberg 和 MacGuineas（2011）考虑了总体税收政策的变化。具体地说，他们问，如果人们能够得到所有当前的税式支出，包括员工健康保险、住房抵押贷款的扣除、慈善性支出扣除、州和地方所得税扣除等，但是只能扣除它们在调整后收入 2% 以内的部分，将会发生什么。人们可能会说，取消任何一项税收补贴从政治上来讲都太难了，但或许人们可以就在一项或者全部补贴中纳税人可以得到的数额达成共识。然后，人们可以讨论国家是否会利用新的税收收入来降低税率，偿还债务，或者扩大支出。Feldstein 和他的同事们提出了一些假设性的问题：将增加多少税收，不同的税收补贴将如何受到影响，以及收入群体之间的分配结果如何。他们利用美国国家经济研究局的税收模拟程序和 2006 年近 150 000 份匿名个人纳税申报表中的数据来回答这些问题。

他们估计，2011 年 1.46 亿联邦个人所得税申报表将被提交，调整后的总收入为 8.6 万亿美元，应交税款 1.1 万亿美元。各种税收补贴使税收收入减少了约3 600 亿美元，约占应交税款的三分之一。2% 的扣除上限将带来约 2 780 亿美元的额外收入，其中 86% 的申报将面临税收补贴的限制。这种税收政策变化的最大影响将是员工健康保险的税收扣除，这将产生大约 1 400 亿美元的税收收入。有趣的是，不同的税收补贴的分配作用不同。取消慈善捐赠和财产税扣除将主要由高收入群体承担，贷款利息扣除对所有收入范围的群体都有影响。而健康保险的扣除对调整后的总收入低于 20 万美元的群体影响更大，这是因为许多中等收入者从员工健康保险中获得了大量的税收补贴。

ACA 和员工健康保险税收

虽然上述关于员工健康保险的税收处理变化的讨论纯粹是假设的，但 ACA 确实对员工健康保险超过一定门槛的部分收税。这项消费税，通常称为凯迪拉克税（Cadillac Tax），始于 2018 年，对员工健康保险的缴费超过一定数额的部分，即对单身个人高于 10 200 美元、对家庭超过 27 500 美元的部分征收 40% 的税。严格地说，这一门槛适用于购买健康保险，以及对健康补偿账户（HRA）、健康储蓄账户（HSA）和灵活支出账户（FSA）缴费的价值之和。

理解凯迪拉克税的影响的关键是考虑交税门槛随时间推移的效果。Herring 和 Lentz（2011）在评估法律的影响时做到了这一点。这个门槛与一般通胀水平挂钩，而通货膨胀水平用居民消费价格指数（CPI）来衡量。在 2019 年，这个门槛提高了 CPI 加 1%，在随后的年份，它只提高了 CPI 的水平。然而，健康保险保费在历史上每年增加 6%。使用凯撒家庭基金会雇主福利调查（Kaiser Family Foundation Employer Benefits Survey），Herring 和 Lentz 使用 6% 的保费增长因子加上国会预算办公室使用的 2% 的 CPI 向前推算每年的保费。他们发现，在 2018 年，大约 16% 的计划会被这个消费税所影响，预计会使健康保险支出降低 0.7%。然而，因为保费的更快速增长，75% 的员工健康保险计划在 10 年后，也就是 2029 年，才会受到这项税收的影响，健康保险的支出会降低 3.1%。凯迪拉克税被认为在 2020 年到 2029 年会增加 9 310 亿美元的税收收入。

税收与员工缴纳的保费

我们对税收和健康保险的讨论可能至少向善于思考的读者提出了一个问题，税收法律似乎暗示，员工的保费缴纳部分不应该存在；所有保险费应由雇主用员工的税前收入支付。那么，为什么我们会看到雇主通常让员工自付一部分保费呢？

一般来说，如果许多看上去不经济的行为随着时间的推移持续存在，那么这表明必有动机来维持这种行为或者对放弃这种行为施加了限制。在员工自付保费的情况下，雇主可以降低他们的劳动力成本，同时不让员工的情况变得更糟；或者，如果所有保费是由雇主代替员工用他们的税前工资支付，那么员工可以得到更好的待遇，而雇主不需要额外的费用。正如我们将在第 16 章中看到的那样，员工自付保费有一个非税收上的理由。这作为一种机制，帮助员工获得一个工资福利组合，以更好地满足他们各自的特殊情况。

正如我们将在第 16 章看到的，两个因素决定了员工的保费缴纳的大小。一个是员工健康保险税收补贴的大小，另一个是使工人参保最能反映他们所偏好的健康计划的愿望。作为后者的一个例子，一个双职工家庭可能更喜欢从一个雇主那里获得家庭保险，而他得到的工资也相应较低，而另一个家庭成员从雇主那里得到较高的工资，而没有保险。更高的员工保费缴纳有助于实现这一目标。Gruber 和 McKnight（2003）发现，税收补贴的规模是决定“雇主是否支付”全部健康保险费的一个重要因素。含税实际价格上涨 10%（即降低税率），导致企业支付全部保险费的概率降低 1.7%。因此，税收政策不仅影响到雇主提供保险的可能性和保险的福利水平，也影响了保费在雇主缴纳和员工缴纳比例的划分。

此外，自付保费实际上不一定是用税后收入支付的。企业可以根据税法第 125 条为它的员工建立灵活支出账户（FSA）。根据这些计划，雇主可以决定员工缴费的最大数额。在过去这些数额通常为 5 000 ~ 10 000 美元的税前收入，它们存入雇主持有的一个特别账户。[①] 员工可以用这些美元支付自付的医疗费用，如未被保险覆盖的牙科诊所就诊费用、医生出诊的自费部分或处方下的新的隐形眼镜费用。不太为人所知的是，这些计划还有效地用员工的税前收入支付员工自付保费部分。员工并未对此作出任何贡献。从本质上说，雇主通过 FSA 转手缴纳员工自付的保费部分，并使这部分收入在支付保费之前不被征税[②]（请注意，我们所称的转手并不会减少员工对账户的缴费）。

FSA 将税收补贴扩展到这部分保费。因此，如果员工位于 32.65% 的边际税率等级内，则支出账户将保费缴纳数额减少 32.65%。通过 FSA 支付员工保险费使员工对保费的价格敏感性降低到零。Dowd 和他的同事（2001）是唯一研究这个问题的研究人员。他们利用 1994 年对美国大城市和县政府的一项调查，发现选择参保计划的弹性降低了大约 56%。在第 11 章中我们看到，更高的员工缴费部分导致了员工改变参保的健康计划，他们转向价格更低的计划。Dowd 和他的同事的估计结果意味着，当 FSA 存在时，这些影响很大程度上被削弱了。

本章小结

- 联邦和州的个人所得税，以及社会保障和医疗照顾计划工资税，是美国雇主提供健康保险最主要的潜在原因。
- 员工健康保险不需要缴纳这些税，这种税收免除给雇主和员工一种激励，

① 2013 年，ACA 将医疗 FSA 的缴费限制在 2 500 美元以内。

② 译者注：简单而言，FSA 与员工健康保险的区别在于，雇员自己对如何使用账户中的资金有更多的选择权，如果选择购买保险，对保险产品的种类有更大的自主权。至于税收免除政策，FSA 和员工健康保险是一样的，缴费都是税前列支。

把员工报酬的形式由需要交税的货币工资转化为不需要交税的健康保险。

- 高的税率降低了健康保险的含税价格，提高了一个公司提供健康保险的可能性，也提高了公司提供更高福利水平健康保险的可能性。
- 一项研究发现，含税价格下降 10%（税率提高）导致雇主提供健康保险的可能性增加 3.6%，公司提供健康保险的支出增加 11%。小公司对税收政策变动的反应程度更大。
- ACA 对员工健康保险超过一定门槛的部分征收凯迪拉克税。这个税收使员工的报酬更多地回归货币收入的形式。一项研究表明，因为相对于一般通胀水平，医疗费用支出增长更快，很多公司都会受到凯迪拉克税的影响。
- 税收政策也会影响到员工缴费部分的大小。当税率更高时，自付保费的规模更小。
- 灵活支出账户（FSA）其中一项优势是将员工健康保险保费的免税处理扩展到员工缴费的部分，这是为了降低员工选择雇主提供的保险计划的价格敏感性。

问题讨论

1. 社会保障和医疗照顾计划预计在 2020 年之前会面临财政危机，应对这个问题的方法之一是提高工资税。这对员工健康保险市场有何影响？

2. 你是一个员工福利计划的顾问。假设联邦个人所得税有一个永久性的较大规模的减税，考虑到国会这种行动，你会建议你的顾客如何改变他们提供的健康保险计划？

3. 一些政策的倡导者呼吁员工健康保险应该作为员工报酬的一种形式进行收税。至少有一个研究表明，这会使员工健康保险的支出降低 45%。你认为医疗费用的支出也会降低 45% 吗？你认为医疗费用的支出会发生什么样的变化？

延伸阅读

[1] Feldstein, M. S., D. Feenberg, and M. MacGuineas. 2011. "Capping Individual Tax Expenditure Benefits." *National Bureau of Economic Research*. Accessed May 24, 2013. www.nber.org/papers/w16921.

[2] Gruber, J., and M. Lettau. 2004. "How Elastic Is the Firm's Demand for Health Insurance?" *Journal of Public Economics* 88: 1273 – 94.

[3] Herring. B., and L. K. Lentz. 2011. "What Can We Expect from the 'Cadillac Tax' in 2018 and Beyond?" *Inquiry* 48 (4): 322 – 37.

第 16 章　作为代理人的雇主

代理人是代表他人行事的人。在卫生经济学中，我们通常认为医生是病人的代理人。作为代理人，医生使用他们的知识和专长来诊断、选择和采取治疗方案，而这些恰恰反映了患者的偏好和支付意愿。完美的代理人不考虑他们自己的喜好或经济激励，然而，在经济学上，我们认为现实生活中的代理人是不完美的。

许多员工通过雇主购买健康保险。雇主在多大程度上充当员工的代理人？也就是说，雇主在多大程度上利用他们的知识和专长来获得反映其员工偏好的保险保障？在这一章中，我们将探讨这个问题。本章从一些描述性的研究开始，这些研究说明员工在多大程度上对雇主提供的保险计划的质量表示满意，以及员工对不同工资和保障组合的偏好。

然后，我们引入所谓的劳动力市场分类模型，它表明，雇主提供不同的健康保险计划的原因是职工对不同形式和不同保障水平的偏好。我们还考察了有关劳动力市场成功地将职工的偏好与雇主的提供相匹配的实证研究。

今天的劳动力市场中大部分是双方都在家庭外工作的夫妻。这种双职工家庭很可能会面临更多的工资和健康保险之间的权衡取舍。一项新的实证研究考察了双职工的情况对通过雇主获得的保险的影响。研究结果显示，在作出健康保险决策时，员工确实会考虑可供选择的范围。

这对雇主代理人提出了挑战。他们必须能提供能满足各种偏好的保险，同时考虑到税收政策中隐含的激励措施，还要提供给员工并不过多或过少的薪酬组合。员工为健康保险的缴费在将员工分类到各种保障项目中发挥了重要作用，这些项目的参保反映了自己对保障偏好以及其他来自配偶、父母和政府的保险计划的可及性。的确，对员工自付部分保费增长的一个解释是，它是对双职工家庭的普遍存在以及他们可获得的更广泛的保险选择的一种反映。

最后，员工期望雇主代理人考虑健康保险计划的质量，并当员工在进行计划选择时提供有关计划质量的信息。我们研究了健康保险计划质量信息对雇主和员工选择计划的影响，但实证证据是有限的。

员工对于雇主计划的看法

正如我们在第 14 章中讨论的，雇主提供健康保险的必要条件是员工认为健康保险是有价值的。这表明，在雇主是否提供保险以及判断保险特性方面，职工的偏好应该是一个重要因素。健康福利顾问经常报告员工调查的结果，结果显示健康保险是被认为最有价值的员工附加福利。然而，这样的调查很少直接关注一个问题：雇主所提供的健康保险计划是否是员工自己会选择的那个。然而，最近的两项调查提供了一些关于健康保险特性的见解，这些见解基于计划的质量和职工自身做出的权衡取舍。

一项由联邦基金会（Commonwealth Fund）委托进行的调查（2001）发现，近四分之三的拥有雇主发起建立的健康保险的员工认为他们的雇主在选择优质计划方面做得很好，而 10% 的人说雇主的选择有好有坏，13% 的人说雇主做得很差劲。

在最近的研究中，员工福利研究院（EBRI）在 2012 年夏天对 800 名美国居民进行了全国随机数字电话调查（Fronstin，2012c）。这项调查特别有用的地方是，它询问那些有员工保险的人们，他们对工资与保险项目组合的偏好。结果在图 16.1 中总结。近四分之三的受访者对现有工资保险的组合状况感到满意。然而，几乎有六分之一的人偏好更多的保障和更低的工资，更少一部分人希望有更少的保障。因此，劳动力市场看起来做了一个非常好的匹配偏好，但结果还远远不够完善。

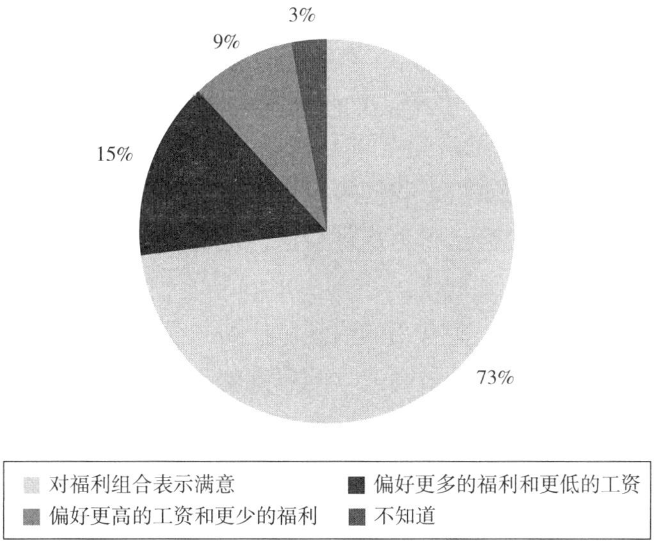

资料来源：Fronstin（2012c）。

图 16.1　2012 年对当前工资—保障福利组合的满意程度

正如我们在第 15 章中所讨论的，员工健康保险通过免除联邦和州的个人所得税和工资税而得到大量的税收补贴。我们还认为，优惠的税收待遇不是员工通过雇主购买保险的唯一原因。EBRI 的调查询问，如果员工健康保险被征税，参保的员工将如何改变他们的保险购买决定。从图 16.2 中我们可以很清楚地看到，65% 的受访者希望继续通过雇主获得保险，尽管 40% 的受访者会选择不像以前那么广泛的保障范围。因此，即使在这种情况下，绝大多数员工似乎认为工资和保险之间的组合取舍是值得的。

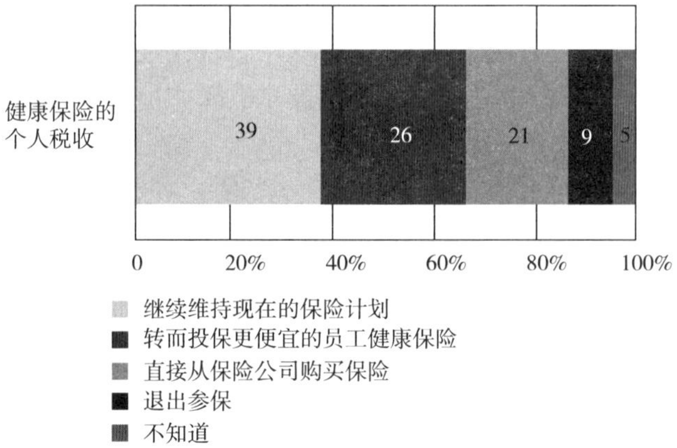

资料来源：Fronstin（2012c）。

图 16.2　2012 年如果对员工健康保险征税，偏好的变化

劳动力市场的分类

Goldstein 和 Pauly（1976）在员工健康保险市场中建立了职工分类的基本模型。模型的理念很简单。假设职工是完全可互换的，但对健康保险有不同的偏好。然后，在一个无摩擦的劳动力市场，我们可以认为雇主愿意提供保险的话，那么只提供一个健康保险计划。职工会选择为提供最适合他的工资和健康保险组合的公司工作。这样的分类很彻底。

这个简单的模型产生了一些有用的内涵。比如，模型表明如果雇主们提供健康保险的成本不同，那么那些有着最高成本的雇主就不会提供健康保险，他们会吸引那些认为健康保险没有价值的员工。这一模型也表明，如果一家公司提供的工资和健康保险组合比别人都差，那它不会吸引到任何职工。

当然，劳动力市场实际上要复杂得多。员工们的技能并不相同，企业的生产过程可能需要拥有不同技能和不同保险偏好的员工。这表明员工偏好的多样性将导致雇主提供多个计划。所提供的计划数量取决于员工偏好的多样性和提供额外计划的成本。这些成本也包括与向少数员工提供保险带来的客观风险，如果这些员工不能有效地与其他人进行风险汇聚（回顾第 6 章中关于客观风险的讨论）。

劳动力市场中存在摩擦。员工在寻找工作时，雇主也在寻找技能与工资保险组合相匹配的员工，他们都面临巨大的搜寻成本。在搜寻成本给定时，我们认为有些或许是很多员工的工作并不与他们对工资保险组合的偏好完全符合。最后，考虑到搜寻成本，我们认为员工选择的雇主，能够提供产生最大效用的工资保险组合。

Monheit 和 Vistnes（1999）直接检验了劳动力市场存在员工分类，而且雇主是根据员工偏好提供保险保障的观点。他们使用了 1987 年全国医疗费用调查的数据，该调查对大约 36 000 个人进行了具有全国代表性的调查。他们把分析局限于单身人士，以避免如果配偶和夫妻共同决定工作和保险计划，将使可选的保险计划更加复杂。本次调查的一个独特之处是有一系列询问员工对健康保险偏好的问题。具体而言，调查询问了受访者对以下陈述的同意程度：

1. “我足够健康，我真的不需要健康保险。”
2. “健康保险并不物有所值。”
3. “我比普通人更喜欢冒险。”

表 16.3 显示了雇主提供保险的员工中同意和不同意前三项陈述的比例。总体而言，77.2% 的单身员工有雇主提供的健康保险。那些同意自己并不真正需要健康保险的人比那些不同意的人，获得员工保险的可能性低 6.3 个百分点，那些同意健康保险不值得买的人比那些不同意的人，获得保险的可能性低 9.7 个百分点。相比之下，那些同意或不同意他们比一般人更有可能冒险的人，在提供保险方面在统计学上没有显著差异。这些结果表明，员工的偏好可能确实在工作和保险决策中发挥了作用。

表 16.3　　员工的偏好以及雇主发起建立的健康保险

	雇主提供健康保险的单身员工比例（%）
所有单身员工	77.2
员工偏好	
身体好，不需要健康保险	
同意	71.8
不同意	78.1*
健康保险不值得买	
同意	69.3
不同意	79.0+
更可能去冒险	
同意	76.4
不同意	77.5

注：*、+分别代表同意和不同意的群体的情况在统计的 95% 和 99% 置信水平上显著。

资料来源：Monheit 和 Vistnes（1999）。

接下来 Monheit 和 Vistnes 估计了一个回归模型，在这个模型中，他们把能在提供保险的单位工作作为被解释变量，它是工资差异（基于有保险还是没有保险）、预期的自付医疗费用、搜寻成本和保险偏好等衡量指标的函数。他们得出结论，在其他条件相同的情况下，那些对保险有很强偏好的人比那些对保险偏好很弱的人有 14% 或更高的可能获得能提供保险的工作（那些对保险有强烈偏好的人同意之前提到的陈述 1 和陈述 2；那些对保险有更弱偏好的人不同意这两个陈述）。相比之下，通常的就业和人口学特征导致拥有一份提供保险的工作的可能性增加了 17%。这表明，在解释为什么一些员工的单位不提供健康保险时，员工的偏好和其他特征一样重要。

有研究探索员工的异质性对雇主提供的健康保险计划的数量和类型的影响。Moran、Chernew 和 Hirth（2001）使用 1993 年到 1994 年关于雇主的调查数据来估计在多大程度上公司中员工特征的差异解释了计划提供的广泛程度。因此，他们对是否一个公司的员工具有更广的年龄和收入范围，影响了公司提供计划的数量和类型感兴趣。他们发现，劳动力在年龄、收入和性别方面越多样化，雇主就越有可能提供更多的计划数量和类型。然而，这些影响相对较小。年龄差异增加两个标准差（这是非常大的增加）导致提供多于一个计划的概率增加 8.6%，提供多于一种计划类型的概率增加 12%。Richard、Hirth 和同事们（2006）使用 2003 年的社区跟踪调查数据试图找出雇主提供的保险中的不匹配程度。他们发现大约 80% 的员工享受着看起来与他们的偏好相匹配的工资和保险的组合。而其余员工中的 60% 从别处获得保险，拒绝了雇主的投保，并且无法弥补所放弃的保险的全部价值。

Pauly 和 Herring（2007）还研究了雇主发起建立的健康保险反映员工偏好的程度。他们的分析方法是估计非团体保险的保险需求函数，然后对团体保险估计一个类似的模型。他们认为，非团体保险市场更贴近地反映了“真实”的偏好，因为购买者更直接地面对他们决策的全部成本。因此，如果购买有许多限制的保险计划的人的比例在两个模型中相等，那么团体的选择反映了员工的偏好。利用 20 世纪 90 年代末的社区跟踪调查数据，他们得出结论：这些结果明确地否定了保险的“随机分配”模型，并且证实了具有不同偏好的个人倾向于分类到具有不同福利结构的公司的假设（Pauly 和 Herring，2007，138）。

双职工家庭

在 1950 年，只有 24% 的已婚妇女参与了劳动力市场。到 2000 年，大约 65% 的 65 岁以下的夫妇双方都进入了劳动力市场（Abraham 和 Royalty，2005）。双职工家庭为健康保险带来了新的机会，同时也为雇主提供保险带来了挑战。在一个双职工家庭中，家庭可以从一个或两个雇主选择保险。配偶每人都可以有个人的保险。他们可以从一个或两个雇主处获得家庭保险。他们可以通过一方获得保险，从另一方获得更高的收入而没有保险，或者，他们也可以完全没有健康保险。从雇主的角度来看，双职工家庭中的一些员工可能根本不想要保险，他们更喜欢更高的工资，而另一些这样的家庭可能想要高水平的家庭保险保障和较低的工资。双职工家庭中，偏好的范围可能比家庭中只有一个有收入者的情况要大得多。

Abraham 和 Royalty（2005）关于双职工家庭对员工健康保险的影响做了最全面的概述。他们利用 1997 年的医疗费用面板调查（MEPS）发现，控制其他因素，在一个家庭中拥有两个收入者使一个员工以及整个家庭获得保险的可能性增加了 10% ~20%，具体的大小取决于作者是否控制了家庭收入变量。[1] 此外，这些家庭中的员工平均多出将近 1.3 个可供选择的计划，而且投保可以自由选择医疗服务提供者的计划的可能性要高出 22%。

Abraham 和 Royalty（2005）也研究了双职工家庭的情况对非全职和个体经营者，以及在小企业中的职工获得员工健康保险的可能性的影响。当然，保险可能来自员工自己的雇主或配偶的雇主。结果在表 16.4 中概括。非全职员工更不可能得到雇主发起建立的保险。在其他 MEPS 数据相等的条件下，Abraham 和 Royalty 估计非全职员工比全职员工获得雇主发起建立的健康保险的可能性低近 47%。然而，如果家庭中有两个有收入的人，这个差异中的 77% 会被抵消。个体经营者拥有员工健康保险的可能性更低，而其中的 36% 属于被双职工家庭所抵消，而小企业员工拥有雇主发起建立的健康保险的更低可能性中的 50% 被抵消。"总的来说，我们发现，拥有两个挣钱者平均的影响导致了员工在保险可及性和可选计划的保障水平方面都显著提高……存在脆弱性职工的家庭，包括非全职、个体经营者和小企业的员工，往往在各个方面情况会更糟，但是家庭中拥有第二个有收入的人有助于减轻很大比例的负面影响"（Abraham 和 Royalty，2005，182）。

表 16.4　单职工和双职工家庭对脆弱性职工拥有员工健康保险概率的影响

员工类别	没有控制收入		控制了收入	
	边际效应	抵消的比例（%）	边际效应	抵消的比例（%）
单职工家庭中的非全职员工	−0.466*		−0.392*	
双职工家庭中的非全职员工	+0.361*	77	+0.310*	79
单职工家庭中的个体经营者	−0.460*		−0.520*	

① 一个双职工家庭可能比单职工家庭有更高的收入，这更高的收入可能直接导致拥有保险的可能性更大。因此，Abraham 和 Royalty（2005）展示了控制和不控制家庭收入变量的两种不同估计结果。

续表

员工类别	没有控制收入		控制了收入	
	边际效应	抵消的比例（%）	边际效应	抵消的比例（%）
双职工家庭中的个体经营者	+0.168*	36	+0.188*	36
单职工家庭中的小企业员工	-0.286*		-0.254*	
双职工家庭中的小企业员工	+0.165*	58	+0.124*	49

注：*代表系数在统计的99%置信水平上显著。

资料来源：Abraham 和 Royalty（2005）。

Abraham 和 Royalty 没有研究这些结果是如何产生的。很明显，非全职员工可以通过配偶的雇主获得家庭保险。而并不清楚的是，他们是因为配偶的保险计划才获得保险，还是因为配偶已经拥有了提供保险的工作机会，他们才能够从事非全职工作（或者成为个体经营者，或者为没有提供保险的小公司工作）。在薪酬差别理论框架中，两种情况都意味着一方获得了较低的工资和健康保险，而另一方获得较高的工资却没有保险。

员工保费缴纳

回想本章之前提到的 Goldstein 和 Pauly（1976）关于员工健康保险的简单模型。在这个模型中，员工们根据他们对健康保险和雇主提供的工资保险组合的偏好，在公司之间进行自我分类（选择）。员工不需要自付保费，雇主为提供的任何健康保险付钱，并降低员工工资以反映保费。可以说，这样做的原因是，一旦员工在公司之间进行分类，每个公司的员工对公司提供的保险具有同样的偏好。补偿性工资调整是微不足道的，它仅仅是员工健康保险的保费数额，且适用于每个员工。

正如我们所看到的，在现实世界中，偏好是不同的，公司雇用的员工也具有不同的可选择其他保险的来源。解决这个问题的一种方法是根据每个员工的不同偏好来精确地调整薪酬差别。那些想要一个昂贵的、传统的、按服务项目付费的、有着广泛的医疗服务提供者选择权的、有着低免赔额和低自付率计划的员工将得到对应他们选择的较低工资。而其他更喜欢范围狭窄的健康维护组织（HMO）的人从工资中扣除的美元将较少，以反映他们选择更便宜的保险计划。那些通过配偶获得优质保险的人会放弃从自己的雇主那里获得保险，并且不会从工资中扣除保费。处理这一问题的一个直截了当的方法是雇主张贴出提供的每一个计划的全部保费情况，员工可以选择他们想要的计划，雇主会在支付给员工工资前扣除的保费。

如果不是因为现行的联邦和州所得税法规定对货币收入征税，而对以健康保险形式的收入不征税，这就会是我们看到的实际情况。正如我们在第15章中看到的，这些法律提供了以税前工资支付保险的激励。雇员的不同偏好产生的激励与税法内在的激励相冲突。我们可以认为，当员工有同样的保险偏好时，就不会有员工自付保费部分。这将使公司及其雇员充分利用健康保险的特殊税收处理。另一方面，当员工对健康保险有着非常不同的偏好时，我们可以看到员工缴纳的保费部分能够利用税收政策的一些优势，同时仍然能考虑到劳动者的不同偏好。公司可能使用薪酬差别来支付较低成本计划的价值，而对高成本计划的额外成本部分将由员工自付保费。

员工自付部分保费是一种员工区分的方法，它能够让员工根据自身情况，选择保险计划，并且同时能体现薪酬差别。例如，假设一家公司雇用了许多员工，其中许多人已婚，其中一些人处于双职工家庭。一些员工不管单身和已婚，都想要家庭保险；另一些员工不管单身和已婚，都想要个人保险；一些人根本不想从这个雇主那里得到保险。公司可能对个人保险要求缴纳相对较小的保险费，而对家庭保险要求缴纳更多的保险费。个人保险保费的“雇主部分”也许会通过降低所有雇员的工资来支付（薪酬差异）。那些想要家庭保险的员工支付更高的保费。那些通过配偶的健康保险计划获得较便宜的家庭保险的人会拒绝自己雇主的任何保险提供，并获得了更高的工资，这反映了他们没有缴纳保费。[①]

我们已将员工部分缴费作为一种方式，对那些希望拥有更好的健康保险选择的人，以及那些不重视雇主健康保险价值的人，能够支付更高的工资。而 Dranove、Spier 和 Baker（2000）将这种方式本质上描述为雇主的贿赂行为，以鼓励员工尽可能通过配偶获得保险。这两种方法都认为，员工的缴费部分会随着双职工家庭面临的更多选择而增加。迄今为止，没有实证研究可以对这两种界定进行区分。

Dranove、Spier 和 Baker 使用了从 1993 年到 1994 年 Robert Wood Johnson 雇主健康保险调查的数据进行实证研究，他们发现，在女性员工和非全职员工更多的公司，员工自付保费越高。他们把女性和非全职员工的数量视作更有可能拥有其他保险来源的指标。

Vistnes、Morrisey 和 Jensen（2006）使用了 1997 年到 2001 年的医疗费用面板调查中 84 000 多家公司的数据，来直接检验双职工家庭对家庭保险的边际员工保费缴纳额（Employee Premium Contribution，EPC）的影响。也就是说，EPC 是家庭保险和个人保险之间保费缴纳的差额。Vistnes、Morrisey 和 Jensen 认为，当双职工家庭在雇主的劳动力中的比例更大时，边际 EPC 将更大。“此外，”他们认为，“如果

---

① 通常情况下，员工的缴费部分比个人保险的成本要低得多。这部分反映了员工保险的税收减免，但也可能部分反映了在下一个开放投保期时拥有更多保险选项的价值。然而，某种程度上，公司无法找到对没有保险的员工完全补偿的办法，我们可以在双职工家庭中看到更多的例子，其中一方配偶在一家根本不提供健康保险的公司工作。这与我们之前对 Monheit 和 Vistnes（1999）研究的讨论是一致的。

妇女或年轻员工更多的是家庭中的第二个有收入者，他们可能不像第一个有收入者那样重视家庭健康保险。如果是这样的话，比起保险保障他们可能更喜欢工资。一个较高的 EPC 将体现这种假设”。Vistnes、Morrisey 和 Jensen 估计了一系列固定效应回归方程，其中 EPC 是员工异质性、当地劳动力市场条件、健康保险成本、公共保险项目保障程度和税收政策等变量的函数。

主要的结果在图 16.5 中有所总结，按照作者们的观点：

家庭保险的边际员工保费缴纳额（EPC）随着公司雇用女性比例增加而增加，但这只有在双职工家庭大量集中的社区才成立。在这些数据中，公司处于一个大约 30% 的员工属于双职工家庭的市场中，这种情况是图 16.5 中间的那条线。当雇主 50% 的劳动力属于双职工家庭时，边际 EPC 与女性员工的比例也显著上升，这是图 16.5中上方的那条线。然而，当只有 10% 的员工属于双职工家庭时，边际 EPC 并没有随着女性员工比例的增加而增加，事实上，它略有下降，这是图 16.5 中最下方的那条线。这表明，导致高自付保费的不是女性员工比例本身，而是生活在双职工家庭中的妇女比例更大。类似地，Vistnes、Morrisey 和 Jensen 发现，当市场上双职工家庭比例较高时，边际 EPC 随着年轻员工比例的增加而增加。

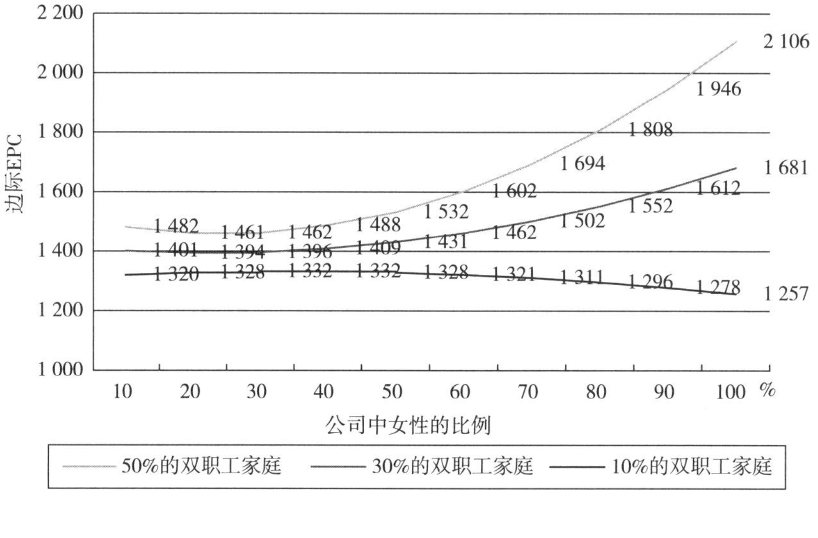

资料来源：Vistnes, Morrisey, and Jensen (2006), “Employer Choices of Family Premium Sharing,” *International Journal of Health Care Finance & Economics* 61 (2): 25 - 47, Figure 4。使用得到了 Springer Science and Business Media 的许可。

图 16.5　根据公司中女性和市场中双职工家庭的比例预测的年边际员工保费缴纳额（EPC）

Gruber 和 McKnight（2003）对员工缴纳的保费提供了一个更一般的实证分析。他们利用 1982 年至 1996 年的当期人口普查数据，发现雇员缴纳的保险费随着总保费的增加而增加，这反映了当保险比较贵的时候，员工分类的价值增加。他们还发现，在当地的医疗救助计划对它覆盖的人群保障程度更高时，EPC 更高。20 世纪 80 年代，医疗救助计划扩展范围，允许收入较高的家庭中的儿童参与。我们可以认为，随着医疗补助计划福利水平提高，理性的父母将让符合条件的孩子参保该计划，并退出家庭保险的参保以取得更高的工资。Gruber 和 McKnight（2003）的研究发现情况的确是这样的。最后，正如我们在第 15 章中看到的，Gruber 和 McKnight 还发现，当税率下降时，雇员缴纳的保费增加。

Buchmueller 和他的同事（2005 年）研究了州儿童健康保险计划（现在称为 CHIP）对雇主为员工设定的保费缴纳额的影响。CHIP 扩大了对“低收入”家庭儿童的公共健康保险的投保资格。在 1997 年实行之前，有资格享受公共保险的 15 岁儿童，其家庭收入水平应在联邦贫困线的 10% ~225%。截至 2000 年，范围变成了贫困线的 100% ~400%。这种跨州的参保资格大规模扩张可以被认为影响了员工健康保险。在员工分类理论下，我们认为，至少有一些新符合条件的家庭会希望把孩子转到 CHIP 项目下，这样可以减少他们在员工家庭健康保险上的开支，并得到更多以货币收入形式存在的报酬。这可以通过提高家庭保险的边际员工保费缴纳额来实现。另一种描述（Dranove、Spier 和 Baker，2000）是雇主提高员工的自付保费，以鼓励有资格的家庭将他们的孩子参保 CHIP 而不是父母双方之一的雇主计划。

像 Vistnes、Morrisey 和 Jensen（2006）的研究一样，Buchmueller 和同事们（2005）的研究也使用了 1997 年到 2001 年的 MEPS 数据。研究发现，对员工缴费规模的影响取决于潜在的劳动力群体有资格享受 CHIP 的程度。具体而言，他们发现，控制了其他变量，假设的公司有 20% 的潜在员工有资格投保 CHIP，那么家庭保险的边际自付保费将增加 119 美元（按 2001 年美元价格）。当 50% 的潜在劳动力有资格投保 CHIP 时，员工对于家庭保险的边际自付保费将每年增加 351 美元。而员工是否有资格投保 CHIP 对购买个人保险的员工个人缴费没有影响。

Buchmueller 和同事还发现，当潜在劳动力中的 20% 有资格投保 CHIP 时，有家庭保险的员工比例下降 1.4 个百分点。当 50% 的劳动力有资格投保 CHIP 时，家庭保险的参保率下降 4.6%。这种对于公共保险计划扩张的反应被称为挤出效应。在第 25 章关于医疗救助计划和 CHIP 的讨论中，我们将更详细地研究这些证据。在这里，了解到作为代理人的雇主，调整员工自付保费比例来反映员工所面临的公共（以及私人）保险选择就足够了。

缴费确定型健康保险

一种考虑当前的员工健康保险的方法是类似考虑养老金。养老金有两种类型：待遇确定型和缴费确定型。对于一个待遇确定型的计划，退休后，一个人可以得到退休前收入的一定比例作为养老金，雇主已经确定了待遇的数额。新的计划被称为缴费确定型，现在在养老金中占主导地位。在这些计划中，雇主代替员工缴费，然而，有保证的是一定数额的缴费，而不是退休后的待遇水平。

员工健康保险可以看作是一个待遇确定型的计划。雇主选择该计划，保险的给付就被保证了。有些人认为，雇主提供的保险在于缴费确定的健康保险计划。在这种模式下，雇主会提高工资以反映当前提供的健康保险的价值，然后不再提供健康保险作为薪酬组合的一部分。相反，雇主会与一家或多家保险公司协商保险项目选择和保费，员工会用自己的工资按全价选择购买一个保险计划。这样做的理由是，员工会清楚地看到保险的全价，这样许多人会选择购买保障程度较低的保险。

显然，这一模式的成功取决于保费的税收处理。如果员工缴纳的保费作为税前工资处理，那摆在员工面前的关键问题是保险的保障水平对他们是否值全部的价格。

第二个重要问题是保费增加的风险转移到了员工身上。在薪酬差别的理论框架下，情况并非如此。假设生产率提高了8%，这意味着员工的总报酬也将增加8%。然而，在当前待遇确定型的保险计划下，生产率提高的一部分用于支付健康保险保费的增加，所以工资可能只增加比如4%。员工以较低工资的形式承担了保费增加的风险。在一个缴费确定型的保险计划下，员工的工资将全部增加8%，但是将面临更高的健康保险保费。同样，员工支付了保费增加的价格。

Peter Orszag（2011）表明他愿意打赌，2020年之前美国大多数雇主提供的大型健康保险项目会变成缴费确定型，你同意他的观点吗？

关于健康保险计划质量的信息

作为代理人，员工期望雇主能够确定他们要求的健康保险计划的质量等级，而且能使用这些信息来选择提供的计划，或者向他们的员工提供关于质量的信息，帮助他们在雇主提供的计划中进行选择。

自20世纪90年代初以来，健康计划雇主数据和信息集（Health Plan Employer Data and Information Set，HEDIS）已经可以用于向雇主提供关于管理式医疗计划质量的信息，并协助计划提高质量（全国质量保证委员会，1993）。数据收集工作由一组大型雇主和HMO承担，质量的衡量包括患者满意度以及对外科护理的衡量指标（如每1 000名成员剖腹产和心脏导管插入的数量）、预防性护理（如免疫接种和乳房X线照相术筛查率），以及医师质量的衡量指标（如获得专业领域认证的医生比例）。这些质量的要素和指标经过定期更新，然而，目前还不清楚有多少雇主在选择计划时使用这种衡量方法。

一些雇主在开放投保期间向员工提供 HEDIS 数据或其他关于计划质量的摘要，一些研究试图评估这些努力在影响计划选择方面的有效性。Chernew 和 Scanlon（1998）在 1994 年秋季开放投保期间研究了向一家财富 100 强的大公司的员工提供 HEDIS 数据对计划选择的影响。他们把分析限制在了管理式医疗计划，因为他们无法得到按服务项目付费的计划的 HEDIS 分数。他们还将分析限制在在职员工、没有参加工会的员工和单身员工，这样可以避免因退休、劳动合同问题和由配偶提供的计划选择引起的复杂性。尽管如此，他们还是分析了 12 500 多名员工的选择。在 HEDIS 评分的五个维度中，作者将计划排名为该地区计划的前 25%。然后，他们对计划特征进行了回归，包括是否在每个公司所在的区域中每个计划的参保份额在五个维度上都有优秀的排名。

他们的研究结果很有启发性。首先，在各个维度上的优秀等级几乎没有相关性。在一个维度上的优秀并不意味着计划在其他方面是优秀的。事实上，医生质量的衡量与患者满意度略有负相关。其次，只有一个维度上优秀的评级在统计上和参保情况有显著的正相关。在预防维度上评级为优秀的计划具有更大的参保份额。最后，有一个质量指标与参保情况在统计上有错误的相关方向（与公认预期相反）。优秀的患者满意度与较小的投保份额相关。Chernew 和 Scanlon（1998）认为，这可能是由 HEDIS 中衡量满意程度的方法造成的。衡量满意程度的指标包括对各种类型的预约等待时间。短等待时间表明质量优越。然而，Chernew 和 Scanlon 打趣说，患者看待短暂的等待时间就像对待空荡荡的餐馆一样，他们并不认为这是个好的标志！衡量质量的问题涉及构建使用者理解并认为相关的指标。最近，Bcaulicu（2002）和 Scanlon 及其同事（2002）发现，提供健康保险计划质量信息对于转换参保计划的影响并不大。

迄今为止最令人鼓舞的发现是 Wedig 和 Tai－Seale（2002）的研究结果。他们调查了联邦政府在联邦雇员健康保障计划（FEHBP）中向自己的员工提供健康保险计划质量信息的效果。在 1994 年和 1995 年，他们对联邦员工进行了关于他们对医疗计划体验的调查。员工们被问及总体满意度、获得医疗服务的机会、总体医疗质量、计划中医生的可及性、保障范围和计划提供的信息、客户服务和文书的简洁性。在 1995 年和 1996 年的公开投保期间，他们把结果做成表格与当前员工和新员工共享。不幸的是（对政府来说），只有 25% 的员工获得了 1995 年的调查结果。他们在 1996 年全都收到了结果。Wedig 和 Tai－Seale 使用两年间估计的差异作为他们衡量计划质量信息传播效果的指标。

一些发现值得注意。第一，与 Chernew 和 Scanlon（1998）不同的是，Wedig 和 Tai－Seale 发现了 FEHBP 下质量的指标是高度相关的，相关度是如此之高，以至于他们只能使用两个衡量指标：（1）整体的计划质量；（2）提供的保障和信息。如果在其他研究中得到证实，这意味着一项更小而不是更大或更复杂的度量对消费者更有用。第二，Wedig 和 Tai－Seale 发现计划相关信息的传播的确影响了员工的选择。衡量整体质量的报告单增加一个标准差，导致了这个计划被选择的可能性提高 50%。解释这种方式的影响是很困难的，但是在平均值上，报告的总体质量的一个标准差的改进意味着平均值 87.45 提高了 5.7%。这意味着估计的影响确实很大。此外，正如我们可以预料到的，这种影响对新员工更大，他们很可能比之前的员工对保险计划的了解更少。第三，对计划保障水平的衡量也影响了计划的选择，但是这只对之前已经雇用的员工，而对于新雇用的员工没有影响。作者认为，这可能是因为之前雇用的员工平均年龄大 10 岁，健康状况可能更差，因此保险保障和他们更相关。最后，Wedig 和 Tai－Seale 发现质量信息的传播增加了选择计划的价格敏感性。这也是我们可以想到的，如果不知道任何关于质量的信息，价格可以作为衡量质量的指标。更高的价格使员工购买更少的保险保障，但是如果更昂贵的服务的确有着更高的价格，转换参保计划的动机很可能被消除。当价格被更加清楚地了解（并在分析中被控制），我们会得到一个更接近于真实价格效应的估计。

本章小结

• 雇主充当员工的经济代理人，购买健康保险，如同员工有相同的知识和购买力一样。通常来说，绝大多数有员工健康保险的人对他们的保险保障感到满意。

• 劳动力市场试图将员工分类到不同的公司，这使员工获得了他们偏好的工资—保险组合。这种分类并不完全，因为员工的偏好是不同的，搜寻成本很高，将类似的风险汇聚会节约成本。

• 很多雇主提供了多于一个的健康保险计划选项来吸引他们的员工。除非薪酬差别功能在个人层面起作用，员工缴纳保费的机制在于将员工分配到他们偏好的计划里。

• 当员工的偏好差异很大时，员工自付保费部分会更大。导致不同的偏好的一个关键的原因是，来自配偶和政府的可替代的保险计划的可及性。研究表明，当劳动力中更多的人属于双职工家庭时，以及员工更能够参与范围扩大的公共保险计划时，员工自付保费会增加。

• 作为经济代理人，一些雇主收集并传播了关于健康保险计划质量的信息。尽管早期的研究并不令人鼓舞，最近的研究的确表明关于计划质量的信息可以影响员工的保险决策，也会导致员工对保险的价格更加敏感。

问题讨论

1. 如果一个公司提供了员工不想要的健康保险计划，结果会是什么?

2. 假设国会扩大了退伍老兵福利，将因服役造成残疾的人目前享受的医疗服务，适用于所有在部队服役过的人，这会对雇主设置的员工缴费额产生什么影响?

3. 在第 15 章中（第 17 章中也会涉及）我们讨论了灵活支出账户（FSAs），它允许员工使用税前工资支付自付保费部分。一个新引入的灵活支出账户会对公司中员工自付保费规模产生什么样的影响?

4. 为什么得到关于健康保险计划质量的易懂的、可信的信息会提高员工对健康保险价格的敏感性?

延伸阅读

[1] Abraham, J. M., and A. B. Royalty. 2005. "Does Having Two Earners in the Household Matter for Understanding How Well Employer – Based Health Insurance Works?" *Medical Care Research and Review* 62 (2): 167 – 86.

[2] Monheit, A. C., and J. P. Vistnes. 1999. "Health Insurance Availability at the Workplace: How Important Are Worker Preferences?" *Journal of Human Resources* 34 (4): 770 – 85.

[3] Orszag, P. 2011. "Defined Contributions Define Health – Care Future." *Bloomberg News*. Published December 6. www.bloomberg.com/news/2011 – 12 – 07/defined – contributions – define – health – care – ahead – commentary – by – peter – orszag.html.

[4] Wedig, G. J., and M. Tai – Seale. 2002. "The Effect of Report Cards on Consumer Choice in the Health Insurance Market." *Journal of Health Economics* 21 (6): 1031 – 48.

第六部分

健康保险专题

第 17 章　健康储蓄账户和消费者导向的健康计划

本章讲述了健康保险中几种新的设计。这些设计通常在健康储蓄账户（Health Saving Accounts，HSAs），并在健康储蓄账户和消费者导向的健康计划（Consumer - directed Health Plan，CDHPs）中占据主导地位。这些模型将高免赔额的医疗保险计划与避税（tax - sheltered）储蓄账户相结合。该计划背后的基本原理是消费者承担初始医疗服务支出的大部分。因此，无论是从寻找优先提供医疗服务的供应商，还是在与其就降低价格进行谈判的角度而言，消费者均会更加谨慎地购买保险服务。与此同时，高免赔额的保险为灾难性的医疗事件提供了保障。CDHPs 和 HSAs 的关键用意在于个人消费者将成为医疗服务的谨慎购买者，他将会权衡与医疗服务系统交互的价值及该交互的价格。

有关这些新保险设计及其前身医疗储蓄账户（Medical Saving Accounts，MSAs）的研究越来越多，在本章我们将会阐述该新型保险计划的特点，并综述现有研究。此外，我们也总结了消费者实际购买保险服务程度方面的实证。

健康储蓄账户

国会设立了健康储蓄账户作为 2003 年 12 月建立医疗照顾处方药计划的医疗改革计划的一部分。HSA 本质上是一个避税的金融账户，个人或其雇主可以向其缴存资金，个人可以从其中提取资金以支付合理的医疗服务。由此看来，HSA 具有灵活支出账户（Flexible Spending Accounts，FSAs）和医疗储蓄账户（Medical Saving Accounts，MSAs）的共同功能，我们将对它们进行简要介绍。

为了能够有资格拥有健康储蓄账户，个人或者家庭必须有合格的高免赔额医疗保险计划。2013 年，个人和家庭的免赔额必须至少分别为 1 250 美元和 2 500 美元。保险计划除了免赔额外，还有自付费用和共付医疗费的特点，但是根据立法，任何一年总自费支出的最高限额是个人 6 250 美元，家庭 12 500 美元。美国财政部每年均根据通货膨胀率对最低免赔额和最高支付限额进行调整。虽然免赔额必须适用于所有的卫生服务，但预防服务是例外；健康计划可以在第一美元（first - dollar）[①]的基础上支付这些费用。

个人和家庭2013年对HSA的缴款额度分别为3 250美元和6 450美元，个人、雇主或两者皆可供款。

即使纳税人没有列明单项扣减，HSA缴费自动免除联邦所得税或者社会保障和医疗照顾工资税。此外，如果HSA所分配的款项用于合理的医疗支出，则无须纳税。其中，合理的医疗费用定义较为广泛，但不包括保险计划的保险费（包括牙科和视力计划）。然而，HSA可用于支付COBRA项目的保费（见第21章）或在领取失业救济金期间的保险费用。将保险计划的保费排除在外的理由是显而易见的——其目的是鼓励消费者成为谨慎的购买者。如果人们能够利用HSA的配给来支付他们的保险费，他们可能会倾向于购买第一美元的保险，并削弱其理智购买服务的动机，但预防性服务是个例外。

HSA的一个主要特点是账户中任何未使用的部分都可以结转，用于今后几年的合理开支而不受处罚。也就是说，在HSA中没有“不用作废”（use it or lose it）条款，这样就给予了人们以后购买医疗服务和产品的激励，以避免他们支出账户余额的任何损失。

此外，一个人拥有自己的HSA，当她换工作时，她的HSA可以从一个雇主转到另一个雇主。参保人可以以多种方式投资HSA基金，其中包括货币市场基金、共同基金、存款证明等，通过上述方式所获得的收入是免税的。如果HSA是通过雇主进行的，雇主可以限制投资机会。即便如此，账户中的任何余额在就业结束时都会与员工一起流动。但是，如果参保人从HSA中提取资金用于非限定性支出，则该提款将受到适当的边际税率和20%的惩罚。然而，65岁的个人可以进行非限定的支出，且只需支付适当的税率，并不受到额外的处罚。

医疗储蓄账户

1996年，医疗储蓄账户作为示范方案引入税法。它们的特性类似于HSA，但在不同的价值上有着不同的区间断层和限制。然而，关键的区别是只有个人或员工少于50人的公司雇员才能获得此类账户。此外，全国登记人数限制在75万人，最初的立法规定于2000年终止该方案。

MSAs的吸引力有限，事实上一项对于小型企业的调查发现，仅有5%的小雇

① 译者注：第一美元保单，是指保险人承担所有的医疗服务费用，参保人没有任何自费部分。

主向雇员提供了 MSA（Morrisey，2003）。该政策的支持者认为其吸引力有限的原因在于资格限制和该项目是于 2000 年结束的夕阳项目。2007 年 MSA 项目对新登记人员关闭。我们之所以这里提到它，是因为早期研究大部分都集中在 MSA 上。

HSAs 和 ACA

《患者保护和平价医疗法》（*the Patient Protection and Affordable Care Act*，ACA）只有两项规定直接适用于 HSAs。第一项是将使用非限定支出的罚款从 10% 提高到正文所述的 20%。第二项则是除非由医生开设处方，否则非处方药可能不再由 HSA 的余额进行支付（此项规定同样适用于 FSAs）。

然而，更重要的是，ACA 的实施可能对 CDHPs 和 HSA 所包含的内容产生潜在的实质性改变。问题是在 ACA 下限定医疗赔付率（MLR）是必要的（见第 5 章）。该法要求个人和小型团体保险公司需要支付 80% 的保费用于医疗索赔，外加允许的质量改进活动；大型保险公司则需支付 85%。争论的焦点是如何处理 CDHP 免赔额以下的开支。如果这些医疗开支严格地说不是由保险计划支付的索赔，则不纳入 MLR 计算中。这将意味着 CDHPs 更有可能违反 MLR 条款，并不得不向认购者退还保费，这样的保费退还有可能导致 CDHPs 赔钱并离开市场。

CDHP 的支持者可能进行以下比较：假设每位成员的管理年费为 300 美元，剔除免赔额的常规计划索赔费用为每年每名成员 1 700 美元，保险费为每年 2 000 美元。MLR 则为 85%（1 700 美元/2 000 美元）。然而，对于扣减额度较高的计划，索赔费用可能仅为 700 美元，因为最初 1 000 美元的医疗费用是由个人支付的，为了避免争议，将费用定为 1 000 美元。在这种情况下，MLR 是 70%（700 美元/1 000美元），高免赔额计划必须提供 100 美元的退费（即 800 美元的最低要求减去 700 美元的索赔）。当然，一个悬而未决的问题是管理费用在多大程度上是相同的。关于 MLR 对高免赔额计划影响的精算分析，见 Milliman 公司（2012）。

灵活支出账户

灵活支出账户（Flexible Spending Accounts，FSAs）仅与 HSA 和 MSAs 有着表面的联系。不要求提供 HDHP；事实上，雇主不需要提供任何健康保险计划去支持 FSA，但是 FSAs 仅可通过雇主提供，且 FSA 是由雇主持有的避税账户。以往雇员可以在雇主规定的最高限额内缴纳此类账户的任何款项，这些资金可用于任何合理的保健服务。但是，与 HSA 或 MSA 不同，如果雇员不能使用账户中的资金，则该账户中的资金将不再可用，“不用作废”规则仍然适用。ACA 改变了 FSA 的规则，截至 2013 年，最高缴纳额限制在 2 500 美元以内。

正如我们在第 16 章中讨论过的，雇主可以将员工保险中雇员的缴费放入 FSA，从而使该费用有效避税。雇主也可以建立“单保险费计划”（a premium - only plan）——这类 FSA 只包括雇员缴纳的保险费，且雇员不允许用此缴费支付那些不在保险保障范围内的医疗费用。

卫生报销账户

卫生报销账户（Health Reimbursement Accounting，HRAs）与 FSA 类似。它们是由雇主设立和资助的记名账户，员工可能无法缴费。但是雇主缴款不作为应纳税所得，这些账户的规模是无限的，而且余额每年都会翻一番。资金可用于雇主健康计划未涵盖的认可医疗费用（如果雇主提供），并由雇主定义何为认可的医疗费用。但与 HSA 不同的是，该账户属于雇主，而非员工。

消费者导向的健康计划

消费者导向的健康计划（CDHP）具有很高的免赔额和 HSA。该计划可能有一个预防性服务部分，即适当使用健康信息服务以及优先医疗服务供应网络。

图 17.1 提供了一个简化的数据示例。图中显示的 CDHP 是一项个人免赔额高达 3 000 美元的健康保险计划。一旦达到年度免赔额，健康计划的优先医疗提供组织（PPO）将开始支付协议中涵盖的任何医疗服务。如果参保人使用 PPO 中的成员供应商，将会获得 10% 的共保比例——即参保人支付任何账单的 10%；如果参保人接受来自 PPO 外的供应商的医疗服务，他们则必须支付账单的 25%。保险计划

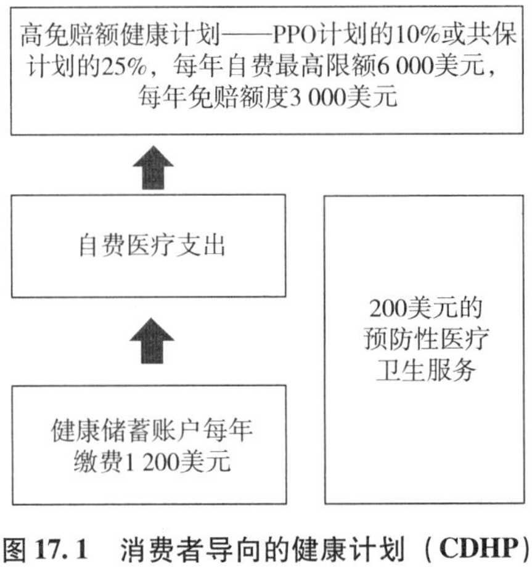

图 17.1　消费者导向的健康计划（CDHP）

还包括 6 000 美元的最高自费支出限额，这意味着一旦参保人每年支付应扣除和共保的金额达到 6 000 美元，他们就不必再为医疗服务支付任何费用。大部分人的医疗支出通常无法达到每年 3 000 美元的免赔额，因此他们将为所有的健康服务埋单。但部分人每年有大量的医疗开支，他们将达到免赔额度标准，且获得灾难性健康问题的保障。

CDHP 也是 HSA 的一种。在这种情况下，个人和他们的雇主均需缴纳 600 美元或每月 50 美元给 HSA（根据 HSA 的规定，雇员、雇主或二者均需向 HSA 账户缴纳费用。综观全局，在运转良好的劳动力市场上，缴纳主体究竟是谁并不重要，因为这些资金最终均来自职工的生产力薪酬）。向 HSA 缴纳的费用无须向联邦纳税，且 CDHP 中还包含了 200 美元的预防性保健服务。参保人可以使用预防性服务，如流感疫苗或乳房 X 光检查，如果他不使用 200 美元，则这 200 美元将被作废，因此参保人产生了使用预防性服务的动机。

从第一年的医疗费用来看，假设内科医生为参保人看病（价格为 75 美元），并进行前列腺筛查测试（50 美元）；同时参保人申请了专家门诊（150 美元），完成一些额外的血液检查（50 美元），并在处方药中花费 100 美元，共计在该健康项目上花费 425 美元。其中，50 美元的前列腺筛查测试是一项预防性服务，涵盖在 CDHP 之中，剩余费用则从 HSA 中支付，该账户仅有 825 美元的余额（由于未使用其他预防性服务，因此参保人的预防性服务账户中损失了 150 美元）。

接下来分析第二年的医疗费用。HSA 账户另有 1 200 美元的收入，且有 825 美元从第一年结转，此外该基金还有余额的利息收入。为计算简单，我们假设在扣除运营费用后利息收入为 25 美元。因此在第二年，参保人的 HSA 中有 2 050 美元可用。假设今年他从他家的屋顶跌落，有 350 美元的救护费，住院费用为 3 150 美元，医生看诊费用为 1 200 美元，并使用处方药（止痛药等）的费用为 500 美元，总费用共计 5 200 美元。

在此情况下，参保人将支付 3 000 美元，并达到免赔标准。在这 3 000 美元中，2 050 美元来自他的 HSA，其余 950 美元是自费的。参保人的医疗保险计划支付剩余的 2 200 美元（5 200 – 3 000）医疗费用中的 90%，因为所有医疗服务都在计划内使用，则参保人将自付额外的 220 美元。因此在 5 200 美元的总费用中，参保人的 PPO 支付 1 980 美元，HSA 支付 2 050 美元，自付 1 170 美元。在第三年，1 200 美元再次存入 HSA 账户（第二年，预防性服务账户再次以 200 美元为基金，如果参保人没有将这些资金用于预防性服务，则他们将再次损失 200 美元）。

上述的第二年是举例了意外发生的情况，而通常第二年可能没有任何医疗费用。在这种情况下，参保人的 HSA 账户余额将继续累计收益，并且将全部结转至下一年。因此，当第三年的 HSA 账户新增 1 200 美元，加上前一年 HSA 的 2 050 美元，再加上新的额外收益例如 100 美元，该账户将有 3 350 美元的余额。一旦 HSA 的余额达到 6 000 美元，参保人将不会自付任何医疗费用。与之对应的，HSA 将持续增长，仅受每年参保人的存入费用、利息收入余额以及任何医疗相关支出影响。

最后，CDHP 的支持者认为这些计划将为消费者做出有关常规诊疗的明智决定而提供相关信息。他们坚信全面实施的该计划将与三级医疗中心达成协作，并鼓励为慢性病诊疗和相对昂贵的急性诊疗提供高质量、高效率的服务。

关于 CDHPs，有几个问题仍待探讨，主要包括以下三点：

- HSA 被认为是一种可以合理避税的投资工具，它的优势在于有两种资金投入方式，且基于某些特定原因而提取的资金无须缴纳联邦税收。事实上，在 65 岁时，这些基金可以被提取用于非健康用途，并且只需缴纳普通所得税（精明的投资者可能会在 FSA 基础上叠加 CDHP，使用 FSA 来支付日常医疗服务费用，而 HSA 用于投资和真正的灾难性医疗事件）。
- CDHP 应该鼓励消费者在不同的医疗服务提供者之间进行理性的选择以获得更高的价值，并放弃似乎不值得完全自费的健康服务。CDHPs 究竟在多大程度上减少了医疗支出？消费者能否有效在医疗服务提供者之间进行有效选择而获得更高的收益？消费者在何种程度上放弃了真正有益的健康服务来保护他们的 HSA 投资？
- 相较于个人消费者，保险公司可能具有更强的价格谈判能力。参保人支付的价格在多大程度上反映了管理式医疗计划/保险商和供应商谈判的价格与医疗服务提供者的原始定价之间的差距？

这些问题没有完整的答案，但是为 MSA 的研究确实提供了好的思路，用来分析 HSA 的作用。此外，部分稍显过时的研究调查了消费者对牙科和眼科检查以及眼镜等卫生服务的探索。后者的这些研究特别令人感兴趣，因为它们显示了（当时）最新的消费者对于广告的反应。如果 CDHP 将成为健康保险市场的重要竞争对手，我们预计提供商将会增加广告方面的投资预算。

HSAs 的经济学理念

Larry Ozanne（1996）对 HSA 的经济学理念进行了直接的阐释，尽管他做出该解释的背景是上世纪 90 年代中期批准的 MSA。但仍可用来分析以下三种可替代的健康保险计划：

1. 综合性计划。传统的健康保险计划有 200 美元的免赔额，20% 的共保要求和 1 000美元的止损。虽然这种计划现在并不常见，但这是 1990 年以前一项典型的按服务项目收费的计划。

2. 灾难性计划。一旦达到每年 2 000 美元的免赔额，该健康计划将支付所有涵盖的医疗服务。

3. HSA/MSA。该计划包括灾难性计划和一笔 2 000 美元投入的避税储蓄账户。此外，参保人的边际税率为 20%。

三种计划情况如图 17.2 所示。横轴代表每年参保人可能产生的医疗保险费用，纵轴表示个人现金支出数量。综合性计划的前 200 美元是免赔额，参保人需自付税后费用，因此该对角线是 45°。一旦扣除了免赔额后，每 1 美元参保人需要支付其中的 20 美分，因此该线的增长速度较慢，直至参保人的医疗支出高达 4 200 美元且自付 1 000美元之后，即使参保人的医疗支出持续增加，而个人也不需承担任何费用。

灾难性计划要求参保人先自付 2 000 美元，因此灾难性计划的曲线在医疗总费用达到 2 000 美元之前以 45°上升，直至 2 000 美元全部用尽。在此之后，个人无须承担任何医疗费用。

最后，HSA/MSA 计划也有 2 000 美元的免额度，但这些医疗服务支出由免税的 HSA/MSA 支付，因此参保人无须全权支付所有的医疗费用，而是只需支付其中的 80 美分，因为边际税率为 20%。因此在实际操作过程中，HSA/MSA 项目中前2 000 美元的支出将按边际税率得到补贴，而 HSA/MSA 的斜率低于纯灾难性计划。

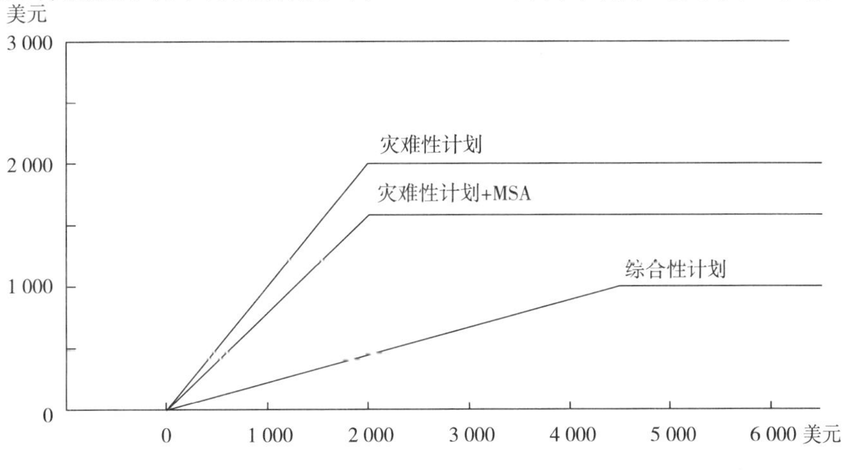

注："灾难性计划 + MSA" 在文中对应 "HSA/MSA"；MSA ＝ 医疗储蓄账户。

资料来源：Ozanne (1996), "How Will Medical Savings Accounts Affect Medical Spending?" *Inquiry* 33 (3): Figure 3。允许转载。

图 17.2　健康储蓄账户（HSAs）的经济性

现在分析每个计划下消费医疗服务的动机。支出激励取决于参保人在医疗支出所处的衔接位置。在 0 到 200 美元，HSA/MSA 计划的消费动机最高，因为参保人只需支付 160 美元即可获得 200 美元的服务，而另外两个计划则需要 200 美元的支出。在 200 美元和 2 000 美元之间，综合计划的自付价格更低，因此消费的动力也更大。然而，在 2 000 美元和 4 200 美元之间，灾难性和 HSA/MSA 计划比综合性计划将自付更少的费用，并且由于税收减免，HSA/MSA 计划比灾难性计划有更强的消费激励。对于超过 4 200 美元的医疗支出，这些计划都不需要任何自费支出，因此激励的效果是相同的。

如果每个人从这种综合计划转变为这种形式的 HSA/MSA，是否会减少医疗费用支出？答案取决于医疗费用的分布情况。Ozanne（1996）用美国精算学会的一些数据进行估计，图 17.3 显示了 1995 年成年人的医疗费用的比例，从图中可以看出，大多数人在任何一年医疗花费很少——在 1995 年 50% 的成年人花费不到 500 美元；仅有少数人的支出较多，不到 4% 的参保人支出超过 15 000 美元[①]。

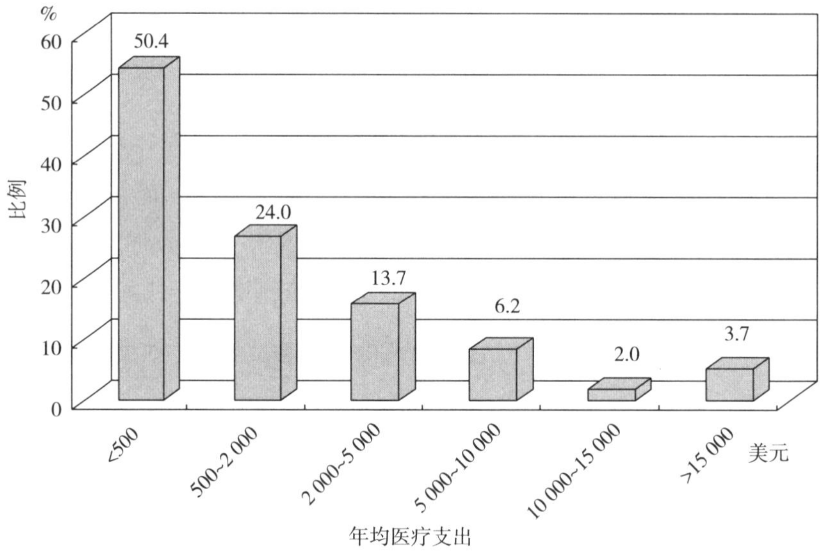

资料来源：Qzanne（1996）。

图 17.3　1995 年医疗保健报销分配比例

Ozanne 随后计算了每个医疗计划下参保人在每个支出类别下的自付金额，并将其乘以该类别中成年人的比例，该结果可得到每个计划的预期边际治疗成本，见表 17.4。平均而言，综合性计划的典型参保人将按 1 美元的预期支出支付 48 美分；纯灾难性计划意味着预期的 74 美分的自付价格；HSA/MSA 计划取决于参保人的边际税率——对于示例中使用的 20% 的比率，预计实际支出的每 1 美元的实际价格为 60 美分。

模拟的最后一步是估计参保人对自付价格的反应如何。Ozanne（1996）利用兰德公司健康保险试验（RAND - HIE）获得了部分估计参数（见第 8 章）。RAND - HIE 的整体弹性为 -0.2，同时 Ozanne 也以 -0.1 作为较小弹性代表，计算了各项

① 在当前的背景下，简单地利用一般通货膨胀率对金额进行换算后，可知 1995 年的 15 000 美元相当于 2012 年的 22 590 美元。

指标。根据 RAND－HIE 的估计，如果每个人都从综合性计划转向灾难性计划，那么医疗支出的总降幅将达到 8.4%。显然，如果卫生服务的利用率对价格反应较弱，对结果的影响也会较弱，在此需要注意的是，8.4% 是最大的节约金额。如果每个人都从综合性计划转向 HSA/MSA，那么节省的费用将在 4.4% 左右。这是因为 20% 的税收补贴隐含在 HSA 中，减弱了完全自付的影响①。

根据 Ozanne 的估计，如果参保人处于 50% 的边际税率范围内，每 1 美元医疗支出的预期价格是 37 美分。该预期价格低于综合性计划，所以应该增加开支，Ozanne 认为总开支应增加 3%。

表 17.4　　　　灾难性和 HSA/MSA 计划对医疗支出的影响

	每 1 美元医疗服务的预期价格（美元）	支出变动（%）	
		弹性 = －0.1	弹性 = －0.2
综合性计划	0.48		
纯灾难性计划	0.74	－4.3	－8.4
灾难性计划 + HSA/MSA，边际税率为 20%	0.60	－2.2	－4.4
灾难性计划 + HSA/MSA，边际税率为 50%	0.37	+2.5	+5.0

注：HSA = 健康储蓄账户；MSA = 医疗储蓄账户。

资料来源：Ozanne（1996），“How Will Medical Savings Accounts Affect Medical Spending?” *Inquiry* 33（3）：Table 4。允许转载。

因此，在这种模式下，以下三种特性将逐渐显现：

1. 相较于综合性健康计划，灾难性保险计划减少了医疗服务支出。

2. 在灾难性计划中增加的一项免税的 HSA/MSA 减少了降低支出的动力。

3. 对于综合计划，减少支出的动机取决于边际税率，这也意味着 HSAs/MSA 对较高边际税率的人更具吸引力。

这项研究有一些明显的局限性，以下两点尤为重要。首先，与传统的保险项目进行比较，这在目前的研究中是少有的。相较于已经通过谈判大幅降低供应商价格的封闭式 HMO，HSA 模型能否产生节约的效果尚不明确。其次，结果取决于 RAND－HIE 的弹性估计。这项研究的目的不是为了让个体消费者在价格上与供应商谈判，或者在他们没有实现物有所值的情况下，寻找可替代的内科专家、专科医生或药店。如果倡导者认为 CDHP 最终将彻底改变消费者购买医疗服务的方式，那么 Ozanne 估计中体现的弹性估计值是低估的，且节省的费用可能会更多。

---

① Keeler 等（1996）也估计了 MSAs 的影响。他们得出的结论是，如果所有 65 岁以下的人都加入该计划，那么总开支将下降 0～13%，这取决于计划设计。考虑到并不是每个人都会加入，因此他们的选择模型预测总支出的变化范围是下降 2% 到上升 1% 不等。

CDHPs 的注册情况

雇主健康福利调查（KFF 和 HRET，2012）报告了提供健康保险的雇主在多大程度上提供了高免赔额健康计划，该调查主要结果如图 17.5 所示。在 2005 年刚起步时，40% 的大公司在 2012 年向 HDHP 提供了一个避税支出账户；而三分之一的提供此项健康福利的小公司也参与了此计划。同一份调查报告称，截至 2012 年，19% 的被保险员工参与了 HDHP。然而值得注意的是，在小公司中参与 CDHP 的被保险人比例要高得多。在不到 200 名员工的企业中，近四分之一的被保险人参加了 CDHP，而在员工人数在 200 人或以上的公司中，只有 17% 的人注册。

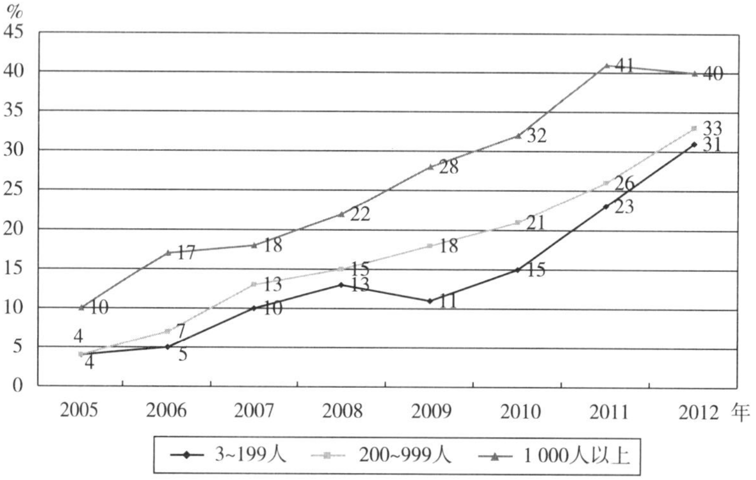

资料来源：KFF 和 HRET（2012）。

图 17.5　雇主健康福利调查结果

在 2012 年，拥有 HSA 合格保险计划的职员平均个人保险的保费为 4713 美元。一般年度免赔额平均为 2 190 美元，自费的最高限额为 3 725 美元。而对于家庭保险而言，保险费均值为 13 446 美元，平均免赔额为 4 068 美元，最高自付额度为 7 434美元（KFF 和 HRET，2012）。

员工福利研究院（Fronsitin，2009）多年来对 HDHPs 进行了一系列的互联网调查。2009 年的调查对象有 2 500 多人，他们或者有个人保险，或者团体保险有 CDHPs 或 HDHPs，或者拥有更传统的私人健康保险。虽然这个样本不是随机的，但它确实为我们提供了购买保险计划的人群类型、支出账户特性及保险计划变动的相关信息及启示。图 17.6 显示按家庭收入分类的计划注册情况。由此可以看出，CDHPs 在低收入群体中不太受欢迎，在中、高收入群体中更为普遍——该结果与我们前面讨论过的 CDHPs 的税收优势大致一致。

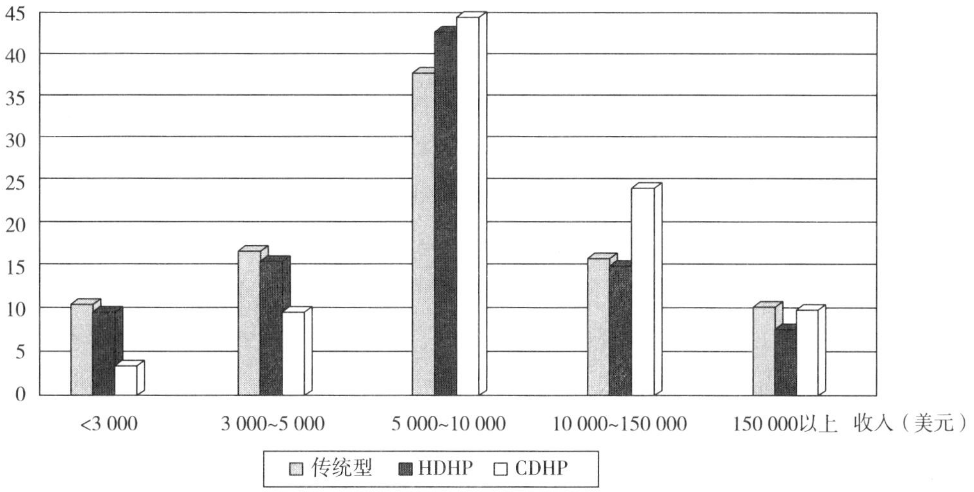

资料来源：Fronstin（2009）。

图 17.6　按家庭收入分类的保障计划的注册情况

最近的一项调查（Fronstin，2012a）发现，大约 21% 的拥有避税支出账户的个人滚动的金额（rollover）比上一年减少了 100 美元或更少，而 25% 的人超过 2 000 美元。虽然人们可能会认为那些自评健康状况较好的人用于滚动的余额更多，但事实并非如此——基本上没有区别。然而，报告中显示吸烟的人和经常锻炼的人账户中滚动的金额更高。

CDHPs 的相关研究

早期 CDHPs 的研究由于受到当时注册率低的限制，基本上很难从小规模的实验中得出任何有意义的结论。最近的研究极大地扩展了我们对 CDHP 注册率及其对医疗支出影响的认知。

其中 LsSasso、Shah 和 Frogner（2010）的研究工作最为成功，他们调查了一家大型全国性保险公司的数据，这家保险公司在三年注册期间为 709 名雇主的 76 000 名以上雇员提供了 CDHP。但是在 2006 年和 2007 年，这些雇主要么将 CDHP 作为保险选择的一种，要么完全取代之前的保险。LoSasso 及其同事将他们的分析限制在变更过程是通过雇主持续注册的员工，并进行差异分析。也就是说，他们将那些转为 CDHP 的员工医疗支出变化与那些在同一家公司没有转为 CDHP 的员工医疗支出变化进行了比较。从他们的研究中可以得出三个主要结论。

首先，参加 CDHP 的职工医疗支出比那些留在传统保险项目的人低 5% ~7%，且转换的第一年效果更为明显，但在年份的比较中未呈现统计学差异。其次，结果表明，CDHP 的注册对减少药品费用支出的影响大于减少门诊或住院服务支出的影响。当作者分别研究有无慢性疾病的参保人时发现，很明显没有慢性病的人对CDHP的激励更敏感——他们的支出减少幅度是慢性病患者的2倍。作者认为，这种减少与盲目减少使用医疗服务是不同的。第三，作为分析的一部分，作者在引入CDHP之前控制了医疗支出。毫无疑问，他们发现在前一年支出较低的人在随后几年的支出也较少。这项工作因将基准健康状况纳入考虑，使得对医疗费用的估计不会受有利选择的影响。因此，支出结果降低5%～7%不太可能受到统计选择偏离的影响。这些发现与Haviland及其同事（2012）的一致，他们估计如果CDHPs的市场份额从大约13%增加到50%，那么65岁以下的人的医疗保健支出将下降约4%。

Haviland及其同事（2011）使用类似的差异模型来检验自愿性CDHP注册对医疗事件的影响。他们利用2003年到2007年间的59个大雇主的数据。除了简单地收集CDHP的注册和引入情况，他们还考察了免赔额的大小，以及避税支出账户是否主要由雇主提供资金，还是大于HSA的合理免赔额，导致人们寻求治疗的事件数量显著减少。对于那些具有合理免赔额和较低雇主缴费的人，他们寻求治疗的减幅约为9%。因此，与我们上面讨论的Ozanne（1996）分析一致，高免赔额导致医疗服务的使用减少。然而，有趣的是，如果雇员是医疗支出账户的主要缴费者，则免赔额的影响基本保持不变。但是，如果雇主支付了大部分费用，那么该账户的支出往往会抵消免赔额的影响。雇主缴费效应与Ozanne的分析一致，但工人的缴费效应不一致。Haviland和她的同事们没有推测为什么会出现这种情况，但我们可能会得出结论，职工将自己纳入账户的缴费额视为真正的金钱，而他们对雇主缴纳的金额则缺乏控制。

Reed及其同事（2012）对CDHP患者的求医行为进行了首次调查。2008年，一些小雇主CDHP计划的参保人，他们在Kaiser Permanente医院中注册并符合HSA资格，被邀请参加一项关于行为的调查，例如办公室就诊而不是急诊部门就诊，延迟或避免治疗，以及通过电话或者网络而非亲自直接联系医生或护士等行为。在回复者中，51%的患者是本人作为HSA账户缴纳主体，或者与雇主共同缴纳，39%的人的账户是完全由雇主缴费。在确定受访者特征之后，作者发现雇员作为HSA缴纳主体的患者与雇主作为唯一缴纳主体相比，成本对他们的行为有一定的影响（60%对49%）。上述结果与Haviland及其同事（2011）的研究一致，研究表明，直接的“利益参与”（skin in the game）与更加谨慎的求医行为有关。

消费者寻求医疗服务[①]

高端医疗保险的存在将影响消费者支付服务的价格。当消费者全款支付他们所

① 本章这一部分主要依据第3章 Michael A. Morrisey, *Price Sensitivity in Health Care: Implications for Policy*, 第2版。Washington, D. C.: NFIB Research Foundation, 2005。经版权许可使用。

购买的服务时，他们将能够获得在努力寻求低价时的所有收益。当消费者在面对几乎没有成本分担的情况时，他们寻找更低价格的动机将逐渐减少，因为他们只能获得收益的一小部分。此处可参考 Phelps（2000）适用于医疗服务的关于搜索（search）的基本经济学的详细讨论。

CDHPs 鼓励消费者寻求更高价值，或至少更低价格的医疗服务。为达上述目的，他们制定相对较高的免赔额。即使有税收补贴，消费者也需要支付所有第一美元的医疗费用。

不幸的是，很少有人对医疗服务领域的这种搜索行为进行实证研究。Newhouse 和 Phelps（1976）分析了 1963 年关于医疗服务使用情况的调查数据。在医生费用方面，他们发现，患者自付金额增加 10%，导致所使用的医生服务价格降低 1.5% ~2.0%。通过线性外推法证明，全额支付医生服务的费用将使总费用减少 18%。

Sloan（1982）使用了 1977 年和 1978 年医生的执业成本调查数据（Physician's Practice Cost Survey）。像 Newhouse 和 Phelps 一样，他用两阶段模型研究了保险项目对各种医药费的影响。他的结论是，被保险人比例下降 10%，随访门诊费用减少 1.8%，随访住院费用下降 0.3%。相反，GremBowski 和 Conrad（1986）审查了 1980 年关于有牙科保险的参保人数据。他们发现，保险项目的差异对支付牙科服务的价格几乎没有任何影响。

RAND – HIE 还检查了共同保险对医疗服务提供者选择的影响。它审查了专科医生的使用情况和收费（Marquis，1985）。结果表明，共同保险的差异对使用私人医生、专科而非全科医生、内科医生而非专科医生的决定基本上没有显著性影响。这项研究确实发现了医生价格存在统计学差异，但是这些影响太小了，以至于实际上是毫无意义的。这项研究调查了那些已改变医疗服务来源的参保者，以探究医生的选择和收费情况。这些结果与整个样本的结果相似。

这些发现表明，Newhouse 和 Phelps（1976）与 Sloan（1982）发现的相对巨大的影响主要是由逆向选择驱动的。那些更有可能使用医疗服务的人用更少的成本分摊选择了健康保险或健康保险计划。

虽然相关文献是复杂多样的，并且往往没有为搜索理论（search theory）提供有效支撑，但是重要的是要注意此类文献的局限性。首先，虽然较低的成本分摊降低了价格搜索的动力，但它激励人们寻求高质量医疗服务。因此，RAND – HIE 研究的最小差异可能反映了一些抵消效应。第二，对医疗服务领域广告的限制是众所周知的。如果价格信息更容易获得，结果可能会有所不同。Behanm（1972）与 Feldman 和 Begun（1978）经典的验光服务广告研究均支持这一观点。Benham（1972）发现在禁止广告的州，眼镜的价格高出 25% ~100%。Feldman

和 Begun（1978）使用 1976 年的数据来检查广告禁令对验光检查价格的影响。在禁止验光和眼镜价格广告的州，价格上涨了 16%。Marquis（1985）试图间接地解决这个问题。然而，她发现那些受过高等教育的人，大概能够更好地使用信息，与其他人一样能够对不同的共保比例和医生费用有类似专业的反应。最后，由于 RAND－HIE 的试验时间较短，可能没有给予参保人足够的激励以寻找可替代的供应商。

本章小结

- 健康储蓄账户（HSAs）允许个人或其雇主或二者同时向一个可以用于支付合理医疗服务的避税账户提供资金，未用余额可年复一年地结转。只有与高免赔额的健康保险计划（HDHP）相结合，才能建立这样的账户。
- 消费者导向的健康计划（CDHPs）是一项与 HSA 相结合的高免赔额的健康计划。
- HSA 和其他避税账户，例如医疗储蓄账户（MSAs）和灵活支出账户（FSAs）的吸引力随着参保人边际税率的增加而增加。截至 2012 年，40% 的雇主提供 HDHP，约 20% 的雇员注册。
- 现有的证据表明，CDHPs 可以减少 5% ~7% 的医疗支出，大部分节省的费用来自没有慢性病的参保人。
- CDHPs 的一个关键问题是人们会在多大程度上寻求更高的价值，或者更低价格的医疗服务。仅有限的证据表明，CDHPs 效果一般，而且相关研究较为过时，但它却意味着医疗服务供应商的广告可能是关键所在。

问题讨论

1. 第 4 章提出的保险需求理论对 CDHPs 和 HSA 的需求有何启示？
2. 大多数现有的研究都集中于 MSAs 上，并将其与常规健康保险计划进行了比较。那么你认为相较于 PPOs，在控制支出方面 CDHPs 和 HSAs 的作用如何？若相较于有限服务网络的 HMOs 呢？你认为在分析过程中什么是最重要的影响因素？
3. 假设 CDHP 使用 HMO 或 PPO 作为高免赔额的承保者。此外，同时假设管理式下的医疗计划与医疗服务供应商谈判的价格，当参保人寻求满足免额度时是可以使用的。你认为这会帮助还是会阻碍 CDHP 控制成本的能力？
4. ACA 能否增加或减少对 CDHPs 的需求？为什么？

延伸阅读

［1］ LoSasso，A. T.，M. Shah，and B. K. Frogner. 2010. "Health Savings Accounts and Health Care Spending." *Health Services Research* 45（4）：1041－60.

［2］ Ozanne，L. 1996. "How Will Medical Savings Accounts Affect Medical Spending?" *Inquiry* 33（3）：225－36.

第18章　小团体市场

对于小团体市场的定义多种多样，但是通常被定义为拥有50名或更少员工的公司。事实上，小公司的职员不太可能获得雇主发起建立的健康保险，由此导致政府出台多种政策措施来监管或者补贴市场。在本章，我们详细地描述了小团体市场及市场中提供的保险项目的特性，并探究该市场中保险并未普及的原因。此外，我们也简要讨论了ACA在小团体市场的作用。

保险保障的程度

从图18.1中可得出2000年至2012年小团体保险的发展趋势。2012年，在员工少于200人的公司中约60%向员工提供健康保险。但是，并非所有公司提供保险的概率都相同。那些拥有25～199名员工的公司几乎和大型雇主一样可以提供保险；而最小的小企业——职工少于10人——提供保险的可能性要小得多。自21世纪初以来，向这一群体提供保险的比例降幅最高。从长远来看，这也是保险供给项目中表现出最大波动性的群体（Morrisey、Jensen和Morlock，1994）。此外，绝大多数小企业的员工人数不足10人，因此这个小团体最值得关注。小雇主在持续提供健康保险方面遇到的困难，可以解释为什么ACA允许那些全职员工少于50人的公司可免除如下规则——必须向其职工提供健康保险，否则将支付罚款。此外，立法明确规定向那些提供合格保险产品的小雇主提供短期补贴。

小公司很可能只提供单一的健康保险计划。2012年雇主健康福利调查（KFF和HRET，2012）报告显示，83%提供保险的小公司提供了单一计划。对比而言，仅有41%拥有1 000～5 000名员工的公司这样做，而在最大规模的公司中仅有26%才会如此。凯撒家庭基金会（2002）发现，43%的小雇主表示，大量的行政管理费用是他们只提供单一计划的主要原因。更为常见的理由是，“如果所有员工都在一个计划中，公司会获得更划算的交易”（63%），“健康计划规则要求所有或几乎所有员工都处于同一计划中”（52%）。这些激励/要求可能反映了保险公司为尽量减

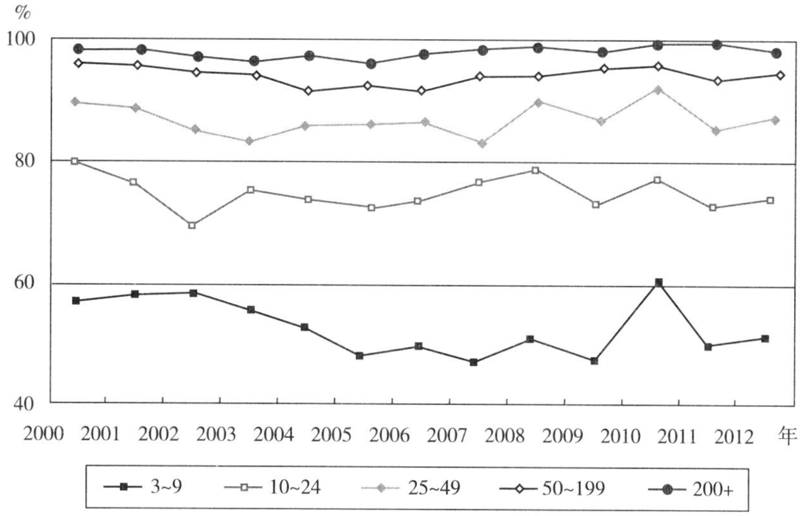

资料来源：KFF 和 HRET（2012）。

图 18.1　小公司提供保险的比例

少因“患病”的职工参保而可能出现的逆向选择所做出的努力。一些保险公司只要求职工在某个地方进行保险，而不是都必须通过特定计划进行保险。

小雇主不太可能利用避税优势为雇员提供保险。只有 17% 的小雇主——那些雇员少于 200 的小雇主——在 2012 年为其工人提供灵活支出账户（FSA）选项。

相比之下，拥有 200 名或更多员工的公司中有 76% 是这样做的（KFF 和 HRET，2012）。正如我们在第 16 章中所指出的那样，没有设立 FSA 的公司可以通过建立单保险费计划①来实现员工保险缴费从联邦和州的所得税和工资税中扣除。KFF 和 HRET 调查报告称，41% 的小雇主安排了员工税前缴纳税款，而 91% 的大型公司做出了此类准备。此外，许多小公司只为员工报销他们自己购买的健康保险。2003 年全国独立企业联合会的一项调查显示，当时超过 12% 的小雇主这样做（Morrisey，2003），但似乎没有更多的最新数据。这种报销本质上导致职工用税前美元购买健康保险。在 21 世纪头十年的中期，联邦政府对此类安排做出明确规则解释，但由于 FSA 的参与率较低且仅限单保险费计划，许多小公司不太可能利用这一避税机会。

小公司提供的健康保险计划种类繁多。回想一下，大公司通常提供多种计划；图 18.2 表明它们通常提供优先医疗提供组织（PPO）计划［有时被高免赔额健康计划（HDHP）替代］、HMO 或两者兼而有之。相比之下，小雇主倾向于提供单一计划。虽然 43% 的公司提供 PPO，但其他小公司则分为 HDHP、HMO

① 译者注：有关单保险费计划的介绍，见第 17 章论述。

和记点服务计划（POS）。正如我们在第 1 章中提到的那样，传统的保险项目几乎消失了。

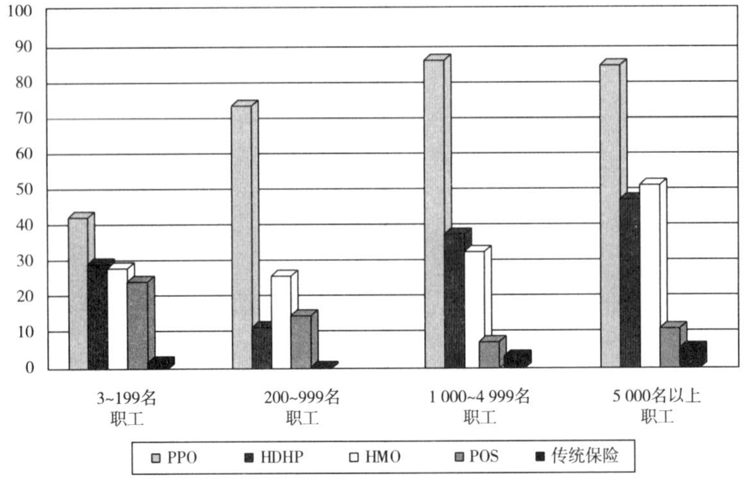

资料来源：KFF 和 HRET（2012）。

图 18.2　2012 年公司提供的健康保险类型

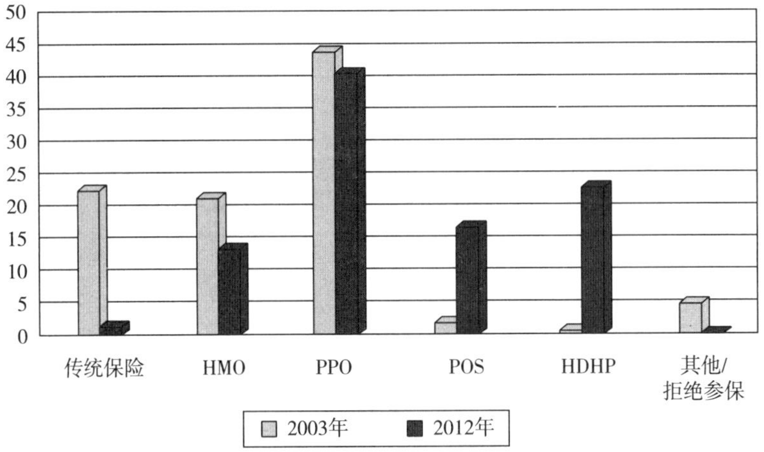

注：此处小公司指的是 2003 年雇员人数为 1～249 人，2012 年雇员人数为 3～199 人。

资料来源：KFF 和 HRET（2012），Morrisey（2003）。

图 18.3　2012 年小公司中雇员健康保险的参保情况

如图 18.3 所示，在过去 10 年中，小企业的保险注册组合发生了巨大变化。2003 年，近四分之一的小公司的被保险职工都有传统的医疗保险，几乎同样多的人参加了 HMO。截至 2012 年，四分之一的注册者属于 HDHP，而传统的保险项目几乎已经消失。HMO 注册也缩减了，取而代之的是 POS。早期依赖 PPO 和传统保险，而最近则较为关注 HDHP、POS 和 PPO，此类现象可能反映了员工及其雇主希望在单一健康计划的背景下拥有更广泛的医疗服务。

小雇主提供或不提供健康保险的原因

在最小的雇主中，只有大约一半提供保险，且这一比例在本世纪初有所下降。Dennis（2007）认为，这种下降并非是由小公司放弃保险项目引起的，而是由于那些新成立的企业从一开始就没有提供保险。Morrisey（2003）发现，小雇主为他们不提供健康保险讲了很多理由。这些总结在图 18.4 中，原因分为四大类。首先，很多雇主表示，他们现在或将来都负担不起提供保险的费用。当然，这与雇主会采取较低工资来弥补保险费支出的观点是不一致的。一种解释是，许多小雇主只是“算计错了”（got it wrong）。这可能过于苛刻。如果公司雇用的员工达到或接近法定最低工资，工资就无法调整以支付保险费用。此外，如果在做出工资—保险权衡后，保费增加，则雇主提供保险可能存在成本加大风险。如果许多小雇主的现金流非常有限，那么意料之外的保费增加可能会使他们的承保成本风险增加。当然也不排除，成本问题仅仅是对其他原因的一个短期反应。

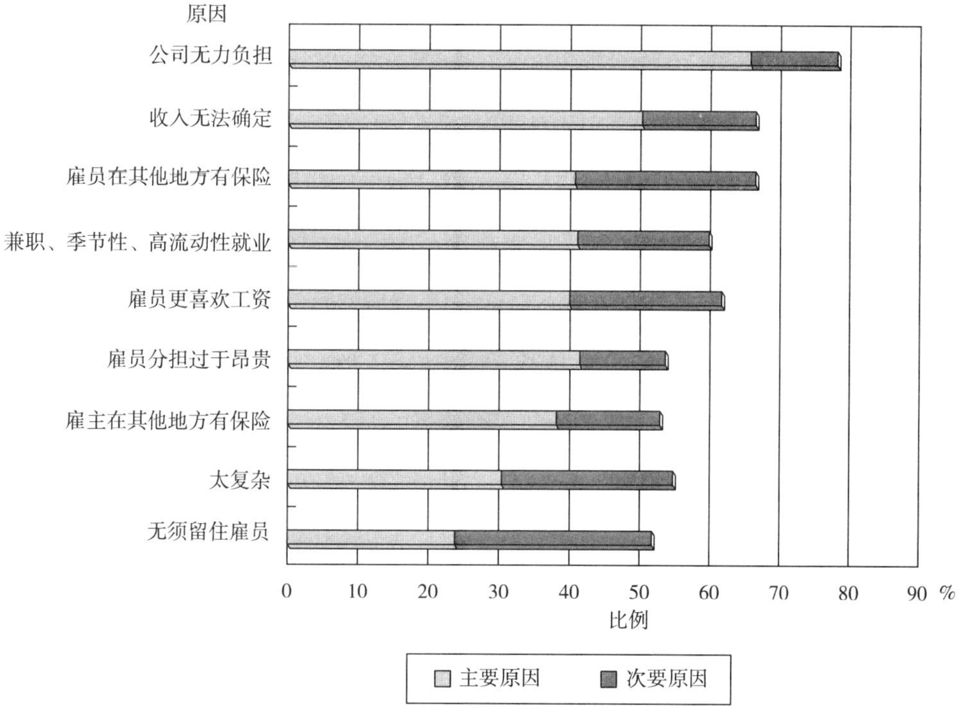

资料来源：由 Morrisey（2003）改编而来。

图 18.4　2003 年小雇主不提供健康保险的原因

其次，许多小雇主的回复表明，雇员对保险的重视不够。这些回复包括“雇员在其他地方有保险”“雇员更喜欢工资”“雇员承担的保费比例太高”和“对留住雇员没有意义”。所有这些都与第13章中关于薪酬差别（compensating differentials）的讨论是一致的。它们也与第15章讨论的Monheit和Vistnes（1999年）的研究结果相一致，后者发现，不提供保险的小公司往往雇用了较高比例的不太重视保险的工人。

小公司不提供健康保险的第三个原因与提供保险的管理成本有关。这些包括小企业主处理保险项目中的“麻烦因素”和员工高周转率带来的管理复杂性。

不提供保险的第四个原因与雇主自身购买的保险有关。小企业主可以为自己和家人寻求健康保险。一种选择是个人市场的保险项目。另一个是为他们的员工提供保险，主要是为了让雇主和家属作为参保成员以获得更低成本的保险。大约38%的小雇主表示他们没有在企业中提供保险，因为他们已经在其他地方有了个人保险。很少有研究将不提供健康保险的具体原因与特定类型或规模的小公司联系起来。

提供健康保险的小雇主也为此举解释了四个理由（见图18.5）（Morrisey 2003）。其中两个原因直接映射了不提供保险项目的原因。首先，一些小雇主的回复表明工人重视保险项目，如果公司没有提供员工想要的保险项目，那么公司相较于竞争对手将会失去部分员工。其次，团体保险为没有其他保险来源的雇主提供个

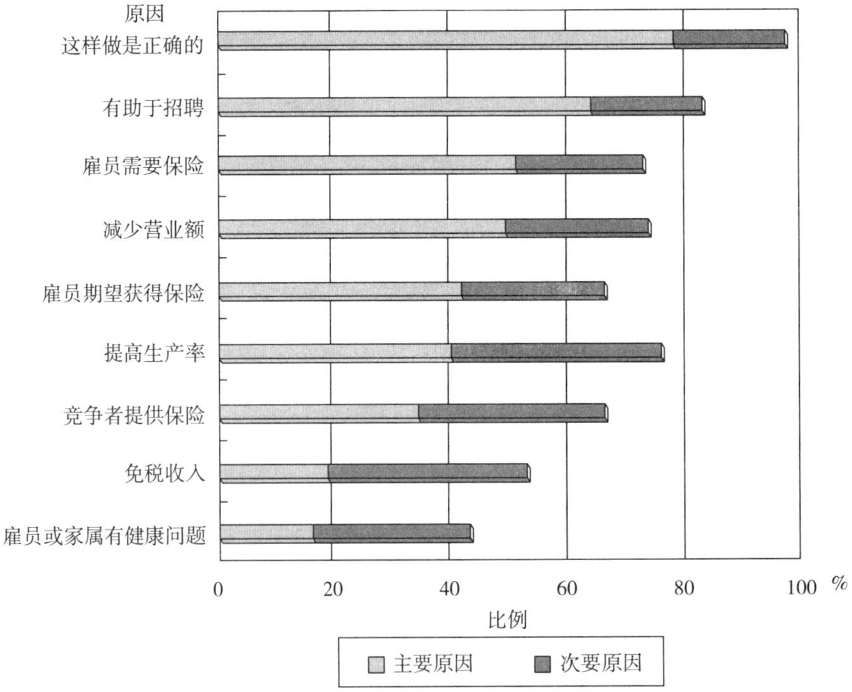

资料来源：Morrisey（2003）。

图18.5　2003年小雇主提供健康保险的原因

人保险。小雇主还表示，提供保险可以提高生产力。但是几乎没有研究能够确定生产力效应，虽然可能事实如此，但雇主只是观察到选择那些更健康，从而规避风险的职工进入其公司会产生的效果。最后，提供保险的最常见原因是“这是应该做的”（it’s the right thing to do）。不幸的是，这个理由可以代表任何高标准理念，这是小雇主对所面临的劳动力市场的总结。

代理人和经纪人的作用

大多数小雇主通过代理人或经纪人购买健康保险。有些代理人是自保公司，这意味着他们只代表一家公司。其他是代表几家保险公司的独立代理人；这些代理人通常又被称为经纪人。代理人有时仅销售健康、人寿、残疾保险以及各种类型的商业保险。经纪人（通常也是自保公司的代理人）也是典型的佣金支付制。代理人和经纪人是在州注册的，必须通过考试，并具有继续教育的要求。Hall（2000）报告说，参保人数少于 25 人的公司的佣金往往在 8% ~10% 。更大型集团的佣金比例约为这个数的一半，而个人市场的佣金可能在 16% ~20% 。

2007 年对雇主的调查发现，68% 的小雇主使用经纪人购买健康保险（KFF 2012d）。同年由全国独立企业联合会（Dennis，2007）进行的一项调查报告称，87% 的小雇主在与代理人或经纪人讨论保险项目时，有三分之一的人仅与一个经纪人进行了磋商，而 53% 的人与两三个经纪人讨论，另有 12% 咨询了更多的人。2012 年，经纪人和代理人表示，他们花费大部分或“大量”时间来解释保险项目并调查客户的选择。然而，他们也花费了相当大的精力来承担通常被认为是由雇主和保险公司负责的事情。例如，30% 的受访者表示他们在小团体市场上花费“最多”或“很多”时间来帮助客户解决与保险公司的索赔问题和纠纷。另有 12% 的受访者表示他们花了相当长的时间为运营商（carrier）提供书面服务（KFF，2012d）。

Hall（2000）在州级医疗改革的背景下探讨了八个州的代理人和经纪人的行为。然而，更多的是，他讨论了经纪人和代理人的佣金激励和专业承保的特性。正如我们在第 5 章和第 6 章中所讨论的那样，逆向选择是保险公司的一个重要问题。帮助解决此问题的一种方法是为代理人和经纪人提供激励，以识别高风险和低风险的保险申请。例如，为了阻止保险公司所认定的高风险人群入保，1 ~5 人小团体的佣金可能较低。代理人可以根据保险公司制定的“优”风险级别获得奖金，只有当代理人提出足够多的低风险投保人时，才被允许继续销售保险公司的产品。在这些和类似的方式中，经纪人和代理人都有动力专业承保。但是，Hall 总结说，虽然这些行为确实存在并且有时受到州法律的限制，但他没有发现任何证据表明它们影响了保险项目。

令人惊讶的是，虽然代理人在小型团体（和个人）保险市场中有普遍性和重要性，但几乎没有研究对他们在市场中扮演的角色进行严谨分析。

经纪人、 代理人和 ACA

对于经纪人和代理人整体而言，ACA 对其业务的影响值得关注。这源于三个问题。首先，代理人和经纪人的佣金在计算医疗赔付率（MLR）时被视为行政管理费用。因此，佣金可能面临下调趋势，一些代理人和经纪人可能会退出市场。

其次，小雇主和个人交易所的建立，对代理人和经纪人服务的需求造成很大的不确定性。一方面，由于补贴的存在，特别是在个人市场，将鼓励更多的强制投保。但是，交易所中各类保险公司所提供的保险项目的信息，应该清晰且易于比较的，这可能会降低代理人和经纪人所提供的服务的价值。一个相关的问题是如何为交易所提供资金（见第 22 章）。一种方法是鼓励（特别是）小雇主在交易所之外购买保险，像之前那样依赖经纪人和代理人。但是，如果评估交易所内外所有保险计划的手续费，则可以降低经纪人和代理商的成本。

最后，交易所也需要提供“导购”（navigators）。这些人不是代理人或经纪人，而是交易所的雇员，或作为与州交易所签订合同的当地组织的雇员。他们的角色尚不明确，但他们的目的是帮助个人和小企业自始至终完成交易，同时帮助他们确定资格年限。令人值得深思的是，导购与代理人和经纪人之间的区别究竟何在，代理人和经纪人在帮助选择保险项目方面发挥的作用可能会减弱。

小团体市场的价格敏感度

自 20 世纪 90 年代初以来，已经有许多学者研究了保费变化对小公司提供保险可能性的影响。部分研究集中于扩大保险保障的州政府或私人基金会示范项目的影响。而另一些研究则依赖于对保险价格假设性问题的回复。最为合理的研究是使用州或国家数据来估计价格弹性。不幸的是，这些研究得到的估计结果差异迥然。

基于实验证明的估计结果

调查结果一致表明：对一些没有保险的公司进行保费补贴的示范项目并没有产生很好的效应。在 1989 年由纽约州进行的一个项目中，新提供保险的小公司获得了 50% 的保费折扣。Thorpe 等（1992）发现，由于补贴的存在，提供保险的小公司的比例仅增加了 3.5%。由 Robert Wood Johnson 基金会资助的几个示范项目从 20

世纪 80 年代中期开始，也为小企业提供保费补贴。Barrand 和 Helms（1991）以及 Helms、Gauthier 和 Campion（1992）报告称，雇主对这些计划的反应最多是适度的。这些示范项目的隐含价格弹性范围为 -0.7 ~ -0.1。

由于以下三种原因，这些示范项目可能无法提供可靠的估计结果。首先，正如 Morrisey 和 Jensen（1996）指出的那样，进行实验操作的州只有 9% 的小雇主知道有补贴。其次，补贴仅在有限的时间内进行。正如我们在图 18.4 的调查回复中看到的那样，担心未来无法提供保险是目前不提供保险的常见原因。第三，示范计划经常禁止企业所有人参与保险。早期调查的回复表明，企业主个人通过购买获得保险的能力，极大地影响了他通过企业提供保险的动机。因此，如果所有者不知道该计划，仅知道保费补贴的持续时间相对较短，并且自己无法参与保险，那么他们对这些激励措施的反应就不足为奇了。

基于对假设问题回复的估计结果

Morrisey、Jensen 和 Morlock（1994）使用关于假设情境的调查问卷来衡量小雇主对保险需求的保费敏感度。具体而言，他们在 1993 年询问了小型无保险公司，它们以不同价格购买保险的兴趣大小。在报价范围内，隐含的保费弹性为 -0.9；也就是说，保费减少 1% 使提供保险的可能性增加了 0.9%。Thorpe 和他的同事（1992）也在纽约示范项目中询问了小雇主，他们发现隐含的价格弹性为 -1.6。我们有充分的理由对这种方法的可靠性大打折扣。假设性的问题会引出假设性答案，并且任何市场或政策因素都会影响受访者的思维，从而导致回复内容有偏差。

基于实际市场中报价决策的估计结果

Jensen 和 Gabel（1992）发现，在拥有 50 名或更少职工的公司中，价格对提供保险的决定产生了重大影响。他们利用 1985 年和 1988 年的两项小雇主调查数据，并用州保费率的差异来代表保险价格，他们发现保费增加 1% 使提供保险的可能性降低了 2.6%。

Leibowitz 和 Chernew（1992）使用全国小型保险公司提供的标准保险方案的保费，作为他们对不同市场保险价格的估计。根据 1989 年对小雇主的调查，他们得出的结论是，价格上涨 1% 会使提供保险的可能性降低 2.9%。

这两项研究的一个关键问题是保险价格的衡量。对于有保险的人来说，价格是显而易见的，这是他们需要支付的。对于那些没有保险的人来说，答案就不那么明显了，这是他们明确或含蓄拒绝的相关价格。Feldman 及其同事（1997）通过使用提供保险的公司特征来估计保费的决定因素，从而为小团体市场设定了各项特征指标。这些特征包括小公司的规模和创办时间，行业以及员工特征。然后，他们对照这些未提供保险的公司的特征，以估算为保险公司可能提供的平均保费。从本质上讲，Feldman 及其同事使用回归方法来模拟保险公司可能在小团体市场中承担的保险业务。

Feldman 及其同事使用 1993 年明尼苏达州的 Robert Wood Johnson 基金会（RWJF）雇主调查数据，对员工人数少于 50 人的公司估算了价格反应。他们得出的结论是小公司对价格非常敏感。平均而言，单一保费下降 1% 与提供保险概率增加 3.9% 相关。此外，家庭保险项目的反应更为明显：保费每减少 1% 使提供保险项目的概率增加了 5.8%。

Marquis 和 Long（2001）也使用了 1993 年的 RWJF 雇主调查数据，但来自 10 个州的数据并没有包括明尼苏达州。他们的分析侧重于那些员工少于 100 人的小公司，而 Feldman 及其同事（1997）使用的员工门槛低于 50 人。虽然 Marquis 和 Long 的估算策略类似于 Feldman 等人的估算策略，但前者在保费估计方程中使用了更丰富的解释变量。Marquis 和 Long 得出结论，小团体市场的特点是价格敏感度低，在 -0.14 附近——这意味着保费减少 1% 会使提供保险的概率增加约 0.14%。这与之前发现价格反应非常低的示范研究是一致的。Marquis 和 Long 测试了员工少于 10 人的公司的价格反应，并未发现有统计学意义的差异。

最后，Hadley 和 Reschovsky（2002）用 1997 年的数据验证了后来的 RWJF 雇主调查结果。他们也跟踪了 Feldman 及其同事（1997）的保险需求估算，但与 Feldman 及其同事的研究不同，他们在所有的观察中使用了预估的保费。此外，他们还研究了不同规模的小企业之间保费弹性是否存在差异，以及是否会因接近最低工资的职工百分比不同而有所差异。他们的结果总结在表 18.6 中，随着公司规模的扩大，他们发现一系列保费弹性下降。拥有 50 ~ 99 名员工的公司对保费的变化反应较弱：保费减少 1% 使保险费率提高了 0.03%。相比之下，规模较小的公司反应更灵敏：对于员工少于 10 人的公司，类似价格的下降使保险费率提高了 0.63%。

表 18.6　预测保费、费率以及小雇主提供保险的弹性

类别	保费（美元）	费率（%）	弹性
公司规模			
<10 个雇员	176	0.40	-0.63
10 ~ 24 个雇员	162	0.69	-0.30
25 ~ 49 个雇员	151	0.83	-0.24
50 ~ 99 个雇员	150	0.92	-0.03
低工资工人的百分比（7 美元/小时）			
>75%	178	0.22	-1.18
50% ~ 75%	175	0.37	-0.58
<50%	169	0.57	-0.30

资料来源：Hadley 和 Reschovsky（2002）。

因此，即使在那些严谨的实证研究中，估计范围也很广，为 -3.9 ~ -0.2。然而，Hadley 和 Reschovsky 的研究似乎是最有用的。它采用了 Feldman 及其同事（1997）的强有力模型，同时使用了最新数据，并且对估计保费的内生性最为谨慎。此外，它提供了一些关于为何他们的发现与早期研究有所不同的相关看法。除了所考虑的州和一些方法论等方面的不同，Feldman 等（1997）的研究只调查了工人少于 50 人的公司，而 Marquis 和 Long（2001）的研究主要集中在拥有 100 名或更少工人的公司，发现结果的弹性低于 Feldman 及其同事，这与 Hadley 和 Reschovsky 的研究结果一致。此外，由于较大的小公司几乎都提供保险，就像真正的大型雇主一样，他们提供保险的决定几乎不受考虑保费多少的影响。然而，回想一下我们在第 14 章中关于税率变化的讨论，虽然提供保险的决策在某种程度上受到有效价格的影响，但保险项目的特征可能会随着保费的变化而发生更大的变化。

小团体保险市场的改革

由于小公司的员工不太可能通过雇主获得健康保险，各州已实施了一系列政策措施来影响这一市场。这些可以分为三大类：（1）基本保险（bare - bones coverage）法；（2）保费限制；（3）承保条款。

为了尽量减少州立法机构制定的一些保险监管条例的有害影响，引入了所谓的“基本保险法”。正如我们将在第 20 章中更详细地讨论的那样，所有州都颁布了法律，如果他们在该州出售保险的话，要求健康保险公司承保特定服务（如酗酒治疗）、特定服务提供者（如脊椎按摩师）和特殊对象（例如领养子女）。在联邦雇员退休收入保障法（ERISA）立法下，大公司可通过自保（self - insured）来避免这些州的保险条例。然而，小公司发现它们进行自保较为困难。可以说，保险项目的强制规定要求小公司提供它们原本不会提供的保险，从而提高保险成本，鼓励员工及其雇主共同放弃保险。然而，正如 Morrisey 和 Jensen（1996）指出的那样，许多州的基础法案还包括了一些使保险缺乏吸引力的条款，例如仅报销少于 30 天的住院治疗。

几个州颁布了基本法案，豁免一定规模（通常是雇员少于 25 人）的小公司不必提供强制的保险项目。1989 年，只有一个州颁布了基本保险的豁免法案，但到 1995 年，43 个州都这样做了（Jensen 和 Morrisey，1999b）。理由是这项规定将使小型企业的健康保险更便宜，并鼓励它们开始或继续提供保险。

第二类小团体市场改革是保费监管，要么建立费率约束（rating bands），要么限制使用某些承保条款。使用手册定价时，保险公司可以根据承保标准为不同公司设定不同的保费。而费率约束建立了有法律效力的范围——规定高风险保费可以超过标准保费的上限。例如，高风险费率可能不得高于标准保费的 100% 或 150%，理由是这些限制将导致高风险小群体的保费降低。然而，保险公司可能会由此退出风险较高的市场。各州也可能限制保险公司对小团体市场进行风险分类的变量，他们可能要求进行仅基于年龄和性别的团体评级。虽然这些规定可能会使高风险群体的保险成本降低，增加低风险群体的保费，后者已经发现其风险池已扩大到高风险的雇主群体。Jensen 和 Morrisey（1999b）的报告称，1989 年只有一个州制定了这些评级限制，但到了 1995 年，有 45 个州已经以这种或那种形式颁布了这些限制条款。

最后，小团体改革可能包括保证承保、保证续保、便携性（portability）和/或使用现有条款的限制。保证承保条款意味着如果小公司希望以保险公司的既定费率购买保险，保险公司就不能拒绝出售保险。保证续保意味着如果愿意支付既定保险费，小团体不能被拒绝续保。但是，这些规定都没有限制保险公司可能收取的保费金额。至 1995 年，分别有 38 个州和 43 个州颁布了保证承保和保证续保条款（Jensen 和 Morrisey，1999b）。这些法律的基本原理是，如果保险公司选择对一些投保企业进行风险标红，它们仍要允许这些企业购买或继保保险。也就是说，这些法律禁止保险公司声称它不会在特定的社区提供保险，或者它不会涵盖特定职业、产业或行业的人，同样保险公司也不得放弃一个经历过高额索赔的小团体。

便携性指的是如果旧雇主满足相同的等待期，允许个人从一个雇主移动到另一个雇主而不必再次满足新雇主的等待期或既往症等待条款。等待期指的是新员工提出索赔之前的最初时间段，可能是 6 个月或 9 个月。实施此类合同条款是为了限制那些有保险保障的员工产生逆向选择，以便他们或其家庭成员可以接受已经存在病症的保险保障，既往病症条款的等待期也具有相同目的。1989 年有 3 个州制定了便携性条款，11 个州在等待期限方面有限制；至 1995 年，分别有 43 个和 45 个州有这样的法律和等待期限制。在大多数情况下，便携性和等待期的规定被 1996 年《联邦健康保险携带与责任法》（*Health Insurance Portability and Accountability Act*，HIPAA）所取代。

一系列研究调查了这些改革对小雇主提供健康保险的影响。Zuckerman 和 Rajan（1999）使用美国统计局 1989 年至 1995 年的当期人口调查（Current Population Survey）来研究州保险改革对保险保障的影响。在控制了人口和市场特征等变量之后，他们发现：（1）没有一组小团体改革对未投保人的比例产生显著性影响；（2）制定了保证续保和评级限制，但没有保证承保和便携性改革的州，参与私人保险人口的比例下降（虽然这一发现在传统水平上没有统计学意义）。

Jensen 和 Morrisey（1999b）使用 1989 年至 1995 年的小雇主调查数据来研究小团体保险改革对员工少于 50 人的公司提供保险可能性的影响。改革包括保证承保和续保、便携性、等待期、既往症限制以及基本保险法豁免。其中，费率限制与其他法律高度相关，无法单独研究。Jensen 和 Morrisey 发现，无论是作为一个整体或单独法律，其对小公司提供健康保险的可能性一般没有统计上的显著影响，但是既往症限制确实增加了小公司提供保险项目的可能性。

Hing 和 Jensen（1999）利用 1994 年全国雇主健康保险调查数据，对近 18 000 名小雇主进行了小团体改革的影响。他们发现，实施为期至少三年的全面改革，才能够导致小雇主“略微”更有可能提供保险。但是，员工参与小团体计划的比例并不高。他们的雇主调查询问：“保险公司是否可以拒绝承保此计划中有特殊健康问题或状况的员工或其家属?”在是否进行改革的州的雇主反应没有显著性差异。“全面改革”被定义为要求保证承保和续保、便携性、对既往症条款的限制以及使用费率限制。部分改革——不包括费率限制的改革——似乎降低了最小的小企业获得保险的概率。虽然改革总体上几乎没有影响，但是在经过全面改革的州，被视为高风险的红线行业（redlined industries）的小企业更有可能提供保险。

Marquis 和 Long（2001）研究了“第二代”小团体改革，重点是对健康保险提供和小雇主计划中的参保，以及对保费、保费的多变性和增加的影响。他们得出以下结论：

“总的来说，我们发现对小团体保险市场的改革对任何结果都没有影响；进行改革的州之间的结果不一致，估计结果很少有统计意义，而且每个州的结果都不一致。”（Marquis 和 Long，2001，365）

因此，明确的共识是，对小团体保险市场进行改革，无论是单独一项的还是作为一个整体，对整体的保险决策几乎没有影响。至少有四个原因可以解释这种情况。首先，在许多改革中，有不同的激励措施。例如，限制承保条款中的健康因素可能会使有健康问题的人保费降低，但会增加健康人的保费。因此，一些影响是抵消的。其次，可能是因为许多法律没有解决普遍存在的问题。例如，Morrisey 和 Jensen（1996）的报告称，很少有公司受限于州立法的既往症条件。第三，可能是小团体市场的保险公司已经找到了避免许多改革中提出的约束条件的方法。Hall（1999）描述了如何为标准保单谨慎选择保费，例如，即使在具有费率限制的州，保险公司也可以有效地扩大收费范围。

第四，正如我们在第 4 章和第 5 章中所观察到的那样，在承保过程中将不同风险特征的群体结合起来，产生索赔经验较高的人保费较低，而对索赔要求较低的人保费却更加昂贵的效果，而这种结合效应对参保率的影响可能非常小。两项关于小团体市场改革的研究表明了这一点。Monheit 和 Schone（2004）使用 20 世纪 90 年代中期的医疗费用面板调查（Medical Expenditure Panel Survey）数据发现，整体改革的影响不大，但在改革标准最为严格的州，高风险人群的员工保险和投保人比例相较于低风险员工而言有所上升。

Davidoff、Blumberg 和 Nichols（2005）研究了同样从 20 世纪 90 年代中期开始的全国健康访谈调查（National Health Interview Survey）数据。该调查询问了其关于健康状况的一系列问题，但也包括有关雇主资助的健康保险相关问题。作者得出结论是，与小企业的低风险人群相比，包括保证承保和某种形式的费率限制在内的一揽子改革措施提高了高风险人群的保险比例，保障范围变更的途径是由个人而非提供保险的企业决定的。

小团体联盟和协会健康计划

小团体市场的最后一个问题是地方联盟（Coalitions）和协会健康计划（Association Health Plans，AHP）能否使小团体市场的医疗保险成本降低。联盟是小雇主聚集在一起，将员工集中到一个更大的群体中，以期获得大雇主所享受的各种低保费。它们在 20 世纪 80 年代相对流行，在此之后有所下降。然而，小雇主通常会提高地方联盟的可能性，以向雇员提供低成本的健康保险。AHP 是在全国范围内向小雇主出售的保险计划，但与自我保险的大型雇主一样，该计划免于各州保险监管部门的约束，而且能够以更便宜的价格出售保险。AHP 需要国会采取行动专项立法，过去几年也一直被列入小企业政策议程中。

雇主联盟

联盟健康计划的动机是为了观察当群体规模增加时，客观风险是否降低，详见第 6 章论述。因此，有人断言通过团体联盟，一些小团体可以有效地成为一个大集团，并获得因风险降低产生的较低保费。这种见解至少现在看是正确的。

然而，有两个因素使得联盟不可能仅仅依靠聚集而成功。首先，客观风险取决于预期损失的大小、损失的变化以及承保人数。如果联盟要组合一些小团体，每个团体都有相同的预期损失，并且每个团体都来自相同的索赔经验分布，那么可以适用大团体原理。另一方面，如果小团体的索赔经历非常不同，则集合的范围会更大，但预期的损失可能变化，也可能不变。此外，联盟的方差几乎肯定会增加，从而增加了客观风险。因此，联盟只有能够将具有类似索赔经验的小团体合并起来，才有可能取得成功。成功的联盟需要非常谨慎地考虑它们允许哪些小团体进入它们的集合，或建立多个集合以反映不同的索赔经验特征。从本质上讲，这意味着成功的联盟旨在通过核保测算，将小团体纳入适当的风险等级。

而这立即引发了组成成功联盟的第二个障碍。许多现有的保险公司已经专注于小团体市场，它们根据预期的索赔经验汇集各个小团体。为了使联盟成功，小雇主联盟必须承担相同的保险职能，包括承保，就像已有的中介那样，且成本更低。除非联盟在小团体保险业务的某些方面具有比较优势，或者能够降低那些在市场上地位根深蒂固、有操控力的保险公司的价格，否则它不可能做得比市场更好。

McLaughlin、Zellers 和 Brown（1989）试图描述和评估20世纪80年代中期医疗服务联盟运动的有效性。有两种类型的联盟：（1）社区范围内的联盟，包括供应商和雇主；（2）仅限雇主的联盟。两者都旨在降低医疗成本。虽然没有进行正式评估，但作者得出的结论是“几乎没有证据表明它们正在取得成功”（McLaughlin、Zellers 和 Brown，1989，81）。此类组织的衰落表明，参与者并未发现它们有显著效果。

协会健康计划

根据现行法律，州内的专业协会——例如州立花卉产业协会或房地产经纪人协会——只要遵守该州的保险法，就可以提供健康保险。这通常意味着该协会必须在州主管部门注册，才能出售保险，必须拥有足够的准备金，并且必须遵守其他法规，这些法规可能对其提供的保险性质、保费额度以及营销方式进行规范。国家花卉或房地产经纪人协会也可以向其成员出售保险，只要它符合各州的保险条例。至少在21世纪初期，国会一直在考虑立法，允许 AHP 规避大多数州的保险法规，就像根据 ERISA 条款进行自保的公司，可以免于州监管一样（见第20章）。

这样做理由有两方面：首先，AHP 将不受州保险监管——例如覆盖特定服务、供应商及参保人类型等限制条款，这在一定程度上可降低小雇主群体的保险成本。其次，AHP 能够更好地汇集类似风险的群体，并利用较大群体达到成本节约的目的。这种节约可能产生，例如，由于 AHP 仅由其成员组成，并且全国性的范围做业务，使其比现有市场参与者更容易地将类似风险的个人或小团体招募到其保险池中。因此，如果大多数花卉或房地产代理商所雇佣的员工结构相似，它们的索赔经验就可能相似，并且共同的保险池将导致较低的风险，因此将会产生较低的保费。最后，AHP 还会降低管理成本，可能是因为它与其成员之间的稳定的关系和沟通。

关于这一问题的研究较少，而 Baumgardner 和 Hagen（2001）的文章是例外。他们开发了一个模拟模型，用于估计 AHP 对某人获得保险的可能性以及此人之前是否投保产生的影响。与所有模拟研究一样，Baumgardner 和 Hagen 必须利用文献来对关键参数的大小做出假设。在这种情况下，主要研究的问题是：（1）小雇主的价格反应；（2）免除州立保险监管所能够减少的健康保险保费程度。Baumgardner 和 Hagen 使用了范围较低的弹性——从 -0.3 到 -2.0——他们认为当时的要求使小团体的保险成本增加了 1% ~15%。利用他们的中度假设条件可得出以下结论：AHP 对小团体市场的影响相对较大，1999 年参保人数大约 460 万人；然而其中大部分都是以牺牲现有保险公司为代价，新投保人数不到50万人。

小团体市场：多元性和复杂性

正如我们所看到的，小企业提供健康保险的可能性要小于大企业，并且在小企业中的最小企业间此种现象更为普遍。我们还看到，这些最小的小企业比大公司具有更高的保险价格敏感度，而且补贴保险项目及改变小团体市场的承保特征等努力对其提供保险的决策没有太大影响。

Kronick 和 Olsen（2006）发表了对加利福尼亚州圣地亚哥市详细调查的结果，提供了一些关于小团体市场反应如此迟钝的重要解释。简单地说，那些不提供保险的小企业员工仍有保险。Kronick 和 Olsen 成功地采访了大约2 830家拥有2～50名全职员工企业，取得了前所未有的79.5%的回复率，其中26.5%的人没有提供保险。与全国调查类似，在拥有2～9名工人的企业中，更多的企业没有提供保险项目（66.4%）。然而，从图18.7中可看出，在没有提供保险的企业中，许多员工仍然有保险。36%的不提供保险的公司，员工却都有保险，另有14%的公司只有一名员工没有保险。造成这种结果的原因是多种多样的。特别值得注意的是，小企业主经常被包括在员工当中。例如，如果在两人的小公司中，业主拥有非团体保险，则图18.7中的结果将是一名未投保的员工。

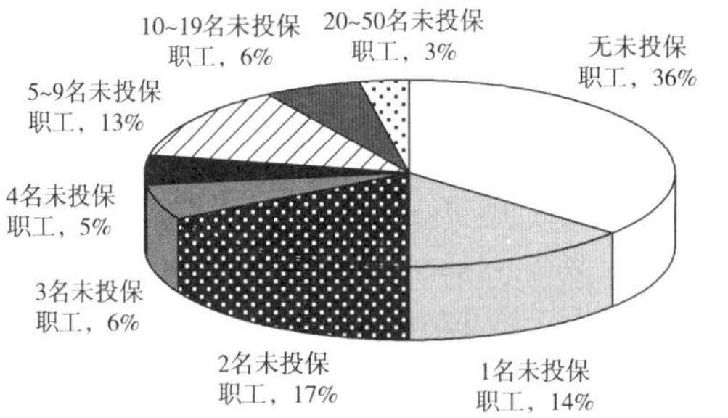

资料来源：Kronick 和 Olsen（2006），"A Needle in a Haystank? Uninsured Workers in Small Businesses That Do Not Offer Coverage," *Health Services Research* 41（1）：40－57，Figure 4。Wiley－Blackwell出版有限公司允许转载。

图18.7　未投保职工在圣地亚哥不提供保险的小公司的数量分布情况

不提供保险的小企业员工持有多种类型的保险。例如，超过19%的人有非团体保险；超过18%的人通过配偶或其他亲属获得保险；3%有医疗救助或医疗照顾计划。规模较小的企业拥有较高比例的非团体或配偶保险的员工。此结果与小雇主提供或不提供保险的各种理由是一致的。它们也符合 Abraham 和 Royalty（2005）的第16章中关于双职工家庭保险性质的调查结果。

小团体的市场是由各种各样的公司组成的，他们中的许多人都有可供选择的健康保险来源。也许这并不奇怪，这个市场几乎没有受到粗犷改革的影响。

ACA和小雇主

在第3章中，我们概述了《患者保护和平价医疗法》（ACA）的主要特征。在这里，我们将简要地讨论与小雇主特别相关的条款。需要注意的是，尽管ACA要求许多雇主在2014年开始提供健康保险或支付罚款，但由于执行困难，这些规定被财政部推迟到2015年。

首先，ACA不要求雇用少于50名全职员工的雇主提供健康保险，可免于雇主强制保险的“不买就罚”（pay or play）的下场。全职工作被定义为每周平均工作30小时或更长时间。因此，公司有动力将其员工人数减少到这个数以下，雇佣超过50名员工意味着必须遵守提供保险的义务。此外，由于没有为兼职员工提供保险的要求，人们应该期望一些员工人数超过50人的公司重新分配员工比例，以减少全职员工的数量，增加兼职人员的数量。例如，目前不提供保险的餐馆可能会减少全职服务人员的数量并增加兼职人员的数量（工作时间少于30小时）；社区中的服务员则更有可能在多家餐厅担任兼职职位。

其次，拥有50名或50名以上全职员工的小公司必须提供保险，否则将支付每名雇员2 000美元的罚款（不包括前30名工人）。因此，一家拥有60名员工却不提供保险的公司将支付60 000美元的罚款（2 000美元的30倍）。为了避免罚款，雇主必须“参与”其中。这意味着该公司必须提供至少相当于60%的保险精算价值的福利费用。这是我们在第3章中讨论的青铜保险。福利待遇必须符合国家规定的基本健康保障的定义。这通常是2013年向小雇主提供的最受欢迎的福利方案，尽管您可能还记得在第3章，我们讨论每个州在选择其基本福利方案时都有多种选择。为了防止小雇主为满足单纯法律文字要求而提供虚假保单，基本福利的定义和精算的最低水平是必须符合要求的。基本福利规则意味着，想要提供高免赔额计划或有限保障计划的公司可能违反法律（详见后续讨论的原始状态条款，grand - fathering provision，直译为祖父条款）。

除此之外，提供的保险必须是可负担的。这意味着自付费用不能超过员工家庭收入的9.5%。如果负担不起保险项目，员工可以通过个人交易所获得税收抵免以购买保险。如果发生这种情况，小雇主将支付每位员工3 000美元获得税收抵免，或每位员工2 000美元的罚款（超过前30名），以二者较少者为准。

第三，税收抵免适用于全职员工人数少于25人的小公司。公司必须支付低于50 000美元的年平均工资，并且必须为雇员合理的保险支付一半或更多的保费。保险必须通过小雇主交易所购买，抵免的保费雇主最多提供50%，但确切的百分比取决于雇员人数和平均工资水平。一家公司可能只获得两年的抵免，综上，由于抵免期限有限且仅适用于最小的雇主，使其不太可能被推广。

第四，在2010年3月23日（即法律通过之日）之前雇主已经拥有健康计划并开始运营的，可以保留现有计划。这些计划通常被称为祖父型（原始型），公司可能会增加员工，可能会更改保险公司，并仍然保留原始状态（grandfathered status）的豁免权。但是，保险项目的其他特征的变化程度会受到限制。例如，如果自付费用，共保比例、免赔额或总自费金额增加“太多”，该计划将放弃其原始状态，但不管怎样，必须涵盖基本福利①。至少在短期内，原始状态条款可能会冻结医疗计划中的重大变化。从长远来看，我们应该期望公司最终放弃原始状态，因为它们和它们的员工都在主动改变它们的保险计划。Eibner及其同事（2012）的报告称，联邦消息人士预测，到2014年，50%～80%的小公司将改变其原始状态。

显然，如果你正在做出与小雇主保险有关的决定，请向熟悉你具体情况的人寻求建议。一般情况下，关于ACA及其有关小雇主规定的详细情况，请登录凯撒家庭基金会网站：http：//healthreform. kff. org/。

我们可能在小团体市场中看到的关键变化之一是，员工人数少于50人的公司目前主动提供健康保险，而这些小公司并没有必须提供保险的义务，即使它们的员工有资格通过个人交易所获得补贴。因此，我们应该期望这些小公司中的许多人会放弃健康保险并提高员工的工资（结合第14章的薪酬差别）。然后，员工将直接从他们的州个人交易所购买补贴保险。而使员工获益的程度大小取决于边际税率（因为新增工资是应税收入）和他们有资格获得的保险补贴的规模。

Yee、Christianson和Ginsburg（2012）——尤其是Eibner及其同事（2012）——提出了另一种可能在小团体市场中发挥作用的情景。正如你在第3章和第6章中所记得的那样，ACA在确定保险费率时禁止使用医疗承保（the use of medical underwriting）。向个人和小公司提供全额保险计划时可以使用年龄（但费率差异不得超过3倍）、地理区域、吸烟情况和家庭组成等设定费率。此类做法可组合不同的风险——具有高和低索赔经验的风险加以中和。因此，如果某人处于由一个小雇主和健康年轻的员工组成的小团体中，那么在购买保险时，此人将被置于一个包含职工年龄较大、健康状况较差且成本较高的公司风险池中。此时，该小团体应期待更高的保费。

然而，自我保险计划不受这些要求的约束。虽然自我保险计划通常由大型雇主

① 共保比例的任何提高都将结束原始状态，任何高于医疗通货膨胀率15个百分点以上的自付费用，免赔额或总自费金额限额的增长也将终止。如果雇主的保险费减少5%以上，就会导致原始状态的结束（KFF，2012a）。

提供，但若小雇主有限制承保风险的整体止损条款时，也可以提供自我保险计划。Yee 和 Eibner 的分析表明，拥有更健康劳动力的小雇主将转向自我保险状态，以避免因 ACA 引起的承保规则变化而导致的保费增加。而员工健康状况较差的公司则会直接购买保险，而不会采取上述做法。从员工健康状况较差的公司的角度来看，新的共同风险池降低了他们的保费，因为一些健康群体仍然处于共同风险池中。这是我们在第 6 章中讨论的经典逆向选择问题。

本章小结

- 与大公司相比，小企业为员工提供健康保险的可能性较低，此现象在小企业中较为普遍。截至 2012 年，仅有 50% 的员工人数少于 10 人的小公司提供保险。
- 小雇主是否提供保险的决策与员工放弃其他形式的报酬和雇主对保险成本的关注程度有关。
- 相较于大公司，小企业更倾向于提供单一的健康保险计划。它们提供的保险计划种类繁多，然而它们普遍提供 PPOs。此外，鉴于能便捷地购买保险项目以及与保险人及供应商就保险项目进行较好交流，小雇主非常依赖保险代理人和经纪人。
- 小公司健康保险需求的价格弹性随着公司规模的增加而降低。雇员不足 10 人的公司的估计弹性为 -0.63，这表明即使保费下降幅度相对较大，也只会对提供保险的决定产生轻微的影响。
- 各州对小团体保险市场改革的努力主要集中在基本保险法律、保费限制和承保条款上。几乎没有实证表明，任何这些举措会对提供保险的小雇主的比例产生了很大影响。然而，有证据表明，改革的努力增加了低风险群体的保费，同时降低了高风险人群的保费。
- 50 名或 50 名以下全职雇员的雇主不受 ACA 的“不买就罚”规定的约束；他们不需要为其工人提供保险。其他雇主如果不提供保险，将面临每名工人 2 000 美元的罚款。这项法律和其他法律规定一定程度上激励公司限制规模、增加兼职人员的聘用，可能还会考虑转变为自我保险的状态。

问题讨论

1. 假设当地大都市小企业协会决定为其成员提供健康保险。那么在何种情况下，这种行为将会降低其成员的保险费？

2. 你为什么认为各州立法对既往症限制等待期，对小团体市场的保险影响很小？你认为你的回答和州立法机关颁布此项法律的可能性之间有什么关系吗？

3. 假设一个州希望鼓励小雇主提供健康保险，并为此补贴了两年的保险费，你认为这会对提供保险的小公司比例产生什么影响？为什么？

4. 假设你叔叔拥有和经营一家有 75 名工人的小公司，目前为他的雇员提供健康保险。在实施 ACA 之后该怎么做，他向你征求意见。你怎么跟他说？请讨论放弃保险和支付罚款、通过小企业健康选择计划（Small Business Health Options Program，SHOP）购买保险（或不）、维持原始状态（grandfathered）保障，以及为他的雇员转移到一个高免赔额的健康计划中等四种做法。

延伸阅读

[1] Eibner, C. , C. C. Price, R. Vardavas, A. Cordova, and F. Girosi 2012. "Small Firms' Actions in Two Areas, and Exchange Premium and Enrollment Impact." *Health Affairs* 31 (2): 324 – 31.

[2] Hadley, J. , and J. D. Reschovsky. 2002. "Small Firms' Demand for Health Insurance. The Decision to Offer Insurance." *Inquiry* 39 (2): 118 – 37.

第19章　个人保险市场

个人保险目前在美国健康保险市场中的作用并不显著。据报道，在65岁以下的人中，仅有7%的人有此类保险。然而，在许多医疗改革倡导者看来，它的规模理应很大。一旦就业和健康保险之间的联系断开，一些人则会将其视为首选市场；而其他人认为个人保险是一种通过税收抵免来减少无保险人等级的机制。《患者保护和平价医疗法》（ACA）通过州保险交易所的个人保险市场，作为实现人人享有健康保险目标的关键机制。然而，在目前的市场上，人们经常将其视为员工保险中断的暂时保险，但也有其他购买者将其视为长期保险来源。

在本章中，我们将回顾与个人或非团体保险项目的特征、性质及其供应商相关的现有文献。此外，我们还讨论了互联网在个人保险市场中的作用。最后，我们研究了税收抵免提案，并估计其对保险的影响。

谁拥有个人保险？

在个人保险市场中，关于保险保障程度的最佳研究来自Ziller及其同事（2004）。他们调查了美国统计局从1996年至2000年的收入和保险计划参与度调查（Survey of Income and Program Participation，SIPP）的面板数据。这项调查包括了具有全国代表性的样本，在四年中有近40 200个家庭每4个月均接受访谈。因此，研究人员能够识别保险项目的特征，同时报告保险的持续时间以及转入和转出个人保险项目的性质。

1996年第一个月的调查显示，在18～65岁的人口中估计有5.9%拥有“私人购买”的健康保险。图19.1描述了这些个人保险购买者的一个关键特征：他们大多数是受雇人群，其中近四分之三有个人保险的人是被正式雇佣的。那些从事兼职工作（每周不到40小时）的人是有保险的全职工作人员的2倍。然而，由于全职工人数量较多，使得其占个人保险参保人数的近三分之二（62.2%）。那些自雇人士购买个人保险的可能性比为他人工作的人多7倍（22.3%对3.2%）。拥有个人保险的受雇人员中有72%是来自雇员少于25人的公司。因此，在大多数情况下，个人保险市场由为自己或他人全职工作的人主导，且其中大部分来自规模较小的公司中。当然，只有四分之一以上的人是无业人员。

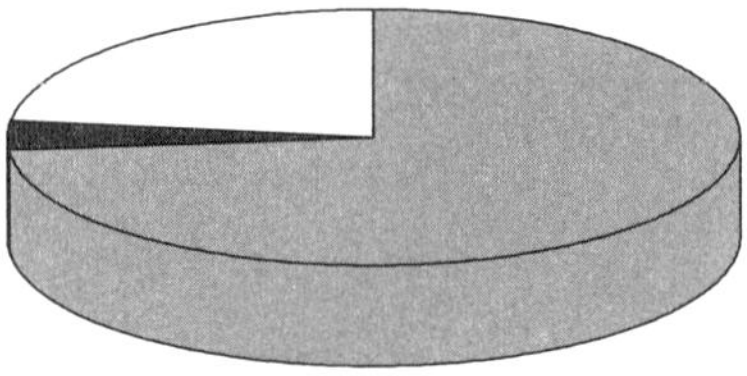

资料来源：Ziller等（2004）。

图19.1　1996年购买个人健康保险人群的就业情况

虽然各个年龄段均有人购买了个人保险，但SIPP数据表明个人保险项目大部分由中年人所持，如图19.2所示。该图左侧显示了按年龄组购买非团体私人保险的人员比例；右侧则为非团体私人保险的年龄分布情况。在购买保险的人中，超过46%的人年龄介于45~64岁之间。此外，近60%的个人保险对象至少受过大学教育，仅有9%的人只接受过基础教育。1996年，只有超过15%的个人参保人收入是低于联邦贫困线的。按照2012年的美元折算，单人的贫困水平相当于11 278美元。然而，45.4%的个人保险购买者的收入为贫困线的300%或更高。64%的购买个人保险的人表示他们的健康状况“极好”或“非常好”，而11.8%表示“一般”或“差”。Ziller和她的同事认为，健康状况数据表明，通过核保避免逆向选择在这个市场做得很成功。其他人则认为，高风险人群转向公共计划。请参阅本章后面Hadley和Reschovsky（2003）的研究分析。

个人保险市场似乎在人群中占有相当稳定的份额。目前的人口调查发现，自1994年以来个人保险的市场占有率每年仅有一个百分点或两个百分点的波动（Fronstin，2012b），只有SIPP数据才能查看保险经历和持续时间。在1996年至2000年，13%的SIPP调查参与者至少购买了一次个人保险（Ziller等，2004）。通常，购买和放弃个人保险与其所获得的员工保险项目有关。68%的购买个人保险的人表示他们这样做是因为他们失去了员工保险项目；另有14%的人失去了公共保险项目。当他们获得了员工保险时，近70%的人结束了他们的个人保险；15%的人接受了公共保险。当他们放弃个人保险时，年轻和健康的人更有可能选择不购买保险。

图19.3显示了SIPP调查面板数据中拥有个人保险的时间中位数分布。保险期限明显不同。近一半（48%）的个人保险期不到6个月；但是，超过18%的人有

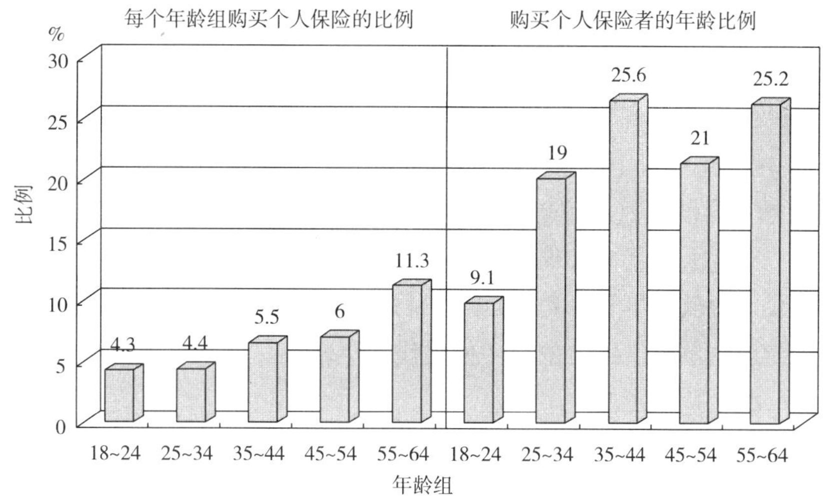

资料来源：Ziller 等（2004）。

图 19.2　1996 年购买个人保险者的年龄分布

1 ~2 年的保险，而另外 17% 的人有超过两年的保险。值得注意的是，这些数据是被“右侧截断”（right censored）的。这意味着调查中的一些人在调查期结束时继续了个人保险；事实上，这些人超过了三分之一。结果意味着真正的分布向右移动，因为这三分之一的人中的许多人持保时间比观察的调查时间更长。

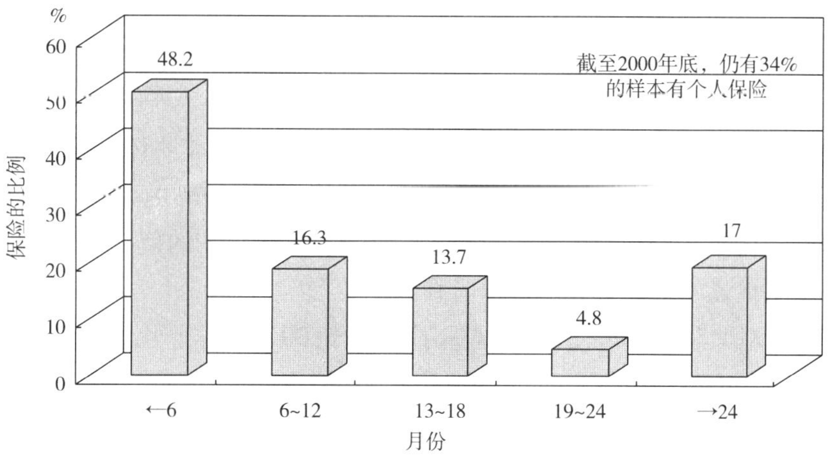

资料来源：Ziller 等（2004）。

图 19.3　1996—2000 年购买个人保险的期限

因此，虽然规模很小，但个人保险市场扮演着三个角色。首先，它为许多自雇人士，或为他人工作的中年人提供保险，这些人通常是在较小的公司中工作。Ziller 及其同事进行的回归研究表明，那些自雇人员的个人保险期限延长了 20% 。从这个意义上说，它似乎为那些处于职业生涯后期，或者当他们计划退休时自己做小生意的人提供稳定、持续的保险。其次，对于那些从一个员工保险转移到另一个员工保险的人来说，个人保险可以在很短的时间内（通常不到一年）提供过渡性保险。2012年，其中许多人（可能是年轻人），现在可以包含在父母的团体保险中直至到26岁。这当然不会削弱这种过渡性保险对其他人的重要性。第三，它为无保险人提供了保险。有些人获得个人保险后，又放弃并恢复未保险状态。这个群体往往失业，年轻，收入较低。尽管SIPP数据中尚未表明其原因，但该群体可能包括从父母保险过渡到雇主不提供保险的第一份工作的年轻人。可以想象，由于即将发生的健康问题，一些人购买了保险。

个人市场中的保险供应商

关于个人保险市场的普遍观点是，每单位保险项目比团体市场要贵得多，而且定价标准更为充分全面。其中，至少在最初参保时，健康状况被认为是一个重要因素，以克服潜在的逆向选择问题。然而，几乎没有确凿的数据来证实这些观点。

Pauly和Percy（2000）总结了1970年至1995年选择的非团体保险相对于团体保险的相对价格作为唯一可用数据。他们阐述了20世纪90年代中期各类健康保险公司的团体和非团体保险的附加保费费率。负荷率是总保费金额除以支付的索赔金额；它只是我们在前面章节中讨论过的医疗赔付率的倒数。这种方法显然不能用于比较相同保险的全额保费。他们的报告表明，个人保险的医疗赔付率平均为0.57，而在此期间，团体保险的医疗损失率为0.85。

Abraham和Karaca－Mandic（2011）计算了49个州的非团体保险医疗赔付率，各州之间存在显著性差异。医疗赔付率在新罕布什尔州低至0.63，在亚拉巴马州、马萨诸塞州、密歇根州和北达科他州则超过1.0。大于1.0的值意味着至少有一家大型保险公司的索赔额超过收取的保险费。

Chollet、Kirk和Chow（2000）描述了20世纪90年代末个人保险市场的市场结构，他们展示了一个由少数卖家主导的市场。1997年，最大的三家保险公司在每个州拥有至少50%的市场份额，在28个州和哥伦比亚特区拥有至少75%的市场份额。7个州的报告显示，在个人市场上有四家或更少的保险公司。然而，许多州也有许多市场份额非常小的保险公司。在32个州，最小的50%的保险公司共拥有10%或更少的市场份额。蓝十字/蓝盾保险公司往往是大多数州的主要保险公司，在个人市场中占有近50%的全国市场份额；其余部分由健康维护组织（HMOs）和商业保险公司平均分配。正如本章后面提到的，最近有一些关于非HMO管理式医疗计划显著增加。

ACA 和父母保单下的保险

即将实施的 ACA 的首要内容之一是，允许 26 岁以下的子女在其父母的团体保险中投保。因此，无保险的儿童、购买了个人保险的人或有团体保险的人都可以得到保障，后两组人群可以放弃自己原来的保险。在某些情况下，父母的保费并未随着这一转变而变化——如果父母已经有家庭保险，情况就是如此。然而，如果父母不得不将保险项目从"雇员加1"改为家庭保险，他们将面临更高的自付保费。

Antwi、Moriya 和 Simon（2012）已经研究了法律这一要素对健康保险的影响。他们使用 2008 年至 2011 年的 SIPP 数据来进行双差分分析。他们比较了法律颁布之前和之后、年龄在 19 ~25 岁，以及该范围上下的那些稍微年轻和年龄稍大的人的保险项目。他们的结论是，19 ~25 岁的人参与保险的比例增加了 3.2%。仍受抚养的子女的保险增加了 7.0 个百分点，相应的员工保险中对"子女"的保障减少了 0.8 个百分点。单身子女的影响大于已婚子女，对非学生的影响大于对学生的影响。当父母已经有家庭保险时，效果也更为明显。本来这个问题将在后面第 20 章出现的，我们在此预先提出，即无论该州以前是否实施受抚养人强制保险项目，ACA 法律效果没有显著性差异。

研究人员注意到所提供的保单与选择保险项目的人之间存在异质性。Chollet 和 Kirk（1998）在 10 个州进行了实地调查，观察到保险给付、成本分担和价格差异很大。一些保险公司提供了单一的福利设计，提供了许多免赔额和分摊成本的选项；其他保险公司则提供了存在重大差异的计划选择。其中，不包括产妇和精神疾病的保险产品并不少见。如果保险覆盖这些项目，它们几乎总是要求单独和更高的免赔额、自付比例以及单独的年度和终身保障限额。保险公司拒绝承保的情况也不少见。例如，Bunn、Marquis 和 Yeges（2004）提出，拒保的比例从 8% 到 18% 不等。

非团体市场的保费敏感性

有关购买个人保险的保费敏感性的研究很少。问题之一在于，没有购买保险的人，如果他面临购买保险的决策时，假设其愿意支付的保费也会被研究引用。逆向选择使这一问题更加复杂。从研究人员（更不用说保险人）的角度来看，我们需要潜在购买者和实际购买者健康状况相关的数据。正如经济学家所说的那样，选择购买的行为是内生的，而无法解释内生性将导致保费弹性估计是有偏差的。

有一种方法，可以通过税收政策变化研究敏感性。正如在第 15 章中所阐述的那样，税收影响了雇主提供的健康保险的保费，同时它还可以影响自雇人员的非团体市场的保费。在20世纪80年代中期之前，自雇人员只有在详细列出税前扣除金额的情况下，而且只有在医疗支出总额超过调整后总收入的7.5%时，才能够在他的联邦纳税申报表上扣除健康保险费。然而，在随后的几年里，税法的变化使得自雇人员的保费越来越容易被扣除。经过多年的阶段性研究，至2003年，人们可以在没有逐项列出的情况下扣除全额保费。此外，大多数州都效仿，最终也允许全额扣减。税前扣除意味着税法基本上降低了个人购买保险的价格。

部分研究已经分析了这种转变的影响。尽管Gumus和Regan（2009）没有发现有统计学意义的影响，大多数报告称保费的弹性范围为－2.7～－0.1，详见Heim和Lurie（2009）。Heim和Lurie提供了最新的估计结果。他们的优势在于使用了大约18 000名自雇人员的数据，这些人在1999年至2004年提交了所得税申报表。作者能够利用特定人群的效果以解决健康状况对保险项目购买影响的内生性问题，并且因为这些人总是自雇，所以估计结果不会因为政策变化而购买新保险的参保人的影响。然而，这种过于专业化的数据集确实在一定程度上限制了研究结果的普适性。Heim和Lurie比大多数人发现了更适中的效果：购买保险的保费弹性估计为－0.32，保费扣减10%将会使购买者增加3.2%。关于购买多少保险的问题，保费减少10%使购买量增加了7.3%，单身人士比已婚人士对价格反应更为敏感。

Krueger和Kuziemko（2011）采用了一种完全不同的方法来估计无保险人以不同价格愿意购买保险的程度。在2008年大约两周的时间里，作者们在每日的“盖洛普民意调查”[①]中提出了一系列问题，询问受访者是否会以每年X美元的价格购买“与国会议员一样好”的健康保险政策，开始4 000美元，如果被访者拒绝，则要求更低的价格。正如我们在讨论一些小团体保险时所指出的那样，假设性问题产生了假设的答案。尽管如此，考虑到研究非团体市场参保率很少，这些结果是有指导意义的。在调查的18天内，大约7%（1 332人）65岁以下的人表示他们没有保险；他们是这项研究的重点。该研究使用各种计量指标，发现保费降低的弹性为－1.1；那些收入较低和吸烟的人对价格更敏感。那些有健康问题或以前被拒绝保险的人对价格敏感度较低。Krueger和Kuziemko认为，他们更高的保费弹性可能反映了这样一个事实：其他研究往往侧重于通过雇主进行的保险项目，而参与者的收入水平往往要高得多，实际上，收入较低的人对价格更敏感是合理的。

---

① 译者注：盖洛普民意调查（Gallup poll）是指由盖洛普设计的用以调查民众的看法、意见和心态的一种测试方法，产生于20世纪30年代。它根据年龄、性别、教育程度、职业、经济收入、宗教信仰等六个标准，在美国各州进行抽样问卷调查或电话访谈，然后对所得材料进行统计分析，得出结果。此方法仍在美国经常运用，并有相当高的权威性。

非团体市场中的合并

出台的个人保险保单的异质性显然反映了对逆向选择的关注。一些研究人员已经调查了个人市场中“合并”的程度——不同风险的人群汇集合并的程度。从这个角度来看，拒绝为高风险个人提供保险并使用医疗核保会减少汇集。被保险人群在汇集合并后将更加同质化。

关于个人市场合并程度的证据是相互矛盾的。Saver 和 Doescher（2000）使用了 1987 年全国医疗费用调查的数据来估计人口、地理和健康状况指标对购买非团体保险的影响。他们发现，健康状况指标预测非团体购买的能力很弱。这表明存在大量的风险合并。Herring 和 Pauly（2001）使用了由 Robert Wood Johnson 基金会赞助的 1997 年社区追踪研究——家庭调查（Community Tracking Study Household Survey）数据。他们对预测的医疗费用和一系列控制变量的非团体保费进行了回归，发现其保费随着医疗支出而增加，但增幅低于一定比例。这也表明相对较弱的医疗核保能力和大量合并。

从制度的角度去考虑合并程度，意义更大。首先，Pauly 和 Nichols（2002）认为，代理人和经纪人在个人保险市场中的贡献是向潜在购买者提供信息，帮助他们找到价格较低的保单。在保险公司核保流程不同的情况下，代理商的作用是增加合并。其次，核保是在初次投保时进行的，一旦个人投保后，很少重复。此外，自 1996 年《健康保险携带与责任法》（*Health Insurance Portability and Accountability Act*，HIPAA）通过以来，个人保险的卖方必须保证续保。Buntin、Marquis 和 Yegian（2004）指出，除非个人更换保险产品或保险人停售原产品，否则通常不会发生重新核保。因此，即使在初次投保时存在大量风险分类，合并会随着时间的推移而增加，尽管一些被保险个人可能逐渐出现慢性健康问题。

Marquis 和 Buntin（2006）用三家大型加州非团体健康保险公司的数据证实了这一猜想。他们发现“我们的结果大体上支持了个人保险市场存在相当大的风险合并的结论”（Marquis 和 Buntin，2006，1979）。他们也确实发现了一些风险分离。风险较高的个人购买个人保险的可能性较小，更有可能购买保障范围更广的保险计划，并且比健康状况更好的人愿意支付更高的保费。然而，平均参保时间超过两年的人的健康状况比那些初次购买保险的人更差。其中大部分似乎是由于核保仅在初次投保时发生，而非之后。

然而，Hadley 和 Reschovsky（2003）认为，潜在购买者的选择偏差也可以在一定程度上解释现有的研究结果。也就是说，那些健康风险较高的人可能不购买个人保险，而是转移到公共或员工保险中。Hadley 和 Reschovsky 使用 1998—1999 年和

2000—2001年社区追踪研究——家庭调查的数据，从中选取18岁至64岁的目标人群，作为存在选择偏差的证据。这些数据总结在表19.4中。

表19.4　　　1998—2001年购买保险者的健康状况

	非团体保险	员工健康保险	无保险	公共保险
全部	4.8%	71.2%	18.3%	5.7%
投保人健康状况（%）				
“极好”且无慢性病	23.6	17.7	15.3	8.9
“极好”且有一种或以上的慢性病	8.8	6.6	5.7	5.8
“非常好”或“良好”没有慢性病	28.6	30.2	28.5	20.0
“非常好”或“良好”且有一种或以上的慢性病	16.4	18.0	13.6	12.9
“非常好”或“良好”且有两种或以上的慢性病	15.7	18.5	15.5	21.4
“一般”或“不良”	6.9	9.0	21.4	31.0

资料来源：Hadley和Reschovsky（2003）。

这些数据清楚地表明，健康状况较差的人更有可能参加像医疗救助这样的公共保险计划，并且比那些购买非团体保险的人更有可能获得员工健康保险。这意味着，如果我们总结一下选择的决定因素，排除那些公共和员工健康保险项目，我们可能会得到大量风险合并的结果，但它实际上汇集了相对较窄的预期损失范围。

Hadley和Reschovsky（2003）估计了非团体保险保费，计算保险类型时采用了选择调整模型。也就是说，他们的分析包含了健康状况中等或较差的人在公共或员工健康保险计划中概率较大的信息。通过这样做，他们发现健康状况对非团体保费的影响相对较大。一个有“轻微”健康问题的人——一个被定义为“极好”“非常好”或“良好”的健康状况并且最多患有一种慢性疾病的人——据估计要比那些没有慢性病的“极好”健康者多付15%的保险费。具有“重大”健康问题的人——被定义为“非常好”或“良好”的健康状况，并且患有两种或更多种慢性疾病，或处于“一般”或“不良”的健康状况的人——支付保费比“极好”健康人群高出43%～50%。此外，在其他情况相同时，吸烟者支付的保费高出16%。

自评的健康状况与保费之间的统计关系表明，非团体市场的保险公司能够通过其核保机制识别出有健康问题的人，并向他们收取更高的保费。它还表明，如果健康状况较差的人能够将自己归类到公共和员工保险计划中，那么剩余的健康状况差异对于非团体市场保费确定的影响可以忽略不计。

这项研究结果对正在进行的政策辩论很重要。如果我们假设，高风险人群将留在或转移到公共和员工保险计划中，那么我们可以对个人保险需求进行估计，估计范围主要包括那些目前没有保险或已经购买个人保险的人。该研究表明，个人保险市场在为这些人提供保险方面做得相当不错。或者，如果我们假设公共或员工保险项目不是高风险人群的个人选择，那么我们将更多地关注 Hadley 和 Reschovsky 的发现。他们的研究表明，除非支付高保费（如风险调整后），否则高风险人群将无法找到个人保险。

保险项目和慈善医疗的可及性

有人可能会振振有词地争辩说，仍有大量的人没有保险，一个重要原因在于，他们中的许多人实际上已经从公立综合医院以及提供慈善医疗服务的其他医院和医生那里获得了保障。此外，在美国的许多市场中都存在为无保险人提供医疗服务的联邦资格认定的健康中心。因此，由于存在慈善医疗，它减少了使用医疗系统的相关自付费用，同时也缩小了与无保险人之间的差异。这两个因素都应该减少了对私人保险的需求。

Herring（2005）使用 1996 年至 2001 年社区追踪研究——家庭调查的数据对这一假设进行了检验。该调查包括来自不同的美国市场中大约 60 000 名 65 岁以下的人。在每个市场中，Herring 根据每个市场中全年所有无保险人群回答“如何获得医疗服务”这一问题，构建了一个慈善服务可及性的总体衡量标准。然后，他根据慈善医疗服务的可及性以及各种家庭和市场区域等变量，以检查购买个人健康保险的概率——他发现对高收入人群没有统计学意义的影响。然而，对于收入低于联邦贫困线 300% 的低收入人群而言，购买保险的概率下降。慈善医疗服务的可及性增加导致现金支出减少了 10%，购买保险的概率降幅稍高于 3%。因此，虽然影响较为轻微，但它确实表明被保险人在慈善机构和私人保险之间存在权衡。

个人保险市场和互联网

现有文献中关于个人健康保险市场的最大缺点之一是，该研究是在互联网成为提供信息和保费报价的重要渠道之前进行的。

在个人市场中，互联网已经成为人们了解现有的保险项目和收取保费的日常来源。当然，你也可以通过互联网购买保险。表 19. 5 提供了全国多个城市健康保险的每月保费信息，于 2012 年 11 月从 eHealthInsurance. com 中提取。该网站列出了来自多个不同公司的各种健康保险计划，以市场区域划分。表 19. 5 中的保费“报价”是分别给两个人的，他们都是非吸烟人：（1）1985 年 10 月出生的女性；（2）1955 年 10 月出生的男性。前者年龄范围是典型的研究生健康保险项目，但超过了可包含在父母员工保险的年龄范围；后者适用的年龄范围则是个人可能考虑成为自由职业，或在获得医疗救助资格之前，开始第二职业的人。他们代表了最有可能购买个人保险的两个年龄段。

假设依据第2章的保险理论，表19.5中选定的保险计划包含了高额损失。所有计划都有2 500美元的个人免赔额，尽管网站上提供的许多计划都有更高的免赔额。细则表明它们不包括产妇护理。该保险产品——联合健康一号自付选择2500计划（United Healthcare One Copay Select 2500 Plan）仅作为基准，因为它在所选择的大多数市场中都可用。更便宜的计划通常具有更高的免赔额和更贵的价格。对网站上提供的计划进行临时抽查的结果表明，这些计划大多来自优先医疗提供组织（PPO）或供应商网络。值得注意的是，这个网站在几个州并未提供保险计划，尤其是在东北地区。这可能是因为这几个州的保险法对互联网销售、核保条款或保费设置有一定的限制（当然，可以想象，也可能是由于其他原因，例如与该网站相关的计划根本没有在这些州开展业务）。

表19.5　　2012年个人保险项目的每月保费示例

城市	邮政编码	保费（美元）	计划（产品）
出生于1985年且居住于以下城市不吸烟的女性			
巴尔的摩，马里兰州	21210	102.89	联合健康一号自付选择价值-2 500
伯明翰市，亚拉巴马州	35206	111.11	联合健康一号自付选择价值-2 500
大学城，得克萨斯州	77845	150.72	联合健康一号自付选择价值-2 500
埃文斯顿，伊利诺伊州	60208	134.29	联合健康一号自付选择价值-2 500
爱荷华市，爱荷华州	52240	126.24	联合健康一号自付选择价值-2 500
圣地亚哥，加利福尼亚州	92109	183.00	安泰管理式医疗选择开放可及价值2 500（Aetna Managed Choice Open Access Value 2 500）
西雅图，华盛顿州	98105	143.00	雷让斯蓝盾改进医疗2 500（Regence Blue Shield Evolve Care 2 500）
出生于1955年且居住于以下城市的不吸烟男性			
巴尔的摩，马里兰州	21210	273.78	联合健康一号自付选择价值-2 500
伯明翰市，亚拉巴马州	35206	297.00	联合健康一号自付选择价值-2 500
大学城，得克萨斯州	77845	404.00	联合健康一号自付选择价值-2 500
埃文斯顿，伊利诺伊州	60208	360.39	联合健康一号自付选择价值-2 500
爱荷华市，爱荷华州	52240	338.39	联合健康一号自付选择价值-2 500
圣地亚哥，加利福尼亚州	92109	334.00	安泰管理医疗选择开放可及价值2 500
西雅图，华盛顿州	98105	390.00	雷让斯蓝盾改进医疗2 500

注：联合健康一号自付选择价值-2 500是一项PPO网络计划。它的年免赔额为2 500美元，住院治疗费用可从中扣除，并有30%的共保比例。前四次医生和专家的问诊费用需要35美元的自付额，随后的治疗费用要遵循免赔额和30%的共保比例规则。每年的总自费支出上限是5 000美元，不包括免赔额，只报销非专利药品且不包括妇产科保险。圣地亚哥或西雅图没有该计划；上述保险计划均有类似特征。

资料来源：eHealthInsurance.com网站。

在我们的例子中，女研究生通常每月为获得保险约需支付135美元。年长的男性需要每月支付342美元。

Pauly、Herring和Song（2002a）进行的第一项研究——利用互联网中非团体保险的保费作为研究基础。他们对高风险和低风险个人的保费是否成离散分布（或按序排列），以及互联网的保费报价的离散程度和实际支付保费的离散程度是否存在差异感兴趣。更重要的是，他们也对人们究竟能否通过互联网节省个人保险费用感兴趣。

他们使用1996年和1997年的社区追踪研究——家庭调查，为研究提供有个人保险的参保人实际缴纳保费的数据。然后，他们使用保费预测的回归方程将这些保费拓展到2001年，并将互联网中列出的保费与前瞻的实际保费进行比较。互联网列出的保费来自eHealthInsurance. com，与用于编制表19.5的数据来源相同。在此数据源中，唯一的风险衡量标准是年龄——将18～44岁的人定义为“低风险”，将45～64岁的人定义为“高风险”。

Pauly、Herring和Song的第一个发现是，互联网“提供”价格在低风险和高风险人群之间的离散程度没有变化。然而，高风险人群的实际价格的分散程度较小，符合我们根据搜寻理论的猜想。高风险人群的索赔经验会更多，因此他们的保险费用会更高。这为他们寻求更低价格提供了更大的动力。对于高风险人群而言，实际价格的离散程度较小表明他们在确定产品之前进行了更多保险项目的查找。

Pauly、Herring和Song的第二个发现是，实际保费的敏感度低于互联网的保费报价。这也与搜寻理论一致，并暗示了更大的搜索努力（特别是高风险人群）会抵消部分预期的更高额医疗索赔费用。

最后，Pauly及其同事研究了人们是否可以通过互联网搜索健康保险来节省成本——他们的回答是，视情况而定。如果你将实际支付的价格与互联网上提供的中位数价格进行比较，平均而言，所有类型的个人都会通过互联网支付更高的价格。但是，人们通常不会搜索中位数价格——他们努力寻找低价。当研究比较后10%的报价（即，不是最低价格，但接近价格分布的底部）时，年轻人（即低风险个人）使用互联网支付的保费低于他们实际支付的保费。然而，风险较高的人通过互联网支付的保费仍然高于传统的搜索方式而支付的实际费用。因此，有证据表明，年轻的购买者并未积极地进行传统的搜索，而是从互联网搜索中获得更多报价。他们得出结论：“简而言之，可以通过使用互联网来节省资金，但是并不能完全保证”（Pauly和Song，2002a，18）。

个人保险市场的税收抵免

预计ACA将通过个人保险的强制投保规定和扩大医疗救助资格来提高个人保

险比例。解决未参保问题的另一种方法是提供所得税抵免。目前，那些拥有员工保险的人可以将他们的健康保险视为免税收入。在某些情况下，具有个人保险的人可以扣除部分保费。一些政策倡导者建议为购买健康保险的人提供可退还的所得税抵免。员工保险的税前减免额的价值多体现在较高边际税率的人群，而税收抵免则是以固定的税收补贴来定义的。因此一些支持者建议将1 000美元作为税收抵免额度，这意味着你可以在个人健康保险上花费尽可能多的钱，但每购买1美元的保险，你的联邦所得税将减少1美元，最高为1 000美元。可退还的抵免是一种即使你的税负少于1 000美元，但仍会从支付的保费中抵免。根据该计划，任何购买保险费等于或低于1 000美元的保单，税后调整额或净保费均为零。

Pauly、Herring和Song（2002b）估计了在这种计划下购买保险的数量。他们再次使用1996年至1997年的社区追踪研究——家庭调查来描述保险购买者可能具有的特征。社区追踪研究中近6 100人没有健康保险，并提供每人的年龄、性别，邮政编码和吸烟状况的信息。在2001年，Pauly、Herring和Song使用eHealthInsurance.com网站，向具有这些特征的人们提供保费报价。问题是，如果他们有1 000美元可退还的税收抵免额，那么有多少没有保险的人会购买基本保险。该研究将基本保单定义为免赔额为1 000美元或更低额度，该网站允许他们为每个人获得的保险进行保费报价。

Pauly及其同事认为，如果个人可以获得零净价（保费减去税收抵免）的保险，则应将其视为已获得保险。显然，研究人员可以通过将每个观察结果与网站上最便宜的基本计划进行对比，获得保险人数的高估计值。然而，这是相当不切实际的，因为最低成本计划可能并不适用。因此作为替代研究，研究团队确定了每个人的免赔额为1 000美元或更低的各种保费额度，并使用第25百分位的保费作为相关价格。对于某些人来说，其第25百分位的保费相对较低；对于其他人来说，保费较高。关于第25百分位保费分布的各点在表19.6中列出。例如，最便宜的10%的人的（第25百分位）保费为683美元或更低，他们的净保费则为零，他们被视为购买保险。从表中可以清楚地看出，至少25%的未参保人员将获得净保费为零的保险。事实上，百分位从25至50之间的部分人群实际上也是零净价。

当然，通过税收抵免，即使那些必须支付保费的人也可获得补贴。我们预计至少其中一些人会购买这种有补贴的保险，购买数量的多少取决于个人保险的需求弹性。表19.7中为Pauly、Herring和Song得到的保守估计结果，列出了在各种保险假设下投保率的估计值。第一行反映了表19.6的假设：1 000美元免赔额的保单和提供的保费报价的第25百分位数，这意味着56%的未参保人将根据该方案获得基本保险。如果我们假设人们会购买价格较低的保单——在他们在网站上找到优惠的第10个百分位数，那么会有更多的无保险人参与保险，在这种情况下，62%的人参保。最后，如果我们假设只有更高保障水平的保险项目是合适的，表 19.7 的最后一行表明，在 2001 年，如果免赔额不超过 250 美元，21% 的无保险人可能会获得 1 000 美元税收抵免的健康保险。

表 19.6　2001 年无保险人在 1 000 美元的税收抵免下的中位数保费分布　单位：美元

分布	网络保费报价	净价
第 10 百分位	683	0
第 25 百分位	873	0
第 50 百分位	1 252	252
第 75 百分位	1 995	995
第 90 百分位	2 952	1 952

资料来源：Pauly、Herring 和 Song（2002b）。

表 19.7　2001 年无保险人在 1 000 美元的税收抵免下投保率模拟结果

保费估计	投保率
网络保费，第 25 百分位——1 000 美元免赔额计划	56%
网络保费，第 10 百分位——1 000 美元免赔额计划	62%
网络保费，第 25 百分位——250 美元免赔额计划	21%

数据来源：Pauly、Herring 和 Song（2002b）。

当然，在税收抵免提案中还有其他问题需要考虑。首先是员工保险项目的“挤出”效应。如果税收抵免被添加到现有税收规则中，那么员工保险中的一些人将放弃该保险并通过税收抵免获得个人保险，进而员工保险将被挤出。正如一些人提出的那样，我们可以用税收抵免取代员工保险的税前扣除额。或者，我们可以限制低收入个人和家庭的税收抵免资格，以限制这种挤出。

此外，Hadley 和 Reschovsky（2003）提出了可能存在的问题——这种税收抵免只会吸引更年轻、更健康的无保险人。正如在本章前面研究中他们发现，健康状况较差和一般的人所面临的保费分别比健康状况极好的人大约高出 45% 和 15%。令人担忧的是，这些人会发现税收补贴太小而无法购买有效保险，因此拒绝购买任何有税收补贴的保险。这导致一些人建议，任何税收抵免都应该进行风险调整。

关于非团体市场，还有哪些是我们不知道的

对于个人保险市场以及它在未来可能发挥的巨大作用，人们对此知之甚少。Pauly 和 Nichols（2002）总结了一系列关于这个市场尚待解决的问题。第一个问题是非团体市场的运作情况。有些人会从现有证据入手，并根据个人偏好和风险状况观察一系列的保险项目及投保人的选择。其他人认为，非团体市场中，高风险人群

无法购买保险，或相对于其收入和其他人的保费而言，只能以更高的价格购买保险。

第二个问题是，如果大量的人由于 ACA 健康保险交易所、税收抵免或税收政策变化影响员工保险项目而进入市场，将会发生什么情况。据推测，这种需求的增加将导致更低的附加保费和更大众市场化的产品。Pauly 和 Nichols 指出，汽车保险的大规模营销导致附加保费下降了三分之一。未来这也可以在个人健康保险市场中发生。

本章小结

- 目前，美国个人或非团体健康保险市场占 65 岁以下人口的 7%。对这一部分个人保险市场的研究很少。
- 个人健康保险市场是异质多样的。大多数有个人保险的人往往倾向于加入劳动力队伍；其中许多是年长的和自雇人士。这些人经常投保了很长时间。其他人则从购买员工保险转出为个人保险，或从个人保险转入员工保险。还有一些人是在没有保险的过渡期间购买个人保险。
- 大多数州的个人健康保险市场由少数大型保险公司占据，通常包括蓝十字和蓝盾保险公司。最小的 50% 的保险公司通常仅占低于 10% 的个人保险市场。
- 尽管证据薄弱，但确实表明个人市场存在价格敏感度；保费弹性约为 -0.1。
- 个人保险计划的附加保费通常是团体保险的 3 倍。但是，保险项目的特性、各种核保因素以及既往症条款的使用程度似乎存在很大差异。与小团体市场相比，个人保险市场似乎外部监管更弱。
- 互联网已成为非团体市场中保费和保障内容的重要信息来源。早期证据表明，一些人——尤其是健康的年轻人——可以从互联网搜索中获益。
- ACA 的出现预示着个人健康保险市场将发挥重要作用，因为需满足个人保险的强制购买要求。这种扩张对个人保险市场组织和运作的影响尚未确定。

问题讨论

1. 访问 eHealthInsurance. com 等网站，并以你当前的邮政编码为自己获取保费报价。在没有其他费用分摊的情况下，你的 5 000 美元免赔额保单的保费是多少？如果你没有员工保险，你是否会认为此保费和保障内容具有吸引力？具有 3 000 美元免赔额的保单是否会更具吸引力？与一个有 250 美元的免赔额和 20% 的共保比例的项目相比呢？为什么？

2. 请注意 eHealthInsurance. com 上提供的众多符合 HSA 资格的计划。我们在第 17 章中对健康储蓄账户（HSAs）的讨论表明，它们在个人保险市场中可能特别具有吸引力。为什么会这样？个人保险市场的哪个环节可能认为 HSA 最具吸引力？

3. ACA 的强制保险规定将于 2014 年实施。假设这会导致大量人口涌入个人保险市场。忽略保险交易所的直接影响（我们将在第 22 章讨论），但是由于需求增加（如果有的话），你希望在这个市场中看到哪种变化？

延伸阅读

［1］Hadley, J. , and J. D. Reschovsky. 2003. "Health and the Cost of Non - group Insurance." *Inquiry* 40 (3): 235 - 53.

［2］Heim, B. T. , and I. Z. Lurie. 2009. "Do Increased Premium Subsidies Affect How Much Health Insurance Is Purchased? Evidence from the Self - Employed." *Journal of Health Econonics* 28: 1197 - 1210.

［3］Ziller, E. C. , A. F. Coburn, R. T. D. McBride, and C. Andrews. 2004. "Patterns of Individual Health Insurance Coverage, 1996 - 2000." *Health Affairs* 23 (6): 210 - 21.

第 20 章　健康保险监管

本章介绍了美国健康保险行业监管的范围和性质，并综述了监管对健康保险条款和成本影响。此外，它还介绍了一些近期研究成果，是关于特殊监管规则对医疗服务使用的影响。

在联邦层面，主要有关保险的立法包括：

- 1945 年通过《麦卡伦—弗格森法》（*McCarran – Ferguson Act*），该法明确规定了各州的保险监管权，并将有限的联邦反垄断豁免权授予“保险业务”。
- 1954 年通过《国内税收法》（*Internal Revenue Code*）修正案，将员工健康保险排除在联邦纳税收入定义之外。
- 1974 年通过《雇员退休收入保障法》（*Employee Retirement Income Security Act*，ERISA），免除了自我保险雇主受州健康保险法律的约束。
- 1986 年通过《综合多项预算调节法》（*Consolidated Omnibus Budget Reconciliation Act*，COBRA），规定为离职的大多数人继续提供保险。

其他几个相关的联邦法则是针对强制保障的规定。[①] 其中最值得注意的是 1996 年《健康保险携带与责任法》（*Health Insurance Portability and Accountability Act*，HIPAA），它限制了个人从一个工作岗位转到另一个岗位的保险等待期。《患者保护和平价医疗法》（*Patient Protection and Affordable Care Act*，ACA）也规定了保险相关条款，它限制了可用于核保的因素，确立了医疗赔付率的计算规则，并定义了基本健康保障标准等，详见第 3 章。在此，我们将只讨论 ACA 与现有监管条例之间的相互作用。

在各州有大量的保险监管规则。平价医疗保险委员会（Council for Affordable Health Insurance，2012）报告称，在 2010 年底，共计 2 156 项州保险法规对保险项

---

① 译者注：本章频繁使用保险（或称保障）的强制规定（Benefit Mandates）一词，不是指强制保险，强制保险是指国家要求国民必须参加的保险项目，在美国如社会保障项目（Social Security）和医疗照顾计划（Medicare）等。本章所称的保险的强制规定是指联邦或州通过立法要求保险提供者必须在保险条款中提供的保障项目、条款，以及必须采用的定价和赔付标准等。换而言之，保险人不能出于自身利益，限制保单的保险责任，这相当于对保险消费者的一种保护，也是鼓励民众投保的一种方式。

目的服务类型、供应商和人群分类进行了强制规定。此外，还有法律限制核保条款和提供商网络的组成等。各州还对保险公司收取的保费进行征税。与这些法律有关的关键问题是，它们是否对保障范围和医疗成本产生影响。

健康保险的联邦监管

各州一直对保险监管负主要责任。回想一下第1章我们所讨论的为蓝十字计划制定的州授权法，该法最初与州保险法相悖。这种观点在1944年受到质疑，当时最高法院在“美国政府诉东南承保人协会”一案中裁定，保险是跨州的商业活动，因此受联邦监管。1945年的《麦卡伦—弗格森法》（*McCarran - Ferguson Act*）颁布，重新确立了州的首要地位。它澄清了各州对保险公司征税、注册和监管的权力，而不论保险公司成立注册的情况如何，并且还赋予州政府允许保险公司可以参与合作互助保险的费率制定（FTC和DOJ，2004）。此外，只要各州对这些活动作出规定，则明确豁免其“保险业务”不受联邦反垄断法的约束。

最后一项豁免的理由是，保险公司需要相当大量的数据来确定索赔额的分布，并以此确定保费不会因少数被保险人的经验而导致大幅波动。多年来，人们一直对《麦卡伦—弗格森法》的废除或修改抱有极大兴趣，期望以反垄断法取而代之，行使监督的职责。但大部分注意力都集中在责任保险市场和寿险市场。Patricia Danzon（1983）认为，即使在这些领域，市场也相对容易进出，因此进行反垄断的意义并不大。在健康保险市场，自我保险雇主没有受到来自各州监管限制，而其进入市场的能力表明，他们更加容易进入市场，而且对于健康保险公司提升保费高于竞争市场水平的限制更多。[①] 但是，请回顾一下第12章中关于保险公司市场支配力的文献，我们发现保险市场或多或少存在市场支配力。

1954年对《国内税收法》的修订包括第二版中涉及健康保险的主要联邦法律。如第14章所述，这些法规有效地编纂和澄清了国税局多年来作出的特殊裁决，即通过雇主提供的健康保险免于联邦个人收入和社会保障税（以及之后的医疗照顾）。这项立法为人们通过雇主购买健康保险提供了更大的激励，并且由于隐性税收补贴的存在，而激励他们购买保障更广泛和更深入的保险。

关于健康保险的第三项重要联邦法律是1974年的《雇员退休收入保障法》（ERISA）。该法律主要侧重于鼓励雇主提供确定给付型养老金，并建立养老金福利

---

① 关于《麦卡伦—弗格森法》改革所引起问题的最近讨论，请参见参议院司法委员会2006年6月的听证会（http://judiciary.senate.gov/hearing.cfm? id=1952）。

担保公司，为确定给付型养老金提供联邦保险。[①] 关于健康保险，ERISA 普遍优先于州法律，对自我保险的健康保险计划建立专属于联邦的监管模式："ERISA 明确允许各州继续执行所有规范保险业务的州法律，但禁止各州宣布 ERISA 所涵盖的员工福利计划是保险公司或从事保险业务。"（FTC 和 DOJ，2004）

因此，自我保险计划免于州保险强制规定、保费税和其他监管。

ERISA 的目的似乎是使在几个州经营的大型雇主免于监管政策的相互冲突和重叠。正如我们在第 6 章中看到的那样，自我保险计划在概念上与回顾性经验费率计划没有什么不同，但不受州保险监管的约束，而且它们现在非常普遍。现有研究估计表明，至少有一半的参保人员处于自我保险计划中（见第 6 章，图 6.1）。在本章后半部分，我们将讨论 ERISA 对州保险法规产生的更广泛影响。

保险强制规定是一种要求保险公司在法律管辖范围内出售任何保险时必须提供特定保障的法律。1979 年的《反怀孕歧视法》（*Pregnancy Discrimination Act*）是首批联邦保险强制法令之一。它规定，因怀孕而无法工作的妇女有权享受残疾津贴或病假，其保障权利与因其他医疗原因而无法工作的雇员相同。此外，在工作中提供的任何健康保险必须包括与怀孕条件相关的费用开支，就像它涵盖其他医疗条件的费用开支一样。雇员人数少于 15 人的公司可以免于该项法规定，理由是这会引起增加保险成本，尤其可能导致小公司放弃为雇员提供保险。

在 ACA 之前，最重要的联邦保险强制规定是作为 1986 年《综合多项预算调节法》（COBRA）的一部分颁布的。COBRA 允许合格的个人通过前雇主继续获得最多 18 ~ 36 个月的健康保险。合格的受益人必须全额支付每月保费的 102%。如果员工自愿离职，或因除严重不当行为以外其他非自愿原因而解雇，则员工通常最多可享受 18 个月的保障。如果雇员如前所述被解雇，则雇员的配偶或家属也有资格获得 18 个月的保险，但如果雇员的医疗照顾计划、离婚、合法分居或死亡导致配偶或家属丧失了员工保险，则有资格获得 36 个月的保险。此外，如果受抚养子女不再符合员工保单中受抚养子女条款，也可以将其包含在内。通常情况下，符合条件的个人在雇主通知后有 60 天的时间选择保险项目。员工人数少于 20 人的公司可以免于该项法规定（详见美国劳工部，2012）。

当个人财务状况恶化时，通常会获得 COBRA 资格，保险费是法律规定的全额保险费的 102%，并且按照规定，按税后美元支付。因此，正如你可能预期的那样，COBRA 保险受到很大的逆向选择的影响。图 20.1 显示，从 1994 年到 2004 年，COBRA 索赔经验从未低于在职工人的 145%。医疗福利（2005a）报告称，2004

① 译者注：该保险类似于银行向政府投保的存款保险，确保当管理养老金的保险公司出现资不抵债、宣告破产时，由政府用专项基金弥补被保险人的损失。

年，有资格获得 COBRA 保险的人中有 20.4% 选择行使其权利。平均而言，有资格获得 18 个月保险的人购买的保障期为 9.6 个月，而符合 36 个月购买保险条件的人购买保险的保障期则为 17.6 个月。

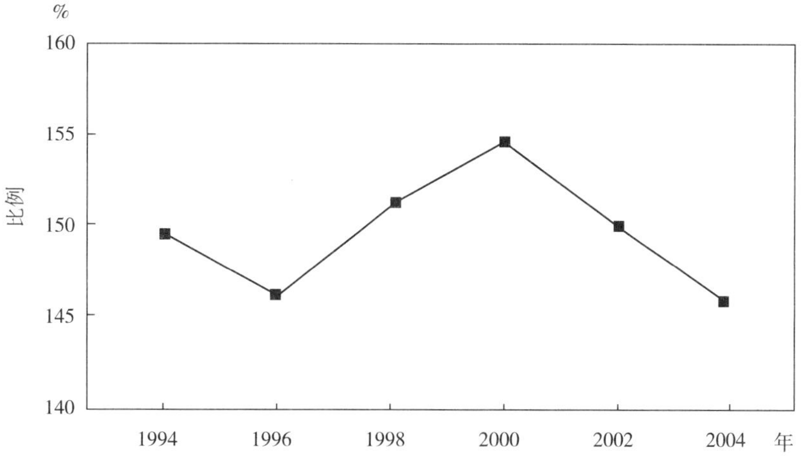

资料来源：医疗福利（2005a）数据。

图 20.1　COBRA 平均索赔占在职员工平均索赔的百分比

1996 年，国会颁布了几项联邦强制福利法令。《健康保险携带与责任法》（HIPAA）是最为人所熟知的。它要求对既存病症的等待期限制在 12 个月之内。此外，它要求新员工通过前雇主持续获得保险。因此，如果你拥有前雇主的员工保险，例如 8 个月，然后立即转移到一个有 12 个月等待期的新员工保险中，那么前雇主的保险计划的 8 个月将继续有效，用以满足 12 个月的等待要求。还值得注意的是，怀孕不是 HIPAA 的既存病症，如果在 30 天内被保险，新生儿不受既存病症的约束。立法的理由是它可以防止“工作锁定”，也就是说，它防止人们因担心他们或他们的家属将失去所需的健康保险，而不得不从事不开心的工作。

HIPAA 不太可能对保险项目的获取产生太大影响。到 1996 年 HIPAA 颁布时，约有 45 个州已经制定了自己的立法，以限制保险公司利用既存病症的程度。这些法律通常适用于规模太小而不能在 ERISA 下进行自我保险的公司。然而，即使在小公司中，很少人的等待期受到 12 个月的限制。1993 年，只有 3% 小雇主提供的传统计划和 4% 的优先医疗提供组织（PPO）中具有 12 个月或更长时间的既存病症等待期（Jensen 和 Morrisey，1999b）。

1996 年的《精神健康平复法》（*The Mental Health Parity Act*）要求精神治疗保障的年度或终身费用的限额不低于其参与的健康保险。但是，允许保险计划对注册人数设置不同的限制。例如，只有少于 50 名工人的小雇主可以免于该项条款，如果能够证明他们的健康保险费增加至少 1%，则更大的雇主也可以不受该条款限制。该法律于2008年拓展为《精神健康平复与成瘾公平法》（*the Mental Health Parity and Addiction Equity Act*）。例如，延期还要求自付费用和共保比例必须与健康保险相同。

1996年《新生儿和母亲健康保护法》（*Newborns' and Mothers' Health Protection Act*）要求保险计划允许分娩和剖腹产的住院时间至少48小时和至少96小时。虽然缺乏对联邦法律的研究，但Webb及其同事最近的一项研究（2001）调查了1996年7月颁布的费城地方法律的影响。他们研究发现，与立法前12个月数据相比，立法后12个月顺产的住院时间中位数从35小时增加到47小时。这些产妇的护理费用中位数增加了1 063美元。

最后，《妇女健康和癌症权利法案》（*Women's Health and Cancer Rights Act*）于1988年颁布。它要求如果健康保险计划覆盖乳房切除术，它还必须覆盖乳房重建手术。

除了当时远远超出州法规规定的COBRA立法之外，大多数联邦法令都倾向于模仿现有的州法律。

健康保险的州监管

各州对健康保险计划实施了很多监管规定。当然，首先是有足够的偿付能力和准备金的要求，也是州对所有人寿和财产保险公司的普遍要求。这些法律旨在确保保险公司拥有必要的资金来支付索赔，这些索赔通常发生于人寿和责任保险公司收取保险费之后的几年内。许多州要求保险费率在使用之前须向本州保险监管官提交费率草案，有几个州要求这些保险费率在实施前需得到批准。此外，许多州对在本州收取的保费征收1%～3%的保费税（见表20.2）。

表20.2　　2006年部分州国内保费税率

州	税率（%）	州	税率（%）
亚拉巴马州	1.60	马萨诸塞州	2.00
加利福尼亚州	2.35	明尼苏达州	2.00
科罗拉多州	1.00	密西西比州	3.00
康涅狄格州	1.75	纽约州	1.50
佛罗里达州	1.75	俄亥俄州	1.00
佐治亚州	2.25	得克萨斯州	1.75
马里兰州	2.00	弗吉尼亚州	2.25

注：几乎每个州都对州外保险公司征收了所谓的报复性税收。根据定义，州外保险公司的总部设在另一个州。如果×州对州外保险公司征收的税率高于对州内保险公司的税率，那么其他州则对其进行报复，评估的税率等于×州在那些州经营业务的保险公司的较高税率。

资料来源：网络调查。

各州在健康保险的监管方面较为积极。它们颁布了强制保障和强制保障选择法的有关规定。它们执行了一系列业务的强制规定，并征收额外税收以保障州高风险人群。强制保障法要求，如果公司在州内销售健康保险，则必须包括特定类别的服务、供应商和被保险者。强制保障选择法要求保险公司必须为其客户提供购买特定保险的选择权。业务强制规定（Line－of－business mandates）适用于特定类型的保险。例如，它们可能要求管理式医疗计划，在其服务网络中必须包含特定类别的供应商，或者它们可以指定必须在小团体或个人保险市场中使用的核保规则。最后，州政府可以为高风险个人提供保险，并评估州保险公司向州政府缴纳的税收，以支付部分高风险保障计划的费用。

自 20 世纪 70 年代中期以来，各州强制规定的数量急剧增加。Jensen 和 Morrisey（1999）报告表明，至 1996 年，适用于蓝十字/蓝盾计划的此类法令大约有 860 条。图 20. 3 显示了 1949 年至 2002 年期间各州强制规定的趋势。然而，虽然这一数字报告了适用于所有运营商的法令，但它只包括那些涵盖服务和供应商的条款，而不包括那些将保险项目扩大到个人群体的法律。最全面的州强制规定清单可能是平价健康保险理事会（2012）所报告的，截至 2010 年底，各州已颁布了约 2 156项强制保险规定。

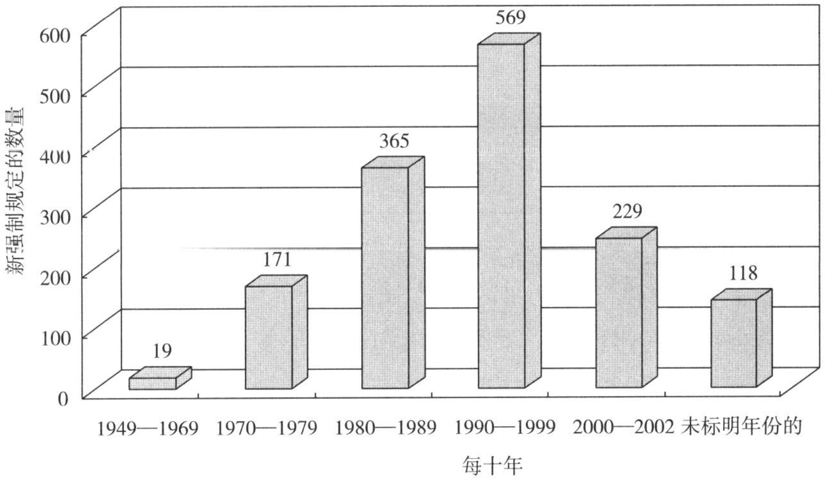

注：该汇编排除了适用于特定人群的强制规定。

资料来源：Laugesen 等（2006）。

图 20. 3　十年间新的州保险强制规定的数量

表 20. 4 显示了最常见的强制规定，其中包括服务规定，如产假、乳房 X 线摄影筛查和糖尿病用品，以及服务提供者的相关规定，如包含了脊椎按摩师、验光师

和心理医生的保险项目。最后，有一些强制规定将保险项目扩大到特定的个人群体，如新生儿和残疾家属。最新的强制规定是保险项目延展至未满25周岁（在新墨西哥州）和30岁（在新泽西州）的未婚家属或全日制学生。许多读者可能会觉得这些法律有时被称为“懒人规定”（slacker mandates）。当然，懒人规定已被写入ACA，并要求团体保险计划根据父母的保险条款覆盖其家属，直至家属26岁。

表20.4　　2000年最普遍的健康保险强制保障规定

保障规定	实施该规定的州的数量
新生儿	51
乳腺临床筛检	50
产假最低期限	50
乳房重建术	50
心理健康平复	48
糖尿病用品	47
酗酒/滥用药物	46
雇员续约	46
急诊科服务	45
持续性受抚养人	45
脊椎按摩	44
心理咨询	44
收养儿童	44
残障的成年受抚养人	42
转变为非团体保险	41
验光师	41

注：包括哥伦比亚地区。

资料来源：平价健康保险委员会（Council for Affordable Health Insurance）（2012）。

这些法律的颁布因州而异。罗得岛州和弗吉尼亚州所颁布的强制规定最多，2010年两州分别拥有70条强制规定。爱达荷州和亚拉巴马州的数量最少，分别为13条和19条。

为何各州强制保险规定如此盛行？

各州选择颁布强制规定，主要出于以下三个经济原因。首先是消费者及其雇主代理人缺乏专业知识。虽然特定的服务提供了很多的保障，总体而言物有所值，但是潜在的消费者缺乏这方面的知识，而且他们掌握这些知识需耗费大量成本。因此，他们只需要知道，强制规定能给消费者提供自己本来打算购买的保险。很少有证据支持这种观点。

其次是伴随着巨大成本差异的严重逆向选择。许多人重视强制规定所提供的保障，即使他们可能不会使用它。但是，一旦使用，则会广泛地使用。如果只有一家公司提供了这项保障，那么它会被实际使用该服务的人淹没，而且保费会被提升很高，以至于那些不太可能使用该保险的人，很少会去购买（如果有的话）。但是，如果成本分散在所有愿意购买的人身上（那些可能和那些不太可能使用保险的人），那么即使是不太可能的参保人也会愿意支付额外的保费。强制规定则可达到这一目的。这一论点是健康保险市场失灵的经典论证，并由 Rothschild 和 Stiglitz（1976）正式确定。然而，在这里，也几乎没有经验证据足以解释高成本的逆向选择使各州保险相关的强制规定如此盛行的现象。

最后是与州法律的政治经济学有关。通常，作为消费者，我们对州立法机构可能考虑的所有法律都有兴趣。但是，建议和影响立法机关的成本相对较高。因此，对于大多数拟议的立法，我们理性地不去干预。相反，如果一项法律会大大增强或损害我们的生计，我们发现采取更积极的行动是值得的。这是 Stigler（1971）等提出的公共选择立法观。他们认为，立法的相关支持者和反对者往往是潜在的获利或损失足以让他们组织起来支持或反对立法。参见 Jensen 和 Morrisey（1999a）对州保险法制定的实证文献综述。

他们的论点是，各种医疗服务供应商倾向于支持增加对其服务需求的强制规定。但保险公司反对这些强制规定，因为当保险成本上升（并且有越来越多的业务转为自我保险的风险时），保险公司面临保险需求的下降，作为雇员代理人的雇主也会表示反对。在20世纪70年代中期之后，州保险规定越来越多的一个原因可能是 ERISA。该法律从州保险法中豁免了自我保险雇主的责任。因此，在1974年提出规定之前，支持者和反对者向立法机构陈述了各自的理由，平衡了两个群体的观点。在 ERISA 之后，更大的自我保险雇主不再受到影响，因此，不会在保险法令上浪费政治资本，图20.1中表明强制规定显著增加。

许多州已经开始关注各自强制规定的增长，并为制定州强制保障法令发布之前的预审或之后的复审程序采取相应举措。Bellows、Halpin 和 McMenamin（2006）的报告表明，截至2004年9月，已有26个州建立了正式的审查程序。但是，到目前为止，没有任何证据证明这些程序影响了州保险强制规定的颁布。

强制规定的经济学

强制规定的目的是增加特定条款所覆盖的人数。因此，第一个问题是强制法令是否实际扩大了保险的覆盖范围。该问题的答案尚不明确，因为劳动力/健康保险市场可以通过多种方式进行调整。其中的一个极端对象是不受影响的大型雇主，因为他们是在 ERISA 下进行自我保险。另一些公司可能会从购买保险转为自我保险，以避免特别昂贵的强制规定带来的后果。另一个极端对象是小雇主，他们可以免于特定的保险强制法令的约束，或者可利用其特质免于基础法律，这些法律将他们排除在本州的所有或大部分保险法令之外（见第 18 章）。在二者之间是受到影响的雇主团体。他们可以通过强制规定购买保险，并通过薪酬差别将成本转嫁给员工。员工可以单独选择拒绝保险项目，或者雇主可能由于现在的高额保费，完全放弃该保险项目。此外，还有一个问题，即各州是否实际执行了保险的强制规定。让情况更加复杂的是，强制施行的保险项目可能仅仅反映了该州大多数人已经拥有的保险保障。如果是这样，强制规定的颁布可能仅仅反映了该州州民对现有保险项目的偏爱，而不是实际上促使该州州民使用一些新的保险项目。

强制规定与保险程度

似乎没有严谨的研究可以表明，有多少新人可能（或不可能）被特定的保险强制规定覆盖。但是，现有文献可使我们开始对规定所包含的潜在人数增加进行分类研究。

首先，州强制法令不适用于联邦保险计划。因此，约 12% 的美国常住人口为 65 岁以上并由医疗照顾计划承保的人，他们不受影响。医疗救助和其他联邦计划（如美国退伍军人事务部）所涵盖的人员也不会受到影响。总体而言，2011 年，医疗救助计划和其他联邦计划约占 65 岁以下美国人口的 24%（见表 20.5）。

表 20.5　　美国不受州保险强制规定影响的 65 岁以下人口比例

保险种类	人口比例（%）
医疗救助	17.6
其他公共保险项目	6.6
无保险人	18.0
参加自我保险	35.0
共计	77.2

资料来源：Fronstin（2012）、KFF 和 HRET（2012）。

其次，65 岁以下的人中有 18% 没有保险，并且不受州保险强制规定的影响。

再次，那些由雇主发起建立的自我保险计划所覆盖的雇员及其受抚养人也不受州保险强制规定的约束。来自 KFF 和 HRET 雇主健康福利调查（2012）的数据显示，60% 的参保雇员处于自我保险计划中。因为 65 岁以下的人中有 58.4% 是由雇主发起建立的计划所涵盖的，这意味着大约 35% 的人不受影响。

最后，对于州保险强制法令是否实际执行存在一些担忧。Jensen、

Roychoudhury 和 Cherkin（1998）研究了脊椎按摩治疗保险强制规定的影响，并发现 17% 的州脊椎按摩治疗保险项目的被保险人，如果不是强制规定，他们将没有此项保障。

政府保险的范围、无保险者的数量和自保人数将因州而异，但这些数据表明，65 岁以下的人中约有三分之二将不受某项强制规定的影响。在剩下的三分之一中，许多人可能（或不可能）已经有了保险。

员工保险计划因州强制规定而转为自我保险的概率

少数几个研究调查了一个公司（或者更恰当地说是一个员工保险计划）转为自我保险的条件。有关效果的证据是复杂的，取决于研究的时期。Jensen、Cotter 和 Morrisey（1995）使用 20 世纪 80 年代早期和中期的数据来研究公司自我保险的可能性。早期的数据显示，最初的倡导自我保险的动机在某种程度上是出于避免州监管。作为一个群体，州政府的强制规定和保费税足以解释 1981 年至 1984 年 68.5% 从购买保险转为自我保险的情况。有关精神健康保障和州持续保险保障的强制规定，与更高的自我保险概率有关。但是，这些法律在 1984 年至 1987 年没有任何效果。Garfinkel（1995）使用了 1989 年的数据并发现了抵消效应。滥用酒精治疗的强制保险规定增加了自我保险的概率，但精神健康保险项目的强制规定降低了此概率。Park（1999）调查了 1994 年的数据，发现州监管因素没有影响。最后，Jensen、Morrisey 和 Gabel（2003）使用 1993 年至 1999 年的数据发现：强制规定对于公司由传统保险计划、PPO、健康维护组织（HMO）或记点服务计划（POS）转为自我保险的概率，没有统计学意义上的显著影响。相反，自我保险的决定似乎避免与州法律相悖有关。

人们普遍关注的是，ACA 将引导具有相对较低理赔经验的小雇主转为自我保险状态（附有止损条件），以避免被纳入健康保险交易所的风险池（Hall，2012）。Cordova 及其同事（2013）使用模拟方法并得出结论，小团体市场确实可以看到自我保险的大幅转变，但前提是各州允许购买止损的门槛相对较低。

州强制规定对保险费的影响

强制规定对保险费的影响也不容易确定，可能存在以下问题：（1）当对那些本来不会购买保险的人施加强制规定时，保费会增加（或减少）多少？（2）那些本来就会购买保险的人的保费高出（或低于）多少？接下来我们将简单地比较有无保险的人的保费逆向选择问题。

健康保险强制规定的许多成本分析都是精算研究。这些研究引用医疗服务可能的索赔经验（如脊椎按摩治疗）来大致描绘其分布。对于本没有提供此类保障的公司而言，每个职工的预期索赔实质是保障的额外费用。Bunce 和 Wieske（2010）在他们报告中为每项强制规定提供了精算成本范围。例如，精神健康平复条款会使保费增加 5% ~10%，体外受精条款增加 3% ~5%，酒精中毒和药物滥用治疗规定则会使保费增加 1% ~3%，大多数保险成本增加不到 1%。Kominski 及其同事在加利福尼亚州曾讨论。这些小范围的强制保险规定成本估计增加了 0.006% ~0.2%。由于以下两个原因，精算方法夸大了强制规定的成本。首先，新规定下使用的其他服务可能会抵消已经涵盖服务的使用。其次，员工可能愿意为强制规定的保险项目支付一些费用，实际上很多人在此之前已经有了该项保险。

Jensen 和 Morrisey（1990）指出，在雇主发起建立的传统保险方案中，一些服务经常被强制规定，这是保险昂贵的主要因素。化学依赖性保险与保费增加 9%、精神健康保险与保费增加 13% 有关。然而，这种分析无法解决保险计划中逆向选择的影响。Aces、Winterbottom 和 Zedlewski（1992）直接研究了强制规定的成本，发现在提供保险的公司中，在控制公司特征和保险的基本特征等变量之后，由于强制性规定，保费增加了 4% ~13%。

州强制规定对工资和保险决策的影响

如果保险强制规定确实提高了保险费，我们在第 14 章中讨论的薪酬差别理论表明，员工将以较低工资或减少其他形式报酬的形式支付保险费。职工支付健康保险费用的最有力证据来自 Gruber（1994b）的一项研究，在那些已经和未实施产假福利的州，他比较了强制规定前后，受影响和未受影响工人之间的工资差异。他的结论是，颁布强制规定的州工资水平较低，而且足以弥补保险项目的精算成本，这是员工支付强制性保障费用的有力证据。

如果强制规定使保费增加，那么一些个人和公司也可能选择完全放弃保险。Sloan 和 Conover（1998）使用美国统计局的当期人口普查数据对此问题进行了研究。他们发现，州有关服务的强制规定数量越多，个人没有保险的可能性就越大，成人没有保险的可能性随着每个强制规定的增加而增加 0.004 个百分点。Sloan 和 Conover 推断并将其应用于全国无保险率，并得出结论：取消所有州保险强制规定将使无保险人员的比例减少五分之一到四分之一。虽然对此推论应持有谨慎态度，但该结果与 Goodman 和 Musgrave（1987）的早期工作大体一致，该工作得出的结论是，取消州保险强制规定将使无保险人的比例减少 14%。然而，在一份工作文件中，Ma（2007）使用 1996 年至 2002 年的 CPS 更新了 Sloan 和 Conover 分析。他的重点是放在两套高成本的强制规定的备选方案，与早期的研究不同，他利用州和年份的双差分来控制保险的同期趋势和各州的系统差异。他发现强制规定对承保决策没有统计上的显著影响。

强制规定与雇主服务供给

衡量强制规定影响的另一种方法，则是研究员工保险计划在有无强制规定时的不同之处。因此，一些学者比较了有无强制规定的两种情形下，自我保险与购买计划的不同。

Morrisey 和 Jensen（1993）研究了 20 世纪 80 年代后期的酒精滥用、药物滥用和精神健康保险。他们得出的结论是，在有强制规定必须提供保障的州，自我保险的企业与购买保险计划的企业一样，都有可能提供这些福利。同样，在没有强制规定的州，自我保险的企业也会和购买保险计划的企业一样提供上述福利。然而，在没有强制规定的州，提供福利的总体概率较低。

20 世纪 90 年代中期的数据同样表明，在拥有脊椎按摩疗法或心理健康保险项目的州，进行自我保险的企业在计划中包含此类福利的可能性（或实际上更可能）与购买保险计划的企业一样（Jensen、Roychoudhury 和 Cherkin，1998；Jensen 等，1998）。在 1993 年的自我保险计划研究中，Aces 等（1996）发现自我保险计划提供的保险项目与购买保险计划中的保障项目几乎相同。对于这些发现主要有以下两方面的解释：一个是法律鼓励自我保险计划提供保障，即使他们没有被强制要求这样做；另一个原因可能是立法机构被鼓励颁布强制福利规定，因为该保险项目在州内已经很普遍。到目前为止，没有研究能够完全解释这种影响。然而，我们在讨论联邦强制福利时，国会倾向于制定在各州内已经普遍存在的法律。这也许是一个小小的飞跃，即我们也可以得出结论，州立法机构颁布了强制规定，因为保险项目在州内已普遍存在。

特殊强制规定的效果

在过去几年中，已经开展了一些针对特殊强制规定的研究。他们专注于对各州特殊强制规定进行细致的研究测算，通过采用双差分法（或有时是三差分法）或者工具变量来解释内生性，他们严谨地论证法律的实施不是随机的。就某项法令对保险项目的使用和结果的影响，这些研究尚未统一得出结论。然而，他们更加注重测量各项法令作用，并采用了更为复杂的计量方法。

例如，Bitler 和 Carpenter（2009）研究了一项关于乳房 X 光检查筛查的强制规定的影响。他们使用了 1987—2000 年行为风险因素监测调查（Behavioral Risk Factor Surveillance Survey，BRFSS）的个人层面数据，并得出结论：在研究期间内，强制规定可能导致了大约 7% 的两倍 X 光检查。这一结论源于一项三重差分分析，该分析比较了所在州是否有强制规定颁布，该法颁布前后，以及各个年龄段妇女中是否有处方建议参与乳房 X 光检查。

Baker 和 Chan（2007）研究了可直接就诊妇产科医生的强制规定的影响。这些法律允许妇女在未获得初级保健医生转诊的情况下接触这些专科医生。根据1988年至1998年的BRFSS数据以及所属州和年份的双差分分析，作者发现强制规定对接受乳房X光检查或宫颈涂片检查没有影响。结果表明，妇产科医生（OB/GYNs）[①] 比初级保健医生更有可能推荐这些服务，因此没有效果也不足为奇。

Klick和Stratmann（2007）使用1996年至2000年的BRFSS数据来调查有关糖尿病保险的强制规定的影响。他们还使用了三重差分模型（在法令颁布之前和之后，对于有无自我报告的糖尿病症状的人，是否执行过该项强制规定的州）。他们的假设是，强制规定的存在降低了治疗费用，因此变相地为个人提供了让健康状况恶化的动机。他们的结论是，在同一时期，相较于那些没有强制规定的州，有强制规定的州的糖尿病患者的体重指数（BMI）有所增加。他们还发现结果取决于使用三重差分方法。如果采用不太严格的统计模型，结果会显示这些强制保险规定降低了BMI。在强制保险规定对道德风险的影响的相关研究中，Klick和Stratmann（2006）研究了心理健康（包括药物滥用治疗）强制规定对该州人均啤酒消费的影响。他们的估计表明，强制规定的颁布与人均啤酒的额外消费有关。

在较少有争议的研究中，Sloan、Ratliff和Hall（2005）研究了各种患者保护法对患者对医生信赖度和各种服务使用的影响。这些法律的基本原理通常是担心管理式医疗计划会剥夺患者获得医疗服务的机会以降低医疗资源的利用率。研究团队使用了1996年至2001年来自22个城市的社区追踪调查结果，在州和年差异模型中他们发现，这些法律对患者信任度没有影响，同样对住院、门诊、门诊手术、心理健康就诊或专科就诊的使用率也没有影响，但增加了对急诊部门的利用率。

最后一个例子，Liu、Dow和Norton（2004）研究了所谓的出院法规（drive - by delivery laws）的影响。颁布这些条款是为了防止保险公司坚持要求妇女和新生儿在分娩后尽快出院。研究人员使用了1995年至1998年来自18个州的出院抽样数据。他们的双差分分析结果表明，这些法律规定顺产新生儿的住院时间延长了11%。当法律规定是由“母亲的决定”而不是指定“医生决定”时，效果更大。对于那些因ERISA而不受法律约束的患者，这种影响要小一些。

业务线的相关法律

小团体核保

除了强制的福利要求外，大多数州还颁布了旨在解决特殊保险业务问题的法

① 译者注：OB/GYNs是妇产科医生obstetrician - gynecologists的缩写。

律。其中最突出的是有关认可小团体市场核保程序的法律。我们在第 18 章对这些进行了调查。结果是，几乎没有证据表明法律影响了小团体市场的保险项目。但是，通常会出现逆向选择现象，从低成本群体保险市场向高成本群体转移。

任何自愿供应商和自由选择法

随着管理式医疗计划在 20 世纪 80 年代末的迅猛增长，许多州开始采用所谓的"任何自愿供应商"（Any Willing Provider，AWP）和"自由选择"（Freedom of Choice，FOC）法律。AWP 规定，法规所涵盖的管理式医疗计划必须允许任何愿意遵守供应商合同条款和符合条件的承保供应商进入医疗服务提供者网络。FOC 要求管理式医疗允许其参保人走出其供应商团体之外，并使用他们选择的供应商，而无须支付全部医疗费用。到 1995 年，至少有 30 个州拥有某种形式的 AWP 法律，19 个州拥有 FOC 法律。这些法律最有可能适用于药房和 HMO 网络（见表 20.6）。

表 20.6　　1995 年通过 AWP/FOC 法律的州的数量

项目	医生	医院	药房
任何自愿供应商（AWP）			
HMO	11	9	25
PPO	11	7	22
选择自由法（FOC）			
HMO	5	5	16
PPO	6	5	18

注：HMO = 健康维护组织，PPO = 优先医疗提供组织。

资料来源：Morrisey 和 Ohsfeldt（2003）。

这些法律通常被定性为通过允许更多供应商进入管理式医疗计划网络来强化竞争的手段。然而，法律的经济学研究表明，其效果是减少竞争并增加医疗服务的成本。事实上，联邦贸易委员会（FTC）已经至少向一个州提供过此类法律潜在的反竞争影响的建议（联邦贸易委员会，2004b）。回顾第 9 章，管理式医疗的关键是选择性合同，被选的计划提供了更多患者数量的承诺，以降低医院、医生和药房的价格，通过引导参保人使用计划内的提供商来实现这一承诺。

根据 AWP 法律，管理式医疗计划无法再确保患者数量。例如，一旦药房和该计划就价格达成一致，其他药房可以通过同意相同的条款和条件来要求成为合同的一部分。但是，一旦有其他供应商参与，则该计划无法保证患者数量。因此，没有药房有动力提供如此低的价格，该计划也就无法保证数量的增加。因此，至少在概念上，AWP 法律会对管理式医疗计划所享有的比较优势产生影响。

而在 FOC 法律下，则发生了类似但不那么戏剧性的转变。根据 FOC 法律，计划外的供应商可以提供医疗服务，并至少部分由管理式医疗计划报销。因此，没有提供商具有提供较低价格的强烈动机，因为潜在的数量增长被新进入网络的供应商所抵消。

州际健康保险竞争

正如我们在本章中所论证的那样，州一直是健康保险市场的主要监管者。它们对保险公司在各州提供的保险项目进行了大量不同的强制规定。由于法律的差异，以及大雇主通过自我保险避免法律影响的能力，导致了呼吁允许人们和（小）雇主在全国市场上购买保险。Stephen Parente 及其同事（2011）进行了模拟分析，以探讨如果允许州际竞争，个人和小团体市场可能会如何变化。

他们计算了每个州可按照年龄和性别进行保费调整的可替代健康保险计划，然后，调整保费额度，以适应各州的强制规定、保证承保要求、社区费率和 AWP 法律等对成本增加的影响。然后，他们使用人口普查和医疗费用面板调查数据来模拟个人和小公司的保险决策。

他们考虑了三种政策方案。方案一，一个人可购买他自己所居住的州的保险，或五个最大的个人/小团体州之一：加利福尼亚州、得克萨斯州、纽约州、佛罗里达州或伊利诺伊州的保险。理由是，考虑到各州的保险项目，这些州可能会有更彻底的监管机构。方案二，他们考虑了一种区域政策，在这种政策中，人们可以在自己家乡所在的州购买保险，或者在其地理区域内购买成本最低的州的保险：东北（新罕布什尔）、中西部（内布拉斯加州）、南部（亚拉巴马州）和西部（亚利桑那州）。方案三，他们考虑了一个完整的全国市场，在此市场中人们可以在任何地方购买保险，但如果一个人购买了此保单，就可以从成本最低的州（亚拉巴马州）购买保险。新的参保情景对于保险项目的影响总结在表 20.7 中。

表 20.7　由于州际竞争而新投保的人数

项目	前五的州（CA，TX，NY，FL，IL）	区域模型（东北、中西部、南部、西部）	所有 50 个州
最低成本的州	TX	NH，NE，AL，AZ	AL
最低参保率（百万人）	0.05	1.57	1.92
中等参保率（百万人）	4.45	7.40	8.17
最高参保率（百万人）	7.81	11.59	12.54

注：基于 4 500 万无保险人的估值。

资料来源：Parente 等（2011）。

人们的“适度”估计是新增 445 万人将拥有健康保险；这些人会从得克萨斯州的一家航空公司购买保险，因为它拥有最大的五个州的最低保费。在区域模型中，如果人们新购买的保险项目将是来自其所在地区成本最低的保险公司。他们适度的估计是，亚拉巴马州的保险公司将有 740 万人新购买保险，因为亚拉巴马州的保费是最低的。这使得一系列保险项目从 190 万参保人扩大至超过 1 250 万参保人。

值得注意的是，这些是模拟结果，而不是实际经验的结果。此外，保费的差异仅受各州监管环境的差异影响，即本书中讨论的 Sloan 和 Conover（1998）分析模型论证的监管对保费的影响。最后，请注意这些是短期结果。实际上，至少有一些州会改变其监管环境，与“得胜”的州展开竞争。

Marsteller（1997）和 Ohsfeldt 等（1998）的工作表明，这些法律通常在尚未实现重大管理式医疗普及的州内作为“预防性措施”（preventive strikes）颁布。Vita（2001）对 1980—1988 年间的州医疗支出数据采用固定效应回归方法进行分析。他的结论是，AWP/FOC 监管强度较高的州的人均医疗费用每年高出 35 美元至 50 美元。高强度监管的州有更多管理式医疗计划类型和更多类型的医疗服务供应商。Morrisey 和 Ohsfeldt（2003）使用了类似的方法，发现监管强度较高的州的 HMO 渗透率降低了 6 个百分点。鉴于由管理式医疗行业提出的法律反对程度不大，这两种影响似乎都太大了以至于显得不真实。最有可能的是，这些研究无法充分解释管理式医疗普及率低的州颁布法律的趋势。

本章小结

- 《联邦雇员退休收入保障法》（ERISA）取消了各州对雇主发起建立的自我保险计划的监管权，该法对健康保险市场产生了重大影响。
- 州保险强制规定要求，州内提供的健康保险计划必须包括有关特定类型服务种类、供应商和个人的保障。自 20 世纪 70 年代中期以来，这些强制规定的数量急剧增加。
- 处于中位数的州，不到 40% 的 65 岁以下未成年居民可能会受到团体保险强制规定的影响，因为他们参加了自我保险计划，或者联邦保障项目，或者无保险。
- 在州强制规定提高保费的情况下，理论和证据表明，有保险的员工将以降低工资或减少其他形式报酬的方式支付保费。
- 一个州的无保险人数与强制规定的数量是否有关，相关证据是多样的。一项研究表明，未投保的五分之一到四分之一可归因于州保险强制规定的存在，但最近的一项研究发现强制规定对投保人数没有影响。
- 许多州颁布了任何自愿供应商（AWP）和自由选择（FOC）的法律，这些法律的作用是抑制管理式医疗计划成功与提供者签订更低价格合同的能力。

- 最近对强制规定的研究更仔细地考虑了特殊规定的内容，并使用更复杂的方法来确定其影响。服务使用是否增加，结果是否变化，取决于所研究的特殊规定种类。

问题讨论

1. 医疗照顾计划和医疗救助服务中心（CMS）的一位前任管理员指出，由于 ERISA 的存在，各州在医疗改革方面只起很小的作用。为什么这可能是真的?

2. 为什么 COBRA 覆盖的个人平均索赔经历远远高于在职职工的平均索赔?

3. 什么是“工作锁定”（job - lock）? 如何通过 HIPAA 使其效应最小化? COBRA 在多大程度上限制“工作锁定”?

4. 任何自愿供应商（AWP）法律的支持者经常争辩说这些法律会强化竞争。反对者认为这些法律将使价格居高不下。讨论这两种观点。

5. 为什么小雇主会因为实施 ACA 而考虑自我保险?

延伸阅读

[1] Jensen, G. A, K. Cotter, and M. A. Morrisey. 1995. “State Insurance Regulation and an Employer's Decision to Self - Insure.” *Journal of Risk and Insurance* 62: 185 - 213.

[2] Laugesen, M. J., R. R. Paul, H S. Luft, W. Aubry, and T. G. Ganiats. 2006. “A Comparative Analysis of Mandated Benefit Laws, 1949 - 2002.” *Health Service Research* 41 (3, part2): 1081 - 1103.

[3] Liu, Z., W. H. Dow, and E. C. Norton. 2004. “Effect of Drive - Through Delivery Laws on Postpartum Length of Stay and Hospital Charges.” *Journal of Health Economics* 23 (1): 129 - 56.

[4] Parente, S. T., R. Feldman, J. Aberham, and Y. Xu. 2011. “Consumer Response to a National Marketplace for Individual Health Insurance.” *Journal of Risk and Insurance* 78 (2): 389 - 411.

第21章　高风险池

有些人因健康状况无法购买私人健康保险，此类情况的原因很明显——他们预期的索赔经历超出他们的支付能力。在这种情况下，他们不仅不能购买健康保险，也不能支付他们可能使用的医疗服务费用。然而，从更细微的视角，可将问题看得更透。根据第4章所讨论的标准保险理论，不可保人群的风险保费被认为不足以补偿保险公司所提供的保险。这可能是因为他们对风险的厌恶程度较低，因此，他们不愿支付比预期损失更多的费用。或者，造成个人损失的概率可能非常高。保险理论认为，在这种情况下，人们愿意支付的风险保费较小，并且不太愿意购买保险。

此外，在预期索赔经验高的情况下，风险池中的任何显著性差异和相对较少的被保险人数意味着保险公司面临巨大的客观风险（见第6章）。这些情况表明，保险公司要么在预期损失之上制定高额费用以反映这种风险，要么不提供保险以彻底规避风险。

许多州试图协助解决不可保人群的保险问题。在本章中，我们将研究这些项目。从本质上讲，各州已经为那些无法在其他地方获得保险的人创建了公开的健康保险计划。在此过程中，各州必须处理参保资格、承保范围和保费等问题。由于这些计划的索赔支出超过了所收取的保费，因此各州必须设法弥补损失。在本章中，我们总结了各州在形成高风险池时所采取的方法，还探讨了不可保人群的潜在规模，购买者对保费敏感程度以及人们在高风险池中停留的时间。与个人保险市场一样，目前对高风险池的研究非常有限。

ACA确实提供了称为“既存病症的保险计划”（Pre - Existing Condition Insurance Plan，PCIP）的过渡性高风险池。该计划旨在为2010年法律颁布与2014年该法扩展保障条款落实之间，存在既存病症的人提供的保险。正如我们在本章后面更详细讨论的那样，该计划是现有州保险池之外的保险项目。截至2012年6月，仅有约78 000人参加了PCIP。

康涅狄格州和明尼苏达州是第一批建立高风险池的州，他们于1976年启动该项目。截至2012年，有35个州拥有某种形式的各州自营的高风险池。随着《患者保护和平价医疗法》（ACA）的实施，这些风险池的未来尚不明确。一方面，充分执行个人强制保险法令和医疗救助扩张应该大大减少对这种州营风险池的需求，并使其逐步淘汰。另一方面，例如，如果一个州没有实施医疗救助扩张，可能会有许多人没有资格通过交易所获得医疗救助或补贴（见第25章）。如果这些人有严重的健康问题，他们可能无法购买私人保险，并且可能成为许多州的高风险人群的候选人。从宏观上来讲，在考虑ACA的替代方案时，该法的反对者通常从高风险人群开始，作为向那些无法合理参与私人健康保险（甚至有补贴的情况下）的人提供保险的切入点。

有多少不可保人群?

对于“有多少不可保人群?”这个问题的简短回答是：我们不知道。当然，无保险的每个人并不都是因为不可保。有些人根本不愿意支付他人乐意支付的风险保费，很少有人将这部分人群定义为不可保。此外，向那些不愿意支付保费，甚至是合理风险保费的人提供补贴，将会激励他们低估自身的支付意愿。

Frakt、Pizer和Wrobel（2004，74）提出了一个不可保人群的定义——65岁以下且“无保险，无法工作，或者可以做的工作类型有限，或者享受残疾保障或工伤保险”的人。采用这一定义，再结合美国统计局1995年至2001年的当期人口普查数据，他们认为大约1%的总人口和6%的无保险人口属于“不可保人群”。这一估计值尽管略低，但与加利福尼亚州管理风险医疗保险委员会（2006年）的估计一致，他们的精算师估计2.5%~6%的人口既无保险也无法保险。

各州的高风险池

截至2012年，共有35个州实施了高风险池保险计划（NCSL，2012）。表21.1提供了2000年和2010年各州保险计划覆盖人数的估计值。在列出了2000年数据的同时，还估计了同一时间被保险人数与当时无保险、不可保的人数相比较的情况。很明显，大多数高风险池都非常小。2010年，只有7个州的注册人数超过10 000人，11个州的注册人数不足2 000人。然而，在2000年，明尼苏达州、内布拉斯加州、俄勒冈州和威斯康星州至少覆盖了不可保人数估计值的20%。

表 21.1　　　　　　　2000 年和 2010 年各州高风险池参保情况

	高风险池参保情况			
	2000 年			
州	相较于无保险人数（%）	相较于不可保人数（%）	总计	2010 年总计
总计	0.45	8	115 668	221 879
亚拉巴马州	0.37	5	2 431	2 139
阿拉斯加州	0.33	4	395	524
阿肯色州	0.55	7	2 270	2 865
加利福尼亚州	0.25	6	17 343	6 953
科罗拉多州	0.25	5	1 536	12 732
康涅狄格州	0.51	8	1 719	1 870
佛罗里达州	0.03	1	709	235
爱达荷州	—	—	—	1 565
伊利诺伊州	0.58	10	10 120	18 098
印第安纳州	0.89	11	6 475	7 327
艾奥瓦州	0.11	2	271	3 154
堪萨斯州	0.43	6	1 283	1 671
肯塔基州	—	—	—	4 837
路易斯安那州	0.13	2	1 088	1 639
明尼苏达州	6.14	54	25 892	27 073
密西西比州	0.49	7	2 231	3 514
密苏里州	0.16	3	889	4 046
蒙大拿州	0.99	12	1 687	2 953
内布拉斯加州	3.03	36	5 023	4 570
新罕布什尔州	—	—	—	1 573
新墨西哥州	0.25	5	1 063	8 429
北卡罗来纳州	—	—	—	4 846
北达科他州	1.68	18	1 307	1 462
俄克拉何马州	0.32	3	1 922	2 175
俄勒冈州	1.22	21	5 833	13 618
南卡罗来纳州	0.25	3	1 451	2 256
南达科他州	—	—	—	645
田纳西州	—	—	—	3 973
得克萨斯州	0.18	4	8 600	26 431
犹他州	0.37	5	1 106	4 158
华盛顿州	0.29	4	2 333	3 923
西弗吉尼亚州	—	—	—	884
威斯康星州	1.90	21	10 042	18 965
怀俄明州	0.87	11	669	829

注：7 个州在 2000 年之后建立高风险池。

资料来源：2000 年数据来自 Frakt、Pizer 和 Wrobel（2004）；2010 年数据来自 NCSL（2012）。

参保资格

根据各州的情况，高风险池最多可向三类人群开放：（1）医学上不可保人群；（2）符合健康保险携带与责任法（HIPAA）的人员；（3）医疗照顾计划的受益人寻求补充保险。

各州高风险池的主要目的是为那些无法在私人市场获得保险或者面临高额保费的人提供保险，即医疗上的不可保人群。Achman 和 Chollet（2001）很好地概述了2000 年的参保资格和保障项目。在运营方面，各州根据私人市场的投保经验确定资格。根据各州的情况，个人必须被拒绝投保一个或两个保险计划，或者必须被要求支付远高于标准费率的保费价格。在某些州，这个保费价格必须是身体健康人群的费率的 150% ~300%。许多州将仅在有限制性附加条款情况下才能够获得保险的人纳入该州的高风险池。另外，一些州认为如果他们有特殊的医疗状况，例如霍奇金病或艾滋病，则可获得高风险池的保险资格。

HIPAA 和高风险池

1996 年 HIPAA 通过后，各方对州高风险池的兴趣显著增加。正如在第 20 章中所讨论的，联邦 HIPAA 法律限制了对既存病症的等待时间。作为其中的一部分，还要求各州保障健康保险的便携性。各州可采用多种形式履行这一义务，如果不履行，则会引起联邦监督。各州提供便携性的一种方法是允许符合 HIPAA 资格的人参与该州的高风险池。

HIPAA 要求那些失去团体保险的人可以获得个人保险。大约 23 个州（在 2000 年）使用他们的高风险池作为“最后的保险”来满足这一要求（Frakt、Pizer 和 Wrobel，2004）。在州保险计划中，该部分占比相对较小，如在明尼苏达州，只有 1% 的参与者符合 HIPAA 资格，而蒙大拿州则超过一半（Achman 和 Chollet，2001）。亚拉巴马州的高风险池专为那些符合 HIPAA 资格的人士设立，但该类人群必须已经用尽 COBRA（综合多项预算调节法，见第 20 章）规定的继续保险，才有资格参加亚拉巴马州的计划。

Achman 和 Chollet（2001）报告指出，11 个州允许医疗照顾计划的受益人参加他们的高风险池。此举的目的是允许这些人购买医疗照顾的补充保险（见第 24 章）。其中一些州只允许那些获得医疗照顾计划的残疾人参加，而一个州（如密西西比州）只允许那些在获得医疗照顾资格之前就处于高风险池的人继续参加该计划。该计划细节条款的重要性也因州而异。华盛顿州、威斯康星州和怀俄明州的三分之一以上的参与者是医疗照顾项目的受益人，而在其他州，这不是一个重要因素。

值得注意的是，虽然州项目建立了参与高风险池资格的规则，但他们不时地向新的参保人关闭该项计划，在这种情况下，等候名单很常见。佛罗里达州于1991年对新参保者关闭该项计划，并且在撰写本书时仍然关闭。虽然该计划曾有约7 500名参保者，但现在仅约剩235名。Frakt、Pizer和Wrobel（2004）表示，加利福尼亚州计划出售的高风险保单数量是依据其财力，通过本州烟草结算的资金来融资款项。2000年时，大约有4 000人在等候名单上，这些人预期获得该项保险的等待期为一年左右。等候名单已于2005年取消，但在之后十年的中后期恢复，目前等待人数约为7 100（加利福尼亚州管理风险医疗保险委员会，2006，2012）。Frakt、Pizer和Wrobel（2004）指出，路易斯安那州和伊利诺伊州的计划对医学上界定的不可保人群，作为新参保的人数进行了限制，但对那些因符合HIPAA资格的人没有限制。

保险期限

关于高风险人群参保时间的一般性证据很少。Stearns和Mroz（1995）提供了一些唯一的数据。他们在20世纪90年代初检查了八个州（康涅狄格州、佛罗里达州、艾奥瓦州、明尼苏达州、北达科他州、内布拉斯加州、华盛顿州和威斯康星州）。他们发现退保率从15%到40%不等，具体取决于各州情况。通常大约有70%的参保者在一年后继续该计划，两年后约为50%，四年后约为三分之一。

Stearns和Mroz（1995）发现，不支付保费是退出该计划的最常见原因之一。在那些自愿退出的人中，年龄大于20岁的人退出率随着年龄的增长而下降。但是，随着家庭成员人数的增加，退出率也会增加——这可能表明通过配偶或父母获得了员工保险。正如本章后面更详细讨论的那样，价格是参与高风险计划的重要因素。

保障项目

大多数州在其高风险计划中提供了各种保障项目的选项。Achman和Chollet（2001）指出，在他们追踪的29个计划中，几乎所有计划都提供了保障项目的选项。一些项目包括赔偿和优先医疗提供组织（PPO），少数项目提供健康维护组织。大多数计划都设置了免赔额选项，通常在500美元到5 000美元甚至10 000美元。一旦免赔额被保障覆盖，这些计划中的大多数都有共同保险安排。共保比例为承保费用的10%至20%至30%不等。

重要的是，在高风险人群中，Achman和Chollet研究中的几乎所有项目都有终身给付限额。对于大多数项目来说最高限额为100万美元，而印第安纳州和田纳西州（当时的 TennCare 项目）没有限制。相比之下，Wyoming 怀俄明州的限额为 350 000美元至600 000 美元，具体取决于所选择的计划。一些州还对个人可以获得保障的时间进行了限制。例如，加利福尼亚州允许在其参与高风险池下的保险项目的时间最多为 36 个月。

Achman 和 Chollet 还发现，除 HIPAA 的资格认证，所有州都有保险等待期。截至 2000 年，大多数保险项目的等待期为 6 个月，但有 8 个州需要一个 12 个月的等待期才能确保对既存病症的保障有效。通常情况下，各州还使用了为期 6 个月的“回顾期”，在此期间，他们可以确认既存病症的情况。这些限制至少在一定程度上限制了逆向选择。在一个州内已经用尽其参保资格的人将不得不等待 6 ~ 12 个月才有资格在新的一个州获得保险（取决于各州如何解释其终身最高限额）。

根据 Achman 和 Chollet 的说法，这些计划通常也限制了心理健康和产科护理的保险项目。对于前者的限制，见第 8 章所讨论的与精神健康相关的保险项目的巨大价格弹性，后者的限制则是源于对逆向选择的恐惧。这些保险项目有时可以作为附加条款在州内使用。

保费

因为资格有限且保障项目也并不充分，所以总体来说各州高风险项目的保费也不高。州立法通常要求保费不超过个人保险市场中类似标准风险保障的平均保费的 125% ~150% （Frakt Pizer 和 Wrobel，2004）。表 21. 2 提供了 2013 年四个州的保费信息。选择这些州是因为它们有一定的地理代表性，以反映具有大型项目（明尼苏达州和得克萨斯州）以及较小项目的州，以及相对于其他州，这些州有更新的保险项目（得克萨斯州和新罕布什尔州）。

表 21. 2　　2013 年所选州的高风险池项目年度保费　　单位：美元

类别	年免赔额为 1 000 美元	年免赔额为 5 000 美元
年龄 30 岁		
科罗拉多州[1]		
男性	4 529	2 326
女性	4 774	2 497
明尼苏达州[2]	3 543	2 083
新罕布什尔州[3]	3 756	2 484
得克萨斯州[4]		
男性	7 608	4 380
女性	10 332	5 904
年龄 50 岁		

续表

类别	年免赔额为1 000美元	年免赔额为5 000美元
科罗拉多州		
男性	9 510	5 067
女性	9 510	5 067
明尼苏达州	6 687	3 928
新罕布什尔州	8 760	5 772
得克萨斯州		
男性	13 740	7 884
女性	14 556	8 340

注：所有的费率均来自非吸烟者，大部分是管理型医疗计划，其他免赔额选项通常也存在。其他条款和条件适用于所有计划，低收入者有时可获得较低的保费。

［1］科罗拉多州：丹佛地区；终身最多100万美元；

［2］明尼苏达州：终身最多500万美元；

［3］新罕布什尔州：终身最多200万美元；

［4］得克萨斯州：达拉斯地区终身最多300万美元。

资料来源：www. healthinsurance. org/risk_ pools。

当我们比较各州的费率时，以下几个观察结果较为突出。首先，各州使用不同的核保因素。科罗拉多州和得克萨斯州对男性和女性征收不同的费率，并且都将州内的地域作为一个影响因素。其次，对吸烟者和不吸烟者也有不同的费率。最后，保障项目也有很大差异。更重要的是，每个州有不同的终身保障最大限额。大多数的计划是PPO，并且除免赔额外，所有计划都有自付比例或共同保险的特点。值得注意的是，大多数州也提供10 000美元的免赔额保单。这些特点仅能解释高风险池保险计划中，部分保费变化原因。一位30岁女性可获得的免赔额为1 000美元的保险计划，保费负担从明尼苏达州的3 543美元到得克萨斯州的14 556美元不等。

高风险池的亏损

虽然保障项目有限且保费很高（至少相对于标准风险的个人合同而言），但所有州的高风险池都会亏损。图21.3报告了Achman和Chollet（2001）编制的关于他们研究中29个州的赔付率数据。此处我们将损失率定义为已支付的赔款除以收取的保费收入。即使是1999年财政表现最佳的俄克拉何马州，其收取的每1美元保费，其对应的索赔额也高达1.14美元。明尼苏达州的大型保险计划为每1美元的保费支付了1.96美元的索赔额。如果包括运营成本，损失甚至更大。Frakt、Pizer和Wrobel（2004）认为，在2003年，保费只占总支出的55%~59%。

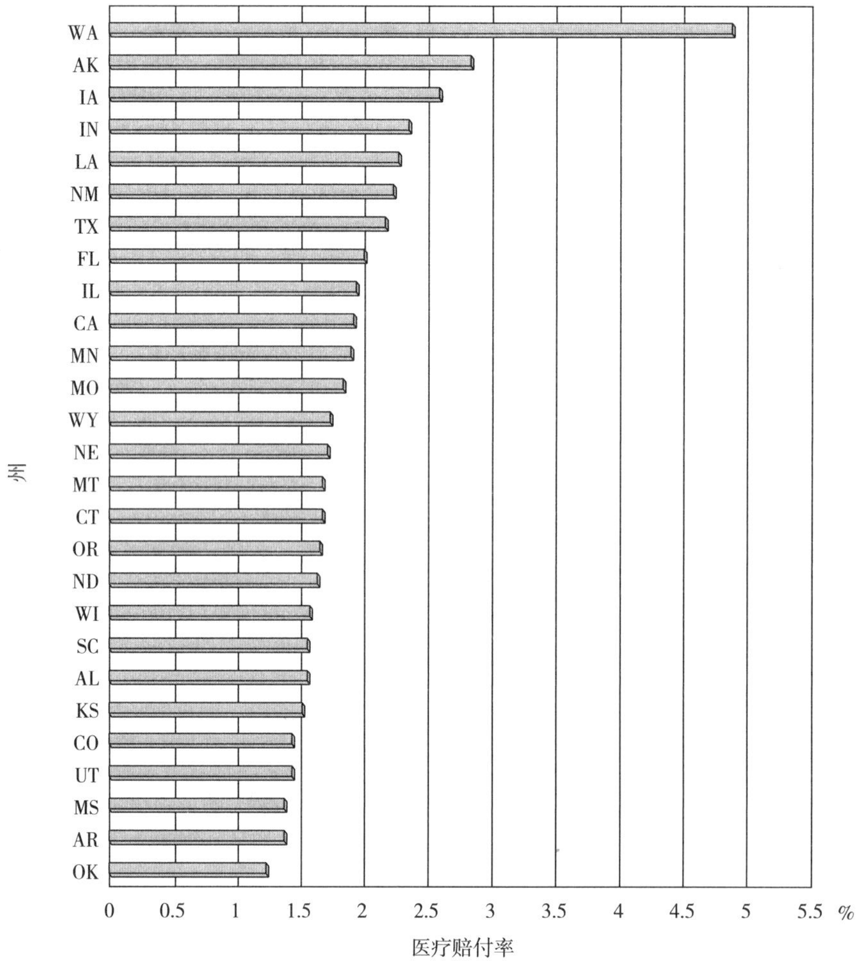

资料来源：Achman 和 Chollet（2001）。

图 21.3　1999 年各州高风险池的赔付率

各州以各种方式补偿这些亏损。大多数州对在该州开展业务的健康保险公司征税。在 Achman 和 Chollet（2001）研究的 29 个州中，有 22 个州对当地保险公司的高风险池亏损进行评估分摊。这些损失通常根据每家保险公司向各州报告的健康保险收入份额进行分摊。因此，如果一家公司拥有该州私人保险总收入的 20%，那么该公司所评估的高风险池的亏损分摊也应为 20%。回顾第 18 章，根据《雇员退休收入保障法》（ERISA）规定，雇主发起建立的自我保险计划免于各州保险监管的约束，因此也免于对其进行高风险池资金亏损的评估分摊。

评估分摊保险公司亏损的州中，有一半以上允许保险公司将评估结果抵扣州税。这基本上将责任从保险公司转移到各州财政中。

保费对风险池参保的影响

值得注意的是，个人保费对州高风险池的参与率和保险期限影响的研究较少。Stearns 和 Mroz（1995）在他们所研究的八个州中，估计了每个保险项目的退保率方式。对于一个在 1988 年由各州提供的最低免赔额保单的 50 岁男性，他们发现退保率弹性从 0.6 到 15.9 不等。例如，明尼苏达州保险计划的退保率弹性为 4.98，这意味着与没有保费变化的情况相比，保费每增加 1%，将导退保率增加 4.98%。其中，作者提出不能进行跨州比较，因为各州的保险项目不同。综上，我们只能得出结论，保费的大小显然很重要，但保费响应的幅度取决于保险项目的“细节”。

Frakt、Pizer 和 Wrobel（2004）估计了风险池的参保方程。他们试图解释 1981 年至 2000 年各州高风险池所报告的参保率，参保率是保费、最低免赔额规模、免赔额选项、无保险人群中潜在的买家数量，以及该州无保险人群的人均收入等因素的函数。其中，后两个变量的数据来自美国统计局的当期人口普查结果。该模型还包括年固定效应（即它包括控制每年平均效果的变量）。保费数据并非常规可拿到的，因此用州允许的百分比加成率（allowed percentage markup）乘以该州的医疗照顾计划人均支出作为代表变量。“允许的百分比”指的是，在确定风险池费率时，各州允许使用的平均个人保险费份额。如前所述，虽然有些更高，但这些保费往往是可比保险项目中平均个人保费的 125% ~150%。

Frakt、Pizer 和 Wrobel（2004）估计弹性为 -1.9，这意味着高风险池的保费每增加 10%，将使参保率降低 19%。然后，研究人员使用模拟方法来评估将风险池的价格加成率定为 125%（而非更高）时，对各州风险池的影响。他们的结论是，这将使 2000 年各州保险计划的总参保人数增加约 17 500 人，使不可保人群参保高风险项目的比例从 8% 提高到 11%。

ACA 下的既存病症保险计划

既存病症保险计划（PCIP）是 ACA 的一部分，在 2014 年健康保险交易所建立之前，为那些具有既存病症的人提供过渡性保险。PCIP 与州高风险池之间主要存在以下差异。

虽然几乎所有的州高风险池都在人们获得保险之前设置了等待期，但 PCIP 却没有。相反，它要求参保者在有资格获得保险之前，有 6 个月的时间没有保险。该项举措可以达到限制可能从州高风险池或者现有私人保险转移到 PCIP 的人数的效果。

• 州高风险池将保费定为标准手册定价费率的150% ~200%。相比之下，PCIP的保费可能不高于同一市场中相同保险范围内对健康人群的收费。因此，PCIP中的保费比州高风险池更具吸引力。

• PCIP保障方案往往与各州保险计划提供的方案不同。联邦管理的计划只提供单一的2 000美元（计划内）免赔额选项，最高自费支付可达6 250美元。各州管理的PCIP将提供更广泛的保险项目（Hall和Moore，2012）。否则，这些保障可能比各州保险计划更加优厚。产妇护理包括在内，但通常仅作为许多州保险计划的附加条款。预防性服务不包含在任何自费项目或免赔额中。此外，保障没有终身最高给付限额。

• 州高风险池和PCIP计划都会有一定程度的亏损。各州采取不同方式弥补损失，但往往是按比例对现有的私人医疗保险进行征税。PCIP的损失由联邦政府资助。ACA立法提供了50亿美元来补贴2010—2013年的计划亏损。

各州可以灵活地管理自己的PCIP，或者联邦政府也可以在该州运行该计划。无论各州政府为管理PCIP而采取如何的决策，都需要继续维持现存的高风险池计划。27个州选择运行该州的PCIP，其他23个州和哥伦比亚特区则允许联邦政府推行PCIP。

最初估计约有375 000人可能参加PCIP（NCSL，2012）。然而，截至2011年12月31日，参加人数不到78000人（Hall和Moore，2012）。Hall和Moore还表示，PCIP吸引了高风险人群。他们指出，在18个州的高风险池中，根据标准保费进行调整后，PCIP损失往往超过州计划的2 ~3倍，有时甚至高达8倍。例如，科罗拉多州高风险计划的损失率为237%，而科罗拉多PCIP的损失率高达836%。

本章小结

• 大约6%的65岁以下人口被认为是不可保人群，他们没有保险，并且因健康问题导致他们无法工作。

• 2012年，有35个州拥有高风险池，参保人群主要是三类：因医疗问题导致不可保的人群；具有HIPAA资格的；医疗照顾计划受益人。

• 高风险池可以被描述为具有限制性的资格准入，表现为低参保率、具有高免赔额的有限保障保险、具有终身最高给付限额、对既存病症有等待期规定的。

• 各州设定的保费通常不超过私人保险市场同等保险平均保费的125% ~200%。

• 所有州的高风险池的保费收入均低于他们在医疗索赔中的支出。这些亏损通常由各州医疗保险公司的分摊评估进行补偿，保险公司通常能够使用这些款项来抵消其所在州的税收负担。

• 既存病症保险计划（PCIP）是作为ACA的一部分所建立的高风险池。作为过渡计划，它在所有州提供高风险人群的保障，但随着健康保险交易所的建成，PCIP于2014年到期。

问题讨论

1. 一些州使用性别和区域来设定该州高风险池的费率，而另一些州则不这样做。根据核保规则，你预计各州在保险费和参保人数方面将存在哪些差异？

2. 假设一个州要为不可保对象制定一个新的高风险池。如果有的话，你预期会对雇主发起建立的团体保险市场和该州的个人保险市场产生怎样的影响？

3. 所有州的高风险池均有亏损。讨论三种替代筹资机制的利弊。

4. 如果ACA被废除或认为不可行，你认为高风险池将如何发挥作用？你将对保险参保资格设立哪些规则？你将如何为该保险计划的亏损提供资金？

延伸阅读

[1] Frakt, A. B. , S. D. Pizer, and M. V. Wrobel. 2004. "High - Risk Pools for Uninsurable Individuals: Recent Growth, Future Prospects." *Healthcare Financing Review* 26 (2): 73 - 87.

[2] Hall, J. P. , and J. M. Morre. 2012. *Realizing Health reform's Potential: The Affordable Care Act's Pre - Existing Condition Insurance Plan - Enrolment, Costs, and Lessons for Reform.* Publication 1627. New York: The Commonwealth Fund.

第 22 章　健康保险交易所

《患者保护和平价医疗法》（ACA）呼吁建立健康保险交易所，现在正式更名为市场。这些虚拟市场旨在成为个人和小企业比较多种健康保险计划和购买保险的工具。它们还旨在确认个人补贴的资格并将补贴用于选定的保险项目。最后，交易市场旨在作为医疗救助（包括现有和扩展项目）以及州儿童健康保险计划的提供服务的切入点。

在本章中，我们将概述各州所建立的交易市场的组织、功能和财务的选择模式。作为概述的一部分，我们将讨论基本的健康保障和交易所将提供的保险的“金属级别”（medals levels）。这将引导我们简要讨论交易所在确定合格的健康计划、构建保费支付系统以及为潜在购买者提供扩展和援助服务。由于半数以上的州拒绝建立自己的交易所，因此我们将讨论联邦政府对交易所运营的影响以及七个州将建立的合作运营模式。本章包括一些微观模拟分析，探讨实施交易所对参保率和保费影响。

联邦与州立交易所

到 2013 年初，每个州都要向联邦政府提交有关州运营交易所的规划。如果各州不采用州运营模式或州与联邦合作运营模式，那么立法要求联邦政府在该州经营一个默认模式的交易所。表 22. 1 显示了各州做出的选择的分布。共有 17 个州和哥伦比亚特区选择了以州为基础的模式，7 个选择了合作模式，其余 26 个选择采用联邦默认模式。即使已作出这些决策，各州也可以随时灵活地改变其经营方式。例如，采用合作模式的州——伊利诺伊州表示，它计划在 2015 年建立一个以州为基础的交易所（KFF，2013a）。其他州采取了更微妙的立场，例如，犹他州已经为小雇主提供了一个以州为基础的交易所，但是对于个人保险市场则选择了联邦默认模式。

表 22.1　　各州对建立健康保险交易所的决策

州立交易所	合作模式	联邦默认模式	
加利福尼亚州	阿肯色州	亚拉巴马州	新泽西州
科罗拉多州	特拉华州	阿拉斯加州	北卡罗来纳州
康涅狄格州	伊利诺伊州	亚利桑那州	北达科他州
哥伦比亚特区	艾奥瓦州	佛罗里达州	俄亥俄州
夏威夷州	密歇根州	佐治亚州	俄克拉何马州
爱达华州	新罕布什尔州	堪萨斯州	宾夕法尼亚州
肯塔基州	西弗吉尼亚州	印第安纳州	南卡罗来纳州
马里兰州		路易斯安那州	南达科他州
马萨诸塞州		缅因州	田纳西州
明尼苏达州		密西西比州	得克萨斯州
内华达州		密苏里州	弗吉尼亚州
新墨西哥州		蒙大拿州	威斯康星州
纽约州		内布拉斯加州	怀俄明州
俄勒冈州			
罗得岛州			
犹他州			
佛蒙特州			
华盛顿州			

资料来源：KFF（2013a）。

大多数州选择接受联邦默认模式也许并不奇怪。虽然联邦启动资金可用于在各州建立交易所，并在第一年为其运营提供资金，但交易所运营的第二年（即 2015）就需要在财务上自给自足。这意味着各州将负责一年后交易所运营的所有费用。此外，尽管交易所要求在 10 月 1 日开始公开接受投保，但即使在 2013 年第二季度，关于提交交易所运营细节的规定尚未完成。因此，人们还担心，公众对各州交易所存在缺陷的任何指责，都将归咎于州政府官员。这些财务方面的问题，以及未来能否转变为“州基础模式”的能力，对各州的决策有重要影响。

交易所的作用和结构

也许各州在建立州交易所时必须面对的关键决策是，他们想要什么样的交易所。各州有以下三种选择：

1. 市场推动者。通过这种模式，州交易所接受所有符合联邦最低要求的健康计划为合格计划。因此，交易所作为公正的信息来源，向个人和企业提供可以比较的计划和计划选项体系。从某种意义上说，这种方法类似于第 19 章所讨论的基于互联网的保险网站。原则上，消费者会向交易所提供一些基本的人口统计信息，而作为市场推动者，交易所则将提供易于阅读的比较信息，信息范围包括参保人可获得的保险计划、保费和各计划的质量评级。该方法旨在最大限度地提供可选择计划的数量。作为市场推动者，预计交易所将为购买者提供一些有意义的指导，包括有关术语的定义，以及选择一种计划而非另一种计划的理由等。

2. 选择性承包商。在这种模式下，各州交易所对满足最低联邦要求的健康保险计划设置了额外的限制，有权选择一些计划而拒绝其他计划。例如，州政府可能要求所提交的计划满足一些质量门槛——它可能要求计划中的供应商网络足够深或地理范围广泛；也可能对评估每个保险项目所需的免赔额或自付比例的特性加以限制，并对核保施加额外限制；或只接受保费等于或低于某个等级的计划。

3. 主动购买者。在这种模式下，交易所的功能与雇主相同。交易所将选择哪些计划，以及其希望提供哪些保障，自付比例和免赔额，然后与保险公司协商保费。然后，个人和小雇主将从交易所购买保险，但仅限于交易所已选择的计划。

图 22.2 的第一个图显示了采用州立交易所模式的 17 个州和哥伦比亚特区最初决定其角色的分布情况。大多数交易所打算成为市场促进者，采用联邦默认或合作模式的州也被要求成为市场促进者。截至 2013 年初，有 4 个州尚未确定。

治理方式

各州对于组织和管理交易所有多种选择。各州可以建立新的州立机构或将责任分配给现有的机构，如保险部门、州医疗救助机构或负责管理州雇员健康计划的机构。同时，使用州立机构有利有弊。从好的方面来说，作为政府实体，明确建立了监督机制，并且将参保和收入等相关的敏感或机密数据设置为内部维护和访问。但是，州政府机构可能缺乏必要的灵活性和效率，无法为一个正在扩张的组织雇佣和配备必要的工作人员。采购和财务规则可能抑制交易所应发挥的作用。此外，还存在潜在的利益冲突，并对部分保险项目缺乏详细分析。例如，通常负责监管保险公司的保险部门是否也可以为交易所内的计划提供拓展和营销？处理主要医疗救助扩展计划的医疗救助机构，究竟能否充分关注并主动与参与交易所的私营保险公司进行互动？

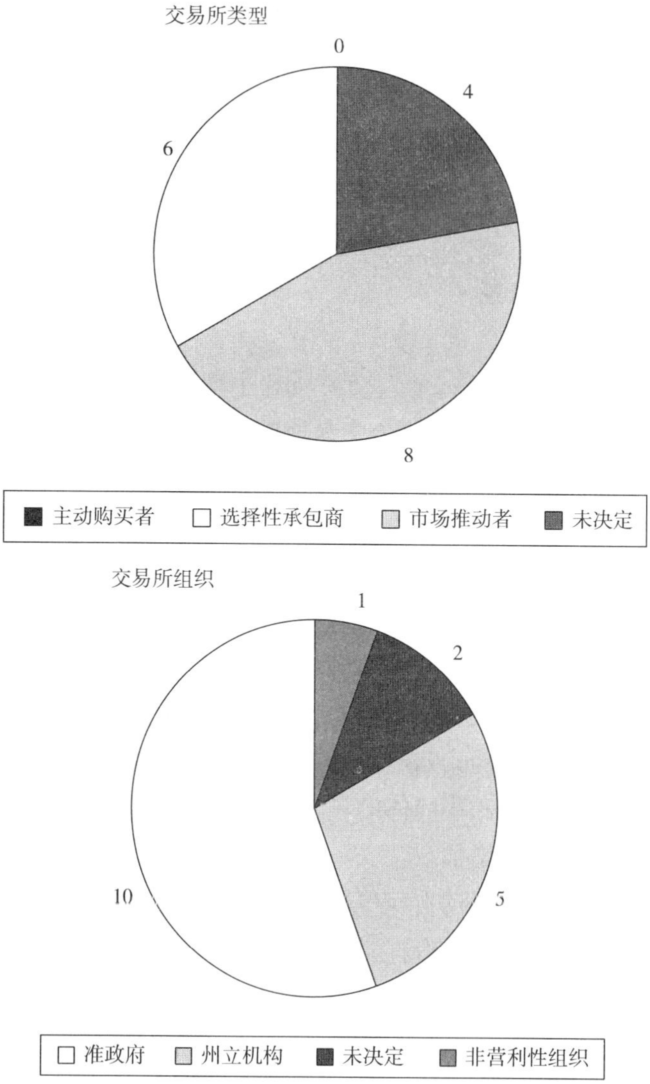

资料来源：KFF（2013a）。

图 22.2　2013 年州立交易所的特征

准政府机构是第二种选择。这些实体由立法机构设立，由州指定的董事会进行管理。它们可以获得相关授权，并与医疗救助机构进行互动，例如，使用医疗救助数据来确定获得保险的资格，以及通过各州税务部门信息以确定收入水平，从而获得交易所补贴资格。但同时，它们也足够独立于各州公务员和财务程序要求，这使它们能够灵活地建立交易所。这种方法面临的挑战是建立合理的管理结构、问责和操作程序。

最后，州可以选择创建一个非营利组织来运行交易所。这样的组织将在组织和交流方面提供更大的灵活性。但是，它可能在确定政府计划的参保资格、给予规则豁免和评估处罚等方面并不适合。

图 22. 2 的第二个图则显示各州所采用的管理方法，其中，准政府机构是最受欢迎的。显然，如果一个州选择采用联邦默认模式，则不需要决定治理问题。但是，正如我们在本章后面讨论的那样，各州可能在合作模式和默认模型中扮演多个角色。

交易所和风险池的数量

ACA 呼吁建立两个交易所：个人交易所和小型企业健康选择计划交易所（简称 SHOP 交易所）。州可以选择将两个交易所的管理合并为一个实体或将两个风险池合并为一个池。

我们所期望的是，以州为基础的保险计划能够将管理部门合并为一个实体，这样在运营交易所时可能存在很大的规模经济效应。

但是，各州可能会为每个细分市场建立不同的风险池。该决定的关键问题是逆向选择。令人担忧的是，拥有较低索赔经验的小雇主将寻求留在交易所之外，并收取更接近其实际索赔经验的保费。相比之下，具有较高索赔经验的小公司有动机通过交易所购买保险，其较高的索赔经验将与其他购买者融为一体，并保持其保费低于其实际情况。通过将个人和小团体的风险池分开，个人市场在某种程度上可以规避上述这种现象导致的保费增加。

如果大量的小雇主计划采用自我保险的方式，可能增强逆向选择。正如我们在第 6 章中所讨论的那样，几乎所有提供保险的大公司都提供一个或多个自我保险计划。小雇主也可以购买止损保险。小雇主将支付所有索赔费用，直到达到预期索赔的 125%。然后，止损功能将被激活，雇主在当年将不会支付任何额外的索赔费用。因此，拥有健康劳动力的小雇主会有较低的理赔经验，而这些经验并不是参与交易所所能获得的平均值。此外，由于交易计划必须符合保证承保的条款，如果小雇主的索赔经历比预期的更糟，可以在以后转到交易所计划。

交易所的功能

交易所有以下五大功能：

1. 资格确定。交易所必须能够确定通过交易所购买保险人群的医疗救助，

CHIP 和个人补贴的资格。要做到这一点，交易所需要能采集到真实的实际家庭收入、公民身份和居住地的数据，以及个人是否可以通过雇主获得平价健康保险。（平价保险意味着自付保费不超过家庭收入的 9.5%。）此外，由于承保时间无法确保 12 个月，因此交易所必须能够应对不断变化的个人情况。在这样做的过程中，几乎可以确定，交易所将与州医疗救助计划（以及可能的 CHIP）进行对接。联邦政府正在开发一个数据中心，以保证可以及时提供相关的联邦数据。在 2013 年夏天，联邦政府确认数据中心将无法在 2013 年 10 月 1 日前准备就绪，因此在公开注册期间，人们将秉承诚信原则提交正确的信息。①

2. 注册。交易所必须能够让人们加入医疗救助和 CHIP，并在他们选定的私人交换计划中注册为个人和小雇主。而当他们没有支付保费或改变保险计划时，能够在个人和雇主保险计划中被除名。在个人保险计划市场中，这些责任确定是较为简单的。

然而，在小团体交易所中，它们要复杂得多，这取决于各州如何组织小雇主进行选择。交易所可以像小雇主一样发挥作用：第一种方法是小雇主为他的所有雇员选择一个计划；第二，可以允许雇主选择保险商，例如 Blue Cross 或 Aetna，并且雇员可以从保险商提供的任何保险计划中做出选择；第三种方法是，让雇主选择计划等级，比如白银，员工可以选择该等级中任何保险商提供的任何计划；最后一种方法是，交易所可以允许员工选择任何计划，只有该计划的运营商是通过交易所提供的。在这种情况下，雇主在保险商或计划选择中不起任何作用。2013 年夏天，联邦政府宣布其 SHOP 交易所还不能完全发挥作用。与在所有计划和层次中任意选择不同，在第一年，SHOP 交易所将只能让雇主为所有员工选择一个单一的计划——就像小雇主迄今通常所做的那样。

3. 计划管理。交易所必须对合格的健康计划进行质量认证。这意味着计划必须提供 ACA 所规定的基本健康保障，符合健康和公众服务部所规定的保险项目的条款和限制，以及各州自身对保险项目的要求（参见之前关于交易所作为选择性承包商或主动购买者的讨论）。交易所还负责为所提供的每个计划分配质量等级，并审查和（在某些情况下）批准费率。同时，他们还负责审核市场营销、服务网络充足性，认证和质量改进计划。此外，交易所将与各州保险监管部门合作，对健康计划进行全面监督。

4. 消费者援助。交易所必须提供个人可以通过网络、电话或亲自到场的申请程序，同时也需要进行外展和培训教育。来自马萨诸塞州的证据表明，人们在参加

① 然而，信息作假的可能性有限，因为人们必须在次年联邦所得税表格上报告他们的收入以及他们获得的任何 ACA 保险补贴。

交易所的健康计划时需要相当多的帮助（Sinaiko 等，2012）。这并不奇怪，因为大多数人已通过雇主获得健康保险或参加了公共计划。交易所的概念要求人们对保险和保险条款有更深入的了解，而在此之前并不需要。作为此要求的一部分，交易所将保留指导人员，这些人或组织要么是交易所的员工，要么是合约组织，如商会或社区中心，这将帮助人们完成注册流程并了解他们的选择。值得注意的是，交易所还必须帮助个人和小雇主比较保险项目和保费。作为这项努力的一部分，交易所必须有保费计算人员，在扣除各种计划选项的所以补贴后，确定投保人的保费。保费计算人员也可更进一步，将可能的医疗服务利用率，免赔额和自付医疗费纳入计算。

5. 财务管理。显然，交易所负责会计、审计和报告。但是，他们也可以直接收取保费或仅仅作为保费从购买者转移到保险公司的通道。对各州而言，最重要的一个问题是每个州的交易所都要在 2015 年 1 月之前实现自给自足。交易中心可以通过各种方式实现自给自足。最简单、但也许是最不可取的方法是单纯地从各州一般税收中划出一部分，为交易所提供资金。更有可能的自给自足模式包括对通过交易所出售的所有保险项目征收费用，或对所有个人和小团体保险征收费用，无论其是否通过交易所进行交易。

接受联邦默认交易所的州如果愿意，仍然可以履行交易所的某些职能。州可以确定医疗救助和 CHIP 资格或可以执行一些再保险活动（本章后面将讨论）。正在建立州合作模式交易所的州可以承担这些职能中的任何一个或两个，并且还可以承担先前所述的计划管理或消费者援助角色。有关交易所功能的详细讨论，请参阅 Goodell（2013）和 Carey（2011a）。

基本健康保障

ACA 对于通过交易所提供的保险性质保持相对沉默的态度。它列出了每个计划必须提供的十项基本保障（见专栏）。但是，立法要求健康和公众服务部秘书处制定更为详细的基本保障的相关法规。秘书处允许各州使用以下四种一般基准健康计划中的一种来确定其所在州的保障。这四个选项是：

1. 按登记人数计算的该州三个最大的小团体计划之一；
2. 按登记人数计算的该州三个最大的州雇员健康计划之一；
3. 按登记人数计算的该州三个最大的联邦雇员健康福利计划选项之一；
4. 按登记人数计算的该州商业市场中所提供的最大 HMO 计划。

这并不意味着基准计划中的免赔额、自付费用、共保比例或单位服务量限制都是基本保障的一部分。相反，所选择的基准计划中涵盖的服务将是州交易所计划提供的服务。所有选择联邦默认交易所的州都必须使用其所在州最大的小团体计划作为基准。大多数以州立模式或合作模式的交易所（18）都选择这样做。四个州将使用该州最大的HMO提供的保险项目作为模型，三个州将使用州雇员福利计划。全国州立法会议（The National Conference of State Legislatures，2013）有一个很好的网站（www. ncsl. org/issues - research/health/ state - ins - mandates - and - aca - essential - benefitss. aspx），该网站有各州基准计划的链接，并比较了向各州开放的备选方案。

交易所将为保险项目划分四个等级，“金属水平”（the medals levels），以及一个灾难性保障计划。每一级保障都包括基本保障方案中包含的所有服务。计划之间的差异有两个方面。一是每个等级的计划需要支付基本保障方案的精算成本比例逐渐升高。如图22.3所示，白银计划必须支付计划中服务成本的70%；黄金和铂金计划则需支付更大的百分比，并将有更高的保费；青铜计划支付的服务成本份额较小。

ACA所要求的10项基本健康保障

1. 门诊服务
2. 急诊服务
3. 住院治疗
4. 产妇和新生儿护理
5. 精神健康和药物滥用服务
6. 处方药物
7. 康复服务和设备
8. 实验室（化验检测）服务
9. 预防保健服务以及慢性病治疗
10. 儿科服务，包括口腔和视力保健

二是同一等级内的计划将根据消费者如何支付其精算成本的份额而有所不同。一种方法可以是提供免赔额相对较大的计划，但是一旦满足免赔额就具有低的自付医疗费。同一等级的另一个计划则可能有适度的免赔额，但将产生某些服务的自付医疗费和共保比例。立法中唯一的要求是在精算规定的每个层级中，成本分摊的比例应用于支付医疗费用的剩余部分。因此，在白银等级中，每个计划的自费金额分摊将支付医疗服务成本的30%。[①]

① 译者注：换而言之，参保人的自费不能是因为保险公司管理成本或利润过高造成的。

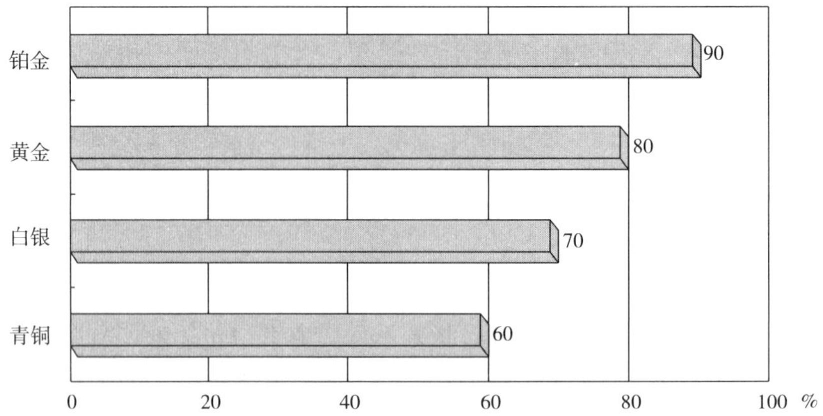

图 22.3　交易所计划等级所涵盖的基本福利精算成本百分比

保险公司无须为每个级别都提供计划。但是，它们必须在其参与的每个交易所中提供一个白银和一个黄金计划。

灾难性保障计划与其他计划略有不同。它仅在个人交易所中提供，并且可能仅出售给 30 岁以下的人，也可以卖给那些因保费超过其收入的 8% 而被排除在购买保险年龄之外的人。这些计划不必满足精算成本百分比，但免赔额和自付限额的最大值必须符合健康储蓄账户（HSA）计划的当前要求（回顾第 17 章，2013 年二者额度分别为 1 250 美元和 6 250 美元）。

交易所提供的补贴

一般而言，任何人都可以在个人交易所购买保险，并且正如我们之后所述，期望许多目前购买非团体保险的人今后也这样做。ACA 提供了一种可预付、可返还的税收抵免作为低收入人群的补贴，该人群中目前许多人没有保险。此外，它还为医疗服务的自费部分提供补贴。

税收抵免

税收抵免旨在支付该地区提供的第二低成本计划——白银计划的费用。但是，无论该计划的费用如何，税收抵免都不得超过法律规定的个人收入的特定百分比。税收抵免的适用区间为联邦贫困线（FPL）的 100% ~400%。贫困线取决于家庭中的人口数量，并且每年都进行调整。表 22.4 显示了 2013 年符合税收抵免条件的收入水平，以及符合每个补贴层级的两口之家的收入范围。因此，一些生活在两人家庭中、收入在 FPL 的 100% ~138% 的人将有 15 510 美元到 21 404 美元之间的年收入。如表 22.4 所示，这群人将支付不超过其收入的 2% 来购买所在地区的第二低成本的保险计划——白银计划。收入较高的人必须支付更大的收入份额才能获得保险。

表 22.4　　个人交易所补贴

收入水平	2013 年两人家庭 FPL 收入范围（美元）	收入支付保险的最大百分比（%）	收入为 FPL 中点的人购买 5 000 美元白银计划的最高补贴（美元）
100% ~138% FPL	15 510 ~21 404	2.00	4 631
138% ~150% FPL	21 404 ~23 265	3.00 ~4.00	4 219
150% ~200% FPL	23 265 ~31 020	4.00 ~6.30	3 602
200% ~250% FPL	31 020 ~38 775	6.30 ~8.05	2 496
250% ~300% FPL	38 775 ~46 530	8.05 ~9.50	1 255
300% ~400% FPL	46 530 ~62 040	9.50	无补贴

假设该地区成本第二低的白银计划费用为 5 000 美元。表 22.4 显示了每个收入水平中位数的人们有资格获得的最高税收抵免。年收入为 18 457 美元（100% 至 138% 的 FPL 收入范围的中位数）的人最高将获得 4 631 美元，用于购买白银计划的补贴。他将不得不自己支付 369 美元用于购买保险。补贴的数额将随着收入水平的升高而下降。请注意，在 300% ~400% 的收入水平下，5 000 美元的白银计划保费低于中位数收入的 9.5%（即 5 000 美元低于 0.095 乘以 54 285 美元）。值得注意的是，个人可以从任何等级中购买计划，但补贴的数额仍然与第二便宜的白银计划挂钩。

可预付、可返还的税收抵免是指在提交纳税表之前可以获得的抵免，一个人只要不欠任何税款均可获得。通常在完成一个年度所得税表格时，可获得税收抵免。例如，4 000 美元的抵免意味着一个人的纳税义务减少了 4 000 美元。如果没有纳税义务，就不能使用税收抵免。可返还的抵免意味着即使没有欠税，也可以获得抵免。因此，可以根据抵免额度获得退款。然而，这种补贴可能对有资格获得税收抵免的人购买保险没有帮助，直至在下一年提交税表之前，她都无法获得补贴。因此，ACA 税收抵免是可预付的。这意味着交易所将对一个人可获得的税收抵免额进行估计，然后将其应用于该人所选计划的保费。当一个人在第二年完成税表时，实际抵免额将被确定，纳税人可能欠下更多税款或者获得比原先估计的更大的税收抵免。

成本分摊补贴

这些补贴减少了低收入人群在使用医疗服务时承担的费用负担。如果有人购买白银计划，自费比例将为30%。对于低收入人群而言，他们自费比例减少了。对于那些收入在FPL的100%～150%的人来说，自费是成本的6%；对于那些收入在FPL的150%～200%的人来说，自费是成本的13%；对于收入为FPL的200%～250%的人，自费为所用服务的27%。因此，其所需的免赔额、自付医疗费和共保比例将相应减少。

小雇主补贴

拥有少于50名全职员工的小雇主不需要为其工人提供健康保险。但是，那些雇用25名或更少员工的人有资格获得高达“雇主缴纳保费”的50%作为税收抵免。但是，只有公司缴纳保费占比全额保险费的50%，且企业平均年薪低于5万美元，才可以获得这种补贴。随着企业规模和平均工资水平的提高，补贴数额也会逐渐减少。补贴有效期仅为两年。

默认交易所与个人获得补贴的可能性

关于联邦默认交易所的权限，目前存在一些争议：主要是能否向收入低于FPL 400%的人提供补贴。Goodell（2013）指出，立法的反对者认为，立法的措辞只规定向州立的交易所提供保费税收抵免。她还指出，美国国税局已经发布了规定，所有交易所都可获得税收抵免。这一点目前正在诉讼中。

没有州医疗救助扩展计划下的交易所

正如我们在第3章中所讨论的那样，最高法院于2012年6月宣布，当ACA要求各州扩大其医疗救助计划或因现有医疗救助计划而耗尽所有联邦配套资金时，ACA此举将会以失败告终。因此，每个州都可自由决定是否扩大保险项目。我们将在第25章中详细讨论这个问题。

在这里，我们想简要强调当一个州决定不扩张其医疗救助项目时，对交易市场的影响。医疗救助的扩展计划旨在对年龄在19岁至64岁，收入低于FPL 138%的个人进行保险。如果一个州没有扩大其计划，这些人就没有资格获得医疗救助计划。他们可以通过交易所购买保险。但是，只有收入超过FPL 100%的人才有资格获得个人补贴。因此，在医疗救助项目未扩大的州内，所有或大部分符合医疗救助条件的人将不会通过交易所进行保险注册。在撰写本书时，一些州正在与联邦政府就利用该项潜力进行讨论。医疗救助扩张项目的资金本来应用于补贴那些有资格参加医疗救助扩展项目的人，但由于有些州没有实施扩展项目，现在需要将该资金用于通过各州交易所购买保险的人，此类替代模式是否可行，尚未获得批准。

风险调整

通过交易所提供的保险计划（以及在交易所之外提供的计划），其费率厘定所能使用的方法是受限制的。ACA 允许使用年龄（最低和最高保费之间的保费差为 1:3）、地理区域、家庭组成以及吸烟状况等（保费差 1:1.5）。计划不能使用性别或既存病症状况调整保费。最后一项禁令还指出保险计划不得使用任何健康状况指标。

尽管如此，保险计划很可能无法实现参保人数的均衡分布。一些项目可能会有更高服务成本的女性参与，而其他项目则可能有更低服务成本的男性参与。部分保险项目可能有位于低成本社区的医生和医院网络，而有些项目可能包含了一组专科医生，进而吸引了高比例慢性病人的加入。因此，逆向选择将仍是一个亟待解决的重大问题，它将破坏市场稳定，因为那些吸引了高服务成本参保人的计划无法差别收取保费，以反映其参保人组合的不同。

ACA 解决这一问题的方法是，要求交易所采取对个人健康计划进行风险调整支付（Weiner 等，2012），主要有以下三种方式：

1. 过渡性的再保险。在 2014 年至 2016 年，各州必须为个人市场制订再保险计划。该计划将收集来自个人、小团体和单纯的行政服务市场的保险公司的缴费，并向个人市场的保险公司支付补偿，以支付高昂的个人保险的高成本。2014 年的费用为每个月每个人 5.25 美元。从本质上讲，交易所将设置一个门槛或附加条件，以定义高成本索赔。然后，交易所将使用其收取费用中的一部分资金，来补偿高成本索赔中部分费用。

2. 风险走廊计划。该计划于 2014—2016 年也将继续落实，关注的是交易所最初几年可能会经历的数额较大的盈利或亏损的计划。每个健康计划将获得医疗支出的目标金额——等于其总保费减去认可的行政费用。如果他们的实际支出高于或低于此目标超过 3%，他们也将获得或支出相应金额。

3. 风险调整。ACA 号召在 2014 年建立一种基于诊断的风险调整机制。它将包括保险公司在交易所内外的个人和小团体市场覆盖的所有人口。一个拥有大比例患病人口的保险公司将获得风险调整费用，这些费用的测算来自对那些患病率低的保险公司评估。虽然本书中尚未列出模型，但预期该方法将与我们在第 7 章中讨论的 CMS 分级条件类别非常相似。例如，怀孕这样的情况必须纳入为医疗照顾人群设计的保险系统中。

州立交易所的财务

2014年，联邦政府承担了以州立交易所的运营成本。然而，到2015年，交易所将自给自足：各州可以选择多种方式为交易所提供资金。例如，他们可以使用普通税收，或者他们可以提高州的香烟税率。更有可能的是，各州将对通过交易所出售的计划，或在该州出售的所有个人和小团体计划征收税费——无论这些计划是否通过交易所出售。联邦默认交易所将对交易所出售的所有计划收取3.5%的税费（Goodell，2013）。

交易所需资金的大小取决于其所开展活动的成本、通过交易所参加保险的人数以及费用是否仅适用于交易所内部。

亚拉巴马州决定让联邦政府经营其交易所。尽管如此，它们也进行了大量分析，以衡量运行州立交易所模型所需的成本。以下估算来自Bob Carey（2011a）的分析。

据估计，亚拉巴马州大约有50万人可能有资格参加个人交易所，另有60万人估计有资格参加州SHOP交易所。当然，并非所有符合条件的人都会这样做。Carey提出了一系列估计：他的“适度”估计是60%有资格参加个人交易所的人和5%有资格参加SHOP交易的人，最终会通过交易所进行保险注册①。

表22.5显示了2015年亚拉巴马州经营行政合并、交易所且参保中位数为33万人时的成本估算。

表22.5　2015年亚拉巴马州交易所注册中位数为33万人时行政成本估计值　单位：美元

预算类别	年费估计值
资格认定	
每个参保者费用	17.50
总成本	5 775 000
健康计划注册	
每个参保者年费	96.00
总成本	31 680 000
扩宽市场及营销	4 000 000
交易所职员	2 750 000
设备	300 000
共计	
总计	44 505 000
每个参保者每月缴纳	11.24

资料来源：Carey（2011a）。

① 5%的估计可能太高了。正如Carey所指出的，截至2011年7月，马萨诸塞州的健康联络人计划（Health Connector）（州的小团体交易所）覆盖的员工不到2 500人，仅占了小团体市场的5%。

资格认定包括确定医疗救助和税收抵免资格、通知申请人、裁决上诉和回复询问等活动。健康计划注册费用涉及维护用于比较计划、维护Web门户和决策支持的基础设施、系统和其他职责。扩展服务项目包括引导计划、关于交易所的直接营销策略以及其协助消费者获得医疗服务的能力。工作人员估计25～30人，每年总费用估计为4 450万美元或每位参保者人均11.24美元。相比之下，马萨诸塞州预收每月保费的3.0%，或对每位参保者预收约12.00美元。

因此，如果只对那些通过个人或SHOP交易所购买保险的人收取费用，根据这些估计，除了保险费之外，每月管理费用为11.24美元；相反，如果不考虑他们是否通过交易所购买保险，而对在个人和小团体市场购买保险的所有人收取费用，每个参保者每月的费用将为3.21美元。

显然，不考虑是否通过交易所购买，对所有参保者收取费用是存在争议的。特别是小雇主认为，实际上他们不会使用交易所，却要为交易所的经营运作支付费用，这不公平。政策支持者则认为，由于交易所存在，保险公司竞争加剧导致保费减少，无论是否使用交易所购买保险，消费者购买保险则均会受益。

交易所参保人数的估计量

Parente和Feldman（2013）广泛模拟了ACA对个人和团体市场参保人注册可能产生的影响。他们无法提供交易所的估计值，因为这需要假设人们在交易所内外获得保险的比例。但是，他们可以观察65岁以下的所有人。表22.6显示了他们的基线估计值：这些估计值没有考虑到最高法院允许医疗救助计划自愿扩张的决定。总体而言，2012年至2014年，未投保人数减少了38%，从5 480万人减少至3 410万人。这是因为私营保险人数和医疗救助保险人数大幅增加。

在Parente和Feldman模拟中，2012年至2014年，个人市场增加人数将超过1 200万人。他们的模型使用医疗费用面板调查（MEPS）数据和其他要素。他们认为限制条件最少的PPOs——那些免赔额低且没有自付医疗费的PPOs，相当于铂金计划。黄金计划是中等限制的PPOs，白银计划被认为是供应商范围较窄、免赔额较高且自付医疗费较大的PPOs。青铜和灾难性支出计划被认为是高免赔额的健康计划。从这个角度来看，随着ACA第一年的实施，白银、黄金和铂金计划的个人注册数量增加了55%；青铜等级和灾难性计划的注册人数大约增加了27%。

这里考虑的团体市场包括小型和大型团体，预期的变化也更加复杂。首先，限制性PPO的参保人数减少了大约1 200万。这些是有限的供应商网络和高免赔额或自付医疗费的计划。这些人很大程度上转向“员工保险到其他保险/交易所”，其转移参保人数增加了1 080万。其中许多是我们在第18章中讨论过的团体——他们目前的保险由不必提供保险的小雇主提供。回想一下，员工少于50人的雇主不需要提供保险。如果这些公司有很高比例的低收入工人，雇主和工人可以通过放弃保险、提高工资、通过交易所参保让许多人有资格获得补贴，来提高员工的收益。表22.6中还包括部分通过配偶获得保险计划而进行保险项目转换的人群。

表22.6　　ACA实施前后65岁以下保险参保人数估计值　　单位：百万人

类别	2012年	2014年	增长
所有保险项目			
私营被保险人	205.7	226.9	21.2
医疗救助	34.9	52.0	17.1
无保险人	54.8	34.1	-20.7
个人保险市场			
铂金、金或银级保险	13.1	20.3	7.2
青铜或灾难性支出保险	19.5	24.7	5.2
所有个人保险	32.6	45.0	12.4
团体保险市场			
PPO——限制最少	22.4	18.5	-3.9
PPO——限制中等	2.8	3.4	0.6
PPO——限制最多	81.9	69.8	-12.1
HMO	5.9	5.9	0
健康报销账户（HRA）	18.1	17.7	-0.4
健康储蓄账户（HAS-funded）	2.0	3.9	1.9
员工保险至自费PPO	0.1	3.5	3.4
员工保险至其他/交易所	19.6	30.4	10.8
拒绝承保	5.9	5.5	-0.4

资料来源：Parente和Feldman（2013）。

其次，在保障水平最高的计划——“限制性最小的PPO”中，预计将减少近400万人的登记人数。这些计划中的一些人转向成本较低的保险计划。第三，预计有大约340万人从合格的交易所计划中购买保险，并由雇主支付罚款，这些即为表22.6中的“员工保险至自费PPO”（ESHI to self-pay PPO）。

如果各州不扩大其医疗救助计划，估计值则会发生变化。当然，挑战来自预测哪些州（如果有的话）选择不扩展其计划。我们将在第25章中更详细地讨论这一点。但是，我们对交易所考虑的关键问题是个人保险项目。Parente和Feldman（2013）考虑了6个州退出的情况：佛罗里达州、路易斯安那州、密西西比州、内布拉斯加州、南卡罗来纳州和得克萨斯州。图22.7显示了他们的模拟结果。他们的研究表明，最初个人计划的参保人数估计增加 330 万人，其中多数人的收入在 FPL 的 100% ~138%，并且将通过交易所获得补贴，其他人将留在雇主计划中。然而，随着时间的推移，两种方案下的被保险人都会面临保费增加，参保数量下降的情况。在 2018 年之后，Parente 和 Feldman 预计个人保险的高额保费将导致许多人放弃个人保险项目。如图 22.7 所示，当一些州没有扩大医疗救助时，下降幅度更大。

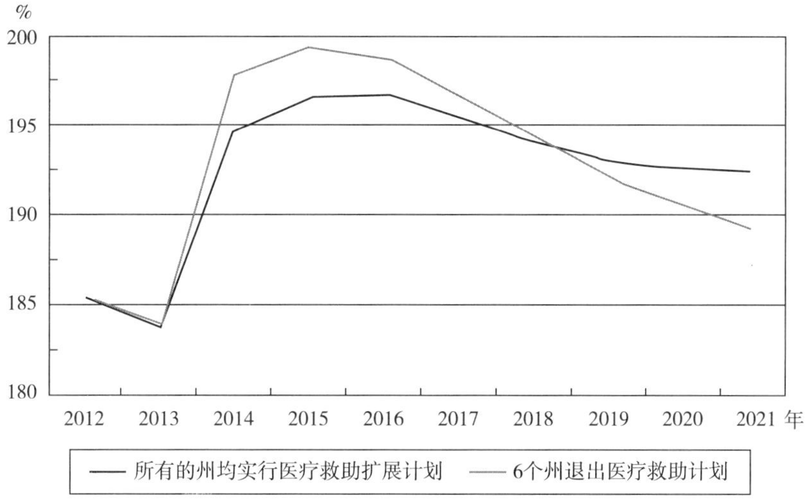

资料来源：Parente 和 Feldman（2013）。

图 22.7　有无医疗救助扩展计划下的私营保险估计情况

交易所中的保费成本估计

理想情况下，我们希望精确地知道，在实施 ACA 之前及此后三年，具有特定特征的个人购买保险的保费变化情况。也就是说，作为一个 26 岁的男性，今天我的非团体保险费是多少，如果通过交易所购买，我的保险费用是多少？这种计算（如果存在的话）似乎并不公开，这是有充分理由的。例如，这种计算需要许多假设和决定：我们想要比较在此之前和之后的相同保险项目吗？我们是否希望保费差异反映所需保险项目的变化？保费金额变更部分取决于特定州的监管环境。我们想要全国平均比较，还是特定某个州进行比较？我们对黄金级别还是白银级别的保险项目感兴趣？等等。

我们确实展开了一些精算工作开始解决此类问题。精算师协会（SOA，2013）发布了一份报告，该报告估计了 ACA 对非团体市场平均保费的影响。表 22.8 显示了 SOA 对全国和选定州的总体估计结果。SOA 估计，2017 年即实施三年后，平均而言，通过交易所购买保险的每个参保人每月保费将比其他情况下高出31.5%。ACA实施前的保费水平和预测保费增幅都存在相当大的差异。俄亥俄州和威斯康星州等州的保费增幅估计为80%；相比之下，纽约州和马萨诸塞州的平均保费下降幅度估计为13%。

表22.8　2017年非团体市场平均保费预测——全国均值与增幅最大和最小的州

州	ACA实施之前（美元）	ACA实施之后（美元）	增长百分比（%）
俄亥俄州	223	403	80.9
威斯康星州	258	464	80.0
印第安纳州	272	455	67.6
马里兰州	284	473	66.6
爱达荷州	211	343	62.2
加利福尼亚州	260	420	61.6
亚拉巴马州	263	422	60.3
密苏里州	238	378	58.8
哥伦比亚特区	348	528	51.9
伊利诺伊州	304	459	50.8
全国均值	314	413	31.4
华盛顿州	314	357	13.7
北卡罗来纳州	361	409	13.5
艾奥瓦州	350	384	9.7
北达科他州	326	353	8.4
缅因州	468	487	4.1
新泽西州	481	474	-1.4
罗得岛州	587	548	-6.6
佛蒙特州	587	514	-12.5
马萨诸塞州	519	453	-12.8
纽约州	619	533	-13.9

注：保费按照每人每月统计。该分析假设所有州都扩大了医疗项目。如果没有扩大的话，全国保费估计值则增加28.9%。

资料来源：SOA（2013）。

这些结果似乎与我们在第6章中讨论的费率制定和核保大体一致。保费增幅最大的州似乎也是ACA实施前最低保费的州。例如，如果允许这些州的保险公司进行医疗核保，平均保费将包含更健康和更少患病的参保人。因此，当ACA取消使用这些核保措施时，更多的病人会被带入风险池，从而导致使平均保费升高。

相反地，增幅最小且平均保费实际下降的州更有可能成为受到核保规则监管的州。正如第 6 章 LoSasso 和 Lurie（2009）的研究中所看到的那样，纽约州、马萨诸塞州和佛蒙特州是取消医疗核保的州的代表。因此，我们在表 22.8 中看到这些州在 ACA 实施前具有较高的平均保费。取消医疗核保将导致平均保费基线增加。更健康的人会看到更高昂的保费，并且大多选择不参加。病情较重的人将会被纳入普通的风险池，他们将会发现保费偏低，进而导致他们将会大量加入该计划。这些早期行动的结果是，当 ACA 要求大部分人拥有保险，意味着更多更健康的人必须加入这些州的风险池时，平均保费有所降低。

SOA 报告还提供了一些关于 ACA 实施后，保费如何因个人特征而异的信息。我们知道，ACA 禁止使用性别作为设定保险费的指标，按年龄差异将保费等级划分为 1 ~ 3。表 22.9 显示了标准保障方案中不同年龄的男性和女性选定的费用比率。例如，在一群被保险的男性和女性（来自 MEPS）中，一名 30 岁的男性预计索赔经验的平均值为 62.25%；一名 30 岁的女性预计索赔经验平均为 117.80%。事实上，55 岁之前，女性申请索赔经验比男性要高，之后女性的预期索赔量逐渐下降。

表 22.9　　区分性别和年龄的个人保险费率

年龄	男性	女性	合计	“平滑”年龄组	1 至 3 费率等级
20	0.4303	0.8518	0.6411		
25	0.4662	1.3368	0.9015	<25	0.6355
30	0.5368	1.2937	0.9153		
35	0.6225	1.1780	0.9003	25 ~ 34	0.7517
40	0.7450	1.2852	1.0151		
45	0.9105	1.1092	1.0099	35 ~ 44	1.0635
50	1.1522	1.2747	1.2135		
55	1.4966	1.4966	1.4966		
60	1.9568	1.8045	1.8807	55 +	1.9144
65	2.8144	2.3277	2.5711		

资料来源：女性数据来自表 B－4，费率等级来自表 B－5（SOA，2013）。合计数值计算是基于每个年龄段同等数量的男性和女性。

ACA 还规定，女性和男性可能有不同的待遇。因此，如果有相同数量的 30 岁男女，他们的综合预期索赔经验的均值为 91.53%。因此，如果没有其他变化，预计 30 岁男性的保费将增加 70.5%，而 30 岁女性的保费将减少 29.3%。在其他条件相同的情况下，55 岁以下的男性应该期望他们的保费相较于他们在 ACA 实施之前增加，而在大多数情况下，女性应该则期望她们的保费下降。

SOA 还提供了一些允许基于年龄而产生保费差异的前提下，1 ~ 3 费率等级范围的影响分析。通过交易所提供的计划可能会根据年龄的不同，而收取不同的保费。但是，最老的参保人则不要求其缴纳超过新参保人 3 倍以上的保险费。从表 22.9 中我们可以看到，65 岁男性的保费等级是 20 岁男性保费的 6 倍以上。两种性别加在一起的等级则要高出 4 倍以上。SOA 的报告称，他们的模拟结果表明，1 ~3 的保费等级范围将使 25 岁以下的人获得平均保费的 63.55%，而 55 岁及以上的人将支付平均保费的 191.44%。因此，相较于 ACA 实施之前，缩小允许年龄范围的规定仍然会使 55 岁以下的男性在保费方面境遇更差，60 岁以上的人的情况会更好。对于女性，在实施 ACA 后，45 岁以下者保费较低，而 60 岁及以上者的情况则更糟。当然，所有这些都忽略了健康状况对保费的影响。

本章小结

- 有 26 个州选择了联邦默认模式的交易所，联邦政府在该州负责运营交易所。
- 这些州和大多数州立交易所将是市场促进者。他们将在各自的交易所中提供所有合格的健康保险计划。
- 大多数州交易所将是准政府实体，其董事会由州政府任命。
- 交易所有五个核心功能：确定医疗救助的资格和税收补贴、注册、保险计划管理、消费者援助以及财务管理。
- ACA 定义的十项基本健康保障通过基准计划的选择在各州实施，基准计划通常是小团体市场上参保人数最多的计划。
- 如果州政府决定不扩大医疗救助计划，那么有 ACA 的医疗救助扩展资格的大多数人，将不能获得通过交易所购买保险的税收补贴。
- 考虑到健康计划的逆向选择现象，交易所必须实施风险调整方法。
- 交易所必须在 2015 年之前自给自足。

问题讨论

1. 大多数州选择不建立自己的交易所，而是采取联邦默认模式，这是正确的决定吗？讨论州立与联邦默认交易所的优缺点。

2. 如果你是保险经纪人，ACA 和交易所对你意味着什么？

3. 在什么情况下，你认为充当市场促进者角色的交易所会导致保险公司竞争加剧？主动购买者将如何导致更激烈的竞争？

4. 对交易所保费的早期估计表明，绝大多数州的保险费将超过未实施 ACA 时的保费水平，导致这一结果的因素是什么？

延伸阅读

[1] Goodell, S. 2013. "Federally Facilitated Exchanges." *Health Policy Brief*. Published January 31. www. healthaffairs. org/healthpolicybriefs/brief. php? brief_id=84.

[2] Parente, S. T., and R. Feldman. 2013. "Microsimulation of Private Health Insurance and Medicaid Take-Up Following the US Supreme Court Decision Upholding the Affordable Care Act." *Health Services Research* 48 (2, Part Ⅱ): 826-49.

[3] Weiner, J. P., E. Trish, and K. Lemke. 2012. "Adjusting for Risk Selection in State Health Insurance Exchanges Will Be Critically Important and Feasible, but Not Easy." *Health Affairs* 31 (2): 306-15.

第七部分

医疗照顾计划、医疗救助计划和私营保险

第23章　医疗照顾计划概述

2011年，医疗照顾计划为4 040万老年受益人和830万残疾受益人提供了给付（联邦医院和保险以及联邦补充医疗保险信托基金，董事会报告，2012）。从某种意义上说，它是美国最大的健康保险人。然而，与私营健康保险不同，医疗照顾计划的收入只有12.9%来自保费，其大部分收入来自税收。本章将对两种医疗照顾计划信托基金的责任范围和融资方式进行介绍，并将其置于社会保障基金的框架内。医疗照顾计划住院保险（HI）信托基金主要用于医院的医疗服务，而医疗照顾计划补充医疗保险（SMI）信托基金则覆盖门诊治疗和处方药。

本章有两个目的。一是简单介绍医疗照顾计划——一个庞大而重要的项目。二是为第24章做准备，该章将讨论退休人员的保险问题。除了传统的医疗照顾计划外，大约91%的老年受益人还享有其他某种形式的健康保险。这些额外保障形式包括私人购买的补充保险、雇员缴费的退休人员保险、医疗救助计划和医疗照顾优势计划。有时被称为医疗照顾计划C部分的医疗照顾优势计划，是医疗照顾计划管理式医疗的现有名称。它由医疗照顾计划A部分和B部分支付，通常比传统的医疗照顾计划待遇更高，但对医疗服务提供者的选择权更少。

社会保障：医疗照顾计划的起源

1935年，作为富兰克林·罗斯福总统新政计划的一部分，社会保障制度建立。年满65岁且缴纳足够时间社会保障税的人有资格每月领取现金给付（1929年以后出生的人必须工作10年才有资格领取给付金）。1939年，该方案扩大到包括对退休工人的配偶和未成年子女以及过早死亡职工的受抚养子女的现金给付。通过社会保障工资税获得的收入将存入政府运营的信托基金。这些钱用于社会保障给付的支出，所有的准备金都投资于政府的特殊证券。

20世纪50年代，现金给付大幅增加，并从1975年开始与通货膨胀挂钩。社会保障在1954年和1956年两次扩大责任范围，为残疾人提供现金给付。在作出这一改变的同时，建立了第二个信托基金。因此，今天有联邦老年和丧偶保险（OASI）信托基金以及残疾保险（DI）信托基金。截至 2011 年底，约有 4 400 万人获得了 OASI 给付，1 100 万人获得了 DI 给付。这两个信托基金的资产分别约为 2.25 万亿美元和 1 540 亿美元（董事会报告，2012）。

医疗照顾计划于 1965 年立法实施，是在林登・约翰逊总统执政期间。正如第 1 章所示，在上世纪 60 年代，医疗照顾计划的框架看上去很像私营健康保险。也就是说，它主要包括两大保险项目：一个覆盖医院服务，另一个覆盖医生服务。很像当时一个人可以通过蓝十字计划获得住院保险，通过蓝盾计划获得医生保险。医疗照顾计划 A 部分为医院服务提供保障，收入和支出是通过医院保险（HI）信托基金。医生和其他门诊服务由医疗照顾计划 B 部分负责，收入和支出来自补充医疗保险（SMI）信托基金。正如我们在本章下文要讨论的，HI 信托基金的融资类似于 OASI 和 DI 基金，但 SMI 基金不是这样的。截至 2011 年，医疗照顾计划覆盖了大约 4 870 万人，HI 基金资产规模达到 2 440 亿美元，SMI 的规模达到 807 亿美元（Boards of Trustees，2012）。

医疗照顾计划受益人可以选择通过医疗照顾计划管理式医疗获得保障。这一计划现在被称为“医疗照顾优势计划”，更正式的名称应该是“医疗照顾计划 C 部分”。在第 7 章中我们详细讨论了医疗照顾优势计划，这一计划的支付标准的基础，是每个受益人的医疗照顾计划 A 部分和 B 部分相结合的平均支出，再根据受益人的地理位置、人口和健康状况进行调整。

2003 年 12 月，在乔治・W. 布什总统执政期间，国会扩大了医疗照顾计划责任范围，将处方药纳入保险范围。该方案允许参加医疗照顾计划的受益人购买保险范围内有补贴的私人药品。这一扩展被称为医疗照顾计划 D 部分，其融资方式与 B 部分相同，也是 SMI 基金的一部分。图 23.1 提供了四个信托基金的路线图以及覆盖范围。

医疗照顾计划住院保险

通常情况下，人们获得医疗照顾计划 A 部分资格的条件，与获得社会保障资格的条件相同：在计划覆盖的工作岗位上工作了 10 年或者年满 65 周岁都有资格获得医疗照顾计划给付。这与社会保障形成了对比，在社会保障制度下，个人最早可在 62 岁时选择领取较低的给付金，而领取全额给付金的资格则取决于出生年份。在社会保障制度下，1937 年或更早出生的人可以在 65 岁时获得全部给付金，而 1959 年以后出生的人要到 67 岁才能获得全部给付金。因此，一些人有社会保障给付，但还没有资格享受医疗照顾计划住院保险，而另一些人可能有住院保险，但还没有资格享受全部社会保障给付。

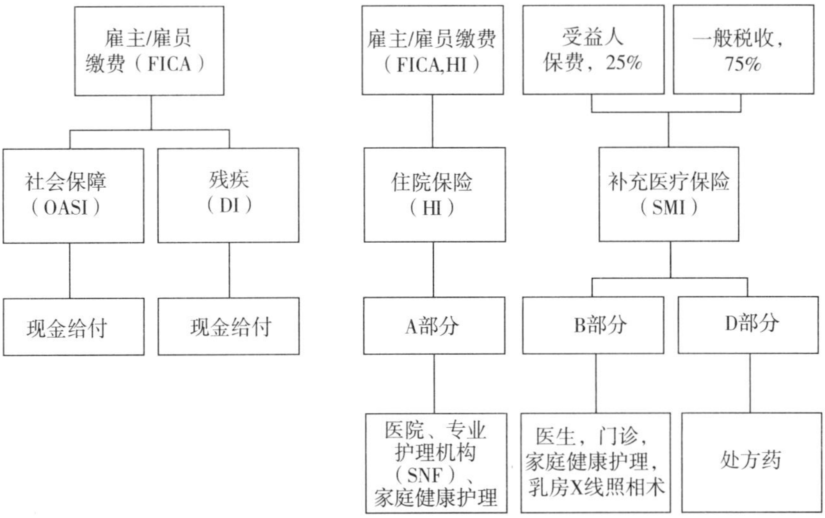

图 23.1　社会保障和医疗照顾计划概览

已达到资格年龄但工作未满年数的，暂时还不能得到免费的医疗照顾计划住院保险的受益人，可以选择自己缴费购买。2013 年，根据工作年限的不同，医疗照顾计划住院保险的保费为每月 441 美元或更低。① 只有大约 1% 的受益人支付部分保险费，几乎所有人都有资格根据其工作年数获得免费的医疗照顾计划住院保险。一些 65 岁以下的投保人由于残疾或被纳入终末期肾透析计划而同样有资格享受医疗照顾计划住院保险。截至 2011 年底，共有 4 830 万医疗照顾计划 A 部分受益人（董事会报告，2012）。

医疗照顾计划 A 部分涵盖了医院、专业疗养院、家庭保健以及其他给付，其中大部分都是住院给付。专栏总结了医疗照顾计划 A 部分的主要给付。然而，理解这些给付的关键在于理解“疾病期”（spell of illness）。疾病期与任何特定的疾病无关。相反，在医疗照顾计划中，疾病期开始于患者住院时，结束于患者离开医院或专业护理机构 60 天后。每个人每次疾病期都可以享受 90 天的住院护理和 100 天的专业护理机构（Skilled Nursing Facility，SNF）护理。医院的免赔额与每次疾病期相关。2013 年，免赔额为 1 184 美元，一旦支付了这一费用，住院护理的前 60 天无须缴纳自付医疗费（copay），第 61 天至第 90 天需要缴纳每天 296 美元的自付医疗费。此外，还有第 91 ~ 150 天的住院终身储备天数，但只能使用一次，且每天需要支付 592 美元的自付医疗费。每次患病期间最多可以获得 100 天的专业护理机构护理，专业护理机构护理被认为是医院护理的一种较低成本的替代。医疗照顾计划受益人必

① 部分高收入人群被要求支付更多的保费。

须至少住院3天以上，才有资格享受专业护理机构护理。专业护理机构护理的前20天内无须缴纳自付医疗费，第21天至第100天需要每天缴纳148美元的自付医疗费。

需要注意的是，医院的免赔额和自付医疗费与根据预期支付系统下的医院服务费用数额无关。如果一个人在新的疾病期中风入院，医疗照顾和医疗救助服务中心（CMS）将减去医院从保险受益人那里收取的1 184美元免赔额，向医院支付DRG－14（中风病症）的费用标准（见“疾病期的含义”）。

根据法律规定，自付医疗费的数额与医院免赔额相关。医院自付医疗费是免赔额的25%，终身储备天数自付医疗费是免赔额的50%，而专业护理机构自付医疗费是免赔额的12.5%。因此，CMS每年确定免赔额时，自付医疗费也会自动调整。本年度的免赔额是根据前一年的免赔额计算的，并根据医院付款率的增长百分比加以调整。例如，2007年的调整系数为3.4%（美国联邦公报，2006）。

此外，医疗照顾计划A部分还覆盖最高100次的家庭护理服务。这些家庭护理服务是对不便出门、卧床在家的人进行非全时或间歇性专业护理、物理治疗或言语治疗。家庭健康检查服务没有免赔额，也无自付医疗费，但必须至少住院三日才能有享受该项服务的资格。

医疗照顾计划A部分保障内容

- 每一疾病期

——最高90日的住院治疗

每一疾病期内1 184美元免赔额（2013年标准）

前60日无自付医疗费

第61日至第90日每日296元自付医疗费*

——3天或以上住院治疗后有资格享受最高100日的专业护理机构护理

前20日无自付医疗费

第21日至第100日每日148元自付医疗费**

60日住院终身储备天数

- 附加60日住院终身储备天数，每日592元自付医疗费***
- 三日或更长的住院治疗后最高100日的家庭护理服务
- 终身100日精神科护理
- 临终关怀
- 用血项目

注：*，**，***法律规定的自付医疗费分别是医疗照顾计划A部分免赔额的25%、12.5%和50%。

疾病期的含义

医疗照顾计划 A 部分规定的医院免赔额并不是按每年住院次数或每次住院天数计算，而是按照每个疾病期来计算。这对受益人支付的医疗费用以及住院保险实际覆盖的医疗费用有重要影响。假设你的祖母在一月下旬住院进行髋关节置换手术，并住院 4 天，她将支付 1 184 美元的免赔额。如果她在 3 月初因肺病再次住院，这将被视为在同一疾病期，无任何免赔额。如果她是在离开医院（或专业护理机构）60 天后，于 5 月因肺病再次住院，就需要再次支付 1 184 美元的免赔额。

如果你的祖母连续住院 90 天，她将支付与住院第一天相关联的免赔额，即在第 61 天到第 90 天内每天支付 296 美元自付医疗费。如果住院天数在 90 天以上，她将会使用到终身储备天数，每天支付 592 美元自付医疗费。

更典型的例子是，一个人反复住院和出院，但是出院的天数没有满 60 天。此人用光了 90 天的疾病期，却从未引发过新的疾病期。因此，假设你的祖母在 60 天内没有出院（或离开专业护理机构），相继或同时接受了髋关节置换、肺部问题、心脏病发作和其他住院治疗，她可能最终会使用到她的终身储备天数，最终在这一疾病期内耗尽医疗照顾计划的保险保障。

医疗照顾计划补充医疗保险

有资格享受医疗照顾计划 A 部分的投保人都有资格参加补充医疗保险计划（即医疗照顾计划 B 部分）。这一规定鲜为人知：对于那些其他方面符合资格但工作未满年数，而不能享受医疗照顾计划 A 部分的人来说，即使他们不购买医疗照顾计划 A 部分，也可以购买医疗照顾计划 B 部分。B 部分纯粹是自愿投保的。然而，虽是自愿投保，但几乎每个人都参保了。事实上，93% 以上的医疗照顾计划受益人参加了 B 部分的保险（董事会报告，2012）。这不足为奇，因为 B 部分得到了大量补贴。2013 年，投保人每月支付的标准保费为 104. 90 美元。法律规定，这笔款项用于支付 B 部分费用的 25%；其余 75% 由联邦一般税收收入支付。此外，收入低于联邦贫困线 135% 且资产有限的人有资格获得进一步补贴，以支付部分或全部保险费。

自 2007 年起，随着《医疗照顾计划现代化法》（*Medicare Modernization Act*, MMA）的出台，高收入投保人将支付更高的保费。在三年过渡期结束时，收入较高的投保人将根据收入情况分别支付 35%、50%、65% 或 80% 的 B 部分全部费用，具体比例视其具体收入情况而定。这些收入支付门槛本应随着通货膨胀而上升，但

《患者保护与平价医疗法》(*Affordable Care Act*，ACA) 将门槛冻结在2011年的水平上。表23.2显示了2013年的收入门槛、每个投保人的额外保费和每月保费总额。

表23.2　　2013年医疗照顾计划B部分保费

收入门槛			
个人申请（美元）	联合申报（美元）	占B部分总费用的比例（%）	每月保费总额（美元）
≤85 000	≤170 000	25	104.90
85 000～107 000	170 000～214 000	35	146.90
107 000～160 000	214 000～320 000	50	209.80
160 000～214 000	320 000～428 000	65	272.70
>214 000	>428 000	80	335.70

注：收入是指投保人两年前的收入。

资料来源：CMS（2013）。

医疗照顾计划B部分主要覆盖医生服务费、耐用医疗设备、医院门诊服务、医疗检测服务和一些预防服务（见“医疗照顾计划B部分保障内容”专栏）。大多数医疗照顾计划B部分服务要求支付年度免赔额。这项免赔额原定为1966年的50美元，后定期性提高至1991年的100美元。2005年，免赔额升至110美元，并自此以后与通货膨胀挂钩。2013年，免赔额为147美元。此外，对于大多数B部分服务内容，受益人需要承担20%的共保费率（见“医疗照顾计划下的财务平衡”）。

医疗照顾计划B部分保障内容

- 年度免赔额147美元（2013年标准）
- 适用于医疗照顾计划合理费用有20%共保费率

——医生服务，包括对新受益人的诊室就医和一次性身体检查

——耐用医疗设备

——医院门诊服务

——医院健康咨询

——临床实验室诊断试验

——门诊职业、物理和语言治疗

——住院3天后才能享受的家庭保健治疗

——一些预防性筛查服务*

——用血项目

注：*有限制种类、免赔额及共保费率。

医疗照顾计划下的财务平衡

自医疗照顾计划开始以来，计划支付了 80% 的保险覆盖范围内医生服务的合理费用，B 部分的共保条款的功效在于要求受益人支付另外 20% 的合理费用。合理费用由医疗照顾计划费用表决定。

然而，当医生收取的费用超过医疗照顾计划认为合理的数额时，应如何处理？一般情况下，医生有两种选择：他们可以认可其合理性，这意味着医疗照顾计划直接支付医生合理费用的 80%，医生给病人开其余 20% 的账单，患者无须承担任何额外的支付。相反，医生也可以拒绝认可其合理性。在这种情况下，医疗照顾计划向患者支付它所应承担的金额，然后医生按财务平衡（Balance Billing）原则向患者索取全额费用，包括医疗照顾计划支付的金额、共保份额和任何额外费用。因此，医生们面临着一个权衡：是选择确定获得医疗照顾计划直接支付的合理费用 80%，还是选择从病人获得更多、更少或没有支付的可能性。

在过去，医生在每一次提供医疗服务的时候，都可以选择是否认可或不认可费用的合理性。经济学认为，对于无力或不大可能支付账单的病人，他们更有可能认可；而对于那些有能力或将会支付账单的病人，则拒绝认可。1986 年，只有大约 60% 的医疗照顾计划费用给付是在直接认可完成的（Colby 等，1995）。然而，从 1984 年开始，国会开始降低财务平衡对医疗服务提供者的吸引力。医生最终被要求要么完全认可全部医疗照顾计划患者的费用，要么完全否定所有患者[①]，他们的收费不得超过医疗照顾计划费用表的 9.25% 的上限。2011 年，99.6% 的医疗服务给付是在完全认可的基础上提出的（CMS，2012b，表 9.3）。今天，医疗照顾计划受益人要差额负担的情况极为罕见。

医疗照顾优势计划

医疗照顾计划 C 部分通过计划批准的管理式医疗提供保障。多年来，这个项目被称为“医疗照顾计划 HMOS”和“医疗照顾计划 + 选择”；现在被称为“医疗照顾优势计划”。2012 年，大约 27% 的医疗照顾计划投保人参加了 C 部分的某一计划，C 部分参保率达到最高峰。2003 年的参保率下降到 12.6% 的低点，此后又出现了反弹。参保率的增加很大程度上是因为支付水平的提高和采用了更复杂的风险调整机制（见第 7 章），而采用更复杂的风险调整机制的一部分原因在于 2003 年颁布的 MMA

① 译者注：换而言之，医生不能按患者财务支付能力的大小区别对待，从中牟利。

(Morrisey 等，2013)。医疗照顾优势计划在全国的参保情况有很大的差别。明尼苏达州、夏威夷州和俄勒冈州的参保率最高，分别为46%、44%和41%。阿拉斯加州、怀俄明州和新罕布什尔州的参保率最低，分别为0、4%和5% (KFF, 2012d)。

医疗照顾优势计划下，参保者可以选择五种不同类型的健康计划安排：

1. 健康维护组织 (HMO)，通常有一组封闭的医疗服务提供商，参保者必须在医疗网络内的医疗机构就医，同时可能有一个定点服务选择[①]。

2. 优先医疗提供组织 (PPO)，通常允许参保者使用医疗网络外的医疗机构，但需要支付额外的自付医疗费。

3. 按诊疗收费计划 (PFFS)，通常只要医院和医生同意接受保险计划的付款条件，参保者可以选择任何医院诊所、任何医生就诊。

4. 医疗照顾储蓄账户 (MSA)，类似健康储蓄账户 (HSA)，参保者有较高的免赔额，将 HMO、PPO 或 PFFS 和医疗照顾计划的储蓄金结合起来。

5. 特殊需要计划 (SNP) 为那些可能住在疗养院、有双重资格的医疗补助，或有特定的慢性疾病或残疾的人群设计。

HMO 仍然是最受欢迎的，选择的比例更高。2012 年 65% 的医疗照顾优势计划参保者选择了 HMO (KFF, 2012c)。28% 的参保者选择 PPO，4% 参保者选择 PFFS。2007 年至 2009 年，存在着大量 PFFS，但自那时起，其受欢迎程度开始大幅下降。只有 1‰的参保者选择 SNP，但是，SNP 从未被认为有很大的市场份额。MSA 和其他类型的私人计划并没有获得多少市场份额，它们共同构成了大约 3% 的医疗照顾优势计划。

这些计划通常包含 D 部分的药品和其他服务，但责任范围的扩大并不是强制的。2013 年，82% 的医疗照顾优势计划覆盖了处方药 (KFF, 2012c)。

正如我们在第 7 章简要讨论的那样，自 MMA 颁布以来，医疗照顾优势计划进入了和医疗照顾计划的竞标时代。CMS 为每个县或地区的每个受益人设置一个基准支付水平，该基准支付水平足够提供完整的医疗照顾计划 A 和 B 部分的服务。若医疗照顾优势计划提交的出价低于基准水平，CMS 将保留 25% 的差额，并将剩下的 75% 返还该计划。该计划必须以额外的服务、较低的自付医疗费、较低的医疗照顾计划 B 或 D 的部分保险费等形式，将这笔退费返还给医疗照顾计划参保人。如果该计划的出价高于基准水平，它可以向医疗照顾计划参保人收取差价。此外，一旦有参保人投保该计划，医疗照顾计划将根据分级条件类别方法调整每个参保人的实际支付。

医疗照顾计划支付咨询委员会 (2006) 报告称，95% 的医疗照顾优势计划投标低于基准水平，如表 23.3 所示，这些计划很有可能利用它们的大部分返还来减少

① 译者注：即指定一位医生作为基础保健医生。

A 部分和 B 部分的成本分担并扩大给付。此外，这些计划还可免费增加返还金额以外的给付。因此，即使某个医疗照顾优势计划的出价低于基准水平，它也可能通过投保人每月支付额外的保费来提高收入。

ACA 使医疗照顾优势计划的缴费做出了重大修改。首先，在 CMS 为招投标过程设定的基准水平上，医疗照顾优势计划根据各县传统医疗照顾计划人均支出设定一个特定的百分比（从 95% 到 115% 不等）。成本较高的县将会降低基准水平。其次，医疗照顾优势计划下医疗质量高可以赢得奖金。为出价低于基准水平的计划提供的保险准备金比例，将以医疗质量分数为基础减少。结果是如图 23. 3 所示，返款和服务提升的空间在未来将更小。

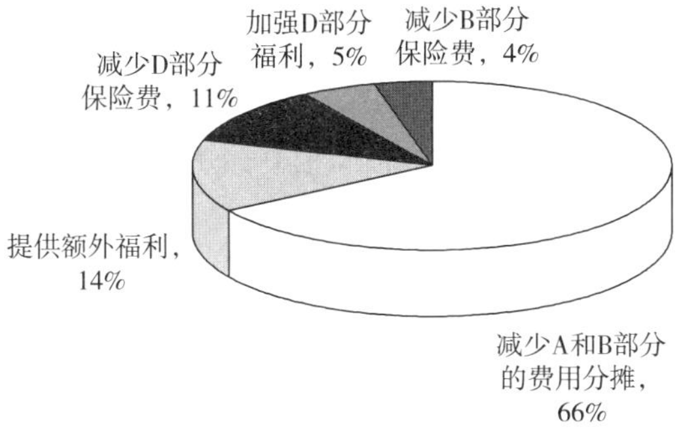

资料来源：医疗照顾计划支付咨询委员会（2006），“向国会报告：增加医疗照顾计划的价值，”图 9 - 2。

图 23. 3　医疗照顾优势计划使用的最大份额的投标返款

医疗照顾计划处方药物保险

2003 年 12 月，医疗照顾计划 D 部分颁布，作为 MMA 的一部分，D 部分于 2006 年 1 月 1 日开始实施。该计划是自愿参加的，并由私营保险公司经营。任何有资格获得医疗照顾计划 B 部分的人也有资格参加处方药物保险计划。参保者可以购买独立的药物保险以补充传统的医疗照顾计划，或者参加提供药品保险的医疗照顾优势计划。许多私营保险公司出售独立的 D 部分计划（CMS 网站，www. CMS. hhs. gov，列出了每个领域的被批准的保险计划）。D 部分的总成本和投保人的保费取决于所选择的计划。2012 年，独立保险计划在全国范围内的平均保费估计为每月 39. 40 美元（KFF，2011）。平均而言，投保人所在地区有 31 项单独的计划可供选择。

图 23. 4 总结了 D 部分所提供的标准给付的框架。2013 年选择参加 D 部分的投保人面临 320 美元的年度免赔额。一旦 320 美元免赔额支付完毕，对于处方药物保险所覆盖的 2 650 美元的费用，医疗照顾计划支付 75%，受益人支付 25%。2 971 美元至 6 733. 75 美元的药物支出没有被医疗照顾计划所覆盖。就是所谓的“甜甜圈陷阱”。而超过 6 733. 75 美元，医疗照顾计划负担该年度所有处方药支出的 95%。

这种奇特的给付安排反映了国会的妥协，即该方案根据保险原则为灾难性医疗支出提供了保障，并根据政治原则提供了“从第一元即付保险”，同时又不超过国会和总统可以接受的预计支出水平。为反映通货膨胀情况，每年都要对保险所涉各阶段的可扣除数额和阈值进行调整。

5%共保率的灾难性医疗费用给付	6 733.76+美元
非处方药物保险覆盖部分（“甜甜圈陷阱”）	2 971~6 733.75美元 52.5%原研药折扣 21.0%仿制药折扣
25%共保率的处方药物保险	321~2 733.75美元
免赔额	320美元

图 23. 4　医疗照顾计划 D 部分标准给付

“甜甜圈陷阱”受 ACA 影响，有所变化。从 2012 年开始，有处方药物保险的老年人在“甜甜圈陷阱”的数额范围内购买原研药和仿制药可以得到折扣。2013 年，原研药折扣率为 52. 5%，仿制药折扣率为 21%。到 2020 年，受益人在“甜甜圈陷阱”的数额范围内购买原研药和仿制药时将负责支付 25% 的费用。

投保人无须选择标准给付。他们可能购买较小免赔额的保险计划，也可以选择能够覆盖所有或部分“甜甜圈陷阱”的保险计划。在特定药物和指定药店方面，这些计划有所不同。国会预算办公室（2011 年）报告称，2008 年，只有不到 10% 的无补贴（见下文）医疗照顾单独药物计划参保者选择图 23. 4 所示的标准赔付比例。大约有三分之一的人参加了免赔额扣除后需承担自付医疗费的保险计划，其赔付比例实际上等于标准赔付比例。另外 60% 的保险计划增加了处方药给付，这些计划需要支付更高的保费，但有其他的给付，包括较低的免赔额、较低的自付医疗费，赔付覆盖“甜甜圈陷阱”。

目前，许多医疗照顾计划受益人通过其前雇主获得退休人员健康保险。国会担心的是，随着医疗照顾计划 D 部分的出现，这些健康保险计划将取消对处方药的覆盖。因此，如果雇主退休人员计划提供了与 D 部分给付相当或超过 D 部分给付的处方药保险，他们将为药品支出提供 250 美元至 5 000 美元的补贴。雇主可以将这种补贴视为对联邦企业所得税的减免。ACA 延续补贴制度，但取消税收。原因在于税收增加了雇主缴费健康保险给付的成本，因此这些方案预计会对税收有所削减。

D 部分还规定，收入低于联邦贫困线 135% 和处于 135% ~150% 的 ACA 受益人有资格免除或减少免赔额、消除“甜甜圈陷阱”以及降低共保率。2013 年，个人贫困补助标准为 11 490 美元，两口之家为 15 510 美元。国会预算办公室估计，大约三分之一的受益人符合低收入规定（Antos and Calfcc，2004）。

截至 2010 年 2 月，大约 86% 的医疗照顾计划受益人拥有医疗照顾计划或前私人雇主/联邦政府雇主提供的处方药物保险。其中超过 40% 的人通过独立的项目获得处方药物保险，其他人则通过医疗照顾优势计划、雇主药品保险补贴、自动医疗照顾—医疗补助注册，或者联邦雇员和退休军人医疗保险获得了处方药物保险。同样，在有资格获得低收入补贴的人中，约有 85% 也获得了处方药物保险（KFF，2010b）。

当然，在 MMA 颁布之前，许多老年人作为在职员工或退休员工参与雇主发起建立的保险计划来获得药物保险，这些雇主发起建立的保险计划要么是医疗照顾优势计划，要么是补充性医疗保险或医疗补助计划。Levy 和 Weir（2011）利用国家老龄化健康和退休研究会近 11 000 名老年医保受益人的数据来研究扩大医保覆盖范围对保险的影响。研究发现，2004 年，在该项目开始之前，76% 的老年人有处方药物保险。2006 年，这一比例增加至 93%。研究还发现，约三分之一的增长是其他保障项目减少所造成的。大部分的抵消作用可以归因于补充性医疗保险计划，该计划不允许有处方药物保险的人参与其中。

Frakt 和 Pizer（2010）估计了独立的 D 部分计划受益人的保险费敏感性。利用 2007 年 CMS 关于处方药计划、覆盖率和参保率的数据，研究人员发现保费弹性很高：-1.45，这表明自付保险费每增加了 10%，将导致该计划的参保人数减少了 14.5%。正如作者所指出的，这种巨大的弹性与各保险计划之间相对较低的产品差异、保险计划进入市场的低成本以及处方药计划的改变并没有破坏患者的医生关系等事实现象是一致的。

图 23.5 概述了医疗照顾计划覆盖服务的给付金支付分配情况。2012 年，医院住院服务占支出的 26%，医生和其他医疗服务提供者占近 13%，D 部分处方药占

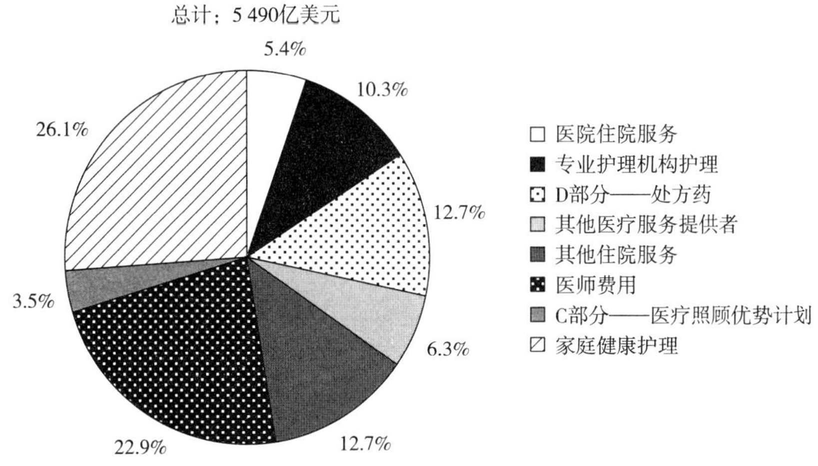

资料来源：CBO（2013b）。

图 23.5　2012 年按服务类别分列的医疗照顾计划给付金

10%。据国会预算办公室（CBO，2013B）估计，10 年内，处方药将占医疗保险支出的 16%，而医院和医生服务的份额则将非比例地下降。

社会保障与医疗照顾计划筹资

OASI、DI 和 HI 信托基金的资金都来自向在职职工征收的工资税。这些通常被称为《联邦保险缴款法》（*Federal Insurance Contribution Act*，FICA）税，名义上是对雇主和雇员平等征收的。随着给付的扩大和成本的增加，税基和税率也相应增加。表 23.6 列出了 FICA 规定的最高税收收入和税率的趋势。所列税率由雇主和雇员共同缴纳。个体经营者支付双倍的 FICA 税（见第 14 章），值得注意的是，雇员实际上支付雇员和雇主两方的份额，因为雇员必须有足够的劳动生产力，才能让雇主支付工资、福利和与其就业有关的税款。

表 23.6　OASI、DI 和 HI 信托基金的最大应纳税额和适用税率的趋势

			适用于雇主和雇员		
年份	支付 OASI 和 DI 的收入最高限额（美元）	支付 HI 的收入最高限额（美元）	OASI 税率（%）	DI 税率（%）	HI 税率（%）
1937	3 000	—	1.000	—	—
1947	3 000	—	1.000	—	—
1957	4 200	—	2.000	0.250	—
1967	6 600	6 600	3.550	0.350	0.500
1977	16 500	16 500	4.375	0.575	0.900
1987	43 800	43 800	5.200	0.500	1.450
1991	53 400	125 000	5.600	0.600	1.450
1994	60 600	不限	5.260	0.940	1.450
1997	65 400	不限	5.350	0.850	1.450
2000	76 200	不限	5.300	0.900	1.450
2006	94 200	不限	5.300	0.900	1.450
2007	97 500	不限	5.300	0.900	1.450
2008	102 000	不限	5.300	0.900	1.450
2009	106 800	不限	5.300	0.900	1.450
2010	106 800	不限	5.300	0.900	1.450
2011	106 800	不限	5.300 *	0.900	1.450
2012	110 100	不限	5.300 *	0.900	1.450
2013	113 700	不限	5.300	0.900	1.450

注：DI = 残疾保险；HI = 医疗照顾计划住院保险；OASI = Old Age and Survivors Insurance。

*2011 年和 2012 年，雇员的 OASI 税率降低了 2 个百分点，实际税率为 4.2%（3.3 + 0.9）。“免税期”于 2012 年底结束。

资料来源：社会保障管理局（2012a，2012b）。

关于表23.6中的趋势有两个值得关注的结论。一是在方案执行期间，受FICA税约束的最大税收收入有所增加。一部分原因是通货膨胀。1937年的3 000美元上限大致相当于2012年的47 833美元。然而，最大税收收入的增长和税率提高的其他原因包括，方案给付额度的增加、老年人口的增长、适龄劳动人口的减少以及医疗费用的增加，最后一点对HI信托基金尤为重要。二是1991年，HI信托基金的税基与社会保障信托基金的税基脱钩，并于1994年开始不设限制。

医疗照顾计划（HI）的税基和税率在ACA有所变化。从2013年开始，收入在20万美元以上的个人（收入在25万美元以上的联合申报人）在收入超过相关门槛的情况下要缴纳0.9%的HI税。此外，这些个人的非劳动收入（如利息、股息、资本收益）第一次按3.8%的税率征税。这些征税门槛不根据通货膨胀进行调整。

与HI基金不同，医疗照顾计划SMI基金的资金来自投保人支付的保费和一般税收收入。医疗照顾计划B部分和D部分通常都要求投保人支付保险费用的25%，其余75%来自联邦个人和企业所得税。因此，SMI基金的任何部分都不来自工资税。B部分的医生服务和D部分的处方药的四分之三都是通过所得税支付的。

长此以往，FICA税不足以支付OASI、DI和HI的支出。社会保障和医疗保险受托人每年都对信托基金的短期前景进行规划。他们对每一基金未来一年的收入和支出进行估算，并计算信托基金比率。这个比率就是每年年初的资产除以预期支出，再乘以100%。受托人对收入和支出的中性预测假设比率列于图23.5。2011年底，HI基金的信托基金比率为106%，这意味着资产相当于预期支出的106%。值得注意的是，受托人估计，HI基金资产仅够支付2012年预计支出的90%。尽管规模较小的DI基金的信托基金比率上升最快，但仍属DI以及OASI的资金情况较好。

如图23.7所示，HI基金预计2011年之后每年的支出都会超过资产，2024年基金资产将耗尽。DI以及OASI预计将分别于2016年和2035年耗尽基金资产。因此，是HI基金（而不是社会保障）处于更大的财务风险之中。

随着从2010年开始的婴儿潮一代人的退休，令人惊讶的是HI基金可能会面临更大的风险。HI基金资产减少有三个原因。其一，婴儿潮一代人的退休将增加有资格享受医疗照顾计划和社会保障给付的人数，从而增加基金支出。其二，这些退休人员的增加即意味着将使两个信托基金的缴费人员减少。2011年，每个受益人大约有3.3个工人的缴费来支撑，到2040年，这一数字降低至2.2个，因此，这些基金的收入将下降。其三，HI基金还将面临每个受益人的医疗支出大幅增加的问题，因为保险使用、寿命和医疗价格都处于上升的趋势。第三个原因使HI基金的融资成为更大的问题，它面临着社会保障和医疗支出增长所面对的所有问题。

值得注意的是，HI基金耗尽的年份是一个不断变化的目标。表23.8显示了基金受托人最后8份报告的估计耗尽日期。请注意，2009年报告中基金预计2017年

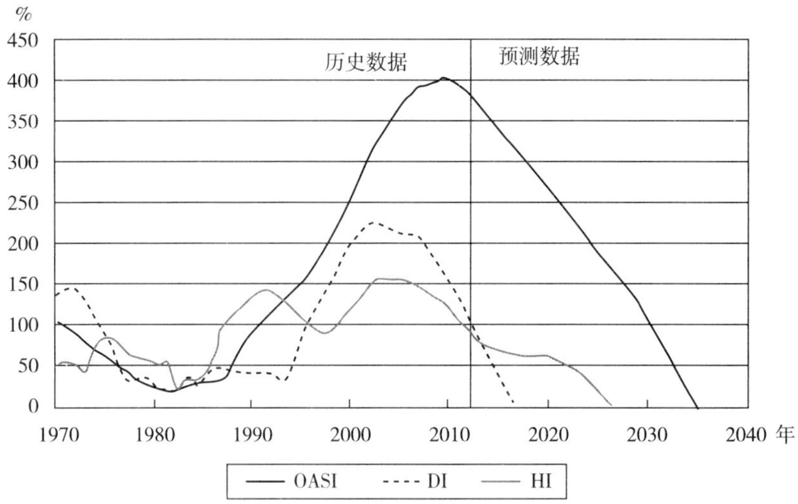

资料来源：Blahous 和 Reischauer（2012）。

图 23.7　OASI、DI 和 HI 信托基金的比率

将耗尽。耗尽日期提前两年无疑是 2008 年经济衰退的结果，经济衰退减少了向该基金注入的工资税。2010 年报告中基金表现的显著改善（耗尽日期延迟至 2029 年）是 ACA 的结果。正如大家所记得的，卫生改革立法对高收入者征收新的 HI 税，为医疗照顾优势计划提取资金，并计划将医疗照顾计划对医生的付款减少约 27%，这是采用长期延迟可持续增长率公式，计算医生医疗照顾计划费用的结果（见第 3 章）。由于 ACA 是法律，受托人在拟备报告时，必须考虑在内。但是，大家还会记得，这些资源是用于支付 ACA 的保险扩展方案。由于老年人的给付基本未变，这些节省下来的基金不能同时支付扩大的 ACA 保障项目和医疗照顾计划受益人的服务。简单来说，HI 基金的状况无疑比目前受托人的报告所能显示的还要糟糕。

表 23.8　　受托人对 HI 信托基金耗尽日期的估计

报告年份	估计耗尽日期
2012	2024
2011	2024
2010	2029
2009	2017
2008	2019
2007	2019
2006	2018
2005	2020

资料来源：各年的新闻报道。

SMI 基金并不面临同样的筹资压力，但这仅仅是因为它的资金来自一般税收收入和投保人保费。婴儿潮一代的退休和医疗费用的增加意味着保费增加，尤其是一般税收在保费上的分配增加了。事实上，由于增加了医疗保险的 D 部分，SMI 基金支出将比医疗照顾计划的任何其他部分增长得更快。

图 23.9 显示了医疗照顾计划受托人 2012 年对税收、转移支付和赤字的趋势预测，这些趋势是基于对整个医疗照顾计划的中期假设，用占国内生产总值（GDP）的百分比表示。请注意，这些数据都是以现行法律为前提的，并没有将尚未颁布的福利或税收方面的任何变化考虑在内（Blahous and Reischauer，2012）。此外，由于该数据是以 GDP 来定义的，因此它也反映了同期美国经济增长的估计值。

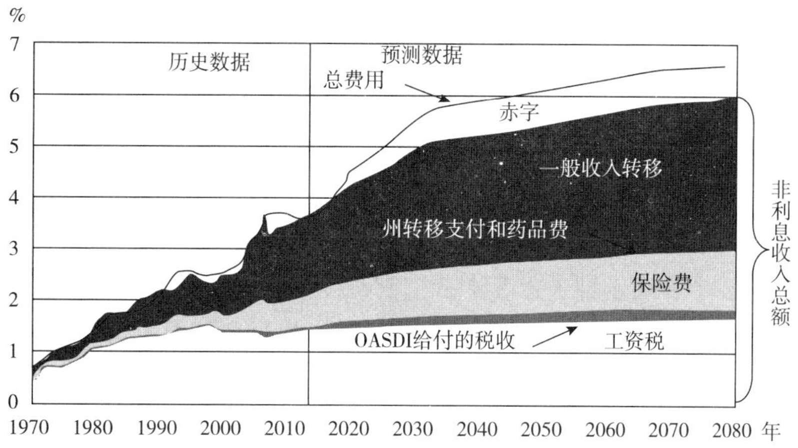

注：OASDI 包括老年和丧偶保险信托基金与残疾保险信托基金两部分。

资料来源：Blahous 和 Reischaure（2012）。

图 23.9　按来源分布的医疗照顾计划支出和非利息收入占国内生产总值的百分比

我们首先看图 23.9 底部“工资税”基金 A 部分。1966 年至 2000 年，这些工资税税收占 GDP 的百分比有所增加，反映了税率提高、税基扩大以及在职工人应纳税收入增加。然而，2000 年之后，由于婴儿潮一代人的退休，工资税税收收入下降，在 GDP 中所占的比例也基本稳定了下来。“给付纳税”只占基金收入的一小部分，但由于未来退休人员的相对富裕而有所增加。“保费”是医疗照顾计划投保人支付的 B 部分和 D 部分保费的份额。随着婴儿潮一代人的退休者更多地使用住院和处方药给付，这转化成为更高的保费。“国家转移支付和药品费”是次要的，但反映了国家对某些医疗补助计划参与者的支付。“政府一般收入”转移反映了未来几年最大的单一资金来源。

B 部分和 D 部分支出的 75% 由一般税收收入来支持。实际上，从图 23.9 中可以清楚地看出，一般税收收入转移预计将成为整个医疗照顾计划最大的单一收入来源——并将显著增加联邦总赤字。最终，“HI 赤字”反映了 HI 基金的不足。这一赤字主要由医疗照顾计划支付，用来弥补在婴儿潮一代人退休前几年基金所做的投资。然而，这些投资只不过是联邦政府其他部门持有的借据（IOUs）①。这些借据所代表的收入长期以来一直用于其他政府活动。因此，联邦政府其他部门兑现借据的唯一途径就是通过所得税或借款来获得收入。想想从今天算起的 20 ~ 30 年，在那一时点上，读者中的大多数人将处于四五十岁左右的阶段——那是你收入最多的几年。到那时，根据现行法律和医疗保险受托人的精算假设，医疗照顾计划将占到 GDP 的 5.5% ~6%，即比目前的比例高出 60% ~70%。因此，除了标有“保险费”和“给付纳税”的项目外，你将支付图 23.9 中确定的几乎所有费用。几乎可以肯定的是，你会为涉及更高税收的医保赤字解决方案埋单。从另一个角度来说，对于图 23.9 中来自 2012 年基金报告的 HI 赤字部分，原则上可以通过立即将 HI 工资税率提高 47% 或将 A 部分的给付削减 26%（Boards of Trustees，2012，32 – 33）来消除。

医疗照顾计划的“保费支持”计划

许多人将医疗照顾计划“保费支持”计划作为改革医疗照顾计划的一种方式提出，最早是在 20 世纪 80 年代提出。最近的一次是国会议员（后来是副总统候选人）保罗·瑞安 2012 年在他的《美国复兴蓝图》中提出的这样一个计划。这些政策建议比较直截了当。这个想法是，国会决定每年将为医疗照顾计划的每个老年受益人支付多少医疗费用，然后向老年人提供这笔金额的信用（或凭证），以购买他们自己的健康保险。如果他们想要一个保费高于信用的保险计划，则需要用自己的钱来补充政府提供的保费支持。某些政策建议还提出，如果他们选择一个成本较低的保险计划，他们可以保留保费差额。

有些计划根据投保人的收入或健康状况而改变保费的数额。因此，收入较高的老年人获得的信用额度可能较少，而健康状况较差的老年人则可能获得较大的信用额度。

有三种节约费用的方式，当然，这些在提案中一般不会阐明。第一种是私营健康保险公司之间的竞争将使保费接近边际成本。医疗照顾计划 D 部分市场中由于私营保险公司之间的竞争，导致保费增长要比原先预期的慢得多，这恰恰论证了上述说法。第二种潜在的节省成本的方法是支付能力调查。其有效性取决于保费金额开始下降时的收入水平，以及随着收入的增加保费支持的下降幅度。第三种是潜在的节约成本方法取决于最初确定保费金额的水平以及它如何随时间变化。如果保费金

① 译者注：IOUs 是英文 I owe you 的缩写，表示欠款的借据。

额与传统医疗照顾计划的支出以相同的速度增长，那么成本节约的可能性就很小。另一方面，如果保费金额从未调整过，支出可能会大幅削减。

关于最近保费支持提案的摘要和比较，见“医疗照顾计划保费金额提案比较”，凯撒家庭基金会，www. kff. org/medicare/8284. cfm。

医疗照顾计划对卫生支出和健康状况的影响

医疗照顾计划是一项覆盖4 000万人、规模庞大的保险计划。医疗照顾计划的实施对美国的医疗支出和覆盖人群的健康状况有什么影响？

Amy Finkelstein（2007）通过探究全国各地老年人拥有不同水平的私营健康保险的事实，研究20世纪60年代实施医疗照顾计划的效果。她得到的结论是，在1965年至1970年，与医疗照顾计划相关的全国范围内的住院率上升了46%，医疗费用总支出增长了28%。这些结果比兰德健康保险实验所得的结论要大得多。Finkelstein认为，造成这种差异的原因可能是由于覆盖面的急剧扩大，导致医院和其他医疗服务提供者扩大了服务规模，以应对保障覆盖面的增大。这种供给反应不是兰德健康保险实验中的一个因素。研究还表明，1950年至1990年健康保险的总体普及情况也许是实际人均健康支出增长的一半原因。

许多研究试图确定医疗照顾计划支出对健康状况的影响。正如我们在第8章中看到的那样，但这些尝试充满了艰辛。现有最好的研究成果是由Polsky和他的同事（2009）、Finkelstein和McKnight（2008）以及Card、Dobkin和Maestas（2009）的研究工作。Polsky和他的同事利用健康与退休研究数据库中1992年至2006年的数据，侧重于那些在参加医疗照顾计划之前没有保险的人。他们发现“对于以前没有保险的人来说，总体健康状况的变化很小，从统计学上看也没有显著意义”（Polsky等，2009，926）。当研究指标为自评健康状况和医生客观健康衡量方式时，这个结果是成立的。Finkelstein和McKnight（2008）研究了1965年医疗照顾计划的实施效果。研究得出的结论是，在项目的头10年里，老年人的死亡率“没有明显的影响”。然而，他们的确发现，在按支出分布前四分之一的人群中，医疗照顾计划与40%的自费支出下降有关。这意味着风险显著减少，这当然是购买保险的首要原因。与前文提及的这两项研究相比，Card、Dobkin和Maestas（2009）研究了刚刚被医疗照顾计划保障的65岁病人的住院情况。研究得出的结论是，严重疾病组在医疗照顾计划实施前后，7天死亡率下降了1个百分点，而且这个死亡率差距在入院后至少持续了9个月。

本章小结

• 医疗照顾计划是通过两个信托基金提供保障的。联邦住院保险（HI）信托基金为 A 部分服务提供保障，主要是住院病人的医院护理、专业护理机构护理，以及住院后的家庭护理。补充医疗保险（SMI）信托基金为 B 部分门诊服务和 D 部分处方药提供保险。来自 HI 和 SMI 基金的收入都可用于支付 C 部分，即医疗照顾优势计划。

• 获得医疗照顾计划的资格主要来自工作 10 年、缴纳 FICA 工资税、并且达到 65 岁的人。个人也可以在 65 岁时购买医疗照顾计划保障。

• 医疗照顾计划 HI 筹资来自在职雇员和他们的雇主支付的工资税。每个人名义上支付职工收入的 1.45%。补充医疗保险基金筹资来自自愿投保 B 部分和 D 部分的投保人保费，一般税收收入要匹配 3 倍保费金额。

• 医疗照顾计划基金目前预计将在 2024 年耗尽。补充医疗保险基金的收入总是与支出大致相当，因为一般税收收入的分配数额和保费都作了调整。

• 根据现行法律和医疗照顾计划受托人的精算假设，医疗照顾计划预计将在 30 年内从占美国 GDP 的 3.5% 左右增长到 6% ~8%。

问题讨论

Robert Reischauer（1997）是 OASI、DI 和 HI 基金的公共受托人，他总结了几个解决医疗照顾计划问题的好主意：

1. 将现有的医疗照顾计划替换为受益人享受大额免赔额的医疗照顾计划，一旦满足年度免赔额，受益人享有全额保险。

2. 用代金券方案取代现有的医疗照顾计划，在该方案中，医疗照顾计划对于每个受益人购买私人健康保险给予补贴。

3. 用一套重新定义的保险覆盖的核心服务取代现有的医疗照顾计划，并允许私营保险公司与医疗照顾计划竞标来提供这些服务。如果投保人愿意，允许他们购买补充保险。

4. 保留现有的医疗照顾计划，但要降低医疗服务供应商的价格，提高受益人的自付医疗费、免赔额和保费。

5. 用政府运作的保险计划，类似于目前的退伍军人事务系统，来取代现有的医疗照顾计划。

当然，所有这些方法都可以在提高税收和改变享受资格年龄的条件下实现。请从受益人和纳税人的角度讨论每种方法的优缺点。

延伸阅读

［1］ Blahous, C. P. , and R. D. Reischauer. 2012. "A Message to the Public: A Summary of the 2012 Annual Reports." *Social Security Administration.* Accessed May 23, 2013. www. ssa. gov/oact/trsum/index. html.

［2］ Finkelstein, A. 2007. "The Aggregate Effects of Health Insurance: Evidence from the Introduction of Medicare," *Quarterly Journal of Economics* 72 (1): 1 – 37.

第 24 章　退休人员保险

事实上，所有 65 岁及以上的美国人都参加了医疗照顾计划。然而，2009 年，大约 7% 的老年人，除了拥有传统的医疗照顾计划［医疗照顾支付咨询委员会（MedPAC），2012］外，还拥有其他保险保障。包括雇主发起建立的退休人员保险、个人购买的补充性医疗保险计划、医疗照顾优势计划和医疗救助计划。

本章将研究退休人员的非医疗救助保障项目。在简要讨论了保险的分布情况之后，本章将考察雇主发起建立的保险和补充性医疗保险的性质、相对成本，以及规范福利项目标准的联邦监管的效果。雇主发起建立的退休人员保险是由较大的雇主提供的，通常比医疗照顾计划更慷慨，但随着时间的推移，这种保险已经不那么普遍了。本章讨论了造成这种情况的原因，以及协调退休人员福利与医疗照顾计划的相关机制。本章还研究了这些私营保险对医疗照顾计划支出的影响程度，然后再讨论医疗照顾优势计划及其变化趋势。接下来是关于退休人员保险的价格敏感性的讨论，以及补充性医疗保险和医疗照顾优势计划之间的竞争。

补充性保险的分布情况

图 24.1 展示了 2009 年医疗照顾计划受益人的各种补充保险的百分比。超过 30% 的医疗照顾计划受益人拥有雇主发起建立的保险。这种保险可分为两种类型。第一种是雇主向年龄在 65 岁或 65 岁以上的在岗职工提供保险。这一保险反映了雇员在其工作单位的一种选择权。一个复杂的因素是，对于在岗职工来说，医疗照顾计划是第二支付者。这意味着，在提出索赔时，雇主保险将根据其福利框架支付，随后医疗照顾计划将支付剩余的部分或全部。本章将在后面讨论医疗照顾计划与私人保险计划之间的利益协调问题。

第二种是雇主发起建立的补充保险形式是退休人员保险，通常大型雇主提供此种保险。像私营的、待遇确定型的年金保险一样，雇员通常在为公司工作了足够的年数之后才有领取的资格。这种保险可以在 65 岁之前开始，在个人有资格享受医

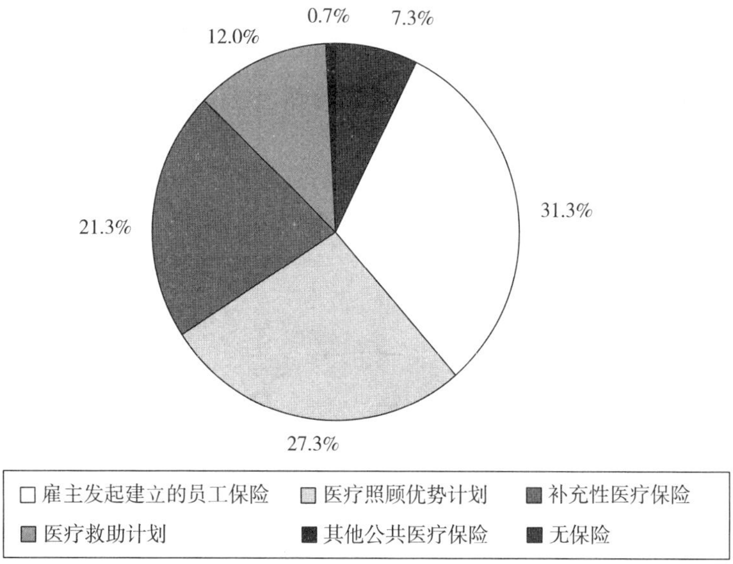

资料来源：MedPAC（2012）。

图 24.1　2009 年医疗照顾计划受益人的各种补充保险百分比

疗照顾计划时结束。然而，更典型的做法是，它伴随医疗照顾计划始终。同样，退休人员保险通常反映了雇员在其实际工作年限内可以拥有的选择权。即使拥有退休人员保险，医疗照顾计划仍然是第一付款人。

根据图 24.1，2009 年，大约五分之一（21%）的医疗照顾计划受益人享受了补充性医疗保险计划。这种保险通常由个人从目前允许的 10 个保险计划选择其中之一购买。一般来说，这些保险计划，通常是最受欢迎的几个保险计划，只包含医疗照顾计划规定的自付部分费用。也就是说，他们支付的费用包含如医疗照顾计划 A 部分免赔额和 B 部分医生服务相关的共保部分费用。此外，所有补充性医疗保险计划必须包含某些特定条件下的额外的住院日。

图 24.1 显示，2009 年，27% 的受益人参加了医疗照顾优势计划。正如我们在第 23 章中所看到的，医疗照顾计划每月定额支付给医疗照顾优势计划，以涵盖受益人的所有 A 部分和 B 部分服务。然而，这些管理式医疗计划通常比传统的医疗照顾计划提供更多的服务。因此，与传统的医疗照顾计划相比，参保人每年可获得年度体检以及更低的费用分担水平。这些计划可能对补充服务收取额外保费。这些计划通常（但并非总是）承担处方药。

2009 年，12% 的医疗照顾计划受益人参与了医疗救助计划。医疗救助计划为这些人提供保险，因为他们的收入很低，具体而言：（1）他们有资格获得补充保障收入，在这种情况下，医疗救助计划提供全面的医疗救助福利并支付医疗照顾计划 B 部分和 D 部分的保费和费用分摊要求；（2）他们是“合格的医疗照顾计划受益人”，在这种情况下，他们不能享受医疗救助福利，但是医疗补助计划确实支付了 B 部分和 D 部分的保费和费用分摊要求；（3）他们是“特定低收入受益人”，在这种情况下，医疗救助计划支付他们的 B 部分和 D 部分的保费；（4）参保一个可选的州医疗救助计划。

如图 24.2 所示，补充性的退休人员保险的分配因收入不同而有很大的差异。2009 年，收入低于 10 000 美元的医疗照顾计划受益人中，有近一半的人将医疗救

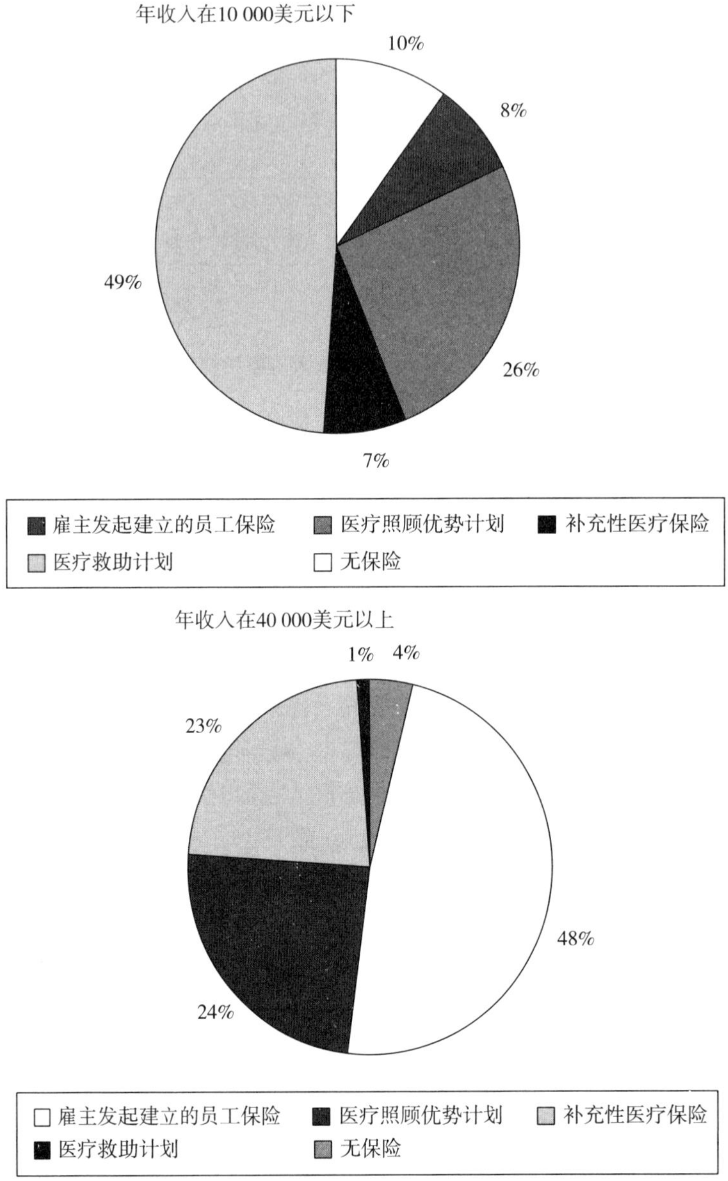

资料来源：ASPE（2011）。

图 24.2　2009 年不同收入人群补充医疗保险的差异

助计划作为补充保险。对于那些收入在 40 000 美元或以上的人，近一半有雇主发起建立的退休人员保险。有趣的是，这两种群体中都大约有四分之一的人参加了医疗照顾优势计划。

图 24.1 还显示，2009 年，7% 的受益人没有补充保险。MedPAC（2012）报告称，没有任何补充医疗保险的人往往是男性、居住在农村、健康状况很差的人。有趣的是，他们的家庭收入更有可能在联邦贫困线的 100% ~200%，那些低收入的人更有可能得到医疗救助计划。有补充性医疗保险计划的人更有可能是女性、收入和健康状况略高的人，而有雇主发起建立的退休人员保险的人更有可能是收入和健康状况较好的男性。

雇主发起建立的退休人员保险

如前所述，31% 的现有医疗照顾计划受益人拥有雇主发起建立的退休人员福利。然而，这个比例可能同时高估和低估雇主发起建立的退休人员保险的保障情况。之所以说它高估了，是因为它反映了雇主为现有退休人员提供保险，该决定是过去做出的，而越来越多的员工目前并没有拥有退休人员保险。之所以说它低估了，是因为许多人在有资格享受医疗照顾计划之前就退休了，但通过前雇主获得了退休后医疗保险。因此，即使他们没有医疗照顾计划，他们也有雇主发起建立的退休人员保险。

如表 24.3 所示，雇主发起建立的退休人员保险主要存在于大公司。2012 年，员工人数少于 200 人的小型公司，只有大约 4% 提供了退休人员保险，而有 50% 的 5 000人以上的大公司提供该保险。有趣的是，到目前为止，在大型雇主中，州政府和地方政府最有可能提供退休人员健康保险；2012 年，77% 的大型雇主提供了退休人员健康保险。此外，有工会代表的公司提供退休人员福利的可能性是那些没有工会代表的公司的 2 倍（KFF 和 HRET，2012）。

表 24.3　　2012 年不同规模的公司提供退休人员健康保险的比例

公司规模	提供退休人员健康保险的比例（%）
3 ~199 名员工	4
200 ~999 名员工	22
1 000 ~4 999 名员工	34
5 000 名及以上员工	50

资料来源：KFF 和 HRET（2012）。

近年来，提供退休人员保险的最大规模雇主所占比例呈下降趋势。1990 年，大约三分之二的最大规模雇主提供了保险。到 2006 年，这一比例下降到 56%，到

2012 年仅为 50%。除此之外，雇主可以继续提供退休人员保险，但只适用于长期职工，而不是新雇员。Fronstin 和 Adams（2012）报告称，1997 年，45 岁至 64 岁的工人中，45% 的人预期会获得退休健康福利，到 2010 年，这一比例已经下降到 32%。相比之下，在 65 岁以上仍在工作的人中，这一预期比例只有很小的变化，仅仅从 23% 降为 21%。

对于退休人员健康福利下降的原因，并没有被认真分析过。一些人认为，这一下降是由于 1990 年会计规则的变化，该规则要求各公司在其资产负债表上报告与退休人员保险承诺有关的负债情况。从经济学的角度来看，这一解释太过牵强。即使没有会计规则的改变，精明的投资者也会理解负债的性质，就算大多数投资者不理解，而这些精明的投资者也往往会推动资本市场价值。此外，会计解释没有考虑补偿工资差异。如果工人得到退休人员健康保险福利的承诺，这意味着生命周期工资将因此降低。简单地取消退休人员福利可能会要求雇主用劳动薪酬加以替代。

退休人员健康福利下降，一个更令人信服的解释则与劳动力的性质变化有关。假设现在工人的流动性更强，这也就表明他们中的许多人跟随一个雇主工作没有达到足够的工作年龄来满足领取退休人员健康福利的要求。如果是这样，那么承诺的（而不是既得的）利益对他们来说就没有什么价值。因此，他们希望得到现金。从某种意义上说，这类似于美国经济在过去 20 年中经历的从确定给付型到确定缴费型养老基金的转变。比起基于服务年限和退休时的收入（一种固定福利养老金）的养老基金，今天的流动工人更愿意获得确定缴费型养老金，其金额将存入退休账户，跟随职工本人携带，而不管他们的工作单位如何变化。如果这种推测是正确的，那么高营业额的公司就更有可能从确定给付型转向确定缴费型养老金，并降低退休人员的健康保险。

较大的雇主正在重新审视工资和退休保障之间的权衡之道。Fronstin 和 Adams（2012）报告称，大雇主增加了对退休人员的保费和共付医疗费的支付，以及其他事项。2011 年至 2012 年，三分之一的大雇主表示，他们增加了退休人员费用分担的要求。从薪酬差别角度出发，我们可以将这种现象解释为，由于工资的调整，退休人员健康保险目前的成本超过预期成本的未来价值。

提前退休人员

雇主发起建立的保险可能覆盖提前退休人员（还没有资格享受医疗照顾计划的人）和符合医疗照顾计划条件的人。当然，后者可能已经退休，也可能还没有退休。图 24.4 显示过去 12 年中雇主提供的提前退休人员和 65 岁以上人员保险的趋势。在那些继续提供的医疗保险中，医疗照顾计划的补充保险一直稳定，但对提前退休人员的保险最近有所下降。

除了最近保险覆盖面的下降外，提前退休人员保险在退休人员缴款方面也发生了重大变化。Fronstin 和 Adams（2012）报告称，对“雇主缴费”规模设定的上限从 2005 年的 62% 上升到了 2010 年的 75%。在缴费上限的 75% 中，有一半要求提前退休人员支付全额保险费。因此，这些雇主实质上只提供团体保险的形式。

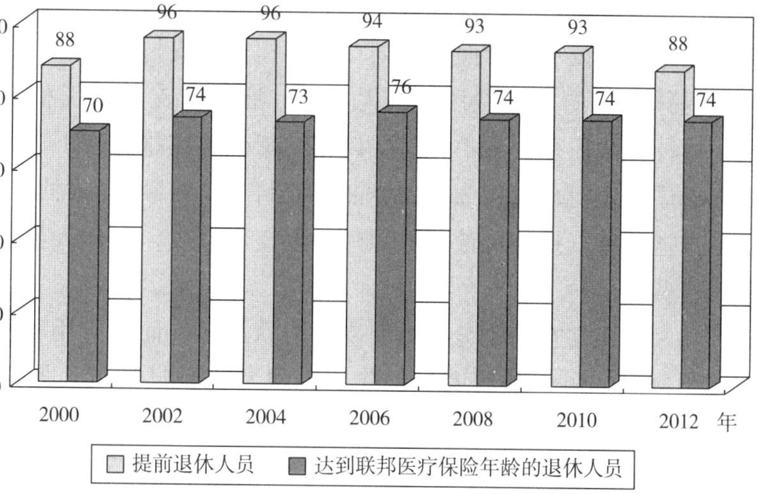

资料来源：KFF 和 HRET（2012）。

图 24.4　2000—2012 年拥有 200 名以上雇员的公司提供退休人员保险，提供提前退休人员保险和达到年龄的医疗照顾计划比例

利益协调（损失补偿原则）

当个人从两个健康保险人那里得到保险时，保险人通常会就哪种保险承担责任，以及支付多少保险金达成一致。作出这些安排的原因是与“真正的”道德风险有关。保险人不希望受益人由于疾病或受伤而获利。因此，协调利益规则的作用是将支付限制在不超过医疗费用总额的范围内。①

如果一个人拥有医疗照顾计划，但同时也是一个大企业的在职职工，享受雇主发起建立的保险，那么雇主计划是第一付款人，即雇主发起建立的保险先支付。而医疗照顾计划是第二付款人。它在雇主计划按保险合同支付其所欠的一切款项之后才支付。医疗照顾计划有一套详尽的规则，规定了在何种条件下，医疗照顾计划是首要或第二付款人。然而，一旦此人退休（即使拥有雇主发起建立的保险），医疗照顾计划就成为了首要的付款人。

作为医疗照顾计划的第二付款人，私营退休人员的健康计划有三种可选择的协调方法用来确定其支付义务。这些方法是：（1）利益协调法；（2）分离法；

① 译者注：利益协调，英文原文为 Coordinating Benefits，类似于财产保险中重复保险的赔偿原则。

（3）排除法。在所有的方法中，医疗照顾计划支付其规则所要求的费用。利益协调法需确定次要保险人支付多少剩余索赔。根据利益协调法，雇主健康计划中规定的退休人员必须支付的免赔额和共付医疗费，先由医疗照顾计划负责支付，然后雇主计划承担其他费用。因此，在这种模式下，退休人员往往没有自付金额。在最常用的分离法中，雇主计划设定医疗照顾计划首先承担它应支付的内容，而任何剩余的费用都保留为退休人员的自付费用。毫无疑问，雇主的支付责任相应的大幅度减少。实际上，这种方法往往会最小化雇主计划的责任。在排除法下，雇主计划将医疗照顾计划支付后的任何余额视为相关索赔。它将其免赔额和共付医疗费设计应用于这一余额。根据这种安排，无论医疗照顾计划支付多少，退休人员仍要承担雇主计划中的相关自费部分。

因此，退休人员通常在使用分离法时支付自费最多，而在应用利益协调法时支付最少。在使用分离法时，退休人员保险的总保费也预计最低。如果其他条件相同，在使用分离法时，退休人员通过薪酬差异来支付这种保险，会有较小的调整。专栏提供了一个示例。

在 2006 年《医疗照顾计划现代化法》生效之前，大多数由雇主发起建立的退休人员健康保险计划都提供了处方药保险。凯撒家庭基金会（2005）发布的 2002 年数据表明，在雇主发起建立的补充医疗保险中，大约 97% 承担处方药。如此高的参与率解释了为什么第 23 章中提及的医疗照顾处方药计划为雇主提供补贴，这一补贴的前提是雇主继续提供至少与独立的医疗照顾计划处方药福利一样的处方药保险。由于《患者保护与平价医疗法》取消了对雇主提供这种保险的税收补贴，提供退休人员处方药福利的雇主预计将会减少。事实上，2013 年的新闻报道显示，目前向符合医疗照顾计划条件的退休人员提供处方药保险的雇主中，只有 55% 计划继续提供，另有 35% 不确定他们在 2014 年之后是否会继续提供（Dunning，2013）。

不同协调法的作用

假设你的祖父拥有传统的医疗照顾计划，并且通过他的前雇主拥有了退休人员保险。他的伤势很严重，需要住院治疗，费用为 8 000 美元，医生收费总额为 2 500 美元，总费用为 10 500 美元。为了简化例子，进一步假设，根据医疗照顾计划（见第 23 章），你的祖父还没有支付 B 部分的任何年度免赔额，而且医生是参与计划的服务提供者，因此，按医疗照顾计划费用表，服务是需要全额支付。

2013 年，医疗照顾计划医院免赔额为 1 184 美元，B 部分的年度免赔额为 147 美元。因此，医疗照顾计划将支付你祖父医疗费用 9 169 美元［（8 000 美元医院账单 − 1 184 美元 A 部分免赔额）+0. 80 +（2 500 美元医生账单 − 147 美元 B 部分免赔额）］。如果仅有医疗照顾计划保障，你的祖父将自费支付 1 331 美元。

假设他的雇主退休人员保险是传统的保险，即对于保险承担的服务，每年有 500 美元的免赔额，一旦免赔额得到满足，病人将负责支付 20% 的费用。因此，如果你的祖父只拥有雇主发起建立的保险，该计划将支付 8 000 美元，即［0.80 ×（10 500 – 500 美元）］。你祖父自费的部分将是剩余的 2 500 美元。

以下是各种协调法对你祖父的自费责任产生的影响：

- 利益协调法。医疗照顾计划一直是退休人员保险受益人的首要支付者。因此，它将支付其在账单中的 9 169 美元份额。通过利益协调法，雇主发起建立的计划将考虑医疗照顾计划首先适用于你祖父需要自费的份额，剩余部分将适用于保险公司的份额。这意味着雇主计划将支付 1 331 美元，而你的祖父不需任何自付费用。
- 分离法。在分离法中，雇主计划将考虑医疗照顾计划首先适用于它必须支付的任何费用，任何剩余部分将适用于退休人员需要支付的份额。在这个例子中，雇主的账单是 8 000 美元，但是医疗照顾计划支付了 9 169 美元（比雇主计划多），所以雇主计划在这个例子中不会支付任何费用，而你的祖父将承担 1 331 美元，也就是［2 500 美元 – 1 169 美元］。
- 排除法。在排除法中，雇主计划将适用于医疗照顾计划支付其负责的 9 169 美元之后的剩余部分。因此，你祖父将负责支付 666.20 美元；也就是在他满足了雇主 500 美元的免赔额后，剩余余额的 20%。雇主计划将支付 664.80 美元。

补充性医疗保险

对于拥有医疗照顾计划的退休人员而言，补充性医疗保险也许是他们能获得的最广为人知的补充保险。个人通常可以选择购买 10 个计划中的 1 个，这些计划的设计最初是由国会在 1990 年的《综合预算平衡法》（*Omnibus Budget Reconciliation Act*）授权的。表 24.5 概述了这些计划目前所提供的保障范围。从表 24.5 中可以清楚地看到，大多数补充性医疗保险的保障范围并不广泛。这些计划涵盖了 A 部分和 B 部分的共付医疗费，A 部分疾病期的免赔额，以及根据计划的其他事项。此外，一旦用尽了医疗照顾计划终身储备天数，所有的计划必须提供 365 天的终身住院治疗天数。在大多数情况下，补充性医疗保险负责医疗照顾计划受益人的第一美元付款义务。这些计划很少为医疗照顾计划尚未提供的服务提供保障。获批的计划内容随着时间的推移发生了变化，最显著的是《医疗照顾计划现代化法》规定了 D 部分处方药保险。这导致了 E、H、I 和 J 计划的取消，已经有这些保险的人可以保留，保险公司不必提供所有这些选择。然而，如果他们要提供补充性医疗保险，他们必须提供计划 A 以及 C 或 F。

表 24.5　　2012 年补充性医疗保险计划选择

保障范围	补充性医疗保险计划									
	A	B	C	D	F*	G	K	L	M	N
医疗照顾计划 A 部分第 61～90 天的共付医疗费和第 91～150 天住院以及全额支付额外 365 日终身住院治疗天数的费用	x	x	x	x	x	x	x	x	x	x
医疗照顾计划 B 部分共同保险	x	x	x	x	x	x	50%	75%	x	x
血液项目（前 3 品脱）	x	x	x	x	x	x	50%	75%	x	x
A 部分医院护理共同保险	x	x	x	x	x	x	50%	75%	x	x
专业护理机构护理共同保险			x	x	x	x	50%	75%	x	x
医疗照顾计划 A 部分免赔额		x	x	x	x	x	50%	75%	50%	x
医疗照顾计划 B 部分免赔额			x		x					
医疗照顾计划 B 部分额外费用					x	x				
国外旅行紧急情况			x	x	x	x			x	x
最高自付限额**							4 660 美元	2 330 美元		

注：* 表示 F 计划还提供了一个高免赔额的计划。如果选择了该计划，2012 年你必须支付医疗照顾计划所涵盖费用的免赔额，这一免赔额最高可以达到 2 070 美元。

* * 表示若达到了最高年度自付限额和 B 计划年度免赔额，计划将支付该年剩余时间内所涵盖服务费用的 100%。

资料来源：CMS（2012a）。

作为健康保险行业交易协会，美国健康保险计划（AHIP，2012），提供了各种计划受欢迎程度的一个指标。见图 24.6。请注意，数据包括的参保率，是针对那些不再对新投保开放的计划。保障范围最广泛的 F 计划是目前最受欢迎的。

计划与评估助理部长办公室（Assistant Secretary for Planning and Evaluation，ASPE，2011）报告了 2010 年补充性医疗保险保单参保率的加权保费。ASPE 发现，流行的 F 计划的全国平均保险费为每月 171 美元。这些计划要求个人市场的医疗赔付率（MLR）为 65%，团体市场为 75%。回想一下，65% 的 MLR 意味着索赔额必须至少等于所收取的保险费的 65%。2010 年，美国的平均 MLR 为 81%，几年来变化不大。ASPE 报告称，联合健康（United Health）集团公司是补充性医疗保险保单的最大销售商，其全国市场份额为 31%。奥马哈（Omaha）相互保险公司位居第二，市场份额为 10.7%。然而，回想一下我们在第 12 章中的讨论，每个州对自己的私营保险市场进行监管，每个州的个人保险市场份额会有很大的不同。

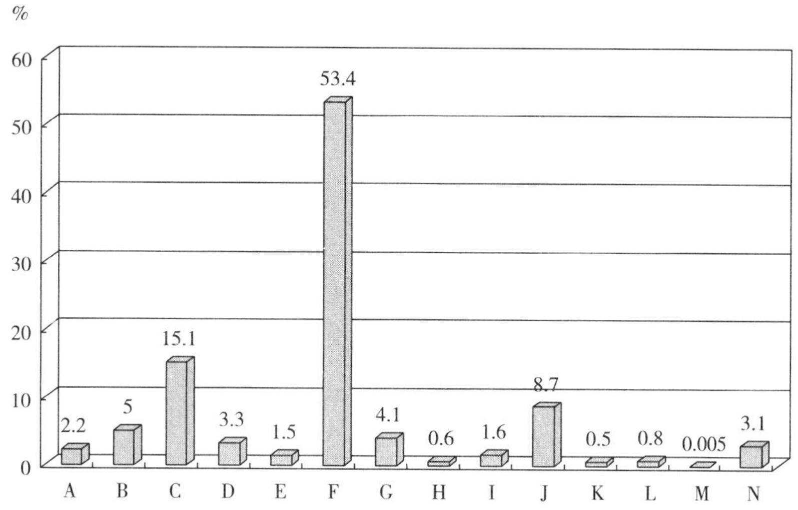

资料来源：AHIP（2012）。

图 24.6　补充性医疗保险参保率的分布

补充性医疗保险承保

如果医疗照顾计划受益人在他们获得 B 部分资格后的头 6 个月内申请补充性医疗保险，申请不得被拒绝。然而，这些保单是由公司系统承保，并归各州监管的。Robst（2006）利用医疗照顾计划和医疗救助计划服务中心（CMS）对州保险监管官进行的调查，探讨了补充性医疗保险保费和承保的特性。他发现，2000 年，F 计划为 65 岁的人平均每年支付 1 229 美元（按 2000 年美元计算）的保费，85 岁的人的平均保费上升到 1 724 美元。Robst 针对保险计划特征和承保特点，对保费进行了回归分析，没有发现在男性和女性受益者的保费之间存在显著的差异。然而，对于较年轻的购买者来说，签发年龄保单①比到达年龄保单要便宜。这是我们所预期的，因为签发年龄保单持有一个固定的保费直到未来，而到达年龄保单中保费随着个人年龄的增长而增加。与较年轻的医疗照顾计划受益人的到达年龄保单相比，社区费率的补充性医疗保险保单要昂贵得多，但与对较年长的受益人相比则要便宜得多。这仅仅反映了我们在第 6 章中讨论的合并风险归并的通常效果。值得注意的是，在 2010 年，69% 的补充性医疗保险计划的定价费率为到达年龄，19% 被列为签发年龄，12% 被社群评分（ASPE，2011）。有保证签发的保险计划是指不能拒绝个人投

① 译者注：所谓签发年龄保单（Issue Age Policy）是指保单的费率以投保人购买时的年龄为准，一旦购买，费率不再随年龄增加而变化，除非由于通货膨胀造成医疗费用上涨时，做适当调整。所谓到达年龄保单（Attained - age Policy）是指保单的费率随年龄的增加每年调整，同时也针对通货膨胀做适当调整。社区费率保单（Community - rated）则采用平均费率方法，对于同社区人群采用相同费率，而不考虑每个参保人的具体年龄。

保的保险计划。在 Robst 的研究中，具有这一特征的保单在整个年龄段都要昂贵得多，因为考虑到逆向选择的风险。

补充性医疗保险监管

当补充性医疗保险保单首次出现时，保单的监管权就留给了各州。少数州在 20 世纪 70 年代初实施了最低保障标准。1978 年，美国保险监督官协会（NAIC）通过了 10 个示范计划。国会通过 1980 年《鲍卡斯修正法》（*Baucus Amendments*）鼓励各州采纳这些示范计划，到 1984 年，所有各州都这样做了。从一开始就有这样的担心，担心受益人误解了医疗照顾计划的性质，保险公司利用这些不知情的老年消费者。结果，从 1992 年起，国会要求只有 NAIC 建议的示范保险计划才可以出售（正如我们前面所指出的，国会已经授权对各种示范计划进行改革，最显著的是《医疗照顾计划现代化法》，该法提出了医疗照顾计划 D 部分，带有处方药保障的补充性医疗保险保单因而不复存在）。

Rice、Graham 和 Fox（1997）认为，这些改革稳定了补充性医疗保险市场，消除了低价值的福利，处方药选项有更高的年度最高限额，保费范围也变窄。

Finkelstein（2004）研究了 1976 年至 1986 年最低保障标准对医疗照顾计划多年参保者拥有个人补充保险概率的影响。根据全国健康访谈调查（National Health Interview Survey）的数据，她得出结论，在标准颁布后的头两年参保率降低了 4.9 个百分点，3 年或 3 年以上参保率降低了 8 个百分点（补充性医疗保险整体参保率减少了近 25%）。此外，她发现没有证据表明有其他形式的替代保险的情况。因此，虽然有些人由于最低标准而获得较好的保障，但另一些人则放弃了保险，这可能是因为扩大保险范围所带来较高的保费。

在 20 世纪 90 年代，有些州颁布了对补充性医疗保险市场的承保限制。7 个州要求社区费率承保，3 个州禁止使用到达年龄费率承保。Bundorf 和 Simon（2006）研究了这些变化对参保的影响。利用 1992 年至 1999 年医疗照顾计划现期受益人调查（Medicare Current Beneficiary Survey），他们发现，这些政策从对参保率没有影响，但改变了参保人的组成结构。这些变化导致高风险个人的参保率提高，低风险个人的参保率降低。这些影响相对较小。强制性社区费率将高风险个人的参保率提高了 2.8 个百分点，将低风险个人的参保率降低了 2.5 个百分点。伴随这些变化的是，医疗照顾计划向管理式医疗转变，没有补充医疗保险的医疗照顾计划受益人的比例增加。

补充保险对传统医疗照顾计划的影响

医疗照顾的各种补充保险对私营保险市场具有明显的重要意义。然而，补充保险对医疗照顾计划也有很大的影响。由于各种补充保险，医疗照顾计划的支出变得更高。其中的原因与道德风险有关。

如果医疗照顾计划的受益人不得不支付部分医生就诊或实验室检测的费用，他们就会减少使用这些原本可以不必要的就诊和检查。补充性医疗保险计划和雇主发起建立的保险减少或取消了自付费用，这鼓励受益人沿着需求曲线下滑，即随价格下降需求量上升，消费更多医疗照顾计划所承担的服务。

Khandker 和 McCormack（1999）对补充保险的影响进行了一些详细的分析。他们研究了 1991 年至 1993 年医疗照顾计划现期受益人调查。这项调查针对近 5 300 名受益人提出了有关非医疗照顾计划的各种保险项目特性的问题。特别有价值的是，调查的回复与医疗照顾计划索赔数据联系在一起。因此，该研究获得了医疗照顾计划承担服务的实际支出。Khandker 和 McCormack 使用一个由两部分组成的模型，来研究使用医疗服务的概率和若有条件使用医疗服务时，所使用的数量，同时，Khandker 和 McCormack 能够利用相关自评健康状况的信息，试图控制选择偏差。针对不同类型补充保险，他们分别作了单独估计。结果列于表 24.7。

表 24.7　　　　补充医疗保险对医疗总支出的影响

项目	补充性医疗保险	ESHI	补充性医疗保险 + ESHI	医疗救助计划	只有医疗照顾计划
预计支出概率（%）	87	87.5	89.3	86.3	74
预计支出额，给定用途（美元）	2 780	2 947	3 136	3 119	2 710
仅与医疗照顾计划相关的总影响（%）	115	123	132	129	100

注：ESHI = Employer – sponsored health insurance，雇主发起建立的医疗保险。

资料来源：Khandker 和 McCormack（1999）。

表 24.7 中的第一行显示，有补充性医疗保险的人，如果有任何支出，预计使用任何医疗照顾计划承担服务的概率为 87%，（从第二行开始）预计平均花费 2 780 美元。与那些只有传统医疗照顾计划（第三行）的人相比，那些有补充性医疗保险计划的人多了 15.1% 的医疗照顾计划支出。那些有雇主发起建立的保险的人，支出高出了近 23%，而那些少数人（占受访者的 7%）既有雇主发起建立的退休人员保险，也有补充性医疗保险计划的支出高出 32% 以上。其他因素不变的情况下，那些符合医疗救助计划规定的双重资格者也有更高的医疗照顾计划支出——超过 28%。这项研究并不是唯一发现医疗照顾计划支出会随着补充保险而大幅增加的研究。在文献综述中，Atherly（2001）报告了 13 项研究，其中 11 项发现了较高的医疗照顾计划支出。显然，退休人员医疗保险的存在增加了医疗照顾计划的费用。

医疗照顾优势计划

自 20 世纪 70 年代以来，就有了医疗照顾计划管理式医疗，正如我们在第 7 章中所看到的，是基于按人头付费理念，采用调整平均人均成本（Adjusted Average Per Capita Cost，AAPCC）模型支付的。1997 年，《平衡预算法》扩大了管理式医疗的选项，CMS 制定了一个付款制度，基于病情分级系统（Hierarchical Condition Categories，HCCs），更好地反映了受益人的健康状况，并在本世纪逐步实行。正如我们在第 23 章中所讨论的，《医疗照顾计划现代化法》进一步扩大了可供选择的方案，并修改了医疗照顾优势计划的支付方式。

如图 24.8 所示，在过去 14 年中，医疗照顾优势计划的参保人数时起时伏。2012 年，1 310 万名受益人参加了医疗照顾优势计划。这些参保趋势在很大程度上是由国会的支付决定推动的。Morrisey 和同事（2013）估计，CMS 确定的基准支付水平每增长 10%，参保人数就增加 9.6%。

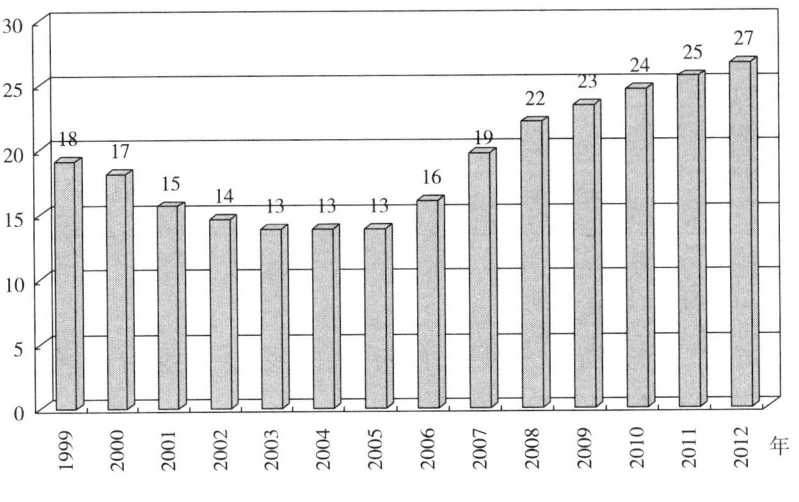

资料来源：Gold 等（2012）。

图 24.8　医疗照顾优势计划参保趋势

绝大多数的医疗照顾优势计划在 HMOs 中，2012 年 65% 的医疗照顾优势计划都在此类管理式医疗计划中（Gold 等，2012）。28% 在地方或区域的 PPO 中，另有 4% 参加了私人按诊疗收费计划（Private Fee – for – Service，PFFS）。PFFS 计划最初允许受益人从愿意接受该计划付款合同的提供者处获得服务。这种计划的组织便捷，刺激了其快速发展。到 2009 年，近 21% 的医疗照顾优势计划人群在 PFFS 计划中。由于此类计划要求在大多数州都有供应商网络，因而参保人数随之下降。

最后，大约3%的医疗照顾优势计划成员在特殊需求计划（Special Needs Plans，SNPs）中。这些计划专门为那些有医疗救助计划双重资格的人，那些有慢性疾病的人和那些被制度化歧视的人提供特别的福利。近 83% 的 SNPs 受益者都具有双重资格（Gold 等，2012）。

正如我们在第 23 章中讨论的，医疗照顾优势计划给受益人接受的服务提供了一个投标价格。如果出价低于该县的 CMS 制定的基准，该计划将收到基准付款，减去差额的 25%。投标与基准之间的其余 75% 差额必须以几种方式中的任何一种方式返回受益人。一个特别常见的方法是将医疗照顾优势计划保费设为零。受益人仍将支付 B 部分保险费，但不会因为医疗照顾优势计划而面临额外的费用。2012 年，56% 的优势计划参与者都参加了零保险费计划（Gold 等，2012）。

对于支付保费的人来说，2012 年的月平均保费为 35 美元，比 2010 年低 20%（Gold 等，2012）。保费通常比补充性医疗保险计划低得多。这反映了两个因素。一是要求医疗照顾优势计划将投标和基准保费之间的差额的一部分返回给受益人。二是与补充性医疗保险计划不同，医疗照顾优势计划通常要求在使用医疗服务时分担费用。CMS 要求计划中的自付支出不得超过每年 6 700 美元，并鼓励计划中的自付支出不得超过 3 400 美元。2013 年，Gold 和同事（2012）报告称，48% 的计划的自付标准是在鼓励水平或低于鼓励水平。

由于 ACA 的新规则，医疗照顾优势计划的前景在一定程度上依旧不明朗。正如我们在第 23 章中所指出的，ACA 减少了对医疗照顾优势计划的基准付款，并引入了一些质量调整付款，但医疗照顾计划的支出预计将在 2010 年至 2019 年减少约 1 360 亿美元（CBO，2010a）。此类支出减少将导致保费增加或给付减少，或两者兼而有之。这将进而导致参保人数的减少。当然，减少的幅度取决于医疗保险受益人对价格的敏感程度。

医疗照顾优势计划的价格敏感性

加入医疗照顾优势计划显然在一定程度上取决于可以预估的额外保费。关于这个主题，没有已发表的研究成果论证《医疗照顾计划现代化法》带来的变化。然而，Atherly Dowd 和 Feldman（2004）使用了 1998 年医疗照顾计划现期受益人调查数据来研究额外的医疗照顾优势计划保费对计划选择的影响。他们发现每月保费增加 10 美元，某个典型的医疗照顾计划 HMO 将失去约 0.62 个百分点的市场份额（消费者的计划选择弹性为 -0.13，保险人的弹性为 4.57）。研究小组还发现，受益人对计划的特点反应良好，特别是对处方药的覆盖。因此，CMS 规定了基准支付水平和计划提供处方药保险的能力，这似乎是医疗照顾优势计划参保率大幅下降的关键。

补充性医疗保险与医疗照顾优势计划之间的竞争

由于获得雇主发起建立的退休人员保险通常是在人们退休之前决定的，所以退休人员保险市场的大多数短期竞争是在补充性医疗保险和医疗照顾优势计划之间进行的。McLaughlin、Chernew 和 Taylor（2002）利用 1996 年至 1997 年的社区跟踪调查，研究了 30 个州的 56 个站点补充性医疗保险和医疗照顾计划管理式医疗之间的相互作用。他们发现，不同市场、保险公司和保险范围的保费存在巨大差异。重要的是，补充性医疗保险的保费和医疗照顾计划 HMO 的参保人数之间有很强的正相关。平均补充性医疗保险保费的增加一个标准偏差（从每年 236 美元增加到 291 美元）与医疗照顾计划 HMO 参与率增加 8 个百分点有关。

新形式的医疗照顾计划管理式医疗选项的出现，以及医疗照顾计划处方药福利，表明这些替代的估计可能不再可靠。但是，老年公民在其工作生涯中，在管理式医疗计划方面的经验越来越多，他们在退休后可能更愿意考虑这种选择。Morrisey 和 Jensen（2001）利用健康和退休研究数据库，探讨 1996 年 57 岁至 63 岁的在职职工在 1998 年向退休人员保险过渡时选择的保险类型。他们发现，87% 拥有 HMO 资格的在职职工（退休时能够选择该计划类型）投保 HMO，73. 8% 拥有 PPO 资格的投保人选择 PPO，47. 5% 拥有传统保险资格的投保人继续采用传统保险。这些转变表明，未来退休人员如果在管理式医疗方面有更多的经验，可能会接受医疗照顾优势计划，就像那些拥有雇主发起建立的退休人员保险的人也更有可能留在管理式医疗计划中一样。

本章小结

- 不到 10% 的医疗照顾计划受益人缺少某种补充形式的医疗保险。
- 大型企业通常提供雇主发起建立的退休人员保险，这种保险通常提供类似于在职职工的保障。然而，这种保险的覆盖面在不断缩小。
- 补充性医疗保险通常是单独购买的，覆盖与医疗照顾计划服务相关的自付费用。保费随承保因素的不同而不同，尤其是取决于该计划是否采用到达年龄费率、签发年龄费率或社区费率。
- 由于道德风险的存在，补充保险增加了传统医疗照顾计划的索赔经历。实际上，更低的自付费用增加了 15% ~32% 的医疗照顾计划支出。
- 医疗照顾优势计划是由私营保险公司提供的管理式医疗保险。保险公司以 CMS 建立的基准，投标提供保险。大多数投标都低于基准，因此，与传统医疗照顾计划相比，大多数计划都提供了更低的成本分担和/或更高的给付。计划从实际参保的受益人那里收到风险调整保费。

- 补充性医疗保险和医疗照顾优势计划是彼此替代的关系。

问题讨论

1. 为什么雇主要为退休人员提供健康福利？

2. 你认为医疗照顾计划处方药保险会对补充性医疗保险市场产生什么影响？对雇主发起建立的退休人员健康保险市场呢？对医疗照顾优势计划市场呢？

3. 对老年人来说，补充性医疗保险是否划算？这与我们在第4章中研究的保险需求理论是否一致？如果没有，为什么补充性医疗保险会如此受欢迎？

延伸阅读

[1] Assistant Secretary for Planning and Evaluation (ASPE), US Department of Health and Human Services. 2011. "Variation and Trends in Medigap Premiums." Accessed May 29, 2013. http://aspehhs.gov/health/reports/2011/medigappremiums/index.shtml.

[2] Gold, M., G. Jacobson, A. Damico, and T. Neuman. 2012. "Medicare Advantage 2012 Data Spotlight: Enrollment Market Update." Kaiser Family Foundation. Accessed May 24, 2013. www.kff.org/medicare/8323.cfm.

[3] Robst, J. 2006. "Estimation of a Hedonic Pricing Model for Medigap Insurance." *Health Services Research* 41 (6): 2097 – 113.

第 25 章　医疗救助计划、挤出效应和长期护理保险

医疗救助计划是 1965 年与医疗照顾计划一起制定的联邦州联合项目。然而，与医疗照顾计划不同的是，医疗救助计划是一项“需求基础”[①] 的计划，旨在为低收入家庭，特别是孕妇、儿童、老年人和残疾人提供健康保险。20 世纪 80 年代中期至后期的扩展，以及 1996 年儿童健康保险计划（CHIP），将医疗救助的覆盖范围扩大到收入较高家庭中的儿童。由于这是联邦和州政府的联合项目，各州的医疗救助保障程度相差很大。

《患者保护与平价医疗法》（ACA）预示着医疗救助计划的重大变革。如前所述，这项立法威胁各州，如果它们不扩大本州的计划，它们将失去所有的医疗救助的联邦基金份额。2012 年 6 月，最高法院裁定国会的这一做法是越轨行为，并宣布该法律的这一部分违反宪法。因此，每个州都可以选择扩大其医疗救助计划，尽管联邦政府会为此提供大量补贴。

本章对医疗救助计划和 CHIP 方案进行了概括的描述，包括资格条件和覆盖的医疗服务。本章讨论了医疗救助的扩张问题，并确定了各州在扩张决策中面临的经济激励措施，还讨论了关于“挤出效应”的证据——医疗救助计划的扩张在多大程度上影响了私营保险市场。最后，本章讨论了私人长期护理保险市场以及它是如何受到医疗救助计划的深刻影响的。然而，值得注意是，单凭一个章节，很难正确地评判医疗救助计划的保障范围。有兴趣的读者可以浏览医疗照顾计划和医疗救助计划服务中心（CMS）的网站，特别是各州的医疗救助计划网站，来了解计划的详情。

医疗救助计划概述

医疗救助计划包括 28 个强制性和 21 个非强制性的资格群体。然而，这些方案

① 译者注：需求基础，是 need - based 的直译，实际是指按家庭经济状况，低收入人群才能享受的意思。

基本上都覆盖了四类低收入人群：（1）孕妇和有子女的成人；（2）儿童；（3）老年人；（4）残疾人。2009 年，医疗救助计划覆盖了美国 20% 的人口（凯撒医疗救助和无保险人群委员会，2013）。

联邦政府已经建立了州医疗救助计划必须提供的医疗服务目录，并且确定了州可以选择提供的非强制性服务。在这些限制范围内，对于本州提供的强制性服务的水平以及它们是否提供任何非强制性服务方面，各州具有相当大的灵活性。此外，各州在申请该计划的资格标准上也有很大的自主权。

联邦政府和州政府联合筹资

医疗救助计划中联邦承担的医疗费用份额由联邦政府医疗救助资金配套率（the Federal Medical Assistance Percentage，FMAP）决定。它是按州的相对人均收入计算的。对应的公式是：

$$联邦份额 = 1.0 - [（州人均收入^2/联邦人均收入^2）\times 0.45]$$

人均收入是前三年收入的平均数，联邦的份额受到法律的限制，不低于 50%，不超过 83%。因此，在一个如密西西比州这样的贫困州，联邦政府配套筹资所占的比例大约是 75%，而康涅狄格州这样的富裕州，联邦政府的配套比例接近 50%。这个公式的设计使得平均各州将得到 55% 的联邦资金筹集份额。相比之下，在所有州，对大多数行政管理成本，联邦承担不超过 50%，尽管医疗救助中的一些如欺诈和滥用的因素，使得联邦份额应该更高。

虽然 FMAP 为较穷的州提供了一个更大的联邦份额，但是一些人认为 50% 的最低联邦份额对富裕的州仍然过于慷慨。例如，Pauly 和 Grannemann（2009）认为，更好的比例安排将力求在各州提供平等的福利和税务负担。它们的模型将考虑到每个州的穷人人数和纳税人的收入。因此，与现行制度相比，联邦份额的最大增幅应当出现在有许多穷人和许多低收入纳税人的州；最大降幅应当出现在有很少穷人和许多高收入纳税人的州。这种模式下纽约州的联邦配套医疗救助份额将增加，而康涅狄格州和新泽西州的联邦配套资金将面临大幅削减。

绝对贫困项目的资格

一般来说，获得医疗救助计划的资格是通过属于受保群体和收入足够低来确定的。也就是说，个人有资格获得资助，是因为他们属于国会确定为适合医疗救助计划的群体。因此，儿童和家庭最先有资格获得医疗救助，因为他们在其居住州有资格获得抚养儿童家庭补助计划（Aid to Families with Dependent Children，AFDC）的援助。然而，随着克林顿政府实施的福利改革，福利和医疗救助资格之间的直接联系被切断了。现在，有受抚养子女的家庭如果符合 1996 年福利改革实施时的福利保障要求，就有资格领取医疗救助。这些条件由联邦贫困线（FPL）和各州确定的FPL来确定。表25.1显示了2013年针对1～4名成员的家庭的FPL。它还包含了FPL的各种倍数，当我们继续往下阅读本章时，这些倍数将非常重要。在这一点上值得注意的是，没有一个州将其与福利有关的资格标准确定为FPL的100%。虽然有些州将其设为15%，但大多数州将其设为45%左右。

表25.1　　2013年联邦贫困线　　单位：美元

家庭成员数	100%	133%	138%	150%	300%
1人	11 490	15 282	15 856	17 235	34 470
2人	15 510	20 268	21 404	23 265	46 530
3人	19 530	25 975	26 951	29 295	58 590
4人	23 550	31 322	32 499	35 325	70 650

20世纪80年代中期至后期通过的一系列法律，扩大了为孕妇和儿童制定的绝对贫困计划。这些法律通常被称为SOBRA扩展法，因为1988年《第六部多项预算调节法》（*Sixth Omnibus Budget Reconciliation Act*）是关键法规之一。扩展法将孕妇和6岁以下的儿童纳入保险范围，他们的家庭收入相当于FPL的133%。该法分阶段逐步将6岁至19岁的儿童纳入保险范围，他们的家庭收入相当于FPL的100%。这一阶段的工作已于2002年完成。各州可以将保险范围扩大到家庭收入相当于FPL的185%的儿童。凯萨医疗救助和无保险人群委员会（2013）报告称，2013年，19个州的计划将最高达到FPL的150%的儿童都纳入保障范围中。在美国，每3个孩子中就有1个有医疗救助（与CHIP一起）。

相反，在有受抚养子女的家庭中，成人的资格门槛要低得多。这些成人在33个州的资格门槛是低于FPL的100%，在16个州是低于FPL的50%。因此，大多数没有受抚养子女的低收入、非残疾成年人没有资格获得医疗救助。

如果盲人、残疾人或老年人得到附加社会保障收入（SSI）的保障，绝对贫困医疗救助项目也为他们提供保险。SSI计划有收入和资产限制。一个人每月最高的收入不得超过1 010美元，才有资格获得SSI。个人资产不得超过2 000美元，夫妇资产不得超过3 000美元。2012年，单身人士的给付金额为8 387美元，夫妇的给付金额为12 579美元。

绝对贫困医疗救助项目还为那些使用护理院、医院、住院后延长护理、中级护理设施和精神发育迟滞设施的人提供保险，如果他们的收入低于SSI限制的300%。资产方面同样也有限制，但如果配偶或受抚养人住在住宅，或者有合理的理由预期他们能够返回住宅，则通常不将住宅纳入资产限制范围内。如果资产超过了允许的门槛，个人或夫妇必须“花掉”他们的资产来获得医疗救助的资格。

医疗贫困项目的资格

目前，34 个州和哥伦比亚特区已经实施了一个可选的医疗贫困救助计划。这些计划通常包括以下一项或两项：第一，该计划通常为 19 ~ 20 岁的人提供保险，要么他们没有医疗救助资格，或者因为医疗救助计划较低的收入门槛而没有获得医疗救助资格。第二，也是更普遍的，医疗贫困救助计划允许那些收入过高，但医疗费用也很高的个人花费掉收入以符合资格。这些人之所以符合条件，是因为他们的医疗费用开支，使得调整后的收入达到了标准。考虑到这些资格条件，那些在医疗贫困救助计划下的人比其他医疗救助计划覆盖的群体，有更高的医疗支出（凯萨医疗救助和无保险人群委员会，2013）。

符合某些医疗照顾计划条件的群体资格（双重资格）

除了那些由于居住在护理院或其他医疗场所而符合医疗救助条件的人之外，三组医疗照顾计划受益人也有资格获得医疗救助。在医疗照顾计划和医疗救助的领域里，这些受益人被称为双重资格。第一，正如前面提到的，是那些有资格获得 SSI 也有资格获得医疗救助的人。医疗救助支付其 B 部分和 D 部分的保费和费用开支，这些费用开支是医疗照顾计划覆盖的服务项目，需要与医疗照顾计划分摊。此外，他们还享受医疗照顾计划之外的全部医疗救助福利。第二，收入低于 FPL 100% 的，并且资产在限制数额之内的合格的医疗照顾计划受益人（Qualified Medicare Beneficiaries，QMBs），医疗救助支付 B、D 部分保费和医疗照顾计划费用分摊。然而，他们没有资格获得其他医疗救助服务。最后，收入在 FPL 的 100% ~120% 的特定低收入老年医疗照顾计划受益人（Specified Low - Income Medicare Beneficiaries，SLMBs）。医疗救助支付 B 部分和 D 部分保费。大约 20% 的医疗照顾计划受益人也以某种方式得到了医疗救助。

医疗救助计划受益人和费用支出

图 25. 2 是复杂的医疗救助计划的一个最好总结。它确定了该方案覆盖的四个主要群体，并提供了 2009 年接受医疗救助服务的近 6 300 万人的参与人数和支出的分布情况。接受服务的人中几乎有一半（49%）是儿童，但他们只占支出的 20%。相比之下，残疾人和老年人只占参与人数的 36%，但占支出的 65%。

通过研究 2009 年每个医疗救助接受者的平均支出，这一关系变得更加明确。儿童和成人的平均支出分别为 2 305 美元和 2 900 美元。然而，残疾人和老年人的平均支出分别为 15 840 美元和 13 149 美元。此外，如图 25. 3 所示，老年人和残疾

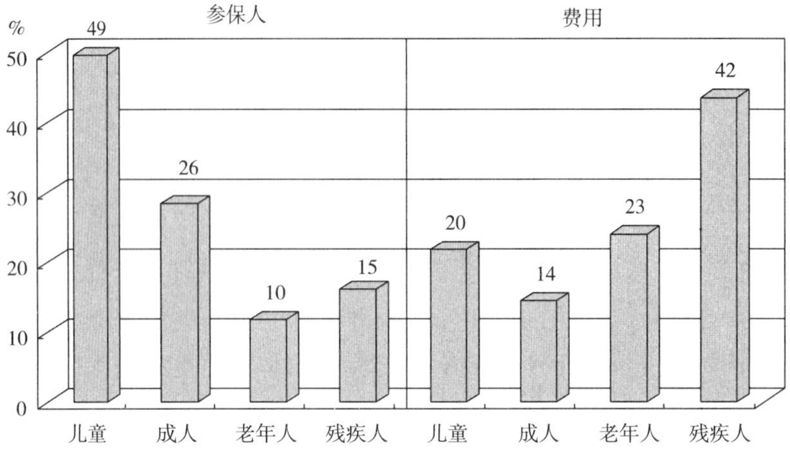

资料来源：凯撒医疗救助和无保险人群委员会（2013）。

图 25.2　医疗救助计划参保人和费用的分布

人的大部分支出都用于长期护理服务。事实上，据估算，2004 年，医疗救助计划支付了所有护理院支出的 44%（凯萨医疗救助和无保险人群委员会，2006）。

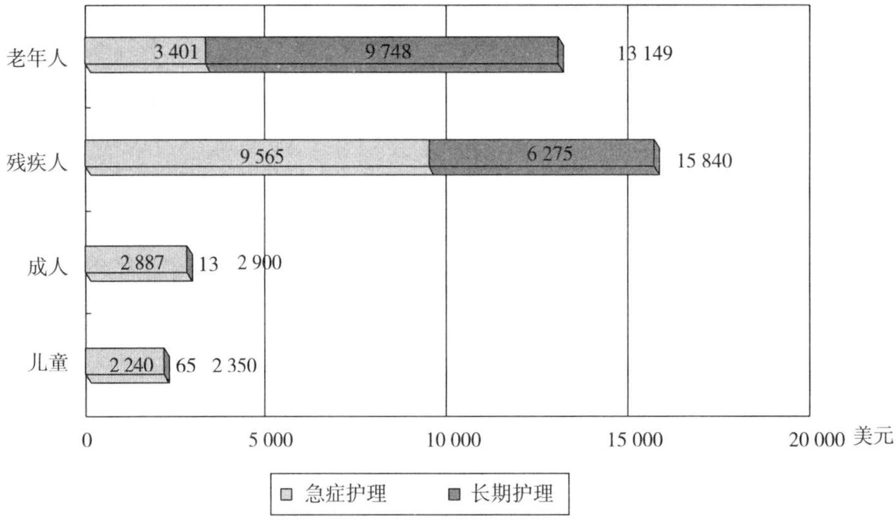

资料来源：凯撒医疗救助和无保险人群委员会（2013）。

图 25.3　每名参保人的医疗补助计划支出

医疗救助计划涵盖的服务

医疗救助计划规定了州方案必须涵盖的某些强制性服务和非强制性的给付。对于计划是否涵盖非强制性给付或包含的数量，各州具有自主选择权。专栏列出了这些涵盖的服务。然而，各州对它们所提供的每一种强制性或非强制性服务的给付水平保持相当大的灵活性。以亚拉巴马州为例，作为强制性给付的一部分，它包括每年 16 个医院住院日、3 个非住院医院门诊和 14 个医生就诊。

医疗救助计划涵盖的服务

强制性服务

- 医院住院服务
- 医院门诊服务
- 农村卫生诊所和联邦合格卫生中心（FQHC）服务
- 实验室和 X 射线服务
- 执业护士服务
- 21 岁以上个人的护理设施（NF）服务和家庭保健服务
- 对 21 岁以下的人进行早期和定期的筛查、诊断和治疗（EPSDT）
- 计划生育服务和用品
- 内科医生服务以及牙医的医疗和外科服务
- 助产士服务

非强制性（选择性）服务

- 足科医生服务
- 验光师服务
- 脊椎按摩师服务
- 心理医生服务
- 医务社会工作者服务
- 麻醉护士服务
- 私人看护
- 诊所服务
- 牙医服务
- 物理治疗
- 职能治疗
- 语音、听觉和语言障碍
- 处方药
- 假牙
- 假肢器官
- 眼镜

- 诊断服务
- 筛查服务
- 预防服务
- 康复服务
- 中间护理设施/智力障碍服务（ICF/MR）
- 21 岁以下住院精神科服务
- 基督教科学派护士
- 基督教科学派护理院
- 21 岁以下护理设施（NF）服务
- 紧急医疗服务
- 个人护理服务
- 运输服务
- 个案管理服务
- 临终关怀服务
- 管理保健服务
- 结核病相关服务
- 65 岁以上精神病院（IMDs）病人的住院护理和护理设施服务

资料来源：转载自医疗照顾计划和医疗救助计划服务中心（2000，9）。

儿童健康保险计划

儿童健康保险计划（Children's Health Insurance Program，CHIP）是作为1997 年《平衡预算法》的一部分设立的，并于2009 年重新授权。ACA 将 CHIP 资金延长到2015 年 10 月。从本质上讲，CHIP 为低收入儿童的健康保险提供联邦份额的资金，最多可将达到 FPL 350% 的儿童都纳入保障范围中，这一范围由州政府决定。乔治城大学健康政策研究所（2013）报告称，有 17 个州的资格水平达到或超过 FPL 的300%，甚至更高。CHIP 的联邦资金份额比医疗救助计划高出 15 个百分点，在每个州规定的总费用的65% ~83% 的范围内。如果他们选择参与 CHIP，各州有三种方式提供保险：（1）扩展现有的医疗救助计划；（2）创建一个新的独立计划；（3）开发一个医疗救助与私营保险的联合计划。截至 2013 年，7 个州和华盛顿特区扩大了它们的医疗救助计划，15 个州建立了一个单独的计划，其余州则采取了联合计划方法（CMS，2013）。

许多州采取单独的私营保险计划，原因之一是担心医疗救助计划的名声不太好。它们认为，有符合条件子女的父母更有可能让他们的子女参加私营保险计划。如果各州单纯通过扩大医疗救助计划的覆盖人数提供保障，那么所提供的给付水平必须与该州的医疗救助计划相同。然而，如果他们采取了另一种方式，私营的、可选择的计划，给付水平可以选择如下（2004 年国家卫生政策论坛）：

- 基准保险——类似于蓝十字、蓝盾计划或可在州内使用的国家雇员一揽子福利待遇
- 基准等价保险——精算估值与基准保险价值相等的保险
- 保障计划与佛罗里达州、纽约州或宾夕法尼亚州在立法之前提出的计划相同
- 由 CMS 批准的自己创建的计划

各州可以对服务征收保费和自付比例，但支付金额不得超过家庭收入的 5%。

关于医疗救助和 CHIP 资格对参保人数和服务使用的影响，De La Mata（2012）提供了最全面的研究。基于 1997 年、2002 年和 2007 年收入动态追踪调查（Panel Study of Income Dynamics）和儿童发展补充报告（Child Development Supplement），利用各州采用的（并定期更改的）FPL 资格的不同水平来研究参保率和服务使用情况。她发现，资格门槛的提高使参保率平均提高了 10 ~ 13 个百分点，在低收入资格水平上参保率提高了 24 ~ 29 个百分点。她还发现，低收入家庭的预防性保健利用增加了 12 ~ 14 个百分点，而对于较高收入水平上则没有影响。然而，即使在低收入群体中，她发现没有出现一年或五年内的健康状况改善。同样，也存在挤出效应，我们将在后面讨论。

医疗救助计划和 CHIP 下的自付费用和保费

2005 年，国会授权各州对家庭收入在 FPL 的 100% ~ 150% 个人收取高达 10% 的自付费用。收入较高的人最多可以收取 20% 的自付费用。然而，费用分摊总额不得超过家庭收入的 5%（CBO，2006b）。而只有三个州要求儿童医疗救助服务的自付费用。26 个州在它们的 CHIP 计划有这样的要求。

除了兰德健康保险试验（见第 8 章）之外，拥有儿童成员的低收入家庭，是否因较高自付费用对医疗服务的使用产生影响，我们知之甚少。Sen 和他的同事（2012）研究了 1999 年至 2009 年亚拉巴马州 CHIP 中自付费用增加的情况。他们发现，增加自付费用的影响因医疗服务的不同而有很大的差别。根据收入水平，当自付费用从 0 美元增加到 3 美元或 3 美元增加到 5 美元，全年内连续登记的处方药使用量减少了 5 个百分点。同样增加的医生门诊自付费用使得医生门诊的使用减少了 2.7 个百分点。然而，急诊服务的自付费用增加 5 美元，仿制药自付费用增加 1 美

元，在统计上没有显著影响。

CHIP 计划允许对收入超过 FPL100% 的群体的保费进行评估。2013 年，有 30 个州这样做了（Georgetown，2013）。在亚拉巴马州（Morrisey 等，2012）、佛罗里达州（Shenkman 等，2002）、新罕布什尔州和堪萨斯州（Kenney 等，2006/2007）和亚利桑那州（Kenney 等，2007）的评估显示，每年保费增加 50 美元，加上每次自付费用增加 1 ~3 美元，将导致续保减少约 6%。肯塔基州和佐治亚州（Marton 和 Talbert，2010）项目的续保减少幅度较大。

医疗救助计划管理式医疗

管理式医疗在医疗救助中发挥着重要作用。到 2003 年，大约有一半的医疗救助领取者（大约 2 700 万人）参加了一项管理式医疗计划（Hurley and Retchin，2006）。其中绝大多数领取者是妇女和儿童。在残疾人和老年医疗救助人群中，管理式医疗非常少见，其中一个原因是许多州要求儿童和孕妇参与某个健康维护组织（HMO）或其他形式的医疗救助管理式医疗计划中。

医疗救助管理式医疗与私营保险市场有一些关键的区别。正如 Draper、Hurley 和 Short（2004）报告的那样，一些管理式医疗计划专门用于医疗救助市场。这种专门化涉及几个特点。首先，这些计划往往维持较窄的医疗服务网络，而不像因私营部门下管理式医疗的反弹而扩大网络（见第 11 章）。然而，在某个社区，这些狭窄的网络往往必须包括 FQHCs 和传统的医疗救助住院服务提供者。这些计划还保持了相对广泛的服务提供。

其次，虽然商业计划已经部分偏离了医疗服务利用管理，但医疗救助管理式医疗还没有。这也反映了除了名义上的自付费用以外，没有其他更好的办法来限制道德风险。

最后，比起专注于私营市场的保险计划，医疗救助管理式医疗计划更愿意积极地按人头收费，虽然目前尚不清楚他们是否能够有选择地与供应商签约。Leibowitz、Buchanan 和 Mann（1992）的早期工作表明，自愿参加管理式医疗计划的医疗救助人群，医疗救助支出大大低于那些被分配到管理式医疗计划或自愿参加按诊疗收费计划的人。他们得出的结论是，从管理式医疗中明显节省的医疗救助成本，实际上是有利选择的结果。如果节省是有利选择的结果，那么要求所有符合医疗救助条件的人参与管理式医疗计划将不会省钱。正如我们在第 10 章中所看到的，管理式医疗下成本控制的关键是基于价格有选择地签订合同。目前尚不清楚医疗救助计划是否做到了这一点。Duggan 和 Hayford（2011）的研究是有启发性的。通过使用 1991 年到 2003 年的数据，他们发现将医疗救助人群转移到管理式医疗基本上对计划成本没有影响。正如作者所说，“这些结果与最近对私营保险被保险人进行的关于管理式医疗的研究一致，后者发现 HMO 和其他形式的管理式医疗在很大程度上是通过降低价格而不是减少数量来实现节约成本的”（Duggan 和 Hayford，2011，1）。不过，他们也发现，在医疗救助报销金额较低的州，医疗救助管理式医疗的费用支出往往会增加，而在医疗救助水平相对较高的州，管理式医疗的支出则会降低。

医疗救助计划挤出效应

当公共项目（如医疗救助计划）使得人们放弃私营保险并转向公共项目时，就会出现挤出效应。我们在第 16 章中提到了挤出效应，当时我们讨论了雇主发起建立的家庭保险较高的自付保费和州内慷慨的 CHIP 计划。争论的焦点是一些家庭用公共保险代替私人保险。这里我们直接研究这一现象。

Cutler 和 Gruber（1997）在医疗救助挤出效应的问题上有一些较好的研究成果。他们利用美国人口普查局的当期人口调查（Current Population Survey，CPS），研究了 1987 年至 1992 年 7 ~ 19 岁儿童的 SOBRA 扩展法的影响。他们发现，扩张导致私营保险参保率下降了大约 50%。也就是说，每两个获得医疗救助的孩子中，就有一个放弃了私营保险。

有时还可以采用其他衡量挤出效应的方法。然而，正如 Cutler 和 Gruber 所展示的那样，这些措施低估了挤出效应的程度。例如，使用相同的 CPS 数据，他们估计，在这段时间里，医疗救助计划的扩展有 22% 被私营保险的减少所抵消。这种方法的缺点是，除了 SOBRA 扩展法以外，医疗救助的参加人数可能由于其他原因增加了。此外，还可以用因救助扩张而失去私营保险的人的比例来衡量挤出效应。Cutler 和 Gruber 估计这样衡量的结果大约是 15%。然而，除了替代效应之外，私营保险退保可能会因为许多原因而改变。

儿童健康保险计划和挤出效应

LoSasso 和 Buchmueller（2004）研究了 CHIP 扩展对保险和挤出效应的影响。他们使用与 Cutler 和 Gruber 相似的方法，发现约有 9% 符合收入资格标准的儿童通过 CHIP 获得保险。他们还进一步得出结论，直接的医疗救助计划扩张比单独的计划更有效。因此，他们的结论是，医疗救助的自卑感并不是一个问题，或者至少在单独的方案下没有什么影响。他们认为，参保率的增长更有可能是 CHIP 所使用的明确的推广方案的结果。

然而，超过 46% 的获得 CHIP 的人放弃了私营保险。挤出的程度与早些时候的医疗救助 SOBRA 扩展法时发现的大致相同。不足为奇的是，收入较高家庭中有资格的儿童更有可能从私营保险转向 CHIP。他们更有可能得到雇主发起建立的保险。因此，减少挤出效应的一个显而易见的方法是只针对低收入家庭的计划。Gruber 和 Simon（2008）使用 1996 年至 2002 年的数据重新审视了挤出效应的估计。他们发现挤出率约为 60%。最近，De Ia Mata（2012）和 Gresenz 及其同事（2012）研究了医疗救助计划和 CHIP 扩张。他们也发现私营保险中存在大量的挤出效应，每个人的估计至少与 LoSasso 和 Buchmueller 给出的估计一样大。

减少挤出效应的另一个方法是在保险生效之前规定等待期。LoSasso 和 Buchmueller（2004）发现，5 个月的等待期基本消除了挤出效应，但也将参保率降低了 3.7%。其他人的研究表明，保费分摊也是减少挤出效应的有效手段（Davidson、Blewett 和 Call，2004）。CHIP 的自付保费使得退出私营保险的收益（支出减少）有所下降。

ACA 下的医疗救助扩张

ACA 要求各州扩大它们的医疗救助计划，否则将完全失去与现有医疗救助计划相关的联邦补助份额。2012 年，最高法院认为，这相当于“用枪顶住头部去逼迫各州”，这一要求是违反宪法的。因此，各州现在可以自主选择扩大医疗救助计划，以覆盖那些家庭收入低于 FPL 138% 的 19 岁至 64 岁的美国公民和长期合法居民（该立法要求覆盖低于 FPL 133% 的人群，但同时有一个忽略前 5% 的条款，因此，最后是 138%）。

这项立法确实激励各州采取扩张政策。在法规生效的头三年，即 2014 年到 2016 年，联邦政府将支付与扩张相关的索赔费用的 100%。2017 年，联邦政府的支出份额下降到 95%，2018 年为 94%，2019 年为 93%，之后为 90%。

各州甚至在头三年也不是免费“搭便车”。根据这项立法，各州必须承担与新符合条件成员的保险相关的行政管理费用的传统份额。大多数行政费用由联邦政府和州政府各自分担 50%，但是某些如欺诈和药物滥用控制的特殊情况使联邦承担更多的份额。总的来说，各州要支付大约 45% 的行政管理费用。

对扩张的任何经济考虑都取决于六个关键因素：

1. 可能有资格的人数；
2. 无保险和符合条件的私营保险被保险人的参保率；
3. 与扩展相关的索赔费用；
4. 随时间变化的联邦匹配率；
5. 该州新的直接和间接联邦支出的规模；
6. 这项新支出对国家税收的影响。

Parente和Feldman（2013）将ACA对最高法院判决的影响进行了微观模拟分析，该判决允许各州采取不扩大其医疗救助计划的现实选择。他们的基线估计是，如果每个州都扩大他们的计划，那么只有略多于1 700万的人将获得医疗救助计划的保障。佛罗里达州、路易斯安那州、密西西比州、内布拉斯加州、南卡罗来纳州和得克萨斯州这六个州的州长曾公开反对医疗救助计划的扩张，接下来，他们考虑如果这些州长真的言出必行，将会发生什么情况（当然，事实上，这些反对的州最终可能参与，或者其他同意的州可能选择不参与）。Parente和Feldman模拟的结果是，2014年医疗救助计划覆盖的人数比基线少了440万人，但没有保险的人数只有110万人。这种差异产生于那些继续保留其个人或团体保险（即减少挤出效应）的人和收入在FPL的100%～138%、有资格通过大量补贴来购买保险的人。

亚拉巴马州医疗救助计划的扩展

David Becker和笔者（2012）在2012年末对亚拉巴马州进行了分析。符合条件的人数来自人口普查局的美国社区调查（Census Bureau's American Community Survey）。我们调整了这些数据，以反映2014—2020年人口变化的估计、经济的改善和这种改善对私营保险的影响。结果是2014年约52.2万名符合条件的估计人数下降到2020年的48万人。然而，不可能每个符合条件的人都参加保险。对中间方案，我们采用了城市研究所的参保率估计。估计结果是，75%的无保险人群若有资格将会参加医疗救助扩展计划，60%符合条件但目前拥有私营非团体保险的人，以及25%符合条件目前有私人团体医疗保险的人也将转而使用医疗救助计划。每年预计大约有29.3万人可能会接受医疗救助计划。

估计这个年龄组的医疗救助支出并不容易。正如我们在本章前面所看到的，医疗救助支出主要集中在儿童、老年人和残疾人身上。我们采用了医疗费用面板调查（Medical Expenditure Panel Survey，MEPS）数据，对东南部地区19～64岁拥有私营保险的人的医疗支出做出估计。新纳入医疗救助计划的人将拥有与交易所提供的相似的保险，正如我们在第8章中所看到的，那些有健康保险的人比没有健康保险的人使用更多的医疗。因此，被保险人数是一个合理的代表。我们将这些费用与CMS对实际卫生支出趋势的估计结合，之外还加上了估计的行政管理费用。根据我们的中间方案，这些费用从2014年的17.6亿美元到2020年的18.5亿美元不等（随着经济的发展，人均成本增加，但参保率下降，所以这一数值是相当稳定的）。

扩展计划给该州带来了新的联邦补助。这是直接开支。还有医院、医生、药店和他们的员工把这些钱花在汽油、食品、衣服以及其他。大部分支出流出了该州。然而，有些留下了，并被一再花费。区域经济学家已经开发了投入—产出模型，用以估计这种间接支出的规模。对于一个像亚拉巴马州这样没有多元化经济的州来说，间接乘数相对较小。我们使用的模型隐含的乘数正好小于0.7。每增加新的1美元，就会产生70美分的支出。这导致2014年29.1亿美元的新支出到2015年降至27.6亿美元（原因在于，随着时间的推移，联邦的补助份额会下降）。

最后，新的收入产生税收。基于美国税务管理员联合会对州税收负担的估计值，我们认为州政府和地方政府的税收收入估计值从2014年的2.5亿美元到2020年的2.37亿美元不等。

因此，我们的中期设想方案发现，在2014年至2020年，每年将覆盖大约29.3万人。联邦政府将支付大约117亿美元，而州政府将不得不支付7.71亿美元。扩展后将产生约198亿美元的新收入。在支付其份额后，州通过其各个税务实体，将有大约9.35亿美元的净税收收入。

显然，扩展医疗救助计划有充分的经济理由。然而，也有至少三个强有力的理由不进行扩展。首先，对于所有的潜在保障给付，州政府可能不愿或无法获得承担其份额所需的7.71亿美元。即使有很大的投资回报，我们也必须找到投资的来源。其次，真正令人担心的是，联邦政府可能不愿或无法兑现其承诺，即未来继续为90%的索赔费用提供资金。州政府担心，一旦扩展计划开始，就无法停止，它们将承担这项计划的未来成本。最后，人们担心医疗救助扩展计划在联邦层面本身就是负担不起的，州政府不应该鼓励不计后果的过度支出。

长期护理保险与医疗救助计划

长期护理保险似乎是最符合我们在第4章中讨论过的保险需求的产品。护理院护理、社区辅助生活和家庭护理服务都很昂贵。在护理院里生活一年需要花费6万~7万美元。辅助生活的服务每月收费3 000美元，而家庭护理服务助理每周来访3次，每月费用为1 000美元。此外，使用这些服务的可能性也处于中等水平。在美国，大约三分之二的65岁老人最终会在护理院待一段时间，22%的男性和12%的女性会在护理院内度过超过三年的时间。然而，Li和Jensen（2011）报告称，来自国家老年健康与退休研究中心（National Institute on Aging's Health and Retirement Study）的数据表明，在50岁以上的人群中，只有4%的人拥有保险。

长期护理保险的保费相对较高。作为健康保险公司行业交易协会，美国健康保险计划（2012）报告称，2010年的平均保单保费为每年2 283美元。保费随受益人购买年龄的增长而增加。55岁至64岁的人保费平均为2 261美元，但对于75岁或75岁以上的人，保费则升至4 123美元。一个典型保单可以支付每天150美元的费用和4~5年的护理费用。保单通常有0~180天的免责期，即在护理院的最初几天不在保险范围之内，类似于免赔额。似乎没有已发表的研究报告研究关于保险选择项目对服务使用的影响。

对于长期护理保险市场为何没有得到更显著的发展，人们有许多争论。例子可见 Brown、Goda 和 McGarry（2012）。这些争论集中在市场的供求两个方面。

在需求方面，争论集中于人们错误地估计了自己使用长期护理服务的可能性，他们相信医疗照顾计划涵盖了这项护理服务，或者相信他们的家人会照顾他们。事实上，如果一个人活得足够长，在护理院待上一段时间的可能性会大大增加。Liang 和他的同事（1996）估计，65 岁还活着的人，余生平均有 14% 的时间将在养老院中度过。到了 85 岁，这一比例上升到 50%，到了 90 岁，这一比例上升到略高于 70%。医疗照顾计划的确提供了一些长期护理服务：每个疾病期都有多达 100 天的专业护理院护理，以及大量的家庭护理和临终关怀。然而，大多数护理院护理都不是在技术熟练的护理院中提供的，而是在护理水平低得多的机构中提供的。此外，虽然配偶或家庭成员通常提供照料服务，但 Liang 和他的同事们估计，这些完全比不上替代的商业性照料服务。

在供给方面，争论集中于保险公司缺乏关于道德风险和逆向选择程度的可靠信息。长期护理服务市场上有关道德风险的信息的确很稀少。正如我们在第 8 章中所看到的那样，对私人护理院的需求进行的研究很少，但已有的研究都表明价格具有很大的敏感性，其弹性估计值超过 1.0 的绝对值。因此，我们认为要么大量使用各种形式的自付费用（如前面提到的免责期），要么要求高额保费，以适应这种服务使用的增加。

Finkelstein 和 McGarry（2006）研究了长期护理保险市场中的逆向选择程度。基于 1995 年高龄老人的资产与健康动态（Asset and Health Dynamics Among the Oldest Old，AHEAD）数据，他们发现存在着逆向选择。在控制了保险公司预测护理院使用情况的影响因素后，受访者自我报告在 5 年内入住护理院的概率，这一概率仍然可以用作预测护理院的使用情况和购买长期护理保险的情况。这意味着信息不对称和存在逆向选择。不过，Finkelstein 和 McGarry 也发现，个人对承担风险的偏好也很重要，且作用相反。那些更加谨慎的人，也就是更不愿冒险的人，更有可能购买保险，但不太可能使用护理服务。综合来看，这两种类型的人倾向于购买长期护理保险，总体效应是出现了无逆向选择。

然而，长期护理保险领域无法形成大型私营市场的主要原因与这些因素无关，这又是挤出效应的结果。在这种情况下，人们不买长期护理保险，因为他们已经有了保险，他们拥有的保险叫作医疗救助计划。

正如我们前面提到的，一个老年人可以以各种方式获得医疗救助计划的护理院服务。在每种情况下，医疗救助计划对收入和资产都有限制。约束通常指的是资产限制。坊间流传，有许多人把资产花在护理院护理上，直到他们有资格获得医疗救助，或者在他们获得医疗救助之前的几年里把资产转移给家人或朋友，使自己变得贫穷。有人担心，用这种行为进入护理院的人，他留在社区的配偶会变得贫穷。由于这个原因，1988 年的《老年医疗照顾计划灾难保险法》（*Medicare Catastrophic Coverage Act*，MCCA）在有社区居住配偶的情况下放宽了收入和资产限制。最重要的是，它在有配偶的情况下将宅地排除在资产限制之外，并允许社区居住配偶保留其名下的所有收入和进入护理院护理的配偶名下的部分收入。

Sloan 和 Shayne（1993）研究了 MCCA 颁布前后的贫困程度，并进而研究了人们获得医疗救助计划下长期护理的程度。他们使用 1987 年和 1991 年全国长期护理调查和州医疗救助计划保单的信息，模拟了失能人在多大程度上不得不减少他们的资产，才能有资格获得护理院护理。值得注意的是，他们对失能的定义相对较低：那些在日常生活活动中受到一种或多种限制的人。作者明确地指出，失能人是相关群体。那些健康状况较好的老年人很可能能够在他们的健康恶化到足以成为失能人之前合法转移资产。

Sloan 和 Shayne 的发现（见表 25.4）清楚地表明，在 MCCA 之后，近 78% 的有可能进入护理院的人已经在医疗救助计划中，或者是有资格参加医疗救助计划。另有 5% 的人在 6 个月内符合医疗救助计划的条件。表的细节也很有启发性。MCCA 对医疗救助计划资格有着相对较小、但很重要的影响。它将 6 个月内符合资格或立即符合资格的人的百分比提高了 8.7 个百分点。几乎所有这些增长都来自已婚人士资格的增加。这是我们所期望的，因为 MCCA 的主要特点是保护社区居住的配偶的收入和资产。

表 25.4　　入住护理院时有资格领取医疗救助的残疾老人所占百分比　　单位：%

	1988 年 MCCA 颁布之前			1988 年 MCCA 颁布之后		
	单身	已婚	合计	单身	已婚	合计
已参加医疗照顾计划	24.0	10.1	18.7	24.0	10.1	18.7
立即符合资格条件	48.5	43.3	46.4	48.9	75.1	59.0
1～6 个月内符合资格条件	7.8	11.3	9.2	7.8	1.3	5.3
6～30 个月内符合资格条件	7.2	13.4	9.6	7.5	3.1	5.8
30～120 个月内符合资格条件	4.7	9.1	6.4	4.6	1.6	3.8
120 个月内都不符合资格条件	7.8	12.8	9.7	7.2	7.7	7.4
	100	100	100	100	100	100

资料来源：Sloan and shayne（1993），“Long－Term Care，Medicaid，and Impoverishment of the Elderly，” *Milbank Quarterly* 71（4）：575－99，Table 2。允许转载。

所有这些对购买长期护理保险的结果是显而易见的。大多数人不购买长期护理保险的原因是他们已经拥有了长期护理保障。根据 Sloan 和 Shayne 的估计，超过

80% 的可能进入护理院的人将立即或在 6 个月内有资格获得医疗救助。

最近，Brown、Coe 和 Finkelstein（2007）调查了医疗救助计划对私营长期护理保险的挤出效应。他们的结论是，在有医疗救助和控制其他相关因素的情况下，66% ~90% 的人不会购买长期护理保险。作者表明，医疗救助计划规定的资产门槛具有敏感性。如果合格资产减少 10 000 美元，私营长期护理的参保率将增加 1.1 个百分点。

本章小结

- 医疗救助计划是一个联邦和州联合制订、按“需求基础”认定的计划，为低收入人群，特别是孕妇、儿童、老年人和残疾人提供医疗服务。
- 各州在医疗救助计划资格的标准、提供服务的慷慨程度以及非强制性服务的选择方面具有相当大的灵活性。
- 虽然儿童占据医疗救助计划参与人数的近一半，但老年人和残疾人占据医疗救助计划 60% 以上的费用支出。
- 医疗救助计划的扩展旨在覆盖家庭收入稍微高一些的人。有证据表明，由于这些扩展计划，私营保险受到了严重的挤出效应，基本上等同于每两个获得公共部门福利的人中有一个人放弃了私营保险。
- ACA 许可下的医疗救助计划扩展有可能将覆盖面扩大到 1 600 万人左右。从单个州的角度来看，扩展计划给该州带来了大量新的联邦资金。然而，各州担心随着时间的推移联邦政府不再继续为该计划支付费用。
- 根据现行法律，长期护理保险不可能成为一个主要市场。据估计，近 80% 的护理院居住者已经接受医疗救助保障或将立即有资格进入护理院。

问题讨论

1. 在什么条件下，医疗救助管理式医疗计划有可能成功地控制医疗救助计划的成本？

2. 一些人建议，如果父母也能参保，更多的儿童也应被纳入 CHIP（或医疗救助计划）。暂且不谈儿童在多大程度上享有首次保险的问题，这对父母的保险会有什么影响？你预计会有多大的挤出效应？

3. 2006 年，国会颁布了一项法律，禁止拥有价值超过 50 万美元的住房的人获得医疗救助，各州可以将这一限额提高到 75 万美元（社区居住的配偶或其他受养人若居住，任何价值的宅地可排除在外）。此外，医疗救助计划将回顾申请人 5 年，而不是 3 年的行为，以确定其是否转移资产以期获得医疗救助计划资格。你认为这项行动会对医疗救助计划的申请资格和长期护理保险的需求产生怎样的影响？

4. 州政府应该按照 ACA 的规定扩展它的医疗救助计划吗？讨论这种扩展的优点和缺点。

5. 假设你是一个相当富有的人。你会在什么情况下购买长期护理保险，而不是投资其他资产？

延伸阅读

[1] De La Mata, D. 2012. "The Effect of Medicaid Eligibility on Coverage, Utilization, and Children's Health." *Health Economics* 21 (9): 1061 – 79.

[2] Finkelstein, A., and K. McGarry. 2006. "Private Information and Its Effect on Market Equilibrium: New Evidence from Long – Term Care Insurance." *American Economic Review* 96 (4): 938 – 58.

[3] Gruber, J., and K Simon. 2008. "Crowd – Out 10 Years Later: Have Recent Public Insurance Expansions Crowded Out Private Health Insurance?" *Journal of Health Economics* 27 (2): 201 – 17.

结语

课程总结

本书对美国的健康保险制度进行了广泛而合理的深入探讨。然而，抛开所有细节，在关于健康保险的任何讨论中，只需要考虑六个关键问题。如果你已经掌握了该课程，那么无论何时，只要是有关健康保险管理和政策方面的疑问，你都会立即考虑它们属于以下哪个话题。虽然你竭尽全力去压缩思考，但识别相关问题将启发你已淡忘的经济学知识，管理或政策问题的含义便会灵光一现。快试一下吧！

- 保险需求
- 逆选择
- 道德风险
- 选择性契约
- 薪酬差别
- 健康保险的税收待遇

参考文献

Abraham, J. M., and R. Feldman. 2010. "Taking Up or Turning Down: New Estimates of Household Demand for Employer-Sponsored Health Insurance." *Inquiry* 47 (1): 17–32.

Abraham, J. M., and P. Karaca-Mandic. 2011. "Regulating the Medical Loss Ratio: Implications for the Individual Market." *American Journal of Managed Care* 17 (3): 211–18.

Abraham, J. M., and A. B. Royalty. 2005. "Does Having Two Earners in the Household Matter for Understanding How Well Employer-Based Health Insurance Works?" *Medical Care Research and Review* 62 (2): 167–86.

Achman, L., and D. Chollet. 2001. *Insuring the Uninsurable: An Overview of State High-Risk Health Insurance Pools. Publication 472.* New York: The Commonwealth Fund.

Acs, G., S. H. Long, M. S. Marquis, and P. F. Short. 1996. "Self Insured Employer Health Plans: Prevalence, Profile, Provisions, and Premiums." *Health Affairs* 15 (2): 266–78.

Acs, G., C. Winterbottom, and S. Zedlewski. 1992. "Employers' Payroll and Insurance Costs: Implications for Play or Pay Employer Mandates." In *Health Benefits and the Workforce.* Washington, DC: US Department of Labor.

Agency for Healthcare Research and Quality (AHRQ). 2011. "Average Total Single Premium per Enrolled Employee." http://meps.ahrq.gov/mepsweb/data_stats/summ_tables/insr/national/series_11/2011/txic1.htm.

Altman, D., D. Cutler, and R. Zeckhauser. 2003. "Enrollee Mix, Treatment Intensity, and Cost in Competing Indemnity and HMO Plans." *Journal of Health Economics* 22 (1): 23–45.

American Hospital Association (AHA). 2012. *AHA Hospital Statistics.* Chicago: American Hospital Association.

American Medical Association (AMA). 2012. *Competition in Health Insurance: A Comprehensive Study of US Markets.* Chicago: American Medical Association.

———. 2001. *Physician Socioeconomic Statistics,* 2000–2002 Edition. Chicago: American Medical Association Press.

America's Health Insurance Plans (AHIP). 2012. *Trends in Medigap Coverage and Enrollment, 2010–2011.* Accessed May 23, 2013. www.ahip.org/Medigap-2011.aspx.

———. 2009. *Individual Health Insurance 2009*. Washington, DC: America's Health Insurance Plans.

———. 2004a. *Guide to Long-Term Care Insurance*. Accessed May 23, 2013. www.ahip.org/GuideLTCInsurance/.

———. 2004b. *Long-Term Care Insurance in 2002*. Washington, DC: America's Health Insurance Plans.

Anderson, M., C. Dobkin, and T. Gross. 2012. "The Effect of Health Insurance Coverage on the Use of Medical Services." *American Economic Journal: Economic Policy* 4 (1): 1–27.

Antos, J., and J. E. Calfee. 2004. "Of Sausage Making and Medicare." *Health Policy OutLook*. Washington, DC: American Enterprise Institute.

Antwi, Y. A., A. S. Moriya, and K. Simon. 2012. "Effects of Federal Policy to Insure Young Adults: Evidence from the 2010 Affordable Care Act Dependent Coverage Mandate." National Bureau of Economic Research. Accessed May 23, 2013. www.nber.org/papers/w18200.

Aron-Dine, A., L. Einav, and A. Finkelstein. 2013. "The RAND Health Insurance Experiment, Three Decades Later." *Journal of Economic Perspectives* 27 (1): 197–222.

Aron-Dine, A., L. Einav, A. Finkelstein, and M. R. Cullen. 2012. "Moral Hazard in Health Insurance: How Important Is Forward Looking Behavior?" National Bureau of Economic Research. Accessed May 23, 2013. www.nber.org/papers/w17802.

Assistant Secretary for Planning and Evaluation (ASPE); US Department of Health and Human Services. 2013. "2013 Poverty Guidelines." Published January 24. aspe.hhs.gov/poverty/13poverty/cfm.

———. 2011. "Variation and Trends in Medigap Premiums." Accessed May 29, 2013. http://aspe.hhs.gov/health/reports/2011/medigappremiums/index.shtml.

Atherly, A. 2001. "Medicare Supplemental Insurance: Medicare's Accidental Stepchild." *Medical Care Research and Review* 58 (2): 131–61.

Atherly, A., B. E. Dowd, and R. Feldman. 2004. "The Effects of Benefits, Premiums, and Health Risk on Health Plan Choice in the Medicare Program." *Health Services Research* 39 (4): 847–64.

Autor, D. H., and M. G. Duggan. 2003. "The Rise in the Disability Rolls and the Decline in Unemployment." *Quarterly Journal of Economics* 118 (1): 157–205.

Baicker, K., S. L. Taubman, H. L. Allen, M. Bernstein, J. H. Gruber, J. P. Newhouse, E. C. Schneider, B. J. Wright, A. M. Zaslavsky, and A. N. Finkelstein. 2013. "The Oregon Experiment—Effects of Medicaid on Clinical Outcomes." *New England Journal of Medicine* 368 (18): 1713–22.

Baker, L. C., and J. Chan. 2007. "Laws Requiring Health Plans to Provide Direct Access to Obstetricians and Gynecologists, and Use of Cancer Screening by Women." *Health Services Research* 42 (2): 990–1007.

Bamezai, A., J. Zwanziger, G. A. Melnick, and J. M. Mann. 1999. "Price Competition and Hospital Cost Growth in the United States (1989–1994)." *Health Economics* 8 (3): 233–43.

Banyan Consulting. 2010. "What You Need to Know About the 'Grandfather' Clause." *Health Care Reform Bulletin.* Accessed May 23, 2013. www.banyan-llc.com/bc/bc.nsf/archivedarticles/Health-Care-Reform-Bulletin---The-Grandfather-Clause.

Barrand, N. L., and W. D. Helms. 1991. "Testimony Before the Subcommittee on Health, Committee on Ways and Means, United States House of Representatives." 101st Congress, 1st Session.

Baumgardner, J. R., and S. A. Hagen. 2001. "Predicting Response to Regulatory Change in the Small Group Health Insurance Market: The Case of Association Health Plans and HealthMarts." *Inquiry* 38 (4): 351–64.

Beaulieu, N. D. 2002. "Quality Information and Consumer Health Plan Choices." *Journal of Health Economics* 21: 43–63.

Becker, D. J., and M. A. Morrisey. 2012. *An Economic Evaluation of Medicaid Expansion in Alabama Under the Affordable Care Act.* Birmingham, AL: University of Alabama at Birmingham, School of Public Health.

Behrend, C., F. Buchner, M. Happich, R. Holle, P. Reitmeir, and J. Wasem. 2007. "Risk-Adjusted Capitation Payments: How Well Do Principal Inpatient Diagnosis-Based Models Work in the German Situation?" *European Journal of Health Economics* 8 (1): 31–39.

Bellows, N. M., H. A. Halpin, and S. B. McMenamin. 2006. "State-Mandated Benefit Review Laws." *Health Services Research* 41 (3): 1104–23.

Benham, L. 1972. "The Effects of Advertising on the Price of Eyeglasses." *Journal of Law and Economics* 15 (2): 337–52.

Bhattacharya, J., and M. K. Bundorf. 2009. "The Incidence of the Healthcare Costs of Obesity." *Journal of Health Economics* 28 (3): 649–58.

Bitler, M. P., and C. Carpenter. 2009. "Insurance Mandates and Mammography." National Bureau of Economic Research. Accessed May 23, 2013. www.nber.org/papers/w16669.

Blahous, C. P., and R. D. Reischauer. 2012. "A Message to the Public: A Summary of the 2012 Annual Reports." Social Security Administration. Accessed May 23, 2013. www.ssa.gov/oact/trsum/index.html.

Blendon, R. J., M. Brodie, J. M. Benson, D. E. Altman, L. Levitt, T. Hoff, and L. Hugick. 1998. "Understanding the Managed Care Backlash." *Health Affairs* 17 (4): 80–94.

Blumberg, L., L. Nichols, and J. Banthin. 2001. "Worker Decisions to Purchase Health Insurance." *International Journal of Health Care Finance and Economics* 1 (3/4): 305–25.

Boards of Trustees, Federal Hospital and Insurance and Federal Supplementary Medical Insurance Trust Funds. 2012. "2012 Annual Report of the Boards of Trustees of the Federal Hospital Insurance and Supplementary Medical Insurance Trust Funds." US Department of the Treasury. Accessed May 23, 2013. www.treasury.gov/resource-center/economic-policy/ss-medicare/Documents/TR_2012_Medicare.pdf.

Boukus, E., A. Cassil, and A. S. O'Malley. 2009. "A Snapshot of US Physicians: Key Findings from the 2008 Health Tracking Physicians Survey." *Data Bulletin* 35. Washington, DC: Center for Studying Health System Change.

Brodie, M., L. A. Brady, and D. E. Altman. 1998. "Media Coverage of Managed Care: Is There a Negative Bias?" *Health Affairs* 17 (1): 9–25.

Brown, J. R., N. B. Coe, and A. Finkelstein. 2007. "Medicaid Crowd-out of Private Long-Term Care Insurance Demand: Evidence from the Health and Retirement Survey." *Tax Policy and the Economy* 21: 1–34.

Brown, J., M. Duggan, I. Kuziemko, and W. Woolston. 2011. "How Does Risk Selection Respond to Risk Adjustment? Evidence from the Medicare Advantage Program." National Bureau of Economic Research. Accessed May 23, 2013. www.nber.org/papers/w16977.

Brown, J. R., G. S. Goda, and K. McGarry. 2012. "Long-Term Care Insurance Demand Limited by Beliefs About Needs, Concerns About Insurers, and Care Available from Family." *Health Affairs* 31 (6): 1294–302.

Buchmueller, T. C., P. Cooper, K. Simon, and J. Vistnes. 2005. "The Effect of SCHIP Expansions on Health Insurance Decisions by Employers." *Inquiry* 42 (3): 218–31.

Buchmueller, T. C., and P. J. Feldstein. 1996. "Consumer's Sensitivity to Health Plan Premiums: Evidence from a Natural Experiment in California." *Health Affairs* 15 (1): 143–51.

Buchmueller, T. C., K. Grumbach, R. Kronick, and J. G. Kahn. 2005. "The Effect of Health Insurance on Medical Care Utilization and Implications for Insurance Expansion: A Review of the Literature." *Medical Care Research and Review* 62 (1): 3–30.

Bunce, V. C., and J. P. Wieske. 2010. *Health Insurance Mandates in the States 2010.* Alexandria, VA: Council for Affordable Health Insurance.

Bundorf, M. K., B. Herring, and M. V. Pauly. 2010. "Health Risk, Income, and Employment-Based Health Insurance." *Forum for Health Economics and Policy* 13 (2): article 13.

Bundorf, M. K., and K. I. Simon. 2006. "The Effects of Rate Regulation on Demand for Supplemental Health Insurance." *American Economic Review, Papers and Proceedings* 96 (2): 67–71.

Buntin, M. B., M. S. Marquis, and J. M. Yegian. 2004. "The Role of the Individual Health Insurance Market and Prospects for Change." *Health Affairs* 23 (6): 79–90.

California Managed Risk Medical Insurance Board. 2012. "Major Risk Medical Insurance Program Update." Accessed May 23, 2013. www.mrmib.ca.gov/MRMIB/MRMIP.shtml.

———. 2006. "California Major Risk Medical Insurance Program 2006 Fact Book." Accessed May 23, 2013. www.mrmib.ca.gov/MRMIB/MRMIPFBV3_23_06.pdf.

Card, D., C. Dobkin, and N. Maestas. 2009. "Does Medicare Save Lives?" *Quarterly Journal of Economics* 124 (2): 597–636.

Carey, R. L. 2011a. "Financial Sustainability of the Alabama Exchange." National Governors Association. Accessed May 23, 2013. http://statepolicyoptions.nga.org/policy_article/financial-sustainability-alabama-exchange.

———. 2011b. "Design Options for an Alabama Insurance Exchange." Alabama Department of Insurance. Accessed May 23, 2013. www.insurance.alabama.gov/PDF/Consumers/Exchange%20Design%20Options%20BMA10T3.pdf.

Cawley, J., A. S. Moriya, and K. I. Simon. 2011. "The Impact of the Macroeconomy on Health Insurance Coverage: Evidence from the Great Recession." National Bureau of Economic Research. Accessed May 23, 2013. www.nber.org/papers/w17600.

Centers for Medicare & Medicaid Services (CMS). 2013. "2013 Medicare Costs." Accessed July 29. www.medicare.gov/Pubs/pdf/11579.pdf.

———. 2012a. *Choosing a Medigap Policy: A Guide to Health Insurance for People with Medicare.* Accessed May 23, 2013. www.medicare.gov/Pubs/pdf/02110.pdf.

———. 2012b. "Medicare and Medicaid Statistical Supplement, 2012 Edition." Accessed May 23, 2013. www.cms.gov/Research-Statistics-Data-and-Systems/Statistics-Trends-and-Reports/MedicareMedicaidStatSupp/2012.html.

———. 2000. *A Profile of Medicaid: Chartbook 2000.* Washington, DC: Centers for Medicare & Medicaid Services, September.

Chassin, M. R., J. Kosecoff, R. E. Park, C. M. Winslow, K. L. Kahn, N. J. Merrick, J. Keesey, A. Fink, D. H. Solomon, and R. H. Brook. 1987. "Does Inappropriate Use Explain Geographic Variations in the Use of Health Care Services?" *Journal of the American Medical Association* 258 (18): 2533–37.

Cherkin, D. C., L. Grothaus, and E. H. Wagner. 1989. "The Effect of Office Visit Copayments on Utilization in a Health Maintenance Organization." *Medical Care* 27 (11): 669–79.

Chernew, M., K. Frick, and C. G. McLaughlin. 1997. "The Demand for Health Insurance Coverage by Low-Income Workers: Can Reduced Premiums Achieve Full Coverage?" *Health Services Research* 32 (4): 453–70.

Chernew, M. E., A. B. Rosen, and A. M. Fendrick. 2007. "Value-Based Insurance Design." *Health Affairs* 26 (2): w195–203.

Chernew, M., and D. Scanlon. 1998. "Health Plan Report Cards and Insurance Choice." *Inquiry* 35 (1): 9–22.

Chiswick, B. R. 1976. "The Demand for Nursing Home Care: An Analysis of the Substitution Between Institutional and Noninstitutional Care." *Journal of Human Resources* 11 (3): 295–316.

Chollet, D. J., and A. M. Kirk. 1998. *Understanding Individual Health Insurance Markets.* Menlo Park, CA: Henry J. Kaiser Family Foundation.

Chollet, D. J., A. M. Kirk, and M. E. Chow. 2000. *Mapping State Health Insurance Markets: Structure and Change in the States' Group and Individual Health Insurance Markets, 1995–1997.* Washington, DC: AcademyHealth State Coverage Initiatives.

Chollet, D. J., F. Smieliauskas, and M. Konig. 2003. *Mapping State Health Insurance Markets, 2001: Structure and Change.* Washington, DC: AcademyHealth State Coverage Initiatives.

Claxton, G., J. Gabel, I. Gil, J. Pickreign, H. Whitmore, B. Finder, B. DiJulio, and S. Hawkins. 2006. "Health Benefits in 2006: Premium Increases Moderate, Enrollment in Consumer-Directed Health Plans Remains Modest." *Health Affairs* 25 (6): w476–85.

Cohen, J. T., P. J. Neumann, and M. C. Weinstein. 2008. "Does Preventive Care Save Money? Health Economics and the Presidential Candidates." *New England Journal of Medicine* 358 (7): 661–63.

Colby, D. C., T. Rice, J. Bernstein, and L. Nelson. 1995. "Balance Billing Under Medicare: Protecting Beneficiaries and Preserving Physician Participation." *Journal of Health Politics, Policy and Law* 20 (1): 49–74.

Commonwealth Fund. 2001. "Security Matters: How Instability in Health Insurance Puts US Workers at Risk: Findings from the Commonwealth Fund 2001 Survey of Health Insurance—Chart Book." Accessed May 23, 2013. www.cmwf.org/usr_doc/duchon_2001HI_surveycharts.pdf.

Congressional Budget Office (CBO). 2013a. *The Distribution of Major Tax Expenditures in the Individual Income Tax System.* Pub. No 4308. Washington, DC: Congressional Budget Office.

———. 2013b. "Medicare—February 2013 Baseline." Published February 5. www.cbo.gov/publication/43894.

———. 2011. "Spending Patterns for Prescription Drugs Under Medicare Part D." Published December 1. www.cbo.gov/publication/42692.

———. 2010a. "The Effects of Health Reform on the Federal Budget." Presentation to the World Health Care Congress, April 12. www.cbo.gov/sites/default/files/cbofiles/ftpdocs/114xx/doc11439/whcc_presentation-4-12-10.pdf.

———. 2010b. "Letter to the Honorable Nancy Pelosi." Published March 20. www.cbo.gov/sites/default/files/cbofiles/ftpdocs/113xx/doc11379/amendreconprop.pdf.

———. 2006a. "The Sustainable Growth Rate Formula for Setting Medicare's Physician Payment Rates." *Economic and Budget Issue Brief.* Published September 6. www.cbo.gov/sites/default/files/cbofiles/ftpdocs/75xx/doc7542/09-07-sgr-brief.pdf.

———. 2006b. "Testimony of Donald B. Marron, Acting Director, Before the Senate Special Committee on Aging: Medicaid Spending Growth and Options for Controlling Costs." Washington, DC, July 13.

———. 2004. "An Analysis of the Literature on Disease Management Programs." Published October 13. www.cbo.gov/ftpdocs/59xx/doc5909/10-13-DiseaseMngmnt.pdf.

Congressional Research Service. 2005. *Medicaid/SCHIP Enrollees: Comparison of Counts from Administrative Data and Survey Estimates.* Washington, DC: Congressional Research Service.

Consumers Union. 2006. "Your Health Care Dollar: Conversions 101." http://consumersunion.org/research/conversions-101/.

Conrad, D. A., D. Grembowski, and P. Milgram. 1987. "Dental Care Demand: Insurance Effects and Plan Design." *Health Services Research* 22 (3): 341–67.

Cook, B. 2007. "States Strike at 'Most Favored' Pay Clause." *American Medical News.* Posted November 12. www.ama-assn.org/amednews/2007/11/12/bil21112.htm.

Cordova, A., C. Eibner, R. Vardavas, J. Broyles, and F. Girosi. 2013. "Modeling Employer Self-Insurance Decisions After the Affordable Care Act." *Health Services Research* 48 (2): 850–65.

Council for Affordable Health Insurance. 2012. *Health Insurance Mandates in the States 2011.* Alexandria, VA: Council for Affordable Health Insurance.

Cowan, B., and B. Schwab, 2011. "The Incidence of the Healthcare Costs of Smoking." *Journal of Health Economics* 30 (5): 1094–1102.

Cunningham, R., and R. M. Cunningham. 1997. *The Blues: A History of the Blue Cross and Blue Shield System.* DeKalb, IL: Northern Illinois University Press.

Currie, J., and J. Fahr. 2004. "Hospitals, Managed Care, and the Charity Caseload in California." *Journal of Health Economics* 23 (3): 421–42.

Cutler, D. M. 2002. "Employee Costs and the Decline in Health Insurance Coverage." National Bureau of Economic Research. Accessed May 23, 2013. www.nber.org/papers/w9036.

Cutler, D. M., and J. Gruber. 1997. "Medicaid and Private Insurance: Evidence and Implications." *Health Affairs* 16 (1): 194–200.

Cutler, D. M., M. McClellen, and J. P. Newhouse. 2000. "How Does Managed Care Do It?" *RAND Journal of Economics* 31 (3): 526–48.

Cutler, D. M., and S. Reber. 1996. "Paying for Health Insurance: The Tradeoff Between Competition and Adverse Selection." National Bureau of Economic Research. Accessed May 23, 2013. www.nber.org/papers/w5796.

Dafny, L. S. 2010. "Are Health Insurance Markets Competitive?" *American Economic Review* 100 (4): 1399–1431.

Dafny, L. S., M. Duggan, and S. Ramanarayanan. 2012. "Paying a Premium on Your Premium? Consolidation in the U.S. Health Insurance Industry." National Bureau of Economic Research. Accessed May 23, 2013. www.nber.org/papers/w15434.

Danzon, P. M. 1983. "Rating Bureaus in U.S. Property-Liability Insurance Markets: Anti or Pro-Competitive?" *Geneva Papers on Risk and Insurance* 8 (29): 371–402.

Davidoff, A., L. Blumburg, and L. Nichols. 2005. "State Health Insurance Market Reforms and Access to Insurance for High-Risk Employees." *Journal of Health Economics* 24 (4): 725–50.

Davidson, G., L. A. Blewett, and K. T. Call. 2004. "Public Program Crowd-Out of Private Coverage: What Are the Issues?" *Robert Wood Johnson Foundation Synthesis Project*. Published June 1. www.rwjf.org/en/research-publications/find-rwjf-research/2004/06/public-program-crowd-out-of-private-coverage.html.

Davies, A. R., J. E. Ware, Jr., R. H. Brook, J. R. Peterson, and J. P. Newhouse. 1986. "Consumer Acceptance of Prepaid and Fee-for-Service Medical Care: Results from a Randomized Controlled Trial." *Health Services Research* 21 (3): 429–52.

De La Mata, D. 2012. "The Effect of Medicaid Eligibility on Coverage, Utilization, and Children's Health." *Health Economics* 21 (9): 1061–79.

Dennis, W. J. 2007. "Purchasing Health Insurance." *NFIB National Small Business Poll*. Washington, DC: NFIB Foundation.

Donabedian, A. 1976. *Benefits in Medical Care Programs*. Cambridge, MA: Harvard University Press.

Dor, A., S. M. Koroukian, and M. Grossman. 2004. "Managed Care Discounting: Evidence from the MarketScan Database." *Inquiry* 41 (2): 159–69.

Dorfman, J. R. 1987. "Proposals for Equal Insurance Fees for Men and Women Spark Battle." *Wall Street Journal* August 27, 23.

Dowd, B., and R. Feldman. 1994/95. "Premium Elasticities of Health Plan Choice." *Inquiry* 31 (4): 438–44.

Dowd, B., R. Feldman, M. Maciejewski, and M. V. Pauly. 2001. "The Effect of Tax-Exempt Out-of-Pocket Premiums on Health Plan Choice." *National Tax Journal* 54 (4): 741–56.

Dranove, D., R. Lindrooth, W. D. White, and J. Zwanziger. 2008. "Is the Impact of Managed Care on Hospital Prices Decreasing?" *Journal of Health Economics* 27 (2): 362–76.

Dranove, D., M. Shanley, and C. Simon. 1992. "Is Hospital Competition Wasteful?" *RAND Journal of Economics* 23 (2): 247–62.

Dranove, D., C. J. Simon, and W. D. White. 2002. "Is Managed Care Leading to Consolidation in Health Care Markets?" *Health Services Research* 37 (3): 573–94.

Dranove, D., K. E. Spier, and L. Baker. 2000. "Competition Among Employers Offering Health Insurance." *Journal of Health Economics* 19 (1): 121–40.

Draper, D. A., R. E. Hurley, and A. C. Short. 2004. "Medicaid Managed Care: The Last Bastion of the HMO?" *Health Affairs* 23 (2): 155–68.

Duggan, M., and T. Hayford. 2011. "Has the Shift to Managed Care Reduced Medicaid Expenditures? Evidence from State and Local-Level Mandates." National Bureau of Economic Research. Accessed May 23, 2013. www.nber.org/papers/w17236.

Dunning, M. 2013. "Fewer Employers Plan to Offer Retiree Prescription Drug Plans: Survey." Business Insurance. Published May 30. www.businessinsurance.com/article/20130530/NEWS03/130539979#.

Ehrlich, I., and G. Becker. 1972. "Market Insurance, Self Insurance and Self Protection." *Journal of Political Economy* 80 (4): 623–48.

Eibner, C., C. C. Price, R. Vardavas, A. Cordova, and F. Girosi. 2012. "Small Firms' Actions in Two Areas, and Exchange Premium and Enrollment Impact." *Health Affairs* 31 (2): 324–31.

Eichhorn, R. L., and L. Aday. 1972. *The Utilization of Health Services: Indices and Correlates; A Research Bibliography.* Washington, DC: National Center for Health Services Research and Development.

Ellis, R. J., and T. McGuire. 1993. "Supply Side and Demand Side Cost Sharing in Health Care." *Journal of Economic Perspectives* 7 (4): 135–51.

Ellis, R. P. 1985. "The Effect of Prior-Year Health Expenditures on Health Coverage Plan Choice." In *Advances in Health Economics and Health Services Research,* vol. 6, edited by R. M. Scheffler and L. F. Rossiter, 149–70. Greenwich, CT: JAI Press.

Encyclopaedia Britannica. 2013. "Patient Protection and Affordable Care Act (ACA)." Accessed June 5. www.britannica.com/EBchecked/topic/1673534/Patient-Protection-and-Affordable-Care-Act-ACA.

Escarce, J. J., K. Kapur, G. F. Joyce, and K. A. Van Vorst. 2001. "Medical Care Expenditures Under Gatekeeper and Point-of-Service Arrangements." *Health Services Research* 36 (1): 1037–57.

Europa. 2012. "EU Rules on Gender-Neutral Pricing in Insurance Industry Enter into Force." Accessed June 20, 2012. http://europa.eu/rapid/press-release_IP-12-1430_en.htm.

Fang, H., M. P. Keane, and D. Silverman. 2008. "Sources of Advantageous Selection: Evidence from the Medigap Insurance Market." *Journal of Political Economy* 116 (2): 303–50.

Fang, H., H. Liu, and J. A. Rizzo. 2009. "Has the Use of Physician Gatekeepers Declined Among HMOs? Evidence from the United States." *International Journal of Health Care Finance and Economics* 9 (2): 183–96.

Fang, H., and J. A. Rizzo. 2010. "Has the Influence of Managed Care Waned? Evidence from the Market for Physician Services." *International Journal of Health Care Finance and Economics* 10 (1): 85–103.

Federal Register. 2006. "Medicare Program: Inpatient Hospital Deductible and Hospital and Extended Care Services Coinsurance Amounts for Calendar Year 2007." 71 (180): 54662–64.

Federal Trade Commission (FTC). 2012. "OSF Healthcare System Abandons Plan to Buy Rockford in Light of FTC Lawsuit: FTC Dismisses Its Complaint Seeking to Block the Transaction." Published April 13. www.ftc.gov/2012/04/rockford2.shtm.

———. 2011. "FTC and Georgia Attorney General Challenge Phoebe Putney Health System's Proposed Acquisition of Palmyra Park Hospital as Anticompetitive." Published April 20. www.ftc.gov/opa/2011/04/phoebeputney.shtm.

———. 2005. "Administrative Law Judge Orders Evanston Northwestern Healthcare Corporation to Sell Highland Park Hospital." Published October 21. www.ftc.gov/opa/2005/10/evanston.htm.

———. 2004a. "FTC Challenges Hospital Merger That Allegedly Led to Anticompetitive Price Increases." Published February 10. www.ftc.gov/opa/2004/02/enh.htm.

———. 2004b. "FTC Staff: Rhode Island Bills Would Raise Prices for Pharmaceuticals." Published April 12. www.ftc.gov/opa/2004/04/ribills.htm.

———. 2004c. "San Francisco's Brown & Toland Medical Group Settles FTC Price Fixing Charges." Published February 9. www.ftc.gov/opa/2004/02/browntoland.shtm.

Federal Trade Commission (FTC) and the US Department of Justice (DOJ). 2004. "Improving Health Care: A Dose of Competition." Accessed May 24, 2013. www.ftc.gov/reports/healthcare/040723healthcarerpt.pdf.

Feldman, R., and J. W. Begun. 1978. "The Effects of Advertising Restrictions: Lessons from Optometry." *Journal of Human Resources* 13 (supplement): 247–62.

Feldman, R., H.-C. Chan, J. Kralewski, B. Dowd, and J. Shapiro. 1990. "Effects of HMOs on the Creation of Competitive Markets for Hospital Services." *Journal of Health Economics* 9 (2): 207–22.

Feldman, R., and B. Dowd. 1982. "Simulation of a Health Insurance Market with Adverse Selection." *Operations Research* 30 (6): 1027–42.

Feldman, R., B. Dowd, S. Leitz, and L. A. Blewett. 1997. "The Effect of Premiums on the Small Firm's Decision to Offer Health Insurance." *Journal of Human Resources* 32 (4): 635–58.

Feldman, R., M. Finch, B. Dowd, and S. Cassou. 1989. "The Demand for Employment-Based Health Insurance Plans." *Journal of Human Resources* 24 (1): 115–42.

Feldman, R., and D. Wholey. 2001. "Do HMOs Have Monopsony Power?" *International Journal of Health Care Finance and Economics* 1 (1): 7–22.

Feldstein, M. S. 1974. "Econometric Studies of Health Economics." In *Frontiers of Quantitative Economics*, vol. II, edited by D. Kendrick and M. Intrilligator. Amsterdam: North-Holland Press.

Feldstein, M. S., and E. Allison. 1974. "Tax Subsidies of Private Health Insurance: Distribution, Revenue Loss, and Effects." In *The Economics of Federal Subsidy Programs*, 977–94, Washington, DC: US Government Printing Office.

Feldstein, M. S., D. Feenberg, and M. MacGuineas. 2011. "Capping Individual Tax Expenditure Benefits." National Bureau of Economic Research. Accessed May 24, 2013. www.nber.org/papers/w16921.

Feldstein, P. J. 1988. *The Politics of Health Legislation*. Chicago: Health Administration Press.

Fendrick, A. M., J. J. Martin, and A. E. Weiss. 2011. "Value-Based Insurance Design: More Health at Any Price." *Health Services Research* 47 (1): 404–13.

Ferris, T. G., Y. Chang, D. Blumenthal, and S. D. Pearson. 2001. "Leaving Gatekeeping Behind—Effects of Opening Access to Specialists for Adults in a Health Maintenance Organization." *New England Journal of Medicine* 345 (18): 1312–17.

Finkelstein, A. 2007. "The Aggregate Effects of Health Insurance: Evidence from the Introduction of Medicare." *Quarterly Journal of Economics* 72 (1): 1–37.

———. 2004. "Minimum Standards, Insurance Regulation, and Adverse Selection: Evidence for the Medigap Market." *Journal of Public Economics* 88 (12): 2515–47.

Finkelstein, A., and K. McGarry. 2006. "Private Information and Its Effect on Market Equilibrium: New Evidence from Long-Term Care Insurance." *American Economic Review* 96 (4): 938–58.

Finkelstein, A., and R. McKnight. 2008. "What Did Medicare Do? The Initial Impact of Medicare on Mortality and Out of Pocket Medical Spending." *Journal of Public Economics* 92 (7): 1644–68.

Finkelstein, A., and J. Poterba. 2002. "Selection Effects in the United Kingdom Individual Annuities Market." *Economic Journal* 112 (476): 28–55.

Fishback, P. V., and S. E. Kantor. 2000. *A Prelude to the Welfare State: The Origins of Workers' Compensation.* Chicago: University of Chicago Press for the National Bureau of Economic Research.

Forrest, C. B., J. P. Weiner, J. Fowles, K. Frick, C. Vogeli, K. Lemke, and B. Starfield. 2001. "Self-Referral in Point-of-Service Health Plans." *Journal of the American Medical Association* 285 (17): 2223–31.

Fowles, J. B., J. P. Weiner, D. Knutson, A. M. Tucker, and M. Ireland. 1996. "Taking Health Status into Account When Setting Capitation Rates." *Journal of the American Medical Association* 276 (16): 1316–21.

Frakt, A. B., and S. D. Pizer. 2010. "Beneficiary Price Sensitivity in the Medicare Prescription Drug Plan Market." *Health Economics* 19 (1): 88–100.

Frakt, A. B., S. D. Pizer, and M. V. Wrobel. 2004. "High-Risk Pools for Uninsurable Individuals: Recent Growth, Future Prospects." *Health Care Financing Review* 26 (2): 73–87.

Frank, R. G., and R. G. Ellis. 2000. "Economics of Mental Health," in *Handbook of Health Economics*, vol. 1B, edited by A. J. Cuyler and J. P. Newhouse, 893–954. Amsterdam, Netherlands: Elsevier.

Friedman, M., and L. C. Savage. 1948. "The Utility Analysis of Choices Involving Risk." *Journal of Political Economy* 56 (4): 251–80.

Friedman, M., and A. J. Schwartz. 1963. *A Monetary History of the United States: 1867–1960.* Princeton, NJ: Princeton University Press.

Fronstin, P. 2013. Personal communication with author, May 6.

———. 2012a. "Health Savings Accounts and Health Reimbursement Arrangements: Assets, Account Balances, and Rollovers, 2006–2011." Employee Benefit Research Institute *Issue Brief 367.* Washington, DC: Employee Benefit Research Institute.

———. 2012b. "Sources of Health Insurance and Characteristics of the Uninsured: Analysis of the March 2012 Current Population Survey." Employee Benefit Research Institute *Issue Brief 376.* Washington, DC: Employee Benefit Research Institute.

———. 2012c. "Views on Employment-Based Health Benefits: Findings from the 2012 Health Confidence Survey." Employee Benefit Research Institute *Notes* 33 (12): 2–11.

———. 2009. "Findings from the 2009 EBRI/MGA Consumer Engagement in Health Care Survey." Employee Benefit Research Institute *Issue Brief 337.* Washington, DC: Employee Benefit Research Institute.

Fronstin, P., and N. Adams. 2012. "Employment-Based Retiree Health Benefits: Trends in Access and Coverage, 1997–2010." Employee Benefit Research Institute *Issue Brief 377*. Washington, DC: Employee Benefit Research Institute.

Fuhrmans, V. 2006. "More Employers Try Limited Health Plans." *Wall Street Journal* January 17, D17.

Gabel, J. R., G. Claxton, I. Gil, J. Pickreign, H. Whitmore, B. Finder, S. Hawkins, and D. Rowland. 2005. "Health Benefits in 2005: Premium Increase Slow Down, Coverage Continues to Erode." *Health Affairs* 24 (5): 1273–80.

Garber, A. M., T. E. McCurdy, and M. B. McClellan. 1999. "Persistence of Medicare Expenditures Among Elderly Beneficiaries." *Frontiers of Health Policy Research* (2): 153–80.

Garfinkel, S. A. 1995. "Self-Insuring Employee Health Benefits." *Medical Care Research and Review* 52 (4): 475–91.

Gaskin, D. J., J. J. Escarce, K. Schulman, and J. Hadley. 2002. "The Determinants of HMOs' Contracting with Hospitals for Bypass Surgery." *Health Services Research* 37 (4): 963–84.

Gaskin, D. J., and J. Hadley. 1997. "The Impact of HMO Penetration on the Rate of Hospital Cost Inflation, 1985–1993." *Inquiry* 34 (3): 205–16.

Gentry, W., and E. Peress. 1994. "Taxes and Fringe Benefits Offered by Employers." National Bureau of Economic Research. Accessed May 24, 2013. www.nber.org/papers/w4764.

Georgetown University Health Policy Institute. 2013. "Medicaid and CHIP Programs." ccf.georgetown.edu/facts-statistics/Medicaid-chip-program/.

Gold, M., G. Jacobson, A. Damico, and T. Neuman. 2012. "Medicare Advantage 2012 Data Spotlight: Enrollment Market Update." Kaiser Family Foundation. Accessed May 24, 2013. www.kff.org/medicare/8323.cfm.

Goldman, D. P., G. F. Joyce, J. J. Escarce, J. E. Pace, M. D. Solomon, M. Laouri, P. B. Landsman, and S. M. Teutsch. 2004. "Pharmacy Benefits and the Use of Drugs by the Chronically Ill." *Journal of the American Medical Association* 291 (19): 2344–50.

Goldman, D. P., G. F. Joyce, and Y. Zheng. 2007. "Prescription Drug Cost Sharing." *Journal of the American Medical Association* 298 (1): 61–69.

Goldman, D. A., N. Sood, and A. A. Leibowitz. 2005. "Wages and Benefit Changes in Response to Rising Health Insurance." *Frontiers in Health Policy Research* 8: 1–15.

Goldstein, G. S., and M. V. Pauly. 1976. "Group Health Insurance as a Local Public Good." In *The Role of Health Insurance in the Health Services Sector*, edited by R. Rosett, 73–109. Cambridge, MA: National Bureau of Economic Research.

Goodell, S. 2013. "Federally Facilitated Exchanges." *Health Policy Brief.* Published January 31. www.healthaffairs.org/healthpolicybriefs/brief.php?brief_id=84.

Goodman, J. C., and G. I. Musgrave. 1987. *Freedom of Choice in Health Insurance.* Dallas, TX: National Center for Policy Analysis.

Grembowski, D., and D. Conrad. 1986. "Insurance Effects on Employer Group Dental Expenditures." *Medical Care* 22 (6): 501–10.

Grembowski, D., D. A. Conrad, and P. Milgram. 1987. "Dental Care Demand Among Children with Dental Insurance." *Health Services Research* 21 (6): 755–77.

Gresenz, C. R., S. E. Edgington, M. Laugesen, and J. J. Escarce. 2012. "Take-Up of Public Insurance and Crowd-Out of Private Insurance Under Recent CHIP Expansions to Higher Income Children." *Health Services Research* 47 (5): 1999–2011.

Gruber, J. 1994a. "The Effect of Competition Pressure in Medical Markets: Hospital Responses to Price Shopping in California." *Journal of Health Economics* 13: 183–212.

———. 1994b. "The Incidence of Mandated Maternity Benefits." *American Economic Review* 84 (3): 622–41.

Gruber, J., and M. Lettau. 2004. "How Elastic Is the Firm's Demand for Health Insurance?" *Journal of Public Economics* 88: 1273–94.

Gruber, J., and R. McKnight. 2003. "Why Did Employee Health Insurance Contributions Rise?" *Journal of Health Economics* 22 (6): 1085–1104.

Gruber, J., and K. Simon. 2008. "Crowd-Out 10 Years Later: Have Recent Public Insurance Expansions Crowded Out Private Health Insurance?" *Journal of Health Economics* 27 (2): 201–17.

Gruber, J., and E. Washington. 2005. "Subsidies to Employee Health Insurance Premiums and the Health Insurance Market." *Journal of Health Economics* 24 (1): 253–76.

Gumus, G., and T. L. Regan. 2009. "Tax Incentives as a Solution to the Uninsured: Evidence from the Self-Employed." Working paper. http://moya.bus.miami.edu/~tregan/Insurance.pdf.

Haas-Wilson, D., and C. Garmon. 2011. "Hospital Mergers and Competitive Effects: Two Retrospective Analyses." *International Journal of the Economics of Business* 18 (1): 17–32.

Hadley, J., and J. M. Mitchell. 1999. "HMO Penetration and Physician Earnings." *Medical Care* 37 (11): 1116–27.

Hadley, J., and J. D. Reschovsky. 2003. "Health and the Cost of Non-Group Insurance." *Inquiry* 40 (3): 235–53.

———. 2002. "Small Firms' Demand for Health Insurance: The Decision to Offer Insurance." *Inquiry* 39 (2): 118–37.

Hall, J. P., and J. M. Moore. 2012. *Realizing Health Reform's Potential: The Affordable Care Act's Pre-Existing Condition Insurance Plan—Enrollment, Costs, and Lessons for Reform*. New York: The Commonwealth Fund.

Hall, M. A. 2012. "Regulating Stop-Loss Coverage May Be Needed to Deter Self-Insuring Small Employers from Undermining Market Reforms." *Health Affairs* 31 (2): 316–23.

———. 2001. "The Structure and Enforcement of Health Insurance Rating Reforms." *Inquiry* 37 (4): 376–88.

———. 2000. "The Role of Independent Agents in the Success of Health Insurance Market Reforms." *Milbank Quarterly* 78 (1): 23–45.

Hamermesh, D. S., and S. A. Woodbury. 1990. "Taxes, Fringe Benefits and Faculty." National Bureau of Economic Research. Accessed May 24, 2013. www.nber.org/papers/w3455.

Hamilton,V. V. 1987. *Lister Hill: Statesman from the South*. Chapel Hill, NC: University of North Carolina Press.

Harrington, S. E. 2013. "Medical Loss Ratio Regulation Under the Affordable Care Act." *Inquiry* 50 (1): 9–26.

Haviland, A. M., M. S. Marquis, R. D. McDevitt, and N. Sood. 2012. "Growth of Consumer Directed Health Plans to One-Half of All Employer-Sponsored Insurance Could Save $57 Billion Annually." *Health Affairs* 31 (3): 1009–15.

Haviland, A. M., N. Sood, R. D. McDevitt, and M. S. Marquis. 2011. "The Effects of Consumer-Directed Health Plans on Episodes of Health Care." *Forum for Health Economics and Policy* 14 (2): 1–27.

Health Insurance Association of America. 1990. *Source Book of Health Insurance Data 1990*. Washington, DC: Health Insurance Association of America.

Heim, B. T., and I. Z. Lurie. 2009. "Do Increased Premium Subsidies Affect How Much Health Insurance Is Purchased? Evidence from the Self-Employed." *Journal of Health Economics* 28 (6): 1197–1210.

Hellinger, F. J. 1998. "The Effect of Managed Care on Quality: A Review of Recent Evidence." *Archives of Internal Medicine* 158 (8): 833–41.

Helms, R. B. 2005. "Tax Reform and Health Insurance." American Enterprise Institute. Accessed May 24, 2013. www.aei.org/article/society-and-culture/poverty/tax-reform-and-health-insurance/.

Helms, W. D., A. K. Gauthier, and D. M. Campion. 1992. "Mending the Flaws in the Small Group Market." *Health Affairs* 11 (2): 8–27.

Hennessy, S., W. B. Bilker, L. Zhou, A. Weber, C. Brensinger, Y. Wang, and B. Strom. 2003. "Retrospective Drug Utilization Review, Prescribing Errors, and Clinical Outcomes." *Journal of the American Medical Association* 290 (2): 1494–99.

Herring, B. 2005. "The Effect of the Availability of Charity Care to the Uninsured on the Demand for Private Health Insurance." *Journal of Health Economics* 24 (2): 225–52.

Herring, B., and L. K. Lentz. 2011. "What Can We Expect from the 'Cadillac Tax' in 2018 and Beyond?" *Inquiry* 48 (4): 322–37.

Herring, B., and M. V. Pauly. 2001. "Premium Variation in the Individual Health Insurance Market." *International Journal of Health Care Finance and Economics* 1 (1): 43–58.

Hing, E., and G. A. Jensen. 1999. "Health Insurance Portability and Accountability Act of 1996: Lessons from the States." *Medical Care* 37 (7): 692–705.

Hirth, R. A., R. A. Baughman, M. E. Chernew, and E. C. Shelton. 2006. "Worker Preferences, Sorting and Aggregate Patterns of Health Insurance Coverage." *International Journal of Health Care Finance and Economics* 6 (4): 259–77.

Holahan, J., S. Zuckerman, A. Evans, and S. Rangarajan. 1998. "Medicaid Managed Care in Thirteen States." *Health Affairs* 17 (3): 43–63.

Horgan, C. 1986. "The Demand for Ambulatory Mental Health Services from Specialty Providers." *Health Services Research* 21 (2): 291–320.

Hsu, J., M. Price, R. Brand, G. T. Ray, B. Fireman, J. P. Newhouse, and J. V. Selby. 2006. "Cost-Sharing for Emergency Care and Unfavorable Clinical Events: Findings from the Safety and Financial Ramifications of ED Copayments Study." *Health Services Research* 41 (5): 1801–20.

Humo, T. 2003. *Employer's Guide to Self-Insuring Health Benefits.* Tampa, FL: Thompson Publishing Group.

Hurley, R. E., and S. M. Retchin. 2006. "Medicare and Medicaid Managed Care: A Tale of Two Trajectories." *American Journal of Managed Care* 12 (1): 40–44.

Ingber, M. J. 2000. "Implementation of Risk Adjustment for Medicare." *Health Care Financing Review* 21 (3): 119–26.

Jackson-Beeck, M., and J. H. Kleinman. 1983. "Evidence of Self-Selection Among Health Maintenance Enrollees." *Journal of the American Medical Association* 250 (23): 2826–29.

Jensen, G. A., K. Cotter, and M. A. Morrisey. 1995. "State Insurance Regulation and an Employer's Decision to Self-Insure." *Journal of Risk and Insurance* 62: 185–213.

Jensen, G. A., and J. Gabel. 1992. "State Mandated Benefits and the Small Firm's Decision to Offer Insurance." *Journal of Regulatory Economics* 4 (4): 379–404.

Jensen, G. A., and M. A. Morrisey. 2003. "Self-Insured Employer Sponsored Health Plans and the Regulation of Managed Care." Working paper, Wayne State University, Institute of Gerontology.

———. 2001. "Endogenous Fringe Benefits, Compensating Wage Differentials and Older Workers." *International Journal of Health Care Finance and Economics* 1 (3/4): 203–26.

———. 1999a. "Employer-Sponsored Health Insurance and Mandated Benefit Laws." *Milbank Quarterly* 77 (4): 425–59.

———. 1999b. "Small Group Reform and Insurance Provision by Small Firms, 1989–1995." *Inquiry* 36 (2): 176–86.

———. 1990. "Group Health Insurance: A Hedonic Approach." *Review of Economics and Statistics* 72 (1): 38–44.

Jensen, G. A., M. A. Morrisey, and J. R. Gabel. 2003. "Self-Insured Employer-Sponsored Health Plans and the Regulation of Managed Care." Working paper, University of Alabama at Birmingham Lister Hill Center for Health Policy.

Jensen, G. A., M. A. Morrisey, S. Gaffney, and D. K. Liston. 1997. "The New Dominance of Managed Care: Insurance Trends in the 1990s." *Health Affairs* 16 (1): 125–36.

Jensen, G. A., K. Rost, R. P. D. Burton, and M. Bulycheva. 1998. "Mental Health Insurance in the 1990s: Are Employers Offering Less to More?" *Health Affairs* 17 (3): 201–208.

Jensen, G. A., C. Roychoudhury, and D. C. Cherkin. 1998. "Employer-Sponsored Health Insurance for Chiropractic Services." *Medical Care* 36 (4): 544–53.

Joyce, G. F., J. J. Escarce, M. D. Solomon, and D. P. Goldman. 2002. "Employer Drug Benefit Plans and Spending on Prescription Drugs." *Journal of the American Medical Association* 288 (14): 1733–39.

Kaiser Commission on Medicaid and the Uninsured. 2013. "The Medicaid Program at a Glance." Published March 4. www.kff.org/medicaid/7235.cfm.

———. 2006. "The Medicaid Program at a Glance." Pub. No. 7235. Washington, DC: Kaiser Family Foundation.

Kaiser Family Foundation (KFF). 2013a. "Establishing Health Insurance Marketplaces: An Overview of State Efforts." Published May 2. http://kff.org/health-reform/issue-brief/establishing-health-insurance-exchanges-an-overview-of/.

———. 2013b. "Medicaid & CHIP." Accessed June 18. http://kff.org/state-category/medicaid-chip/.

———. 2013c. "Summary of the Affordable Care Act." Published April 25. http://kff.org/health-reform/fact-sheet/summary-of-new-health-reform-law/.

———. 2012a. "Explaining Health Reform: How Will the Affordable Care Act Affect Small Businesses and Their Employees?" Accessed July 16, 2013. http://kff.org/health-reform/fact-sheet/explaining-health-reform-how-will-the-affordable-care-act-affect-small-businesses-and-their-employees/.

———. 2012b. "Explaining Health Care Reform: Medical Loss Ratio (MLR)." Published February 29. http://kff.org/health-reform/fact-sheet/explaining-health-care-reform-medical-loss-ratio-mlr/.

———. 2012c. "Medicare Advantage 2013 Spotlight: Plan Availability and Premiums." Published December 3. www.kff.org/medicare/8388.cfm.

———. 2012d. "Medicare Advantage Fact Sheet." Published November 30. www.kff.org/medicare/upload/2052-16.pdf.

———. 2012e. "Survey of Health Insurance Agents: Assessing Trends in the Individual and Small Group Insurance Markets." Published June 1. www.kff.org/kaiserpolls/8321.cfm.

———. 2011. "Medicare Part D Data Spotlight: A First Look at Part D Plan Offerings in 2012." Published September 30. www.kff.org/medicare/upload/8245.pdf.

———. 2010a. *Medicare Chartbook,* 4th ed. Santa Monica, CA: Kaiser Family Foundation.

———. 2010b. "Number of Medicare Beneficiaries with Creditable Prescription Drug Coverage, by Type." Published February 16. http://kff.org/medicare/state-indicator/medicare-rx-drug-coverage/.

———. 2007. "Medicare Spending and Financing." http://ehbs.kff.org/pdf/8225.pdf.

———. 2005. *Medicare Chartbook*, 3rd ed. Menlo Park, CA: Kaiser Family Foundation.

———. 2002. "National Survey of Small Businesses." Published March 30. http://kff.org/health-costs/report/national-survey-of-small-businesses/.

Kaiser Family Foundation (KFF) and Health Research and Educational Trust (HRET). 2012. "Employer Health Benefits Survey." Published September 11. http://ehbs.kff.org/pdf/2012/8345.pdf.

Kapur, K., C. R. Gresenz, and D. M. Studdert. 2003. "Managing Care: Utilization Review in Action at Two Capitated Medical Groups." *Health Affairs* January–June: w275–82.

Karaca-Mandic, P., J. M. Abraham, and C. E. Phelps. 2011. "How Do Health Insurance Loading Fees Vary by Group Size?" *International Journal of Health Care Finance and Economics* 11 (3): 181–207.

Keeler, E. B., J. D. Malkin, D. P. Goldman, and J. L. Buchanan. 1996. "Can Medical Savings Accounts for the Nonelderly Reduce Health Care Costs?" *Journal of the American Medical Association* 275 (21): 1666–71.

Keeler, E. B., K. B. Wells, W. G. Manning, J. D. Rumpel, and J. M. Hanley. 1986. *The Demand for Episodes of Mental Health Services*. Santa Monica, CA: RAND Corporation.

Kenney, G., R. A. Allison, J. F. Costich, J. Marton, and J. McFeeters. 2006/07. "Effects of Premium Increases on Enrollment in SCHIP: Findings from Three States." *Inquiry* 43 (4): 378–92.

Kenney, G., J. Marton, J. McFeeters, and J. Costich. 2007. "Assessing Potential Enrollment and Budgetary Effects of SCHIP Premiums: Findings from Arizona and Kentucky." *Health Services Research* 42 (6, part II): 2354–72.

Kessel, R. A. 1959. "Price Discrimination in Medicine." *Journal of Law and Economics* 1: 20–53.

Khandker, R. K., and W. G. Manning. 1992. "The Impact of Utilization Review on Costs and Utilization." In *Health Economics Worldwide*, edited by P. Zweifel and H. E. Frech III, 47–62. Amsterdam: Kluwer Academic Publishers.

Khandker, R. K., and L. A. McCormack. 1999. "Medicare Spending by Beneficiaries with Various Types of Supplemental Insurance." *Medical Care Research and Review* 56 (2): 137–55.

Klick, J., and T. Stratmann. 2007. "Diabetes Treatments and Moral Hazard." *Journal of Law and Economics* 50: 519–38.

———. 2006. "Subsidizing Addiction: Do State Health Insurance Mandates Increase Alcohol Consumption?" *Journal of Legal Studies* 35: 175–98.

Kominski, G. F., J. C. Ripps, M. J. Laugesen, R. G. Cosway, and N. Pourat. 2006. "The California Cost and Coverage Model: Analyses of the Financial Impacts of Benefit Mandates for the California Legislature." *Health Services Research* 41 (3): 1027–44.

Kowalski, A. 2009. "Censored Quintile Instrumental Variable Estimates of the Price Elasticity of Expenditure on Medical Care." National Bureau of Economic Research. Accessed May 24, 2013. www.nber.org/papers/w15085.

Kronick, R., and L. C. Olsen. 2006. "A Needle in a Haystack? Uninsured Workers in Small Businesses That Do Not Offer Coverage." *Health Services Research* 41 (1): 40–57.

Krueger, A. B., and I. Kuziemko. 2011. "The Demand for Health Insurance Among Uninsured Americans: Results of a Survey Experiment and Implications for Policy." National Bureau of Economic Research. Accessed May 24, 2013. www.nber.org/papers/w16978.

Lamers, L. M. 1999. "The Simultaneous Predictive Accuracy for Future Health Care Expenditures of DCGs, PCGs, and Prior Costs." Paper presented at the iHEA Conference, Rotterdam, Netherlands, June 6–9.

Laugesen, M. J., R. R. Paul, H. S. Luft, W. Aubry, and T. G. Ganiats. 2006. "A Comparative Analysis of Mandated Benefit Laws, 1949–2002." *Health Services Research* 41 (3, part 2): 1081–1103.

Leibowitz, A. 1989. "Substitution Between Prescribed and Over-the-Counter Medications." *Medical Care* 27: 85–94.

Leibowitz, A., J. L. Buchanan, and J. Mann. 1992. "A Randomized Trial to Evaluate the Effectiveness of a Medicaid HMO." *Journal of Health Economics* 11 (3): 235–57.

Leibowitz, A., and M. Chernew. 1992. "The Firm's Demand for Health Insurance." In *Health Benefits and the Workplace*, US Department of Labor. Washington, DC: US Government Printing Office.

Leibowitz, A., W. G. Manning, and J. P. Newhouse. 1985. "The Demand for Prescription Drugs as a Function of Cost-Sharing." *Social Science and Medicine* 21 (10): 1063–69.

Lessler, D. S., and T. M. Wickizer. 2000. "The Impact of Utilization Management on Readmissions Among Patients with Cardiovascular Disease." *Health Services Research* 34 (6): 1315–29.

Levy, H., and R. Feldman. 2001. "Does the Incidence of Group Health Insurance Fall on Individual Workers?" *International Journal of Health Care Finance and Economics* 1 (3/4): 227–48.

Levy, H., and D. Meltzer. 2008. "The Impact of Health Insurance on Health." *Annual Review of Public Health* 29: 399–409.

———. 2004. "What Do We Really Know About Whether Health Insurance Affects Health?" In *Health Policy and the Uninsured*, edited by C. G. McLaughlin, 179–204. Washington, DC: Urban Institute Press.

Levy, H., and D. R. Weir. 2011. "Take-Up of Medicare Part D: Results from the Health and Retirement Study." *The Journal of Gerontology* Series B 65B (4): 492–95.

Li, Y., and G. A. Jensen. 2011. "The Impact of Private Long Term Care Insurance on the Use of Long-Term Care." *Inquiry* 48 (1): 34–50.

Liang, J., X. Liu, E. Tu, and N. Whitelaw. 1996. "Probabilities and Lifetime Durations of Short-Stay Hospital and Nursing Home Utilization in the U.S. 1985." *Medical Care* 34 (10): 1018–36.

Lippe, G. J. 1996. "Operational Underwriting in Managed Care Organizations." In *The Managed Care Handbook*, edited by P. R. Kongstvedt, 679–99. Gaithersburg, MD: Aspen Publishers.

Liu, L., A. J. Rettenmaier, and T. R. Saving. 2011. "The Welfare Gain from Replacing the Health Insurance Tax Exclusion with Lump-Sum Tax Credits." *International Journal of Health Care Finance and Economics* 11 (2): 101–13.

Liu, Z., W. H. Dow, and E. C. Norton. 2004. "Effect of Drive-Through Delivery Laws on Postpartum Length of Stay and Hospital Charges." *Journal of Health Economics* 23 (1): 129–56.

Lohr, K. N., R. Brook, C. Kamberg, G. A. Goldberg, and A. Leibowitz. 1986. "Effect of Cost Sharing on Use of Medically Effective and Less Effective Care." *Medical Care* 24 (9): S1–87.

Long, J. E., and F. A. Scott. 1982. "The Income Tax and Nonwage Compensation." *Review of Economics and Statistics* 64 (2): 211–19.

Long, S., M. S. Marquis, and J. Rogers. 1998. "Do People Shift Their Use of Health Services over Time to Take Advantage of Insurance?" *Journal of Health Economics* 17 (1): 105–15.

Long, S. H., R. F. Settle, and C. W. Wrightson. 1988. "Employee Premiums, Availability of Alternative Plans, and HMO Disenrollment." *Medical Care* 26 (10): 927–28.

LoSasso, A. T., and T. C. Buchmueller. 2004. "The Effect of State Children's Health Insurance Program on Health Insurance Coverage." *Journal of Health Economics* 23 (6): 1059–82.

LoSasso, A. T., and I. Z. Lurie. 2009. "Community Rating and the Market for Private Non-Group Health Insurance." *Journal of Public Economics* 93 (1–2): 264–79.

LoSasso, A. T., M. Shah, and B. K. Frogner. 2010. "Health Savings Accounts and Health Care Spending." *Health Services Research* 45 (4): 1041–60.

Lynk, W. J. 2000. "Some Basics About Most Favored Nation Contracts in Health Care Markets." *Antitrust Bulletin* 45 (2): 491–530.

Ma, A. 2007. "Another Look at the Effect of State Mandates for Health Insurance Benefits." *Wharton Research Scholars Journal.* Posted May 1. http://repository.upenn.edu/wharton_research_scholars/43/.

MacIntyre, D. M. 1962. *Voluntary Health Insurance and Rate Making.* Ithaca, NY: Cornell University Press.

Manning, W. G., B. Benjamin, H. L. Bailit, and J. P. Newhouse. 1985. "The Demand for Dental Care: Evidence from a Randomized Trial in Health Insurance." *Journal of the American Dental Association* 110 (6): 895–903.

Manning, W. G., J. P. Newhouse, N. Duan, E. B. Keeler, A. Leibowitz, and M. S. Marquis. 1987. "Health Insurance and the Demand for Medical Care: Evidence from a Randomized Experiment." *American Economic Review* 77 (3): 251–77.

Marquis, M. S. 1985. "Cost-Sharing and Provider Choice." *Journal of Health Economics* 4 (2): 137–57.

Marquis, M. S., and M. B. Buntin. 2006. "How Much Risk Pooling Is There in the Individual Insurance Market?" *Health Services Research* 41 (5): 1782–1800.

Marquis, M. S., and S. H. Long. 2001. "Effects of 'Second Generation' Small Group Health Insurance Market Reforms, 1993–1997." *Inquiry* 38 (4): 365–80.

Marquis, M. S., J. A. Rogowski, and J. J. Escarce. 2004. "The Managed Care Backlash: Did Consumers Vote with Their Feet?" *Inquiry* 41 (4): 376–90.

Marsteller, J. A., R. R. Bovbjerg, L. M. Nichols, and D. K. Verrilli. 1997. "The Resurgence of Selective Contracting Restrictions." *Journal of Health Politics, Policy and Law* 22 (2): 1133–90.

Marton, J., and J. C. Talbert. 2010. "CHIP Premiums, Health Status, and the Insurance Coverage of Children." *Inquiry* 47 (3): 199–214.

Mathews, A. W. 2012. "Medical Care Time Warp." *Wall Street Journal* August 2.

McCaffree, K., and M. E. McCaffree. 2001. *Piecing Together Our Separate Lives.* Seattle, WA: Gorham Printing.

McGuire, T. G. 1981. *Financing Psychotherapy: Costs, Effects, and Public Policy.* Cambridge, MA: Ballinger.

McLaughlin, C. G., M. Chernew, and E. F. Taylor. 2002. "Medigap Premiums and Medicare HMO Enrollment." *Health Services Research* 37 (6): 1445–68.

McLaughlin, C. G., W. K. Zellers, and L. D. Brown. 1989. "Health Care Coalitions: Characteristics, Activities, and Prospects." *Inquiry* 26 (1): 72–83.

Medical Benefits. 2005a. "Average COBRA Claims as Percent of Average Active Worker Claims." *Medical Benefits* 22 (2): 5.

———. 2005b. "The MetLife Study of Employee Benefits Trends." *Medical Benefits* 22 (2): 1.

Medicare Payment Advisory Commission (MedPAC). 2012. *A Data Book: Health Care Spending and the Medicare Program.* Washington, DC: Medicare Payment Advisory Commission.

———. 2006. *Report to Congress: Increasing the Value of Medicare.* Washington, DC: Medicare Payment Advisory Commission, June.

Melnick, G. A., Y. C. Shen, and V. Y. Wu. 2011. "The Increased Concentration of Health Plan Markets Can Benefit Consumers Through Lower Hospital Prices." *Health Affairs* 30 (9): 1728–33.

Melnick, G. A., and J. Zwanziger. 1988. "Hospital Behavior Under Competition and Cost-Containment Policies." *Journal of the American Medical Association* 260 (18): 2669–75.

Melnick, G. A., J. Zwanziger, A. Bamezai, and R. Pattison. 1992. "The Effects of Market Structure and Bargaining Position on Hospital Prices." *Journal of Health Economics* 11 (3): 217–33.

Miller, R. D. 2004. "Estimating the Compensating Differential for Employer-Provided Health Insurance." *International Journal of Health Care Finance and Economics* 4 (1): 27–41.

Miller, R. H., and H. S. Luft. 1994. "Managed Care Plan Performance Since 1980." *Journal of the American Medical Association* 271 (19): 1512–19.

Miller, T. 2003. "How the Tax Exclusion Shaped Today's Private Health Insurance Market." Report of the Joint Economic Committee, US Congress, December 17.

Milliman, Inc. 2012. "Impact of Medical Loss Ratio Requirements Under PPACA on High Deductible Plans/HSAs in Individual and Small Group Markets." Published January 6. www.ncpa.org/pdfs/Milliman-MLR-Analysis-for-ABA-HSA-Council-010612.pdf.

Mobley, L. R., and H. E. Frech. 2000. "Managed Care, Distance Traveled, and Hospital Market Definition." *Inquiry* 37 (1): 91–107.

Monheit, A. C., and B. S. Schone. 2004. "How Has Small Group Market Reform Affected Employee Health Insurance Coverage?" *Journal of Public Economics* 88 (1–2): 237–54.

Monheit, A. C., and J. P. Vistnes. 1999. "Health Insurance Availability at the Workplace: How Important Are Worker Preferences?" *Journal of Human Resources* 34 (4): 770–85.

Moran, J. R., M. E. Chernew, and R. A. Hirth. 2001. "Preference Diversity and the Breadth of Employee Health Insurance Options." *Health Services Research* 36 (5): 911–34.

Morrisey, M. A. 2009a. "Compensating Differentials." In *Encyclopedia of Health Services Research*, Volume 1, edited by R. M. Mullner, 211–14. Thousand Oaks, CA: SAGE Publications, Inc.

———. 2009b. "Tax Subsidy of Employer-Sponsored Health Insurance." In *Encyclopedia of Health Services Research*, Volume 2, edited by R. M. Mullner, 1112–16. Thousand Oaks, CA: SAGE Publications, Inc.

———. 2005. *Price Sensitivity in Health Care: Implications for Health Policy*, 2nd ed. Washington, DC: NFIB Research Foundation.

———. 2003. "Health Insurance." NFIB National Small Business Poll. Accessed May 28, 2013. www.nfib.com/object/sbPolls?fedStartPos=11&fedEndPos=20&stateStartPos=1&stateEndPos=10.

———. 2001. "Competition in Hospital and Health Insurance Markets: A Review and Research Agenda." *Health Services Research* 36 (1, part II): 191–221.

Morrisey, M. A., J. Blackburn, B. Sen, D. Becker, M. L. Kilgore, C. Caldwell, and N. Menachemi. 2012. "The Effects of Premium Changes on ALL Kids, Alabama's CHIP Program." *Medicare & Medicaid Research Review* 2 (3): E1–E17.

Morrisey, M. A., and J. H. Cawley. 2006. "What Health Economists Think About Health Policy Questions." Working paper, UAB Lister Hill Center for Health Policy, Birmingham, AL.

Morrisey, M. A., and G. A. Jensen. 2001. "The Near-Elderly, Early Retirees and Managed Care." *Health Affairs* 20 (6): 197–206.

———. 1996. "State Small Group Insurance Reform." In *Health Policy, Federalism and the American States*, edited by R. F. Rich and W. D. White, 71–95. Washington, DC: Urban Institute Press.

———. 1993. "State Mandates, Self-Insurance and Employer Demand for Substance Abuse and Mental Health Insurance Coverage." *Advances in Health Economics and Health Services Research* 14: 209–24.

Morrisey, M. A., G. A. Jensen, and J. R. Gabel. 2003. "Managed Care and Employer Premiums." *International Journal of Health Care Finance and Economics* 3 (2): 95–116.

Morrisey, M. A., G. A. Jensen, and R. J. Morlock. 1994. "Small Employers and the Health Insurance Market." *Health Affairs* 13 (5): 149–61.

Morrisey, M. A., M. L. Kilgore, D. J. Becker, W. Smith, and E. Delzell. 2013. "Favorable Selection, Risk Adjustment and the Medicare Advantage Program." *Health Services Research* 48 (3): 1039–56.

Morrisey, M. A., and R. L. Ohsfeldt. 2003. "Do 'Any Willing Provider' and 'Freedom of Choice' Laws Affect HMO Market Shares?" *Inquiry* 40 (4): 362–74.

Motheral, B., and K. A. Fairman. 2001. "Effect of a Three-Tier Prescription Copay on Pharmaceutical and Other Medical Utilization." *Medical Care* 39 (12): 1293–1304.

Mukamel, D. B., and W. D. Spector. 2002. "The Competitive Nature of the Nursing Home Industry: Price Mark Ups and Demand Elasticities." *Applied Economics* 34 (4): 413–20.

Muller, C. D., and A. C. Monheit. 1987. "Insurance Coverage and the Demand for Dental Care." *Journal of Health Economics* 7 (1): 59–72.

Muris, T. J. 2002. "Everything Old Is New Again: Health Care and Competition in the 21st Century." Paper presented at the Competition in Health Care Forum, Chicago, IL, November 2.

Murray, J. E. 2007. *Origins of American Health Insurance: A History of Industrial Sickness Funds.* New Haven, CT: Yale University Press.

National Committee for Quality Assurance. 1993. Health Plan Employer Data and Information Set (HEDIS) 2.0. Washington, DC.

National Conference of State Legislatures (NCSL). 2013. "State Health Insurance Mandates and the PPACA Essential Benefits Provisions." Accessed June 20. www.ncsl.org/issues-research/health/state-ins-mandates-and-aca-essential-benefits.aspx.

———. 2012. "Coverage of Uninsurable Pre-existing Conditions: State and Federal High-Risk Pools." Accessed May 29, 2013. www.ncsl.org/issues-research/health/high-risk-pools-for-health-coverage.aspx.

National Health Policy Forum. 2004. *The Basics: SCHIP.* Washington, DC: George Washington University.

National Highway Traffic Safety Administration. 2003. *Traffic Safety Facts, 2003: A Compilation of Motor Vehicle Crash Data from the Fatality Analysis Reporting System and the General Estimates System.* Washington, DC: National Center for Statistics and Analysis, US Department of Transportation.

Newhouse, J. P. 2010. "Assessing Health Reform's Impact on Four Key Groups of Americans." *Health Affairs* 29 (9): 1714–24.

———. 1996. "Reimbursing Health Plans and Health Providers: Efficiency in Production Versus Selection." *Journal of Economic Literature* 34: 1236–63.

———. 1978. "Insurance Benefits, Out-of-Pocket Payments, and the Demand for Medical Care." *Health & Medical Care Services Review* 1 (4): 1, 3–15.

Newhouse, J. P., and the Insurance Experiment Group. 1993. *Free for All? Lessons from the RAND Health Insurance Experiment.* Cambridge, MA: Harvard University Press.

Newhouse, J. P., W. G. Manning, E. B. Keeler, and E. M. Sloss. 1989. "Adjusting Capitation Rates Using Objective Health Measures and Prior Utilization." *Health Care Financing Review* 10 (3): 41–54.

Newhouse, J. P., and C. E. Phelps. 1976. "New Estimates of Price and Income Elasticities." In *The Role of Health Insurance in the Health Services Sector*, edited by R. Rosett, 261–312. New York: National Bureau of Economic Research.

Numbers, R. L. 1979. "The Third Party: Health Insurance in America." In *The Therapeutic Revolution: Essays in the History of Medicine*, edited by H. J. Vogal and C. E. Rosenberg, 177–200. Philadelphia: University of Pennsylvania Press.

Nyman, J. A. 1999. "The Value of Health Insurance: The Access Motive." *Journal of Health Economics* 18 (2): 141–52.

———. 1989. "Analysis of Nursing Home Use and Bed Supply in Wisconsin, 1983." *Health Services Research* 24 (4): 511–38.

Nyman, J. A., M. Finch, R. A. Kane, R. L. Kane, and L. H. Illston. 1997. "The Substitutability of Adult Foster Care for Nursing Home Care in Oregon." *Medical Care* 35 (8): 801–13.

O'Grady, K. F., W. G. Manning, J. P. Newhouse, and R. H. Brook. 1985. "The Impact of Cost Sharing on Emergency Department Use." *New England Journal of Medicine* 313 (8): 484–90.

Ohsfeldt, R. L., M. A. Morrisey, V. Johnson, and L. Nelson. 1998. "The Spread of Any Willing Provider Laws." *Health Services Research* 33 (5, part 2): 1537–62.

Orszag, P. 2011. "Defined Contributions Define Health-Care Future." *Bloomberg News*. Published December 6. www.bloomberg.com/news/2011-12-07/defined-contributions-define-health-care-ahead-commentary-by-peter-orszag.html.

Ozanne, L. 1996. "How Will Medical Savings Accounts Affect Medical Spending?" *Inquiry* 33 (3): 225–36.

Parente, S. T., and R. Feldman. 2013. "Microsimulation of Private Health Insurance and Medicaid Take-Up Following the U.S. Supreme Court Decision Upholding the Affordable Care Act." *Health Services Research* 48 (2, Part II): 826–49.

Parente, S. T., R. Feldman, J. Aberham, and Y. Xu. 2011. "Consumer Response to a National Marketplace for Individual Health Insurance." *Journal of Risk and Insurance* 78 (2): 389–411.

Park, C. 1999. "Prevalence of Employer Self-Insured Health Benefits: National and State Variations." Working paper, National Center for Health Statistics, Hyattsville, MD.

Pati, S., S. Shea, D. Rabinowitz, and O. Carasquillo. 2003. "Does Gatekeeping Control Costs for Privately Insured Children? Findings from the 1996 Medical Expenditure Survey." *Pediatrics* 111 (3): 456–60.

Pauly, M. V. 1998. "Managed Care, Market Power, and Monopoly." *Health Services Research* 33 (5, Part II): 1439–60.

Pauly, M. V., and T. W. Grannemann. 2009. "Equal-Burden-for-Equal-Benefit Medicaid Matching Rates." American Enterprise Institute. Posted July 6. www.aei.org/paper/100028.

Pauly, M. V., and B. Herring. 2007. "The Demand for Health Insurance in the Group Setting: Can You Always Get What You Want?" *Journal of Risk and Insurance* 74 (1): 115–40.

Pauly, M. V., B. Herring, and D. Song. 2002a. "Health Insurance on the Internet and the Economics of Search." National Bureau of Economic Research. Accessed May 29, 2013. www.nber.org/papers/w9299.

———. 2002b. "Tax Credits, the Distribution of Subsidized Health Insurance Premiums, and the Uninsured." *Frontiers in Health Policy Research* 5: 103–22.

Pauly, M. V., and L. M. Nichols. 2002. "The Nongroup Health Insurance Market: Short on Facts, Long on Opinions and Policy Disputes." *Health Affairs* July–December Supplement: w325–44.

Pauly, M. V., and A. M. Percy. 2000. "Cost and Performance: A Comparison of the Individual and Group Health Insurance Markets." *Journal of Health Politics, Policy and Law* 25 (1): 9–26.

Peikes, D., A. Chen, J. Schore, and R. Brown. 2009. "Effects of Care Coordination on Hospitalization, Quality of Care, and Health Care Expenditures Among Medicare Beneficiaries." *Journal of the American Medical Association* 301 (6): 603–18.

Phelps, C. E. 2000. "Information Diffusion and Best Practice Adoption." In *Handbook of Health Economics*, vol. 1A, edited by A. J. Cuyler and J. P. Newhouse, 223–64. Amsterdam, Netherlands: Elsevier.

———. 1973. *The Demand for Health Insurance: A Theoretical and Empirical Investigation*. Monograph R-1054-OEO. Santa Monica, CA: The RAND Corporation.

Phelps, C. E., and J. P. Newhouse. 1972. "Effects of Coinsurance: A Multivariate Analysis." *Social Security Bulletin* 35: 20–29.

Physician Payment Review Commission (PPRC). 1994. "A Comparison of Alternative Approaches to Risk Measurement." Selected External Research Series, no. 1. Washington, DC: Physician Payment Review Commission.

Polsky, D., J. A. Doshi, J. Escarce, W. Manning, S. M. Paddock, L. Cen, and J. Rogowski. 2009. "The Health Effects of Medicare for the Near-Elderly Uninsured." *Health Services Research* 44 (3): 26–45.

Pope, G. C., K. W. Adamache, R. K. Khandker, and E. G. Walsh. 1998. "Evaluating Alternative Risk Adjusters for Medicare." *Health Care Financing Review* 20 (2): 109–29.

Pope, G. C., J. Kautter, R. P. Ellis, A. S. Ash, J. Z. Avanian, L. I. Iezzoni, M. J. Ingber, J. M. Levy, and J. Robst. 2004. "Risk Adjustment of Medicare Capitation Payments Using the CMS-HCC Model." *Health Care Financing Review* 25 (4): 119–41.

Prospective Payment Assessment Commission (PPAC). 1996. "Risk Selection and Risk Adjustment in Medicare." Annual Report to Congress. Washington, DC: Prospective Payment Assessment Commission.

Rector, T. S., M. D. Finch, P. M. Danzon, M. V. Pauly, and G. S. Manda. 2003. "Effect of Tiered Prescription Copayments on the Use of Preferred Brand Medications." *Medical Care* 41 (3): 398–406.

Reed, M., I. Graetz, H. Wang, V. Fung, J. P. Newhouse, and J. Hsu. 2012. "Consumer-Directed Health Plans with Health Savings Accounts." *Medical Care* 50 (7): 585–90.

Reischauer, R. D. 1997. "Medicare: Beyond 2002." In *Policy Options for Reforming the Medicare Program*, edited by S. H. Altman, U. E. Reinhardt, and D. Shactman. Princeton, NJ: Robert Wood Johnson Foundation.

Reschovsky, J. D. 1998. "The Roles of Medicaid and Economic Factors in the Demand for Nursing Home Care." *Health Services Research* 33 (4): 787–813.

Rettenmaier, A. J., and T. R. Saving. 2000. *The Economics of Medicare Reform*. Kalamazoo, MI: WE Upjohn Institute for Employment Research.

Reynolds, L. G. 1976. *Microeconomics: Analysis and Policy*. Homewood, IL: Richard D. Irwin.

Rice, T., M. L. Graham, and P. D. Fox. 1997. "The Impact of Policy Standardization on the Medigap Market." *Inquiry* 34 (2): 106–16.

Robinson, J. C. 2004. "From Managed Care to Consumer Health Insurance: The Fall and Rise of Aetna." *Health Affairs* 23 (2): 43–55.

Robinson, J. C., and H. S. Luft. 1987. "Competition and the Cost of Hospital Care, 1972 to 1982." *Journal of the American Medical Association* 257 (23): 3241–45.

Robinson, J. C., and K. MacPherson. 2012. "Payers Test Reference Pricing and Centers of Excellence to Steer Patients to Low-Price and High-Quality Providers." *Health Affairs* 31 (9): 2028–36.

Robst, J. 2006. "Estimation of a Hedonic Pricing Model for Medigap Insurance." *Health Services Research* 41 (6): 2097–113.

Roddy, P. C., J. Wallen, and S. M. Meyers. 1986. "Cost Sharing and Use of Health Services: The United Mine Workers of America Health Plan." *Medical Care* 24 (9): 873–77.

Rogowski, J., A. K. Jain, and J. J. Escarce. 2007. "Hospital Competition, Managed Care, and Mortality After Hospitalization for Medical Conditions in California." *Health Services Research* 42 (2): 682–705.

Rothschild, M., and J. E. Stiglitz. 1976. "Equilibrium in Competitive Insurance Markets: An Essay on the Economics of Imperfect Information." *Quarterly Journal of Economics* 90 (4): 629–49.

Royalty, A. B. 2000. "Tax Preferences for Fringe Benefits and Workers' Eligibility for Employer Health Insurance." *Journal of Public Economics* 75 (2): 209–27.

Royalty, A. B., and N. Solomon. 1999. "Health Plan Choice: Price Elasticities in a Managed Competition Setting." *Journal of Human Resources* 34 (1): 1–41.

Sari, N. 2002. "Do Competition and Managed Care Improve Quality?" *Health Economics* 11 (7): 571–84.

Saver, B. G., and M. P. Doescher. 2000. "To Buy or Not to Buy: Factors Associated with the Purchase of Nongroup, Private Health Insurance." *Medical Care* 38 (2): 141–51.

Scanlon, D., M. Chernew, C. McLaughlin, and G. Solon. 2002. "The Impact of Health Plan Report Cards on Managed Care Enrollment." *Journal of Health Economics* 21 (1): 19–41.

Scanlon, W. 1980. "A Theory of the Nursing Home Market." *Inquiry* 17 (1): 25–41.

Scheffler, R. M. 1984. "The United Mine Workers' Health Plan: An Analysis of the Cost-Sharing Program." *Medical Care* 22 (3): 247–54.

Scheffler, R. M., S. D. Sullivan, and T. H. Ko. 1991. "The Impact of Blue Cross and Blue Shield Plan Utilization Management Programs, 1980–1988." *Inquiry* 28 (3): 263–75.

Schelelle, P. G., W. H. Rogers, and J. P. Newhouse. 1996. "The Effect of Cost Sharing on the Use of Chiropractic Services." *Medical Care* 34 (9): 863–72.

Scitovsky, A. A., and N. McCall. 1977. "Coinsurance and the Demand for Physician Services Four Years Later." *Social Security Bulletin* 40: 19–27.

Scitovsky, A. A., and N. M. Snyder. 1972. "Effect of Coinsurance on the Use of Physician Services." *Social Security Bulletin* 35: 3–19.

Selby, J. B., B. H. Fireman, and B. E. Swain. 1996. "Effect of a Copayment on the Use of the Emergency Department in a Health Maintenance Organization." *New England Journal of Medicine* 334 (10): 635–41.

Seldon, T. M., and B. M. Gray. 2006. "Tax Subsidies for Employment-Related Health Insurance: Estimates for 2006." *Health Affairs* 25 (6): 1568–79.

Sen, B., J. Blackburn, M. A. Morrisey, M. L. Kilgore, D. J. Becker, C. Cadwell, and N. Menachemi. 2012. "Did Copayment Changes Reduce Health Services Utilization Among CHIP Enrollees? Evidence from Alabama." *Health Services Research* 47 (4): 1603–20.

Sheiner, L. 1999. "Health Care Costs, Wages, and Aging." Federal Reserve Board of Governors. Accessed May 29, 2013. www.federalreserve.gov/pubs/feds/1999/199919/199919pap.pdf.

Shenkman, E., B. Vogel, J. M. Boyett, and R. Naff. 2002. "Disenrollment and Reenrollment Patterns in a SCHIP." *Health Care Financing Review* 23 (3): 47–63.

Sherlock, R. 2012. "Unisex Insurance the Right Choice for Montana." *Bozeman Daily Chronicle*. Published June 4. www.bozemandailychronicle.com/opinions/article_ae0e005e-ae5d-11e1-8e85-001a4bcf887a.html.

Short, A., G. Mays, and J. Miller. 2003. "Disease Management: A Leap of Faith to Lower-Cost, Higher Quality Health Care." *Center for Studying Health System Change Issue Brief* 69: 1–4.

Simon, K. I. 2001. "Displaced Workers and Employer-Provided Health Insurance: Evidence of a Wage/Fringe Benefit Tradeoff?" *International Journal of Health Care Finance and Economics* 1 (3/4): 249–72.

Sinaiko, A. D., D. Ross-Degnan, S. B. Soumerai, T. Lieu, and A. Galbraith. 2012. "The Experience of Massachusetts Shows That Consumers Will Need Help in Navigating Insurance Exchanges." *Health Affairs* 32 (1): 78–86.

Siu, A. L. 1986. "Inappropriate Use of Hospitals in a Randomized Trial of Health Insurance Plans." *New England Journal of Medicine* 315 (20): 1259–66.

Sloan, F. A. 1982. "Effects of Health Insurance on Physician Fees." *Journal of Human Resources* 17 (4): 331–57.

Sloan, F. A., and K. Adamache. 1986. "Taxation and the Growth of Nonwage Benefits." *Public Finance Quarterly* 14: 115–39.

Sloan, F. A., and C. Conover. 1998. "Effects of State Reforms on Health Insurance Coverage of Adults." *Inquiry* 35 (3): 280–93.

Sloan, F. A., J. R. Rattliff, and M. A. Hall. 2005. "Impacts of Managed Care Patient Protection Laws on Health Services Utilization and Patient Satisfaction with Care." *Health Services Research* 40 (3): 647–67.

Sloan, F. A., and M. W. Shayne. 1993. "Long-Term Care, Medicaid, and Impoverishment of the Elderly." *Milbank Quarterly* 71 (4): 575–99.

Social Security Administration. 2012a. "Contribution and Benefit Base." Published October 16. www.ssa.gov/OACT/COLA/cbb.html.

———. 2012b. "Trust Fund Data: Social Security Tax Rates." Published March 8. www.ssa.gov/OACT/ProgData/oasdiRates.html.

Society of Actuaries (SOA). 2013. "Cost of the Future Newly Insured Under the Affordable Care Act (ACA)." Accessed May 29, 2013. www.soa.org/files/research/projects/research-cost-aca-report.pdf.

Staiger, D. O., D. J. Auerbach, and P. I. Buerhaus. 2010. "Trends in the Work Hours of Physicians in the United States." *Journal of the American Medical Association* 303 (8): 747–53.

Starr, P. 1982. "The Triumph of Accommodation." In *The Social Transformation of American Medicine*, Book II, Chapter 2, 290–334. New York: Basic Books.

Stearns, S. C., and T. A. Mroz. 1995. "Premium Increases and Disenrollment from State Risk Pools." *Inquiry* 32 (4): 392–406.

Stigler, G. J. 1971. "The Theory of Economic Regulation." *Bell Journal of Economics and Management Science* 2 (1): 3–21.

Stires, D. 2002. "The Coming Crash in Health Care." *Fortune* October 14.

Tampa Bay Times. 2009. "Number of Those Without Health Insurance About 46 Million." PolitiFact.com. Accessed May 29, 2013. www.politifact.com/truth-o-meter/statements/2009/aug/18/barack-obama/number-those-without-health-insurance-about-46-mil/.

Taube, C. A., L. G. Kessler, and B. J. Burns. 1986. "Estimating the Probability and Level of Ambulatory Mental Health Services Use." *Health Services Research* 21 (2): 321–40.

Terhune, C. 2002. "Is All Fair in Health and Insurance?" *Wall Street Journal* July 30, D3.

Thomasson, M. A. 2003. "The Importance of Group Coverage: How Tax Policy Shaped US Health Insurance." *American Economic Review* 93 (4): 1373–84.

Thorpe, K. E., A. Hendricks, D. Garnick, K. Donelan, and J. P. Newhouse. 1992. "Reducing the Number of Uninsured by Subsidizing Employment-Based Health Insurance: Results from a Pilot Study." *Journal of the American Medical Association* 267 (7): 945–48.

Thorpe, K. E., E. E. Seiber, and C. S. Florence. 2001. "The Impact of HMOs on Hospital-Based Uncompensated Care." *Journal of Health Politics, Policy and Law* 26 (3): 543–55.

Town, R., D. Wholey, R. Feldman, and L. R. Burns. 2005. "Did the HMO Revolution Cause Hospital Consolidation?" National Bureau of Economic Research. Accessed May 29, 2013. www.nber.org/papers/w11087.

Town, R., R. Feldman, and J. Kralewski. 2011. "Market Power and Contract Form: Evidence from Physician Group Practice." *International Journal of Health Care Finance and Economics* 11 (2): 115–32.

US Congress, Senate Committee on the Judiciary. 2006. "Hearings on the McCarran-Ferguson Act: Implications of Repealing the Insurers' Antitrust Exemption." June 20. Serial No. J-109-89. Washington, DC: US Government Printing Office.

US Department of Health and Human Services (HHS). 2012. "The 80/20 Rule: Providing Value and Rebates to Millions of Consumers." www.healthcare.gov/law/resources/reports/mlr-rebates06212012a.html.

———. 2006b. "The 2006 HHS Poverty Guidelines." http://aspe.hhs.gov/poverty/06poverty.shtml.

US Department of Justice (DOJ). 2010. "Justice Department Files Antitrust Lawsuit Against Blue Cross Blue Shield of Michigan." Published October 18. www.justice.gov/atr/public/press_releases/2010/263227.htm.

US Department of Labor. 2006. *Occupational Outlook Handbook*, 2006–07 Edition. Bureau of Labor Statistics. Accessed May 23, 2013. www.umsl.edu/services/govdocs/ooh20062007/atozindex.html.

US Department of Labor, Employee Benefit Security Administration. 2012. "An Employee's Guide to Health Benefits Under COBRA." Accessed May 29, 2013. www.dol.gov/ebsa/pdf/cobraemployee.pdf.

US Government Accountability Office (GAO). 2005. "Federal Employees Health Benefit Program: Competition and Other Factors Linked to Wide Variation in Health Care Price." Accessed May 29, 2013. http://www.gao.gov/products/GAO-05-856.

Van de Ven, W. P. M. M., and R. P. Ellis. 2000. "Risk Adjustment in Competitive Health Plan Markets." In *Handbook of Health Economics*, edited by A. J. Cuyler and J. P. Newhouse, 755–845. Amsterdam, Netherlands: Elsevier.

Van Vliet, R. C. J. A. 2004. "Deductibles and Health Care Expenditures: Empirical Estimates of Price Sensitivity Based on Administrative Data." *International Journal of Health Care Finance and Economics* 4 (4): 283–305.

Van Vliet, R. C., and W. P. van de Ven. 1992. "Towards a Capitation Formula for Competing Health Insurers: An Empirical Analysis." *Social Science and Medicine* 34 (9): 1035–48.

Vistnes, J. P., M. A. Morrisey, and G. A. Jensen. 2006. "Employer Choices of Family Premium Sharing." *International Journal of Health Care Finance and Economics* 6 (1): 25–47.

Vita, M. G. 2001. "Regulatory Restrictions on Selective Contracting: An Empirical Analysis of Any Willing Provider Regulations." *Journal of Health Economics* 20 (6): 955–66.

Wall Street Journal. 1991. "Tough Trade-Off: Health Benefits Would Win Out over Pensions." December 17, Section A, p. 1.

Wallen, J., P. Roddy, and M. Fahs. 1982. "Cost Sharing, Mental Health Visits and Physical Complaints in Retired Miners and Their Families." Paper presented at the American Public Health Association Convention, Montreal, Canada.

Webb, D., J. F. Culhane, S. Snyder, and J. Greenspan. 2001. "Pennsylvania's Early Discharge Legislation: Effect on Maternity and Infant Lengths of Stay and Hospital Charges in Philadelphia." *Health Services Research* 36 (6, part 1): 1073–83.

Wedig, G. J., and M. Tai-Seale. 2002. "The Effect of Report Cards on Consumer Choice in the Health Insurance Market." *Journal of Health Economics* 21 (6): 1031–48.

Weinberger, M., E. Z. Oddone, W. G. Henderson. 1996. "Does Increased Access to Primary Care Reduce Hospital Readmissions?" *New England Journal of Medicine* 334 (22): 1441–47.

Weiner, J. P., E. Trish, C. Abrams, and K. Lemke. 2012. "Adjusting for Risk Selection in State Health Insurance Exchanges Will Be Critically Important and Feasible, but Not Easy." *Health Affairs* 31 (2): 306–15.

Welch, W. P. 1986. "The Elasticity of Demand for Health Maintenance Organizations." *Journal of Human Resources* 21 (2): 252–66.

Wells, K. B., K. B. Keeler, and W. G. Manning. 1990. "Patterns of Outpatient Mental Health Care over Time: Some Implications for Estimates of Demand and Benefit Design." *Health Services Research* 24: 773–89.

Wheeler, J. R. C., and T. M. Wickizer. 1990. "Relating Health Care Market Characteristics to the Effectiveness of Utilization Review Programs." *Inquiry* 27 (4): 344–51.

White, W. D., and M. A. Morrisey. 1998. "Are Patients Traveling Further?" *International Journal of the Economics of Business* 5 (2): 203–22.

Wickizer, T. M., J. R. C. Wheeler, and P. J. Feldstein. 1989. "Does Utilization Review Reduce Unnecessary Hospital Care and Contain Costs?" *Medical Care* 27 (6): 632–47.

Wilensky, G. R., and L. F. Rossiter. 1986. "Patient Self-Selection in HMOs." *Health Affairs* 5 (1): 66–80.

Woodbury, S. A. 1983. "Substitution Between Wage and Nonwage Benefits." *American Economic Review* 73 (1): 166–82.

Wu, V. Y. 2009. "Managed Care's Price Bargaining with Hospitals." *Journal of Health Economics* 28 (2): 350–360.

Yee, T., J. B. Christianson, and P. B. Ginsburg. 2012. "Small Employers and Self-Insured Health Benefits: Too Small to Succeed?" Issue Brief no. 138. Washington, DC: Center for Studying Health System Change.

Young, G. J., J. F. Burgess, Jr., and D. Valley. 2002. "Competition Among Hospitals for HMO Business: Effect of Price and Nonprice Attributes." *Health Services Research* 37 (5): 1267–89.

Zarabozo, C. 2000. "Milestones in Medicare Managed Care." *Health Care Financing Review* 22 (1): 61–67.

Ziller, E. C., A. F. Coburn, R. T. D. McBride, and C. Andrews. 2004. "Patterns of Individual Health Insurance Coverage, 1996–2000." *Health Affairs* 23 (6): 210–21.

Zuckerman, S., and S. Rajan. 1999. "An Alternative Approach to Measuring the Effects of Insurance Market Reforms." *Inquiry* 36 (1): 44–56.

Zwanziger, J. 2002. "Physician Fees and Managed Care Plans." *Inquiry* 39 (2): 184–93.

Zwanziger, J., and A. Meirowitz. 1998. "Strategic Factors in Hospital Selection for HMO and PPO Networks." In *Managed Care and Changing Health Care Markets*, edited by M. A. Morrisey, 77–94. Washington, DC: AEI Press.

常用基本专业词汇译名

American Hospital Association，AHA　美国医院协会

American Medical Association，AMA　美国医学会

Bare - bones laws　基本保险法

Cash Benefit　现金给付

CMS Hierarchical Condition Categories CMS　分级条件类别

Coinsurance rate　共付比例

Community Tracking Study Household Survey　社区追踪研究——家庭调查

Compensating differentials　薪酬差别

Compulsory contributions　强制缴费

Consolidated Omnibus Budget Reconciliation Act，COBRA　综合多项预算调节法

Consumer - directed Health Plan，CDHPs　消费者导向的健康计划

Copayment　自付，一般指保险保障项目内的自费部分

Department of Health and Human Services，HHS　健康及公众服务部

Dependent　受抚养人

Employee Retirement Income Security Act，ERISA　雇员退休收入保障法

Employer - sponsored　员工保险（雇主发起建立的、负责筹资的）

Enrollment　保险计划注册，参保

Essential health benefits　基本健康保障

Federal Poverty Level，FPL　联邦贫困线

Flexible Spending Accounts，FSAs　灵活支出账户

Fraternal organization　兄弟会组织，一种特殊的相互保险组织

Full - insured plan　足额保险计划

Grand - fathered provisions　原始条款

Group practice plans　团体业务保险计划

Health Insurance Portability and Accountability Act, HIPAA　健康保险携带与责任法
Health insurance　健康保险
Health Reimbursement Accounts, HRAs　健康补偿账户
Health Savings Accounts, HSA　健康储蓄账户
High - deductible health plans, HDHPs　高免赔额健康保险计划
Hospital days　住院时间，是笼统概念
Insured　被保险人
KFF and HRET Employer Health Benefits Survey, KFF 和 HRET　雇主健康福利调查
Length of Stay, LOS　住院日（天数），是精准专业术语概念
Manual rating　手册定价，定价标准
Market power　市场势力，市场支配力
Medicaid　医疗救助计划
Medical Expenditure Panel Survey　医疗费用面板调查
Medical Loss Ratio　医疗赔付率
Medicare Advantage　医疗照顾优势计划
Medicare　医疗照顾计划
Medigap Insurance　补充性医疗保险
Mentalhealth parity　精神健康平复
National Health Interview Survey　全国健康访谈调查
Objective risk　客观风险
Out of Pocket　自费，一般包括保险保障项目内和非保险保障的项目的自费总和
Patient Protection and Affordable Care Act, ACA　患者保护与平价医疗法
Point - of - service plans, POS　记点服务计划
Policyholder　投保人，保单持有人
Preexisting condition waiting periods　既存病症（既往症）等待期
Preferred Provider Organizations, PPOs　优先医疗提供组织
Private Health Insurance　私营健康保险
Reimbursement　报销补偿
Risk - corridor program　风险走廊计划
Selective Contracting　选择性缔约
State insurance regulation　州保险监管

State premium taxes　州保费税（即保险公司营业税）

Subscribers　参保人（某某项目的，如 HMO、员工福利等）

Survey of Income and Program Participation，SIPP　收入和保险计划参与度调查

Take – up rate　参保率

Tax credit　税收抵免，税额减免

Tax deduction　税前列支项目金额扣除

Tax exemption　税前列支免除

Tax – sheltered　避税

Transitional reinsurance　过渡性的再保险

U. S. Census Bureau Current Population Survey　美国统计局当期人口普查

Utilization Management，UM　服务利用管理

Workers' Compensation　工伤补偿（保险）

总后记

四十载惊涛拍岸，九万里风鹏正举。这是中华民族和新中国历史非凡的40年。当代中国，以对外开放促进改革创新，以思想解放推动社会变革。从学习借鉴他人经验做法，到全面推进理论创新、制度创新、科技创新、文化创新，目的是不忘初心、牢记使命，全心全意为人民谋幸福。习近平总书记在党的十九大报告中指出“人民健康是民族昌盛和国家富强的重要标志”。作为维护全民健康权的重要抓手和媒介手段，健康保险整个行业都必须坚定不移地坚持改革开放、创新发展。但光有理想和热情是不行的，还需要有正确的理论指导。没有理论基础，创新就不可能持久；构建了理论基础，创新才有出路。历史证明，有了正确的保险理论指导，保险业发展的形势就比较好，对经济社会发展的贡献就比较大。

《健康保险系列译丛》，旨在通过引进翻译国外健康保险经典著作，会同之前组织编著的《健康保险系列丛书》，探究并构建起健康保险行业科学、系统的知识理论体系框架，更好地推动专业健康保险公司持续快速协调发展，在国家治理体系中发挥更加重要的作用。

近二十年来，西方保险理论研究有了长足发展，健康保险研究文献与日俱增，但绝大部分研究集中在市场实践和本国制度规制方面，并多以专题研究报告的形式体现，更新速度快但经典性学术专著少，给选版工作增加了难度。在选版过程中，严格对照编委会与学术顾问团确定的基本原则，选取了11本外文著作作为候选翻译著作；后经编委会及学术顾问团的专题研究，确定了5本专著作为译丛首次出版发行的翻译著作。

西学东渐百余年来，汉译西方经典成了一道引人注目的风景线，众多学术大家对经典译丛提出了很多原则和标准，最为有名的当为严复先生的“信、达、雅”原则。学术翻译不同于原创著作，不是单纯地在外国语言和中国语言之间进行简单的文字切换，更是一种中文学术交流融合的过程，是一个全新的语言表达和凝聚译者思想感悟的再创造过程。从根本上而言，这是一次汉语学术专家用汉语对一种异质学术思想的诠解和思考。绝不是无思想的劳作，更不是机械的语言对接，而是学术思想在宏大的文化语境中的审视和转换。在我们看来，此次译丛，“信”和“达”是最重要的。所谓的“信”和“达”不仅是指可信地、准确地传达原著所表达的思想内容，还包括对原文表达方式甚至表达习惯的尊重和尽可能地如实传达。这样一来，对担纲著作翻译工作的译者要求非常高，一方面应当是健康保险领域的专家学者，在健康保险领域具有深厚的学术功底和较高的学术造诣，同时又要在翻译实践方面具备扎实的双语基本功及较强的外语与汉语转换能力，最好还能与原著作者有学术或思想的交流。“谁来译”一度成为译丛项目最大的桎梏。

最终五位潜心学术的专家学者担纲了译丛的翻译工作。《简明健康保险经济学》，由王稳教授负责译校。王稳现任中国出口信用保险公司首席经济学家，对外经济贸易大学教授、博士生导师，沃顿商学院高级访问学者，长期从事保险领域研究，中英文功底深厚，并与该书作者 Robert D. Lieberthal 博士在沃顿商学院的数位老师有着非常密切的学术交流。该中译本，体现了王稳教授一贯追求的高水准，在忠实原著学术价值的基础上又相当“友好”地照顾了读者的阅读感。

《健康保险》（第2版），由朱铭来教授负责译校。朱铭来为南开大学金融学院教授、博士生导师，美国佐治亚州立大学商学院风险管理与保险学系博士研究生毕业。长期从事健康保险领域理论研究，有多部译著，此英文原著为朱铭来教授国外学习期间的专业书籍。

《人身风险的医学选择》（第5版），由张晓博士负责译校。张晓博士为东南大学副教授、公共卫生学院医疗保险系主任，主持和参与完成了国内第一个医疗保险本科专业课程体系设置与修订，是医学与保险结合领域的专家，有多部学术译作。

《美国医疗卫生服务体系》（第7版），由杨燕绥教授负责译校。杨燕绥为清华大学公共管理学院教授、医院管理研究院教授、博士生导师，美国约翰霍普金斯公共卫生学院特聘教授，与本书作者石磊玉博士是多年挚友和研究同行，同台执教多年，孰谙双方的学术思想。

《欧洲自愿健康保险》，由王国军教授负责译校。王国军为对外经济贸易大学保险学院教授、博士生导师，保险法与相互保险研究中心主任，在保险法学、保险制度规制方面研究经历相当丰富，有多部译著，有关欧洲自愿健康保险的制度规制部分是原著作中的重要部分，正属于王国军教授的研究范畴。

整个翻译工作不但耗费精力巨大，还将不时面临来自行业内专家和读者的“挑剔”和质疑，对于早已“功成名就”的专家来说，世俗标准下的投入与回报严重不相符，未尝不是件“高风险”创作。但五位专家老师和其所带领的研究团队，怀着高度的敬业精神，投入了大量的时间精力到译丛的翻译工作中，字斟句酌，反复打磨，有时甚至为一个词组“兴师动众”地多方查询论证，只是为了保证中文读者与源语言读者以同样的程度理解专著。这一过程是对学术功底和意志力的极大考验，五位专家老师和其研究团队用严谨细致的学术作风和扎实深厚的学术功底，为译丛工作倾力付出，彰显了大家风范。

译丛得以发行出版，离不开众多专家学者以及出版社的倾力支持。李保仁教授、卓志教授、孙祁祥教授、李秀芳教授、王桥教授、于保荣教授、马海涛教授、王欢教授、王绪瑾教授、朱恒鹏教授、朱俊生教授、孙洁教授、李玲教授、李晓林教授、余晖教授、郑伟教授、郑秉文教授、赵尚梅教授、郝演苏教授、庹国柱教授、曹建海教授、董朝晖博士、魏华林教授等专家学者给予译丛工作许多指导和帮助。此外，中国金融出版社魏革军社长、蒋万进总编辑、编辑部王效端主任等为丛书出版提供了大力支持，编辑团队为译丛审校和出版发行做了大量工作，在此一并表示最衷心的感谢！

译丛是项全新工作，难免有疏漏之处，随着中外健康保险的发展与研究的深入，还有很多需要改进与完善的地方。我们也将不断丰富译丛书目，引进更多对行业发展有借鉴指导价值的经典著作。希望《健康保险系列译丛》与《健康保险系列丛书》共同构建起健康保险知识理论体系框架。在中国健康保险黄金发展期，为健康保险行业进一步全面深化改革提供有力保障，成为健康保险发展道路上的基石和动力。